KRIEG

EINE ARCHÄOLOGISCHE SPURENSUCHE

Der letzte im Massengrab von Lützen (1632) beigesetzte Soldat fällt durch die ungewöhnliche Armhaltung auf.

HARALD MELLER UND MICHAEL SCHEFZIK (HRSG.)

KRIEG

EINE ARCHÄOLOGISCHE SPURENSUCHE

**BEGLEITBAND ZUR SONDERAUSSTELLUNG
IM LANDESMUSEUM FÜR VORGESCHICHTE HALLE (SAALE)**
6. NOVEMBER 2015 BIS 22. MAI 2016

Landesamt für Denkmalpflege und Archäologie Sachsen-Anhalt
LANDESMUSEUM FÜR VORGESCHICHTE

HALLE (SAALE) 2015

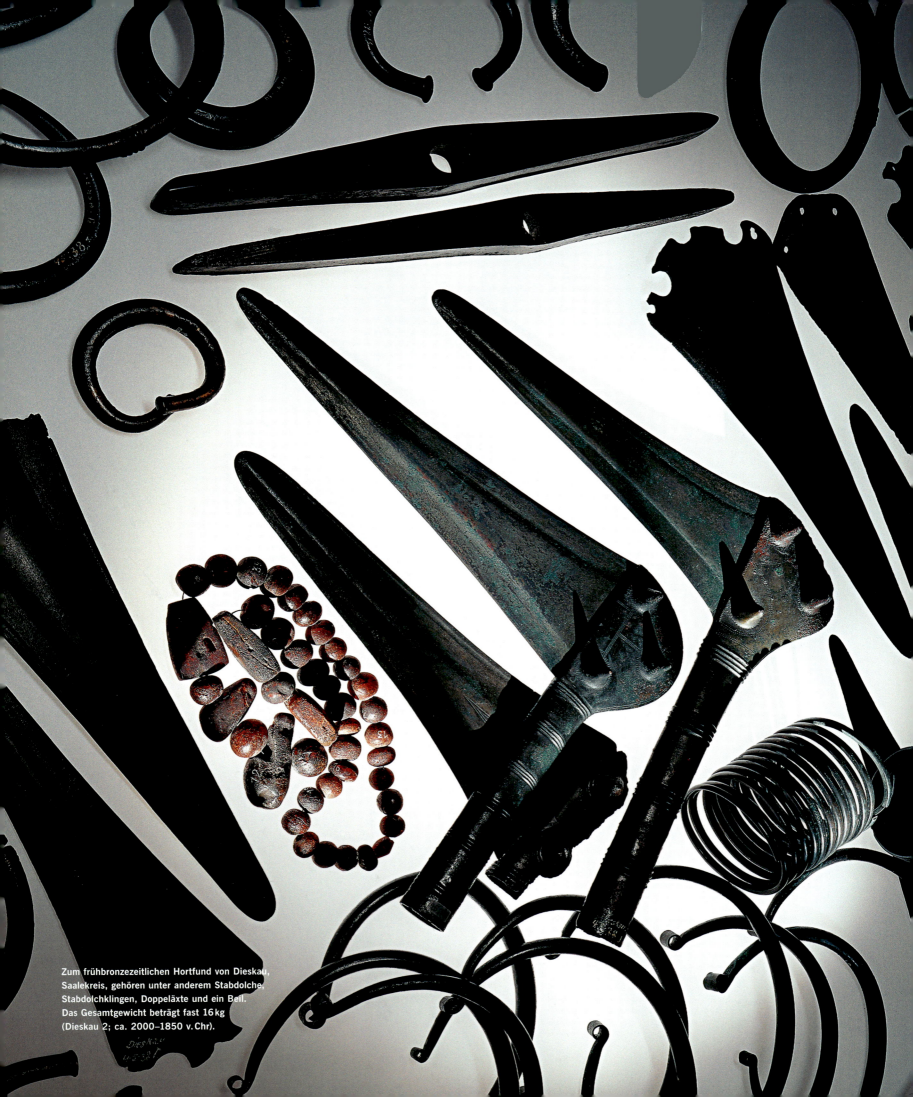

Zum frühbronzezeitlichen Hortfund von Dieskau, Saalekreis, gehören unter anderem Stabdolche, Stabdolchklingen, Doppeläxte und ein Beil. Das Gesamtgewicht beträgt fast 16 kg (Dieskau 2; ca. 2000–1850 v. Chr).

»KRIEG – EINE ARCHÄOLOGISCHE SPURENSUCHE«
6. NOVEMBER 2015 BIS 22. MAI 2016

DIE AUSSTELLUNG STEHT UNTER DER SCHIRMHERRSCHAFT
DES BUNDESPRÄSIDENTEN DER BUNDESREPUBLIK DEUTSCHLAND
JOACHIM GAUCK.

DIE AUSSTELLUNG WIRD FINANZIERT DURCH MITTEL
DES LANDES SACHSEN-ANHALT.

WIR DANKEN UNSEREN FÖRDERERN UND UNTERSTÜTZERN

BUNDESPROGRAMM »INVESTITIONEN FÜR
NATIONALE KULTUREINRICHTUNGEN IN OSTDEUTSCHLAND«

STIFTUNG ZUR FÖRDERUNG DER ARCHÄOLOGIE IN SACHSEN-ANHALT

MITTELDEUTSCHE BRAUNKOHLENGESELLSCHAFT MBH (MIBRAG)

KULTURSTIFTUNG DER LÄNDER

KULTUR
STIFTUNG · DER
LÄNDER

VEREIN ZUR FÖRDERUNG DES LANDESMUSEUMS
FÜR VORGESCHICHTE HALLE (SAALE) E. V.

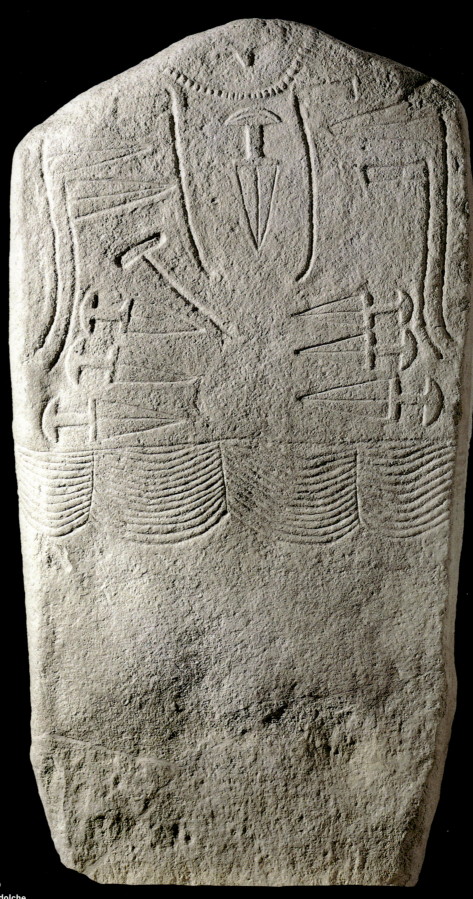

Die anthropomorphe Stele aus Arco in Italien zeigt unter anderem Stabdolche, Beile und Dolche und soll einen Krieger darstellen (3. Jt. v. Chr.).

INHALT

Harald Meller / Michael Schefzik
Vorwort 15

EINFÜHRUNG

Harald Meller
Krieg – Eine archäologische Spurensuche 19

Constantin Rauer
Zur Philospohie des Krieges 25

Klaus Wahl
Aggression und Gewalt – Ein Zusammenspiel biotischer, psychischer und sozialer Mechanismen 29

Vicente Lull / Rafael Micó / Cristina Rihuete-Herrada / Roberto Risch
Gewalt – Ein Beitrag zu deren Wahrnehmung und Bedingungen 33

Roberto Risch
Die Verherrlichung von Gewalt und Krieg 39

Kurt W. Alt / Susanne Friederich
Massengräber – Eine logistische und wissenschaftliche Herausforderung für Archäologie und Anthropologie 47

Tony Pollard / Anja Grothe
Schlachtfeldarchäologie in Europa – Ein kurzer Überblick 51

TIERREICH

Volker Witte
Kriegerisches Verhalten bei Ameisen 57

Roman Wittig
Führen Schimpansen Krieg? Aggression unter Schimpansen und deren Gründe – Ein Diskurs 61

ETHNOLOGIE

Jürg Helbling
Tribale Kriege – Kriege zwischen Dörfern 69

> Jürg Helbling
> *Krieg und Allianz bei den Dani in West-Papua* 77

Antoine Odier
**»Nulla calamitas SOLA« – Fürst Christian II. von Anhalt-Bernburg und
die Plünderung seines Schlosses im Jahr 1636 nach seinem Diarium** 443

Mechthild Klamm / Andreas Stahl
**Der befestigte Elbübergang mit schwedischem Lager von Werben
und weitere Schanzen in Sachsen-Anhalt** 445

Anja Grothe / Thomas Weber / Andrea Dietmar-Trauth /
Gösta Dietmar-Trauth / Juliane Huthmann / Doris Köther
**Die Katastrophe von Magdeburg 1631 –
Eine archäologische Spurensuche** 449

Maik Reichel / Inger Schuberth
**Albrecht von Wallenstein und Gustav II. Adolf von Schweden –
Zwei Leben auf Kollisionskurs** 453

Ann Grönhammar
*Das Pferd und die »Totenkleider« – Erinnerungen an Gustav II. Adolf
in der Königlichen Rüstkammer in Schweden* 461

Michaela Bäumlová
»Sempre stivalato« – Die Wallenstein-Sammlung im Museum Cheb/Eger 463

Hans Medick
Der Druck des Ereignisses – Zeitzeugnisse zur Schlacht bei Lützen 467

Andreas Stahl
Mitteldeutschland nach dem Dreißigjährigen Krieg 473

Ulf Dräger
Werteverlust – Die große Inflation 477

ANHANG

Abbildungsnachweis 480
Autoren 483
Making of 487

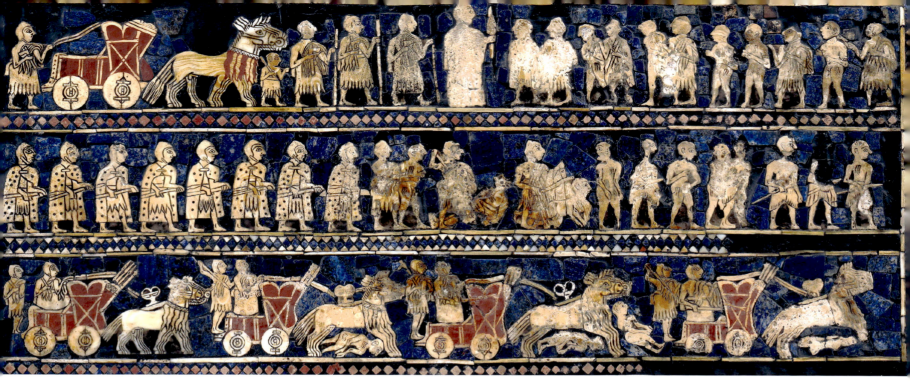

VORWORT

Obwohl von weitreichender Bedeutung für nahezu alle Kulturen und Zeiten, wurde dem Thema »Krieg« bislang keine große archäologische Ausstellung gewidmet. Das Landesmuseum für Vorgeschichte Halle greift mit seinem Projekt somit ein Desiderat innerhalb der archäologischen und kulturgeschichtlichen Präsentationen auf und richtet seinen Blick bis zu den Anfängen des Phänomens »Krieg«.

Die ersten Ideen zu dieser Ausstellung liegen mittlerweile über zwölf Jahre zurück, bevor die Umsetzung 2012 konkretere Formen annahm. In diesen Jahren hat sich die Forschungssituation zum Thema »Kriegs- und Schlachtfeldarchäologie« radikal gewandelt: So wurden in der Zwischenzeit zahlreiche Sammlungen und ältere Funde unter diesem Aspekt aufgearbeitet, wichtige Neufunde sind hinzugekommen und der Blick von Ausgräbern und auswertenden Wissenschaftlern hat sich bezüglich des Themas geschärft. Archäologische Unternehmungen wenden sich mittlerweile immer öfter diesem Themenkreis zu. Die Zahl der entsprechenden Publikationen ist explosionsartig gestiegen und zahlreiche Kongresse zur Konflikt- oder Schlachtfeldarchäologie wurden durchgeführt, sodass sich die Basis für dieses Thema ungemein verbreitert und die wissenschaftliche Durchdringung entsprechend vertieft hat.

Der 1. Mitteldeutsche Archäologentag in Halle zum Thema »Schlachtfeldarchäologie« 2008 war einer der Kulminationspunkte dieser neuen Forschungsaktivität. Aber auch die Ausgrabungen und Forschungen des Landesamtes für Denkmalpflege und Archäologie Sachsen-Anhalt erbrachten in den letzten Jahren Ergebnisse, die für die Konfliktforschung von weitreichender Bedeutung sind. Neben den Massengräbern von Halberstadt und Plötzkau, Untersuchungen an schnurkeramischen Kopfverletzungen sowie der Luftbildprospektion von Hunderten vorgeschichtlicher Erdwerke sind hier insbesondere die Prospektionen auf dem Schlachtfeld von Lützen (1632) zu nennen.

Mit 111 ha sondierter Fläche handelt es sich dabei um das bisher größte systematisch untersuchte Schlachtfeld weltweit. Ebenfalls einzigartig ist das dort im Block geborgene Massengrab von 47 in der Schlacht gestorbenen Söldnern, das in seiner erschreckenden Wahrhaftigkeit und Monumentalität ein Mahnmal gegen Grauen und Sinnlosigkeit des Krieges darstellt und in seiner Bildhaftigkeit innerhalb der Archäologie seinesgleichen sucht.

Unweigerlich fragt man sich angesichts des Lützener Beispiels, wie es hierzu kommen konnte, wo die Anfänge für derartige gewalttätige Auseinandersetzungen zwischen Gruppen zu suchen sind. Da mit dem Einsetzen der Schriftlichkeit bei den ersten Staaten vor 5000 Jahren der Krieg bereits vollständig ausgebildet auftritt, kann die Spurensuche zu den Anfängen nur durch die Archäologie erfolgen. Für die Ausstellung und den Begleitband wurde demzufolge zusammengetragen, welche Antworten die Archäologie hierzu zu geben vermag. Die Spurensuche beginnt bei den frühesten nachweisbaren Konflikten der Menschheitsgeschichte und schließt mit dem Ende der Bronzezeit. Vom ersten Mord unter altsteinzeitlichen Jägern und Sammlern im spanischen Sima de los Huesos – einer individuellen, interpersonellen Gewalttat – zur ersten archäologisch überlieferten Feldschlacht Mitteleuropas im mecklenburgischen Tollensetal ist es ein langer und keineswegs gerader Weg. Wurden die frühesten, sogenannten tribalen oder primitiven Kriege noch von Menschen bestritten, die ansonsten friedlich ihre Felder bestellten oder einem Handwerk nachgingen, bildete sich im Laufe der Jahrtausende ein eigener Stand von spezialisierten Kriegern, ja Soldaten heraus. Sie verfügten über ein besonderes Selbstverständnis und zeichneten sich durch eine spezialisierte Bewaffnung aus.

Mit dem Ende der Bronzezeit sind dann auch in Mitteleuropa jene Komponenten vorhanden, die die Kriegsführung bis zur Schlacht von Lützen bestimmen. Nach einer Entwicklung zur »Kultur des Krieges« im Neolithikum kam es nicht zu einer häufig vorausgesetzten »Evolution der Kriegsführung« vom Altertum bis in die Neuzeit, sondern nur zu einem beständigen Wechsel von Strategie und Taktik mit den stets gleichen Elementen.

Erst in den letzten Jahrhunderten erfolgte eine Entwicklung der Kriegstechnik, die die Menschheit spätestens am 26. September 1983 an den Rand eines Atomkrieges brachte. An diesem Tag meldete der verantwortliche Offizier der russischen Kommandozentrale, Stanislaw Petrow, einen von der Satellitenüberwachung gemeldeten scheinbaren amerikanischen Raketenangriff regelwidrig als Fehlalarm. In diesem einen Fall siegten menschliche Intelligenz und Vernunft über die Zwangslogik militärischer Abläufe. Der Beginn des Ersten Weltkrieges wäre das erschreckende Gegenbeispiel.

Wir hoffen als Herausgeber zutiefst, dass das Thema Krieg an Aktualität verliert und zukünftigen Generationen irgendwann als ein fast vergessenes Phänomen der Menschheitsgeschichte erscheinen wird.

Prof. Dr. Harald Meller
Direktor des Landesamtes für Denkmalpflege und Archäologie Sachsen-Anhalt (Landesmuseum für Vorgeschichte) und Landesarchäologe von Sachsen-Anhalt

Dr. Michael Schefzik
Projektleiter der Ausstellung »Krieg – Eine archäologische Spurensuche«

Vorherige Seite
Die sogenannte Kriegsseite der frühdynastischen Standarte von Ur (ca. 2575–2475 v. Chr.) gehört zu den berühmtesten und ältesten Belegen für Krieg im Vorderen Orient. Diese frühesten bildhaften und schriftlichen Zeugnisse zeigen, dass das Phänomen »Krieg« am Beginn der geschriebenen Geschichte bereits voll ausgeprägt vorhanden ist. Die Ursprünge des Krieges sind demnach in der Vorgeschichte und mit den Mitteln der Archäologie zu suchen.

EINFÜHRUNG

Vorderseite
Plünderung der Toten und Verletzten auf dem Schlachtfeld
(Ausschnitt aus: Sebastian Vrancx/Jan Brueghel II, Scènes de
pillage après la bataille, Musées Royaux des Beaux-Arts, Bruxelles,
zwischen 1625 und 1630). > siehe S. 357–478

KRIEG –
EINE ARCHÄOLOGISCHE SPURENSUCHE

Harald Meller

WAS IST »DER KRIEG«?

Der bis heute einflussreichste Militärtheoretiker Carl von Clausewitz beginnt das erste Kapitel seines Buches »Vom Kriege« mit der zentralen Frage »Was ist der Krieg?«. Nach wenigen Sätzen liefert er seine Definition: »*Der Krieg ist nichts als ein erweiterter Zweikampf. […] Der Krieg ist also ein Akt der Gewalt, um den Gegner zur Erfüllung unsres Willens zu zwingen.*« (Clausewitz 1832–1834 [1980], 17; vgl. dazu Lütsch 2009).

Aus dem folgenden Text wird klar, dass Clausewitz hier mit dem Begriff »Zweikampf« nicht einen Einzelkampf im biblischen Sinne von David gegen Goliath versteht, sondern die Auseinandersetzung zwischen Völkern, mithin Staaten. Die momentan üblichste Kriegsdefinition lautet: »*Krieg bezeichnet einen organisierten, mit Waffen gewaltsam ausgetragenen Konflikt zwischen Staaten bzw. zwischen sozialen Gruppen der Bevölkerung eines Staates (Bürger-K.).*« (Schubert/Klein 2011, 172; auch Kuchler 2013, 18). Häufig erfährt diese allgemeine moderne Definition zahlreiche weitere Einschränkungen etwa dahingehend, dass es sich bei den Kriegführenden zumindest in Teilen um reguläre Streitkräfte oder um zentral gelenkte Organisationen handeln muss (AKUF 2015). Hinzu kommt die Fokussierung auf Massenkonflikte bis hin zur Nennung von erheblichen Tötungszahlen (Abb. 1; Helbling 2006, 35 Anm. 2).

Diese vor dem Hintergrund der Kriege der Neuzeit erwachsenen Definitionen mögen für die Untersuchung historischer Kriege, etwa der Antike, noch geeignet sein, schließlich handelt es sich hier bereits seit dem Beginn der Geschichtsschreibung um Kriege zwischen Staaten. Für die Untersuchung tribaler Kriege, wie sie jüngst J. Helbling definierte, oder gar vorgeschichtlicher Kriege sind sie weitgehend ungeeignet, da dann durch das Fehlen der Staatlichkeit Kriege *per definitionem* ausgeschlossen wären. Andererseits ist eine extrem niedrigschwellige Definition, die beispielsweise einen Zweikampf zwischen nur zwei Individuen als Krieg bezeichnet, ebenfalls nicht sinnvoll (siehe dazu Helbling 2006, 34–37; Peter-Röcher 2007, 22; Kuchler 2013, 18–20).

1
Pablo Picasso, Skizze zu »Guernica«. Die Vorstudie zeigt eine verzweifelte Frau im Flammenmeer, die, ihr Kind im Arm, versucht über eine Leiter zu fliehen. Picasso manifestierte die Schrecken des Krieges in einem überdimensionalen Werk für die Weltausstellung in Paris 1937, benannt nach der baskischen Kleinstadt Guernica, die am 26. April 1937 durch einen deutsch-italienischen Luftangriff vernichtet wurde. Aus heiterem Himmel und ohne Verteidigung ließen innerhalb weniger Stunden fast 1700 Menschen ihr Leben. Picassos Gemälde wurde zu einem der eindrücklichsten Antikriegsbilder des 20. Jhs. Museo Nacional Centro de Arte Reina Sofia, Madrid.

Für die Spurensuche nach der Entstehung des Krieges ist also eine Definition ohne Staatlichkeit Voraussetzung und Notwendigkeit. Die von Helbling für die Untersuchung tribaler Kriege verwendete Definition von »*Krieg als eine geplante und organisierte bewaffnete Auseinandersetzung zwischen autonomen Gruppen* [...]« (Helbling 2006, 37 f.) folgt einer in der Ethnologie weitverbreiteten Begriffserklärung. Eine wichtige Ergänzung seinerseits lautet jedoch: »*Es kann nicht stark genug betont werden, dass Gewalttätigkeit zwischen Individuen oder Fraktionen innerhalb einer Lokalgruppe keinen Krieg darstellt und keine direkte Verbindung zwischen individueller Gewalt und Gewalt zwischen Gruppen besteht.*« (Helbling 2006, 39). Wichtig ist Helbling weiterhin die Unterscheidung und Abgrenzung zur Fehde oder Blutrache, die darauf abzielen, die Opferbilanz auszugleichen, während es sich beim Krieg um einen entgrenzten Konflikt zwischen zwei Gruppen handelt (Helbling 2006, 40 f.; auch Peter-Röcher 2007, 23 mit Anm. 24–25).

B. Kuchler fügt dieser Definition einen wichtigen Aspekt hinzu: den der Legitimation. Demnach handelt es sich bei Krieg um ein »*kollektives und organisiertes Kampfgeschehen, in dem Gewalt ausgeübt wird und Menschen getötet werden, ohne dass dies als Mord betrachtet wird.*« (Kuchler 2013, 19). Der Aspekt der Legitimation – zumindest seitens einer Partei – ist aus meiner Sicht ein wesentliches Definitionskriterium, das sich allerdings in den von uns behandelten Fällen durch archäologische Methoden nur äußerst selten fassen lassen dürfte. Die beiden prinzipiellen Definitionshorizonte – auf der einen Seite die Voraussetzung von Staatlichkeit, damit verbundenen regulären Armeen, ggf. aber auch eines hohen Organisationsgrades und hoher Opferzahlen, auf der anderen Seite der Verzicht auf die Definition durch Staatlichkeit – zeigen zwei grundsätzliche militärhistorische Ansätze: zum einen den des angeblich »zivilisierten Krieges« und zum anderen den des sog. »primitiven Krieges« (Helbling 2006, 47–68; Kuchler 2013, 68).

Dabei halten die meisten Militärhistoriker erst Kriege zwischen Staaten oder Zivilisationen für »richtige Kriege«; eine Sichtweise, die auch der jeweilige Schwerpunkt in den gängigen Darstellungen zur Geschichte des Krieges offenbart. Wie schwierig diese Unterscheidung ist, demonstrieren historische Konflikte von Staaten der Antike gegen angeblich unzivilisierte Barbarenstämme, beispielsweise die Konflikte zwischen Rom und den verschiedensten germanischen Stammesverbänden, aber auch moderne sog. asymmetrische Kriege (Heuser 2013).

SEIT WANN GIBT ES KRIEG?

Für jede Kriegsgeschichte, aber auch jede weitere Untersuchung, die sich mit Herkunft und Ursprung des Krieges beschäftigt, ist die Definition von Krieg entscheidend. Belässt man es bei einer Definition, die etwa den bloßen Zweikampf einbezieht, so beginnt der Krieg bereits als einfache Aggression im Tierreich – zumindest bei den Primaten beziehungsweise im Altpaläolithikum, wenn man ihn auf Menschen beschränken möchte.

Wählt man, wie wir gezeigt haben, eine Definition, die Staatlichkeit voraussetzt, so wird automatisch jegliche vorangehende Entwicklung ausgeschlossen. Da uns jedoch das Phänomen Krieg bereits in der Frühzeit der Staatenbildung voll ausgeprägt entgegentritt und wir darüber hinaus aus der ethnologischen Forschung und Ethnografie zahlreiche größere Konflikte zwischen verschiedenen Gruppen ohne Staatlichkeit kennen, nutzen wir die in der Ethnologie vorherrschende Definition, wonach es sich um geplante und organisierte bewaffnete Auseinandersetzungen zwischen autonomen Gruppen handelt. Durch die Einbeziehung von Waffen als Definitionskriterium schließen wir automatisch die bei Schimpansen beobachteten wohl geplanten, möglicherweise sogar organisierten gewaltsamen Konflikte zwischen verschiedenen Gruppen aus der Betrachtung aus. Dennoch sollte uns bewusst sein, dass es womöglich lediglich des Waffengebrauches und einer höheren Zahl an Beteiligten bedürfte, um solche Konflikte als Krieg bezeichnen zu können (siehe Beitrag »Führen Schimpansen Krieg?«, S. 61). Dies bedeutet auch nicht automatisch, dass wir dann den Krieg nicht mehr als kulturelles Phänomen sehen könnten, da Schimpansen durchaus zu kulturellen Leistungen fähig sind. So zeigen Untersuchungen, dass verschiedene Schimpansengruppen trotz vergleichbarer naturräumlicher Gegebenheiten unterschiedliche Techniken zum Knacken von Nüssen entwickelt haben (Luncz u. a. 2012).

Die Notwendigkeit von Waffen schließt auch jene Bereiche der Menschheitsentwicklung aus, in der wir noch keinen Waffengebrauch nachweisen können. Die Gewaltnachweise für das Altpaläolithikum sind äußerst spärlich (siehe Beitrag »Gewalt im Paläolithikum«, S. 83). Am eindeutigsten ist hier möglicherweise der ca. 430 000 Jahre alte, erst jüngst entdeckte Fall von der Sima de los Huesos, Prov. Burgos, Spanien (siehe Beitrag »Der älteste Mord der Menschheit«, S. 89). Anders als in diesem Fall sind die meisten Verletzungen aus diesem Zeitraum, die auf Gewalt zurückgehen könn-

2
Zwei in Hocklage Bestattete auf dem berühmten Gräberfeld von Jebel Sahaba, Sudan. Die Stifte zeigen die Lage der Feuersteinpfeilspitzen an, die vom Ausgräber nicht als Beigaben, sondern als in den Körper eingedrungene Projektile interpretiert werden. Auch wenn die Interpretation umstritten ist, demonstriert die Fundstelle die wiederholte Anwendung zwischenmenschlicher Gewalt in der Zeit zwischen 12 000 und 10 000 v. Chr.

ten, wieder verheilt, führten folglich nicht zum Tode. Auch bei den Neandertalern des Mittelpaläolithikums (ca. 300 000–40 000 v. Chr.) kam es in sehr überschaubarem Ausmaß zu Verletzungen, die noch am Skelett ablesbar, zumeist aber verheilt sind. Ein Beispiel stellen Schädel aus Krapina, Kom. Krapina-Zagorje, Kroatien, dar. Nach allgemeiner Ansicht wird es sich hier nicht nur um Jagdunfälle, sondern ebenfalls um Folgen zwischenmenschlicher Gewalt handeln. Auch beim Homo sapiens des Jungpaläolithikums (ca. 40 000–12 400 v. Chr.) lässt sich kein gewandeltes Verhältnis zur Gewalt feststellen. Erst für das Spätpaläolithikum (ca. 12 400–9 600 v. Chr.) sind vermehrt tödliche Schutzverletzungen zu belegen. Für das Paläolithikum ist also festzuhalten, dass zwar vereinzelt Befunde interpersoneller Gewalt mit Waffengebrauch vorliegen, aber aufgrund ihrer Seltenheit keiner dieser Befunde für Krieg oder eine Auseinandersetzung zwischen größeren Gruppen, sondern ausschließlich für einzelne individuelle Gewaltereignisse spricht (siehe Beitrag »Gewalt im Paläolithikum«, S. 83). Die einzige Ausnahme bildet die berühmte Fundstelle von Jebel Sahaba, asch-Schamaliyya, Sudan, die zwischen 12 000 und 10 000 v. Chr. datiert (Wendorf 1968). Hier wurden 110 Feuersteinpfeilspitzen im Zusammenhang mit 59 Bestattungen entdeckt. Bei den Spitzen soll es sich nach Ansicht des Ausgräbers nicht um Beigaben, sondern um in den Körper eingedrungene Projektile handeln. Obschon die Fundstelle umstritten ist (Peter-Röcher 2007, 59), könnte es sich um einen der ältesten Nachweise für Krieg handeln (Abb. 2). Etliche Archäologen betonen, dass mit dem Mesolithikum, in Mitteleuropa ca. 9600–5500 v. Chr., die ersten Spuren für Krieg Einzug halten (z. B. Thorpe 2003; Ahlström / Molnar 2012, 30–33). Andere Forscher sehen in dieser Epoche kein dramatisch erhöhtes Gewaltaufkommen (siehe Beitrag »Gewalt bei steinzeitlichen Wildbeutern«, S. 95).

Spätestens mit dem folgenden Neolithikum aber ist für die meisten Archäologen der Beginn des Krieges anzusetzen (z. B. Christensen 2004; Beyneix 2012, 220–222; Petrasch 2014; siehe Beitrag »Krieg im Neolithikum«, S. 109). Deshalb kommt der Betrachtung des langen Zeitraumes ohne Krieg während des Paläolithikums und möglicherweise Mesolithikums eine besondere Bedeutung zu. Der Beginn des Neolithikums im Vorderen Orient vor ca. 12 000 Jahren stellt den dramatischsten Einschnitt der Menschheitsgeschichte dar (Meller 2015). War der Mensch Jahrhunderttausende, ja sogar Jahrmillionen ein Teil der Natur, so trat er

3
Innenansicht einer Palisadenbefestigung in Ostafrika (Ende des 19./Anfang des 20. Jhs.), die nur unter großen Verlusten von den deutschen Kolonialtruppen eingenommen werden konnte. Der untere Bereich besteht aus Lehm. Im oberen Bereich sind an der hölzernen Palisade menschliche Schädel befestigt. Neolithische oder bronzezeitliche Befestigungen in Mitteleuropa könnten ein ähnliches Bild geboten haben.

nun aus der aneignenden Wirtschaft in die produzierende Wirtschaft über. Vor allem durch die veränderte Ernährung und Lebensweise kam es zu einer dramatischen Bevölkerungsexplosion, die bis heute anhält. Alle geeigneten Lebensräume wurden im Laufe des Neolithikums immer dichter besiedelt. Aus egalitären wildbeuterischen Gemeinschaften bildeten sich hierarchische Gesellschaften bis hin zu Staaten und Zivilisationen, vor allem aber entstanden Besitzstrukturen und Grenzen. Durch die Sesshaftigkeit kam es nicht nur zu festem Landbesitz, sondern zudem zur Konzentration und Lagerung von Werten, seien es Nahrung, andere Ressourcen oder symbolische Wertgegenstände. In dieser Kombination aus Bevölkerungsexplosion, Sesshaftigkeit und Besitzstrukturen sahen die meisten Theoretiker, aber auch Archäologen den Grund für den Beginn des Krieges. Dies ist verständlich, zeigen doch bereits die ersten aus dem Neolithikum entstandenen Staaten der Geschichte das gesamte Repertoire der Kriegskunst von der Schlacht bis zur Belagerung. Die Grundlagen müssen also vorher gelegt worden sein.

Betrachten wir die archäologischen Quellen zum Neolithikum, so wird schnell klar, dass im Mittel- und Spätneolithikum Mitteleuropas nicht nur zahlreiche Befestigungen, Kriegergräber und Skelette mit Traumata nachweisbar sind, die für kriegerische Aktivitäten sprechen, sondern auch Krieger- und Gewaltdarstellungen, seien es Statuenmenhire oder Schilderungen von realen Auseinandersetzungen wie beispielsweise in der Levantekunst (siehe Beitrag »Felsbildkunst«, S. 119). Es ist deshalb wesentlich, den Blick auf den Beginn des Neolithikums zu richten. Hier scheint sich mit dem Turm von Jericho, Westjordanland, anzudeuten, dass bereits zu Beginn des Neolithikums im Vorderen Orient große Befestigungswerke notwendig waren (siehe Beitrag »Jericho«, S. 155). In Mitteleuropa sind zumindest für die mittlere Bandkeramik Befestigungen, zum Teil mit elaborierten, gut zu verteidigenden

Toren (siehe Beitrag »Tore neolithischer Erdwerke«, S. 165), und auch Gewaltspuren an Skeletten insbesondere in vier bis fünf Massengräbern belegt, die für kriegerische Handlungen sprechen könnten (Petrasch 2014; siehe Beitrag »Hinweise auf Massaker«, S. 171). Bei den Massakern von Talheim, Lkr. Heilbronn, und Schöneck-Kilianstädten, Main-Kinzig-Kreis, können wir möglicherweise von den Toten jeweils einer einzelnen Hausgemeinschaft ausgehen, worin man einen Hinterhalt im Rahmen einer Fehde oder einer Rachehandlung sehen könnte. Dabei fehlen in Schöneck-Kilianstädten zum einen offenbar die jungen Frauen, zum anderen ist auffällig, dass die Beine der Opfer systematisch gebrochen wurden, also entweder Folter mit Einschränkung der Fluchtmöglichkeit oder Leichenschändung vorliegt (Meyer u. a. 2015). Die Toten von Halberstadt, Lkr. Harz, – es handelt sich überwiegend um junge Männer – wurden nahezu ausschließlich von hinten erschlagen, also wohl nach einer Auseinandersetzung gefesselt und exekutiert (siehe Beitrag »Das Massengrab von Halberstadt«, S. 177). Diese Beobachtungen sprechen für die entfesselte Gewalt eines Krieges. Auch die mutmaßlich mehrere Hundert Toten von Asparn-Schletz, Niederösterreich, die in einem Siedlungsgraben verteilt gefunden wurden, deuten mehr auf Krieg hin (Petrasch 2014, 190). Im Vergleich mit der bekannten Fundstelle von Herxheim, Lkr. Südliche Weinstraße, gilt es hier jedoch ebenfalls rituelle Aspekte zu bedenken.

Bereits im 4. Jt. v. Chr. lässt sich für Mitteldeutschland ein umfassender und lange währender Eroberungskrieg belegen (Schwarz 2013). Gruppen der sog. Trichterbecherkultur eroberten von Norden her über knapp 500 Jahre systematisch das fruchtbare Mittelelbe-Saale-Gebiet. Dabei fielen nach und nach die von den verteidigenden Kulturen – der Baalberger bzw. Salzmünder Kultur – angelegten Befestigungen (Abb. 3). Besonders bemerkenswert ist, dass die genetischen Untersuchungen den Befund des Krieges erhärten. Es handelt sich hier nicht nur aus archäologisch-typologischer Sicht um zwei »Kulturen«, sondern auch genetisch. Die südlichen Verteidiger sind »Nachkommen« der ehemals zu Beginn des Neolithikums eingewanderten Bandkeramiker, während es sich bei den aus dem Norden vorstoßenden Gruppen um die ehemals von diesen verdrängten Mesolithiker handelte, die inzwischen selbst zu innovativen und kriegführenden Neolithikern geworden waren. Äußerst ausgefeilte Befestigungswerke in ganz Europa zeigen, dass spätestens ab dieser Zeit, besonders aber im folgenden 3. Jt. v. Chr., eine umfangreiche und komplexe Kriegsführung üblich war. Am Ende des mitteleuropäischen Neolithikums stehen mit den Schnurkeramikern auch genetisch fremde Bevölkerungsgruppen, die sich von Osten über weite Teile Mitteleuropas ausbreiteten (Haak u. a. 2015). Für das sich wohl aus Westen ausbreitende Glockenbecherphänomen bliebe dieser Vorgang noch zu klären.

Spätestens in der Bronzezeit verfügten die Herrscher an der Spitze der hierarchischen Gesellschaften schließlich wohl erstmals über professionelle Armeen und damit permanente Zwangsmittel gegen Feinde oder aber die eigene Bevölkerung (Abb. 4; siehe Beitrag »Armeen in der Frühbronzezeit?«, S. 243).

Für die Frage nach dem Ursprung des Krieges müssen wir also nochmals in das Paläolithikum und Mesolithikum zurückblicken. Aufgrund der geringen Bevölkerungsdichte, des reichen Ressourcenangebotes, des selteneren Aufeinandertreffens unterschiedlicher Gruppen sowie fehlender Besitz- und Lagerungsverhältnisse, vor allem aber auch aufgrund der fehlenden archäologischen Nachweise können wir zum jetzigen Zeitpunkt Krieg ausschließen. Wie archäologisch belegt, existierten aber während des gesamten Paläolithikums durchaus Mord und Totschlag zwischen einzelnen Individuen, ohne dass dabei ein Krieg ausbrach – genauso wie wir dies bei modernen Wildbeutern, die heute unter wesentlich ungünstigeren Umständen leben, beobachten (Helbling 2006, 38–40; 69; 77–115).

Besonders wichtig erscheint mir der Hinweis, dass auch bei zahlreichen ethnologisch untersuchten Gruppen Kriege zum ersten Mal dann auftraten, als die Wildbeuter sesshaft wurden und sich komplexere Gesellschaften mit Besitz, vor allem in Abhängigkeit von lokalen Ressourcen, entwickelten (Helbling 2006, 112–114). Diese Möglichkeit halte ich für das mitteleuropäische Mesolithikum, insbesondere an den Küsten, für durchaus gegeben. Im europäischen Mesolithikum scheint sich jedenfalls mit der neuen Fernwaffe Pfeil und Bogen, aber auch mit den ersten Nachweisen für Skalpierung (siehe Beitrag »Der skalpierte Mann von Skateholm«, S. 105) das Gewaltpotenzial möglicherweise zu erhöhen, auch wenn wir noch keinen archäologischen Nachweis von Krieg nach unserer Definition vorweisen können (Terberger 2006, 144–149).

Nach momentaner archäologischer Erkenntnis entstand das Phänomen Krieg also bald nach dem Beginn des Neolithikums in Zusammenhang mit Bevölkerungswachstum, neuen Besitzverhältnissen, Territorialität, fortschreitender Hierarchisierung sowie

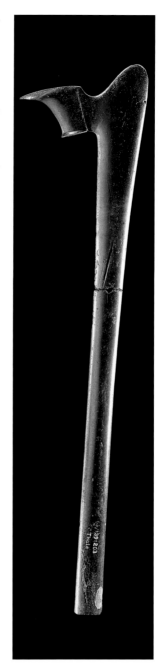

4
»Keule« von Thale, Lkr. Harz (L. 64 cm). Das rätselhafte und einzigartige Bronzeobjekt der Aunjetitzer Kultur (2000–1700 v. Chr.) wurde vermutlich nach hölzernen Vorbildern gefertigt und stammt vom Abhang des sogenannten Hexentanzplatzes. Die eigentümlich elegante Bronzekeule zeigt keinerlei Abnutzungsspuren, war also kein gewöhnliches Hiebgerät, sondern eher eine Ritualwaffe oder ein Abzeichen. In der Frühbronzezeit war der Krieg nach jahrtausendelanger Entwicklung bereits voll ausgeprägt.

Lagerungsmöglichkeiten (Nahrung, Ressourcen, symbolische Werte), aber auch der Möglichkeit Besitz zu rauben (Viehherden). Dies passt ausgezeichnet zu den Beobachtungen bei sog. tribalen Kriegen, wie Helbling sie umfassend beschrieben hat (siehe Beitrag »Tribale Kriege«, S. 69).

Obwohl individuelle zwischenmenschliche Gewalt für das Paläolithikum belegt ist, können wir dabei in keinem einzigen Fall von Krieg sprechen. Dieser könnte mit der frühesten Sesshaftigkeit und Besitzstrukturen in komplexen Wildbeutergesellschaften des Mesolithikums beginnen, wobei hier die Nachweise noch nicht ausreichen. Sicher beginnt er jedoch bald nach dem Beginn des Neolithikums zeitlich versetzt zwischen dem Vorderen Orient (siehe Jericho, ca. 9400 v. Chr.) und Mitteleuropa mit der entwickelten mitteleuropäischen Bandkeramik (ca. 5200 v. Chr.).

Literatur

Ahlström/Molnar 2012
T. Ahlström/P. Molnar, The placement of the feathers: violence among sub-boreal foragers from Gotland, central Baltic Sea. In: R. J. Schulting/L. Fibiger (Hrsg.), Sticks, stones and broken bones. Neolithic violence in a European perspective (Oxford 2012) 17–34.

AKUF 2015
Arbeitsgemeinschaft Kriegsursachenforschung, Kriegsdefinition.
<http://www.wiso.uni-hamburg.de/fachbereiche/sozialwissenschaften/forschung/akuf/akuf/kriegsdefinition-und-kriegstypologie>
(11.08.2015).

Beyneix 2012
A. Beyneix, Neolithic violence in France: an overview. In: R. J. Schulting/L. Fibiger (Hrsg.), Sticks, stones and broken bones. Neolithic violence in a European perspective (Oxford 2012) 207–222.

Christensen 2004
J. Christensen, Warfare in the European Neolithic. Acta Arch. 75,2, 2004, 129–156.

Clausewitz 1832–1834 (1980)
C. von Clausewitz, Vom Kriege. Hinterlassenes Werk des Generals Carl von Clausewitz. Ungekürzter Text nach der Erstauflage (1832–1834) (Frankfurt a. M. 1980).

Haak u. a. 2015
W. Haak/I. Lazaridis/N. Patterson/N. Rohland/ S. Mallick/B. Llamas/G. Brandt/S. Nordenfelt/ E. Harney/K. Stewardson/Q. Fu/A. Mittnik/ E. Bánffy/C. Economou/M. Francken/ S. Friederich/R. Garrido Pena/F. Hallgren/ V. Khartanovich/A. Khokhlov/M. Kunst/ P. Kuznetsov/H. Meller/O. Mochalov/ V. Moiseyev/N. Nicklisch/S. L. Pichler/R. Risch/ M. A. Rojo Guerra/C. Roth/A. Szécsényi-Nagy/ J. Wahl/M. Meyer/J. Krause/D. Brown/ D. Anthony/A. Cooper/K. W. Alt/D. Reich, Massive migration from the steppe was a source for Indo-European languages in Europe. Nature 522, 2015, 207–211, doi:10.1038/nature14317.

Helbling 2006
J. Helbling, Tribale Kriege. Konflikte in Gesellschaften ohne Zentralgewalt (Frankfurt a. M. 2006).

Heuser 2013
B. Heuser, Rebellen – Partisanen – Guerilleros. Asymmetrische Kriege von der Antike bis heute (Paderborn 2013).

Kuchler 2013
B. Kuchler, Kriege. Eine Gesellschaftstheorie gewaltsamer Konflikte (Frankfurt a. M. 2013).

Luncz u. a. 2012
L. V. Luncz/R. Mundry/C. Boesch, Evidence for Cultural Differences between Neighboring Chimpanzee Communities. Current Biology 22,10, 2012, 922–926.

Lütsch 2009
K. Lütsch, Jeder Krieg ist anders. Jeder Krieg ist gleich: Eine Analyse des Kriegsbegriffes bei Carl von Clausewitz (Potsdam 2009).

Meller 2015
H. Meller, Vom Jäger zum Bauern – Der Sieg des Neolithikums. Der unumkehrbare Auszug des Menschen aus dem Paradies. In: T. Otten/ J. Kunow/M. M. Rind/M. Trier (Hrsg.), Revolution Jungsteinzeit. Archäologische Landesausstellung Nordrhein-Westfalen. Schr. Bodendenkmalpfl. Nordrhein-Westfalen 11,1 (Darmstadt 2015) 20–28.

Meyer u. a. 2015
C. Meyer/C. Lohr/D. Gronenborn/K. W. Alt, The massacre mass grave of Schöneck-Kilianstädten reveals new insights into collective violence in Early Neolithic Central Europe. Proc. Nat. Acad. Scien. 2015. <http://www.pnas.org/cgi/doi/10.1073/pnas.1504365112> (20.08.2015)

Peter-Röcher 2007
H. Peter-Röcher, Gewalt und Krieg im prähistorischen Europa. Beiträge zur Konfliktforschung auf der Grundlage archäologischer, anthropologischer und ethnologischer Quellen. Univforsch. Prähist. Arch. 143 (Bonn 2007).

Petrasch 2014
J. Petrasch, Gewalttätige und friedliebende Gemeinschaften im neolithischen Mitteleuropa oder gab es eine Evolution der Gewalt während der Jungsteinzeit? In: T. Link/H. Peter-Röcher (Hrsg.), Gewalt und Gesellschaft. Dimensionen der Gewalt in ur- und frühgeschichtlicher Zeit. Internationale Tagung an der Julius-Maximilians-Universität Würzburg 14.–16. März 2013. Univforsch. Prähist. Arch. 259 (Bonn 2014) 187–202.

Schubert/Klein 2011
K. Schubert/M. Klein, Das Politiklexikon. Begriffe – Fakten – Zusammenhänge[5] (Bonn 2011) s.v. Krieg.

Schwarz 2013
R. Schwarz, Das Mittelneolithikum in Sachsen-Anhalt – Die Kulturen und ihre Erdwerke. In: H. Meller (Hrsg.), 3300 BC – Mysteriöse Steinzeittote und ihre Welt. Katalog zur Sonderausstellung im Landesmuseum für Vorgeschichte Halle (Halle [Saale] 2013) 231–238.

Terberger 2006
T. Terberger, Gewalt bei prähistorischen Wildbeutern Mitteleuropas? Ein Diskussionsbeitrag. In: J. Piek/T. Terberger (Hrsg.), Frühe Spuren der Gewalt. Schädelverletzungen und Wundversorgung an prähistorischen Menschenresten aus interdisziplinärer Sicht. Beitr. Ur- u. Frühgesch. Mecklenburg-Vorpommern 41 (Schwerin 2006) 129–154.

Thorpe 2003
I. J. N. Thorpe, Death and violence – the later Mesolithic of Southern Scandinavia. In: L. Bevan/J. Moore (Hrsg.), Peopling the Mesolithic in a northern environment. BAR Internat. Ser. 1157 (Oxford 2003) 171–180.

Wendorf 1968
F. Wendorf, Site 117: A Nubian Final Paleolithic Graveyard near Jebel Sahaba, Sudan. In: F. Wendorf (Hrsg.), The Prehistory of Nubia 2 (Dallas 1968) 954–995.

ZUR PHILOSOPHIE DES KRIEGES

Constantin Rauer

»*Ob diese satirische Überschrift*« – Zum ewigen Frieden – »*auf dem Schilde jenes holländischen Gastwirts, worauf ein Kirchhof gemalt war, [für] die Menschen überhaupt, oder besonders [für] die Staatsoberhäupter, die des Krieges nie satt werden können, oder wohl nur [für] die Philosophen gelte, die jenen süßen Traum träumen, mag dahin gestellt sein*« (Kant 1795, 195).

Mit diesen Worten beginnt die wohl bedeutendste Friedensschrift, die jemals verfasst wurde, nämlich Immanuel Kants Abhandlung »Zum ewigen Frieden«, und das satirische Gemälde auf dem Schild jener Gaststätte Zum ewigen Frieden lässt kaum einen Zweifel: Frieden gibt es für die Menschen, für Philosophen wie für Politiker, wohl nur – auf dem Friedhof.

Dabei stehen die Philosophen den Feldherren nicht nach; sie kämpfen – wie Kant meinte – Schule gegen Schule, wie Heer gegen Heer. Seit eh und je streiten sie um den Begriff und die Legitimität des Krieges, seit der Antike stehen sich Kriegsbefürworter und Kriegsgegner gegenüber. Für Heraklit (520–460 v. Chr.) ist der Krieg – als Kampf der Gegensätze – ein kosmisches Prinzip und der Vater und Herrscher aller Dinge, wohingegen für den Dichter Aischylos (525–456 v. Chr.) die Wahrheit dem Krieg als Erstes zum Opfer fällt, Philosophie und Krieg sich also per Definition widersprechen. Platon (428–348 v. Chr.) sieht im Krieg eine Art Krankheit, die zwar unschön, aber nicht zu vermeiden ist, und Aristoteles (384–322 v. Chr.) rechtfertigt indirekt die Feldzüge seines Zöglings Alexander des Großen, indem er die Kriegskunst als Teil der Erwerbskunst betrachtet; legitim sind sie als Mittel zum Zweck, illegitim indes als Selbstzweck. Für den römischen Politiker und stoischen Philosophen Marcus Tullius Cicero (106–43 v. Chr.) bedeutet Krieg einen gewaltsamen Modus der Konfliktaustragung, im Unterschied zum argumentativen. Gerecht ist der Krieg nur durch moralische Regeln, als Vergeltungs- oder Verteidigungskrieg.

Wenngleich das Frühchristentum keineswegs so friedlich, wie zumeist kolportiert, sondern mit Kämpfen nach außen (dem Martyrium) wie nach innen (dem Krieg gegen die Gnostiker) beschäftigt war, setzt sich mit dem Kirchenvater Augustinus (354–430) die Lehre vom gerechten Krieg (*bellum iustum*) durch, welche dann für die gesamte Scholastik paradigmatisch bleibt. Im Unterschied zu Aristoteles dient der Krieg jetzt nicht mehr der Bereicherung, sondern steht im Dienste des Heilsgeschehens. Überwiegen die Ungerechtigkeit, das Böse und die Sünde, so ist der Krieg geboten. Thomas von Aquin (1225–1274) erweitert die augustinische Kriegslehre, indem er den gerechten Krieg an das Gemeinwohl (*bonum commune*) bindet. Kriege gegen die Heiden – und somit die Kreuzzüge – waren für Thomas gerecht, wohingegen Francisco von Vitoria (1483–1546) diese alsdann ablehnt, wenn die Heiden – wie z. B. Indianer – keine Möglichkeit zur Konvertierung hatten. Der Naturrechtler Vitoria ist der Erste, der das Kriegsrecht logisch hinterfragt. Für ihn ist Krieg allein als Vergeltung für Unrecht gerechtfertigt, allerdings nur, wenn er dem Staat nicht mehr schadet als nützt. Vitoria zieht ferner in Erwägung, dass beide Seiten subjektiv meinen könnten, einen gerechten Krieg zu führen, woraus er eine Prüfungspflicht durch die Untertanen ableitet (Francisco de Vitoria 1532). Francisco Suárez (1548–1617) unterscheidet zwischen dem Verteidigungskrieg (der auf dem Naturrecht fußt) und dem Angriffskrieg (aus Gewohnheitsrecht; Suárez 1617).

In der Renaissance und Reformationszeit ändert sich die Situation des Krieges grundlegend, pragmatisch wie theoretisch. Treffend hat Michel Foucault (1926–1984) bemerkt, dass gegen Ende des Mittelalters der sog. Privat-Krieg vom Staats-Krieg zusehends verdrängt wird und die Staats-Kriege immer größere Einheiten binden (Foucault 1986, 8 f.). Im Dreißigjährigen Krieg standen sich bei der Schlacht von Breitenfeld 80 000 Mann nebst Bagage aus aller Herren Länder und Volksgruppen gegenüber. Mit der Verstaatlichung des Krieges verlagern sich die Kriegszwecke: Einerseits wird der Krieg nunmehr wieder offen zum Beutekrieg, andererseits zum ideologischen Krieg, vor allem zum Religionskrieg. Zum Dritten entwickelt sich ein hochexplosives Gemisch aus Beute- und Religionskriegen. Zur gleichen Zeit revolutioniert das Schwarzpulver die Waffen- und damit auch die Kriegstechniken: Die Schwerter weichen den Feuerwaffen, der Krieg Mann gegen Mann weicht dem technologischen Fernwaffenkrieg. Mit der Technologisierung des Krieges geht eine Entmenschlichung einher: Auf den ethischen Kombattanten-Krieg des Mittelalters folgt der Bevölkerungs-Vernichtungskrieg der Neuzeit. Während des Dreißigjährigen Krieges wurden schätzungsweise 40 % der deutschen Landbevölkerung getötet; in den umkämpften Gebieten Mecklenburg, Pommern, Pfalz, Thüringen und Württemberg lagen die Verluste bei 50–70 % der Bevölkerung. Die Gräueltaten des Krieges, als der Grundsuppe allen Übels, beschreibt Sebastian Franck (1499–1543) in der wohl ersten Friedensschrift überhaupt, seinem »Kriegsbüchlein des Friedens« (Franck 1539). Franck war zunächst Katholik, dann Lutheraner, dann Calvinist, ferner Täufer, schließlich konfessionslos und Humanist. Verfolgt wurde er von allen – selbst von den Humanisten – und war Zeit seines Lebens auf der Flucht.

Inwiefern die philosophischen Kriegstheorien jener Zeit ursächlich für die Gräuel waren oder nur deren Folge, lässt sich schwer abschätzen – jedenfalls gingen sie mit der Zeit. Schon für Niccoló Machiavelli (1449–1516) dient der Krieg alleine der expansiven Macht des Staates und kann sogar als dessen alleiniger Zweck betrachtet werden. Der Krieg garantiert nicht nur die äußere, sondern auch die innere Ordnung. Schließlich stellt Machiavelli die Kausalität von Recht und Krieg auf den Kopf: Es geht nicht mehr um den gerechten Krieg, sondern: Der Krieg *macht* Recht (Machiavelli 1520). Alberico Gentili (1552–1608) versteht den Angriffskrieg als präventiven Verteidigungskrieg (Gentili 1608), welcher für Gregorio de Valentia (1549–1603) auch dann gerechtfertigt ist, wenn es um strittige Rechte geht. Das Thomasische *ius ad bellum* wird somit zusehends kasualisiert und fremden Zwecken unterworfen, was schließlich die Rechtsfrage des Krieges in eine Machtfrage verwandelt. 1625, sieben Jahre vor der Schlacht bei Lützen, publiziert der calvinistische Theologe und Völkerrechtler Hugo de Groot (1583–1645) seinen Klassiker »De jure belli ac pacis« (Grotius 1625). Grotius geht von einem beiderseitig gerechten Krieg als Normalfall aus und entwirft erstmals das Bild von einem totalen Krieg, dem sog. Vollkrieg. Da dieser Vollkrieg ein Krieg zwischen Staaten ist, gilt die Kriegserklärung auch gegen alle, die ihm Untertan sind. Ausdrücklich werden dabei Kriegshandlungen gegen die Zivilbevölkerung, insbesondere gegen Ausländer, Frauen und Kinder gebilligt, womit Grotius die Legitimation für den modernen Vernichtungskrieg liefert. Dass Grotius als Vater des Toleranzgedankens anzusehen sei, weil er die gewaltsame Mission ablehnte, ist ein Missverständnis; denn nach calvinistischer Lehre sind Nichtchristen, wie übrigens auch Arme, von Gott verdammt und folglich unbekehrbar.

Der Angst vor dem Angriff der spanischen Armada auf England soll Thomas Hobbes (1588–1679) seine Frühgeburt verdanken; seine Mutter, so Hobbes später, habe zweierlei zur Welt gebracht: ihn und die Angst. Ein Omen wohl für das, was sich in England zu seinen Lebzeiten abspielen sollte. Zunächst die Religionskriege: Anglikaner gegen Katholiken, Calvinisten gegen Anglikaner, Presbyterianer gegen Episkopale. Sodann die Sozialkriege: verarmter Stadtadel gegen aufblühendes Landbürgertum, Zentralmacht gegen Provinz und *vice versa*. Die Religions- und Sozialkriege münden in den politischen Krieg: Parlamentarier gegen Royalisten, Aristokraten gegen Monarchisten. 1642–1649 schließlich der Bürgerkrieg: Puritaner kämpfen gegen Anglikaner, Parlamentarier gegen den König, Schotten gegen Engländer und werden dabei befeuert von Argwöhnischen, Verrätern und Überläufern, von Habgierigen, Ruhmsüchtigen und Rachsüchtigen. Es ist dies die Situation, die Hobbes den Naturzustand nennt: der Krieg aller gegen alle (*bellum omnium contra omnes*; Hobbes 1651). Für Hobbes ist der Naturzustand des Menschen der rechtsfreie Kriegszustand; der vorstaatliche Zustand, aber auch jener, in den Staaten wieder verfallen, wenn sie zerfallen. Die Natur des Menschen ist, wenn zwar nicht grundlegend böse, so doch asozial, der Mensch des Menschen Wolf (*homo homini lupus*). Hobbes sucht nach einer rationalen Grundlage für das friedliche Zusammenleben und weiß darum, dass weder Arme noch Reiche, weder Demokraten noch Monarchen, weder Kirche noch Staat ein Interesse am Frieden haben – es sei denn, sie werden dazu gezwungen. Diese Gewalt gegen die Gewalt kann nur von einer übergeordneten Instanz, einem Souverän ausgehen, der das Gewaltmonopol ausübt und den Parteien Schutz bietet. Die Allmacht des Souveräns beruht auf einem Gesellschaftsvertrag, indem die Parteien gegen Schutz auf Gewalt verzichten. Die Form der souveränen Instanz – ob Monarchie oder Demokratie – ist nicht entscheidend; entscheidend ist, dass sie entscheiden kann. Ausdrücklich benennt Hobbes diesen Souverän, wie auch sein Hauptwerk 1651, nach einem alttestamentarischen Ungeheuer »Leviathan« (Abb. 1); denn es geht jetzt nicht mehr um das Erlangen vom höchsten Glück, sondern um die Vermeidung des größten Unglücks. Seine Schrift hat Hobbes nahezu alle Freunde gekostet und viele neue Feinde gebracht, aber sie hat Europa beruhigt. Das Zeitalter des Barock, dem sie die Richtung wies, war relativ friedlich, und verglichen mit den Zeiten davor und danach waren die Kriege verhältnismäßig gesittet.

Als Jean-Jacques Rousseau (1712–1778) in Genf das Licht der Welt erblickte, waren die Zeiten der Theokratie Calvins – jene Zeiten der Terrorherrschaft zwischen 1541 und 1564 als Hunderte Genfer wegen abweichender Meinungen gehängt und die Frauen wegen des Tragens von Schmuck oder bunter Kleidung verbrannt wurden – längst passé; doch am calvinistischen Geist der Stadt hatte sich kaum etwas geändert. Es ist eigenartig und eine kaum bemerkte Gemeinsamkeit zwischen Hobbes und Rousseau: das Calvinismus-Trauma. Hobbes erlebte den puritanischen Terror Cromwells, Rousseau litt unter den Nachwehen des calvinistischen Sittenterrors. Allerdings zogen beide daraus die entgegengesetzten Schlüsse. Rousseau flüchtet im Alter von 16 Jahren aus Genf, konvertiert zum Katholizismus, lebt ein unglückliches Leben in Frankreich, kehrt schließlich in die Schweiz zurück und rekonvertiert zum Protestantismus. Hobbes ist Rationalist, Rousseau der erste Neu-Gnostiker und Romantiker der Moderne. In seinen beiden revolutionären Diskursen meint er, der Mensch sei von Natur aus gut, aber von der Gesellschaft verdorben. Da der edle Wilde friedlich, der zivilisierte Mensch aber gewalttätig ist, plädiert Rousseau für eine Rückkehr zur Natur. Im 4. Kapitel seines »Gesellschaftsvertrages« legt er seine Kriegstheorie nieder und wendet sich dabei in erster Linie gegen Grotius, der die Sklaverei und den Vernichtungskrieg rechtfertigt. Gegen Hobbes wendet er ein, »*dass der Gewaltherrscher seinen Untertanen [...] Ruhe [...] sichere; mag sein. Aber [...] die in der Höhle der Zyklopen eingesperrten Griechen lebten ebenfalls in tiefster Ruhe [...] bis sie verschlungen wurden*« (Rousseau 1762, 42 ff.). Im Sinne der hegelschen Herr-Knecht-Problematik plädiert Rousseau schließlich unterschwellig für den Aufstand, womit er sich zwar seinen ewigen Frieden im Pantheon gesichert, aber auch viele neue Kriege heraufbeschworen hat.

Immanuel Kants (1724–1804) praktische Vernunft hat zwei zentrale Themen: die Freiheit und den Frieden. Seine Schrift »Zum ewigen Frieden« (Kant 1795) erfolgt aus gegebenem Anlass: zum Einen aufgrund der Französischen Revolutionskriege (1792–1797), zum Anderen wegen der sog. Grande Terreur, der Jakobi-

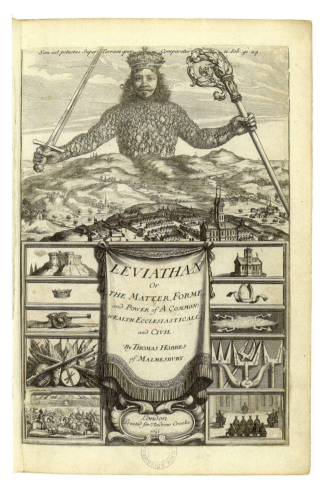

1
Titelbild des »Leviathan« von Thomas Hobbes, erschienen im Jahre 1651.

nerherrschaft, die in den Jahren 1793/94 wütete und mit der Verhaftung und Hinrichtung Robespierres endete. Kant verschiebt die Problematik grundlegend: Es geht nicht mehr um den gerechten Krieg, sondern um Frieden. Da Krieg und Frieden sich abwechseln und in einem Jahr zerstört werden kann, was zuvor in Jahrhunderten aufgebaut wurde, kann es nicht mehr um einen temporären und lokalen Frieden gehen. Was Kant vorschwebt, ist eine Welt ohne Krieg: ein ewiger Frieden. Wie Hobbes sieht auch Kant im Krieg den Naturzustand; der Frieden hingegen muss gestiftet werden. Dass Gewalt nicht ohne Gewalt vermieden werden kann, ist ein weiterer Grundsatz, den er mit Hobbes teilt. Kant geht aber vom modernen, asymmetrischen Krieg aus: von einer Mischung aus innerem und äußerem Krieg, vom National- und Bürgerkrieg, Armeen- und Partisanenkrieg. Für Kant beruht das Problem vor allem in der Arglist des Krieges: wenn z. B. Friedensverhandlungen Kriegszwecken dienen (indem etwa die Appeasement-Politik der einen Seite von der anderen Seite zur Täuschung und Vorbereitung der Kriegshandlung genutzt wird). Schließlich denkt

Kant vor allem an die internationale Situation und das Völkerrecht; d. h. gerade das Fehlen eines internationalen Gewaltmonopols und die sich hieraus ergebenden Konsequenzen. Gegen den Krieg setzt er Artikel, also das internationale Recht sowie die Einrichtung eines Völkerbundes.

Vor den Chiliasten, den Dualisten der altpersischen Religion des Zarathustra hat Kant ebenso gewarnt wie vor der Sehnsucht nach einem goldenen Zeitalter, wobei man nicht voraussagen könne, »*ob nicht die Zwietracht, die unserer Gattung so natürlich ist, am Ende für uns eine Hölle von Übeln, in einem noch so gesitteten Zustande vorbereite, indem sie vielleicht diesen Zustand selbst und alle bisherigen Fortschritte in der Kultur durch barbarische Verwüstungen wieder vernichten werden* [...]« (Kant 1784, 43). 150 Jahre nach Kant sollte sich genau dies in Deutschland ereignen: Eine Mischung aus Religions-, Politik-, Rassen- und Massenwahn, der – auf höchstem Niveau – mit dem barbarischsten aller Kriege die okzidentale Zivilisation zerstört und etwa 60 Millionen Menschen umbringt. Vor der Philosophie macht das, was Hermann Broch (1886–1951) als Massenwahn beschrieben hat, keinen Halt (Broch 1979). Die beiden einflussreichsten deutschen Philosophen des 20. Jhs., Carl Schmitt (1888–1985) und Martin Heidegger 1889–1976), waren nicht nur überzeugte Nationalsozialisten – beide sind demonstrativ am 1. Mai 1933 in die NSDAP eingetreten –, sondern haben auch mit ihren Schriften den Massenwahn bedient. 1933 erklärt Heidegger den Denk-Dienst, neben dem Militär-Dienst und dem Arbeits-Dienst, zur dritten Säule des Nationalsozialismus und träumt von einer Stellung als Reichshauptphilosoph. Schmitt beruft sich zwar gerne auf Hobbes, meint mit seiner politischen Theologie des Dezisionismus und seiner Partisanentheorie indes genau das Gegenteil – nicht Frieden, sondern Krieg. Mit Schmitt wurde die Philosophie erstmals in Nürnberg von einem Kriegsverbrechertribunal vernommen, als possible defendant. Heidegger erhielt für seine Denk-Dienste ein Lehrverbot bis 1950; keiner von beiden hat sich jemals vom Nationalsozialismus distanziert.

1956 publiziert Günther Anders (geb. als Günther Siegmund Stern, 1902–1992) seine »Antiquiertheit des Menschen« (Anders 1956). Antiquiert ist der Mensch, weil er seinen Technologien nicht mehr folgen kann; die Rechner werden immer leistungsfähiger, der Mensch wird zum Objekthirten seiner Geräte. Dies betrifft vor allem die militärtechnologische Entwicklung, insbesondere die Atombombe. Mit Anders' Fragen möchte ich schließen: Was bedeutet der mögliche Gattungsselbstmord für die Menschheit; wie kommt es, dass der Mensch nicht vor die Bombe zurück kann; schlussendlich: Wohin treibt uns die Kriegstechnologie?

Literatur

Anders 1956
G. Anders, Die Antiquiertheit des Menschen. Über die Seele im Zeitalter der zweiten industriellen Revolution (München 1956).

Broch 1979
H. Broch, Massenwahntheorie [verfasst 1938–1948] (Frankfurt a. M. 1979).

Foucault 1986
M. Foucault, Vom Licht des Krieges zur Geburt der Geschichte. Vorlesungen vom 21. und 28.1.1976 am Collège de France. Hrsg. u. übers. v. W. Seitter (Berlin 1986).

Francisco de Vitoria 1532
Francisco de Vitoria, De jure belli (Über das Kriegsrecht). De Indis (Über die Indianer). Lateinisch-Deutsch. In: U. Horst/H.-G. Justenhoven/ J. Stüben (Hrsg.), Vorlesungen (Relectiones) Völkerrecht, Politik, Kirche. 2 Bde. (Stuttgart, Berlin, Köln 1995/1997) 370–605.

Franck 1539
S. Franck, Das Kriegsbüchlein des Friedens wider den Krieg (o. O. 1539).

Gentili 1608
A. Gentili, De jure belli libri tres. 2 Bde. Text und Übersetzung v. J. Rolfe (Oxford 1933).

Grotius 1625
H. Grotius, De jure belli ac pacis libri tres (Drei Bücher vom Recht des Krieges und des Friedens). Paris 1625 nebst einer Vorrede von Christian Thomasius zur ersten deutschen Ausgabe des Grotius vom Jahre 1707. Neuer deutscher Text und Einleitung v. W. Schätzel (Tübingen 1950).

Hobbes 1651
T. Hobbes, Leviathan oder Stoff, Form und Gewalt eines bürgerlichen und kirchlichen Staates. Hrsg. und eingel. v. I. Fetscher (Berlin 1966).

Kant 1784
I. Kant, Idee zu einer allgemeinen Geschichte in weltbürgerlicher Absicht. In: W. Weischedel (Hrsg.), I. Kant, Werkausgabe in 12 Bänden, Bd. XI (Frankfurt a. M. 1977) 33–50.

Kant 1795
I. Kant, Zum ewigen Frieden. In: W. Weischedel (Hrsg.), I. Kant, Werkausgabe in 12 Bänden, Bd. XI (Frankfurt a. M. 1977) 191–251.

Machiavelli 1520
N. Machiavelli, Die Kunst des Krieges. In: Gesammelte Werke: Vom Staate, Vom Fürsten, Geschichte von Florenz, Die Kunst des Krieges, Kleine Schriften, Komödien, Dialog über die Sprache, Die Belfagor-Novelle (Eggolsheim 2011).

Rousseau 1762
J.-J. Rousseau, Der Gesellschaftsvertrag. Übers. v. H. Denhardt/W. Bahner (Frankfurt a. M. 1984).

Suárez 1617
F. Suárez, De pace. De bello (Über den Frieden. Über den Krieg). Lateinisch-Deutsch. Hrsg. v. M. Kremer (Stuttgart-Bad Cannstatt 2012).

AGGRESSION UND GEWALT – EIN ZUSAMMENSPIEL BIOTISCHER, PSYCHISCHER UND SOZIALER MECHANISMEN

Klaus Wahl

Krieg ist nur eine von vielen Arten von Gewalt. Neben weiteren großkollektiven Formen (z. B. Bürgerkrieg, Revolution) gibt es Gewalt in und zwischen kleineren Gruppen (Familienstreit, Kampf zwischen Jugendcliquen) und von Einzelnen (Mord, Raub).

Zwar hören wir täglich die Worte Gewalt und Aggression, aber ihre Bedeutungen sind nicht eindeutig. Wissenschaften wie die Biologie, Psychologie, Soziologie, Kriminologie, Rechts- und Politikwissenschaft liefern keine einvernehmlichen Definitionen: Sollen neben körperlicher Schädigung auch psychische Angriffe wie Mobbing dazu gehören? Kann man neben Personen auch einer ganzen Gesellschaftsstruktur Gewalt zuschreiben, etwa ungleicher Einkommensverteilung, die die Lebenschancen von Gruppen einschränkt? Religionen, Politik, Militär und Friedensbewegungen bieten Gewalt rechtfertigende und kritisierende Aussagen. Oft ist »Gewalt« einfach ein rhetorischer Kampfbegriff für das, was man nur dem Gegner anlastet.

Die Etymologie hilft nur bedingt weiter: »Aggression« (von lateinisch *aggredi*: angreifen, herangehen) ist ein umfassender Begriff, den die Biologie schon für Tiere verwendet. Auf Menschen bezogene »Gewalt« (von indogermanisch *giwaltan*, *waldan*: Verfügungsmacht, Herrschaft besitzen) wird heute doppelsinnig als »Aktions-« und »Kompetenzbegriff« benutzt, was andere Sprachen unterscheiden: (a) direkte persönliche Gewalt von lateinisch *violentia* zu spanisch *violencia*, französisch *violence*, englisch *violence*, (b) institutionelle Gewalt von lateinisch *potestas* zu *poder*, *pouvoir*, *power*. Doch beides ist auch verknüpft, denn (institutionelle) Gewalt beruht darauf, andere durch Androhung oder Ausübung körperlicher Gewalt zu etwas zwingen zu können. Um den Streit um Definitionen (Wahl 2013, 6 ff.) abzukürzen, hier ein Vorschlag, der von spezifischen Mechanismen ausgeht, nämlich dem Zusammenwirken biotischer, psychischer und sozialer Elemente und Prozesse für ein bestimmtes Ergebnis:

- Aggression umfasst ein in der Evolution geschaffenes Bündel biopsychosozialer Mechanismen, um andere zu schädigen. Biologisch gesehen dienen sie körperlicher, psychischer und sozialer Selbstbehauptung oder der Sicherung von Lebensgrundlagen. All dies geschieht im Dienste der eigenen Fortpflanzung – als ultimate (letzte) Ursachen, d. h. sie helfen, eigene Gene in der Evolution weiterzugeben, auch indirekt durch aggressive Hilfe für genetisch Verwandte und die Eigengruppe, die einen künftig schützen kann. Psychologisch wird Aggression bei einzelnen Menschen durch die individuelle Persönlichkeit (Temperament), Emotionen (Furcht, Frustration, Ärger, Stressgefühl, Schmerz, Lust, Dominanz) sowie situative Umstände und Auslöser (Bedrohung) mehr oder weniger stark aktiviert und auch in Lernprozessen (z. B. Nachahmung, Konditionierung) eingeübt – als proximate (näherliegende) Ursachen. Insbesondere Depressive können auch gegen sich selbst aggressiv werden.

- Gewalt umfasst eine Teilmenge von Aggression von Individuen und Kollektiven, die durch Gesellschaften und Staaten geschichtlich und kulturell unterschiedlich bewertet und durch Normen reguliert wird. Sie wird je nach Situation gefordert (Boxer im Sport, Soldat im Krieg), geduldet (Selbstverteidigung), geächtet (Anbrüllen) oder bestraft (Mord). Soziologisch gesehen ist Gewalt oft in Hierarchien (Machtstrukturen) eingebettet (elterliche, staatliche Gewalt), und sie wird durch sozioökonomische und kulturelle Faktoren beeinflusst (z. B. wirtschaftliche Lage, Bildungsgrad, aggressive Ideologien).

Aggression und Gewalt werden nach vielen Aspekten unterschieden (Heitmeyer / Hagan 2002), darunter nach Zielen (z. B. Verteidigung, Angriff), Mitteln (verbal, körperlich, mit Waffen), biopsychischen Prozessen (affektiv, impulsiv, als Reaktion auf andere, bewusst geplant), nach Akteuren (Herrschende, Revolutionäre, Zivilisten, Soldaten), der Art der Schädigung (psychisch, körperlich) oder nach Aktionsrahmen (spontan, institutionalisiert). Übertriebene, anhaltende oder situativ unangemessene Aggression wird als krankhaft betrachtet.

auch für »politische« Gewalttäter, die schon als Kinder aggressiv waren und später an eine passende Ideologie (Rassismus) zur Begründung ihrer Gewalt andockten (Wahl 2003; Wahl 2015).

Im Lebenslauf gleicht die Verbreitung von Aggression und anderem antisozialen Verhalten einer Kamelhöckerkurve mit zwei Gipfeln im Kindergartenalter und mittleren bis höheren Jugendalter, wenn die meisten Jungen gelegentlich zuschlagen. Das Militär kann die stärkere Aggressionsneigung im Jugendalter für seine Zwecke nutzen. Daneben sind ca. 5 % der Kinder (besonders Jungen) von der Kindheit bis ins Erwachsenenalter andauernd überdurchschnittlich aggressiv – das Rekrutierungsreservoir späterer Mehrfach-Gewalttäter (Wahl/Metzner 2012).

AKTUELLE EINFLÜSSE

Die Forschung fand viele aktuelle soziale Risikofaktoren für das Aufkommen von Gewalt: Geringe Schulbildung geht im Durchschnitt mit mehr körperlicher Gewalt einher. Der Einfluss der Sozialschicht (Kombination von Bildungsniveau, Berufsstatus, Einkommen) auf Gewalt ist indes nicht so klar, wie oft angenommen, doch die ganz Armen mit wenig Arbeitschancen aus gewalttätigen Subkulturen neigen stärker zu Gewalt. Befürchtete und reale Arbeitslosigkeit kann einen Teil der Betroffenen gewalttätig machen, andere werden resignativ (Wahl 2013, 154 ff.).

Um mikro- und makrosoziale sowie internationale Situationen emotional als bedrohlich, frustrierend und zu Gewalt auffordernd zu erleben, bedarf es oft einflussreicher Interpreten der Situation (religiöse, politische Meinungsführer, Medien), die auch reale oder vermeintliche Ursachen einer Malaise benennen (Sündenböcke) und zu aggressiven Akten dagegen motivieren.

Von den situativen Aggressionsbeschleunigern ist Alkohol besonders bekannt. Er vermindert die Selbstkontrolle, viele Gewalttaten erfolgen durch Betrunkene (Wahl 2013, 38 140). Während es etwa bei den antiken Griechen als unehrenhaft und feig galt, betrunken in die Schlacht zu ziehen, und nur die Barbaren dieser Untugend bezichtigt wurden, wurde Soldaten etlicher Nationen in neuerer Zeit sogar offiziell Alkohol zur Ermutigung und Beruhigung gereicht – oder sie beschafften ihn sich selbst (Nenici 1997; Jones/Fear 2011).

Literatur

Darwin 2006
C. Darwin, Gesammelte Werke (Frankfurt am Main 2006).

Elias 1992
N. Elias, Über den Prozeß der Zivilisation. Soziogenetische und psychogenetische Untersuchungen (Frankfurt am Main 1992).

Freud 1933
S. Freud, Warum Krieg? In: S. Freud, Gesammelte Werke, Bd. 16 (London 1933) 13–27.

Heitmeyer/Hagan 2002
W. Heitmeyer/J. Hagan (Hrsg.), Internationales Handbuch der Gewaltforschung (Wiesbaden 2002).

Jones/Fear 2011
E. Jones/N. T. Fear, Alcohol use and misuse within the military: a review. Internat. Rev. Psychiatry 23, 2011, 166–172.

Lorenz 1963
K. Lorenz, Das sogenannte Böse. Zur Naturgeschichte der Aggression (Wien 1963).

Morris 2012
I. Morris, The Evolution of War. Cliodynamics 3, 2012, 9–37.

Nencini 1997
P. Nencini, The Rules of Drug Taking: Wine and Poppy Derivatives in the Ancient World III. Substance Use & Misuse 32, 1997, 361–367.

Pinker 2011
S. Pinker, Gewalt: Eine neue Geschichte der Menschheit (Frankfurt am Main 2011).

Wahl 2003
K. Wahl (Hrsg.), Skinheads, Neonazis, Mitläufer. Täterstudien und Prävention (Opladen 2003).

Wahl 2013
K. Wahl, Aggression und Gewalt. Ein biologischer, psychologischer und sozialwissenschaftlicher Überblick (Heidelberg 2013).

Wahl 2015
K. Wahl, Wie kommt die Moral in den Kopf? Von der Werterziehung zur Persönlichkeitsförderung (Berlin 2015).

Wahl/Metzner 2012
K. Wahl/C. Metzner, Parental Influences on the Prevalence and Development of Child Aggressiveness. Journal Child and Family Studies 21, 2012, 344–355.

Wahl/Wahl 2013
K. Wahl/M. R. Wahl, Biotische, psychische und soziale Bedingungen für Aggression und Gewalt. In: B. Enzmann (Hrsg.), Handbuch politische Gewalt. Formen – Ursachen – Legitimation – Begrenzung (Wiesbaden 2013) 15–42.

Die Schieferpalette von König Narmer (ca. 3150–3125 v. Chr.) > siehe S. 40
Die Rückseite der Narmer-Palette zeigt den Sieg des oberägyptischen Königs über
Unterägypten. Der hier bereits zu Beginn der Reichseinigung vorkommende Bildtopos
»Erschlagen der Feinde« hat fast 3000 Jahre Bestand. Ägyptisches Museum, Kairo.

Vorderseite der Narmer-Palette: Darstellung des siegreichen Pharaos, der auf einer feierlichen Prozession die enthaupteten Gefangenen begutachtet. Im untersten Register ist die Zerstörung einer befestigten Stadt sowie das Niedertrampeln eines Feindes durch den Pharao in Gestalt eines Stiers dargestellt.

DIE VERHERRLICHUNG VON GEWALT UND KRIEG

Roberto Risch

Seit Beginn der Menschheit kann es prinzipiell zur Erfahrung von physischer Gewalt gekommen sein, denn wie der Soziologe H. Popitz es formulierte: »*Der Mensch muss nie, kann aber immer gewaltsam handeln* [...]« (1986, 76). Eine Möglichkeit, materieller Not, Lust, Angst etc. zu begegnen, war und ist es, andere zu schädigen, wobei es keinesfalls an anderen Alternativen fehlt, wie uns der gewöhnliche Alltag glücklicherweise bestätigt. Es existiert eindeutig kein zwingender Grund, weder im biologischen noch im materiellen Sinne, anderen Menschen physischen Schmerz zuzufügen, denn immer hat es Gesellschaften gegeben, die ihre Konflikte auf anderem Wege lösten. Wenn Gewalt nur eine Option im menschlichen Handeln darstellt, muss diese Praxis zu einer entsprechenden Begrifflichkeit geführt haben, mit der man Gewalt kommunizieren, planen und vor allem widerstehen konnte. Eine solche archäologische Etymologie der Gewalt wird möglich, wenn wir die Ikonografie der Gewalt durch die Geschichte verfolgen. Ab dem Augenblick, an dem Strategien und Mittel zur körperlichen Misshandlung anderer bildlich wiedergegeben werden, ist eindeutig, dass man kausale Zusammenhänge bestimmter Handlungsweisen erkannt hat und kommunizieren wollte. Diese Erkenntnis ist umso deutlicher, wenn nicht nur Kampf zwischen Menschen dargestellt wird, sondern Täter und Opfer eindeutig aus der bildlichen Erzählung hervorgehen. Aus dem schicksalhaften Unfall oder Unglück und aus dem undifferenzierten Schlagen und Töten von Lebewesen wurde bewusste Gewalt gegen Menschen. Durch die bildliche Darstellung erfolgt die Verherrlichung einer bestimmten Situation oder Handlung, die auch immer die Befreiung des Menschen aus der Ohnmacht ausdrückt. Es geht dabei jedoch nicht ausschließlich um die Umstände dieses Bewusstwerdens, sondern um die Motive, warum Gewalt überhaupt dargestellt werden muss. Gewalt wird gewöhnlich selbst als ein Kommunikationsmedium bezeichnet und als Praxis gebraucht sie auch keinen zeremoniellen Zusatz, um effektiv zu sein. Welche Wirkung verfolgt daher das Gewaltbild? Warum gab es dies nicht zu allen Zeiten und in allen Gesellschaften, wenn Gewalt prinzipiell doch immer anwesend sein kann?

An erster Stelle ist zu vermerken, dass menschlich verursachtes Leid auf andere erst relativ spät in der Geschichte der Menschheit dargestellt worden ist. Obwohl unsere ersten europäischen Vorfahren durchaus Jagdmotive in den paläolithischen Höhlen Nordspaniens und Frankreichs darstellten, auf denen auch die Tötung von lebendigen Wesen erscheint, war zwischenmenschliche Gewalt scheinbar nie bildwürdig. Diese Bedeutungslosigkeit von Gewalt über Jahrtausende hinweg setzt sich auch bei den frühen Agrargesellschaften fort, in einer Zeit, in der sich die archäologischen und anthropologischen Nachweise von traumatischen Wunden mehren. Scheinbar handelt es sich um Reaktionen auf Klimawandel, Missernten, Hungersnöte, Angst, ungleiche Verteilung von Ressourcen etc., aber nicht um die Ausübung von Gewalt als ein politisches Mittel. Politisches Handeln bestand zu einem Großteil der menschlichen Entwicklung vorrangig aus dem mehr oder weniger kollektiven Entscheiden über das Verteilen von Aufgaben, Mitteln und Gütern zwischen den Mitgliedern einer Gemeinschaft. Erst mit der Vertiefung wirtschaftlicher Unterschiede und zunehmender sozialer Ausbeutung reduzierte sich Politik immer mehr auf die Ausübung von Macht. Es scheint daher kein Zufall zu sein, dass genau in der Zeit vor etwa 5500 Jahren, als die Anzeichen sozialer Spaltung in manchen Gebieten unübersehbar werden, auch die ersten Darstellungen von physischer Gewalt und spezialisierten Gewaltmitteln in der Alten Welt erscheinen.

Ab dem 4. Jt. v. Chr. finden wir gleich in mehreren Regionen Gewaltbilder auf Felswänden, in Gräbern oder auf Stein- und Tongegenständen gemalt, geschnitzt, geformt oder gehauen (siehe Abb. 4). Hier werden zum ersten Mal Handlungen und Waffen dargestellt, die sich nicht aus der Perspektive der Jagd erklären lassen, wie es der Fall bei den Felszeichnungen in der Sahara und spanischen Levante ist (siehe Beitrag »Felsbildkunst«, S. 119). Vielmehr bringen

1
Gewaltszenen aus dem Grab 100 von Hierakonpolis, Ägypten, ca. 3600–3300 v. Chr.

diese Bilder die Schädigung von Menschen bis zur Tötung ins Bewusstsein.

GEWALTBILDER IN DER GEBURTSSTUNDE DES STAATES

Die ersten sicher datierten Verherrlichungen von Gewalt kennen wir aus Ägypten. Der möglicherweise älteste Nachweis erscheint auf der Wandmalerei des Grabes 100 von Hierakonpolis, welches in die protodynastische Zeit von Nagada II um 3600–3300 v. Chr. datiert wird. Nicht nur die architektonische Komplexität des Grabes, sondern auch der Reichtum und die Besonderheit der Grabbeigaben, wie eine Reihe von Raubtieren, die um die zentrale Kammer lagen, deuten auf die Machtstellung der hier begrabenen Person hin. Auf den bemalten Wänden erscheint eine stehende, männliche Figur, möglicherweise der Bestattete selbst, die eine Keule in der rechten Hand hält und kurz davor ist, den ersten von drei gefesselten und knienden Menschen zu erschlagen (Abb. 1). Genau diese Handlung und Haltung wird über Jahrtausende zur kanonischen Darstellung der absoluten Macht und Gewalt der Pharaonen. Auf derselben Höhe erscheint noch der Ablauf eines tödlichen Zweikampfes, in dem die physische Überlegenheit des Bestatteten zelebriert wird.

In der darauffolgenden protodynastischen Periode Nagada III, um 3300–3150 v. Chr., sind Gewalttaten und -mittel gleich auf mehreren rituellen Paletten, Keulenköpfen und Messergriffen aus Stein, Knochen und Ton erhalten. Dargestellt werden Zweikämpfe und Schlachten. Gekämpft oder gepeinigt wird dabei mit Keulen, Knüppeln, Beilen, Wurfstöcken, Lanzen und Reflexbögen, wenn nicht der als Stier oder Löwe dargestellte Herrscher den Gegner direkt gnadenlos zerfleischt und Geier und Raben über seinen Körper herfallen. Feinde erscheinen mit den Armen auf dem Rücken, an den Ellenbogen gefesselt oder an Standarten gehängt. All diese Darstellungen erreichen ihren symbolischen und dramaturgischen Höhepunkt auf der sog. Palette von Narmer, dem ersten namentlich bekannten Pharao und somit Begründer der 1. Dynastie, ca. 3150–3125 v. Chr. (siehe S. 37 f.). Indem er sich mit einer Keule in der Hand hinter einer Reihe von Standartenträgern und vor zehn enthaupteten Menschen darstellen lässt, die perfekt nebeneinandergereiht auf dem Boden liegen mit den Köpfen zwischen den Beinen, wird das Selbstbewusstsein des Herrschers des ersten ägyptischen Staates ausgedrückt, dessen Macht wesentlich auf der Möglichkeit der Ausübung nackter Gewalt beruhte. Wir haben es hier also mit der ersten bekannten Darstellung von sog. ostentativer Grausamkeit zu tun.

Gleichzeitig wie in Ägypten entwickelte sich auch in Mesopotamien im 4. Jt. v. Chr. eine Staatsgesellschaft, die nach dem Namen der ersten »Großstadt« Uruk bezeichnet wird. Im Gegensatz zu Ägypten gelangte hier jedoch zu Beginn kein dynastisches System an die Spitze des Staates, sondern eine Gruppe von »Priestern« und »Beamten«, deren politische Stellung scheinbar nicht vererblich war. Eine solche Herrscherfigur ist auch bestimmend für die ältesten überlieferten Gewaltdarstellungen (Vogel 2013). Auf einer Siegelabrollung aus der Mitte des 4. Jts. steht dieser politische Amtshalter, einen langen Stab oder eine Lanze in der Hand haltend, vor einer Gruppe kniender, sitzender oder gebückter Menschen, von denen die meisten an Unterarmen und Beinen gefesselt sind oder den Herrscher anflehen (Abb. 2). Gleichzeitig schlagen zwei weitere Personen von hinten mit Stöcken oder Peitschen auf die Gefangenen ein. Da diese Szenen auf Siegel eingeritzt wurden, konnten sie praktisch beliebig auf Ton vervielfältigt werden. Güter, die solche Siegel trugen und über weite Strecken zirkulierten, vermittelten demnach eindeutig die sich neu formende Staatsgewalt.

DIE SONDERBAREN BILDER DER GRÄBER VON KLADY UND LEUNA

Weitere Darstellungen zumindest von Gewaltmitteln aus der zweiten Hälfte des 4. Jts. v. Chr. erscheinen in zwei Steinkistengräbern, die zwar 2300 km voneinander entfernt liegen, aber sich dennoch in vielerlei Hin-

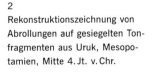

2
Rekonstruktionszeichnung von Abrollungen auf gesiegelten Tonfragmenten aus Uruk, Mesopotamien, Mitte 4. Jt. v. Chr.

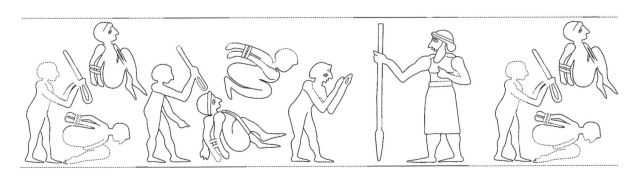

sicht ähneln. Sowohl im Grab 1 aus dem Grabhügel 28 der Nekropole von Klady im Nordkaukasus (Abb. 3; Rezepkin 2000, 57–59), als auch in einer gleichartigen Kammer aus Göhlitzsch, Saalekreis, erscheinen dieselbe Art von Reflexbogen und Köcher auf einigen der Steinplatten, die die Grabkammer bilden (Schunke 2013; siehe Beitrag »Pfeil und Bogen«, S. 133 Abb. 3). In Göhlitzsch wurde zudem eine Streitaxt dargestellt, die typologisch ebenfalls mit denen aus Klady und Osteuropa bekannten Waffen übereinstimmt. Während wir nicht wissen, wer in Göhlitzsch bestattet worden war, da dieses Grab schon im 18. Jh. geöffnet wurde, lag in der Hauptkammer von Klady ein einziger 22–25 Jahre junger Mann, der nach anthropologischen Aussagen gewaltsam durch einen Schlag in den Nacken starb. Neben einer bedeutenden Menge an Schmuckgegenständen aus Karneol, Silber und Gold sowie anderen Beigaben lagen in der Kammer auch eine Axt und fünf Dolche aus Bronze. Wenn die beiden malerisch und symbolisch beigegebenen Bögen mit Köcher einbezogen werden, übertrifft die Anzahl an Waffen im Grab eindeutig die angemessene Ausstattung eines Kriegers. Dieses Phänomen, das von S. Hansen (2002) als »Überausstattung« bezeichnet worden ist, tritt zum ersten Mal im Kaukasus auf, bevor es sich im Laufe des 3. Jts. v. Chr. auch im Vorderen Orient und in Europa verbreitet. In diesen inszenierten Überbewaffnungen treffen wir im Grunde auf dieselbe Kommunikationsstrategie und Verherrlichung von Gewalt wie bei den bisher besprochenen bildlichen Darstellungen. In diesem Sinne unterscheiden sich Klady und Göhlitzsch grundsätzlich von der allgemein hoch komplexen und verschlüsselten Symbolik des Neolithikums. Keine übernatürlichen, imaginären Kräfte, sondern ein konkreter sozialer und politischer Tatbestand soll hier visualisiert werden: deutlich erkennbare Gewaltmittel und die von ihnen ausgehende Macht. Der Spielraum für interpretative Ambiguitäten ist praktisch aufgehoben worden.

DIE ÜBERSTEIGERUNG DER GEWALTDARSTELLUNGEN IM 3. JT. V. CHR.

Im Vergleich zu den eher vereinzelten und räumlich weit voneinander entfernten Darstellungen des 4. Jts. kommt es nach 3000 v. Chr. zu einer wahren Flut an Bildern mit Gewaltdarstellungen über weite Gebiete Europas, Nordafrikas und des Orients (Abb. 5). Waffen, Kampf, Gefangennahme, Folter oder Hinrichtungen werden in großer Vielfalt mit unterschiedlichen Techniken auf neuen Materialien und in neuen Umgebungen wiedergegeben. Während die Bilder des 4. Jts. eher kleinformatig waren und häufig in Gräbern vorkamen, entwickelte sich Gewalt im nächsten Jahrtausend immer mehr zu einem öffentlichen und allgegenwärtigen Thema. Die Wände bestimmter repräsentativer Räume der orientalischen Herrschaftsresidenzen und Tempel von Mari und Ebla, Syrien, wurden mit eingravierten Stein- und Elfenbeinplatten versehen, auf denen Kampfszenen und das Abführen und Töten von Gefangenen im Detail erscheinen. Gräber verschiedener Herrscher, Gouverneure und Generäle von der 4.

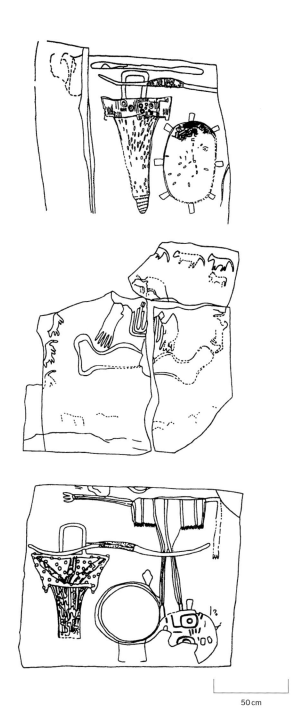

3
Wandmalerei aus Steinkistengrab 38-1 von Klady, Nordkaukasus, ca. 3300–3200 v. Chr.

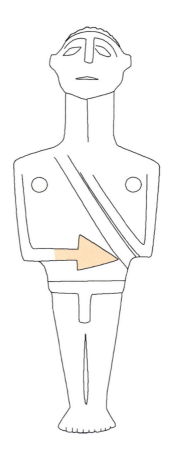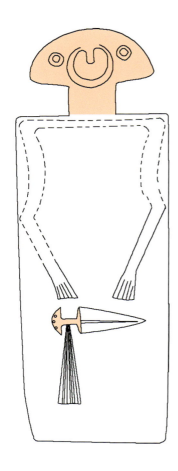

6
rechts: Stele aus Filetto, Lunigiana, Norditalien, ca. 2900–2500 v. Chr.
links: männliche Marmorfigur mit Dolch-Hand aus Amorgos, Kykladen, ca. 2300–2200 v. Chr.

Hals der Person mit dem Griff des Dolches vom sog. Typ Remedello identifiziert. Dieser erscheint im Hüftbereich der männlichen Stelen. Auf dem ägäischen Idol (2300–2200 v. Chr.) ist die rechte Hand in eine Dolchschneide umgewandelt worden. In beiden Fällen wird der Mensch selbst zum Gewaltmittel; sein Denken und Handeln reduziert sich auf Gewalt und seine Identität wird über eine spezialisierte Waffe definiert.

Noch deutlicher erscheint dieses neue Menschenbild auf den Stelen Mesopotamiens, die im Akkadischen als *Narû* bezeichnet wurden und die ersten eindeutigen Kriegsmonumente darstellen (Bahrami 2008). Auch hier wurden sorgfältig bearbeitete Steinblöcke deutlich sichtbar auf öffentlichen Plätzen, in der Nähe von Tempeln oder auf freiem Feld aufgestellt. Die älteste bekannte Kriegsstele ließ König Eanatum errichten, der im 25. Jh. v. Chr. über den mesopotamischen Stadtstaat Lagaš herrschte. Dieses 1,8 m hohe, auch als »Geierstele« bekannte Werk ist auf beiden Seiten mit Bildern und Text versehen und überliefert den ersten Kriegsbericht der Geschichte (Abb. 7; siehe Beitrag »Militär und Kriegführung«, S. 215 Abb. 3). Auf der einen Seite der Stele wird die politische und kriegerische Auseinandersetzung zwischen den Herrschern Eanatum und Uš aus der Nachbarstadt Umma um die Kontrolle eines fruchtbaren Landstriches geschildert. Zu Fuß oder auf einem Streitwagen stehend, bezwingt Eanatum den Feind mit einer großen Lanze auf der schlecht erhaltenen unteren und der zweitobersten Szene. Die obere Szene scheint sich während oder unmittelbar nach der Schlacht abzuspielen. Eanatum führt seine mit Schild, Helm, Lanze und Streitaxt bewaffneten Truppen in perfekter militärischer Formation an. Der vernichtende Sieg wird durch das Trampeln der Soldaten über die und das Stapeln der getöteten, nackten Feinde deutlich unterstrichen. Ganz oben auf der Stele kreisen die Geier mit den abgerissenen Köpfen und Armen der getöteten Feinde. Die dritte Szene von oben scheint sich ebenfalls nach der Schlacht, zurück im städtischen Palast oder im Tempel von Lagaš, abzuspielen. Ganz links tragen Männer Körbe mit Erde auf dem Kopf. Sie sind dabei, die zu einem Hügel aufgestapelten, ebenfalls nackten Toten abzudecken.

Die gegenüberliegende Seite wird von einer stehenden, bärtigen Gottheit, möglicherweise dem Schutzgott von Lagaš, beherrscht. Während seine linke Hand ein Netz mit nackten, zappelnden Feinden fest zusammenhält, schlägt er mit einer Keule in der Rechten auf den Kopf eines aus dem Kampfnetz herausschauenden Mannes – eine Komposition, die stark an die typische Darstellung des Pharaos beim Erschlagen der Feinde erinnert. Beide Seiten der Stele geben demnach jeweils den historischen und den mythologischen Ablauf des Kampfes wieder. Eanatum kann den Kampf gegen Umma anführen, weil er die Zustimmung und Unterstützung der Götter auf seiner Seite hatte. Damit ist der Krieg nicht nur erfolgreich, sondern auch legitim.

DIE HISTORISCHE BEDEUTUNG DER GEWALTDARSTELLUNGEN

Kommen wir nach diesem kurzen Überblick über die ersten Gewalt- und Kriegsbilder in der menschlichen Geschichte zur Frage, warum physische Gewalt ab einem bestimmten Zeitpunkt nicht mehr nur Brutalität, sondern auch Herrlichkeit bedeutet. Wir sind uns bewusst, dass Gewalt nichts produziert außer Leid, Tod und Macht über andere. Deshalb lassen sich Macht und insbesondere Herrschaft auch nicht nur mit Gewalt durchsetzen. Ein ständiger Kriegszustand wäre nicht nur sozial unerträglich, sondern vor allem ineffizient, um eine Bevölkerung wirtschaftlich auszubeuten. Und genau hierin liegt das eigentliche Ziel von Herrschaft. Wenn Krieg und Gewalt alltäglich wer-

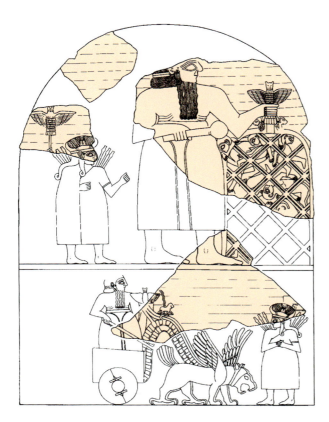

den, verliert der Herrscher oder der Staat seine Legitimation, die von allgemeinem Gehorsam abhängig ist. Gerade zu Beginn der Herausbildung der ersten staatlichen oder staatsähnlichen Strukturen im 4. und 3. Jt. v. Chr., als der Widerstand der bis dahin weitgehend politisch undifferenzierten Gesellschaften vor Unterdrückung und Ausbeutung am stärksten war, müssen sich die ersten Herrscher mit dieser Problematik auseinandergesetzt haben: Wie wird aus außerordentlicher Gewaltanwendung dauerhafter Gehorsam und vor allem Arbeitswille?

Genau in diesem Paradoxon bietet die Gewaltdarstellung einen Ausweg, indem sie den außerordentlichen, brutalen, aber nicht alltäglichen Charakter der Gewalt ins Bewusstsein bringt. Sie wird zum ersten Mal in der Gesellschaft als ein sonderbares, zerstörerisches Ereignis und als eine Zäsur des Lebens erkannt, als ein Ausnahmezustand in dem alles, was das Leben erhält, vernichtet werden kann. Gleichzeitig werden aber Gewalt und Krieg durch ihre Darstellung auf Felsen, Stelen, Standarten, zeremoniellen Platten etc. zeitlos gemacht. Das geschaffene Bild ruft nicht nur Gewalt als eine besondere Handlung ins Bewusstsein, sondern die Ewigkeit von Gewalt. Durch ihre ritualisierte Darstellung gelangt Gewalt zu einer neuen, von ihrem Wesen her völlig irrealen, zeitlichen Dimension. Aus dem Bild selbst wird ein historisches Monument/Dokument, durch welches die Vorstellung einer zerstörerischen Auseinandersetzung verewigt wird. Zudem erzwingt der eindeutig rituelle Charakter der frühen Gewaltszenen die Allgegenwärtigkeit dieser einzigartigen Geschehnisse auf zeremonieller und symbolischer Ebene. In dieser Zeitlosigkeit befindet sich das Wesen der Verherrlichung. Erst durch die Produktion von Gewaltbildern unter herrschaftlichem Auftrag, die, wie wir gesehen haben, mit den ersten Staaten und extremer sozialer Ausbeutung beginnt, erscheint uns Gewalt als ein wesentlicher und sogar notwendiger Teil des menschlichen Zusammenlebens. So wird verständlich, dass sich im menschlichen Bewusstsein, vom allgemeinen Glauben bis zur modernen politischen Theorie, ein Verständnis von Gewalt als angeborner Teil des Menschen und als eine in allen Gesellschaften verwachsene Eigenschaft festsetzen konnte; letztendlich die Vorstellung, dass physische Gewalt ewig ist, obwohl jeder Einzelne sie nur relativ selten wirklich erlebt.

Es ist gelegentlich argumentiert worden, dass Gewaltdarstellungen im Altertum vor allem der Legitimation der staatlichen Gewalt, insbesondere dem Krieg dienten (z. B. Popitz 1986, 92 f.; Bahrani 2009). Die Erstellung eines Feindbildes, das Recht des Herrschers gnadenlos gegen diese Feinde vorzugehen, die Monopolisierung aller politischen Gewalt und die Zelebrierung der Waffen stehen hier im Vordergrund. Es

7
Stele von Eanatum von Lagaš, ca. 2460 v. Chr.

gilt bildlich festzuhalten, dass die kriegerischen Ausnahmezustände ausschließlich von den Herrschern oder militärischen Anführern ausgehen. In solchen Situationen steht ihnen die Ausübung absoluter Macht zu, Menschen und Dinge zu vernichten, um den Sieg zu erringen. Deportation, Verstümmelung, Folter, Hinrichtung werden bei solchen Ausnahmezuständen bis heute hingenommen. Auf einer beschreibenden Ebene sind dies sicher richtige Beobachtungen, doch wird dabei übersehen, dass Kriege im Grunde gar keiner Legitimation benötigen, wie der rezente Irakkrieg wieder deutlich gemacht hat, der trotz fehlendem Mandat der UNO begonnen wurde. Eigentlich tragen die Bilder und Monumente dieser Ereignisse weder zur Legitimation des Krieges oder der Taten der Kriegführenden bei, noch setzen sie ein historisches Warnzeichen, um weitere Kriege zu verhindern. Ihr Sinn liegt vielmehr darin, dem Individuum seine absolute Machtlosigkeit gegenüber grenzenloser und willkürlicher Zerstörung der von Staaten und Herrschern ausgehenden Kriege vor Augen zu führen. Die bildliche Darstellung schürt die Angst vor der absoluten Vernichtung der eigenen Lebensbedingungen durch andere Mächte, die genauso gnadenlos kämpfen, töten und foltern werden wie der eigene Staat und Herrscher, um siegreich zu sein. Monumente, Symbole und Rituale, ungleich ob sie eine zelebrierende oder eine kritische Sichtweise verfolgen, dienen zur Aufrechterhaltung dieser Eigenschaft aller Staatssysteme und dem falschen Glauben an deren Ewigkeit. Aus Angst vor neuer Zerstörung der Lebensgrundlagen folgt Gehorsam, Unterwerfung und Einverständnis mit den bestehenden Machtverhältnissen, was die eigentlichen Bestandteile dauerhafter Herrschaft sind. Der Widerspruch zwischen Macht und Gewalt wird somit aufgehoben. Gewaltdarstellungen schaffen keine Legitimation für den Krieg, sondern für den Frieden im Staat. Die Vorstellung der Ewigkeit von exzeptioneller physischer Gewalt und Krieg, also ihre Verherrlichung, führt zur Akzeptanz der alltäglichen Gewalt, die von sozialer Ausbeutung, patriarchalischer Macht und staatlicher Herrschaft, welcher Form auch immer, ausgeht. Das Bild von Gewalt entsteht in dem historischen Augenblick, in dem Gewalt einerseits wesentlicher Bestandteil der Macht, aber andererseits unzureichend für die Ausübung von Herrschaft geworden ist. Erst bei dieser politischen Trennung von Macht und Gewalt kommt es zur Verherrlichung beider durch entsprechende Darstellungen, Monumente und Rituale.

Literatur

Ambrosi 1972
A. C. Ambrosi, Corpus delle Statue-Stele Lunigianesi (Bordighera 1972).

Bahrami 2008
Z. Bahrami, Rituals of War. The Body and Violence in Mesopotamia (New York 2008).

Feller 2013
B. Feller, Die Anfänge der Bürokratie. Funktion und Einsatz von Siegeln im 4. und 3. Jahrtausend v. Chr. In: N. Crüsemann/M. van Ess/M. Hilgert/B. Salje (Hrsg.), Uruk: 5000 Jahre Megacity. Begleitband zur Ausstellung »Uruk – 5000 Jahre Megacity (Berlin 2013) 159–165.

Hansen 2002
S. Hansen, »Überausstattungen« in Gräbern und Horten der Frühbronzezeit. In: J. Müller (Hrsg.), Vom Endneolithikum zur Frühbronzezeit: Muster sozialen Wandels? Univforsch. Prähist. Arch. 90 (Bonn 2002) 151–173.

Katalog Badisches Landesmuseum 1976
Kunst und Kultur der Kykladeninseln im 3. Jahrtausend v. Chr.: Ausstellung im Karlsruher Schloss vom 15. Juni - 10. Oktober 1976. Bad. Landesmus. Karlsruhe (Karlsruhe 1976).

Popitz 1986
H. Popitz, Phänomene der Macht (Tübingen 1986).

Rezepkin 2000
A. D. Rezepkin, Das frühbronzezeitliche Gräberfeld von Klady und die Majkop-Kultur in Nordwestkaukasien. Arch. Eurasien 10 (Rhaden/Westf. 2000).

Schulz 2002
R. Schulz, Der Sturm auf die Festung. Gedanken zu einigen Aspekten des Kampfbildes im alten Ägypten vor dem Neuen Reich. In: M. Bietak/M. Schwarz (Hrsg.), Krieg und Sieg. Narrative Wanddarstellungen von Altägypten bis ins Mittelalter. Denkschr. Gesamtakad. 24 (Wien 2002) 19–41.

Schunke 2013
T. Schunke, Klady – Göhlitzsch. Vom Kaukasus nach Mitteldeutschland oder umgekehrt? In: H. Meller (Hrsg.), 3300 BC. Mysteriöse Steinzeittote und ihre Welt. Sonderausstellung vom 14. November 2013 bis 18. Mai 2014 im Landesmuseum für Vorgeschichte Halle (Halle [Saale] 2013) 151–155.

Vogel 2013
H. Vogel, Der 'Große Mann von Uruk'. Das Bild der Herrschaft im späten 4. und frühen 3. vorchristlichen Jahrtausend. In: N. Crüsemann/M. van Ess/M. Hilgert/B. Salje (Hrsg.), Uruk: 5000 Jahre Megacity. Begleitband zur Ausstellung »Uruk – 5000 Jahre Megacity (Berlin 2013) 139–145.

MASSENGRÄBER – EINE LOGISTISCHE UND WISSENSCHAFTLICHE HERAUSFORDERUNG FÜR ARCHÄOLOGIE UND ANTHROPOLOGIE

Kurt W. Alt und Susanne Friederich

BIOARCHÄOLOGIE

Die Anthropologie hat zahlreiche Facetten, angefangen von der Evolutionsforschung, über die Entwicklung des Menschen von der Befruchtung bis zum Tod, von der angewandten Forensik bei unbekannten Skelettfunden bis zum Partner der Archäologie. Zweifellos hat die moderne Bioarchäologie mit ihren zahlreichen neuen Methoden die archäologischen Wissenschaften in den letzten Jahrzehnten revolutioniert. Niemand hätte sich vor 30 Jahren vorstellen können, dass wir heute – natürlich mit dem Einsatz entsprechender finanzieller Mittel – in der Lage sind, die Herkunft und Entwicklung des Menschen, seine Subsistenz und seine bevorzugte Nahrung, seine Mobilität und sein Wanderungsverhalten, die biologischen Verwandtschaftsverhältnisse und die Besiedlungs- und Populationsgeschichte der Kontinente nachzuzeichnen. Und noch ist nicht absehbar, dass hier Grenzen erreicht sind, im Gegenteil. Von der Weiterentwicklung der Molekulargenetik, der Etablierung immer neuer Isotopensysteme und dem Einsatz weiterer naturwissenschaftlicher Verfahren profitiert die Archäologie im Besonderen. Was bei allem Hochgefühl ob dieser Möglichkeiten aber noch zu kurz kommt, ist eine erweiterte kulturgeschichtliche Deutung der gewonnenen Daten auf einer Metaebene, was derzeit erst in Ansätzen geschieht. All dies heißt jedoch nicht, dass die bereits lange etablierten Verfahren zur Bestimmung von Sterbealter und Geschlecht am Skelett, die Berechnung der Körperhöhe, die Erfassung von Krankheiten, Gewaltspuren, Stressmarkern und Aktivitätsmustern und damit Hinweise auf demografische und epidemiologische Prozesse ausgedient hätten. Auch auf diesem Gebiet haben sich die Methoden seit Jahren verfeinert, sodass die Lebensweise und die Lebensbedingungen unserer Vorfahren bis hin zu Biografien vorgelegt werden können.

DIE BEDEUTUNG VON MASSENGRÄBERN

Massengräber haben nicht generell etwas mit dem Schrecken von Krieg, Völkermord oder Seuchen zu tun. Gelegentlich scheinen sie eine Lösung dafür zu sein, dass sich die Welt der Lebenden und der Toten auf dem gleichen Planeten arrangieren muss. In diesem Fall sind Massengräber eine Antwort auf Platzmangel in Form einer Art von Sammel- oder Kollektivbestattung. Beispiele hierfür wären die Katakomben in Paris (Gérards 1991), oder die Kapuzinergruft in Palermo (Piombino-Mascali 2012) und eine gerade entdeckte Wüstennekropole in Ägypten, die bis zu einer Million Tote aus dem 1. Jt. n. Chr. enthalten soll (Gray 2014). Als eine besondere Form kollektiven Bewusstseins einer Gemeinschaft, die den Tod mit einschließt, kann man die jungsteinzeitlichen Megalithgräber West- und Nordeuropas begreifen (Groht 2005). Lassen wir die frühe kollektive Niederlegung von Schädeln wie z. B. Ofnet (siehe Beitrag »Die Große Ofnet-Höhle«, S. 99), deren Niederlegung stark ritualisiert ist, einmal beiseite, so finden sich frühe Spuren kollektiver Gewalt in Form von Massengräbern »gehäuft« – wie es augenscheinlich kommuniziert wird – in der ausgehenden Linienbandkeramikkultur (um 5000 v. Chr.) in Europa (siehe Beitrag »Hinweise auf Massaker«, S. 171). Ob das Auffinden dieser Gräber jedoch eher einen Zufall darstellt oder tatsächlich mit »Krisen« oder »Katastrophen« zu tun hat, die vor allem mit klimatischen und sozialen Entwicklungen in dieser Zeit assoziiert werden, ist Gegenstand kontroverser Diskussionen (Stäuble 2014). Tatsache ist, dass das Auffinden solcher Gräber die zuständige Archäologie ebenso wie die Verantwortlichen für die wissenschaftliche Bearbeitung vor große logistische und wissenschaftliche Herausforderungen stellt. Doch trotz des mit der Bergung und Bearbeitung von Blockbergungen verbundenen hohen Aufwandes ist man in Sachsen-Anhalt prinzipiell dazu übergegangen, entsprechende Funde von herausragender Bedeutung auf diese Art und Weise der Nachwelt zu erhalten. Es sollte aber grundsätzlich eine Einzelfallentscheidung bleiben, die entscheidend davon abhängt, ob das Vorhaben für praktisch durchführbar, wissenschaftlich fruchtbar und ausstellungstechnisch realisierbar erachtet wird.

Zu den auch international für Furore sorgenden Highlights von Blockbergungen in den letzten Jahren

1
Neunfachbestattung von Salzmünde, Saalekreis, mit vier erwachsenen Frauen und fünf Kindern (um 3300 v. Chr.).

logie in Deutschland, der sich – anders als im übrigen Europa (Scott u. a. 2006) – hier erst in den letzten Jahren fest etabliert hat (Meller 2009; Pöppelmann u. a. 2013; Wilbers-Rost u. a. 2007). Im Unterschied zu prähistorischen Zeiten, wo allein die Funde und Befunde zu uns sprechen, kann sich die Archäologie hier in der Regel auf eine verdichtete Quellenlage berufen, die meist aus einer Fülle historischer Überlieferungen besteht. Die zunehmende Bebauung unserer Landschaft, die Hinwendung auch zu jüngeren Phasen unserer Geschichte und damit die Erforschung von Schlachtfeldern sowie die touristische Erschließung von Landschaften in vielen Teilen Deutschlands haben das Interesse an der Schlachtfeldarchäologie in den letzten Jahren stark anwachsen lassen.

WAS IST DAS BESONDERE AN MASSENGRÄBERN AUS ARCHÄOLOGISCHER SICHT?

Archäologisch betrachtet spiegeln alle Massengräber – im weitesten Sinne sind dies Bestattungen durch Mehrfachbelegung – ein sehr kurzes zeitliches Intervall wider. Nur bei mehrstufigen Bestattungszeremonien, wie sie beispielsweise Megalithgräber erlauben, ist der zeitliche Ansatz aufzuweichen; in diesen Fällen wäre der Begriff des Kollektivgrabes vorzuziehen. Beinhäuser stellen gleichfalls kein Massengrab im eigentlichen Sinne dar. Gemeinsames Phänomen aller Massengräber ist, dass es sich um anonymisierte Bestattungen handelt, unabhängig davon, in welcher Stellung die Bestatter zu den Bestatteten standen.

Bei Doppelbestattungen, Drei- und Vierfachbestattungen gehen wir häufig davon aus, dass sich darin familiäre oder soziale Zugehörigkeiten zu Lebzeiten abbilden. Betrachten wir beispielsweise die Eulauer »Familiengräber«, so lässt sich hier mithilfe der Molekulargenetik erstmals für die Menschheitsgeschichte sowohl eine klassische Kernfamilie fassen als auch eine Patchworkfamilie erkennen: Hier haben die beiden Kinder zwar die gleiche Mutter, wurden aber wahrscheinlich mit ihrer Stiefmutter und gegebenenfalls deren eigenem Kind, also einem Halbgeschwister, in einem Grab bestattet (siehe Beitrag »Ein Steinzeitgemetzel«, S. 191).

Immer wieder fassen wir im archäologischen Bild gestaltete »Totenszenen«. Die vier erwachsenen Frauen der Mehrfachbestattung aus Salzmünde halten eben nicht, wie man zunächst annehmen möchte, ihre eigenen Kinder in den Armen (vgl. Abb. 1). Detailuntersuchungen zeigen darüber hinaus, dass man selbst mit dem Bild der Fruchtbarkeit spielte, indem man einer

in Sachsen-Anhalt gehören zweifellos die Familiengräber von Eulau (siehe Beitrag »Ein Steinzeitgemetzel«, S. 191), die Mehrfachbestattung von Frauen und Kindern aus Salzmünde (Abb. 1; Meyer u. a. 2013) sowie das Massengrab von Lützen (siehe Beitrag »Das Massengrab von Lützen«, S. 399) und in Baden-Württemberg die Blockbergung einer Fürstin von der Heuneburg, Lkr. Sigmaringen (Ebinger-Rist / Krausse 2015). Aber auch auf den ersten Blick eher unscheinbare Blockbergungen, die nicht allein bereits durch ihre Größe dominieren, eröffnen Besuchern von Museen ganz andere Zugänge zu einem historischen Ereignis (Meyer u. a. 2011). Durch die direkte, unmittelbare Konfrontation mit der ungeschminkten Wirklichkeit, die eine Blockbergung fast einem Foto vergleichbar macht, werden die Besucher viel tiefer in die historische Welt unserer Vorfahren eingebunden und erleben die Wirklichkeit nahezu hautnah.

SCHLACHTFELDARCHÄOLOGIE UND MASSENGRÄBER

Die Schlachtfeldarchäologie ist im Unterschied zur prähistorischen Archäologie sehr viel näher in der Gegenwart verwurzelt und daher viel stärker im Bewusstsein der Menschen verankert als die Welt unserer Vorfahren zwischen dem Neolithikum und der Antike. Sie ist ein relativ junger Zweig der Archäo-

jungen Frau ein bereits abgestilltes Kind in den Schoß gelegt hatte (Meyer u. a. 2013). Heute gehen wir davon aus, dass die inszenierte Bestattungsdramatik in Mehrfachbestattungen, wie wir sie in der Mitte des 4. Jts. v. Chr. vermutlich nicht nur in Salzmünde fassen, doch eher eine Ausnahme darstellt.

Vielmehr scheint man seit eh und je – bis heute – dann Massengräber angelegt zu haben, wenn viele Menschen gleichzeitig ihr Leben verloren und darum eine schnelle, anonymisierte Bestattung die beste bzw. oftmals einzige Alternative war. Ursachen können u. a. Epidemien, Überfälle, Unfälle oder wie im Kriegszusammenhang kleinere Scharmützel oder große Schlachten sein. In all diesen Fällen geriet den Toten dasselbe Ereignis zum Verhängnis und galt somit als verbindend für die gemeinsame Niederlegung. Familiäre Bindungen waren nicht vorhanden. Beim Beräumen von Schlachtfeldern dürfte in der Regel, wenn man nicht ausdrücklich seine »eigenen« Toten bestattete, die Zugehörigkeit zu den verschiedenen Parteien bei der Niederlegung keine Rolle gespielt haben. Sind dann weder Beigaben bzw. Tracht- oder Uniformbestandteile überliefert, können allenfalls naturwissenschaftliche Verfahren aufzeigen, ob wir trotz der Vereinigung im Tod verschiedene ethnische Gruppen fassen. Mithilfe solcher Aussagen gelingt erst die kulturhistorische Deutung eines historischen Massengrabes; vor allem im Zusammenspiel mit der Art und Weise der Totenniederlegung. Wie im Falle des Massengrabes von Lützen sehen wir keine militärische Akkuratesse, sondern vielmehr eine unterschiedlich zusammenwirkende zivile Bevölkerung. Möglicherweise hatte man sich zu Beginn auf eine Belegungsabfolge geeinigt, doch schnell dürfte dies durch beherztes Zupacken aller Helfer aufgelöst worden sein. Das quasi in christlicher Symbolik über den übrigen Toten liegende Individuum 13 lässt noch heute ahnen, was die Menschen vor fast 400 Jahren empfanden und wie sie während eines kurzen Innehaltens der Schmerzen des Krieges gedachten (siehe Beitrag »Das Massengrab von Lützen«, S. 399). Für solche Momente scheint es andernorts keinen Platz gegeben zu haben, wie in Wittstock, wo das Militär selbst die Beräumung des Schlachtfeldes und die Bestattung der Gefallenen übernommen hatte (Eickhoff u. a. 2012). Die Archäologie kann also ohne nennenswerte Beigaben die letzte den Toten gegenüber erbrachte Würdigung nachzeichnen. Naturwissenschaftliche Analysen runden das Bild ab, indem sie Hinweise auf die Zusammensetzung der im Massengrab vereinten Söldner beider Kriegsparteien geben.

WIE BEARBEITET MAN MASSENGRÄBER AUS ANTHROPOLOGISCHER SICHT?

Ein Massengrab stellt anthropologisch eine große Herausforderung dar. Zunächst einmal geht es schlicht darum, die Größe und Tiefe eines solchen Grabes abzuschätzen, es komplett freizulegen und dann eine Entscheidung darüber zu fällen, ob das betreffende Grab als Block geborgen und in einem Labor, Magazin oder einer Restaurierungswerkstatt weiter bearbeitet werden kann und soll. Dies ist u. a. abhängig davon, ob die Erhaltung der Funde und Befunde im Massengrab eine solche Investition wie eine Blockbergung überhaupt lohnt. Blockbergungen haben den Vorteil, dass sie – wenn ihre spätere Ausstellung nach der Bearbeitung geplant ist – der Öffentlichkeit ein plastisches Bild der Auffindungssituation vermitteln können. Die Bearbeitung im Block bringt aber auch erhebliche methodische Nachteile mit sich, darauf kommen wir zurück. Zweifellos setzt auch eine bestimmte Grabgröße einer *en bloc*-Bergung Grenzen. Hier muss dann überlegt werden, ob man die Freilegung, Bearbeitung und Bergung der Skelettreste videotechnisch begleitet, um alle taphonomisch relevanten Gesetzmäßigkeiten im Grab exakt zu erfassen. Ganz wesentliche Parameter, die bei kleineren Massengräbern – meist nicht mehr als 3,5 m breit, aber sehr unterschiedlicher Länge – für ihre *en bloc*-Bergung sprechen, sind der Zeit- und der Sicherheitsfaktor. Die sorgfältig mit der Archäologie abgestimmte anthropologische Bearbeitung eines so komplexen Denkmals wie eines Massengrabes verlangt zum einen Zeit für die sorgfältige Bearbeitung und noch mehr Zeit, wenn geplant ist, das komplette Grab später gegebenenfalls auszustellen. Zum anderen wecken herausgehobene archäologische Fundkomplexe wie ein Massengrab Begehrlichkeiten in Teilen der Öffentlichkeit (Raubgräber), denen nur unter Einsatz von Sicherheitsmaßnahmen begegnet werden kann.

2
Probenentnahme an einer Blockbergung aus Wennungen, Burgenlandkreis.

archäologischen Projekten im Laufe der letzten Jahre thematisiert, um mit Edgehill (1642) und Cheriton (1644) nur zwei zu nennen. Auch in Schottland sind zahlreiche Schlachtfelder dieser Zeit untersucht worden, wie in Kilsyth (1645) und in Philiphaugh (1646).

KRIEGSSCHAUPLÄTZE IM SINNE EINER *CONFLICT ARCHAEOLOGY*

Auch wenn Metalldetektoren eine Schlüsselrolle bei den Untersuchungen der Schlachtfelder spielen, hat deren unkontrollierter Gebrauch schwere Schäden an den Bodendenkmalen verursacht, besonders auf Schlachtfeldern im Vereinigten Königreich, wo der Einsatz dieser Geräte gesetzlich überhaupt nicht geregelt ist. Die Erhaltung und der Schutz von historischen Schlachtfeldern, die als unverzichtbarer Bestandteil unseres gemeinsamen historischen Erbes angesehen werden, ist hier nun ein Hauptanliegen. Und trotz verschiedener Initiativen, wie das Erstellen von Schlachtfeldinventaren im Vereinigten Königreich, ist das Fehlen wirksamer Denkmalschutzgesetze ein Grund zur Sorge. Ähnliches gilt auch für Schlachtfelder in anderen europäischen Ländern.

Schlachtfelder, Schanzwerke, Lager und Rastplätze aus dem Mittelalter und der Neuzeit bis zum Zweiten Weltkrieg geraten auch in Deutschland verstärkt in den Fokus der archäologischen Forschung. Hierbei dürfen die Konzentrations-, Arbeits- und Kriegsgefangenenlager nicht vergessen werden, die zum Themenbereich einer umfassenden »*conflict archaeology*« zu rechnen sind.

Nicht zuletzt war es 2008 in Halle (Saale), dass eine der ersten diachron ausgerichteten Tagungen in Deutschland zur Schlachtfeldarchäologie stattfand (Meller 2009), der sich 2011 in Osnabrück die bereits fest etablierte Tagungsreihe »*Fields of conflict*« als sechste ihrer Art anschloss, ebenso 2011 in Brandenburg eine weitere zu »Massengrab und Schlachtfeld«. Einen über das Schlachtfeld an sich als mehr oder weniger punktuellen Ort in einer ganzen Umgebung von Gewalt, Konflikt und Krieg hinausgehenden Ansatz verfolgte die Tagung »Gewalt und Gesellschaft« 2013 in Würzburg; hier wurde der Zusammenhang zwischen Konflikt, sozialen Strukturen und Gewaltformen seit der Vorgeschichte beleuchtet (Link/Peter-Röcher 2014).

Besonders im Gefolge der 100. Wiederkehr des Ersten Weltkriegs wurde eine kaum zu überschauende Anzahl von Tagungen und Ausstellungen ausgerichtet. Dennoch blieb hier die archäologische Forschung wenig beachtet und wurde zumindest im deutschen Sprachraum kaum einbezogen. Bei Quedlinburg, Lkr. Harz, wurden 2006 Reste eines Kriegsgefangenenlagers des Ersten Weltkriegs untersucht, an den umfangreichen archäologischen Maßnahmen auf den Schlachtfeldern Flanderns, Nord- und Ostfrankreichs sind jedoch deutsche Forscher bislang nicht vertreten.

Einen guten Überblick zum aktuellen Forschungsstand sowie zu vielen hier nicht genannten Projekten liefert der Sonderband 2/2011 der Zeitschrift »Archäologie in Deutschland« mit dem Thema »Schlachtfeldarchäologie: Auf den Spuren des Krieges« von T. Brock und A. Homann (2011), der demnächst in einer zweiten Auflage erscheint.

Ob es eine universitäre Anbindung der »Konfliktarchäologie« im deutschsprachigen Raum geben wird, muss die Zukunft zeigen. Genügend zu erforschen – besonders vor einem stark interdisziplinär ausgerichteten Hintergrund – gäbe es allemal.

Literatur

Brock/Homann 2011
T. Brock/A. Homann, Schlachtfeldarchäologie. Auf den Spuren des Krieges (Stuttgart 2011).

Eickhoff u. a. 2012
S. Eickhoff/A. Grothe/B. Jungklaus, 1636 – ihre letzte Schlacht. Leben im Dreißigjährigen Krieg (Stuttgart 2012).

Fiorato u. a. 2007
V. Fiorato/A. Boylston/C. Knüsel (Hrsg.), Blood Red Roses. The Archaeology of a Mass Grave from the Battle of Towton, AD 1461² (Oxford 2007).

Foard/Curry 2013
G. Foard/A. Curry, Bosworth 1485: a battlefield rediscovered (Oxford 2013).

Link/Peter-Röcher 2014
T. Link/H. Peter-Röcher (Hrsg.), Gewalt und Gesellschaft. Dimensionen der Gewalt in ur- und frühgeschichtlicher Zeit. Internationale Tagung an der Julius-Maximilians-Universität Würzburg 14.–16. März 2013. Univforsch. Prähist. Arch. 259 (Bonn 2014).

Matoušek 2012
V. Matoušek, Archäologische Erforschung der Schlachtfelder des Dreißigjährigen Krieges auf dem Gebiet der Tschechischen Republik. In: I. Schuberth/M. Reichel (Hrsg.), Die blut´ge Affair´ bei Lützen. Wallensteins Wende (Dößel 2012) 283–293.

Meller 2009
H. Meller (Hrsg.), Schlachtfeldarchäologie. 1. Mitteldt. Archäologentag vom 09. bis 11. Oktober 2008 in Halle (Saale). Tagungen Landesmus. Vorgesch. Halle 2 (Halle [Saale] 2009).

TIERREICH

Vorderseite
Mit wachem Auge und offenem Ohr versucht ein Schimpanse
Mitglieder der Nachbargruppe auszumachen. > siehe S. 61–66

KRIEGERISCHES VERHALTEN BEI AMEISEN

Volker Witte

Unter den staatenbildenden Insekten stellen Ameisen mit über 12 700 bekannten Arten die vielfältigste Gruppe. Geprägt durch ein Höchstmaß an Kooperation entwickelten sie außergewöhnliche Lebensstrategien und konnten so fast alle terrestrischen Lebensräume auf der Erde bevölkern (Hölldobler / Wilson 1990). Der außerordentliche Erfolg dieser Tiergruppe beruht auf ihrer besonderen Fähigkeit zur Kommunikation und auf einer strikten Arbeitsteilung. Die Individuen eines Staates teilen Informationen, etwa über Nahrungsquellen, die dann gemeinsam ausgeschöpft werden, oder über Feinde, die dann kollektiv abgewehrt werden können. Auf diese Weise schaffen sich Ameisenstaaten einen stabilen und sicheren Lebensraum. All dies geschieht unter den Arbeiterinnen in Selbstorganisation, denn die Königinnen regieren nicht etwa den Staat, sondern sie übernehmen lediglich die Aufgabe der Fortpflanzung. Die Staaten der Ameisen, in der Fachsprache Kolonien genannt, können so klein sein, dass sie in einer hohlen Eichel Platz finden, oder so gigantisch, dass sie Länder oder Kontinente überspannen. Nach dem Prinzip der Evolution (Darwin 1859) stehen Ameisen wie auch andere Lebewesen in einem natürlichen Wettkampf, jedoch nicht als Einzelindividuen, sondern als Kolonie. Jede Kolonie fungiert als kooperative Gemeinschaft, die mit anderen Gemeinschaften um natürliche Ressourcen wie Nahrung und Lebensräume konkurriert. Gerät ein Individuum in eine fremde Kolonie, so wird es erkannt und in der Regel getötet. Diese effektive Erkennung ist möglich, weil Mitglieder einer Kolonie dieselbe »Uniform« tragen, eine chemische Signatur auf der Oberfläche, bestehend aus Dutzenden von Substanzen in charakteristischer Zusammensetzung. Diese gemeinsame Uniform gibt dem Individuum vor, mit wem kooperiert und gegen wen gekämpft wird. Unter natürlichen Bedingungen wird der Wettkampf meist fernab vom Nest unter Einzelindividuen ausgetragen. Doch in manchen Fällen fallen ganze Heerscharen von Ameisen über andere her. Die Motive für solche gezielten »Kriegszüge« können unterschiedlicher Natur sein; allem voran stehen Nahrungsressourcen, Arbeitskraft oder Territorium. Drei Szenarien, bei denen es regelmäßig zu kriegerischem Verhalten kommt, werden im Folgenden erläutert.

DIE ARMEEN DER TREIBERAMEISEN

Treiberameisen (engl. »*army ants*«) kommen mit über 500 Arten in den tropischen und subtropischen Regionen vor. Es handelt sich um räuberische Ameisen, die in großangelegten Raubzügen Jagd auf andere Tiere machen. Bei einigen Arten umfassen die Kolonien mehrere Millionen Tiere. Im Unterschied zu anderen Ameisen rekrutieren die Tiere nicht erst, wenn Nahrung gefunden wurde, sondern bereits bei der Formation der Raubzüge (Gotwald 1995). Koordiniert durch chemische Botenstoffe, Pheromone genannt, verlassen Tausende von Individuen gemeinsam das Nest und arrangieren sich in charakteristischen Formationen. Sie können etwa eine zusammenhängende Fläche von Dutzenden Quadratmetern bilden, welche systematisch suchend über den Untergrund streift, oder ein weitreichendes, verzweigtes System von Ameisenstraßen. Viele Arten sind darauf spezialisiert, ihrerseits wehrhafte, staatenbildende Insekten wie Termiten, Wespen oder andere Ameisenarten mit großer Effizienz zu überfallen. Bei Beutekontakt findet eine spezielle Angriffskommunikation statt, welche eine rasche Massenattacke zur Folge hat. Während ein großer Teil der erwachsenen Tiere getötet wird oder flüchtet, wird vor allem die Brut geraubt, welche dann abtransportiert wird und als eiweißreiche Nahrung dient. Einige Treiberameisen sind jedoch generalistische Räuber und greifen alle Tiere an, die nicht in der Lage sind zu flüchten (Abb. 1). Dies sind überwiegend Gliedertiere jeglicher Größe, doch aufgrund der Masse an Angreifern und der koordinierten Attacken können auch kleinere Wirbeltiere überwältigt werden.

In Anpassung an das dynamische Jagdverhalten haben Treiberameisen auch ihr Nestbauverhalten reduziert. Viele Arten bilden temporäre Biwaks aus ihren ineinander verhakten Körpern zum Schutze der Königin und der Brut.

1
Treiberameisen der Art *Leptogenys distinguenda* aus Malaysia sind auf die Massenjagd spezialisiert. Viele Tausend Tiere durchstreifen in dichter Jagdformation den Regenwald und stürzen sich gemeinsam auf Beute. Durch Schnelligkeit und Kooperation sind sie in der Lage, auch verhältnismäßig große Tiere zu erlegen, etwa einen Skorpion (*Heterometrus* sp.) von fast 20 cm Länge.

Das hoch koordinierte Verhalten dieser Ameisenarmeen hat nicht nur Pioniere der Naturforschung seit jeher fasziniert, sondern es hat auch zur Bildung von Mythen und Legenden geführt. Wie auch immer, der offensichtliche Erfolg dieser Lebensstrategie beruht auf zahlenmäßiger Übermacht, auf Schnelligkeit und auf einem besonderen Ausmaß an Kooperation.

DIE STRATEGIE DER SKLAVENHALTER

In den nördlichen, gemäßigten Breiten hat sich eine andere Motivation zur Kriegsführung unter den Ameisen etabliert. Eine geringe Zahl an Arten, etwas über 50, hat im Laufe der Evolution die Fähigkeit zur Nahrungsbeschaffung und zur Versorgung der Brut reduziert und eine parasitische Lebensweise angenommen. Diese Ameisen haben sich auf das gezielte Ausräubern der Nester verwandter Ameisenarten spezialisiert (D'Ettorre/Heinze 2001). Beim Angriff werden sie aufgrund ihrer fremden chemischen Signatur als Feinde erkannt, doch um die Gegenwehr zu schwächen, setzen sie teilweise chemische Kampfstoffe ein. Geraubt wird auch hier die Brut, doch diese dient nicht als Nahrung, sondern als Arbeitskraft. Verschleppt in die Nester der Sklavenhalter, verpuppen sich die geraubten Larven schließlich und schlüpfen. Die jungen Ameisen werden dann auf die fremde Koloniesignatur geprägt und akzeptieren die neue Umgebung als ihre eigene Kolonie. Sie kümmern sich folglich um die Nahrungsbeschaffung und versorgen die dortige (zum Teil parasitische) Brut. Da sich die arbeitenden Sklaven ohne ihre eigene Königin jedoch nicht weiter vermehren, müssen immer wieder neue Raubzüge initiiert werden, damit die Versorgung der Sklavenhalter gewährleistet bleibt.

Bemerkenswerterweise etablieren sich die Kolonien der Sklavenhalter nicht durch eine selbstständige Koloniegründung, sondern durch eine Art Putsch. Die jungen Sklavenhalter-Königinnen dringen in Nester anderer Arten ein, stürzen (töten) die residierende Königin und übernehmen ihren Platz. In der Folge entstehen ausschließlich Sklavenhalter als Nachkommen, welche die ursprüngliche Art nach und nach ersetzen, bis der erste Raubzug zur Erneuerung der Arbeiterschaft erforderlich wird.

DIE SUPERMACHT DER SUPERKOLONIEN

Durch menschliche Aktivitäten werden Ameisen oft unbeabsichtigt in ferne Gebiete verschleppt. Bestimmte Arten können sich dann invasiv verhalten, indem sie sich auf Kosten der heimischen Fauna massiv ausbreiten und ganze Ökosysteme aus dem Gleichgewicht bringen (Holway u. a. 2002). Eine Schlüsselrolle bei der Ausprägung ihrer Dominanz spielt die Fähigkeit invasiver Ameisen, Superkolonien zu bilden. Dies sind extrem ausgedehnte Netzwerke miteinander kooperierender Nester, die sich stark territorial verhalten. So findet man beispielsweise im Mittelmeerraum entlang der Küsten von Italien, Frankreich, Spanien und Portugal eine gigantische Superkolonie der Argentinischen Ameise. Auch wenn sich Ameisen aus Portugal und Italien auf natürliche Weise nie begegnen, so verhalten sie sich, experimentell zusammengeführt, dennoch so kooperativ wie Mitglieder derselben Kolonie. Vermutlich beruht dieses ungewöhnliche Verhalten auf der Ähnlichkeit ihrer chemischen Erkennungssignaturen, welche von einem vorausgegangenen Einschleppungsereignis und nachfolgender Ausbreitung herrühren. Doch Superkolonien können sogar Kontinente überspannen. Argentinische Ameisen aus bestimmten Gebieten Nordamerikas, Japans, Neuseelands, Hawaiis und anderen Regionen kooperieren in gleicher Weise mit ihren Artgenossen aus dem Mittelmeerraum (van Wilgenburg u. a. 2010). Dies bedeutet jedoch nicht, dass alle Individuen dieser Art kooperieren. Zum einen existieren in verschiedenen Teilen der Welt verfeindete Superkolonien, zum anderen gibt es im Ursprungsland Argentinien eine Vielzahl konkurrierender Kolonien kleineren Maßstabs.

Trotz des Vorhandenseins von Konkurrenz demonstrieren die ausgedehnten Superkolonien eine Ebene größtmöglicher Kooperation, Abermillionen von Individuen umfassend. So kooperativ sich die Superkoloniemitglieder untereinander verhalten, so effektiv gehen sie gegen andere Tiere in ihrem Territorium vor, seien es Konkurrenten, Feinde oder Beutetiere (Abb. 2). Aus diesem Grund gehören im Hinblick auf ökologische und ökonomische Schäden fünf Ameisenarten zu der Liste der 100 weltweit schlimmsten invasiven Organismen, die Argentinische Ameise eingeschlossen (Lowe u. a. 2000).

ERFOLGSFAKTOREN IM KAMPFGESCHEHEN

Wie bei der menschlichen Kriegsführung sind auch bei Ameisen bestimmte Faktoren für den kämpferischen Erfolg entscheidend, so etwa die individuelle Kampfstärke, die Anzahl der Kämpfer, die verwendeten Waffen und die Strategie oder Taktik. Eine größere Ameise kann beispielsweise kräftiger zubeißen und dadurch im Kampf effektiver sein. Das ist auch ein Grund, warum bei vielen Ameisenarten unterschiedlich große Arbeiterinnen vorkommen und die großen Individuen, oft Soldaten genannt, die Verteidigung der Kolonien übernehmen. Meist ist vor allem der Kopf mit den Beißwerkzeugen überproportional vergrößert (Abb. 3).

Doch wichtiger als die Größe der einzelnen Ameise ist die Anzahl der Kämpfer. Entscheidend bei aggressiven Interaktionen ist, dass mehrere kleine Ameisen eine größere fixieren und unschädlich machen können (vgl. Abb. 2). Somit können sich zahlenmäßig starke Kolonien generell besser behaupten. Doch die Gesamtheit einer Kolonie steht nicht immer unmittelbar zur Verfügung, denn Auseinandersetzungen finden oft fernab vom Nest statt. Aus diesem Grund spielt auch die Kommunikation und damit zusammenhängend die Fähigkeit, Mitstreiter zum Ort des Geschehens zu rekrutieren, eine wichtige Rolle. Insbesondere Treiberameisen und einige invasive Ameisen bilden nicht nur besonders große Kolonien, sondern sind zudem auch in der Lage, besonders schnell zu rekrutieren, um ihren zahlenmäßigen Vorteil auszuspielen. Es hat sich zudem gezeigt, dass Ameisen sehr gut in der Lage sind, ihre eigene Zahl und die der Gegner lokal abzuschätzen und ihre Taktik danach auszurichten (Tanner 2006). Zusammen mit vielen Mitstreitern und in ihrem

2
Viele invasive Ameisen, so auch die Argentinische Ameise (*Linepithema humile*), sind von außerordentlich kleiner Größe. Durch zahlenmäßige Überlegenheit ihrer Superkolonien können sie jedoch andere Arten (hier *Pogonomyrmex* sp.) überwältigen. Zudem besitzen sie die Substanz Iridomyrmecin als chemischen Kampfstoff.

3
Eine Major-Arbeiterin der Art *Pheidole rhea* im Vergleich zu zwei Minor-Arbeiterinnen. Sie werden auch »Soldaten« genannt, denn der stark vergrößerte Kopf mit den Beißwerkzeugen dient vor allem der Verteidigung.

Vorderseite
Junge Dani-Krieger beobachten eine Schlacht aus der Ferne.
So lernen sie alles, was sie wissen müssen, bevor auch sie an
ihrer ersten Schlacht teilnehmen. > siehe S. 70–71

TRIBALE KRIEGE – KRIEGE ZWISCHEN DÖRFERN

Jürg Helbling

1
Yanomami-Krieger vor dem Überfall auf ein benachbartes Dorf.

Die Ethnologie des Krieges beschäftigt sich schon seit Langem mit tribalen Kriegen, d. h. mit kollektiv organisierten und koordinierten bewaffneten Auseinandersetzungen zwischen Dörfern und Dorfkoalitionen. Solche Dörfer zählen üblicherweise zwischen 100 und 400 Einwohner, die hauptsächlich von Landwirtschaft und Viehzucht leben. Sie regeln ihre internen und externen Angelegenheiten – die Beilegung von internen Konflikten sowie die Beziehungen zu Nachbardörfern – in Eigenregie, weil sie keiner effektiven Staatskontrolle unterstehen (Sahlins 1968). Die Beziehungen zwischen benachbarten Dörfern sind im Wesentlichen durch Krieg und Allianz gekennzeichnet.

Wir verfügen über ein reichhaltiges Datenmaterial über solche tribalen Kriege: Angefangen beim Bericht von Jean de Léry über die Tupinamba im 16. Jh., über die Berichte von Jesuiten-Missionaren zu amazonischen Bevölkerungsgruppen, zu den Irokesen und den Huronen im 17. und 18. Jh. sowie von Missionaren und Forschungsreisenden zu den Fidschianern, zu den Maori von Neuseeland und den Iban auf Borneo im 19. Jh. bis zu den ethnografischen Berichten im 20. und 21. Jh., die Kriege zwischen Dorfgemeinschaften in abgelegenen Weltregionen beschreiben. Solche Kriege brechen überall dort aus, wo der Staat noch nicht oder nicht mehr sein Gewaltmonopol durchsetzt, so in Gebieten Amazoniens, im Hochland von Neuguinea, in Teilen West- und Ostafrikas sowie in Borneo.

GRUNDFORMEN TRIBALER KRIEGSFÜHRUNG

Zwei Grundmodalitäten tribaler Kriegsführung lassen sich unterscheiden: Überfälle und Schlachten. Überfälle umfassen zum einen kleinere Überraschungsattacken, bei denen ein feindliches Dorf vor Tagesanbruch umzingelt, angegriffen und in Brand gesteckt wird und die noch schlaftrunkenen Bewohner umgebracht wer-

2 (folgende Doppelseite)
Schlachtszene der Dani.

den (Abb. 1). Danach werden sich die Angreifer schnell – und möglichst ohne eigene Verluste zu riskieren – wieder zurückziehen. Zum anderen kommt es auch zu groß angelegten und massiven Angriffen, in denen versucht wird, einen unvorbereiteten Gegner zu überwältigen, zu vernichten oder zu vertreiben. Überdies werden Hinterhalte gelegt, in welche feindliche Krieger gelockt werden, um sie zu töten. Der Erfolg von Überfällen beruht weitgehend auf dem Überraschungsmoment, weshalb bei dieser Art der Kriegsführung meist keine Alliierten hinzugezogen werden, die den Feind allenfalls warnen, auf jeden Fall aber einen Angriff verzögern könnten. Eine weitere Form des Überfalls sind Verratsfeste, zu denen nichts ahnende Alliierte eingeladen werden, um dort von ihren abtrünnigen Freunden und deren neuen Verbündeten massakriert zu werden. Versöhnungsfeste nach einem Krieg bzw. gemeinsame Feste mit Alliierten sind günstige Gelegenheiten für solche verräterischen Angriffe (Chagnon 1997 zu den Yanomami).

In Schlachten – der zweiten Modalität tribaler Kriegsführung – stehen sich Koalitionen von Dörfern, bestehend aus je einigen Dutzend bis einigen Hundert Kriegern, gegenüber (Meggitt 1977 zu den Mai Enga). Diese Schlachten können in regulierter Form oder als uneingeschränkter Schlagabtausch geführt werden. Bei regulierten Schlachten einigen sich die Kontrahenten zuvor auf Zeitpunkt, Kampfplatz und Wahl der Waffen. Bei dieser eingeschränkten Form der Kriegsführung wird ausschließlich mit Fernwaffen (mit Pfeil und Bogen sowie mit Speeren) gekämpft, und deshalb sind nur wenige Verluste zu verzeichnen (Abb. 2). Frauen übernehmen logistische Aufgaben (wie die Versorgung der Männer mit Nahrungsmitteln und das Aufsammeln verschossener Pfeile), während sich die Männer aufs Kämpfen konzentrieren. Die regulierte Form der Schlachten erlaubt, die eigene Stärke und Kriegsentschlossenheit zu demonstrieren: Man muss sich militärisch Respekt verschaffen, möchte aber eigentlich nicht kämpfen. Sie dient aber auch dazu, die Stärke der Gegenseite – ihre Kriegsentschlossenheit und die Zahl und Verlässlichkeit ihrer Alliierten – abzuschätzen. Niemand sucht den militärischen Entscheidungsschlag, solange beide Kriegsparteien sich als etwa gleich stark einschätzen oder keine der beiden Parteien sich von einer Eskalation des Kampfes einen Vorteil verspricht.

Regulierte Schlachten können sich aber jederzeit zu uneingeschränkten Kämpfen verschärfen. Gerät z. B. die eine Partei ins Hintertreffen – weil sich ihre Alliierten zurückgezogen haben oder nicht auf dem Schlachtfeld erschienen sind –, wird die andere Partei den Kampf umgehend eskalieren und zu einem Entscheidungsschlag ansetzen. In solchen Schlachten werden weit mehr Kämpfer getötet als in regulierten Schlachten, auch weil nun Nahkampfwaffen (Lanzen und Keulen, Äxte und Messer) eingesetzt werden. Mit Umzingelungs- und Flankenangriffen wird versucht, den Feind zu dezimieren oder zu vertreiben; die fliehenden Gegner werden verfolgt und niedergemetzelt, das feindliche Dorf wird überrannt und zerstört, Häuser und Felder werden verwüstet, Haustiere und anderer Reichtum gestohlen; Männer und Knaben, die nicht fliehen konnten, werden getötet, Frauen und Mädchen geraubt (Rappaport 1968 zu den Maring).

Tribale Kriege erschöpfen sich nicht in einzelnen Überfällen oder Schlachten. Kriegerische Feindschaften können sich über Dekaden hinziehen, und sie durchlaufen unterschiedliche Eskalationsstufen von kleinen Scharmützeln, Überfällen einiger Männer oder regulierten Schlachten bis zu massiven Angriffen mit Alliierten gegen eine feindliche Koalition in einem uneingeschränkten Schlagabtausch. Die Feindseligkeiten können abflauen und sich dann wieder intensivieren, bis ein Waffenstillstand vereinbart wird, der eine Zeitlang hält, bis die Kampfhandlungen – etwa weil sich die Kräfteverhältnisse in der Zwischenzeit geändert haben – erneut aufgenommen werden, bis schließlich der Krieg mit einem Frieden, mit der Vernichtung oder der Vertreibung einer Partei beendet wird.

KRIEG, FEHDE, GEWALT

Kriege – so ließe sich allgemein definieren – sind geplante und organisierte bewaffnete Auseinandersetzungen zwischen politischen Einheiten (Otterbein 1973, 923 ff.). Krieg zielt letztlich auf die Verletzung oder Tötung von Gegnern und/oder auf die Zerstörung von deren Hab und Gut mittels Einsatz von Waffengewalt (von Trotha 1995, 131). Das Ziel auch des tribalen Krieges ist es, den Gegner »*durch physischen Zwang zur Erfüllung seines Willens zu zwingen;* [...] *den Gegner niederzuwerfen und dadurch zu jedem ferneren Widerstand unfähig zu machen*«, wie bereits Carl von Clausewitz (1980, 191) formulierte.

In tribalen Gesellschaften sind die politisch autonomen Dorfgemeinschaften die Krieg führenden Einheiten. Rund 90 % aller tribalen Kriege werden zwischen benachbarten Dörfern bzw. Dorfkoalitionen ausgetragen. In selteneren Fällen kommt es auch zu weiträumigeren Kriegsoperationen, etwa dort, wo Flusssysteme den Einsatz von Kriegsbooten erlauben, wie etwa bei den Iban, den Mundurucu und den Irokesen.

Krieg ist also stets ein geplantes und organisiertes Kollektivunternehmen. Das unterscheidet Krieg von spontanen Schlägereien zwischen Gruppen oder Individuen, die keinem Plan und keiner Strategie folgen. Krieg sollte auch nicht mit Fehde verwechselt werden. Fehde meint die Ausübung von Gewalt und Gegengewalt zwischen Individuen bzw. einzelnen Familien unterschiedlicher Dörfer mit dem Ziel, Rache – meist wegen Totschlag oder Zauberei – zu üben (Carneiro 1994, 6). Fehden zwischen Familien können zwar zu einem Krieg zwischen Dörfern eskalieren. Dies ist aber nicht zwingend der Fall, denn die involvierten Dorfgemeinschaften können, wenn sie diesen Krieg nicht führen wollen, den Konflikt auf die unmittelbar betroffenen Familien beschränken und diese sogar dazu veranlassen, ihren Konflikt mit Kompensationszahlungen auf gewaltlose Weise beizulegen.

KOLLEKTIVE ENTSCHEIDUNG UND MILITÄRISCHE FÜHRUNG

Jede kollektive Unternehmung, auch ein Krieg, bedarf der Organisation, Koordination und Führung. In tribalen Gesellschaften entscheiden die erwachsenen Männer – meist unter Leitung eines lokalen Anführers – in Dorfversammlungen über Krieg oder Frieden. Die jüngeren Männer gehören zwar in der Regel zu den Kriegstreibern, da sie ihren Status vor allem durch Krieg steigern können, doch werden sie üblicherweise von den älteren Männern, die eher das Interesse des gesamten Dorfes vertreten und »unnötige« Kriege verhindern wollen, im Zaum gehalten (vgl. Meggitt 1977 zu den Mai Enga; Almagor 1979 zu den Dassanetch). In diesen Versammlungen wird auch darüber entschieden, welche Strategie und Taktik man in einem Krieg anwenden sollte und ob Verbündete mobilisiert werden sollen.

Die Führung erfolgt üblicherweise durch Kriegsanführer und erfahrene Krieger. Diese kümmern sich um die Koordination der Truppe während der Kampfhandlungen und sorgen dafür, dass die Kriegspläne umgesetzt werden. Die taktischen Vorgehensweisen sind robust und bestens erprobt, sodass Koordination und Kommunikation während der Kampfhandlungen problemlos erfolgen und Taktiken wie Überraschungsangriffe in Vorwärts- und Rückwärtsbewegungen, Ablenkungsmanöver, Umzingelung des Gegners, getrennte Simultanangriffe, koordinierter Aufmarsch in Kolonnen und Angriff in Linien wirkungsvoll angewendet werden können (Meggitt 1977 zu den Mai Enga).

KRIEGSZIELE UND KRIEGSFOLGEN

Als Indiz für die angeblich spielerisch-harmlose Form bzw. die religiös-irrationale Motivation des »primitiven Krieges« gilt das Erbeuten von Skalpen, Kopf- und anderen Kriegstrophäen (Abb. 3). Demgegenüber ginge es in »wirklichen Kriegen« um das Niederringen des Feindes und um territoriale Expansion, wie H. H. Turney-High (1949, 103 ff.) schreibt. Zum einen darf jedoch nicht vergessen werden, dass Kriegstrophäen – als Zeichen persönlichen Muts – das Prestige

3
Schädeltrophäen in einem Iban-Langhaus.

eines Kriegers steigern und mancherorts Voraussetzung für seine Heirat sind. Auch gefallen Kopftrophäen den Ahnen und Göttern und steigern die spirituelle Macht des erfolgreichen Kriegers und seines Dorfes. Zum anderen gehören Kopfjagd und Kannibalismus, Verstümmelung von Leichen und Folter von Kriegsgefangenen zu jenen Praktiken der psychologischen Kriegsführung, die die Feinde terrorisieren und demoralisieren sollen. Indem Feinde durch ostentative Grausamkeit in Angst und Schrecken versetzt werden, kann man sie ohne eigenen Aufwand von direkter Gewalt dazu veranlassen, die Flucht zu ergreifen (Helbling 2011).

Wie in zwischenstaatlichen Kriegen geht es letztlich auch in tribalen Kriegen um das Niederringen der Feinde und um die Schwächung ihrer wirtschaftlichen Basis. Das Vertreiben der Feinde von ihrem Land und die Annexion desselben sowie das Plündern und Zerstören von Speichern, Feldern und Fruchtbäumen, der Raub von Nutztieren und Wertgegenständen werden in tribalen Kriegen sehr häufig praktiziert. Durch Zer-

kriegsbedingte Mortalität	gesamt %	Männer %	Frauen %
Tauna-Awa (1900–1950)	25.0	30.0	16.0
Usurufa (1900–1950)		32.0	12.0
Mai Enga (1900–1950)	18.6	34.8	2.4
Kamano (unspec.)	50.0		
Auyana (1925–1950)	19.0		
Huli (unspec.)	13.2	19.6	5.2
Eipo (3 Jahre)	22.0		
Baktaman (Faiwolmin)	35.0		
Dugum Dani (1940–1960)	15.5	28.5	2.4
Bokondini Dani (25 Jahre)	20.0		
Abelam (unspec.)	30.0		
Shuar (Jivaro)	32.7	59.0	27.0
Yanomami (Shamatari)	20.9	37.4	4.4
Yanomami (Namowei)	15.4	23.7	6.9
Waorani (1860–1960)	46.5	53.6	38.7
Mekranoti (vor Kontakt)	32.5	42.0	23.0
Blackfoot (1805)		50.0	
Durchschnitt	**26.0**	**37.3**	**13.8**

4
Kriegsbedingte Mortalität bei tribalen Gesellschaften.

störung ihrer wirtschaftlichen Ressourcen lassen sich Feinde militärisch entscheidend schwächen, da ihnen meist nur noch die Flucht bleibt.

Die kriegsbedingte Mortalität (der Anteil der kriegsbedingten Mortalität an der Gesamtmortalität) ist in tribalen Gesellschaften hoch (vgl. auch Keeley 1996, 88): Sie liegt bei über einem Drittel der Männer bzw. einem Viertel der Gesamtbevölkerung und somit weit höher als in staatlichen Kriegen, wo sie unter einem Zehntel der Gesamtbevölkerung liegt. Ähnlich hohe Werte lassen sich auch in archäologisch dokumentierten Fallbeispielen finden (Abb. 4; vgl. Helbling 2006, 143–149).

Archäologische Schätzungen von Kriegsverlusten fallen allerdings nicht selten niedriger aus als ethnografische. Während ethnografische Daten auf der Befragung von Informanten und der Auswertung genealogischer Daten in Dörfern beruhen, die in Kriege involviert sind, findet die Archäologie Hinweise für die Höhe der Kriegsmortalität in (Massen-)Gräbern und bei Befestigungsbauten. Das ist vielleicht auch der Grund, weshalb archäologische Untersuchungen eher dazu tendieren, die kriegsbedingten Mortalitäten zu unterschätzen, denn ethnografische Daten zeigen, dass es oft keine Massengräber für Kriegstote gibt, weil sie einfach liegen gelassen, auf Bäumen oder im Wald bestattet oder verbrannt werden. Auch in tribalen Gesellschaften finden sich zwar Befestigungsbauten unterschiedlicher Art – so etwa Palisaden oder Dorngestrüppe, Fallen und Spitzwehren –, doch sind solche Verteidigungsvorkehrungen nicht sehr häufig, weil letztlich der strategische Vorteil bei der Offensive, nicht bei der Defensive liegt: Es geht darum, als Erster anzugreifen, um dem Angriff des Feindes zuvorzukommen.

URSACHEN DES TRIBALEN KRIEGES

Angesichts der hohen Verluste an Menschenleben und materiellem Besitz, welche Kriege immer mit sich bringen, stellt sich die Frage, weshalb es in tribalen Gesellschaften überhaupt Krieg gibt; und weshalb sich die mobilen Kleingruppen in Wildbeutergesellschaften kaum bekriegen, auch wenn es dort durchaus ebenfalls zu Gewalt zwischen Individuen und zu Racheaktionen gegen Täter kommen kann (Helbling 2006, 77–115). In teilweise erbittert geführten Debatten sind in der Ethnologie kontroverse Theorien diskutiert worden, die den tribalen Krieg mit kulturellen, ökonomischen oder politischen Faktoren erklären.

1. Die kulturelle Theorie erklärt tribale Kriege mit Werten und Normen, welche kriegerisches Verhalten belohnen und friedfertiges Verhalten geringschätzen (Robarchek/Robarchek 1998 zu den Waorani). Gesellschaften mit Krieg (die meisten tribalen Gesellschaften) haben zwar Werte und Normen, die gewalttätiges Verhalten hoch bewerten, während in Gesellschaften ohne Krieg (wie in Wildbeutergesellschaften) Werte und Normen gelten, die gewalttätiges Verhalten generell missbilligen. Obwohl die Korrelation von Krieg mit kriegerischen Normen und Verhaltensidealen unbestritten ist, handelt es sich bei den Letzteren um kulturelle Anpassungen in einer bereits kriegerischen Umwelt. Sie setzen somit den Krieg voraus, erklären jedoch nicht, weshalb sich Dorfgemeinschaften bekriegen.

Zudem scheinen die realen Einstellungen von Männern zum Krieg von den geltenden Werten und Normen erheblich abzuweichen: Selbst die mutigsten Krieger würden Frieden vorziehen; sie fürchten sich vor dem Krieg und halten ihn für schlecht, wenn auch für unvermeidbar. Kriegerische Normen und Werte stehen also nicht für die eigentlichen Einstellungen der Akteure; vielmehr prämieren sie individuelle Kriegsbereitschaft und Mut und motivieren Männer, ihre Furcht vor einer Kriegsteilnahme zu überwinden. Magie und Rituale stärken die Kampfmoral der Krieger und schwächen jene der Feinde. Zudem verschaffen sie jenen Dörfern, die das kriegerische Ethos hochhalten, eine Abschreckungsreputation und stärken ihre Solidarität (Helbling 2006, 295–335).

Interessant in diesem Zusammenhang ist die Rachepflicht für erlittenes Unrecht als kulturelle Norm. Ethnografien zeigen, dass die Interpretation dieser Pflicht stark von den Kräfteverhältnissen zwischen den involvierten Dörfern abhängt. Ein unterlegenes Dorf wird den Tod eines Angehörigen so interpretieren, dass es keine Rache üben muss (»er war selber schuld«, oder es handelte sich um eine »Tat im Affekt«), während ein überlegenes Dorf selbst weit zurückliegende Rachegründe erinnern oder neue erfinden wird, um legitim – in den Augen der eigenen Leute und von Alliierten – einen Krieg beginnen zu können.

2. Gemäß der wirtschaftlich-ökologischen Theorie erklären sich tribale Kriege mit einer Konkurrenz zwischen benachbarten Dörfern um knappe Ressourcen wie Nutzland und Wildbestände (Rappaport 1968). Es hat sich allerdings gezeigt, dass selbst in Gesellschaften mit sehr niedrigen Bevölkerungsdichten und ohne Ressourcenknappheit ebenso intensiv Krieg geführt wird wie in Gesellschaften mit weit höheren Bevölkerungsdichten. Falls Land knapp wäre, könnte alternativ nämlich die Produktivität des Landes gesteigert oder noch unbesiedeltes Land unter Bearbeitung genommen werden, um auf diese Weise Ressourcenkonflikte zu vermeiden (Helbling 2006, 204–278).

   Ein siegreiches Dorf kann zwar nach einem Krieg das Land seiner Gegner annektieren, das heißt jedoch nicht, dass Kriege wegen Landknappheit und zum Zweck des Landerwerbs geführt werden. Primär geht es um ein militärisches Ziel, nämlich darum, den Feind zu vertreiben und ihn wirtschaftlich und deshalb auch militärisch zu schwächen.

3. Eine politische Theorie führt den tribalen Krieg auf das Fehlen einer übergeordneten Sanktionsinstanz mit Gewaltmonopol, also einen Staat, zurück (Koch 1974). Diese Theorie, die letztlich auf Thomas Hobbes zurückgeht, vermag allerdings nicht zu erklären, weshalb Wildbeutergruppen sich nicht bekriegen, obwohl auch sie keiner übergeordneten Sanktionsinstanz unterstehen. Zu dem Umstand, dass Dörfer politisch autonome Lokalgruppen in einem anarchischen System sind, muss also eine zweite Ursache hinzukommen, nämlich der Umstand, dass Dörfer – im Gegensatz zu mobilen Wildbeutergruppen – von lokal konzentrierten Ressourcen (Feldern, Weiden) abhängig sind und deshalb bei Konflikten mit Nachbardörfern nicht – ohne sehr hohe Kosten – ausweichen können (Helbling 2006, 452–460).

Weil es keine übergeordnete Sanktionsinstanz mit Gewaltmonopol gibt, kann kein Dorf sicher sein, dass ein Nachbardorf einen Konflikt friedlich – durch Verhandlungen – beizulegen bereit ist. Eine einseitig friedliche Strategie kann sich – trotz der hohen Kosten und Nachteile, die der Krieg für jedes Dorf bringt – nicht durchsetzen, weil sie zu riskant wäre, denn sie würde von den anderen als Schwäche interpretiert werden und sie zu Angriffen ermuntern. Aus diesem Grund muss sich jedes Dorf auf Krieg einstellen, denn eine Konfrontationsstrategie ermöglicht nicht nur größere Vorteile (ein friedfertiges Dorf zu dezimieren oder zu vertreiben, Beute zu machen), sondern hilft auch, mögliche Risiken und Nachteile zu vermindern (auf Überraschungsangriffe vorbereitet zu sein und andere von Angriffen abzuschrecken). Ein Yanomami bringt diesen paradoxen Sachverhalt auf den Punkt, wenn er sagt: »*Wir haben den Krieg satt, wir wollen nicht mehr töten. Aber die anderen sind verräterisch, und man kann ihnen nicht trauen*« (Pfeiffer 1977). Die gegenseitige Bedrohung zwischen Dörfern entsteht allerdings erst aufgrund der Tatsache, dass Dörfer von lokal konzentrierten Ressourcen (Felder, Weiden, Wasserstellen, Herden) abhängig sind und sich deshalb nur mit hohen wirtschaftlichen Nachteilen, wie dem Verlust der Ernten, einem Konflikt durch Flucht entziehen könnten.

Das Überleben unter solch anarchischen Bedingungen, wie sie in tribalen Gesellschaften vorherrschen, hängt dann für jedes Dorf von seiner Machtüberlegenheit ab: Es geht darum, mehr Krieger im Dorf verfügbar zu haben (durch Ermunterung von Zuwanderung oder Zusammenschluss zu größeren Gruppen) und mehr und verlässlichere Alliierte mobilisieren zu können (durch aufwendigere Allianzfeste und somit durch die Produktion von mehr Allianzgütern, z. B. von Rindern oder Schweinen) als feindliche Gruppen in der Nachbarschaft. Die militärische Überlegenheit des einen Dorfes bedeutet jedoch zwangsläufig eine entsprechende Unterlegenheit der anderen Dörfer, was diese bedroht und ihrerseits zu »Aufrüstung« zwingt. Unter diesen Bedingungen versucht jedes Dorf, in einem günstigen Moment (bei eigener Überlegenheit) loszuschlagen und die feindlichen Gruppen zu dezimieren und zu vertreiben, um nicht von diesen in einem ungünstigen Moment (bei eigener Unterlegenheit) angegriffen zu werden.

FAZIT

Die Ethnologie des Krieges lehrt also, dass die Beziehungen zwischen Dorfgemeinschaften von Bauern und Viehzüchtern – unabhängig von Epoche und Weltregion – überall dort, wo sie noch nicht oder nicht mehr einer staatlichen Kontrolle unterstehen, mit hoher Wahrscheinlichkeit von Krieg und Allianz gekennzeichnet sind. Im Gegensatz dazu führen die mobilen Kleingruppen, aus denen Wildbeutergesellschaften bestehen, keine Kriege, weil sie Konflikten mit anderen Gruppen ohne wirtschaftliche Nachteile ausweichen können und weil sie in Gebieten leben, die ohnehin durch niedrige Bevölkerungsdichten gekennzeichnet und in denen die Kontakte zwischen Gruppen selten sind.

Nicht nur die Militär- und Kolonialgeschichte, sondern auch die Archäologie und Urgeschichte berichten von regionalen Konstellationen von Krieg und Allianz in großer Zahl und in verschiedenen Weltregionen und Epochen sowie von Migrationen und Invasionen ganzer Völkerschaften. Die unterlegenen Gruppen wurden dezimiert oder in unwirtlichere Regionen abgedrängt, wo sie nicht selten nur als Wildbeuter überleben konnten, oder die besiegten Völkerschaften wurden in die eigene Gesellschaft integriert und assimiliert.

Literatur

Almagor 1979
U. Almagor, Raiders and elders: A confrontation of generations among the Dassanetch. In: K. Fukui/D. Turton (Hrsg.), Warfare among East African Herders. Papers presented at the first international symposium, National Museum of Ethnology, Osaka, September 1977. Senri Ethnol. Stud. 3 (Osaka 1979) 119–145.

Carneiro 1994
R. Carneiro, War and peace: Alternating realities in human history. In: S. P. Reyna/R. E. Downs (Hrsg.), Studying war: anthropological perspectives. War and society 2 (Langhorne, PA 1994) 3–27.

Chagnon 1997
N. Chagnon, Yanomamö. The fierce people[5] (New York 1997).

von Clausewitz 1980
C. von Clausewitz, Vom Kriege. Hinterlassenes Werk des Generals Carl von Clausewitz. Vollst. Ausg. im Urtext[19] (Bonn 1980).

Helbling 2006
J. Helbling, Tribale Kriege: Konflikte in Gesellschaften ohne Zentralgewalt (Frankfurt a. M. 2006).

Helbling 2011
J. Helbling, The Tactical Use of Cruelty in Tribal Warfare. In: T. von Trotha/J. Rösel (Hrsg.), On Cruelty. Siegener Beitr. Soziol. 11 (Köln 2011) 149–173.

Keeley 1996
L. H. Keeley, War before Civilization. The Myth of the Peaceful Savage (New York u. a. 1996).

Koch 1974
K.-F. Koch, War and Peace in Jalémó. The Management of Conflict in Highland New Guinea (Cambridge, Mass. 1974).

Meggitt 1977
M. J. Meggitt, Blood is their Argument: Warfare among the Mae Enga Tribesmen of the New Guinea Highlands (Palo Alto, CA 1977).

Otterbein 1973
K. Otterbein, The anthropology of war. In: J. J. Honigmann (Hrsg.), Handbook of social and cultural anthropology (Chicago 1973) 923–958.

Pfeiffer 1977
J. E. Pfeiffer, How the Establishment Got Established. Horizon March XIX, 2, 1977, 62–67.

Rappaport 1968
R. A. Rappaport, Pigs for the Ancestors: Ritual in the Ecology of a New Guinea People (New Haven 1968).

Robarchek/Robarchek 1998
C. A. Robarchek/C. Robarchek, Waorani: the contexts of violence and war (Fort Worth 1998).

Sahlins 1968
M. Sahlins, Tribesmen (Englewood Cliffs 1968).

von Trotha 1995
T. von Trotha, Ordnungsformen der Gewalt oder Aussichten auf das Ende des staatlichen Gewaltmonopols. In: B. Nedelmann (Hrsg.), Politische Institutionen im Wandel. Kölner Zeitschr. Soziol. u. Sozialpsychol., Sonderh. 35 (Opladen 1995) 129–166.

Turney-High 1949
H. H. Turney-High, Primitive war: Its Practice and Concepts (Columbia 1949).

KRIEG UND ALLIANZ BEI DEN DANI IN WEST-PAPUA

Jürg Helbling

Karl Heider (1970; 1991), Robert Gardner und Peter Matthiessen (1962) haben von 1961 bis 1963 bei den Dani im Baliem-Tal in West-Papua Feldforschungen durchgeführt, zu einer Zeit, als diese tribale Bevölkerungsgruppe von der holländischen Kolonialadministration noch nicht pazifiziert war. Erst in den 1970er Jahren, nachdem West-Papua unter indonesische Kontrolle gekommen war, wurden die Kriege bei den Dani beendet (Roscoe 2011, 59 f.). Heider kehrte 1968 und 1970 jeweils für einige Monate zu den Dani zurück. Gardner hat das Leben der Dani, vor allem auch den Krieg, in seinem eindrücklichen Film »Dead Birds« dokumentiert (vgl. Gardner/Heider 1968).

NACHBARSCHAFTSGRUPPEN UND WIRTSCHAFTSWEISE

Die Dani im Baliem-Tal zählten damals rund 50 000 Individuen. Die Dugum Dani, bei denen Heider forschte, bildeten eine Nachbarschaftsgruppe (*ap logalek*) von etwa 350 Individuen, aufgeteilt in 24 Haushalte. Zusammen mit anderen Nachbarschaftsgruppen gehörten sie zur Konföderation (*agot logalek*) der Wilihiman-Walalua, die etwa 1000 Personen umfasste. Diese wiederum hatte sich mit anderen Konföderationen zur Gutelu-Allianz zusammengeschlossen, die rund 5000 Personen zählte.

Das Baliem-Tal im zentralen Hochland von West-Papua liegt 1600 m ü. NN., ist 45 km lang und 15 km breit und besteht weitgehend aus sumpfigem Grasland. Die Dani pflanzen dort Süßkartoffeln in bewässerten Feldern. In Hausgärten werden Tabak, Bananen und Zuckerrohr sowie Gemüse angebaut. Die Talhänge wiederum sind stark bewaldet. Dort befinden sich Felder, auf denen diverse Knollenfrüchte und Gemüse gepflanzt werden. Schweine sind die wichtigsten Haustiere, von denen es fast ebenso viele gibt wie Menschen und die in Gehegen gehalten werden. Schweinefleisch wird allerdings nur anlässlich von Zeremonien konsumiert (Heider 1970).

KONFÖDERATION UND ALLIANZ

Die Konföderationen sind die wichtigsten Einheiten im Zusammenhang von Krieg und Allianz. Es gibt 50 solcher Konföderationen im Baliem-Tal: Jene der Wilihiman-Walalua ist mit 1000 Mitgliedern vergleichsweise groß, andere umfassen nur einige Hundert Individuen (Abb. 1). Eine Konföderation wird nach ihrem einflussreichsten *Bigman* (*ab goktek*) benannt, zu dessen Aufgaben auch die friedliche Beilegung von Konflikten – meist wegen Schweinediebstahl und Ehebruch – gehört.

Einige Konföderationen bilden zusammen eine Allianz (*lapuchoro*), die ebenfalls den Namen ihres jeweils mächtigsten *Bigman* trägt. Heider berichtet, dass es damals rund ein Dutzend Allianzen im Baliem-Tal gab,

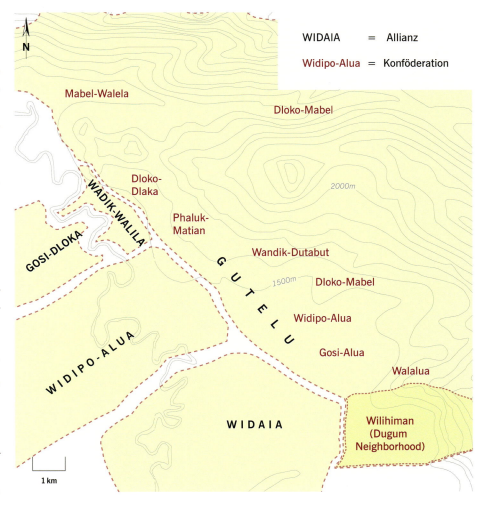

1
Konföderationen und Allianzen der Dani im Baliem-Tal in West-Papua (kartiert nach Roscoe 2011).

jede mit einigen Tausend Mitgliedern. Kriege werden üblicherweise zwischen Konföderationen gegnerischer Allianzen geführt. Etwa alle fünf Jahre treffen sich die Konföderationen einer Allianz zu einem großen Schweinefest, um ihr Bündnis zu bestärken, wobei der *Bigman* der Allianz für die Organisation dieses Festes zuständig ist.

BIGMEN

Eine große Zahl Männer gilt als *Bigmen*. Die Bedeutung eines *Bigman* bemisst sich nach der Größe der Unternehmungen, die er zu organisieren imstande ist. Die Mobilisierung einer kleineren Gruppe für eine ein- oder zweitägige Gemeinschaftsarbeit auf Feldern und zur Aushebung von Bewässerungsgräben gelingt fast jedem. Eine Beerdigungszeremonie, den Bau eines Beobachtungsturmes oder einen Überfall vermögen schon weniger Männer zu organisieren, weil hierzu alle Mitglieder einer Nachbarschaftsgruppe bzw. Konföderation mobilisiert werden müssen. Nur sehr wenige Männer in einer Konföderation sind imstande, einen Überfall auf eine feindliche Konföderation zu organisieren und Kriegstrophäen aufzubewahren. Innerhalb einer Allianz sind meist nur ein oder zwei *Bigmen* für die Organisation von groß angelegten Kriegen und Schweinefesten fähig und zuständig (Abb. 2).

Generell muss sich ein *Bigman* durch Schlauheit und Geschick (*hotiak*) auszeichnen. Es geht um die Anknüpfung, Aufrechterhaltung und Manipulation von sozialen Beziehungen mithilfe von strategischen Schweine-, Muschel- und Heiratstransaktionen. Es zählt somit die soziale Kompetenz eines *Bigman* sowohl bei der Planung und Durchführung von Kriegen und Gabentransaktionen als auch bei der Konfliktregelung innerhalb einer Konföderation oder Allianz. Ein *Bigman* muss sich überdies als mutiger Krieger in Schlachten hervorgetan haben (Heider 1970, 129).

SCHLACHTEN UND ÜBERFÄLLE

Regulierte Schlachten zwischen Allianzen (*wim*) und Überfälle (*um'aim*) in kleineren Verbänden sind die beiden Modalitäten des Krieges bei den Dani.

An Schlachten beteiligen sich meist zwischen 200 und 400 Krieger, die auf einem verabredeten Schlachtfeld und an einem bestimmten Tag aufeinandertreffen und jeweils für einige Stunden während ein paar Tagen oder über Wochen gegeneinander kämpfen (siehe Beitrag »Tribale Kriege«, S. 70 Abb. 2). Der *Bigman* einer Konföderation schickt zunächst einen Boten auf die andere Seite und schlägt eine Schlacht vor, was diese meist akzeptiert, da sie sonst als schwach gelten würde. Die *Bigmen* der beiden gegnerischen Konföderationen – so etwa die Wilihiman-Walalua und die Siep-Elortak – rufen daraufhin die mit ihnen verbündeten Konföderationen zur Unterstützung. Von den beteiligten Kriegern kämpfen jeweils nur einige Dutzend auf jeder Seite (Heider 1970, 111). Den Hauptteil der Kämpfer bilden Männer zwischen 15 und 25 Jahren. Die Kämpfe werden während der Mittagshitze unterbrochen und dauern, bis der Regen zum Abbruch der Kampfhandlungen zwingt. Die *Bigmen* geben den unerfahrenen Kriegern Anweisungen und profilieren sich selber als mutige Krieger. Ein *Bigman* behält etwaige Kriegstrophäen nach einer Schlacht und ist auch für die Kompensation der Angehörigen der im Kampf gefallenen Kriegsverbündeten verantwortlich.

In diesen Schlachten wird mit Pfeil und Bogen gekämpft, wobei die Pfeile mit Widerhaken, Bruchstellen und Fettschmieren versehen sind, um Entzündungen hervorzurufen. Gemäß Heider treffen Pfeile präzise nur auf eine Distanz von 10–20 m, ihre Reichweite liegt aber bei 80 m. Meist ist es einfach, den Pfeilen auszuweichen und nur wenige Todesopfer sind zu beklagen. Auch Wurfspeere sowie Lanzen und Dolche aus Kasuar-Knochen werden für den Nahkampf eingesetzt, jedoch weder Schilde noch Panzerung verwendet (Heider 1970, 280–286). Heider fragt sich, weshalb jeweils eine Partei nicht koordiniert alle Pfeile gleichzeitig abschießt, denn dadurch könnten weit mehr Männer auf der Gegenseite getroffen werden (Heider 1991, 100–107). Es ist unklar, ob dies auf die fehlende Koordination und mangelnde Disziplin der Kriegertruppen zurückzuführen ist oder aber als bewusste Einhegung des Krieges aufzufassen ist, bei der jede Seite zwar ihre Kriegsbereitschaft demonstriert, eine Eskalation jedoch als zu riskant oder als zu wenig erfolgversprechend erachtet. Zumal droht bei einem Vorpreschen von ein paar Kriegern der einen Seite immer eine Umzingelung durch die Gegenseite. Im Gegensatz zu anderen tribalen Gesellschaften verfolgen bei den Dani überdies die Sieger nach einer Schlacht die Verlierer nicht, um sie vernichtend zu schlagen und deren Siedlung zu zerstören. Sie begnügen sich damit, die Verlierer vom Schlachtfeld zu vertreiben. Roscoe (2011) sieht den Grund dafür im weitgehend sumpfigen Terrain in der Baliem-Ebene, das den Rückzug für die Sieger nach dem Vorstoß ins gegnerische Dorf schwierig machen würde und der Verliererseite, vertraut mit dem heimischen Terrain, Möglichkeit zu einem Gegenangriff gäbe.

2
Weteklue, einer der Kriegsanführer der Wilihiman-Walalua-Konföderation, ermuntert seine Männer.

Kriege zwischen Allianzen können sich über Generationen hinziehen. Gemäß Heider (1991, 95) war jede Allianz fast immer in einen Krieg mit einer der benachbarten Allianzen verwickelt. In solchen Kriegen spielen auch Geister eine Rolle: Wird ein Mitglied der eigenen Allianz getötet, fordert der Geist des Toten Rache. Die Dani glauben, dass der Geist eines Getöteten seine Angehörigen erst dann in Ruhe lässt, wenn diese ihn gerächt und ihrerseits einen Feind getötet haben.

Überfälle (*um'aim*) sind – im Gegensatz zu Schlachten – Überraschungsattacken, die mit dem Ziel vorgetragen werden, möglichst viele Feinde zu töten und sich für vergangene Verluste zu rächen. Solche Überfälle können auch in einer Phase stattfinden, in der gleichzeitig geregelte Schlachten zwischen Konföderationen unterschiedlicher Allianzen ausgetragen werden. Überraschungsattacken werden von 12 bis 50 Männern vorgetragen und von einem ambitionierten jüngeren *Bigman* einer Nachbarschaftsgruppe oder Konföderation organisiert. Sie werden allerdings nie nachts durchgeführt, wohl weil sich die Dani vor den Geistern fürchten, die dann umherschweifen. Gegen Überraschungsangriffe wappnen sich die Dani mit Verteidigungsmaßnahmen wie Wachttürmen und Ententeichen, die künstlich angelegt werden: Enten sind furchtsame Wesen, die schnattern und wegfliegen, wenn sich ihnen Menschen nähern (Heider 1991, 94–114).

Massive Überraschungsangriffe können auch zwischen Konföderationen derselben Allianz stattfinden, wobei es auch hier um Vernichtung, Vertreibung, Zerstörung und Raub geht. Heider (1970, 80; 102; 118–122; 130–132) berichtet von drei solchen Angriffskriegen innerhalb der Gutelu-Allianz zwischen 1950 und 1966. Solche Kriege zwischen Konföderationen derselben

Allianz führen immer zu einem Bruch der Allianz, wie das folgende Fallbeispiel des Krieges zwischen der Gutelu- und der Widaia-Allianz zwischen 1930 und 1970 zeigt.

WIDAIA UND GUTELU

In den 1930er Jahren markierte der Elogeta-Fluss das Niemandsland zwischen der Gutelu-Allianz im Norden und der Widaia-Allianz – darunter die Wilihiman-Walalua-Konföderation – im Süden (vgl. Abb. 1). In den 1940er Jahren wechselte die Konföderation der Wilihiman-Walalua die Seite, nachdem sie während einer Schlacht der Gutelu-Allianz dabei half, die Widaia zu besiegen. Die Gutelu-Allianz blieb in dieser neuen Zusammensetzung bis 1966 bestehen, als die nördlichen Konföderationen der Gutelu-Allianz die Wilihiman-Walalua überfielen, die sich daraufhin wieder der Widaia-Allianz anschlossen. Wie war es zu diesem Allianzwechsel gekommen?

Der *Bigman* der Wilihiman-Konföderation – Weteklue – hatte den *Bigman* der Gutelu-Allianz herausgefordert, indem er Kriegstrophäen bei sich aufbewahrte und sie nicht an Gutelu weiterreichte. 1963 organisierten Weteklue und einige jüngere *Bigmen* der Wilihiman-Walalua überdies ein eigenes Schweinefest, weil in der Zwischenzeit weitere Konflikte mit den anderen Konföderationen der Gutelu-Allianz ausgebrochen waren und sich die Beziehungen innerhalb der Allianz weiter verschlechtert hatten. Als Weteklue einem jüngeren *Bigman* – Umue – Platz machte und auch Gutelu von Mabel als *Bigman* der Allianz abgelöst wurde, kam es 1966 schließlich zum Krieg zwischen den Konföderationen der Gutelu-Allianz. Der Angriff der nördlichen Konföderationen unter der Führung von Mabel auf die Konföderationen im Süden (Wilihiman-Walalua und Gosi-Alua) forderte 125 Todesopfer (Männer, Frauen und Kinder); Häuser und Ställe, Wachttürme und Felder wurden zerstört und Schweine gestohlen.

Als die indonesischen Polizisten in Wamena von diesem Überfall erfuhren, unternahmen sie eine Strafexpedition in das Gebiet der nördlichen Gutelu-Allianz und wurden dabei von den Wilihiman-Walalua unterstützt. Etwa 25 Menschen wurden anlässlich dieser Aktion getötet und Siedlungen zerstört. Als Folge dieses Krieges von 1966 kam es zu einer Neugruppierung der Allianzen: Die Wilihiman-Walalua und Gosi-Alua verließen die Gutelu-Allianz und schlossen sich (wieder) der Widaia-Allianz an, zu der sie bereits früher einmal gehört hatten (Heider 1970, 310–313).

URSACHEN UND FOLGEN

Die meisten Kriege brechen zwischen Konföderationen unterschiedlicher Allianzen aus. Während bei regulierten Schlachten nur wenige Todesopfer zu beklagen sind, sterben in Überfällen weit mehr Menschen. So hatte die Nachbarschaftsgruppe der Dugum (350 Mitglieder) in den 1960er Jahren 100 Kriegstote zu beklagen, was einer Kriegsmortalität von 28,5 % für Männer und 2,4 % für Frauen entspricht. Den eigentlichen Grund für die Kriege bei den Dani sieht Heider im »*schwachen Rechtssystem*«, welches Konflikte zwischen den Konföderationen nicht friedlich zu lösen vermag (Heider 1991, 114).

Heider betont, dass sich die Dani durchweg an einem friedlichen, nicht-aggressiven Verhaltensideal orientieren: Auch in Kriegen hassen sie ihre Feinde nicht und sie fühlen weder Wut noch Rachedurst, auch wenn sie von den Geistern der Getöteten dazu gedrängt werden, die Opferbilanz auszugleichen. Die Kriege der Dani lassen sich demnach nicht mit der Aggressivität der Männer erklären, die sich gleichwohl dem soziostrukturell bedingten Zirkel von Gewalt und Gegengewalt nicht entziehen können.

Literatur

Gardner/Heider 1968
R. Gardner/K. Heider, Gardens of War: Life and Death in the New Guinea Stone Age (New York 1968).

Heider 1970
K. Heider, The Dugum Dani: A Papuan Culture in the Highlands of West New Guinea (Chicago 1970).

Heider 1991
K. Heider, Grand Valley Dani: Peaceful Warriors 2 (New York 1991).

Matthiessen 1962
P. Matthiessen, Under the Mountain Wall: A Chronicle of Two Seasons in the Stone Age (New York 1962).

Roscoe 2011
P. Roscoe, Dead Birds: The »Theater« of War among the Dugum Dani. Am. Anthr. 113,1, 2011, 56–70.

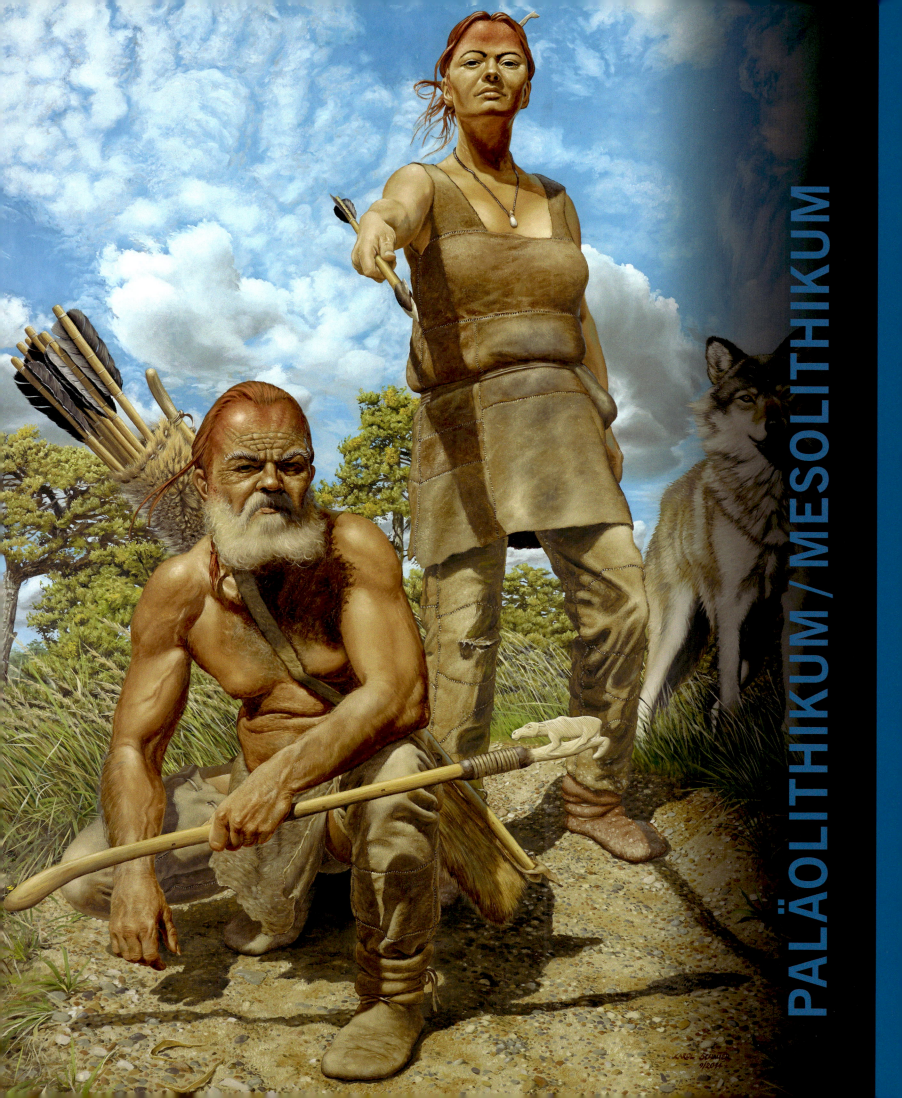
PALÄOLITHIKUM / MESOLITHIKUM

Vorderseite
Rekonstruiertes Lebensbild der Bestatteten aus dem Doppelgrab
von Bonn-Oberkassel, ca. 12 000 v. Chr. (Zeichnung © K. Schauer).
> siehe S. 91–94

SPUREN VON GEWALT AN MENSCHLICHEN SKELETTRESTEN DES PALÄOLITHIKUMS

Jörg Orschiedt

Hinweise auf Gewalt zwischen den Menschen des Paläolithikums zu finden, stellt eine schwierige Aufgabe dar. Neben der sehr geringen Anzahl von menschlichen Skelettresten gerade der frühen Zeitperioden, ist der fragmentarische Zustand vieler Knochen ein wichtiger Faktor, der die Beurteilung und Interpretation von Verletzungsspuren stark einschränkt. Da menschliche Skelettreste aus dem Paläolithikum meist in Form von Schädel- und Kieferfragmenten überliefert sind, liegt nur ein Ausschnitt aus einem möglichen Verletzungsspektrum vor. Allerdings lassen sich gerade am Schädel Verletzungsspuren sehr gut erkennen. Ein weiterer Aspekt ist die Tatsache, dass der Schädel gegenüber gewalttätigen Handlungen besonders exponiert ist. Somit liegt eine ganze Reihe von Faktoren vor, die eine Beurteilung von paläolithischen Menschenresten hinsichtlich möglicher Verletzungsspuren einschränkt oder beeinflusst.

In den vergangenen Jahrzehnten wurden in verschiedenen Zusammenhängen intensive Forschungen betrieben, um Kriterien zu etablieren, die eine Abgrenzung zwischen sog. *postmortalen* (nach dem Zeitpunkt des Todes) und *perimortalen* (um den Zeitpunkt des Todes herum) Verletzungen ermöglichen. Neben dem Fachgebiet der »Forensic Anthropology« (Christensen u. a. 2014) war es vor allem die Taphonomie, die Wissenschaft der Einbettungsvorgänge (Lyman 1994), die sich neben anderen Fragen mit der Klärung von Defekten und Spuren an Knochen auseinandergesetzt hat. Wir verfügen heute über einen Kriterienkatalog, der es – entsprechende Knochenerhaltung vorausgesetzt – ermöglicht, Beschädigungen an menschlichen Skelettresten zu identifizieren und zu interpretieren.

ERSTE HINWEISE AUF GEWALT

Aus dem Altpaläolithikum (maximal ca. 1 800 000–300 000 BP) liegen einige Fälle von leichteren Verletzungen an Schädeln des *Homo erectus* und *Homo heidelbergensis* vor (Wu u. a. 2011). Alle diese Verletzungen weisen Heilungsspuren auf. Verletzungsspuren an Teilen des Körperskelettes, die als Traumata angesprochen werden können, sind nicht bekannt. Meist handelt es sich um kleine, klar begrenzte Eindellungen der äußeren Knochentafel (*Tabula externa*) und der darunter liegenden spongiösen Knochen (*Diploë*). Diese Defekte befinden sich überwiegend auf dem Scheitelbein (*Os parietale*, 12 Fälle) und auf dem Stirnbein (*Os frontale*, 7 Fälle). Das Hinterhaupt (*Os occipitale*) ist in deutlich geringerem Maße betroffen (3 Fälle). Die Lokalisierung auf der linken bzw. der rechten Seite hält sich die Waage. Die Verletzungen im Bereich des Stirnbeins sind häufig auf dem Überaugenwulst (*Torus supraorbitale*) zu finden. In keinem dieser Fälle lässt sich sicher belegen, dass die Verletzungen, die sicherlich zu blutenden Wunden geführt haben, durch zwischenmenschliche Gewalt verursacht wurden. Immerhin ist in allen diesen minderschweren Fällen von einer problemlosen Heilung auszugehen.

Ebenfalls aus dem Mittelpleistozän (780 000–126 000 BP) stammen zwei Fälle mit deutlich schwereren Läsionen am Schädel, bei denen möglicherweise zwischenmenschliche Gewalt eine Rolle gespielt hat. Der Schädel aus der Hulu-Höhle bei Nanjing, China, datiert zwischen 620 000 und 550 000 BP. Der Schädel weist eine größere verheilte Verletzung im vorderen Bereich auf. Vermutlich wurde diese durch ein Trauma verursacht und verheilte ohne Komplikationen. Während sich diese Verletzung nicht eindeutig mit einer gewaltsamen Auseinandersetzung in Verbindung bringen lässt, scheint der Fall bei dem jüngeren Fund von Maba, China, eher auf einen Konflikt hinzudeuten (Wu u. a. 2011). Dieser Schädel wird dem späten archaischen *Homo sapiens* oder dem *Homo heidelbergensis* zugeordnet und datiert um 150 000 BP. Der nur teilweise erhaltene Schädel lässt auf der rechten Seite des Stirnbeines einen klar begrenzten Defekt erkennen, der gut verheilt ist. Die Position der Verletzung und die Tatsache, dass der Defekt auch auf der Schädelinnenseite in Form einer Ausbeulung erkennbar ist, deuten darauf hin, dass hier eine starke Krafteinwirkung auf den nur 1,4 cm großen Bereich erfolgt ist. Dies deutet nach Meinung der Autoren auf eine persönliche Auseinandersetzung hin, obwohl ein Unfall nicht grundsätzlich ausgeschlossen werden kann (Wu u. a. 2011).

Diese geschilderten Fälle lassen zwar gewaltsame Auseinandersetzungen möglich erscheinen, können aber die Konflikte nicht eindeutig belegen. Mit dem Kranium 17 aus der paläoanthropologisch bedeutenden Fundstelle der Sima de los Huesos bei Atapuerca in Spanien liegt der bislang einzige und deutlichste Beleg eines gewaltsamen Konfliktes aus dem Mittleren Pleistozän vor (siehe Beitrag »Der älteste Mord der Menschheit«, S. 89). Der Schädel weist auf dem Stirnbein zwei rundliche, unverheilte und beinahe identische Defektbereiche auf, die durch stumpfe Gewalt verursacht wurden. Die Tatsache, dass zwei Verletzungen unmittelbar nebeneinander liegen und zudem unterschiedliche Einschlagswinkel aufweisen, zeigt, dass es sich um eine Beschädigung handelt, die durch zwei unmittelbar aufeinanderfolgende Ereignisse hervorgerufen wurde. Dies lässt zusammen mit den fehlenden Heilungsspuren nur den Schluss zu, dass es sich um die absichtliche Tötung eines Menschen handelt.

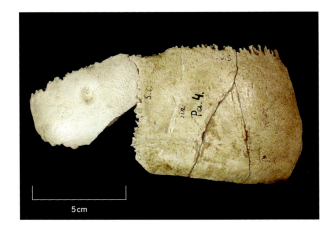

1
Verheilte Verletzung im Frontalbereich an Schädelfragment 4 eines Neandertalers von der Fundstelle Krapina, Kroatien.

GEWALTTÄTIGE NEANDERTALER?

Bei europäischen und nahöstlichen Neandertalern, ihren unmittelbaren Vorfahren und den anatomisch modernen Menschen des Mittelpaläolithikums (300 000–40 000 BP) kann eine Reihe von leichteren Schädelverletzungen festgestellt werden, bei denen entweder nur die äußere Knochentafel oder teilweise auch die darunter liegende poröse *Diploë* betroffen sind. T. D. Berger und E. Trinkaus haben die Verletzungen von Neandertalern analysiert und mit rezenten und archäologischen Vergleichsserien verglichen (Berger/Trinkaus 1995). Dabei wurde festgestellt, dass eine überproportionale Verletzungshäufigkeit im Kopfbereich und bei den oberen Extremitäten vorliegt. Berger und Trinkaus führten dies zunächst auf riskante Jagdtechniken zurück, die ähnlich wie bei amerikanischen Rodeoreitern zu entsprechenden Verletzungsmustern führten. In einer späteren Analyse wurde diese Aussage jedoch dahingehend relativiert, dass die festgestellten Verletzungshäufigkeiten zum einen nicht auf Neandertaler beschränkt sind, sondern sich auch bei späteren Jägern und Sammlern finden lassen, und zum anderen, dass die Jagdmethoden nicht der alleinige Grund für die Verletzungen sein müssen. So ist auch in Betracht zu ziehen, dass zwischenmenschliche Gewalt eine Rolle gespielt haben kann (Trinkaus 2012). Alle diese Verletzungen sind ohne Komplikationen verheilt und haben meist keine bleibenden Schäden hervorgerufen, allerdings litten die betroffenen Personen in einzelnen Fällen unter erheblichen Funktionseinschränkungen, die ihr tägliches Leben sehr belastet haben müssen.

Eine ganze Reihe von Traumata nicht nur am Körperskelett, sondern auch am Schädel liegen bei den Neandertalerfunden von der Fundstelle Krapina in Kroatien vor (Abb. 1). Die Analyse dieser Traumata zeigt, dass sie sowohl hinsichtlich der Häufigkeit als auch hinsichtlich ihrer Verteilung auf dem Schädel den Befunden bei rezenten Jäger- und Sammler-Gruppen entsprechen, bei denen Gewalt als Hauptursache von Schädelverletzungen nachweisbar ist (Estabrook/ Frayer 2014). Allerdings ist dieser Vergleich durch den fragmentarischen Zustand der Skelettreste und die Tatsache, dass die Knochen nicht in einem anatomischen Zusammenhang, sondern isoliert voneinander aufgefunden wurden, eingeschränkt. Es wird dennoch davon ausgegangen, dass insbesondere die Traumata an den Schädelfragmenten 4, 5 und 20 hinsichtlich ihrer Form, Größe und der Lokalisierung durch persönliche Gewalt hervorgerufen wurden. Lediglich in einem Fall, bei Krapina 34.7, wird dies aufgrund der Lage der Verletzung verneint; hier scheint eher ein Unfall der Grund für die Verletzung gewesen zu sein (Estabrook/Frayer 2014). Diese liegt unterhalb der sog. Hutkrempenlinie; Schädelverletzungen, die durch körperliche Gewalt hervorgerufen wurden, befinden sich eher ober- als unterhalb dieser Zone.

Ein weiterer Fund, bei dem Gewalt als Ursache einer verheilten Verletzung angenommen wird, ist der Fund eines Neandertaler-Teilskelettes aus St. Césaire (La Roche-à-Pierrot), Frankreich. Der nur fragmentarisch erhaltene Schädel weist eine gut verheilte Fraktur im linken Scheitelbereich auf, die durch einen Schlag mit einem scharfen Gegenstand verur-

2
Verheilte Verletzung am Schädel des Neandertalers von St. Césaire, Frankreich.

Ebenfalls aus dem Mittelpaläolithikum stammen die zwischen 90 000 und 100 000 Jahre alten menschlichen Reste von Qafzeh, Israel, die dem anatomisch modernen Menschen zugerechnet werden. Eine schwere Verletzung liegt bei einem Kind (Qafzeh 11) vor, das mit Hirschgeweihen als Beigaben in einer Grabgrube bestattet wurde (Coqueugniot u. a. 2014). Das bei seinem Tod zwischen 12 und 13 Jahre alte Kind muss ein mittelschweres Schädel-Hirn-Trauma erlitten haben. Nach der Lage und der Art der Depressionsfraktur kommen als Ursache der Verletzung sowohl persönliche Gewalt als auch ein Unfall infrage. Eine neue Analyse des Defektes, die auch 3D-Rekonstruktionen des Schädelinneren beinhaltet, belegt, dass das Kind schwere neurologische Schäden davongetragen hat, die seine sozialen und kognitiven Fähigkeiten beeinflussten. Dennoch wurde es mit Grabbeigaben bestattet, was nicht nur auf eine Gleichbehandlung von Gesunden und Kranken hindeutet, sondern auch auf eine Pflege des Kindes schließen lässt.

sacht wurde, der von vorne oder von hinten auf das stehende Individuum geführt wurde (Abb. 2). Eine zufällige Entstehung durch einen Unfall wird dabei ausgeschlossen (Zollikofer u. a. 2002, 6445 f.). Als Folge der Verletzung wird neben einer starken Blutung der Kopfschwarte und einer Gehirnerschütterung auch ein zeitweiliger Bewusstseinsverlust vermutet. Aufgrund der guten Abheilung, die an der Verrundung der Bruchkanten erkennbar ist, und dem Fehlen von entzündlichen Reaktionen am Schädelknochen wird zudem geschlossen, dass die Person von Mitgliedern ihrer Gruppe medizinisch versorgt wurde. Einen deutlichen Hinweis auf persönliche Gewalt geben die Skelettreste eines Neandertalers von der nordirakischen Fundstelle Shanidar (Churchill u. a. 2009). Die Bestattung Nr. 3 weist im Bereich der neunten Rippe auf der linken Körperseite einen Einschnitt mit einer Knochenneubildung auf (Abb. 3). Diese belegt, dass ein Heilungsprozess im Gange war, als das Individuum ca. zwei Monate nach Zufügen der Verletzung verstarb. Ob die Todesursache eine Folge der Verletzung war, kann jedoch nicht geklärt werden. Experimente mit Repliken von Levallois- und Moustérien-Spitzen in Form von Schuss- sowie Stichversuchen auf Schweine- und Ziegenkadaver führten zu dem Ergebnis, dass im Fall von Shanidar 3 eine Waffe mit niedriger kinetischer Energie und geringer Masse benutzt wurde – möglicherweise ein von Hand geworfener Speer oder eine Stichwaffe. Obwohl die Waffe nur an einer Rippe eine Spur hinterlassen hat, wird angenommen, dass sie den linken Lungenflügel perforiert und einen sog. *Pneumothorax* verursacht hat (Churchill u. a. 2009). Damit dürfte der Neandertaler in seiner Beweglichkeit und körperlichen Leistungsfähigkeit zumindest unmittelbar nach der Verletzung stark eingeschränkt gewesen sein.

GEWALT BEIM MODERNEN MENSCHEN IM JUNGPALÄOLITHIKUM

Ein unterschiedliches Verhalten des anatomisch modernen Menschen während des Jungpaläolithikums (40 000–12 000 BP), das auf eine geringere oder höhere Gewaltbereitschaft hindeutet, lässt sich zumindest hinsichtlich der Verletzungsspuren nicht erkennen (Trinkaus 2012). Ähnlich wie bei den älteren Funden liegt auch hier eine Reihe von verheilten Frakturen vor, die unter Umständen als Hinweise auf gewaltsame Auseinandersetzungen zwischen Menschen interpretiert werden, aber auch durch Unfälle bzw. Stürze verursacht worden sein können. Eine solche Situation ist bei dem ca. 35- bis 45-jährigen Mann aus Bonn-Oberkassel, der zwischen 14 000 und 13 000 BP datiert wird, zu

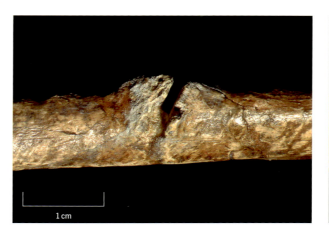 

3
Die Rippe des Neandertalers aus Shanidar 3, Irak, mit sichtbarem Einschnitt und Heilungsspuren (Kallusbildung) in verschiedenen Ansichten.

erkennen. Im unteren Bereich der rechten Elle liegt eine in Fehlstellung verheilte Fraktur vor, die vielleicht durch einen Sturz verursacht worden ist. Auf einen Unfall könnte auch eine Verknöcherung am rechten Schlüsselbein hindeuten, ebenso wie eine gut verheilte Verletzung auf dem linken Scheitelbein. Es ist jedoch auch denkbar, dass diese Verletzungen durch eine gewaltsame Auseinandersetzung verursacht wurden (siehe Beitrag »Unfall oder Gewalt?«, S. 91).

Vor allem die aus dem Gravettien (29 000–20 000 BP) stammenden menschlichen Skelettreste aus Dolní Vestonice und Pavlov (Dolní Vestonice 3, 13, 16, Pavlov 1 und Mladec 5), Tschechien, lassen ebenfalls eine Reihe von leichteren Schädelverletzungen erkennen, die wie in früheren geschilderten Fällen lediglich die äußere Knochentafel und z. T. auch die darunterliegende *Diploë* betroffen haben. Alle Verletzungen verheilten ohne Komplikationen und können aufgrund ihrer Lage meist auf dem Stirnbein und vorderen Scheitelbein durchaus durch körperliche Gewalt verursacht worden sein (Trinkaus u. a. 2006). Auffällig ist dabei, dass die Lokalisierung dieser Schädelverletzungen bei den einzelnen Personen beinahe identisch ist. Dies deutet darauf hin, dass diese Verletzungen immer auf die gleiche Art und Weise entstanden sind. Der Verdacht liegt nahe, den Grund in menschlichen Auseinandersetzungen zu suchen, die nach einem ähnlichen Muster abliefen. Neben diesen leichteren Traumata kommen in Dolní Vestonice auch schwerere Verletzungen vor, die jedoch ebenfalls alle überlebt wurden. Bei der weiblichen Hockerbestattung Dolní Vestonice 3 liegt eine auffällige Asymmetrie im Gesichtsbereich vor, die durch einen Bruch des Unterkieferastes verursacht wurde. Auch in diesem Fall ist nicht auszuschließen, dass ein Unfall die Ursache der Verletzung war (Trinkaus u. a. 2006, 419–422). Ein weiteres Indiz liefert die verheilte Schädelverletzung von Dolní Vestonice 11/12. Hier finden sich die Spuren eines rundlichen Defektes, der eine wulstige, narbenartige Struktur aufweist und von einem schwereren, aber gut verheilten Trauma am Stirnbein herrührt. In diesem Fall sind die Form des Defektes und seine Lage Indizien für körperliche Gewalt als Ursache der Verletzung (Trinkaus u. a. 2006, 425 f.).

Den eindeutigen Beleg für gewaltsame Auseinandersetzungen in dieser Zeit gibt jedoch die erst jüngst entdeckte Verletzung an der Bestattung von Sungir 1 in Russland. Der mit einer Vielzahl von Perlen aus Mammutelfenbein und anderen Beigaben reich ausgestattete Mann lag in gestreckter Rückenlage im Grab. Bei einer Neuuntersuchung des Skelettes wurde ein ca. 1 cm langer schmaler Einschnitt im Wirbelkörper des ersten Brustwirbels entdeckt (Trinkaus/Buzhilova 2012), Heilungsspuren sind nicht erkennbar (Abb. 4). Um eine solche Beschädigung zu verursachen, muss ein länglich schmales Objekt in den Körper eingedrungen sein und dabei wichtige Blutgefäße verletzt haben, was unweigerlich zum Tode der Person geführt hat. Es ist demnach davon auszugehen, dass der Mann aus Sungir durch ein Projektil eines Speeres ums Leben kam. Dies dürfte den ersten belegbaren Fall einer absichtlichen Tötung eines Menschen darstellen.

FÄLLE VON GEWALT AM ENDE DER EISZEIT

Erst im Spätpaläolithikum (12 000–10 000 BP) lassen sich weitere Belege für solche Verletzungen durch Projektile fassen. Von der Höhlenfundstelle von San Teodoro in Sizilien liegen die Skelettreste von insgesamt fünf Personen vor. Bei einer erwachsenen Frau,

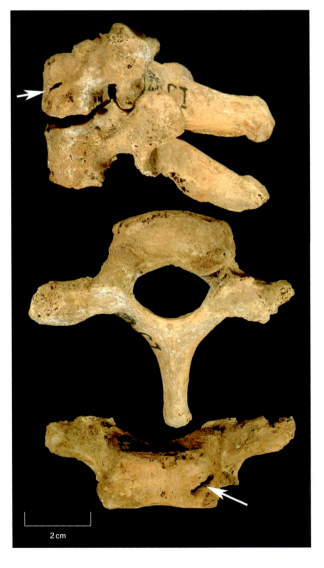

4
Der Brustwirbel des Mannes aus Sungir 1, Russland, mit einem Einschnitt, der von einem Projektil verursacht wurde.

die mit einem Hirschgeweih als Beigabe bestattet wurde, konnte ein Flintfragment in einer Beckenschaufel steckend entdeckt werden. Der Einschuss zeigt deutliche Spuren einer Heilung und wurde lange Zeit überlebt (Bachechi u. a. 1997). Ein Überleben des Einschusses war jedoch nur möglich, weil das Projektil die Spitze des Beckenknochens traf und keine Weichteile im Bauchraum verletzte. Wäre das Geschoss in die Bauchhöhle eingedrungen, hätte dies den sicheren Tod der Frau verursacht.

Einen klaren Beleg für eine tödliche Schussverletzung liefert der Brustwirbel eines etwa drei Jahre alten Kindes aus der Doppelbestattung in der Grotte des Enfants (Grotta dei Fanciulli) in Ligurien, Italien (Abb. 5). Die zwischen 1874 und 1875 entdeckte Bestattung zweier Kinder im Alter von zwei und drei Jahren wird auf ca. 11 000 BP datiert. Die Körper der Kinder waren in gestreckter Rückenlage niedergelegt und im Beckenbereich reich mit Hunderten durchbohrter Schmuckschnecken bedeckt worden. Bei einer Neuuntersuchung wurde festgestellt, dass einer der oberen Brustwirbel des älteren Kindes von einer dreieckigen Pfeilspitze getroffen worden war. Fehlende Heilungsspuren und die Position des Projektils machen deutlich, dass das Kind an der Verletzung verstorben sein muss (Henry-Gambier 2001).

Schussverletzungen durch Projektile kommen sowohl im Spätpaläolithikum als auch im Mesolithikum immer wieder vor (siehe Beitrag »Gewalt bei den Wildbeutern?«, S. 95). Dies belegen Einzelfunde wie der nicht genau datierte Wirbel aus Montfort Saint-Lizier, Frankreich, der einen Einschuss einer Spitze aus Quarzit in einen Brustwirbel aufweist. Die Spitze ist von schräg vorne in den Körper eingedrungen, hat den Wirbelkörper durchschlagen und ragt in den Rückenmarkskanal (Cordier 1990). Eine eingeschossene Pfeilspitze in einen siebten oder achten Brustwirbel eines maturen Mannes aus einer Kollektivbestattung des frühen Natufien in der Höhle von Kebara in Israel belegt ebenfalls, dass gewaltsame Konflikte auch in dieser Zeit (12 500–11 000 cal BC) in der Region der Levante präsent waren (Bocquentin/Bar-Yosef 2004). Während diese unzweifelhaft sofort tödlichen Verletzungen Einzelfälle zu sein scheinen, deutet eine andere Fundstelle in Nordafrika auf Konflikte größerer Dimensionen hin (Wendorf 1968). Ohne Zweifel hat der Fundplatz Jebel Sahaba im Sudan eine herausragende Bedeutung bei der Diskussion um Gewalt im ausgehenden Paläolithikum (Wendorf 1968). Auch wenn der Fundplatz hinsichtlich der z. T. unklaren Datierungssi-

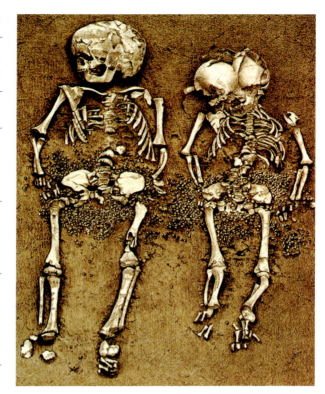

5
Die Doppelbestattung zweier Kinder aus der Grotte des Enfants in Ligurien, Italien.

tuation der einzelnen Gräber und der Befundsituation einige Unsicherheiten aufweist, ist die Tatsache, dass 110 Feuersteinspitzen im Kontext mit 59 menschlichen Bestattungen entdeckt wurden, beachtlich. Alle Spitzen sollen sich in den Positionen befunden haben, in denen sie in den Körper eingedrungen sind (Wendorf 1968, 959). Anscheinend sind jedoch nur vier Spitzen selbst in Knochen eingedrungen, die übrigen wurden zwischen den Knochen und in der Füllung der Grabgruben entdeckt. Teilweise lagen auch Mehrfachbestattungen und Individuen mit mehreren Verletzungen vor. Obwohl zahlreiche Fragen offenbleiben, besteht die Möglichkeit, dass es sich bei dem Bestattungsplatz um einen speziellen Friedhof für Personen handelt, die entweder einen gewaltsamen oder einen sonstigen ungewöhnlichen Tod starben (Wendorf 1968, 993).

FAZIT

Die hier geschilderten Fälle machen deutlich, dass eine Antwort auf die Frage, ob Gewalt im Paläolithikum eine wichtige Rolle spielte, nicht einfach ist. Die Veröffentlichungen der letzten Jahre zeigen deutlich, dass die Beschäftigung mit diesem Thema immer bedeutender wird (Berger/Trinkaus 1995; Trinkaus 2012; Estabrook 2014; Estabrook/Frayer 2014). Alle jüngeren Ansätze, die Traumata des Paläolithikums jenseits eines deskriptiven Ansatzes in einer vergleichenden

Studie zu betrachten, zuletzt durch R. B. Fergusson (2013) und V. H. Estabrook (2014), sind durch zahlreiche Faktoren eingeschränkt.

Neben der Problematik, dass die Erhaltung und die Lückenhaftigkeit der Überlieferung die Möglichkeit der Erkennung und zahlenmäßigen Bewertung der Fälle einschränken, ist die Tatsache von Bedeutung, dass bei Verletzungen, die als solche erkannt werden, nicht immer deutlich differenzierbar ist, ob sie durch einen Unfall oder durch zwischenmenschliche Gewalt hervorgerufen wurden. Zudem ist davon auszugehen, dass bei weiterer eingehender Untersuchung der menschlichen Überreste aus dem Paläolithikum weitere Fälle bekannt werden dürften, wie dies bei dem Fall des Kaniums 17 aus der Sima de los Huesos der Fall ist. Während aus früheren Zeiten des Altpaläolithikums vergleichsweise nur wenige beurteilbare Fälle vorliegen, sind es häufig die zahlreicheren Funde von Neandertalern, die im Zentrum der Betrachtungen stehen. Trotz aller oben genannten Einwände lässt sich bereits jetzt feststellen, dass Gewalt bei Neandertalern nicht signifikant häufiger auftritt als bei rezenten Jägern und Sammlern oder bei nomadisierenden Gruppen, bei denen zwischenmenschliche Gewalt einen Teil ihrer Existenz darstellt (Estabrook/Frayer 2014). Diese Aussage dürfte jedoch nicht nur für die Neandertaler gelten. So ist nach Meinung von Trinkaus (2012) hinsichtlich der Verletzungsmuster kein Unterschied zwischen Neandertalern und den anatomisch modernen Menschen des Paläolithikums zu erkennen. Diese Aussage trifft wahrscheinlich auch auf frühere Menschenformen zu.

Literatur

Bachechi u. a. 1997
L. Bachechi/P.-F. Fabri/F. Mallegni, An arrow-caused lesion in a late Upper Paleolithic human pelvis. Current Anthr. 38,1, 1997, 135–140.

Berger/Trinkaus 1995
T. D. Berger/E. Trinkaus, Patterns of trauma among the Neandertals. Journal Arch. Scien. 22,6, 1995, 841–852.

Bocquentin/Bar-Yosef 2004
F. Bocquentin/O. Bar-Yosef, Early Natufian remains: evidence for physical conflict from Mt. Carmel, Israel. Journal Human Evolution 47, 2004, 19–23.

Christensen u. a. 2014
A. M. Christensen/N. V. Passalacqua/E. J. Bartelink (Hrsg.), Forensic Anthropology. Current Methods and Practice (Oxford, San Diego 2014).

Churchill u. a. 2009
S. E. Churchill/R. G. Franciscus/H. A. McKean-Peraza/J. A. Daniel/B. R. Warren, Shanidar 3 Neandertal rib puncture wound and paleolithic weaponry. Journal Human Evolution 57, 2009, 163–178.

Coqueugniot u. a. 2014
H. Coqueugniot/O. Dutour/B. Arensburg/H. Duday/B. Vandermeersch/A.-M. Tillier, Earliest Cranio-Encephalic Trauma from the Levantine Middle Palaeolithic: 3D Reappraisal of the Qafzeh 11 Skull, Consequences of Pediatric Brain Damage on Individual Life Condition and Social Care. PLOS ONE 9/7, 2014, 1–10, doi:10.1371/journal.pone.0102822.

Cordier 1990
G. Cordier, Blessures préhistoriques animales et humaines avec armes ou projectiles conservés. Bull. Soc. Préhist. Française 87,10–12, 1990, 462–482.

Estabrook 2014
V. H. Estabrook, Violence and Warfare in the European Mesolithic and Paleolithic. In: M. W. Allen/T. L. Jones (Hrsg.), Violence and Warfare among Hunter-Gatherers (Walnut Creek 2014) 49–69.

Estabrook/Frayer 2014
V. H. Estabrook/D. W. Frayer, Trauma in the Krapina Neandertals. Violence in the Middle Palaeolithic? In: C. Knüsel/M. J. Smith (Hrsg.), The Routledge Handbook of the Bioarchaeology of Human Conflict (London, New York 2014) 67–89.

Ferguson 2013
R. B. Ferguson, The Prehistory of War in Europe and the Near East. In: D. P. Fry (Hrsg.), War, Peace, and Human Nature. The Convergence of Evolutionary and Cultural Views (Oxford 2013) 191–240.

Henry-Gambier 2001
D. Henry-Gambier, Les enfants de Grimaldi (Grotte des Enfants, site des Baoussé-Roussé, Italie). Anthropologie et Palethnologie funéraire (Paris 2001).

Lyman 1994
R. L. Lyman, Vertebrate taphonomy (Cambridge 1994).

Rivière 1887
E. Rivière, Paléoethnologie: De l'Antiquité de l'Homme dans les Alpes Maritimes (Paris 1887).

Trinkaus 2012
E. Trinkaus, Neandertals, early modern humans, and rodeo riders. Journal Arch. Scien. 39,12, 2012, 3691–3693, <http://dx.doi.org/10.1016/j.jas.2012.05.039> (29.07.2015).

Trinkaus/Buzhilova 2012
E. Trinkaus/A. P. Buzhilova, The death and burial of Sunghir 1. Internat. Journal Osteoarch. 22,6, 2012, 655–666, doi:10.1002/oa.1227.

Trinkaus u. a. 2006
E. Trinkaus/S. W. Hillson/R. G. Franciscus/T. W. Holliday, Skeletal and Dental Paleopathology. In: E. Trinkaus/J. Svoboda (Hrsg.), Early Modern Human Evolution in Central Europe. The people of Dolní Vestonice and Pavlov (New York 2006) 419–458.

Wendorf 1968
F. Wendorf, Site 117: a Nubian Final Palaeolithic graveyard near Jebel Sahaba, Sudan. In: F. Wendorf (Hrsg.), The Prehistory of Nubia, Vol. 2 (Dallas 1968) 954–1040.

Wu u. a. 2011
X.-J. Wu/L. A. Schepartz/W. Liu/E. Trinkaus, Antemortem trauma and survival in the late Middle Pleistocene human cranium from Maba, South China. Proc. Nat. Acad. Scien, 108,49, 2011, 19558–19562, doi:10.1073/pnas.1117113108.

Zollikofer u. a. 2002
C. P. E. Zollikofer/M. S. Ponce De León/B. Vandermeersch/F. Lévêque, Evidence for interpersonal violence in the St. Césaire Neanderthal. Proc. Nat. Acad. Scien. 99,9, 2002, 6444–6448.

DER ÄLTESTE MORD DER MENSCHHEIT – DER FALL SIMA DE LOS HUESOS

Nohemi Sala

In den letzten drei Jahrzehnten haben die an den Ausgrabungen in der Sima de los Huesos (»Knochengrube«), Spanien, beteiligten Wissenschaftler die bislang größte Sammlung homininer Fossilien des mittleren Pleistozäns geborgen. Das Alter der dort gefundenen Knochenfragmente wird auf ca. 430 000 Jahre geschätzt. Geborgen wurden u. a. über tausend Schädelknochenfragmente, anhand derer die Wissenschaftler in jahrelanger geduldiger Arbeit 17 vollständige menschliche Schädel rekonstruieren konnten. Im Juni 2014 veröffentlichte das wissenschaftliche Team des Sima-Projektes eine ausführliche Studie über diese außergewöhnliche Sammlung von Schädelknochen (Arsuaga u. a. 2014). Die Ergebnisse dieser Studie bieten aufschlussreiche Erkenntnisse über den Evolutionsprozess, der zur Entwicklung der Neandertaler geführt hat. Doch neben diesen durchaus bemerkenswerten Aspekten beschäftigt die Paläontologen die spannende Frage, wie jene Menschen, die vor mehr als 400 000 Jahren die Sierra de Atapuerca bewohnten, lebten und starben.

Unlängst wurde eine Untersuchung der Verletzungen am Schädel »Cranium 17«, dem letzten der bislang rekonstruierten Schädel aus der Sima, veröffentlicht (Sala u. a. 2015). Cranuim 17 wurde aus 52 Fragmenten zusammengesetzt, die im Laufe von 20 Jahren ausgegraben worden sind. Er ist aufgrund einer ganz besonderen Eigenschaft ein einzigartiger Fund. Sowohl das Viszerocranium (Gesichtsschädel) als auch das Neurocranium (Hirnschädel) sind fast vollständig vorhanden (Abb. 1). Es handelt sich um den Schädel eines jungen Erwachsenen, der im Alter von etwa 20 Jahren starb.

Cranium 17 weist zwei perimortale Frakturen auf, also Frakturen, die unmittelbar vor oder nach dem Tod des Individuums entstanden, als der Schädel noch mit Haut bedeckt war. Es handelt sich hierbei um zwei nahezu rechteckige Löcher in der Schädelwand, unmittelbar oberhalb der linken Augenhöhle. Die Analyse der Verletzungen ergab, dass beide Frakturen durch den Einschlag eines harten Gegenstandes verursacht wurden. Das Individuum hat die ihm zugefügten Verletzungen nicht überlebt, wie das Fehlen jeglicher Heilungsspuren am Knochen beweist. Die minutiöse forensische Untersuchung beider Verletzungen ergab, dass die Frakturen in Form und Größe identisch und auf zwei Einschläge mit demselben Gegenstand, aber mit verschiedenen Einschlagswinkeln zurückzuführen sind. Diese Erkenntnis schließt die Möglichkeit eines zufälligen Sturzes oder eines ähnlichen Unfalls aus, da es bei einem Sturz unmöglich ist, zweimal in verschiedenen Winkeln gegen denselben Felsen zu prallen. Andererseits sind, wie die gerichtsmedizinische Literatur ausführlich nachweist, sowohl die Art der Verletzungen als auch die Stelle, an der sie sich befinden, charakteristisch für Gewaltanwendung in Situationen, bei denen Menschen einander gegenüberstehen. Die Verletzungen auf der linken Gesichtsseite deuten darauf hin, dass der Angreifer Rechtshänder war, und der Umstand, dass er zweimal zuschlug, schließt einen unfreiwilligen Totschlag aus und bekundet seine Absicht, zu töten. Demzufolge stehen wir vor dem ersten wissenschaftlich nachweisbaren Fall zwischenmenschlicher Gewaltanwendung mit einer eindeutigen Tötungsabsicht.

Dieser Befund bedeutet wiederum, dass die Anwendung von Gewalt seit mindestens einer halben Million Jahren den Menschen zu eigen ist. Doch jenseits der sozialen Relevanz dieser Schlussfolgerung gibt uns diese Tat wichtige Hinweise auf Ursprung und Zweck der Sima de los Huesos. Seitdem die Fundstätte unter der Leitung von J. L. Arsuaga systematisch erforscht wird, wurden verschiedene Hypothesen formuliert, um die Ansammlung von 28 Individuen in dieser verborgenen Höhle der Sierra zu erklären. Das Ausgrabungsteam war der Meinung, es handele sich um eine von Menschen vorgenommene, beabsichtigte Anhäufung von Leichen. Andere Wissenschaftler haben alternative Erklärungen angeboten, wie etwa die Mitwirkung von Raubtieren, geologische Prozesse oder ein zufälliger Sturz in den 13 m tiefen, senkrechten Schacht, der zur Fundstelle führt. Die Erkenntnisse der letzten Jahre schließen jedoch Raubtiere, Wasserströme oder Schlammlawinen als Ursache der Leichen-

1
Cranium 17 aus der Sima de los Huesos, Spanien, mit zwei deutlich erkennbaren Frakturen im Bereich der Stirn.

ansammlung aus. Somit bleiben nur zwei mögliche Erklärungen: Entweder es handelt sich um eine Reihe von Unfällen oder um eine von Menschenhand vorgenommene Anhäufung menschlicher Leichen. Auf die Frage, welche der beiden Alternativen die plausibelste ist, gab es bislang keine eindeutige Antwort. In dieser Hinsicht ist das anhand von Cranium 17 gewonnene neue Beweismaterial sehr aufschlussreich.

Die Analyse der geologischen Gegebenheiten der Fundstelle hat gezeigt, dass die Schädelfrakturen an Cranium 17 nicht vor Ort entstanden sein können, da weder der Boden noch das Terrain die notwendigen Eigenschaften vorweisen, um derartige Verletzungen zu verursachen. Wie bereits erwähnt, können die Verletzungen auch nicht während eines Sturzes in den Schacht entstanden sein. Also müssen wir folgern, dass der tödliche Angriff vor dem Sturz in den Schacht stattgefunden hat, und dass die Leiche von anderen Menschen bis dorthin transportiert und in den Schacht geworfen wurde. Somit bestätigt diese neue Erkenntnis die Hypothese, dass Menschen für die Leichenansammlung in der Sima de los Huesos verantwortlich sind. In diesem Fall stünden wir vor der ersten wissenschaftlich belegten Bestattung in der Geschichte der Menschheit.

Die Anwendung von Gewalt mit Todesfolge zwischen Angehörigen derselben Spezies ist nichts Neues, wir finden sie auch bei unseren nächsten lebenden Verwandten, den Primaten: Unter Schimpansen ist dieses Verhalten durchaus nichts Ungewöhnliches (siehe Beitrag »Führen Schimpansen Krieg?«, S. 61). Darum ist es nicht abwegig zu vermuten, dass es uns bereits seit unseren Ursprüngen begleitet. Und deshalb ist die Feststellung, dass vor etwa 430 000 Jahren ein Mensch von seinen Artgenossen getötet wurde, auch nicht das Wichtigste am »Fall Cranium 17«. Wirklich neu ist der Beleg einer Bestattung, da in unserer heutigen Welt allein unsere Spezies, der Mensch, dieses Ritual praktiziert. Die tödlichen Verletzungen an Cranuim 17 beweisen, dass dieses für den Menschen so charakteristische Verhalten bereits in einem sehr frühen Stadium unserer Evolution existierte, und zudem – dies ist das eigentlich interessanteste Ergebnis unserer Studie – bei einer Menschenart, die nicht zur Linie unserer direkten Vorfahren gehört.

Literatur

Arsuaga u. a. 2014
J. L. Arsuaga u. a., Neandertal roots: Cranial and chronological evidence from Sima de los Huesos. Science 344, 6190, 2014, 1358–1363.

Sala u. a. 2015
N. Sala / J. L. Arsuaga / A. Pantoja-Pérez / A. Pablos / I. Martínez / R. M. Quam / A. Gómez-Olivencia / J. M. Bermúdez de Castro / E. Carbonell, Lethal interpersonal violence in the Middle Pleistocene. PLoS ONE 10(5):e0126589.

UNFALL ODER GEWALT? NEUE ERKENNTNISSE ZUM SPÄTEISZEITLICHEN DOPPELGRAB VON BONN-OBERKASSEL

Liane Giemsch, Nicole Nicklisch und Ralf W. Schmitz

1
Die beiden gut erhaltenen Schädel der Oberkasseler Menschen. Das deutlich schmalere, symmetrische Antlitz der Frau (links) steht einem sehr markanten und robust geformten Kopf des Mannes gegenüber.

Im Februar 1914 stießen Steinbrucharbeiter an der Rabenlay in Bonn-Oberkassel unverhofft auf eine wissenschaftliche Sensation: Verborgen unter Basaltplatten und rötlich verfärbtem Sediment fanden sie die Skelettreste zweier Menschen und eines hundeartigen Tieres sowie kunstvoll bearbeitete Gegenstände und einige weitere Tierknochen. Dieser vor nunmehr 100 Jahren entdeckte Fundkomplex, weiträumig bekannt als das »Doppelgrab von Oberkassel«, ist bis heute in vielerlei Hinsicht einzigartig und seit seiner Auffindung immer wieder Inhalt vieler wissenschaftlicher Abhandlungen.

Die beiden menschlichen Skelette aus dem rund 14 000 Jahre alten Grab gehören zu den ältesten Funden anatomisch moderner Menschen in Deutschland. Seit 2008 wird der Grabkomplex einer umfassenden wissenschaftlichen Neuanalyse unterzogen. Rund 30 internationale Wissenschaftler untersuchen unter Federführung des LVR-LandesMuseums Bonn und der Rheinischen Friedrich-Wilhelms-Universität Bonn diesen Schlüsselfund der Steinzeitforschung mit modernen Methoden (Giemsch/Schmitz 2011). Unterstützt wird das groß angelegte Forschungsprojekt von der Regionalen Kulturförderung des Landschaftsverbandes Rheinland und der Fritz Thyssen Stiftung.

Wie wir heute wissen, handelt es sich bei diesem außergewöhnlichen Fundensemble um die späteiszeitliche Doppelbestattung einer etwa 25-jährigen Frau und eines 35- bis 45-jährigen Mannes (Abb. 1), gemeinsam beigesetzt mit einem Haushund. Das Grab war mit höchst interessanten, aufwendig aus Geweih und Knochen gefertigten Objekten ausgestattet. Dazu zählen ein etwa 20 cm langer polierter Knochenstab mit Tierkopfverzierung und Einkerbungen. Die von den Steinbrucharbeitern beschriebene Lage im Grab unterhalb des Schädels der Frau legt eine Funktion als

2
Das verzierte Objekt aus Geweih in Form einer Tierfigur aus dem Grab in Oberkassel stellt vermutlich einen Elch dar.

3
Der Schneidezahn eines Rothirsches befand sich beim Männerskelett und ist das bisher einzige Element einer Schmuckkette aus dem Grab. Die Zahnwurzel wurde entfernt, ein über längere Zeiträume hinweg verbreitetes Verfahren der Schmuckherstellung.

4
Die Fraktur der rechten Elle (Ulna) ist in einer verschobenen Fehlstellung wieder zusammengewachsen. Aufgrund des Frakturverlaufs erscheint ein Sturz als Ursache wahrscheinlicher als eine Abwehrverletzung.

Haarnadel nahe. Eine weitere Beigabe ist eine kleine, aus Geweih gefertigte flache Tierplastik (Abb. 2; siehe S. 81); der neueste Kenntnisstand legt eine Ansprache als Elchkuh nahe (Veil u. a. 2012; Giemsch u. a. 2015). Der modifizierte, mit Schnittspuren versehene Penisknochen eines Braunbären ist ebenfalls als Grabbeigabe zu deuten. Überdies konnte ein Rothirsch-Schneidezahn im Bestattungskontext geborgen werden (Abb. 3). Charakteristische Bearbeitungsmerkmale weisen ihn als Schmuckelement aus. Sowohl das Erdreich der Bestattung als auch die Skelettreste sowie sämtliche erwähnten Beifunde wiesen deutliche Spuren von Hämatit auf. Dieses rote Farbmineral verstreute man häufig in steinzeitlichen Gräbern, möglicherweise war es als »Farbe des Lebens« mit einer besonderen rituellen Bedeutung verknüpft.

Zu den neueren Untersuchungen an den menschlichen Knochen zählen biochemische Analysen zur Rekonstruktion der Ernährungsgewohnheiten und möglichen Herkunft der Menschen. Kohlenstoff- und Stickstoff-Isotopenanalysen an Knochenproben ergaben, dass sich die Menschen aus Oberkassel überwiegend von Fleisch ernährten. Neben Kleinwild jagten sie vermutlich Rotwild, Elch und Wildschwein. Im Gegensatz zu den Neandertalern standen aber auch Süßwasserfische und -muscheln auf dem Speiseplan (Nehlich 2014). Deutlich wird auch, dass das Sammeln von pflanzlicher Nahrung beim modernen Menschen an Bedeutung gewonnen hat.

Bei den Strontium- und Sauerstoff-Isotopenanalysen werden die in der Kindheit in den Zahnschmelz eingelagerten Elementspuren untersucht und mit dem geologischen Profil des Lebensraumes verglichen. Da unterschiedliche Landschaften über die Nahrung unterschiedliche Elementspuren im Körper hinterlassen, lässt sich eingrenzen, wo die Menschen ihre Kindheit verbrachten. Die Strontium-Isotopenverhältnisse der Oberkassel-Menschen stehen mit dem Rheinland als Lebensraum im Einklang, sind aber nicht darauf zu beschränken. Die Sauerstoff-Signaturen zeigen einen deutlichen Unterschied zwischen der Frau und dem Mann und weisen auf unterschiedliche Nahrungseinzugsgebiete in ihrer Kindheit hin (Knipper / Alt 2015).

Bemerkenswert erscheinen auch die Resultate der genetischen Untersuchungen. Anhand von ca. 30 000 DNA-Fragmenten aus den Mitochondrien (kleine Orga-

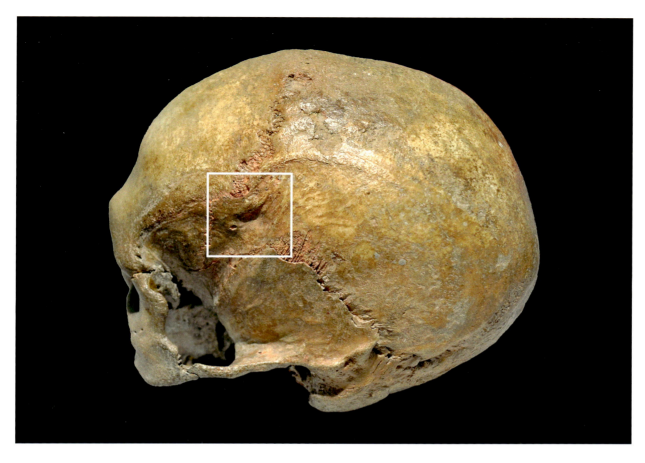

5
Die gut verheilte Verletzung im vorderen Bereich des linken Scheitelbeines lässt sich durch den Einfluss stumpfer Gewalt erklären. Möglich wären eine unfallbedingte Kollision, aber auch ein gezielter Schlag mit einem kantigen Gegenstand oder einem Wurfgeschoss, wie beispielsweise einer Steinschleuder.

nellen der Zelle mit eigener Erbsubstanz) beider Individuen gelang es zu zeigen, dass die beiden Oberkasseler keine Geschwister waren (Mittnik / Krause 2015). Weiter stellte sich heraus, dass sie den heute noch im Norden Skandinaviens lebenden Sami genetisch am ähnlichsten sind. Daraus lässt sich schließen, dass sich im Norden Europas die Gene der letzten Jäger und Sammler länger erhalten haben und die DNA in unserer Region durch die aus anderen Gebieten eintreffenden Ackerbauern und Viehzüchter über die Jahrtausende überprägt wurde.

Neben den biochemischen und molekulargenetischen Analysen erbrachten auch die osteologischen Untersuchungen spannende Ergebnisse. Neben dem Geschlecht und dem erreichten Lebensalter wurden Informationen über die Lebensbedingungen, Verletzungen und Krankheiten der beiden Menschen ermittelt. Unter anderem zeigen bestimmte Ausprägungen am Becken der rund 25-jährigen Frau, dass sie wenigstens eine Schwangerschaft und Geburt durchlebt hatte (Trinkaus 2015).

Die Analysen am Skelett des 35- bis 45-jährigen Mannes förderten einige Besonderheiten zutage. Er verlor bereits zu Lebzeiten viele Zähne des Oberkiefers und litt an einer eitrigen Infektion im Unterkiefer (Lacy 2015). Von besonderer Bedeutung erscheinen ein unsauber verheilter Bruch der rechten Elle (Abb. 4) sowie eine Verknöcherung am rechten Schlüsselbein, die zu einer Einschränkung in der Beweglichkeit des rechten Armes führten (Trinkaus 2015). Neueste Untersuchungen am Schädel des Mannes erbrachten weitere erstaunliche Erkenntnisse: Im vorderen Bereich des linken Scheitelbeines ist eine etwa 1,4 cm x 1,2 cm große Impression erkennbar, bei der es sich um eine gut verheilte Verletzung handelt (Abb. 5). Es wäre durchaus möglich, dass die Verletzungen an der rechten oberen Extremität und am Schädel in Zusammenhang stehen. Aber sind sie das Resultat eines Unfalls oder fassen wir hier Hinweise auf eine zwischenmenschliche Auseinandersetzung und damit einen für die Altsteinzeit seltenen Fall von Gewalt? Denkbar wäre ein stumpfer Schlag gegen das linke Scheitelbein (z. B. durch einen Stein oder kantigen Gegenstand), ein daraus resultierender Sturz zur rechten Seite und damit einhergehend die Fraktur der rechten Elle und die Bandverletzung im Schulterbereich. Dieses durchaus schlüssige Szenario bleibt letztlich jedoch spekulativ. Sicher ist nur, dass der Mann die Verletzungen langfristig überlebte. Ver-

152). Pfeil und Bogen bleiben in den folgenden Jahrtausenden die wichtigste Fernwaffe für die Jagd – und auch für tödliche Schüsse gegen Menschen.

MESOLITHIKUM: DIE ERSTEN OPFER VON HACKE, BEIL UND KEULE

Für das Mesolithikum ist ein breiteres Spektrum von Waffen überliefert, darunter solche, die eher für den Kampf als für die Jagd geeignet sind. Neben Bögen und Speeren gehören z. B. auch Holzkeulen zum Waffenrepertoire (Terberger/Strahl 2013). Geweih- und Steinkeulen liegen als Nahkampfwaffen z. B. von Friesack Fpl. 4 in Brandenburg vor. »*Die Träger von Keulenwaffen können [...] eher als Krieger, seltener aber auch als Jäger angesehen werden. [...] Ethnien mit Keulenwaffen sind insgesamt häufiger in Konflikte verwickelt als solche ohne*« (Biermann 2014, 241). Darüber hinaus ist an Geweih- und Knochendolche zu erinnern, unter denen die Flintschneidendolche der Kongemose Kultur besonders hervorzuheben sind.

Steinbeile, große Messerklingen und Dolche gehören – vor allem in männlichen Bestattungen – wiederholt zu den Beigaben mesolithischer Gräber, und sie zeugen von der prestigeträchtigen Rolle solcher Waffen (Grünberg 2000). In Grab 47 von Skateholm I wurden einem jugendlichen Verstorbenen sogar drei Steinbeile beigegeben (Terberger 2006, 136 f.). Das Grab der »Schamanin« von Bad Dürrenberg, Saalekreis, mit einem Querbeil (Dechsel) aus ortsfremdem Felsgestein zeigt, dass auch Frauen mit solchen Waffen für das Jenseits ausgestattet wurden (Abb. 2; Grünberg 2001).

Mit den »Schädelnestern« aus der Großen Ofnet-Höhle in Bayern liegen Kopfbestattungen aus der Zeit um 6300 v. Chr. mit mindestens acht Individuen vor, die sicher oder wahrscheinlich tödliche Verletzungen erlitten haben (siehe Beitrag »Die Große Ofnet-Höhle«, S. 99).

Aus dem Hohlenstein-Stadel, Alb-Donau-Kreis, lassen sich drei Kopfbestattungen von Menschen anführen, die »*getötet und geköpft*« wurden (Abb. 3; Wahl 2012, 38). Mesolithische Menschenreste v. a. von Bestattungsplätzen an der unteren Donau und in Südskandinavien aus dem jüngeren/späten Mesolithikum (ca. 7000–4000 v. Chr.) zeigen wiederholt bemerkenswerte Verletzungen, so z. B. drei Schädel von Korsør Nor, Seeland, mit bis zu drei durch stumpfe Gegenstände verursachten Verletzungen, die jeweils verheilt sind (Abb. 4; Bennike 1997). Die Lage der Verletzungen oberhalb der »Hutkrempenlinie« spricht gegen Unfälle als Ursache. Im Falle der Bestattung einer Frau mit Kleinkind von Vedbæk-Gøngehusvej nördlich von Kopenhagen, Seeland, spricht eine markante Schädelimpression ebenfalls für einen gezielten Schlag gegen den Kopf (Abb. 5). Der Befund lässt keinen Zweifel: Auch junge Frauen und Mütter blieben von Gewalt nicht verschont (Brinch Petersen u. a. 1993); allerdings hat auch diese Frau den Angriff überlebt. Der Mann aus dem Dreifach-Grab Nr. 19 in Vedbæk-Bøggebakken, Seeland, hat hingegen durch eine Knochenspitze an der Wirbelsäule offensichtlich eine tödliche Verletzung erlitten (Albrethsen/Brinch Petersen 1976).

2
Die Felsgesteinwaffe aus dem Grab der »Schamanin« von Bad Dürrenberg bezeugt, dass im Mesolithikum auch Frauen prestigereiche Waffen beigegeben wurden.

3
Die drei Schädel aus der Höhle Hohlenstein-Stadel, Alb-Donau-Kreis, gehen auf Kopfbestattungen zurück und zeigen unverheilte Verletzungen.

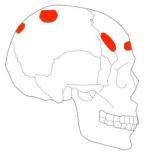

Von Gewaltopfern abzugrenzen ist eine Reihe von mesolithischen Menschenresten mit ungewöhnlichen Manipulationen, die wohl in einen rituellen Kontext einzuordnen sind: So stammt von der Fundstelle Drigge im Strelasund vor Rügen (ca. 5000 v. Chr.) ein skalpiertes Individuum (Terberger 2006) und an der Fundstelle Kanaljorden in Motala, Zentralschweden, hat man offensichtlich mindestens zwei Schädel auf Pfähle montiert und in einem See aufgestellt (Hallgren 2011).

Die Liste von Individuen mit Manipulationen und (tödlichen) Verletzungen ließe sich verlängern, doch bleibt die Aussagekraft solcher Beispiele für die Frage nach der Rolle von Gewalthandlungen im Mesolithikum begrenzt. Ein Felsbild mit sich gegenseitig beschießenden Bogenschützen aus Ostspanien wird seit längerer Zeit als konkreter Hinweis auf kriegerische Handlungen in der Steinzeit gewertet. Typologische Überlegungen sprechen heute dafür, dass diese Szene wohl in einen (früh-)neolithischen Zusammenhang gehört (siehe Beitrag »Felsbildkunst«, S. 120 Abb. 2).

STEINZEITLICHE WILDBEUTER – WEDER EXTREM GEWALTTÄTIG NOCH ÜBERAUS FRIEDLICH

Die angeführten Beispiele verdeutlichen, dass spätestens seit dem Auftreten von Pfeil und Bogen im Spätpaläolithikum auch erste menschliche Opfer der Waffenverwendung vorliegen. Für ein besseres Verständnis von Rolle und Kontext früher Gewalt können quantitative Betrachtungen und interkulturelle Vergleiche hilfreich sein, wobei aber quellenkritische Probleme zu berücksichtigen sind (vgl. z. B. Petrasch 2006, 155 f.). So liegen mesolithische Skelettreste vor allem aus dem jüngeren und späten Mesolithikum Südskandinaviens

vor (vgl. Grünberg 2000; Terberger 2006). Auch ist eine selektive Bestattungsweise möglich und verletzte Individuen können in abweichender Form bestattet worden sein. Ferner hat sich der Fokus anthropologischer Arbeit gewandelt und möglichen Verletzungen wird bei der Analyse heute mehr Aufmerksamkeit geschenkt. Doch bleibt das Problem bestehen, dass Skelette häufig nur eingeschränkt erhalten sind. Vor diesem Hintergrund können zur Rolle von Gewalt in der Mittelsteinzeit nur Tendenzen formuliert werden.

In einer Zusammenstellung verletzter Individuen vom Neolithikum bis zum Mittelalter hat H. Peter-Röcher einen durchgehend geringen prozentualen Anteil von Individuen mit Verletzungen herausgearbeitet (<5 %; Peter-Röcher 2007). Zugleich stellte sie eine wichtige Rolle der Schädel für die Untersuchung von Gewalt fest, denn die Mehrzahl der Verletzungen betraf durchgängig den Kopf und zwar vor allem bei

4
a Die beiden Schädel von der mesolithischen Fundstelle Korsør Nor auf Seeland, Dänemark, lassen wiederholte Schläge auf den Kopf erkennen, die jeweils verheilt sind.
b Die Projektion auf einen Schädel verdeutlicht, dass die stumpfe Gewalteinwirkung oberhalb der »Hutkrempe« erfolgte, was für gezielte Schläge spricht.

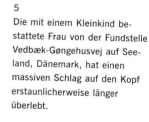

5
Die mit einem Kleinkind bestattete Frau von der Fundstelle Vedbæk-Gøngehusvej auf Seeland, Dänemark, hat einen massiven Schlag auf den Kopf erstaunlicherweise länger überlebt.

2
Das große Schädelnest der Ofnet-Höhle während der Ausgrabung und nach der Bergung einiger der Schädel.

sicher von postmortalen Beschädigungen abgrenzen, zumal diese Schädel oft unvollständig erhalten sind. Die bereits von T. Mollison (1936) formulierte Vermutung, dass es sich bei den verwendeten Waffen um beilartige Geräte gehandelt hat, kann bestätigt werden. Die in einigen Fällen deutlich erkennbaren Umrisse der den Schädelknochen perforierenden Geräte lassen einen variierenden, spitzovalen Querschnitt erkennen (Abb. 3–5). Die Variationen dürften durch den unterschiedlichen Einschlagswinkel und die Eindringtiefe verursacht worden sein, können jedoch auch von unterschiedlichen Beilklingen stammen.

Bei der Kartierung der Schädelverletzungen fällt auf, dass die meisten Hiebverletzungen (8 Stück) im engeren und erweiterten Hinterkopfbereich zu finden sind (Abb. 6). Nur in vier Fällen liegen Verletzungen auf der Stirn bzw. auf dem linken und rechten vorderen Seitenbereich der Schädel vor. Bemerkenswert dabei ist, dass diese Verletzungen ausschließlich bei Männern vorkommen. Dies könnte darauf hindeuten, dass insgesamt zwei der fünf Männer sich den Angreifern entgegenstellten, während die übrigen Opfer, Frauen und Kinder, zu fliehen versuchten und von hinten erschlagen wurden.

Die als »Schädelnester« bezeichneten Funde wurden seit ihrer Entdeckung und vor allem nachdem an ihnen Verletzungen festgestellt wurden, intensiv diskutiert (Peter-Röcher 2002). Neben der Art der Deponierung und ihrer Zeitstellung, die mit den Schädeln der Fundstelle Hohlenstein-Stadel, Alb-Donau-Kreis, aus dem Spätmesolithikum deutliche Parallelen besitzt, stand und steht vor allem der Nachweis von Gewalt im Zentrum der Überlegungen. Weitere isolierte Schädel wie aus der benachbarten Fundstelle Kauftersberg, Lkr. Donau-Ries, und dem Schädel von Oberlarg im Elsass lassen sich bedingt mit den Ofnet-Funden vergleichen. Leider fehlen von beiden Fundstellen direkte Daten und ihre Deponierung weist sowohl Parallelen als auch Unterschiede zu Ofnet und Hohlenstein-Stadel auf. So sind bislang nur bei dem Schädel von Oberlarg eine Entfleischung und Brandspuren nachgewiesen (Boulestin/Henry-Gambier 2012). An dem Schädel vom Kaufertsberg fehlen Hinweise auf Gewalt, diese sind jedoch am Schädel von Oberlarg nachweisbar (Boulestin/Henry-Gambier 2012).

Sicherlich inspiriert von ethnografischen Belegen stand unmittelbar nach der Entdeckung eine Interpretation der Kopfdeponierung als Ansammlung von Trophäenschädeln und damit der Nachweis von prähistorischer Kopfjagd im Vordergrund. Eine Meinung, die immer wieder vertreten wird (Keeley 1996, 38). Dem steht entgegen, dass die Schädel eine sorgfältige Niederlegung erfahren haben, mit Schmuckbeigaben ausgestattet wurden und mit der nicht unüblichen Ver-

3
Zwei Hiebverletzungen im vorderen Schädelbereich von Ofnet 21.

4
Schädelverletzung auf der linken Schädelseite von Ofnet 2 mit deutlich erkennbarer bogenförmiger Bruchlinie. Oberhalb sind zwei verheilte Verletzungen erkennbar.

wendung von Ocker durchaus im Einklang mit den im Mesolithikum üblichen Bestattungsformen stehen. Gegen eine Interpretation als Trophäenschädel spricht auch, dass Manipulationen an den Schädeln fehlen. D. Frayer (1997, 197–201) hat in seiner Analyse der Ofnet-Schädel zwar einige Fälle von Schnittspuren angeführt, diese bleiben jedoch in ihrem Nachweis eher vage und konnten bei einer anderen Analyse nicht bestätigt werden (Orschiedt 2005). Weiterhin ist das Fehlen von Verwitterungs- oder Nutzungsspuren in Form von Polituren an den Schädeln eindeutig. Entsprechende ethnografische Nachweise solcher Schädeltrophäen weisen jedoch neben dem Fehlen der Unterkiefer und Halswirbel auch häufig Kratzer, Ritzungen, Durchbohrungen und Übermodellierungen auf (Okumura/Siew 2013). Es kann kein Zweifel daran bestehen, dass die Köpfe unmittelbar nach dem Tod niedergelegt wurden. Dies geschah, ohne dass die Schädel längere Zeit Witterungseinflüssen ausgesetzt waren oder in einem rituellen Kontext über längere Zeit Verwendung fanden.

5
Schädelverletzung im Hinterkopf-Bereich von Ofnet 2. Bei der Rekonstruktion der Schädel wurden zwei der Schädelfragmente, die beim Schlag nach innen gedrückt wurden, wieder eingeklebt.

Offen muss jedoch die Frage bleiben, ob die in der Großen Ofnet repräsentierten Personen sämtlich durch Gewalt ums Leben kamen. Das Fehlen der Körper lässt zwangsläufig die Frage nach Stich- und Projektil-Verletzungen offen. Inwieweit die im Spätmesolithikum fassbare Sitte der Kopfdeponierung unmittelbar mit dem gewaltsamen Tod der betreffenden Individuen

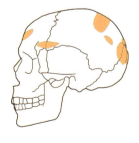 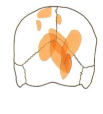 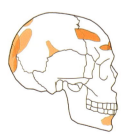 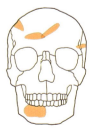 

6
Projektion aller Schädelverletzungen aus der Ofnet-Höhle. Deutlich erkennbar ist die Konzentration der Verletzungen im Hinterkopfbereich.

zusammenhängt, muss damit unbeantwortet bleiben. Immerhin weisen zwei der drei Schädel aus dem Hohlenstein-Stadel (Orschiedt 1999, 131–135) und der neu untersuchte Schädel von Oberlarg (Boulestin/Henry-Gambier 2012, 81 f. Abb. 4; 5) tödliche Hiebverletzungen auf, sodass diese These eine gewisse Wahrscheinlichkeit besitzt. Ein eindeutiger Nachweis ist aus den oben genannten Gründen jedoch kaum möglich. Derzeit muss auch die Frage offenbleiben, ob es sich bei der Niederlegung der Köpfe in der Großen Ofnet um ein Einzelereignis handelt. Falls mithilfe von hochauflösenden ^{14}C-Daten und der Anwendung statistischer Verfahren ein solcher Nachweis gelingt, könnte die These eines spätmesolithischen Massakers, dem alle 34 Personen zum Opfer fielen, an Plausibilität gewinnen.

Literatur

Boulestin/Henry-Gambier 2012
B. Boulestin/D. Henry-Gambier, Le crâne Mésolithique de L'abri du Mannlefelsen I à Oberlarg (Haut-Rhin): Étude des Modifications osseuses. In: B. Boulestin/D. Henry Gambier (Hrsg.), Crânes Trophées, crânes d'ancêtres et autres pratiques autour de la tête: problèmes d'interprétation en archéologie. Actes de la table ronde pluridisciplinaire, Musée National de Préhistoire, Les Eyzies-de-Tayac (Dordogne, France), 14–16 Octobre 2010. BAR Internat. Ser. 2415 (Oxford 2012) 77–88.

Frayer 1997
D. W. Frayer, Ofnet: Evidence for a Mesolithic Massacre. In: D. L. Martin/D. W. Frayer (Hrsg.), Troubled Times. Violence and warfare in the past (Amsterdam 1997) 181–216.

Hedges u. a. 1989
R. E. M. Hedges/R. A. Housley/J. A. Law/ C. R. Bronk, Radiocarbon dates from the Oxford AMS system: Archaeometry Datelist 9. Archeometry 31,2, 1989, 207–234.

Keeley 1996
L. H. Keeley, War before Civilization: The Myth of the Peaceful Savage (Oxford 1996).

Mollison 1936
T. Mollison, Zeichen gewaltsamer Verletzungen an den Ofnet Schädeln. Anthr. Anz. 13, 1936, 79–88.

Okumura/Siew 2013
M. Okumura/Y. Y. Siew, An osteological study of trophy heads: unveiling the headhunting practice in Borneo. Internat. Journal Osteoarch. 23,6, 2013, 685–697, doi:10.1002/oa.1297.

Orschiedt 1999
J. Orschiedt, Manipulationen an menschlichen Skelettresten. Taphonomische Prozesse, Sekundärbestattungen oder Anthropophagie. Urgesch. Materialh. 13 (Tübingen 1999).

Orschiedt 2005
J. Orschiedt, The head burials from Ofnet cave: An example of warlike conflict in the Mesolithic. In: M. Parker Pearson/I. J. N. Thorpe (Hrsg.), Warfare, Violence and Slavery in Prehistory. BAR Internat. Ser. 1374 (Oxford 2005) 67–73.

Peter-Röcher 2002
H. Peter-Röcher, Krieg und Gewalt: Zu den Kopfdepositionen in der Großen Ofnet und der Diskussion um kriegerische Konflikte in prähistorischer Zeit. Prähist. Zeitschr. 77, 2002, 1–28.

Rigaud 2013
S. Rigaud, Les objets de parure associés au dépôt funéraire mésolithique de Große Ofnet: implications pour la compréhension de l'organisation sociale des dernières sociétés de chasseurs-cueilleurs du Jura Souabe. Anthropozoologica 48,2, 2013, 207–230, <http://dx.doi.org/10.5252/az2013n2a2> (29.07.2015).

Schmidt 1912
R. R. Schmidt, Die diluviale Vorzeit Deutschlands (Stuttgart 1912).

Stuiver/Reimer 1993
M. Stuiver/P. J. Reimer, Extended ^{14}C Database and revised CALIB radiocarbon calibration program. Radiocarbon 35,1, 1993, 215–230.

NEUE BEOBACHTUNGEN ZUR DOPPELBESTATTUNG VON TÉVIEC, BRETAGNE

Gaëlle Cap-Jédikian

Das Gräberfeld von Téviec, Morbihan, Frankreich, datiert ins Spätmesolithikum, in die zweite Hälfte des 6. Jts. v. Chr. Es wurde bereits 1937 veröffentlicht, wobei auch die anthropologischen Untersuchungsergebnisse dargestellt wurden (Péquart u. a. 1937). Die geborgenen Bestattungen sind im Laufe der Zeit auf verschiedene Institutionen verteilt worden, wobei die Doppelbestattung A heute im Museum von Toulouse aufbewahrt wird (Abb. 1).

In den Augen der Ausgräber war das Besondere dieses 1928 geborgenen Grabes nicht nur, dass ein Mann und eine Frau gemeinsam bestattet waren, sondern auch, dass mit der Abdeckung des Grabes aus Hirschgeweih sepulkrale Hinweise auf den Ablauf des Bestattungsritus nachweisbar sind.

Ab 1938 fertigte der naturkundliche Präparator P. Lacomme die Rekonstruktion der Bestattung auf der Grundlage der Ausgrabungsaufzeichnungen an. Diese spektakuläre Rekonstruktion wurde bis zur Schließung des Museums Ende der 1990er Jahre der Öffentlichkeit präsentiert.

In dieser Zeit wurde die Bestattung im Rahmen eines Forschungsprojektes zur Datierung der Nekropole von Téviec mehrmals beprobt (Schulting 1999). Allerdings muss angemerkt werden, dass die ^{14}C-Sequenz des Spätmesolithikums in der Bretagne von großer Ungenauigkeit gekennzeichnet ist. Zudem hat der intensive Konsum von Muscheln zur Folge, dass die Proben scheinbar zu alte Daten erbringen (Reservoireffekt des marinen Milieus). Aktuelle Studien erlaubten es dennoch, die Daten unter Berücksichtigung der genannten Einschränkungen neu zu kalibrieren und sie der Zeit von 5500–5300 v. Chr. zuzuschreiben (Marchand u. a. 2009).

2010 wurde entschieden, das Grab A von Téviec komplett zu digitalisieren. War dies zum Teil als Konservierungsmaßnahme gedacht, zielte es außerdem auf eine 3D-Kopie für eine Ausstellung ab, die den Forschern den Zugang zum Original ermöglichte, sodass sie das Grab neu untersuchen konnten. Dieser zweite Aspekt war Anlass für fundierte Forschungen.

Die erste Maßnahme bestand darin, eine medizinische Tomografie der beiden Skelette herstellen zu lassen (Abb. 2). Diese Technik erlaubt es, das vollständige Skelett darzustellen und somit auch nicht sichtbare Teile sichtbar zu machen, wie beispielsweise das Innere des Schädels oder innere Strukturen der Knochen.

1
Doppelbestattung A von Téviec, Morbihan, Frankreich, nach der Restaurierung und Wiederherstellung der ursprünglichen Lage der Individuen.

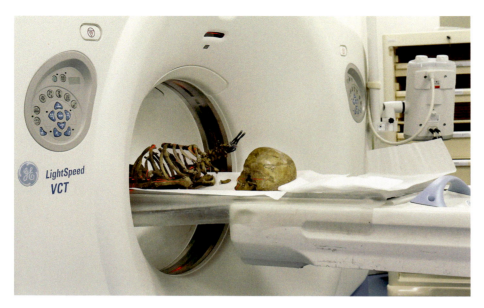

2
Die Tomografie der Skelette ermöglicht es, das Innere des Schädels, die Zähne oder die inneren Strukturen der Knochen sichtbar zu machen.

Während der Restaurierungsmaßnahmen wurden massive Materialauflagerungen auf dem Beckenknochen des als männlich bestimmten Individuums aufgedeckt. Deren Entfernung erlaubte die erneute Datenerhebung der für eine Geschlechtsbestimmung relevanten Maße. Diese Maßnahme wurde von der Anthropologin G. Bossuet mithilfe der DSP-Methode durchgeführt, eine morphometrische Methode, die die Wahrscheinlichkeit der Geschlechtsdiagnose mathematisch ermittelt. Mit einer Zuverlässigkeit von mehr als 98 % hat Bossuets Ergebnis das von 1937 widerlegt: Beide Individuen von Grab A aus Téviec sind tatsächlich weiblichen Geschlechts (Bossuet 2010). Außerdem hat die Entfernung von Material für die Ausbesserung von Bruchstellen und Rissen aus den 1930er Jahren auf den beiden Schädeln Spuren aufgedeckt, die auf Frakturen schließen lassen und Fragen zur Todesursache der beiden Individuen aufwerfen. 2011 wurde im Rahmen einer von Rechtsmedizinern erstellten Expertise eine neue Analyse mithilfe computertomografischer Bilder erstellt. Sie führte zur Identifizierung von vielfältigen Spuren perimortaler Verletzungen: 12 auf einem der Schädel, 14 auf dem anderen. Die Rekonstruktion der Abfolge der zugefügten Verletzungen ergab, dass sie zuerst im Gesichtsbereich, auf Höhe des Nasenrückens und des Unterkiefers, dann von beiden Seiten, aber auch in der Region des Hinterhaupts ausgeführt wurden, was eine bewusste Handlung bezeugt (Guillas 2013). Bei beiden Individuen stammen die Verletzungen wahrscheinlich von einem gleichartigen, schweren und stumpfen Objekt.

Wenngleich die Untersuchungen ergaben, dass die Abfolge der Schläge identisch und Folge einer gleichen Vorgehensweise sind, so ist doch zu bedenken, dass ausschließlich die Schädel der beiden Individuen einer genaueren Untersuchung unterzogen wurden. Die Verletzungen sind potenziell tödlich, was aber noch nicht eindeutig beweist, dass sie tatsächlich den Tod der beiden Individuen verursacht haben. Die Untersuchung weiterer Skelettelemente, wie der Unterarme, könnte beispielsweise Gesten der Verteidigung anzeigen oder auch weitere Verletzungen, die den Tod der Individuen verursacht haben könnten.

Nach dem heutigen Kenntnisstand scheint es schwierig, ungeachtet anderer Formen tödlicher Gewalt, die in der Nekropole von Téviec belegt sind, ein möglicherweise spezifisches Bestattungsritual, das eine methodische Zerstörung des Gesichts der beiden Frauen einschließt, vom Beweis eines regelrechten mesolithischen »Verbrechens« zu unterscheiden.

Literatur

Bossuet 2010
G. Bossuet, Résultats préliminaires de l'étude des deux squelettes de la sépulture A de Téviec entreposés au Musée de Toulouse. Rapport d'analyse (Toulouse 2010).

Guillas 2013
N. Guillas, Morts violentes à Téviec. Enquête préhistorique. ArMen 192, 2013, 50–59.

Marchand u. a. 2009
G. Marchand / C. Dupont / C. Oberlin / E. Delque-Kolic, Entre »effet réservoir« et »effet de plateau«: la difficile datation du mésolithique de Bretagne. In: P. Crombé / M. Van Strydonck / J. Sergant / M. Boudin / M. Bats (Hrsg.), Chronology and Evolution within the Mesolithic of North-West Europe. Proceedings of an international meeting, Brussels, May 30th–June 1st 2007 (Brüssel 2009) 297–324.

Péquart u. a. 1937
M. Péquart / S.-J. Péquart / M. Boule / H.-V. Vallois, Téviec, station-nécropole mésolithique du Morbihan. Archives Inst. Paléont. Hum. 18 (Paris 1937).

Schulting 1999
J. R. Schulting, Nouvelles dates AMS à Téviec et Hoëdic (Quiberon, Morbihan). Bull. Soc. Préhist. Française 96,2, 1999, 203–207.

DER SKALPIERTE MANN AUS GRAB 33 VON SKATEHOLM

Torbjörn Ahlström und Lars Larsson

Das Grab 33 war eines von 65 Gräbern, die auf dem spätmesolithischen Gräberfeld Skateholm I gefunden wurden. Dieses befindet sich auf einer Insel in einer ehemaligen Lagune an der Südküste von Schonen, dem südlichsten Teil Schwedens. Das Gräberfeld war mit einer großen Siedlung der gleichen Zeitstellung (ca. 5200–5000 v. Chr.) verbunden. Entlang der Lagune, die während dieser Zeit aufgrund der Anhebung des Meeresspiegels an Größe zunahm, sind noch zwei weitere Anlagen, aus Gräbern und Siedlungen bestehend, gefunden worden. Wegen des steigenden Meeresspiegels musste die Siedlung stetig umziehen und die alten Anlagen wurden teilweise oder vollständig überschwemmt. Durch das Süßwasser aus mehreren Flüssen und den Zustrom von Salzwasser aus der Ostsee war die Lagune reich an verschiedenen Fischarten. Auch lebten dort etliche Vogelarten oder zogen vorbei. Robben und kleine Wale konnten in der nahen Ostsee gejagt werden. Eine große Anzahl von Tieren in den Wäldern sowie Nüsse, Früchte und Gemüsearten machten die Lagune zu einem attraktiven Siedlungsort. Die Anzahl der Bestattungen lässt darauf schließen, dass die Gegend über Jahrhunderte genutzt und besiedelt war.

Auf dem Gräberfeld sind verschiedene Bestattungssitten belegt: Die Toten wurden auf dem Rücken liegend, in Hockerstellung oder sitzend beigesetzt, wobei Männer, Frauen, Junge und Alte vertreten sind. Außerdem wurden einige Hunde zwischen den Menschen begraben.

Der Mann in Grab 33 wurde zunächst als mittleren Alters eingestuft, doch neueste Entwicklungen in der Datierung von Skeletten machten es möglich, sein Alter auf etwa 34 Jahre festzulegen. Das Grab wies einige spezielle Merkmale auf (Larsson 1993): Die Grabgrube war länger als der Bestattete, trotzdem war dessen Kopf gegen eine Seite der Grube gedrückt. Der Bereich hinter den Füßen enthielt eine außergewöhnlich hohe Anzahl an Knochen von Rotwild, Rehwild, Wildschwein, Bär, Biber und Otter. Eine Reihe von Fischen wie Steinbutt, Aal, Hecht und Barsch liefert zusammen mit Vogelarten wie Seeadler und Habicht ein anschauliches Bild vom Jagd- und Fischverhalten der Siedler. In der Schicht wenig oberhalb des Skelettes wurden Pfeilspitzen gefunden, deren Spitzen auf den Bestatteten gerichtet waren. Diese Fundsituation ist in keinem anderen Grab innerhalb der Anlage beobachtet worden. Möglicherweise hat man Pfeile in den Sand geschossen, als das Grab zum Teil verfüllt war, vielleicht um den Toten in der Grabgrube zu fixieren. Die zwei Pfeilspitzen, die man zwischen den Beinen des Bestatteten gefunden hat, werden als Grabbeigaben gedeutet.

Es gibt eine Hierarchie bezüglich der Art von Schnittwunden, die eine Person einer anderen zufügen kann. Dabei muss die schlimmste Wunde nicht notwendigerweise die tödliche sein, sondern vielmehr diejenige, die das Opfer am Leben lässt, es aber für den Rest seines Lebens stigmatisiert. Das Skalpieren,

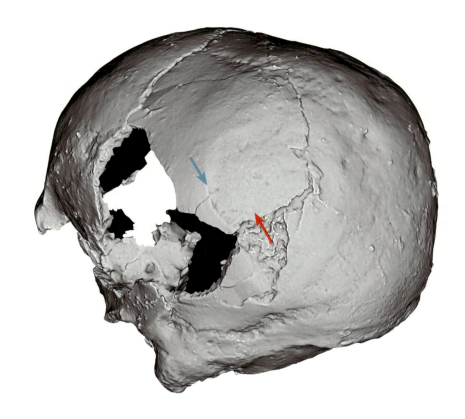

1
3D-Scan des hinteren Schädels aus Grab 33 von Skateholm, Schweden. Im Zentrum des Bildes sind ein großer Defekt (roter Pfeil) sowie eine begleitende Unterschneidung (blauer Pfeil) zu sehen, erkennbar an der scharfen Kante.

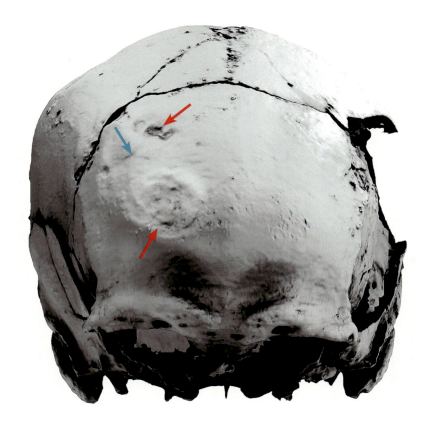

2
3D-Scan des vorderen Schädels aus Grab 33 von Skateholm, Schweden, mit zwei Defekten auf dem Stirnbein über der rechten Augenhöhle (rote Pfeile). Auch hier wird der Umriss einer Unterhöhlung rechts der Verletzungen deutlich (blauer Pfeil).

also das absichtliche Entfernen der Kopfhaut, wird als eine besonders schlimme Verstümmelung angesehen.

Grab 33 des spätmesolithischen Gräberfeldes in Skateholm I stellt einen ungewöhnlichen Kontext dar. Es ist das einzige Grab innerhalb der Anlage mit einer Person, die in Bauchlage bestattet wurde und auf die Pfeilspitzen gerichtet waren. Außerdem zeigt die Schädeldecke einige traumatische und entzündliche Spuren, die als Zeichen einer verheilten Skalpierung interpretiert werden (Ahlström 2008).

Der Defekt, der hier von besonderem Interesse ist, ist ein deutliche äußere Knochenreaktion auf dem Hirnschädel, die sich vom Stirnbein mit Einbeziehung eines Großteils des linken Scheitelbeines bis zum oberen Teil des Hinterhauptbeines erstreckt (Abb. 1–2). Die Stelle zeichnet sich durch eine flache Vertiefung aus, schwach gewellt und narbig. Innerhalb dieser begrenzten Fläche gibt es einige Vertiefungen, mindestens zwei mit einer erhöhten Kante, die die Vertiefung eingrenzt. Im hinteren Bereich des Schädels befindet sich eine abgeflachte Zone auf der Außenseite des linken Scheitelbeins und des Hinterhauptbeins, was einen erheblichen Anteil der darunterliegenden Diploë (spongiöse Knochen) freilegt (Abb. 1). Die Oberfläche der offenliegenden Diploë ist granuliert, geglättet und verhärtet. Eine auffällige Unterschneidung auf der vorderen seitlichen Eingrenzung der Vertiefung ist auszumachen. Im Gegensatz zum aufgewölbten Rand des defektes auf dem Stirnbein ist diese Grenze schärfer bestimmt. Außerdem befindet sich auch eine Vertiefung auf dem rechten Scheitelbein.

Die Merkmale, die oben beschrieben sind, weisen auf einen Heilungsprozess hin und zeigen keinerlei Hinweise auf Veränderungen, die nach der Bestattung oder lagerungsbedingt auftreten. Lägen solche vor, würde man scharfe Brüche beobachten. Wir können allerdings nicht sicher sein, ob alle vorliegenden Wunden, die zu den Veränderungen der Schädeldecke geführt haben, zum gleichen Zeitpunkt zugefügt wurden, gehen aber davon aus. Dennoch sollten wir zunächst auch alternative Diagnosen erwägen. Die erste, die infrage käme, wäre eine Trepanation. Diese wird als die beabsichtigte Entfernung eines Teils der Schädeldecke definiert, ohne die darunterliegenden Gewebe (Hirnhäute, Gehirn und Blutgefäße) zu beschädigen. Da in diesem Fall von Skateholm das Innere des Schädels keine Veränderungen zeigt, kann man eine Trepanation klar ausschließen. Ebenso wäre es schwer, sich die Wunden als Folgen einer misslungenen Trepanation vorzustellen. Auch die Tatsache, dass die innere Oberfläche nicht beeinträchtigt ist, schließt Hirnprolaps, einen streuenden Tumor, Tuberkulose etc. aus. Die Veränderungen sind traumatischen Ursprungs und den Indizien nach ist eine absichtliche Skalpierung die wahrscheinlichste Ursache – Eine Skalpierung, die das Individuum viele Jahre überlebte.

Literatur

Ahlström 2008
T. Ahlström, An early example of scalping from the Mesolithic cemetery Skateholm, Sweden. In: J. Piek/T. Terberger (Hrsg.), Traumatologische und pathologische Veränderungen an prähistorischen und historischen Skelettresten – Diagnose, Ursachen und Kontext. Interdisziplinärer Workshop in Rostock-Warnemünde, 17.–18. Nov. 2006. Arch. u. Gesch. Ostseeraum 3 (Rahden/Westf. 2008) 59–66.

Larsson 1993
L. Larsson, The Skateholm Project: Late Mesolithic Coastal Settlement in Southern Sweden. In: P. Bogucki (Hrsg.), Case Studies in European Prehistory (Ann Arbor 1993) 31–62.

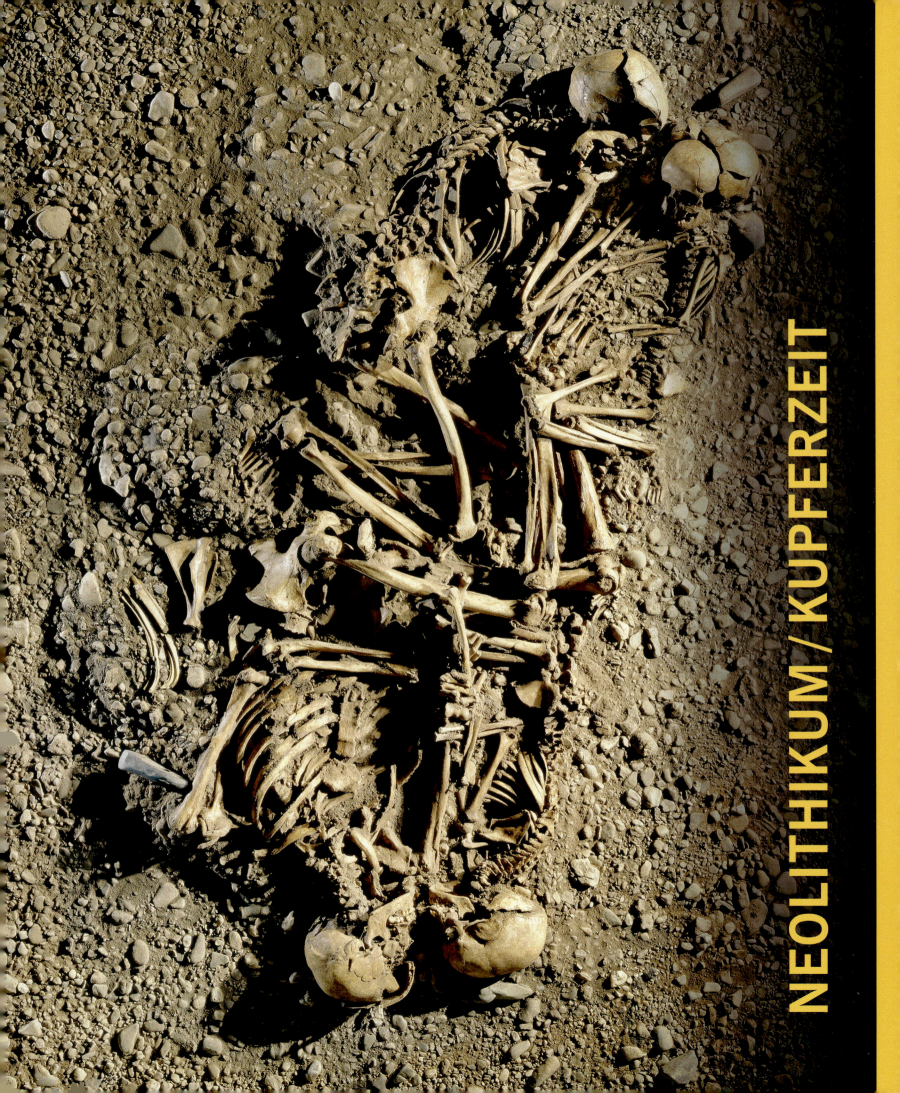
NEOLITHIKUM / KUPFERZEIT

Vorderseite
Getötete Familie der Schnurkeramikkultur aus Naumburg,
OT Eulau, Burgenlandkreis (^{14}C-Datierung 2658–2502 v. Chr.).
> siehe S. 191–192

KRIEG IM EUROPÄISCHEN NEOLITHIKUM

Harald Meller

Bei der wichtigen Frage nach dem Beginn des Krieges in der langen Geschichte der Menschheit sind sich die meisten Archäologen erstaunlich einig (siehe Beitrag »Krieg«, S. 19). Zwar wird von einigen der Beginn des Krieges bereits bei den komplexeren Wildbeutergesellschaften des Mesolithikums gesehen, zweifelsfrei nachgewiesen ist er für die meisten Fachleute jedoch seit dem Neolithikum. Dass der Krieg möglicherweise bereits sehr früh in der neolithischen Entwicklung auftrat, belegt seit langem schlaglichtartig der große und massive, aber in seiner Interpretation umstrittene Verteidigungsturm von Jericho (siehe Beitrag »Jericho«, S. 155). Da der Beginn des Krieges im Vorderen Orient an anderer Stelle besprochen wird (siehe Beitrag »Krieg im Neolithikum Vorderasiens«, S. 127), beschränkt sich dieser Beitrag auf die Betrachtung des Krieges im mittel- und westeuropäischen Neolithikum.

Die zentralen Fragen zum Krieg, die hier zu klären sind, ergeben sich aus der wohlbekannten Kriegsgeschichte der letzten Jahrtausende im Rahmen von Staatlichkeit. Hier scheinen schon zu Beginn der geschriebenen Geschichte die Kriegstechniken so weit perfektioniert gewesen zu sein, dass bis zum europäischen Spätmittelalter mit der Erfindung von Feuerwaffen kaum ein Fortschritt, sondern vielmehr Verschiebungen von taktischen Elementen zu verzeichnen sind (siehe Beitrag »3000 Jahre Kriegsgeschichte«, S. 351). Gab es also während des Neolithikums eine Entwicklung zu jener Kriegskunst und Professionalität, wie sie spätestens in der bronzezeitlichen Schlacht vom Tollensetal um 1300 v. Chr. aufscheint? Existierte Krieg von Anfang an oder gab es einen klar markierten Beginn, an dem wir dann auch möglicherweise die Kriegsursachen fassen können?

Die Ursachen für den Beginn des Krieges im Neolithikum werden in der Regel in der neuen produzierenden Wirtschaftsweise und der damit verbundenen Vorratshaltung, der Akkumulation von Werten, den steigenden Bevölkerungszahlen, den festen Siedlungsplätzen, verbunden mit Landbesitz und Besitzgrenzen, sowie der zunehmend stärkeren Hierarchisierung gesehen (Peter-Röcher 2007, 58–64).

Die möglichen archäologischen Nachweise für Kriege sind vielfältig, jedoch nur in den wenigsten Fällen von direkter Evidenz. Zumeist handelt es sich um eine Beweisführung aus mehreren indirekten Indizien. Als direkter Nachweis für kriegerische Handlungen werden in der Archäologie in der Regel Massengräber, Schlachtfelder sowie nachweislich von außen angegriffene und zerstörte Siedlungen oder Befestigungen gesehen. Indirekte Hinweise auf Krieg sind Befestigungen, Kriegergräber, Gräber von Gewaltopfern, der Nachweis von Waffen und ihrer Entwicklung sowie Darstellungen von Kriegern oder kriegerischen Handlungen. Durch die Fortschritte der Bioarchäologie, insbesondere genetischer und isotopischer Analysen, ist es seit kurzer Zeit darüber hinaus möglich, die Verbreitungsbilder sog. archäologischer Kulturen mit unterschiedlichen Bevölkerungsgruppen in Einklang zu bringen. Auf diese Weise kann der Nachweis gelingen, dass hinter den Verbreitungsbildern auch tatsächlich verschiedene Bevölkerungsgruppen standen. Dies erinnert an den Beginn der Keltenforschung, als es gelang, den durch die Archäologie als Latène-Stil definierten Funden die als Kelten überlieferten Völker zuzuordnen (Pauli 1980).

Die neolithische Aufsiedlung Mitteleuropas erfolgte um 5500 v. Chr. von Ungarn entlang der großen Flüsse durch die Kulturgruppen der Linearbandkeramik (Haak u. a. 2010). Während der ersten 300 Jahre dieser Expansion liegen keine Nachweise möglicher kriegerischer Aktivitäten vor (Petrasch 2014, 197 f.). Obgleich einzelne Siedlungen mit einem Graben umgeben waren, hatte dieser eher den Charakter einer Grenze als den einer Befestigung. Diese anscheinend friedlichen Zeiten endeten offenbar ab 5200 v. Chr. in der jüngeren Bandkeramik mit erheblich gestiegenen Bevölkerungszahlen sowie einer Klimaveränderung mit zunehmender Trockenheit, die Ernteausfälle wahrscheinlicher machte (Gronenborn u. a. 2014).

Für die jüngere Bandkeramik liegen als direktes Indiz gewalttätiger Handlungen vier Massengräber vor

1
Rekonstruktion der befestigten Höhensiedlung der Baalberger Kultur (etwa Mitte des 4. Jts. v. Chr.) auf der Bischofswiese, Dölauer Heide bei Halle (Saale) (Zeichnung © K. Schauer).

(siehe Beitrag »Hinweise auf Massaker«, S. 171). Beim Massengrab von Talheim, Lkr. Heilbronn, handelt es sich um die regellos in eine Grube geworfenen, dicht komprimierten Überreste von 34 Individuen, die überwiegend mit den klassischen Arbeitsgeräten der Bandkeramik, den Flachhacken, erschlagen worden waren (Wahl/König 1987; Strien u. a. 2014). Im Einzelfall kam auch die Bogenwaffe zum Einsatz. Die Toten repräsentieren eine natürliche Lebensgemeinschaft aus vier Familien. Sie wurden überwiegend von hinten, also auf der Flucht erschlagen. Dabei wurde exzessive Gewalt durch mehrfache Schläge auf die Schädel, auch von Kindern, ausgeübt. Fehlende Abwehrverletzungen deuten darauf hin, dass es sich nicht um einen Kampf, sondern um ein Massaker an den fliehenden Menschen handelte.

Ein wesentlich umfangreicheres Szenario spiegeln die Ergebnisse aus den Grabungen der Siedlung von Asparn-Schletz, Niederösterreich, wider (Teschler-Nicola u. a. 2006). Obwohl dort bisher nur ungefähr 20 % der gesamten Siedlungsfläche ergraben wurden, konnten in den freigelegten Grabenabschnitten etwas mehr als 100 Individuen geborgen werden. Diese sind ungeordnet in den Graben geworfen worden. Vor ihrer Beseitigung lagen die Toten wohl längere Zeit an der Oberfläche, da die Knochen Tierverbiss zeigen und der anatomische Verband sich bereits teilweise in Auflösung befand. Die Toten wurden ebenfalls überwiegend mit Flachbeilen, Schuhleistenkeilen, teils auch mit Steinkeulen oder Holzknüppeln erschlagen. Auch hier blieb der Einsatz der Bogenwaffe die absolute Ausnahme. Besonders auffällig ist, dass unter den Toten die jungen Frauen fehlen.

Das dritte Massengrab wurde in Schöneck-Kilianstädten, Main-Kinzig-Kreis, entdeckt, wo mindestens 26 Individuen, die eine normale Lebensgemeinschaft repräsentieren, überwiegend durch stumpfe Gewalt getötet worden sind (Meyer u. a. 2015). Junge Frauen fehlen ebenfalls.

Davon abweichend stellt sich der Befund von Halberstadt-Sonntagsfeld, Lkr. Harz, dar (siehe Beitrag »Das Massengrab von Halberstadt«, S. 177). Dort fanden sich neun Individuen regellos in eine Grube geworfen. Bei acht Toten handelt es sich um Männer im besten wehrfähigen Alter. Auffällig ist, dass alle Toten – anders als in den anderen Massengräbern – mit Schlägen von Steinbeilen überwiegend auf den Hinterkopf getötet wurden. In einem Fall ist zusätzlich der Stich einer Silexklinge zwischen die Rippen nachgewiesen. Bei den Toten handelt es sich also offenbar um eine Gruppe festgesetzter Personen, die wohl zuerst gefesselt und anschließend regelrecht hingerichtet worden sind.

Als direkter Beweis für eine kriegerische Auseinandersetzung zwischen zwei autonomen Gruppen kann von den vier Massengräbern nur Asparn-Schletz gelten. Rechnet man die dort entdeckten Toten auf die mögliche Gesamtfläche hoch, ist mit mindestens einigen Hundert Todesopfern zu rechnen. Da keine spätere Besiedlung des Dorfes belegt ist, muss davon ausgegangen werden, dass das Dorf erobert und die Bevölkerung getötet oder versklavt wurde, soweit sie nicht fliehen konnte (Petrasch 2014, 190). Da das Dorf über eine Befestigung verfügte, müssen an dem Angriff zumindest einige Hundert Krieger, vermutlich Männer aus mehreren verbündeten Dörfern, beteiligt gewesen sein. Eines der Kriegsziele ergibt sich aus den archäologischen Daten selbst: Frauenraub. Im Skelettmaterial sind die jungen Frauen erheblich unterrepräsentiert. Der Fall Asparn-Schletz belegt demnach einen tribalen Krieg zwischen mehreren Dorfgemeinschaften der Bandkeramik. Die Absicht, den Feind und dessen Ressourcen komplett zu zerstören, kennen wir aus Kriegen tribaler Völker, etwa der Maring in Neuguinea (Vayda 1989; Keegan 1995, 160; Helbling 2006, 583–585). Neben rituellen Gefechten mit Bogen und Speer, die zu nur wenigen Opfern führten, wurden auch »richtige Kriege«, also vernichtende Überfälle auf andere Dörfer, praktiziert.

Das Grab von Talheim ist schwerer zu beurteilen, da wir nicht wissen, ob weitere Massengräber in der Umgebung liegen und somit möglicherweise ein mit Asparn-Schletz vergleichbarer Fall vorliegt. Isoliert betrachtet könnte man jedoch bei den vier Familien auch von der Gemeinschaft eines großen bandkeramischen Hauses ausgehen, sodass es sich hierbei um einen Konflikt innerhalb eines Dorfes, also innerhalb einer autonomen Gruppe handeln könnte. Damit hätten wir zwar einen Nachweis für eine Fehde oder Blutrache, aber nicht für Krieg. Für die mit einer Fehde verbundene Emotionalität spricht neben den multiplen Traumata die Tötung der gesamten Lebensgemeinschaft, darunter auch die jungen Frauen. Es wurde sogar spekuliert, ob nicht eine dieser Frauen, eine Fremde, Auslöser der Fehde gewesen sein könnte (Strien u. a. 2014, 253 f.). Bei Schöneck-Kilianstädten scheint der Befund anders gelagert zu sein. Hier wurde offenbar die Flucht der Opfer durch brutales Brechen der Unterschenkel verhindert. Auch fehlen wie in Asparn-Schletz die jungen Frauen, sodass Frauenraub das Motiv sein könnte. Ganz anders gestaltet sich der Fall von Halberstadt-Sonntagsfeld, wo eine Gruppe kampffähiger Männer offenbar als Gefangene exekutiert wurde. Ob es sich dabei um Kriegsgefangene, also die Opfer eines größeren Konfliktes, oder um Gefangene mit anderem Hintergrund handelt, ist mit archäologischen Methoden nicht feststellbar.

Generell ist zu den vier genannten Befunden zu bemerken, dass sie von den typischen Massengräbern, die wir im Zusammenhang mit Kriegen kennen, insofern abweichen, als diese in der Regel ausschließlich eine größere Anzahl von Männern im besten kampffähigen Alter beinhalten. Das Massengrab von Lützen (siehe Beitrag »Die 47 Soldaten«, S. 405) ist hier allerdings in zwei Punkten vergleichbar: Zum einen weisen zahlreiche der Opfer tödliche Schädeltraumata auf, zum anderen wurden viele davon bei der Flucht vor Reitern von hinten niedergestreckt, sodass auch hier Abwehrverletzungen weitgehend fehlen.

Ein Blick auf die vier neolithischen Massengräber zeigt jedoch ansatzweise die Vielfalt möglicher Interpretationen. Dass es wie in Asparn-Schletz in der jüngeren Bandkeramik zu erheblichen Auseinandersetzungen, also zumindest zu Kriegen zwischen Dörfern kommen konnte, dokumentieren die erst in dieser Zeit aufkommenden Befestigungen, deren Gestaltung zwar noch relativ einfach war, aber bereits Rücksicht auf den Einsatz der Bogenwaffe nahm, wie das Beispiel von Wulfen, Lkr. Anhalt-Bitterfeld, zeigt (siehe Beitrag »Tore neolithischer Erdwerke«, S. 165). Auffallend ist, dass während der bandkeramischen Kultur Gewaltopfer als »schlimme Tote« nicht auf den normalen Gräberfeldern bestattet wurden. Diese Gewaltopfer ermöglichen es uns, im Vergleich zu den übrigen Bestatteten den Grad an Gewalthandlungen ungefähr abzuschätzen (Petrasch 2006, 157–161). Jedes weitere zufällig entdeckte Massengrab kann diese Statistik jedoch erheblich verschieben. Zudem ist bei den einzelnen Gewaltopfern – auch in anderen Perioden des Neolithikums – nur in den seltensten Fällen zwischen Opfern von Krieg und individueller Gewalt zu unterscheiden. Ein

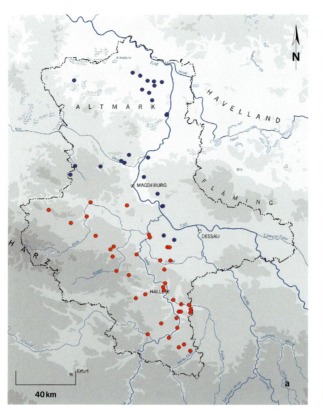 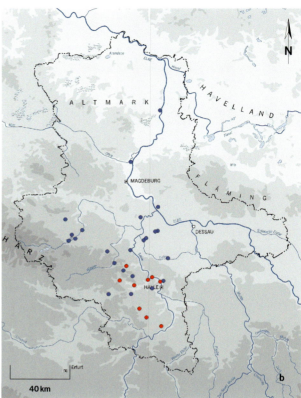

2
Die beiden Verbreitungskarten zeigen ein (gewaltsames?) Vordringen der Trichterbecherkulturen aus dem Norden (blau) ins südliche Sachsen-Anhalt, das von Nachfolgekulturen der Bandkeramiker (rot) besiedelt war.
a Zwischen 3600 und 3400 v. Chr. war das Kulturgefüge von Tiefstichkeramikkultur (blau) und Baalberger Kultur (rot) noch stabil.
b Das Verbreitungsbild der nachfolgenden Kulturen zwischen 3200 und 3050 v. Chr. belegt, dass die Walternienburger Kultur (blau) die im Süden ursprünglich ansässige Salzmünder Kultur (rot) fast verdrängt hat (kartiert nach Schwarz 2013).

Grund für Gewalt und notwendige Befestigungsanlagen am Ende der Linienbandkeramik könnte in Mitteldeutschland das Vordringen der Stichbandkeramik aus Böhmen sein. Die stichbandkeramischen Befestigungen verfügten über sog. Hakentore (siehe Beitrag »Tore neolithischer Erdwerke«, S. 165), die einen erheblichen fortifikatorischen Fortschritt darstellten.

Betrachten wir die Gestaltung der Befestigungen Mitteleuropas im weiteren Verlauf, so zeigen beispielsweise die Doppelpalisaden, Kammertore und mehrfachen Verteidigungsringe des 4. Jts. v. Chr. eine erstaunliche Entwicklung hin zu sehr komplexen Verteidigungsanlagen, wie etwa der befestigten Höhensiedlung der Baalberger Kultur in der Dölauer Heide bei Halle (Saale) aus der Mitte des 4. Jts. v. Chr. (Abb. 1; Schunke 2013). Das verstärkte Aufkommen von großen Befestigungsanlagen in Mitteleuropa während dieser Zeit korrespondiert mit der Entdeckung eines langen und ausgedehnten Eroberungskrieges zwischen dem 36. und 31. Jh. v. Chr. in Mitteldeutschland. Erstmals ist es hier Archäologen und Biologen gemeinsam gelungen, genetisch unterschiedliche Gruppen mit dem Konzept archäologischer Kulturgruppen schlüssig zu verbinden. Demzufolge drangen Vertreter der Trichterbecherkulturen (Tiefstichkeramik) und ihrer Nachfolger (Walternienburger Kultur, Bernburger Kultur) systematisch nach Süden vor und eroberten die Gebiete der Baalberger und Salzmünder Kultur, bei denen es sich im weiteren Sinn nicht nur kulturell, sondern auch genetisch um die Nachkommen der ehemaligen bandkeramischen Erstsiedler handelte (Abb. 2; Friederich u. a. 2013, 43 f.; Schwarz 2013).

Mit dem 3. Jt. v. Chr. endeten in Mitteleuropa der Bau von Befestigungsanlagen, nicht aber Kriege oder Konflikte. Aus den Steppengebieten Osteuropas drangen Reiterkrieger offenbar schnell nach Mitteleuropa vor, das ohne große Widerstände und Zeit für den Befestigungsbau erfolgreich besetzt wurde. Zumindest sprechen die genetischen Daten für eine Herkunft der Schnurkeramiker aus der osteuropäischen Jamnaja-Kultur (Haak u. a. 2015).

Eine Grabkammer mit der Darstellung eines Reflexbogens aus Göhlitzsch, Saalekreis (siehe Beitrag »Pfeil und Bogen«, S. 133 Abb. 3), und der Fund von Spuren eines hölzernen Reflexbogens aus einem Hügelgrab bei Bożejewice, pow. żnińskim, Polen (Kośko / Kločko 1991), zeigen möglicherweise einen der Gründe für das schnelle Vordringen der Schnurkeramiker (siehe Beiträge »Pfeil und Bogen«, S. 131; »Krieger der Streitaxtkultur«, S. 181). Auch die Kriegerstelen der Jamnaja-Kultur sprechen dafür, dass die Schnurkeramiker hocheffektive Reflexbögen, vermutlich in Kompositbauweise, benutzten. Sie entfalteten besonders im berittenen Einsatz eine große Wirkung, wie sich noch an den Reitervölkern des Frühmittelalters zeigt (Riesch 2009). Dazu passt auch die Darstellung eines geschlossenen Köchers, wie er für Reiter optimal ist. Obwohl die Ausbreitung der Schnurkeramikkultur nicht ausschließlich gewaltlos verlaufen sein dürfte, finden wir keine Belege für die zu erwartenden Eroberungskriege. Die männlichen Toten stellten sich zwar in ihrer Rolle als Krieger dar, die Traumata verweisen jedoch eher auf individuelle Gewalt und rituelle Zweikämpfe unter den Schnurkeramikern als auf Kriegsgeschehen (siehe Beitrag »Rituelle Zweikämpfe«, S. 185). Selbst derartig eindrucksvolle Belege von Gewalt wie die Familiengräber von Eulau, Burgenlandkreis, sind eher als Resultat von Fehden oder Blutrache und weniger als Indizien einer kriegerischen Handlung zu interpretieren (Muhl u. a. 2010; siehe Beitrag »Ein Steinzeitgemetzel«, S. 191).

Ein der Schnurkeramikkultur ähnliches Phänomen, das möglicherweise von Westen aus im 3. Jt. v. Chr. weite Teile Europas überschichtete, stellt die Glockenbecherkultur dar, die jedoch bis heute nur archäologisch, noch nicht aber genetisch erforscht wurde. Somit ist momentan nicht zu entscheiden, ob es sich um die Bewegungen realer Personen oder von Ideen handelt. Das Rollenverständnis der Männer als Krieger spiegeln auch die Gräber der Glockenbecherkultur und vor allem die Statuenmenhire wider, die Männer mit einer Rüstung aus organischem Material und ihren Hauptwaffen Streitaxt, Dolch und – seltener – Bogen zeigen (Abb. 3; siehe Beitrag »Krieg zur Zeit der Glockenbecher-Leute«, S. 193).

Ein Blick nach Westeuropa lässt uns mit den neolithischen Felsbildern der spanischen Levante Augenzeugen tatsächlich erfolgter Auseinandersetzungen werden (siehe Beitrag »Felsbildkunst«, S. 119). In den Kollektivgräbern Longar, Prov. Navarra, Spanien, und San Juan ante Portam Latinam, Prov. Álava, Spanien, aus dem 4. Jt. v. Chr. sind die Opfer solcher Auseinandersetzungen belegt (Vegas 2007; siehe Beitrag »Longar«, S. 179). Zusammen zeigen 17 erwachsene Männer anthropologisch nachweisbar die unterschiedlichsten Pfeilverletzungen, wobei es aufgrund der vielen weiteren geborgenen Pfeilspitzen noch mehr Gewaltopfer gegeben haben könnte (Abb. 4). In Westeuropa scheint das 3. Jt. v. Chr. besonders kriegerisch gewesen zu sein. Zumindest legen dies die umfangreichen Befestigungsbauten, wie z. B. Los Millares, Prov. Almería, Spanien, nahe, die mit ihrer steinernen und militärtechnisch elaborierten Bauweise nicht nur auf erhebliche militärische Erfahrungen, sondern auch auf entsprechende Notwendigkeiten zu lange andauernder Verteidigung schließen lassen (siehe Beitrag »Befestigungen des 6.–3. Jts. v. Chr.«, S. 157). Leider sind die zum Teil zahlreich vorhandenen Pfeilspitzen aus den Grabungen dieser Befestigungen bislang nicht ausgewertet. So sind allein aus der Anlage von Zambujal, Torres Vedras, Portugal, knapp 1000 Pfeilspitzen überliefert (Arnold/Kunst 2011, 38). Ein englisches Beispiel des

3
Stele mit der Darstellung eines kupferzeitlichen Kriegers, Bagnolo-Ceresolo, com. Malegno, prov. Brescia, Italien. Dieser Statuenmenhir, bereits 1963 entdeckt, ist nur ein Beispiel der umfangreichen Fundgruppe »Valtellina-Valcamonica«. Den Krieger repräsentieren zwei Beile/Äxte, jeweils zur Rechten und Linken, sowie acht Dolche des Typs »Remedello«. Charakteristisch sind weiterhin die Wiedergabe eines Gürtels (drei Linien am unteren Ende) sowie ein Abbild der Sonne in Kopfhöhe. Kriegerstelen wie diese waren während der Kupferzeit über weite Teile Zentraleuropas verbreitet (siehe S. 8).
Museo Nazionale della Preistoria della Valle Camonica, »Bagnolo 1«.

4. Jts. v. Chr. von Crickley Hill, Gloucestershire, zeigt hier mit der Verteilung von mehr als 400 Pfeilspitzen eindrucksvoll den Angriff auf eines der Befestigungstore des Erdwerkes (Dixon 1988, 81–83).

Fasst man die archäologischen Beobachtungen zum Krieg im europäischen Neolithikum zusammen, so zeigt sich, dass zwar interpersonelle Gewalt, nicht jedoch der Krieg von Anfang an existierte. Warum aber wurden im Laufe des Neolithikums Kriege geführt? Die Archäologie kann zu den Ursachen naturgemäß eher wenig beitragen. Ein Blick in die Motivationen tribaler Gesellschaften zeigt, dass diese sich häufig grundsätzlich von denen moderner Gesellschaften und Staaten unterscheiden (Peter-Röcher 2014, 49 f.; Helbling 2006). Ein wesentliches Merkmal ist häufig Zauberei, verbunden mit magischen Verfluchungen

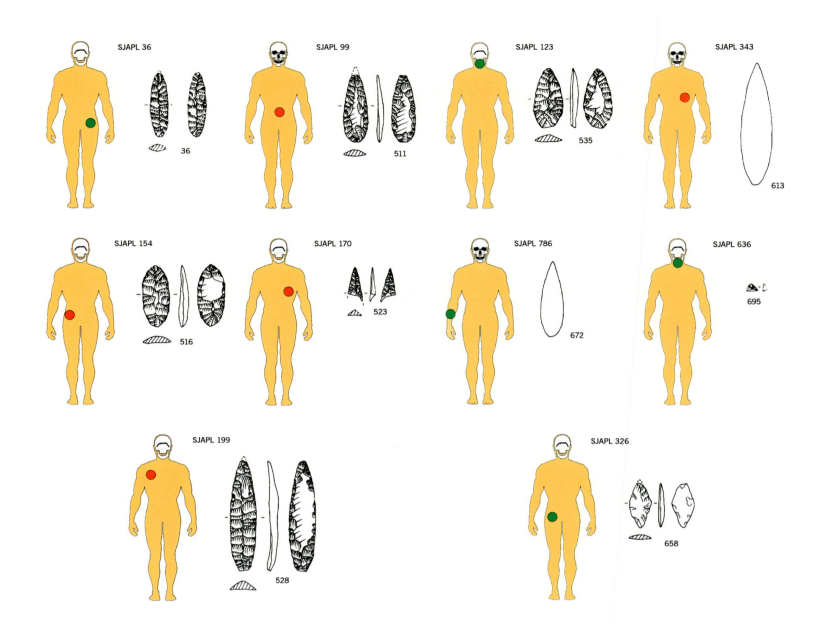

4
San Juan ante Portam Latinam, Prov. Álava, Spanien. Die Grafik zeigt jeweils rechts die steinernen Pfeilspitzen und links am zugehörigen Modell den Fundort bzw. Treffer. Rote Punkte indizieren tödliche Schussverletzungen, grüne Punkte Schüsse ohne tödlichen Ausgang (Grafik nach Vegas 2007).

und Todesfällen in der eigenen Gemeinschaft, die dann Blutrache oder gar Kriege auslösen. Aus der archäologischen Analyse neolithischer Quellen gelingt es lediglich, einige wenige Motive herauszuarbeiten. Hier ist zuerst der Frauenraub zu nennen, wie ihn uns die bandkeramischen Massengräber von Asparn-Schletz und Schöneck-Kilianstädten nahelegen. Zumindest im Gebiet der mitteleuropäischen Bandkeramik war Krieg auch eine Reaktion auf steigende Bevölkerungszahlen und sich verknappende Ressourcen. Neben dem ab der mittleren Bandkeramik nachgewiesenen Krieg sind Fehden erheblichen Ausmaßes innerhalb von bandkeramischen Gruppen zu erwarten. Hinzu traten die Eroberung von Land und Ressourcen und möglicherweise auch das Motiv der Plünderung. Im 4. Jt. v. Chr. kam es u. a. infolge der Klimaverschlechterung zu zahlreichen Innovationen der sog. zweiten neolithischen Revolution. Die Innovation der tierischen Traktion, also des Zugtieres, aus der Rad, Wagen und Pflug folgten (Zich 2013), ermöglichte es den auf schlechten Böden wirtschaftenden Trichterbecherkulturen auf die fruchtbaren Lössböden des Südens vorzudringen und sich so sukzessive bessere Lebensgrundlagen zu erobern. Das 3. Jt. v. Chr. war dann von den Eroberungen der Glockenbecher- und Schnurkeramikkulturen geprägt, die zumindest in Westeuropa zu umfangreichen kriegerischen Aktivitäten führten, die sich in ausgeprägten Befestigungsanlagen niedergeschlagen haben. Für Mitteleuropa kann man sich hier eher schnelle Eroberungen, wie etwa im Zuge der arabischen Expansion (7./8. Jh. n. Chr.), vorstellen. Dass weiterhin Trophäen und Ehre eine Rolle spielten, legen die als Heroen aufzufassenden Statuenmenhire, aber auch die Schädeltrophäen der Michelsberger und Salzmünder Kultur nahe (Orschiedt 2011, 57 f.; Meller/Schunke 2013). Nicht zu vergessen ist schließlich, dass in neolithischen Gesellschaften ebenso wie in ethnografisch beschriebenen tribalen Gesellschaften ohne zentrale Gewalt stets die Gefahr eines Angriffs der Nachbarn bestand. Da die Gemeinschaften wegen ihrer Häuser und Felder nicht einfach ausweichen konnten, war es unter Umständen vorteilhaft, diesem potenziellen Angriff zuvorzukommen, was letztlich zu einem permanenten Zustand gegenseitiger Bedrohung führte (Helbling 2006; siehe Beitrag »Tribale Kriege«, S. 69). Zumindest einige der ethnografisch belegten Kriegs- und Fehdemotivationen bestätigen sich somit auch archäologisch, sodass wir die dort beobachteten weiteren Ursachen aufmerksam im zukünftigen archäologischen Befund verfolgen sollten.

Im Laufe des Neolithikums lässt sich somit tatsächlich von einer »Evolution« des Krieges sprechen. Kämpfte man zu Beginn noch überwiegend mit einfachen Arbeitsgeräten, wie etwa Flachhacken und Schuhleistenkeilen, so verfügte man zum Ende des Neolithikums über aufwendig gearbeitete Streitäxte, Dolche, sowie den Reflexbogen mit den verschiedensten Pfeiltypen. Die bereits in der Bandkeramik bekannte Keulenwaffe spielte eine bisher zu wenig beachtete Rolle (Biermann 2012; siehe Beitrag »Keulenköpfe«, S. 135). Wichtig erscheint ferner die Veränderung des Rollenverständnisses der Männer. Während es sich in der Bandkeramik und noch in Teilen des Mittelneolithikums um Kämpfer und nicht um spezialisierte Krieger handelte, so hat sich dies spätestens im Endneolithikum geändert. Hier stehen wir Männern gegenüber, die ihre Rolle als Krieger sowohl im Leben als auch im Grab durch Waffen sowie Statuenmenhire – im Bestreben, Helden für die Ewigkeit zu schaffen – verkörperten (Hansen 2014, 164 f.).

Dies bringt uns zu den Soldaten der Frühbronzezeit (siehe Beitrag »Armeen in der Frühbronzezeit«, S. 243), bei denen es sich nicht mehr um heroisch im Zweikampf antretende Helden, sondern um professionelle Krieger unter dem Oberkommando eines einzigen mächtigen Herrschers handelte. Dieser dürfte sakrale und heroische Funktionen sowie einen alleinigen Führungsanspruch miteinander verbunden haben, sodass für zahlreiche individuelle Helden kein Platz mehr war.

Die kulturelle »Erfindung« des Krieges und einige seiner wesentlichen Entwicklungen fanden während des Neolithikums statt. Zum Verständnis des Beginns der Geschichte von Krieg und Frieden ist deshalb eine Analyse der neolithischen Daten sowohl im Vorderen Orient als auch in Europa unabdingbar. Hier können wir noch wesentliche Erkenntnisse zu diesen Grundfragen der Menschheit erwarten.

Literatur

Arnold/Kunst 2011
F. Arnold/M. Kunst, Zur Rekonstruktion kupferzeitlicher Befestigungsanlagen auf der Iberischen Halbinsel. Turm B von Zambujal (Torres Vedras, Lisboa, Portugal). Madrider Mitt. 52, 2011, 36–86.

Biermann 2012
E. Biermann, Krieg in der Vorgeschichte: Die Interpretation archäologischer Funde und Befunde im interkulturellen Vergleich am Beispiel steinerner Keulenköpfe des Mesolithikums bis Mittelneolithikums. In: R. Gleser/V. Becker (Hrsg.), Mitteleuropa im 5. Jahrtausend vor Christus. Beiträge zur Internationalen Konferenz in Münster 2010. Neolithikum und ältere Metallzeiten. Studien und Materialien 1 (Münster 2012) 331–357.

Dixon 1988
P. Dixon, The Neolithic settlements on Crickley Hill. In: C. Burgess/P. Topping/C. Mordant/ M. Maddison (Hrsg.), Enclosures and defences in the Neolithic of Western Europe. BAR Internat. Ser. 403 (Oxford 1988) 75–87.

Friederich u. a. 2013
S. Friederich/G. Brandt/V. Dresely/H. Meller/ K. W. Alt, Neolithikum – neu erforscht! In: H. Meller (Hrsg.), 3300 BC – Mysteriöse Steinzeittote und ihre Welt. Katalog zur Sonderausstellung im Landesmuseum für Vorgeschichte Halle (Halle [Saale] 2013) 42–44.

Gronenborn u. a. 2014
D. Gronenborn/H.-C. Strien/S. Dietrich/ F. Sirocko, 'Adaptive cycles' and climate fluctuations: a case study from Linear Pottery Culture in western Central Europe. Journal Arch. Scien. 51, 2014, 73–83.

Haak u. a. 2010
W. Haak/O. Balanovsky/J. Sanchez/S. Koshel/ V. Zaporozhchenko/C. Adler/C. der Sarkissian/ G. Brandt/C. Schwarz/N. Nicklisch/V. Dresely/ B. Fritsch/E. Balanovska/R. Villems/H. Meller/ K. W. Alt/A. Cooper/the Genographic Consortium, Ancient DNA from European Early Neolithic Farmers Reveals Their Near Eastern Affinities. PLoS Biology 8,11, 2010, 1–16, doi: 10.1371/journal.pbio.1000536.

Haak u. a. 2015
W. Haak/I. Lazaridis/N. Patterson/N. Rohland/ S. Mallick/B. Llamas/G. Brandt/S. Nordenfelt/ E. Harney/K. Stewardson/Q. Fu/A. Mittnik/ E. Bánffy/C. Economou/M. Francken/ S. Friederich/R. Garrido Pena/F. Hallgren/ V. Khartanovich/A. Khokhlov/M. Kunst/ P. Kuznetsov/H. Meller/O. Mochalov/ V. Moiseyev/N. Nicklisch/S. L. Pichler/R. Risch/ M. A. Rojo Guerra/C. Roth/A. Szécsényi-Nagy/ J. Wahl/M. Meyer/J. Krause/D. Brown/ D. Anthony/A. Cooper/K. W. Alt/D. Reich, Massive migration from the steppe was a source for Indo-European languages in Europe. Nature 522, 2015, 207–211, doi:10.1038/nature14317.

Hansen 2014
S. Hansen, Der Held in historischer Perspektive. In: T. Link/H. Peter-Röcher (Hrsg.), Gewalt und Gesellschaft. Dimensionen der Gewalt in ur- und frühgeschichtlicher Zeit. Internationale Tagung an der Julius-Maximilians-Universität Würzburg 14.–16. März 2013. Univforsch. Prähist. Arch. 259 (Bonn 2014) 159–167.

Helbling 2006
J. Helbling, Tribale Kriege. Konflikte in Gesellschaften ohne Zentralgewalt (Frankfurt a. M. 2006).

Keegan 1995
J. Keegan, Die Kultur des Krieges (Berlin 1995).

Kośko/Kločko 1991
A. Kośko/V. I. Kločko, Bożejewice, Strzelno Commune, Bydgoszcz Voivodeship, site 8. Barrow of the Late Neolithic. Folia Praehist. Posnaniensia 4, 1991, 119–143.

Meller/Schunke 2013
H. Meller/T. Schunke, Die Ahnen schützen den heiligen Ort – Belege für Kopf- und Schädelkult in Salzmünde. In: H. Meller (Hrsg.), 3300 BC – Mysteriöse Steinzeittote und ihre Welt. Katalog zur Sonderausstellung im Landesmuseum für Vorgeschichte Halle (Halle [Saale] 2013) 349–361.

Meyer u. a. 2015
C. Meyer/C. Lohr/D. Gronenborn/K. W. Alt, The massacre mass grave of Schöneck-Kilianstädten reveals new insights into collective violence in Early Neolithic Central Europe. Proc. Nat. Acad. Scien. 2015. <http://www.pnas.org/cgi/doi/10.1073/pnas.1504365112> (20.08.2015)

Muhl u. a. 2010
A. Muhl/H. Meller/K. Heckenhahn, Tatort Eulau. Ein 4500 Jahre altes Verbrechen wird aufgeklärt (Stuttgart 2010).

Orschiedt 2011
J. Orschiedt, Schädelkult im Neolithikum. In: A. Wieczorek/W. Rosendahl (Hrsg.), Schädelkult. Kopf und Schädel in der Kulturgeschichte des Menschen. Begleitband zur Sonderausstellung »Schädelkult – Kopf und Schädel in der Kulturgeschichte des Menschen«. Publ. Reiss-Engelhorn Mus. 41 (Regensburg 2011) 53–61.

Pauli 1980
L. Pauli, Die Herkunft der Kelten. Sinn und Unsinn einer alten Frage. In: L. Pauli (Red.), Die Kelten in Mitteleuropa. Kultur – Kunst – Wirtschaft. Salzburger Landesausstellung 1. Mai–30. Sept. 1980 im Keltenmuseum Hallein, Österreich (Salzburg 1980) 16–24.

Peter-Röcher 2007
H. Peter-Röcher, Gewalt und Krieg im prähistorischen Europa. Beiträge zur Konfliktforschung auf der Grundlage archäologischer, anthropologischer und ethnologischer Quellen. Univforsch. Prähist. Arch. 143 (Bonn 2007).

Peter-Röcher 2014
H. Peter-Röcher, Gewalt und Gesellschaft: Sesshaftwerdung, »Staatsentstehung« und die unterschiedlichen Erscheinungsformen der Gewalt. In: T. Link/H. Peter-Röcher (Hrsg.), Gewalt und Gesellschaft. Dimensionen der Gewalt in ur- und frühgeschichtlicher Zeit. Internationale Tagung an der Julius-Maximilians-Universität Würzburg 14.–16. März 2013. Univforsch. Prähist. Arch. 259 (Bonn 2014) 45–54.

Petrasch 2006
J. Petrasch, Gewalttätigkeiten in der Steinzeit. Archäologisch-kulturgeschichtliche Analysen zur Ermittlung ihrer Häufigkeiten. In: J. Piek/T. Terberger (Hrsg.), Frühe Spuren der Gewalt. Schädelverletzungen und Wundversorgung an prähistorischen Menschenresten aus interdisziplinärer Sicht. Beitr. Ur- u. Frühgesch. Mecklenburg-Vorpommern 41 (Schwerin 2006) 155–162.

Petrasch 2014
J. Petrasch, Gewalttätige und friedliebende Gemeinschaften im neolithischen Mitteleuropa oder gab es eine Evolution der Gewalt während der Jungsteinzeit? In: T. Link/H. Peter-Röcher (Hrsg.), Gewalt und Gesellschaft. Dimensionen der Gewalt in ur- und frühgeschichtlicher Zeit. Internationale Tagung an der Julius-Maximilians-Universität Würzburg 14.–16. März 2013. Univforsch. Prähist. Arch. 259 (Bonn 2014) 187–202.

Riesch 2009
H. Riesch, Reflexbogen, Reiterköcher und Steppenpfeile. Elemente des asiatischen Bogenschießens in Europa von der Spätantike bis zur Zeit der Renaissance. In: V. Alles (Hrsg.), Reflexbogen. Geschichte und Herstellung (Ludwigshafen 2009) 71–114.

Schunke 2013
T. Schunke, Die befestigte Siedlung Bischofswiese, Halle-Dölauer Heide. In: H. Meller (Hrsg.), 3300 BC – Mysteriöse Steinzeittote und ihre Welt. Katalog zur Sonderausstellung im Landesmuseum für Vorgeschichte Halle (Halle [Saale] 2013) 139–142.

Schwarz 2013
R. Schwarz, Das Mittelneolithikum in Sachsen-Anhalt – Die Kulturen und ihre Erdwerke. In: H. Meller (Hrsg.), 3300 BC – Mysteriöse Steinzeittote und ihre Welt. Katalog zur Sonderausstellung im Landesmuseum für Vorgeschichte Halle (Halle [Saale] 2013) 231–238.

Strien u. a. 2014
H.-C. Strien/J. Wahl/C. Jakob, Talheim – Ein Gewaltverbrechen am Ende der Bandkeramik. In: T. Link/H. Peter-Röcher (Hrsg.), Gewalt und Gesellschaft. Dimensionen der Gewalt in ur- und frühgeschichtlicher Zeit. Internationale Tagung an der Julius-Maximilians-Universität Würzburg 14.–16. März 2013. Univforsch. Prähist. Arch. 259 (Bonn 2014) 247–255.

Teschler-Nicola u. a. 2006
M. Teschler-Nicola/T. Prohaska/E. M. Wild, Der Fundkomplex von Asparn/Schletz (Niederösterreich) und seine Bedeutung für den aktuellen Diskurs endlinearbandkeramischer Phänomene in Zentraleuropa. In: J. Piek/T. Terberger (Hrsg.), Frühe Spuren der Gewalt. Schädelverletzungen und Wundversorgung an prähistorischen Menschenresten aus interdisziplinärer Sicht. Beitr. Ur- u. Frühgesch. Mecklenburg-Vorpommern 41 (Schwerin 2006) 61–76.

Vayda 1989
A. Vayda, Explaining why Marings fought. Journal Anthr. Research 45,2, 1989, 159–177.

Vegas 2007
J. I. Vegas Aramburu (Hrsg.), San Juan ante Portam Latinam. Una inhumación colectiva prehistórica en el valle medio del Ebro. Memoria de la excavaciónes arqueológicas, 1985, 1990 y 1991. Memorias de Yacimientos Alaveses 12 (Vitoria-Gasteiz 2007).

Wahl/König 1987
J. Wahl/H. G. König, Anthropologisch-traumatologische Untersuchung der menschlichen Skelettreste aus dem bandkeramischen Massengrab bei Talheim, Kreis Heilbronn. Fundber. Baden-Württemberg 12, 1987, 65–193.

Zich 2013
B. Zich, Traktion und ihr Einfluss auf die Entwicklung von Rad, Wagen und Pflug. In: H. Meller (Hrsg.), 3300 BC – Mysteriöse Steinzeittote und ihre Welt. Katalog zur Sonderausstellung im Landesmuseum für Vorgeschichte Halle (Halle [Saale] 2013) 78–82.

DAS HÄUPTLINGSGRAB VON GIURGIULEŞTI

Blagoje Govedarica

Das im Folgenden vorgestellte Grab 4 präsentiert die Hauptbestattung in einer kleinen Nekropole, die im Jahre 1991 unter einem Hügel im Dorf Giurgiuleşti, Moldawien, an der Prut-Donau-Mündung entdeckt wurde (Haheu/Kurciatov 1993). Sie enthielt zwei rituelle Befunde und fünf Gräber aus der zweiten Hälfte des 5. Jts. v. Chr. (Frühe Kupferzeit nach der nordpontischen Chronologie). Kulturell gehören diese Gräber zu reichen Steppenbestattungen vom Typ Zepterträger der Ockergrab-Kultur und stellen zugleich einige der besten und ältesten Erscheinungen dieses Typs dar. Allerdings waren die kupferzeitlichen Gräber tief in den Boden eingegraben und wiesen keinerlei Verbindungen mit dem Bau des Hügels auf, der erst etwa 2000 Jahre später für die Beisetzungen der Träger der Grubengrab-Kultur errichtet worden war (Govedarica 2004, 85–103).

Das Grab 4 lag 5,05 m unter der ehemaligen Oberfläche in einer rundovalen Schachtgrube. In einer Tiefe von 3,47 m wurden Spuren von in die Grubenwand gesetzten und mit Ocker bestreuten Holzbrettern erfasst, die die eigentliche Grabkammer bedeckten. Die Wände des unteren Grubenteils bzw. der Grabkammer wurden zunächst trichterförmig und dann senkrecht gegraben, sodass diese schmaler als der obere Grubenteil war. Der Grabboden hatte eine viereckige Form und war Nordwest-Südost orientiert (L. 1,82 m, B. 1,2–1,4 m). Der obere Grubenteil war mit dunkelgrauer Erde, kleinen Kohlestücken und verbrannten Tierknochen bis zu einer Tiefe von 2,05 m im Zentrum und 2,7 m im Bereich der Wände verfüllt. Im mittleren Teil dieser Schicht lagen drei Pferde- und zwei Ochsenschädel, Hufreste sowie lange Tierknochen. Die untere Grubenhälfte war mit gelblichem Lehm verfüllt, der sich im Zentrum kegelförmig erhob.

Im Grab war ein 20–25 Jahre alter Mann beigesetzt. Das Skelett lag in der charakteristischen Rückenhocker-Position, mit dem Kopf im Osten bis Südosten (Abb. 1). Der Verstorbene war auf eine 4–8 cm dicke Flusssteinschicht gelegt worden, während sich im westlichen Bodenteil (Fußbereich) eine Holzkohleschicht

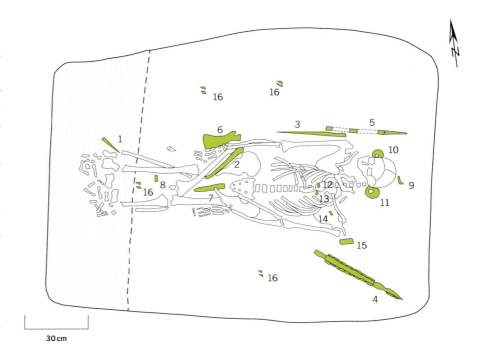

1
Grab 4 aus Giurgiuleşti, Moldawien, mit dem Skelett in Rückenhocker-Position und der Lage der Funde.

befand. Der ganze Kammerboden einschließlich der Flusssteine war dicht mit Ocker bestreut. Das Grab enthielt einen vielfältigen Beigabensatz aus Waffen, Machtsymbolen, Kult- und Schmuckgegenständen.

Das Waffenrepertoire umfasst verschiedene auffallende und innovative Formen:

(1) Eine Speerspitze aus Geweih (L. 14,5 cm) befand sich in der Nähe des rechten Fußes.

(2) Eine Dolchklinge aus hellbraunem Silex (L. 24 cm) lag auf der rechten Hälfte des Becken.

(3) Eine kupferne Stichwaffe (L. 34,9 cm) lag mit der Spitze nach unten parallel zum rechten Oberarm (Abb. 2a).

(4) Ein aus unterschiedlichen Materialien zusammengesetztes Schwert (L. ca. 59 cm), das links neben dem Oberkörper lag, stellt das älteste Exemplar dieses Waffentyps dar (Abb. 2b). Das Grundgerüst bestand aus einem in Leder gewickelten Holzstab, wobei das Leder mit 18 kleinen, konischen Knochennieten am

2
a Die kupferne Stichwaffe befand sich parallel zum rechten Oberarm.
b Ein Kompositschwert aus Holz, Leder, Feuerstein, Geweih und Knochen lag links neben dem Oberkörper des Toten von Giurgiuleşti.
c Zwei goldene Spiralringe lagen auf der Brust des Bestatteten.

Holz befestigt worden war. Auf beiden Seiten des Holzes sind je neun kleine Klingen aus hellbraunem Feuerstein angebracht. Die Schwertspitze ist aus Geweih gefertigt und weist ähnlich der Schneide an beiden Seiten je fünf befestigte Feuersteinklingen auf. Der Griff ist aus zwei Knochenhälften hergestellt und hat eine rechteckige Form sowie einen runden Querschnitt.

(5) Ein stabförmiges Objekt (L. ca. 40 cm) lag in der Nähe der rechten Schulter. Die Basis besteht wie bei dem Schwert aus einem Holzstab. Drei zylindrische Verschalungen aus Blattgold wurden auf dem Holz jeweils im Abstand von 10 cm befestigt. Der Kopf (Spitze?) des Stabes ist aus zwei bogenförmigen und polierten Geweihhälften gefertigt. Dieser Fund wurde als Machtsymbol bzw. als »Kommandostab« interpretiert.

Einige Objekte sind als magische bzw. Kultgegenstände anzusprechen:

(6) Ein Schulterblatt eines Lamms mit 40 Einritzungen am Rand (L. ca. 16,6 cm), das neben der rechten Hand lag, weist auf die Magiefähigkeiten des Verstorbenen hin (Spatulimantie).
(7) Ein Geweihstück (L. 23,5 cm), das zwischen den Oberschenkeln und dem Becken platziert wurde, dürfte als phallisches Symbol, das die Männlichkeit des Toten versinnbildlicht, interpretiert werden.
(8) Ein grobes, rechteckiges Knochenplättchen unbekannter Funktion (L. 3,5 cm) lag zwischen den Unterschenkeln.
(9) Eine große Fischflosse, die oberhalb des Kopfes freigelegt wurde, diente ursprünglich als Kopfschmuck und als magischer Schutz des Verstorbenen.

Zu den Schmuckgegenständen sind noch zwei Schläfenringe aus Kalksteinperlen (10, 11), zwei auf der Brust liegende Spiralringe (Abb. 2c) aus goldenem Draht (12, 13) und eine auf dem linken Schulterblatt liegende zylindrische Muschelperle (14) zu zählen.

(15) Die Hälfte der Griffverschalung einer Waffe oder eines Gerätes lag auf der linken Schulter (L. 6,6 cm). Sie entspricht vollständig dem Griff des zusammengesetzten Schwertes.
(16) Die vier am Grabboden gefundenen Lammhufe dürften die Überreste eines als rituelle Bedeckung des Toten benutzten Vlieses gewesen sein. Eine besondere kultische Bedeutung hatten die in der Grabfüllung beigelegten Pferde- und Ochsenschädel. Die verbrannten Tierknochen aus der Grabfüllung dürften ebenso als Bestandteil eines in diesem Grab geübten Opferrituals angesehen werden.

Der in Grab 4 Bestattete aus Giurgiuleşti weist alle Merkmale eines Kriegers und Stammesführers auf, wobei die Waffen, Machtsymbole und das als Kultobjekt dienende Lammschulterblatt sowohl profane als auch religiöse Autorität symbolisieren. Somit vereinigen sich die politische und die religiöse Macht in einer Person, was auf die fortgeschrittene soziokulturelle Entwicklung des kupferzeitlichen Europa hinweist. Ein Teil des Beigabenrepertoires dieses Grabes weist zahlreiche Verbindungen mit den hochentwickelten Kulturen des benachbarten Ostbalkankreises auf, während die allgemeinen Grabsitten auf eine altertümliche Steppentradition zurückgehen. Dadurch wird in Giurgiuleşti der Beginn eines integrativen Prozesses erkennbar, der für die kupferzeitliche Entwicklung der gesamten nordpontischen Steppe entscheidend gewesen ist.

Literatur

Haheu/Kurciatov 1993
V. Haheu/S. Kurciatov, Cimitirul plan eneolitic de lîngă satul Giurgiuleşti. Rev. Arch. 1, 1993, 101–114.

Govedarica 2004
B. Govedarica, Zepterträger – Herrscher der Steppen. Die frühen Ockergräber des älteren Äneolithikums im karpatenbalkanischen Gebiet und im Steppenraum Südost- und Osteuropas (Mainz 2004).

KAMPF UND TOD – FELSBILDKUNST IN DER SAHARA UND AM WESTLICHEN MITTELMEER

Roberto Risch und Harald Meller

Im Gegensatz zu den Sammler- und Jägergesellschaften des Jungpaläolithikums wurden in den meisten Teilen Europas nach ca. 9500 v. Chr. praktisch keine Felsmalereien in Höhlen mehr ausgeführt. Für Darstellungen, sei es geometrischer, schematischer oder figürlicher Art, verwendete man ab diesem Zeitpunkt immer mehr die Werkstoffe Ton und Lehm, die für das Neolithikum charakteristisch wurden. Die Verzierung und Bemalung von Keramik und Hauswänden ebenso wie das Modellieren von Tonfiguren boten neue Möglichkeiten, Symbole, Begriffe und Vorstellungen zu kommunizieren. Vielerorts wurden solche »Idole« und dekorierten Gefäße auch aus Stein, Knochen und Holz gefertigt. Zu den wenigen Regionen, in denen die wirtschaftlichen und sozialen Veränderungen nach der letzten Eiszeit nicht das Ende der sog. Felskunst bedeuteten, gehören der östliche Teil der Iberischen Halbinsel – auch als spanische Levante bezeichnet – und verschiedene Regionen in der Sahara und ihrer Randgebiete. Dort herrschten im frühen und mittleren Holozän weit günstigere klimatische Verhältnisse als heute. Die Fortführung der Felsbilder, für die es gerade in dieser Region kaum Vorbilder gibt, eröffnet uns einen einmaligen Einblick in die sozialen und ideologischen Veränderungen am Übergang von Sammlern und Jägern zu Ackerbauern und Viehzüchtern. Mit verblüffender Ähnlichkeit wurden in beiden Gebieten auch Kampfszenen auf Felswände und in Abris gemalt – eine Thematik, die nie zuvor von der Menschheit abgebildet worden war.

Unter den Tausenden von Darstellungen, die wir aus der spanischen Levante und der Sahara kennen, zeigen nur wenige Dutzend den Kampf zwischen kleinen Gruppen von Bogenschützen. In beiden Regionen überwiegen ansonsten Jagdszenen, an denen mit Pfeil und Bogen bewaffnete Männer beteiligt sind. Gelegentlich erscheinen andere Tätigkeiten wie das Sammeln von Früchten und Honig oder rituelle Motive, in denen auch Frauen und Kinder vorkommen. In der levantinischen Felsmalerei, wo wir nach 100 Jahren Forschung über eine relativ gute Dokumentation verfügen, sind von den etwa 3100 menschlichen Figuren nur 8 % in Kampf und Gewalt involviert (Dams 1984). Wenn diese Zahlen in irgendeiner Weise die Verwendung von Pfeil und Bogen widerspiegeln, dann muss Gewalt zwischen Männern relativ selten vorgekommen sein.

Auf die Ähnlichkeiten zwischen der Felsmalerei der spanischen Levante und der Sahara ist verschiedentlich hingewiesen worden (z. B. Winiger 1998, 25; Müller-Karpe 2002). Es kann sich dabei um Zufall handeln, aber auch um Kommunikation und Migrationen über große Entfernung. Dank der Archäologie und der Paläogenetik wissen wir heute, dass sich Menschen ab dem Neolithikum über weite Entfernungen bewegten; ohne Weiteres auch mit entsprechenden Booten über das Meer. Fast ebenso spekulativ wie diese überregionale Verbindung zwischen Afrika und der Iberischen Halbinsel ist immer noch die absolute Chronologie der Felsmalereien, inklusive der Kampf- und Gewaltszenen. Stilistische Vergleiche und die ersten absoluten Datierungen von feinen Calcimoxalatschichten, die sich über den Bildern bilden können (Ruiz López u. a. 2009), erlauben die Annahme, dass der Großteil der levantinischen Kunst zwischen dem 8. und dem 3. Jt. v. Chr. entstand. Auch die Besiedlung der Sahara während eines klimatischen Optimums fällt etwa in dieses Zeitfenster. Die Lehrmeinungen über die genaue Datierung der unterschiedlichen Stile gehen jedoch stark auseinander (u. a. Aura Tortosa/Fortea Pérez 2002; Viñas 2014). Nicht einmal über die Abfolge der einzelnen Stile, die man aufgrund von Übermalungen zu bestimmen versucht, besteht Einigkeit (z. B. Sarriá Boscovich 1988–1989; López-Montalvo 2011). Ebenso kann infrage gestellt werden, dass einzelne Malstile aufeinander folgten, statt sich gleichzeitig oder mit Zäsuren zu entwickeln.

Folgen wir den gängigen relativchronologischen Studien der levantinischen Kunst (Dams 1984, 284 f.; López-Montalvo 2011; López-Montalvo 2015), fallen die meisten Kampf- und Gewaltdarstellungen, in denen die menschliche Figur halb schematisch mit einfachen Strichen ausgeführt wird, in eine späte Phase und müssten demnach neolithisch (ca. 5500–3000

Frauen und Kinder. Während die Figuren in Sefar und Les Dogues wenige Zentimeter groß sind, handelt es sich hier um eine gänzlich andere Art der Menschendarstellung (Abb. 4). Die Männer sind äußerst schlanke Gestalten mit muskulösen Beinen und breiten Schultern, aber ohne Hals und mit relativ kleinem Kopf. Die meisten Bogenschützen sind über 30 cm groß, während die zentrale Figur der rechten Gruppe etwa 55 cm Höhe misst. Interessant ist hier zudem, dass nicht alle Personen an der Kampfhandlung teilnehmen. Neben den zum Feind eilenden und schießenden Bogenschützen bringen andere Figuren Köcher mit zusätzlichen Pfeilen herbei und wiederum andere stehen in gelassener Haltung, Pfeile und Bogen in den Händen nach unten haltend. Zwei kleinere Figuren, eventuell Kinder, tragen eine kleine Tasche oder einen Korb, die für manche Autoren Gift für die Pfeile enthalten könnten.

Ein zweiter Typ von Gewaltdarstellungen sind sog. Hinrichtungsszenen, die jedoch nur in der Levantinischen Kunst vertreten sind, wenn auch äußerst selten. In den fünf bekannten Szenen erscheint jeweils eine Gruppe von Bogenschützen, die einen oder mehrere unbewaffnete Personen beschießen oder bereits getötet haben (Abb. 5). Oftmals halten die Verbände ihre Arme und Bögen in die Höhe, als würden sie zur vollbrachten Tat jubeln.

An letzter Stelle sei noch eine außergewöhnliche Szene aus La Gasulla hervorgehoben. In diesem Fall sehen wir einen Mann, der Pfeile und Bogen schräg auf dem Rücken trägt und anscheinend eine getötete Person in den Armen hält (Abb. 6). Beine, Kopf und Arme hängen wie reglos nach unten. Einzelne, von Pfeilen getroffene Tote oder schwer Verletzte sind ein weiteres, wenn auch sehr seltenes Motiv der levantinischen Kunst. Dies lässt auf eine bestimmte Betroffenheit und ein Bewusstsein über die Folgen der Aggression in diesen Gesellschaften schließen, die in den frühen Gewaltdarstellungen Ägyptens und des Orients nicht zu erkennen sind. Da immer nur einzelne Tote abgebildet sind, scheint das Ziel dieser Auseinandersetzungen, in denen ausschließlich Fernwaffen verwendet werden, nicht die Vernichtung des Feindes, sondern die Verletzung bzw. Tötung einzelner Kämpfer. Wenn wir die Anzahl der Toten in Bezug zur Gesamtzahl von bekannten menschlichen Figuren stellen, wären nur 0,7 % der Bevölkerung – hauptsächlich Männer – in den Kämpfen gefallen oder getötet worden, was etwa

5
Sogenannte Hinrichtungsszene aus Cova Remigia-V, La Gasulla, Castellón, Spanien. Breite der Felsmalerei ca. 30 cm.

6
Bogenschütze mit einem Toten aus Cingle de la Mola Remigia, Castellón, Spanien. Breite der Felsmalerei ca. 12 cm.

den Gewaltopfern (Krieg und Mord) in modernen Ländern wie den USA entspricht (Pinker 2011).

Dieses Szenario erinnert stark an die opportunistischen Kämpfe zwischen Stämmen, die vor wenigen Jahrzehnten noch im Hochland von Neuguinea ausgetragen wurden und bei denen es nicht um die Besetzung von Land oder den Zugang zu Ressourcen ging, sondern um Blutrache wegen eines früheren Mordes in der eigenen Gruppe (siehe Beitrag »Tribale Kriege«, S. 69). Besonders beeindruckend ist, dass die Foto- und Filmdokumentationen solcher »Kriege«, die ausschließlich mit Pfeil und Bogen sowie Spee-

		Paläolithikum	Mesolithikum	Neolithikum	Kupferzeit	Bronzezeit
Nahwaffen	Keule			··· ▬▬▬▬▬▬▬▬▬▬▬▬▬		
	Beil/Axt		▬▬▬▬▬▬▬▬▬▬▬▬▬▬▬▬▬▬			
	Dolch			▬▬▬▬▬▬▬▬▬▬▬▬▬ ···		
	Stabdolch				▬▬▬▬▬▬▬	
	Schwert					··· ▬▬▬▬
Nah-/Fernwaffen	Speer/Lanze	▬▬▬▬▬				▬▬▬
Fernwaffen	Pfeil und Bogen	··· ▬▬▬▬▬▬▬▬▬▬▬▬▬▬▬▬▬▬▬▬▬▬▬				
	Schleuder					
Schutzwaffen	Helm					··· ▬▬▬
	Panzer					··· ▬▬▬
	Beinschiene					··· ▬▬▬
	Schild					··· ▬▬▬
Bewegungswaffe	Streitwagen					▬▬▬

Entwicklung der Waffen in Alteuropa
Waffen aus organischem Material (Holz, Leder etc.) sind archäologisch nur unter besonders günstigen Bedingungen nachweisbar. Sehr wahrscheinlich sind insbesondere Schutzwaffen schon erheblich früher aus solchen vergänglichen Materialien gefertigt und verwendet worden, als es die bislang gefundenen Originale vermuten lassen.

DER KRIEG IM NEOLITHIKUM VORDERASIENS

Bernd Müller-Neuhof

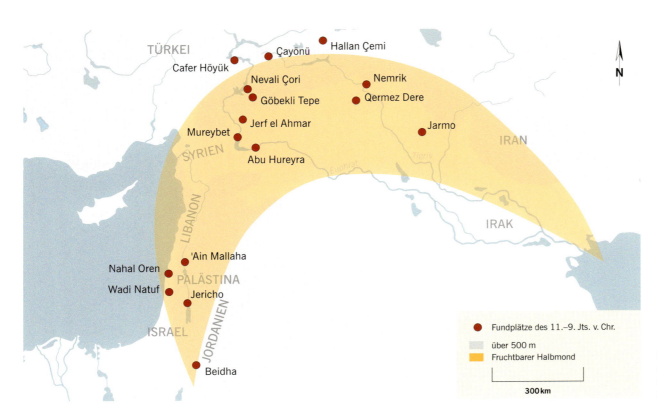

1
Karte mit der Darstellung des »Fruchtbaren Halbmondes« (kartiert nach J. Süß, Media-Cultura).

Die altweltlichen Ursprünge des Neolithikums lassen sich in Vorderasien im Gebiet des sog. Fruchtbaren Halbmondes verorten, jener durch ausreichende Niederschläge versorgten Gunstregion, die sich vom Iran, Obermesopotamien und Anatolien im Norden bis über die Levante im Westen erstreckt (Abb. 1). Das vorderasiatische Neolithikum wird chronologisch differenziert in ein Frühneolithikum, das sog. präkeramische Neolithikum (PPN = Pre Pottery Neolithic), sowie in ein Spätneolithikum, das keramische Neolithikum (PN = Pottery Neolithic). Das PPN wird außerdem in eine Frühphase (PPNA) und eine Spätphase (PPNB) unterteilt (Abb. 2).

In dem rund 5 000 Jahre dauernden Prozess der Neolithisierung fanden grundlegende Entwicklungen von einer solchen Tragweite statt, dass sie noch heute das menschliche Dasein bestimmen. Bereits im vorangehenden Spät-Epipaläolithikum begannen die Menschen als Jäger und Sammler in Vorderasien sesshaft zu werden. Ab dem PPNA erfolgte dann eine völlige Abkehr von dieser Art der Nahrungsbeschaffung, zunächst durch die Domestikation von Getreide und ab dem PPNB zusätzlich durch die Domestikation von Tieren. Mit diesen Entwicklungen in der Subsistenzwirtschaft ging die Herausbildung einer teilweise gemeinschaftlichen Vorratshaltung einher.

Neben den Veränderungen in der Nahrungsbeschaffung kennzeichnen weitere Innovationen auf zahlreichen Gebieten den Neolithisierungsprozess. Dazu zählen in erster Linie die Spezialisierungen in der Steingeräte- und Keramikproduktion sowie die Etablierung überregionaler Kommunikationsnetzwerke, die dem Austausch von Waren und Ideen dienten. Darüber hinaus bildeten sich in diesem Zeitraum in Vorderasien die ersten familienübergreifenden sozialen Organisationen mit entsprechend ideologisch definierten Iden-

Chronologietabelle

Spätes Epipaläolithikum		ca. 15 000–11 600 BP
Frühneolithikum (präkeramisches Neolithikum)	PPNA (Pre-Pottery Neolithic A)	ca. 11 600–10 500 BP
	PPNB (Pre-Pottery Neolithic B)	ca. 10 500– 8 400 BP
Spätneolithikum (keramisches Neolithikum)	PN (Pottery Neolithic)	ca. 8 400– 6 800 BP

2
Die chronologische Abfolge des Neolithikums in Vorderasien.

titäten heraus. Dies zeigt sich beispielsweise in neolithischen Sonderbauten, deren Funktionen gemeinhin als kultisch-religiös interpretiert werden. Diese Innovationsprozesse waren von vielen Umbrüchen gekennzeichnet und obwohl sie über einen langen Zeitraum verliefen, hatten sie einen erheblichen Einfluss auf das Individuum, aber auch auf die soziale Organisation der neolithischen Gesellschaft. Es ist daher naheliegend anzunehmen, dass die Neolithisierung auch von kriegerischen Konflikten begleitet wurde.

Umso erstaunlicher ist es, dass sich im Gegensatz zur Erforschung des europäischen Neolithikums die Forschungen zum vorderasiatischen Neolithikum bislang kaum mit dem Thema Krieg befasst haben. Dies zeigt sich auch in den wenigen und eher überblicksartigen Beiträgen hierzu (Childe 1941; Roper 1975; Müller-Neuhof 2005; Müller-Neuhof 2014; Rollefson/Gebel 2010).

Da sich die Feldforschungsstrategien bislang nicht nach den entsprechenden Fragestellungen orientierten, sind uns auch nur vergleichsweise wenige direkte Hinweise auf kriegerische Auseinandersetzungen in den archäologischen Befunden des Neolithikums aus der Region überliefert. Allerdings verweisen einige Funde und Befunde indirekt auf Kriege bzw. kriegerische Konfliktpotenziale. Sie erlauben es sogar, Hypothesen zu einigen Konfliktursachen und den möglichen Formen kriegerischer Auseinandersetzungen im vorderasiatischen Neolithikum zu formulieren.

Als eine der Hauptursachen kriegerischer Auseinandersetzungen sind Territorialstreitigkeiten anzunehmen, bei denen es im Regelfall um die Sicherung der Nahrungsressourcen ging. Diese Territorialkonflikte wurden durch ökologische (z. B. Bodenübernutzung), ökonomische (z. B. Ressourcenzugang) oder demografische (z. B. Überbevölkerung) Veränderungen verursacht. Die Ursprünge für derartige Auseinandersetzungen sind zeitlich bereits im späten Epipaläolithikum zu verorten, als aufgrund der beginnenden Sesshaftigkeit der Großteil der Nahrung ganzjährig aus dem umgebenden Territorium der nun ebenfalls ganzjährig genutzten Siedlungsplätze bezogen werden konnte, während in den älteren Perioden des Paläolithikums die Nahrungsbeschaffung während der jahreszyklischen Wanderungszüge in verschiedenen Territorien erfolgte. Damit bildete sich bereits ab dem späten Epipaläolithikum eine starke Bindung der Siedlungsgemeinschaften an ihr jeweiliges Territorium heraus, dessen exklusive Nutzung zunehmend lebensnotwendig wurde. Diese Abhängigkeit an das die Siedlungen umgebende Habitat verstärkte sich zunehmend ab dem PPNA aufgrund der Domestikation von Pflanzen und durch die verstärkte Investition in immobile Nahrungsressourcen, zu denen Ackerbauflächen, aber indirekt auch Vorratslager und Gebäude in den Siedlungen zu zählen sind. Begleitet wurde dieser Prozess von einer deutlichen Zunahme der Bevölkerung und damit einem Anwachsen der Siedlungen im Verlauf des PPNB, sodass das Verlassen eines Territoriums, welches in nichtsesshaften Gesellschaften durchaus ein Mittel der Konfliktvermeidung ist, im Neolithikum keine Option mehr darstellte. Denn dies hätte zu einem nahezu totalen Verlust der Subsistenzgrundlagen geführt.

Die Beschränkung des neolithischen Siedlungsgebietes auf die Gunstregion des sog. Fruchtbaren Halbmonds stellte eine weitere Begrenzung des potenziellen Siedlungsterritoriums in Vorderasien dar, welches durch die starke topografische Zergliederung einiger Gebiete in dieser Gunstregion zusätzlich eingeschränkt wurde. In der Folge waren Gruppen, die in ihren Territorien von Missernten und Viehverlusten betroffen waren, dazu gezwungen, andere Territorien zu besetzen bzw. die benötigte Nahrung von anderen Gruppen zu beziehen. Eine dieser Möglichkeiten war Raub.

Die enge territoriale Bindung der neolithischen Bevölkerung an ihre Siedlungsplätze zeigt sich in der langen, meist mehrere Hundert Jahre andauernden Nutzung einzelner Standorte sowie der oftmals sehr dichten Bebauung vieler neolithischer Siedlungen. Der Grund hierfür ist zum einen, dass die Siedlungsstandorte sich in Gunstregionen befanden, zum anderen zeigt dies aber auch das Fehlen von geeigneten Alternativstandorten.

Auseinandersetzungen um Territorien lassen sich in den archäologischen Befunden des Neolithikums bislang nicht ablesen. Allerdings zeigen die bekannten Befunde, dass Maßnahmen zum Schutz der Siedlungen, Territorien und somit Nahrungsressourcen getroffen wurden.

Befestigungsmauern zählen dabei zu den seltensten Belegen der Siedlungsfortifikation, bekannt sind sie beispielsweise nur aus Tell Maghzaliya (PPNB/PN) und Tell es-Sawwan (PN), Irak (Müller-Neuhof 2005; Müller-Neuhof 2014). Das kann allerdings auch auf forschungsbedingte Ursachen zurückzuführen sein, denn an den Siedlungsrändern der meisten neolithischen Fundorte, an denen sich derartige Installationen befinden würden, ist bislang selten gegraben worden. Als ein weiteres Beispiel für Fortifikationen sind die Mauerreste aus dem neolithischen Jericho, Westjordanland, zu nennen (siehe Beitrag »Jericho«, S. 155).

Es muss allerdings berücksichtigt werden, dass auch im Neolithikum den Erwägungen, welche Defensivstrategie nun die geeignetere für eine bestimmte Siedlungsgemeinschaft ist, Aufwand-Nutzen-Abwägungen zugrunde lagen. So waren Siedlungen mit einer hohen Bewohnerzahl allein schon durch die damit einhergehende hohe Zahl an wehrfähigen Personen besser geschützt als kleinere Standorte. Betrachtet man die bauliche Struktur einer Siedlung, konnten miteinander verbundene Außenmauern der Häuser am Rand eines Ortes eine Verteidigungsfunktion erfüllen, wie beispielsweise in Çatal Höyük (PN), Aşıklı Höyük (PPNB), Türkei, und Tell Bouqras (PN), Syrien.

Defensivstrategische Erwägungen können ebenso der Auswahl besonderer topografischer Situationen für die Anlage einer Siedlung zugrunde gelegen haben, wie z. B. Spornlagen, was im Fall der Fundorte Jarmo (PPNB/PN) und Nemrik (PPNA), Irak, sowie Aşıklı Höyük (PPNB), Türkei, beobachtet wurde.

Weitere archäologische Quellen, die auf Kriege im Neolithikum Vorderasiens verweisen, sind Waffenfunde. Allerdings muss beachtet werden, dass Artefakte, die als Kampfwaffen eingesetzt wurden, zumeist auch als Werkzeuge oder Jagdwaffen Verwendung fanden. Hierzu zählen beispielsweise Beile sowie Pfeil und Bogen. Lediglich die Keule, bestehend aus Holzschaft und steinernem Keulenkopf, wurde ausschließlich als Kampfwaffe genutzt.

Die Verwendung derartiger Waffen bzw. Werkzeuge als Kampfwaffen zeigt sich zumeist nur in Skelettresten mit pathologischen Hinweisen auf entsprechende Gewalteinwirkungen. Zu den Traumata, die durch Gewalt verursacht wurden, zählen vor allem Schädelverletzungen, Parierfrakturen an den Ellen, Enthauptungen und in Knochen eingebettete Geschossspitzen. Beispiele dafür fanden sich u. a. in Jerf el Ahmar (PPNA), Bouqras (PN), Syrien, Çayönü (PPNB), Aşıklı Höyük (PPNB) und Çatal Höyük (PN), Türkei. Darüber hinaus können Geschossspitzenfunde im direkten Umfeld bestatteter Individuen auf die Verletzung von Weichteilen verweisen, die keinerlei Spuren am Knochen hinterlassen haben. Entsprechende pathologische Funde, die auf Gewalthandlungen verweisen, wurden u. a. in Nemrik, Irak, und 'Ain Ghazal, Jordanien, gemacht.

Während die archäologischen Funde und Befunde aus dem vorderasiatischen Neolithikum Hinweise auf Defensivstrategien, Bewaffnungen, Verletzungen und indirekt auch auf Kriegsursachen geben, lassen sich aus diesen Quellen keine Informationen über die Form der kriegerischen Auseinandersetzungen ableiten. Ikonografische Befunde mit der Darstellung von Kriegsszenen, aus denen sich Taktiken ablesen lassen, wie sie aus dem Spätneolithikum in der spanischen Levante bekannt sind (siehe Beitrag »Felsbildkunst«, S. 119; Guilane/Zammit 1998, 24, 27), fehlen. Mündliche bzw. schriftliche Überlieferungen über die Form kriegerischer Auseinandersetzungen kann es für das Neolithikum natürlich nicht geben.

Hypothesen zu Kriegsformen und Taktiken lassen sich jedoch unter umsichtiger Einbeziehung soziologischer Modelle und der Ergebnisse ethnografischer Forschung formulieren. So ist bekannt, dass Kriegsformen und Taktiken vom Grad der sozialen Organisation einer Gesellschaft und von der Art ihrer Subsistenzwirtschaft mit bestimmt werden. Der Grad der sozialen Organisation – ob es sich um eine egalitäre Gesellschaft, eine segmentäre Stammes-, eine Häuptlingsgesellschaft oder gar um einen Staat handelt – bestimmt beispielsweise die Größe der Kampfgruppen, die Existenz und Ausprägung von Kommandostrukturen und somit auch die Kampftaktik.

Die Form der Subsistenzwirtschaft ermöglicht Rückschlüsse auf Kriegsziele und Taktiken. So sind Ackerbau betreibende Gesellschaften sehr ortsgebunden, während ausschließlich Viehweidewirtschaft betreibende Gesellschaften sich durch eine hohe Mobilität auszeichnen.

Der Grad der sozialen Differenzierung der neolithischen Gesellschaften in Vorderasien wird von Region zu Region und von Zeitabschnitt zu Zeitabschnitt sehr unterschiedlich gewesen sein. Egalitäre Gesellschaften sind für das vorderasiatische Neolithikum allerdings weitestgehend auszuschließen. Inwiefern bereits Häuptlingsgesellschaften existierten, ist in der Forschung noch umstritten. Somit ist anzunehmen, dass es sich bei den neolithischen Gesellschaften Vorderasiens in erster Linie um segmentäre Stammesgesellschaften gehandelt haben wird, die jeweils unterschiedlich stark ausgeprägte soziale Differenzierungen aufwiesen.

Auf der Basis ethnografischer Beobachtungen (sub-)rezenter Gesellschaften, die Parallelen zu den rekonstruierten neolithischen Subsistenzwirtschaftsweisen zeigen, und unter Hinzuziehung soziologischer Modelle lassen sich im Folgenden einige Hypothesen hinsichtlich der Kriegsformen, unmittelbaren Kriegsziele und Taktiken formulieren.

Grundsätzlich muss davon ausgegangen werden, dass es kein professionelles Kriegswesen im vorderasiatischen Neolithikum gegeben hat. Kriege wurden mit kleineren Kampfgruppen geführt – vielleicht auch mit Koalitionen mehrerer Gruppen – und nicht mit Heeren. Es gab keine professionellen Krieger, die ausschließlich für den Kampf trainierten, ihn führten und von anderen Aufgaben freigestellt wurden. Auch die Kommandostrukturen werden gering differenziert gewesen sein und sich im Wesentlichen auf einen kleinen Personenkreis beschränkt haben, der sich durch Erfahrung und Befähigung auswies.

Die geringe Größe dieser Kampfgruppen und das Fehlen jeglicher logistischer Unterstützung ermöglichte somit auch keine Belagerung von Siedlungen. Vielmehr wird es sich bei den kriegerischen Auseinandersetzungen um Überfälle auf Siedlungen gehandelt haben, die im für den Angreifer günstigsten Fall überraschend und schnell erfolgten und mit einem schnellen Rückzug, möglichst unter Mitnahme ausreichender Beute, endeten (hit-and-run). Zur weiteren Schädigung der angegriffenen Siedlungsbewohner und vor allem zur Verhinderung schneller Vergeltungsattacken wurde versucht, zumindest Teile der Siedlung zu zerstören. Vor allem traf dies Bereiche, in denen sich weitere Vorräte befanden, die aufgrund ihres Umfangs nicht transportiert werden konnten. Die Folge war, dass die überfallene Siedlungsgemeinschaft in großen Teilen ihrer Subsistenz beraubt war. Entsprechende Brandzerstörungen, teilweise sogar in reinen Vorratsgebäuden, zeigen sich in einer ganzen Reihe neolithischer Fundorte wie beispielsweise in Jerf el Ahmar (PPNA), Syrien, Nemrik (PPNA), Irak, Sabi Abyad (PN) und Bouqras (PN), Syrien, sowie Çatal Höyük (PN). Da sich solche Überfälle nur dann lohnen, wenn die Vorratslager gefüllt sind, kann davon ausgegangen werden, dass ein Großteil derartiger Angriffe in den Sommermonaten erfolgte, nachdem die Ernte eingebracht war.

Ethnografische Beobachtungen zeigen außerdem, dass neben der Aneignung von Nahrungsmitteln bzw. dem Zugang zu Ressourcen Kriege auch andere Ziele verfolgten. Hierzu zählen z. B. Konflikte aus Gründen der Gruppensolidarität gegen eine andere Gruppe, die oftmals lang anhaltende Fehden zur Folge hatten.

Vorstellbar sind solche Kriegsziele auch für die neolithischen Gesellschaften in Vorderasien, allerdings lassen uns die wenigen bekannten Hinweise dies nur als eine mögliche Hypothese annehmen. Es ist zu hoffen, dass künftige Grabungen und vor allem Aufarbeitungen bereits existierender Grabungsergebnisse sich eingehender mit dem Nachweis und der Erforschung von Kriegen im vorderasiatischen Neolithikum befassen.

Literatur

Childe 1941
V. G. Childe, War in prehistoric societies. Sociol. Rev. 33, 1941, 126–138.

Guilaine/Zammit 1998
J. Guilaine/J. Zammit, La sentier de la guerre (Paris 1998).

Müller-Neuhof 2005
B. Müller-Neuhof, Zum Aussagepotenzial archäologischer Quellen in der Konfliktforschung: Eine Untersuchung zu Konflikten im vorderasiatischen Neolithikum. Ungedr. Diss. Freie Univ. Berlin, Microfiche (Berlin 2005).

Müller-Neuhof 2014
B. Müller-Neuhof, Kriege im Neolithikum Vorderasiens? In: H. Neumann/R. Dittmann/ S. Paulus/G. Neumann/A. Schuster-Brandis (Hrsg.), Krieg und Frieden im Alten Vorderasien, 52e Rencontre Assyriologique Internationale, Münster 17.–21. Juli 2006 (Münster 2014) 539–552.

Rollefson/Gebel 2010
G. O. Rollefson/H. G. K. Gebel (Hrsg.), The Newsletter of Southwest Asian Neolithic Research. Special Topic on Conflict and Warfare in the Near Eastern Neolithic. Neo-Lithics 1/10, 2010.

Roper 1975
M. K. Roper, Evidence of warfare in the Near east from 10,000–4,300 BC. In: M. A. Nettleship/R. D. Givens/A. Nettleship (Hrsg.), War, its causes and correlates (Paris 1975) 299–343.

NICHT NUR FÜR DIE JAGD – PFEIL UND BOGEN IN DER VORGESCHICHTE

Michael Strambowski

Pfeil und Bogen gehören zu den frühen Erfindungen der Menschheit, deren Entwicklung vermutlich auf einer Optimierung von Jagderfolgen beruht. Bei einem Bogen handelt es sich im einfachsten Fall um einen elastischen Holzstab, der mittels einer an beiden Enden befestigten Sehne gebogen und damit unter Spannung gesetzt wird. Per Muskelkraft wird beim Spannen der Sehne Energie im Bogenstab gespeichert, die beim Lösen übertragen wird und so den Pfeil beschleunigt. Durch sein Funktionsprinzip hat er zwei entscheidende Vorteile gegenüber anderen Distanzwaffen, wie z. B. dem Speer. Zum einen der Reichweitenvorteil, der aus dem Mehr an Energie resultiert, das in den Wurfarmen gespeichert und somit an den Pfeil abgegeben wird. Zum anderen sind kleine, schnelle Geschosse bei der Jagd auf beengtem Raum (wie z. B. im Wald) treffgenauer als lange Schleuderspeere. Man nimmt daher auch an, dass die Ausbreitung von Pfeil und Bogen mit der Wiederbewaldung nach der letzten Eiszeit zusammenhängt (Junkmanns 2013). Wann genau der Bogen erfunden wurde, ist ungewiss.

Da Pfeil und Bogen in der Vorzeit aus organischen Materialien hergestellt wurden, sind direkte Belege nur unter besonderen Fundumständen – wie sie in Mooren oder den Pfahlbausiedlungen des Alpenraumes vorliegen – gegeben. Das wichtigste Indiz für die Verwendung von Pfeilbögen sind somit Projektilspitzen. Diese können aus Knochen, Stein oder in späterer Zeit aus Metall sein. Den ältesten Nachweis für Pfeilspitzen könnten vier Dutzend Projektile aus der Cueva del Parpalló, Spanien, darstellen, die in das späte Solutréen datieren (18 000–16 000 v. Chr.). Da bei diesen eine Nutzung als Speerspitzen jedoch nicht ausgeschlossen werden kann (Stodiek/Paulsen 1996, 37), stellen die um 10 000 v. Chr. datierten Fragmente von mindestens 105 zusammengesetzten Kiefernholzpfeilen von Stellmoor, Lkr. Stormarn, die ältesten sicheren Belege für Pfeile dar (Junkmanns 2013; Stodiek/Paulsen 1996).

Die frühesten erhaltenen Bogenfunde datieren in das Mesolithikum. Im Holmegaard-Moor, Dänemark, wurde 1944 neben anderen Funden ein 153 cm langer, in vier Teile zerbrochener, kompletter Bogen aus Ulmenholz geborgen, der in die Maglemose-Kultur (8000–6500 v. Chr.) datiert wird. Da diese Pfeil- und Bogenfunde aufgrund ihrer technischen Details nicht am Anfang der Entwicklung stehen können, ist die Erfindung lange vor 10 000 v. Chr. anzunehmen (Junkmanns 2013, 13). Bei den meisten Bogenfunden vom Mesolithikum bis zur Bronzezeit handelt es sich in erster Linie um aus einem Stück hergestellte Holzbögen, die generell – auch wenn im Laufe der Zeit technische Verbesserungen (Größe, Querschnitt, Wahl der Holzart) erfolgten – in zwei Typen unterschieden werden können. Propellerförmige Bögen (Abb. 1) weisen einen verschmälerten Mittelteil und schmal zulaufende Enden auf. Die breiteste Stelle liegt ungefähr in der Mitte der Wurfarme. Dieser Typ ist vom Mesolithikum bis in die Bronzezeit belegt, während der stabförmige Bogen (Abb. 2), der in der Mitte am breitesten oder leicht verschmälert sein kann, erst ab dem Neolithikum überliefert ist (eine feinere Typengliederung bei Junkmanns 2013). Ein weiterer Bogentyp, der ab dem Neolithikum in Erscheinung tritt, ist der Reflexbogen in Kompositbauweise. Diese Bögen bestehen aus Holz, auf dessen Außenseite mehrere Lagen Sehnen- oder Pflanzenfasern und auf dessen Innenseite Streifen aus Horn aufgeleimt wurden. Durch diese Kompositbauweise verbessert sich die Zugeffizienz der Bogenwaffe. Der Ursprung dieser Bögen wird im Vorderen Orient gesehen (zuletzt Junkmanns 2013, 37). 32 sehr gut erhaltene Angularbögen – es handelt sich dabei um Kompositbögen, die im bespannten Zustand die Form eines Dreiecks bilden – wurden im Grab des 1350 v. Chr. verstorbenen ägyptischen Pharaos Tutanchamun gefunden. Interessanterweise gibt es Darstellungen von Angularbögen auf Steinplatten von den Steinkammergräbern in Göhlitzsch, Saalekreis (Bernburger Kultur; Abb. 3) und Klady, Nordkaukasus (Maikop-Kultur), die um 3000 v. Chr. datiert werden (Rezepkin 2000, 17–22; Schunke 2013, 154). Ferner sind Darstellungen von Reflexbögen zusammen mit »einfachen Bögen« in den wohl neolithischen Felszeichnungen

1
Fast vollständig erhaltener propellerförmiger Eibenholzbogen von Barleben, Lkr. Börde, Mesolithikum bis Bronzezeit.

der spanischen Levantekunst auszumachen, in denen neben Jagdszenen das kriegerische Aufeinandertreffen diverser Gruppierungen künstlerisch festgehalten wurde. Als Bodenfund hingegen sind lediglich die Überreste eines Reflexbogens aus der spätneolithischen Bestattung von Bożejewice in Polen bekannt (Kośko/Kločko 1991).

Pfeil und Bogen können sowohl zur Jagd als auch in interpersonellen Auseinandersetzungen als Waffe eingesetzt werden. Daher bietet deren Nachweis in prähistorischer Zeit allein noch keinen Hinweis darauf, wie sie letztendlich genutzt wurden. Hierfür müssen andere Quellen hinzugezogen werden. In erster Linie handelt es sich dabei um Projektile, die bei einem Treffer in einen Knochen des menschlichen Körpers eingeschlagen sind. Eine Studie zu Pfeilschussverletzungen des 19. Jhs. zeigte kürzlich, dass diese Schüsse nur ein Drittel der Gesamtanzahl von Körpertreffern widerspiegeln. Die übrigen zwei Drittel sind am Knochen nicht nachweisbar (Milner 2005). Weitere Quellen stellen Grabinventare dar, die auf die Nutzung des Bogens als Waffe schließen lassen können, Siedlungsbefunde, bildliche Darstellungen (z. B. die bereits erwähnte Levantekunst) und in jüngerer Zeit auch schriftliche Überlieferungen.

Erste Nachweise für durch Pfeile getötete Personen können in Darstellungen der jungpaläolithischen Felskunst gesehen werden. Auch wenn anthropomorphe Figuren dort sehr selten sind, entdeckte man in der Grotte des Fadets, Frankreich, eine menschliche Gestalt, die möglicherweise einen Bogen hält. Im Gegensatz dazu sind in den Höhlen von Cougnac und Pech Merle, Frankreich, Menschen dargestellt, die von langen, schmalen Objekten penetriert werden (Abb. 4). Ob es sich bei diesen Objekten jedoch um Pfeile handelt, ist nicht eindeutig zu klären. Es existieren ferner drei anthropologische Belege, bei denen die Projektile als Pfeilspitzen angesehen werden. Zwei aus dem italienischen Epigravettien (13 000–12 000 v. Chr.) sowie eine aus dem frühen Natufien der Levante. Im Becken einer bei San Teodoro auf Sizilien bestatteten Frau wurde eine Silexspitze im rechten Hüftknochen entdeckt. Heilungsspuren zeigen, dass sie diese Verletzung überlebt haben muss (Bachechi u. a. 1997). Im Gegensatz dazu war die Verletzung des etwa drei Jahre alten Kindes aus der Kinderdoppelbestattung der »Grotte des Enfants« bei Grimaldi, Italien, tödlich – die Spitze steckte noch in einem Brustwirbel (Henry-Gambier 2001). Ähnlich verhält es sich bei dem Fund aus der Kebara-Höhle in Israel. Unter den dort 1931 ausgegrabenen Knochen wurde bei einer neuen Analyse des Materials ein Fragment einer Pfeilspitze im siebten oder achten Brustwirbel eines männlichen Individuums mittleren Alters entdeckt, der den Schuss nicht lange überlebt hat (Bocquentin/Bar-Yosef 2004). Bisher einzigartig für diesen Zeitraum ist der Friedhof von Jebel Sahaba im Sudan (12 000–10 000 v. Chr.), bei dem insgesamt 24 durch Pfeile getötete Menschen nachgewiesen sind (Wendorf 1968).

Auch für das Mesolithikum ist eine Reihe von Pfeilschussverletzungen belegt. So wurde auf dem Gräberfeld von Téviec (5400 v. Chr.) in der Bretagne neben einer Doppelbestattung zweier Frauen, die gewaltsam ums Leben kamen (siehe Beitrag »Doppelbestattung von Téviec«, S. 103), in der Primärbestattung des Grabes K ein Pfeilschussopfer entdeckt. Zwei Projektile steckten im sechsten und elften Brustwirbel eines Mannes. Auch er wies zusätzlich andere Verletzungen auf. Ähnliche Befunde zeigten sich auch in anderen Bereichen Europas, wie z. B. bei einem Höhlenfund nahe Le Rastel, Frankreich, oder den Friedhöfen der Ertebøllekultur von Skateholm, Schweden, und Henriksholm-Bøgebakken, Dänemark. Die Projektile bestehen dabei nicht immer aus Feuerstein. So fällt eine Knochenpfeilspitze zwischen dem zweiten und dritten Halswirbel des Mannes einer Dreifachbestattung mit Frau und Kleinkind aus Henriksholm-Bøgebakken besonders ins Auge. Diese Art der Pfeilspitzenbewehrung wird auch noch im Neolithikum gepflegt. Dies zeigt eines der prominentesten Pfeilschussopfer: der Porsmosemann. Neben anderen Verletzungen weist das Skelett des Mannes verschiedene Verletzungen durch Pfeilschüsse mit knöchernen Spitzen auf, von denen einer durch die Nase in den Rachenraum eindrang. Verstorben ist der Mann aber vermutlich durch den Pfeil, der sein Brustbein durchschlagen hatte (Brøndsted 1960, 248).

Alle bisher genannten Befunde stellen Belege für Verletzungen dar, deren Ursachen – wenn diese nicht gar ritueller Natur waren – in kleineren, individuellen, zwischenmenschlichen Konflikten gelegen haben könnten. Ein anderes Bild zeigt sich erst ab dem Neolithikum. Durch den Anstieg der Bevölkerung in dieser Zeit erhöhte sich das Risiko von gewaltsamen Auseinandersetzungen zwischen verschiedenen Gruppen bzw. Gemeinschaften. Hinweise dafür liefern Einzelfälle bereits aus dem Frühneolithikum. Drei der 34 Menschen, die beim »Massaker von Talheim« in der Zeit der Bandkeramik (ca. 5000 v. Chr.) ums Leben kamen (siehe Beitrag »Hinweise auf Massaker«, S. 171), weisen Pfeilschussverletzungen auf. Die Pfeile trafen alle drei Opfer von hinten. Es entsteht somit der Ein-

2
Vollständig erhaltener stabförmiger Bogen aus Eibenholz von Onstwedde, Stadtskanaal, Niederlande, 2580–2350 v. Chr.

3
Verzierte Wandplatte des Steinkistengrabes von Göhlitzsch, Saalekreis, mit der Darstellung eines Angularbogens.

druck, als ob durch die Schüsse eine Flucht vereitelt werden sollte. Im spanischen Abri von San Juan Ante Portan Latinam wurden am Ende des 4. Jts. über 330 Menschen sukzessive in Gruppen bestattet (Vegas u. a. 2012). Zwischen den Überresten wurden 61 Pfeilspitzen gefunden, 13 davon aus Knochen gefertigt. Wie in Talheim kamen die Schüsse von hinten. Ein weiterer spannender Befund zeigte sich bei einer Notbergung in Hildesheim-Bavenstedt, Lkr. Hildesheim. Neben jüngeren Befunden entdeckte man dort Gräber und Siedlungsspuren der Bernburger Kultur, die in die Zeit um 3100 v. Chr. datieren (Cosack 2006). Der Fundort befindet sich weit außerhalb des eigentlichen Siedlungsgebietes der Bernburger Kultur im Verbreitungsgebiet von Trichterbechergruppen. Die Anzahl und Verteilung der Siedlungsreste lässt auf eine Gruppengröße von mehreren Großfamilien schließen. In unmittelbarer Umgebung zu den Siedlungsfunden barg man zwei Doppelbestattungen, drei Einzelbestattungen sowie die Schädelkalotte eines Mannes. Diese wurde in den Überresten eines gestörten Grabes gefunden und zeigte Spuren einer durch ein Steinbeil verursachten Verletzung. In einer der Doppelbestattungen wurden zwei Männer im Alter zwischen 30 und 40 Jahren begraben. Beide waren durch Pfeilschüsse getötet worden. Eine der Pfeilspitzen steckte in der Wirbelsäule des einen, die zweite lag im Bauchraum des anderen Mannes. Die Spuren von Gewalt, das hohe Alter (ca. 60 Jahre) der in den Einzelgräbern bestatteten Frauen und das Fehlen jüngerer Menschen in den Gräbern lassen auf einen Besiedlungsversuch von Trägern der Bernburger Kultur schließen, der auf Widerstand der ansässigen Trichterbecherleute stieß und letztendlich aufgegeben wurde.

Ein letztes prominentes Beispiel für die kriegerische Verwendung von Pfeil und Bogen stellt die Frau aus Grab 90 der schnurkeramischen Mehrfachbestattungen von Eulau, Burgenlandkreis, dar. Neben den Spuren einer Schusswunde am Brustbein fand man eine Pfeilspitze im vierten Lendenwirbel steckend. Die Frau kam vermutlich zusammen mit den anderen zwölf Bestatteten bei einem feindlichen Angriff ums Leben (siehe Beitrag »Ein Steinzeitgemetzel«, S. 191).

Abgesehen von diesen anthropologischen Zeugnissen konnten Archäologen auch aus Siedlungsbefunden Rückschlüsse auf Kampfhandlungen ziehen. Konzentrationen von bis zu mehreren Hundert Pfeilen in einzelnen Siedlungsbereichen wie in Zambujal, Portugal, Altheim, Lkr. Landshut, und Crickley Hill, England, stellen materielle Überreste von kriegerischen Auseinandersetzungen unter der Beteiligung von Bogenschützen dar (siehe Beitrag »Befestigungen des 6.–3. Jts. v. Chr.«, S. 157). Angriffe dieser Art sind ferner in Form von alt-ägyptischen Reliefs überliefert. Große Bilderzyklen an Tempelwänden von Feldzügen, Stadtbelagerungen und Streitwagenkämpfen, die dort besonders während der Epoche des Neuen Reiches (1550–1070 v. Chr.) entstehen, verdeutlichen die besondere Bedeutung und Rolle der Bogenwaffe in Ägypten. Eine zentrale Rolle in diesen Bildkompositionen spielte der mit einem Bogen bewaffnete siegreiche Pharao im Streitwagen, der seine Gegner überrollt und niederschießt. Zwar schufen die alten Ägypter diese Kriegsszenen nicht, um reale historische Ereignisse abzubilden, dennoch wirkten bedeutende Ereignisse und waffentechnische Innovationen maßgeblich auf die Darstellungen ein (Schulz 2004, 71). Zu diesen

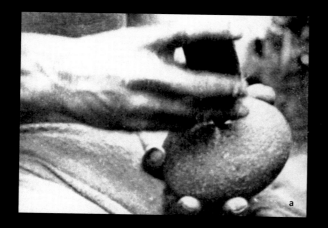

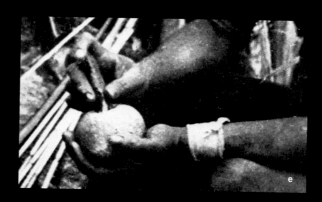

Die Herstellung eines durchlochten Keulenkopfes beim Stamm der Kukukuku im Südwesten der Provinz Morobo, Papua-Neuguinea. An einem markierten Punkt auf dem Stein (a) beginnt die Durchlochung zuerst mit gröberen Werkzeugen (b). Später geht man zu kleineren Hilfsmitteln über (c); unter anderem werden Kiesel (d) und andere Steine genutzt (e). Ist das so entstandene Loch groß genug (f), wird der Keulenkopf an einem hölzernen Schaft befestigt. Obwohl eher klein gewachsen (ca. 150 cm), waren die Kukukuku bei den friedlicheren Stämmen in den Tälern wegen ihrer Raubzüge sehr gefürchtet.
> siehe S. 135–137.

WAFFEN ODER WERKZEUGE – PRÄHISTORISCHE HOLZKEULEN

Michael Strambowski

Holzkeulen sind ein Urtypus der Waffen. Keine andere ist in unserer Vorstellungswelt mehr mit der Urgeschichte verknüpft. So hält sich das Bild des wilden, mit Fell behängten und mit einer astähnlichen Holzkeule bewaffneten Urmenschen noch immer in den Köpfen vieler Menschen. Auch wenn die aktuelle Forschung diesem Bild in den letzten Jahrzehnten entgegenwirken konnte, gelten Holzkeulen weiterhin als primitive und ursprüngliche Waffen. Möglicherweise ist diese Sichtweise auf Darstellungen der Antike zurückzuführen. In griechischer Zeit kennzeichneten Holzkeulen »primitive, halbzivilisierte Wesen« (Buchholz 1980, 319–320). Sie galten als barbarische Waffen, die als Verlängerung des Armes zum Schlagen und Zertrümmern dienten; ganz gleich, ob es sich bei den Opfern um Tiere bei der Jagd oder Gegner im Kampf handelte (Buchholz 1980, 322). Diese Sichtweise spiegelt sich auch in römischer Zeit bei Ammianus wider, als er von klobigen feuergehärteten Holzkeulen für die Gotenstämme des 4. Jhs. berichtet (Ammianus XXXI 7, 12).

Solche Darstellungen sollten in erster Linie dazu dienen, sich über die »Barbaren« zu stellen. Es ist dennoch nicht von der Hand zu weisen, dass Holzkeulen mit Sicherheit als Gelegenheitswaffen aus abgebrochenen und herausgerissenen Ästen oder dünnen Stämmen entstanden sind. Nach C. F. Feest (1966, 41) handelt es sich bei Keulen um Schlagwaffen für den Nahkampf, deren Wirkung auf dem Prinzip der Schwungperkussion beruht. Die einem Gegenstand durch Muskelkraft verliehene kinetische Energie wird beim Auftreffen dieses Gegenstandes auf sein Ziel – sei es nun Mensch oder Tier – in Kraft umgewandelt. Feest folgend ist dazu »*grundsätzlich jedes mit einer oder beiden Händen faßbare, harte Objekt zu gebrauchen. Dabei wird zumeist im Rahmen der bestehenden Möglichkeiten nach einfacherer Handhabung und größerer Schlagkraft getrachtet*« (Feest 1966, 41). Leider gibt es bis jetzt keinen archäologischen Nachweis dafür, wann der Übergang von Keulen aus unbearbeiteten Holzstücken zu intentional hergestellten und geformten Keulen erfolgte. Die Ursache dafür ist vor allem im leicht vergänglichen Charakter von Holz zu suchen. Während bei Äxten, Beilen, Lanzen und anderen holzgeschäfteten Waffen die metallenen oder steinernen Bestandteile für die Nachwelt erhalten bleiben, sind Ganzholzwaffen im archäologischen Fundspektrum sehr selten. Es sind die wenigen Funde aus Mooren und Seeufersiedlungen, die uns Auskunft über die Existenz von Holzkeulen geben. Aktuell existieren Belege für weniger als 40 Holzkeulen für die gesamte Zeitspanne vom Mesolithikum bis in die Bronzezeit. Sie verteilen sich auf 19 Fundorte in Dänemark, Deutschland, den Niederlanden, der Schweiz und England. Die ältesten noch erhaltenen Keulen stammen aus dem Holmegaard Moor und datieren ca. 6500–6000 v. Chr. Es handelt sich hierbei um zwei Keulen, die während der Grabung 1922/23 an der Fundstelle Holmegaard IV geborgen wurden (Brøndsted 1960, 72). Sie sind aus Erlenholz und erinnern mit ihrer Länge von je 35 cm und 31 cm an Schlagstöcke (Abb. 1). Obschon die beiden Keulen immer noch recht »ursprünglich« anmuten, lassen ihre Form und Bearbeitung vermuten, dass der Wahl des Holzstückes für die Keulenherstellung ein bewusster Entscheidungsprozess zugrunde lag.

Während die Keulen aus Holmegaard die zwei einzig erhaltenen hölzernen Exemplare dieser Periode der Menschheitsgeschichte darstellen, stammen die meisten anderen Belege für Holzkeulen aus dem Neolithikum. Dieser Fundanstieg ist auf die besonderen Erhaltungsbedingungen in den Seeufersiedlungen des Alpenraumes zurückzuführen, die in dieser Zeit entstehen. Bedingt durch diesen Zuwachs an Funden können verschiedene Typen von Holzkeulen ausgemacht werden. Dennoch ist immer der Schaft der Keule der eigentliche Träger der Schlagwirkung (Feest 1966, 42). Diese kann sich – je nach Typ – entweder auf einer diffusen Schlagkante verteilen oder in einen bestimmten Punkt (Kolbenkopf, Kugelkopf oder Spitze) konzentriert werden, was der Erhöhung der Schlagkraft dient (Feest 1966, 46). Erreicht wird dies durch die Verlegung des Schwerpunktes nach vorne sowie durch eine spezi-

1
Eine der mesolithischen Keulen aus dem Moor von Holmegaard, Dänemark.

elle Ausformung des Kopfendes oder die Anbringung von Spitzen. Für das Neolithikum lassen sich drei Hauptgruppen von Keulenformen unterscheiden:

1. Flach- bzw. Schwertkeulen
2. Keulen mit kolbenförmigem Kopf
3. Kugelkopfkeulen

1. Als Flach- bzw. Schwertkeulen werden Keulen mit flachovalem Querschnitt und scharf profilierter Kante zusammengefasst (Abb. 3a–d). Diese können von »einfacher« flachovaler Gestalt sein (Eberli 2010, 207) oder einen geschweiften Kopfteil aufweisen, der stark an Knieholmäxte erinnert. Die Bezeichnung »Schwertkeule« resultiert aus der scharf profilierten Kante, welche »*eine regelrechte Schneide*« bildet (Müller-Beck 1965, 53). Die Länge der Keulen variiert zwischen 51 cm und 100 cm, wobei die längsten Exemplare durch Schwertkeulen mit geschweiftem Kopf repräsentiert werden. Während einfache Flachkeulen bisher ausschließlich aus Seeufersiedlungen bekannt sind, zeigt ein Exemplar der geschweiften Variante aus Nieuw Dordrecht, Niederlanden (Abb. 3d), dass es sich bei diesem Typ nicht um eine lokale Variante des Alpenraums handelt (Müller-Beck 1965, 55). Sie lässt vielmehr darauf schließen, dass für Holzkeulen trotz mangelnder Erhaltung ein großes Verbreitungsgebiet angenommen werden muss.

2. Bei Keulen mit kolbenförmigem Kopf ist dieser im Vergleich zum Schaft stark herausgearbeitet. Das Ende des Griffes ist stets knaufartig verdickt. Die Größen variieren zwischen 54 cm und 95 cm. Drei Keulen dieses Typs fanden sich in den Seeufersiedlungen Wetzikon-Robenhausen (Abb. 3e) und Pfäffikon-Burg (Abb. 3f), Schweiz (Altdorfer 2010; Eberli 2010). Eine weitere wurde im Sommer 1996 am Ufer der Themse in Chelsea, London, entdeckt, ein Indiz für die weite Verbreitung dieses Keulentyps. Eine besondere Stellung nimmt gleichwohl die Keule aus der Seeufersiedlung Wetzikon-Robenhausen ein. Sie ist aus Eibenholz, 94,6 cm lang und misst im Durchmesser maximal 6,5 cm. Einzigartig unter den Keulenfunden ist hier die plastische Verzierung durch Querrillen am Kopf (Altorfer 2010, 153).

3. Kugelkopfkeulen haben, im Gegensatz zum vorher beschriebenen Typ, einen kugel- oder eiförmig verdickten Kopf (Abb. 3g–i). Alle drei heute noch erhaltenen Exemplare weisen eine sorgfältige Bearbeitung des Kopfes auf. So kennzeichnet die Keulen von Berumerfehn (Abb. 3g) und Wiesmoor (Abb. 3h), Lkr. Aurich, eine ebenmäßige Oberfläche mit kurzen Messerschnitten (Schwarz 2005; Maier 1972). Im Gegensatz zu den bisher vorgestellten Keulentypen ist bei den Vertretern dieses Typs keine knaufartige Verdickung am Griffende festzustellen. Auf den Keulen von Wiesmoor und Berumerfehn lassen sich dagegen Einkerbungen im Griffbereich erkennen. Solche Einschnitte sind sonst nur bei der Schwertkeule von Burgäschisee-Süd, Schweiz, festzustellen (Abb. 3c). Die Längenverhältnisse entsprechen mit 54–69 cm denen der anderen Keulentypen des Neolithikums; ebenso das große Verbreitungsgebiet von den Alpen bis zur Nordsee. Zwei Kugelkopfkeulen sind als einzige Exemplare aus Grabkontexten überliefert. Die erste wurde am Ende des 19. Jhs. in einem Megalithgrab nahe Remlin, Lkr. Rostock, geborgen. Sie zerfiel jedoch kurz nach der Bergung (Nilius 1971, Kat.-Nr. 99). Die andere Keule wurde als Grabbeigabe in einem endneolithischen Grab (Abb. 2) auf Schokland, Noordoostpolder, Niederlande, einem 40–45 Jahre alten Mann mitgegeben (ten Anscher 2012, 334–339; 365–366).

Für die Bronzezeit nimmt die Zahl der Keulenfunde wieder stark ab. Bisher wurden vier Keulen unterschiedlichen Typs entdeckt. Eine 82 cm lange Eichenholzkeule aus Zürich (Schmidheiny 2011) kann als Vertreter von Kugelkopfkeulen gelten, während eine 1953 aus dem Moor von Oltmannsfehn, Lkr. Leer, (Maier 1972) geborgene Keule den Flachkeulen zugeordnet werden muss. Die zwischen 80 cm und 85 cm lange Keule, von der leider nur noch eine Gipskopie existiert, unterschied sich dennoch in einem Merkmal von den »einfachen« Flachkeulen. An einer der Längsseiten wird die Kante auf einer Länge von 5 cm von einem Fortsatz unterbrochen, der zur Konzentrierung der Schlagkraft gedient haben könnte (Maier 1972, 104). Die Datierung der Keule erfolgte, bedingt durch den Verlust, anhand von Parallelen. Die meisten Übereinstimmungen bieten die frühbronzezeitlichen Bronzekeulen aus Mönkhagen, Lkr. Storman, und Thale, Lkr. Harz (Maier 1972, 107–108). Beide besitzen einen flachovalen Querschnitt mit einem an der Längsseite angebrachten Fortsatz. Die Form dieses Fortsatzes ist dennoch bei allen drei Keulen unterschiedlich herausgearbeitet. Während das Exemplar von Oltmannsfehn mit einer einfachen Spitze bewehrt war, wurde bei den Stücken von Thale und Mönkhagen eine Doppelspitze bzw. ein fingerartiger Dorn gewählt.

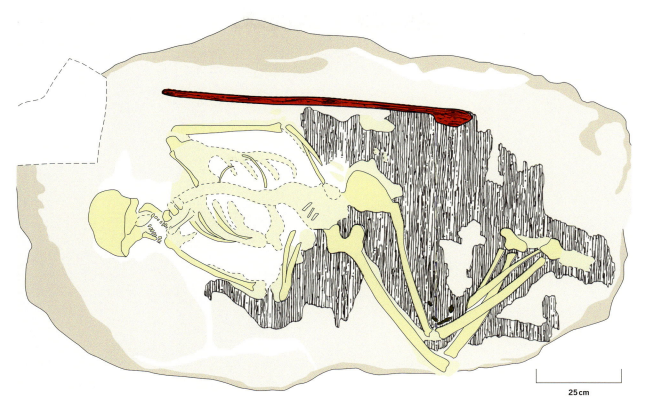

2
Grab 12 von Schokland-P14, Niederlande.

1996 und 1999 wurden im Tollensetal, Lkr. Mecklenburgische Seenplatte, die zwei zurzeit bekanntesten Keulenfunde gemacht. Sie werden als Typ Baseball- und Typ Krocketschläger beschrieben (siehe Beitrag »Das Schlachtfeld im Tollensetal«, S. 337). Erstere ist 73 cm lang, von rundem Querschnitt und gleichmäßig verdicktem Ende. Die zweite, 65 cm lange Keule, hat einen leicht gebogenen Stiel, der in einem quer zum Schaft sitzenden hammerartigen Kopf endet.

Die Keulen aus dem Tollensetal sind bisher die einzigen, die im direkten Kontext mit einer kriegerischen Auseinandersetzung geborgen wurden. Aus diesem Umstand resultieren die unterschiedlichen Interpretationen für die Nutzung von Holzkeulen. Neben einer möglichen Verwendung als Waffe (u. a. für Schwertkeulen: Müller-Beck 1965; für Kugelkopfkeulen: Schwarz 2005; für Kolbenkopfkeulen: Altorfer 2010) wird immer wieder ein friedlicher Gebrauch, z. B. als Mörser oder als Gerät zur Flachsverarbeitung (u. a. Eberli 2011 für die Kolbenkopf- und Flachkeulen von Pfäffikon-Burg) als Nutzungsmöglichkeit angeführt. Die Annahme einer Verwendung als Kriegswaffe schließt dennoch eine parallele Nutzung als Jagdwerkzeug nicht aus. Indirekte Hinweise auf einen möglichen kriegerischen Gebrauch bieten anthropologische Untersuchungen. So konnten an mehreren menschlichen Überresten Verletzungsspuren identifiziert werden, für die Keulen als Tatwaffe in Betracht kommen. Unter den Entdeckungen vom bronzezeitlichen Schlachtfeld im Tollensetal trat ein Schädel mit einer großen, wohl tödlichen Impressionsfraktur im Stirnbereich zutage, die durch eine massive Holzwaffe verursacht worden sein könnte. An einigen Schädeln der menschlichen Überreste aus dem bandkeramischen Massengrab von Talheim, Lkr. Heilbronn, wurden diverse stumpfe Traumata festgestellt, für die auch Keulen infrage kommen könnten (siehe Beitrag »Hinweise auf Massaker«, S. 171). Der Schädel einer Jugendlichen aus dem Megalithgrab von Belas Knap, Gloucestershire, England, zeigt eine massive stumpfe Gewalteinwirkung, die wohl auf eine Keule zurückzuführen ist (Schulting/Wysocki 2005, 125). Als weiteres Keulenopfer ist der Mann vom Beilerstroom zu nennen (siehe Beitrag »Frühe Gewalt in den Niederlanden«, S. 145). Auch wenn diese anthropologischen Untersuchungen ein Anhaltspunkt für Keulen als Waffen sein können, reichen sie doch nicht aus, um eine ausschließliche Nutzung aller Keulentypen als Waffe zu belegen. Ein Glücksfall ist daher eine jüngst entdeckte Bildszene unter den Felsritzungen von Brastad, Bohuslän, in Schweden. Die in die Nordische Frühbronzezeit (1500–1100 v. Chr.) datierende

3
Die abgebildeten neolithischen Holzkeulen lassen sich in drei Hauptgruppen teilen: Flachkeulen a–d; Keulen mit Kolbenkopf e–f; Kugelkopfkeulen g–i.
Sie stammen aus:
a Pfäffikon-Burg, Schweiz;
b Egolzwil 4, Schweiz;
c Burgäschisee-Süd, Schweiz;
d Nieuw Dordrecht, Niederlande;
e Wetzikon-Robenhausen, Schweiz;
f Pfäffikon-Burg, Schweiz;
g Berumerfehn, Lkr. Aurich;
h Wiesmoor, Lkr. Aurich;
i Lüscherz, Schweiz.

e   f   g   h   i

4
Felsritzung aus Brastad in Schweden aus der Nordischen Frühbronzezeit. Zu sehen ist die Tötung eines keulenbewehrten Kriegers.

Ritzung zeigt die Tötung eines keulenbewehrten Menschen durch einen Speerträger (Abb. 4; Toreld 2012).

Als weitere Indizien müssen zahlreiche Belege für die Nutzung von Keulen als Waffen aus ethnografischen Forschungen gelten (u. a. Feest 1966). Unter der Fülle dort belegter Formen finden sich auch die im prähistorischen Kontext festgestellten Typen. Die zu Beginn besprochenen antiken Überlieferungen belegen – obschon sie mit erwähnter Intention verfasst wurden – die Verwendung von Holzkeulen im kriegerischen Kontext. Gleiches gilt für Bildwerke aus Ägypten, wobei der Keule dort eine andere Bedeutung zugemessen wurde. Bis in die Zeit des Mittleren Reiches begegnet man ihr als Königswaffe in der Darstellung des »Erschlagens der Feinde« durch den König (Schulz 2004, 116). Als Beispiel sei an dieser Stelle die berühmte Narmer-Palette genannt (siehe S. 37). Bei den dargestellten Keulen handelt es sich nicht um reine Holzkeulen, sondern um in ihrer Schlagwirkung verbesserte Stein- bzw. Metallkeulen. Da jene aber bereits zu Beginn der ersten Dynastie die Funktion von Kultwaffen innehatten, ist es sicher nicht falsch, den Ursprung dieser besonderen Stellung, auch in der Nutzung von Holzkeulen, im Kampf zu suchen. Es waren zudem nicht nur ägyptische Herrscher, die im Laufe der Menschheitsgeschichte mit Keulenwaffen abgebildet wurden. Einen der bekanntesten Belege hierfür bietet der berühmte Teppich von Bayeux, auf dem Odo I. von Bayeux mit einer Holzkeule bewaffnet in die Schlacht von Hastings (1066 n. Chr.) reitet.

Letztendlich wird durch die erhaltenen Funde sowie die genannten Analogien und Verletzungsspuren Folgendes deutlich: Unsere Vorfahren können sehr wohl Holzkeulen als Waffen verwendet haben. Es handelte sich dabei jedoch mitnichten um die primitiven und plumpen Gegenstände, die man sich gern vorstellt.

Literatur

Altorfer 2010
K. Altorfer, Die prähistorischen Feuchtbodensiedlungen am Südrand des Pfäffikersees: eine archäologische Bestandsaufnahme der Stationen Wetzikon-Robenhausen und Wetzikon-Himmerich. Monogr. Kantonsarch. Zürich 41 (Zürich 2010).

Brøndstedt 1960
J. Brøndstedt, Nordische Vorzeit, Bd. 1: Steinzeit in Dänemark (Neumünster 1960).

Buchholz 1980
H.-G. Buchholz, Kriegswesen, Teil 2. Angriffswaffen: Schwert, Dolch, Messer, Lanze, Speer, Keule. Arch. Homerica E/2 (Göttingen 1980).

Eberli 2010
U. Eberli, Die horgenzeitliche Siedlung Pfäffikon-Burg. Monogr. Kantonsarch. Zürich 40 (Zürich, Egg 2010).

Feest 1966
C. F. Feest, Tomahawk und Keule im östlichen Nordamerika. Archiv Völkerkde. 19, 1964–65 (1966) 39–84.

Maier 1972
R. Maier, Zwei Moorfunde aus Ostfriesland. Neue Nachr. Niedersachsens Urgesch. 7, 1972, 101–110.

Müller-Beck 1965
H. Müller-Beck, Seeberg, Burgäschisee-Süd, Teil 5: Holzgeräte und Holzbearbeitung. Acta Bernensia 2, 5 (Bern 1965).

Nilius 1971
I. Nilius, Das Neolithikum in Mecklenburg zur Zeit und unter besonderer Berücksichtigung der Trichterbecherkultur. Beitr. Ur- u. Frühgeschich. Bezirke Rostock, Schwerin u. Neubrandenburg 5 (Schwerin 1971).

Schmidheiny 2011
M. Schmidheiny, Zürich »Mozartstrasse«. Neolithische und bronzezeitliche Ufersiedlungen, Bd. 4: Die frühbronzezeitliche Besiedlung. Monogr. Kantonsarch. Zürich 42 (Zürich, Egg 2011).

Schulting/Wysocki 2005
R. J. Schulting /M. Wysocki, »In this Chambered Tumulus were Found Cleft Skulls...«: an Assessment of the Evidence for Cranial Trauma in the British Neolithic. Proc. Prehist. Soc. 71, 2005, 107–138.

Schulz 2004
C. E. Schulz, Nahkampf- und Schutzwaffen. In: S. Petschel/M. von Falck (Hrsg.), Pharao siegt immer: Krieg und Frieden im Alten Ägypten. Ausstellung Gustav-Lübcke-Museum Hamm, 21. März – 31. Oktober 2004 (Hamm 2004) 116–117.

Schwarz 2005
W. Schwarz, Die Holzkeule im Moor. Arch. Niedersachsen 8, 2005, 101–103.

ten Anscher 2012
T. J. ten Anscher, Leven met de Vecht. Schokland-P14 en de Noordoostpolder in het Neolithicum en de Bronstijd (Zutphen 2012).

Toreld 2012
A. Toreld, Svärd och mord – nyupptäckta hällristningsmotiv vid Medbo i Brastad socken, Bohuslän. Fornvännen 107,4, 2012, 241–252.

FRÜHE GEWALT IN DEN NIEDERLANDEN – DER MANN AUS DEM BEILERSTROOM

Wijnand van der Sanden und Muuk ter Schegget

Im Jahre 1992 wurde im Depot des Groninger Instituts für Archäologie ein menschliches Skelett in einer Holzkiste gefunden, begleitet von einer Notiz mit der Aufschrift »Beilerstroom«. Weitere Informationen fehlten. Der niederländische Beilerstroom ist ein Teil des Oberlaufs des Westerborker Stroom, der im zentralen Teil des Drents Plateau entspringt und als Oude Vaart im Meppelerdiep mündet. Das Skelett übergab man daraufhin dem Drents Museum in Assen. Erst Jahre später wurde man auf einen Zeitungsartikel aus dem Jahr 1929 aufmerksam. Der Bericht schildert die Entdeckung des Skeletts »einer Mannsperson« am 10. September desselben Jahres während der Begradigung des Beilerstroom. Das Skelett war – dem Zeitungsbericht zufolge – in einer Tiefe von etwa 1 m »in sitzender Haltung« angetroffen worden. Archivrecherchen an verschiedenen Institutionen haben leider keine weiteren Einzelheiten über den genauen Fundort und die -umstände erbringen können. Möglich ist, dass Arbeiter oder Interessierte kurz nach der Entdeckung »Souvenirs« mitgenommen haben. Sicher ist, dass bei der Bergung mindestens drei weitere Knochen vorhanden waren. Um welche es sich handelte, ist unbekannt. Die größeren Knochen wurden mit Nummern zwischen 1 und 19 beschriftet, die Nummern 3, 9 und 13 fehlen.

Dem Skelett wurde lange kein hohes Alter zugesprochen, vor allem wegen der außergewöhnlich guten Erhaltung des Knochenmaterials. Das Ergebnis einer 2008 durchgeführten ^{14}C-Datierung war daher eine große Überraschung, denn sie ergab ein Alter von 4165±30 BP (GrA-38386). Das bedeutet, dass diese »Mannsperson« aus einer Zeit zwischen 2875–2690 cal BC (1σ) bzw. 2880–2630 cal BC (2σ) stammt. Dieser Zeitraum umfasst in den Niederlanden die letzte Phase der Trichterbecherkultur und die erste Hälfte der Einzelgrabkultur. Gut erhaltenes Skelettmaterial aus dieser Zeit ist äußerst selten. Hinzu kommt, dass der Schädel bemerkenswerte Löcher aufweist; Gründe genug, ihn weiteren Untersuchungen zu unterziehen.

Eine physisch-anthropologische Untersuchung des Skeletts ergab zunächst, dass zwar viele Knochen vor-

1
Alle erhaltenen Knochen des Skeletts aus dem Tal des Beilerstroom aus dem Jahr 1929. Vorhanden sind etwa drei Viertel des Schädels, das rechte Schulterblatt, beide Oberarmknochen sowie beide Ellen und die linke Speiche. Außerdem liegen zwei Mittelhandknochen, vier Halswirbel – einschließlich des Kopfgelenks – sechs Brust- und vier Lendenwirbel, Teile der Rippen, schließlich beide Oberschenkelknochen, der obere Teil des Kreuzbeins, die beiden Waden- und Schienbeinknochen und Teile beider Füße vor.

2
Die linke Seite des Schädels des Skeletts vom Beilerstroom weist eklatante Löcher auf, die auf äußere Gewalteinwirkung schließen lassen.

3
Anhand der Innenansicht des Schädels vom Beilerstroom ist die Form der beiden Löcher gut zu erkennen.

handen sind, aber auch wesentliche Elemente fehlen (Abb. 1). Alle Knochen haben eine dunkelbraune Farbe. Auffallend ist das Fehlen des Ober- und Unterkiefers mit den dazugehörigen Zähnen.

Der Schädel ist dolichocephal, d. h. er ist schmal in Bezug auf die Länge. Nach der Morphologie des Schädels handelt es sich um ein männliches Individuum. Diese Geschlechtsdiagnose wird durch die Form und die Merkmale des Beckens unterstützt. Zur Bestimmung des Lebensalters kann man leider die Zähne nicht heranziehen, doch die Merkmale des Schambeins, des Beckens, der Verwachsungsgrad der Schädelnähte sowie die komplizierte Struktur der Spongiosa in den Oberschenkelknochen deuten auf ein fortgeschrittenes Alter zwischen 45 und 65 Jahren hin. Seine Körpergröße betrug zwischen 173 cm und 177,5 cm.

Das Skelett weist mehrere interessante Phänomene auf wie etwa 15 zusätzliche, sog. Wormsche Knochen an einer der Schädelnähte. Außerdem wurden ein kleines Osteom (Knochentumor) auf der Oberseite des Schädels sowie Osteophyten am Hals- und Lendenwirbel und eine Abflachung (Platymerie) am Schaft des linken Oberschenkels beobachtet. Die Muskelansätze an Schien- und Fersenbein sind stark ausgeprägt. Verdickungen an den Schienbeinen und Knöcheln sind als sog. Hockerfacetten zu interpretieren. Dies alles sind keine dramatischen Phänomene. Der Knochentumor war gutartig, die Osteophyten zeigen eine leichte Knochenarthritis an und die Abflachungen, die veränderten Muskelansätze und Verdickungen deuten schließlich darauf hin, dass sich der Mann wahrscheinlich sehr oft in einer Hockstellung aufhielt.

Dramatischer waren dagegen die zwei nebeneinanderliegenden Löcher auf der linken Seite des Schädels oberhalb der Schläfe, die durch eine etwa 1 cm x 1 cm große Öffnung miteinander verbunden sind (Abb. 2). Die fehlenden Schädelfragmente wurden nicht gefunden. Das vordere Loch hat einen Durchmesser von 3,75 cm x 3,41 cm. Von diesem Loch aus verläuft eine Fraktur mit einer Länge von 6,5 cm schräg über das Stirnbein bis zum linken Auge. Dieser Riss ist sowohl auf der Außen- als auch der Innenseite sichtbar. Auf der Innenseite verläuft noch ein zweiter, kleinerer Riss von etwa 0,5 cm Länge, ebenfalls in Richtung der Stirn. Das hintere Loch hat ein Ausmaß von 2,92 cm x 3,03 cm. Von hier aus verläuft eine schräge Fraktur mit einer Länge von 10,3 cm über die Pfeilnaht des Schädels (*sutura sagittalis*) bis zur rechten oberen Schläfenlinie (*linea temporalis superior*). Am unteren Ende des Lochs befindet sich eine Öffnung von etwa 0,8 cm Größe. Wahrscheinlich ist der Schädelknochen hier entlang der Bruchlinie in ein oder zwei Teile zerbrochen.

Die durchgeführten Untersuchungen (makroskopisch, mikroskopisch, radiologisch und mithilfe eines CT-Scanners) zeigen unwiderlegbar, dass die Traumata perimortal – d. h. im direkten Zusammenhang mit oder nach der Tötung – durch die Einwirkung eines stumpfen Gegenstands entstanden sind. Deutliche Hinweise darauf sind die runde Form der Löcher, ihre schräg nach innen verlaufenden und patinierten Ränder (Abb. 3), eingedrückte, aber nicht abgebrochene Knochenteile an der Rückseite des hinteren Lochs, fächerförmige Bruchlinien sowie ein Bruch an der Innenseite des Schädels und schließlich noch das vollständige Fehlen jeglicher Spuren der Heilung. All diese Merkmale deuten auf äußere Gewalteinwirkung auf den lebenden Knochen hin.

Es lässt sich nicht mit Sicherheit sagen, welche Waffe benutzt wurde. Die Form der Löcher kann nicht mit der Schneide einer Steinaxt in Zusammenhang gebracht werden, sondern suggeriert eher eine Holzkeule, deren Kopf aus dem harten Kernholz herausgeschnitzt worden ist (siehe Beitrag »Holzkeulen«, S. 139). Mit einer solch einfachen Waffe können tödliche Verletzungen verursacht werden, wie es aus ethnografischen Kontexten, z. B. von afrikanischen und indianischen indigenen Völkern bekannt ist (Knobkerrie/Schlagstock und ball-headed warclubs/Kugelkopfkeule). Auch aus den Niederlanden und dem angrenzenden Teil von Deutschland sind solche Keulen bekannt. Sie stammen vor allem aus der Zeit der Einzelgrabkultur (2800–2400 v. Chr.), eventuell sogar aus der letzten Phase der Trichterbecherkultur. Die Anzahl der Objekte ist gering, die meisten Funde stammen aus dem Moor (Terberger/Strahl 2013; van der Sanden im Druck), nur ein einziges Exemplar kommt aus einem Grabkontext (ten Anscher 2012, 334–339; 365 f.).

Dank der Analyse von Pollen aus dem Torf, der sich in den Hohlräumen im Schädel und den Röhrenknochen erhalten hat, sind Aussagen über die Umgebung möglich, in der der Mann gelegen hat. Die Pollenanalyse hat ergeben, dass es sich um einen farnreichen Erlenbruchwald handelt. Erlen dominieren die Baumpollen, Seggen und Gräser bilden den Hauptteil der Nichtbaumpollen. Schimmelsporen von *Diporotheca rhizophila*, einer Spezies, die u. a. auf Sumpffarnen lebt, passen gut in dieses Bild. Die Zusammensetzung der Pollen deutet an, dass das Moor zwischen 4200 und 2000 v. Chr. entstanden ist. Theoretisch kann der Torf somit älter als der Mensch selbst sein. Das bringt uns zu der Frage: Wie müssen wir uns das Ende des Mannes vom Beilerstroom vorstellen?

Zwischen 2880 und 2630 v. Chr. wurde einem älteren Mann möglicherweise mit einer Holzkeule mindestens zweimal heftig auf die linke Seite seines Kopfes geschlagen. Das Einschlagen seines Schädels hatte unmittelbar den Tod zur Folge. Wo dieses dramatische Ereignis stattfand, ist unbekannt. Möglicherweise spielte es sich in der Nähe des Ortes ab, an dem er später gefunden wurde. Die Fundplatzangabe »Beilerstroom« weist auf ein Bachtal hin. Die Tatsache, dass ein Gehörknochen des Mittelohres (Amboss) im linken Felsenbein entdeckt wurde, zeigt an, dass der Mann nicht in stark fließendem Wasser gelegen hat, sondern dass man von einer weniger dynamischen Umgebung ausgehen muss. Auf der Grundlage der Pollenuntersuchung muss man sich einen sumpfigen, farnreichen Erlenbruchwald in einem Bachtal vorstellen. Die Einbettung der Leiche in einem solchen moorigen Umfeld steht auch im Einklang mit der guten Erhaltung der Knochen.

Der Mann aus dem Beilerstroom soll in »einer sitzenden Haltung« gefunden worden sein. Das erscheint nicht sehr wahrscheinlich, aber es könnte gut sein, dass er in seitlicher Hockerstellung gelegen hat. Nichts deutet darauf hin, dass es sich um eine reguläre Bestattung handelt. Die üblichen Beigaben fehlen und die Stelle – ein Bachtal – ist ungewöhnlich. Die Anzahl möglicher Erklärungen für diese Abweichungen ist groß. Der Mann könnte das Opfer eines Angriffs durch eine benachbarte Gemeinschaft geworden sein. Diese Außenstehenden haben ihn dann vielleicht in dem Tal »verschwinden« lassen. Es ist auch denkbar, dass er wegen seines ungewöhnlichen, gewaltsamen Todes, der durch äußere Feinde verursacht worden ist, von den Mitgliedern seiner Gemeinschaft notgedrungen an einem außerordentlichen Ort begraben werden musste. Er kann aber auch durch seine eigene Gemeinschaft auf gewalttätige Weise getötet worden sein, weil er soziale Regeln missachtet hat, worauf schwerste Sanktionen standen. Auch muss die Möglichkeit in Betracht gezogen werden, dass er das Opfer eines religiösen Rituals war. In Bachtälern wurden schon viele besondere Gegenstände gefunden, die als intentionale Depots interpretiert werden können. Der Mann aus dem Beilerstroom zeigt Ähnlichkeiten mit den niederländischen »Moorleichen«, bei denen in einigen Fällen ein unnatürlicher Tod festgestellt wurde (van der Sanden 1996, 156–161). Die Menschen, die für eine Bestattung im Moor ausgewählt worden sind, können völlig unbescholten gewesen sein, aber es können auch aus physischen oder sozialen Gründen Ausgestoßene gewesen sein. Ob eine der genannten Aussagen auf den Mann vom Beilerstroom zutrifft, wird wohl nie geklärt werden. Die Tatsache, dass sich die beiden Löcher direkt über der linken Schläfe befinden, legt die Vermutung nahe, dass ihm ein Rechtshänder von vorne die tödlichen Schläge verabreichte oder ein Linkshänder, der hinter ihm stand. Dass die Löcher nahe beieinander liegen, kann darauf hindeuten, dass die Person, die wir als den Mann aus dem Beilerstroom kennen, schon nach dem ersten Schlag kein bewegliches Ziel mehr darstellte.

Literatur

ten Anscher 2012
T. J. ten Anscher, Leven met de Vecht. Schokland-P14 en de Noordoostpolder in het Neolithicum en de Bronstijd (Zutphen 2012).

Terberger/Strahl 2013
T. Terberger/E. Strahl, Einfach, effektiv und tödlich – die Holzkeulen aus Berumerfehn und Wiesmoor/Eenvoudig, doeltreffend en dodelijk – de houten knotsen uit Berumerfehn en Wiesmoor. In: J. Kegler (Hrsg.), Land der Entdeckungen. Die Archäologie des friesischen Küstenraums/Land van ontdekkingen. De archeologie van het Friese kustgebied (Aurich 2013) 42–43.

van der Sanden 1996
W. A. B. van der Sanden, Mumien aus dem Moor. Die vor- und frühgeschichtlichen Moorleichen aus Nordwest-Europa (Amsterdam 1996).

van der Sanden im Druck
W. A. B. van der Sanden, Gelukkig hebben we de foto's nog. Een houten knots uit Klazienaveen (Dr.). Paleo-aktueel 26 im Druck.

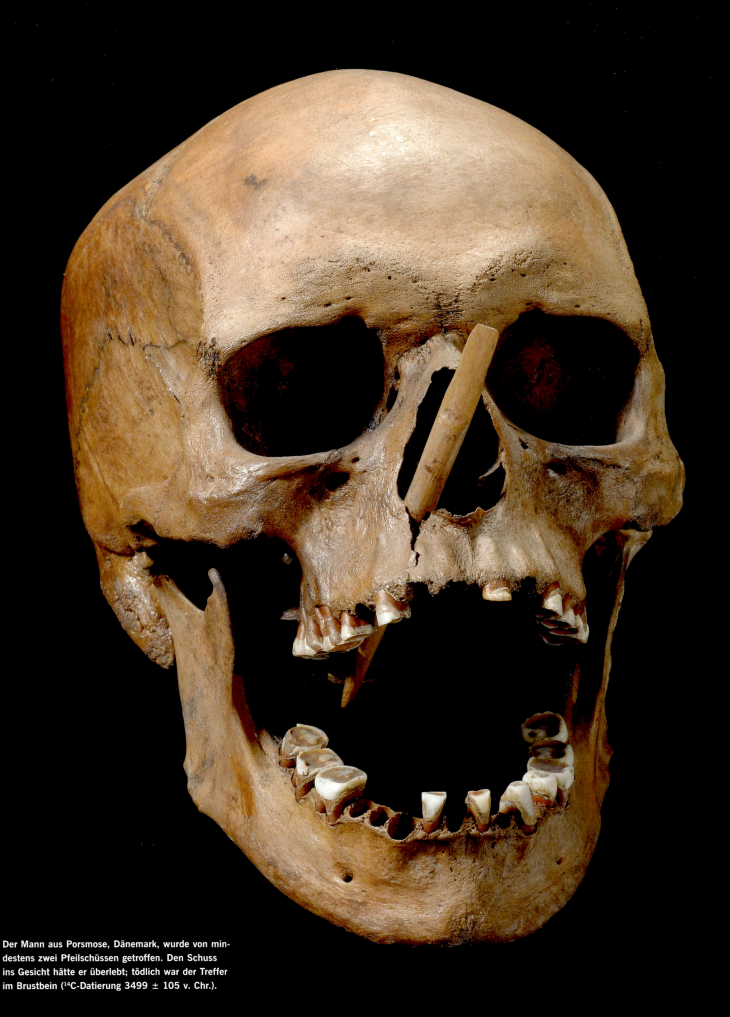

Der Mann aus Porsmose, Dänemark, wurde von mindestens zwei Pfeilschüssen getroffen. Den Schuss ins Gesicht hätte er überlebt; tödlich war der Treffer im Brustbein (^{14}C-Datierung 3499 ± 105 v. Chr.).

ÄXTE UND BEILE – STEINERNE ZEUGEN BEWAFFNETER KONFLIKTE?

Anne-Kathrin Kokles

Als Periode des »geschliffenen Steins« weist das Neolithikum wie kein anderer archäologischer Zeithorizont eine große Vielzahl und einen einzigartigen Formenreichtum an Geräten aus Felsgestein auf. Das plötzliche massenhafte Auftreten geschliffener Axt- und Beilklingen, die oft als einziges Relikt des ursprünglichen Gerätes die Jahrhunderte überdauerten, steht im unmittelbaren Zusammenhang mit der neuen veränderten Lebensweise. So erfordert Sesshaftigkeit enorme Rodungsaktivitäten für Siedlung und Ackerbau. Gleichermaßen werden beträchtliche Mengen an Holz für den Hausbau und den Siedlungsunterhalt benötigt. Für all diese Tätigkeiten bedurfte es spezieller Werkzeuge, die sich in den verschiedenen Axt- und Beiltypen zu erkennen geben. Doch scheint mit der veränderten Siedelweise auch ein erhöhtes Konfliktpotential einherzugehen, das offenbar gewaltsame Auseinandersetzungen neuer Dimensionen hervorbrachte. Demnach existiert eine Reihe archäologischer wie anthropologischer Indizien, die nicht nur eine Verwendung der steinernen Werkzeuge als Waffen, sondern gleichermaßen die Entwicklung erster spezialisierter Waffenformen unter diesen erkennen lassen. Aufgrund der zeitlich sowie räumlich weitreichenden Verbreitung der neolithischen Lebensweise soll im Folgenden eine Konzentration auf den mitteldeutschen Raum erfolgen, der durch seine Vielfalt jungsteinzeitlicher Kulturgruppen eine besondere Diversität an Axt-und Beiltypen bietet.

Schnell hatte man gelernt, mithilfe eines drehenden Bohrkopfes gerade und konische Löcher in den Stein zu bohren. Danach wurden in der deutschen archäologischen Fachterminologie seit Beginn des 20. Jhs. die Äxte von den Beilen durch ihre charakteristische Durchlochung unterschieden. Dieses Definitionskriterium weicht sicher von der üblichen funktionalen Scheidung ab, bei der ein Beil lediglich die kürzere, leichtere und mit einer Hand führbare Variante der Axt darstellt.

Zu Beginn des Frühneolithikums sind die undurchlochten Formen vorherrschend, wobei neben sog. Hochkeilen (»Schuhleistenkeilen«) gewöhnliche Flachbeile typisches Fundinventar darstellen. Ihre für die Funktionalität als Werkzeug einfache und perfekte Form bleibt über mehrere Jahrtausende hinweg nahezu unverändert. Gleichwohl lassen sich für das gesamte Neolithikum auch Nachweise für den Gebrauch als Waffe finden. So weisen die Schädel der bandkeramischen Opfer von Talheim, Lkr. Heilbronn, und Asparn-Schletz, Österreich, mehrfach tödliche Beilhiebe auf (siehe Beitrag »Hinweise auf Massaker«, S. 171), genauso wie die mit Schlägen auf das Hinterhaupt förmlich hingerichteten Individuen aus dem Massengrab von Halberstadt, Lkr. Harz (siehe Beitrag »Das Massengrab von Halberstadt«, S. 177). Die Überfallenen von Eulau, Burgenlandkreis, zeigen wiederum, dass derartige Belege nicht auf das Frühneolithikum beschränkt sind (siehe Beitrag »Ein Steinzeitgemetzel«, S. 191). Dennoch lässt sich unter den Beilen aufgrund ihrer Gebrauchsform nur schwer die Kategorie reiner Waffen ausmachen. Möglicherweise war das Material Ausdruck einer solchen Differenzierung. So finden sich die scharfen Rechteckbeile der Kugelamphorenkultur, die nicht aus Felsgestein, sondern Flint gefertigt wurden, offenbar vor allem in hochrangigen Bestattungen meist älterer Männer. Aus Langeneichstädt, Saalekreis, ist ein solches Exemplar mit Holm überliefert (Abb. 1). Umfangreiche Untersuchungen der hölzernen Handhabe wiesen in der Nähe des Schaftes zwei Hiebspuren nach, die anscheinend mit einer Verwendung im Kampf in Verbindung stehen (Bleicher u. a. 2006, 92). Zusammen mit dem Beil wurde ein Kompositschild aus Brett- und Flechtelementen gefunden. Leider ist das Fundstück heute nicht mehr gegenständlich überliefert. Sollte es sich tatsächlich um einen Schild gehandelt haben, liegt hier einer der ältesten Schutzwaffenbelege vor.

Dagegen ist eine Reihe von Äxten als Werkzeuge denkbar ungeeignet. Schon früh in der Forschung entwickelte sich daher die Bezeichnung »Streitäxte«, die – wie der Name andeutet – Äxte zusammenfasst, die vorrangig für die Verwendung in Auseinandersetzungen konzipiert sind und somit als reine Waffen gelten können. Damit verbunden sind auch Vorstellun-

1
Scharfes Rechteckbeil der Kugelamphorenkultur aus Langeneichstädt, Saalekreis.

2 (rechte Seite)
Verschiedene Streitäxte des 4.–3. Jts. v. Chr.
a Flache Hammeraxt aus Weißenfels, Burgenlandkreis;
b kupferne Schaftlochaxt aus Zscheiplitz, Burgenlandkreis;
c »Amazonenaxt« aus Walternienburg, Lkr. Anhalt-Bitterfeld;
d kleine Prunkaxt aus Aschersleben, Salzlandkreis / Quedlinburg, Lkr. Harz;
e Facettenaxt aus Spielberg, Burgenlandkreis.

gen einer gewissen kriegerischen Organisiertheit, die in dieser Form erstmals im archäologischen Befund in Erscheinung tritt. Aufgrund der Vielzahl derartiger Äxte im 3. Jt. v. Chr wird für verschiedene Kulturgruppen dieses Zeithorizontes, so auch die Schnurkeramik, das Synonym Streitaxtkultur verwendet. Allerdings treten erste Varianten bereits im Mittelneolithikum auf. Ausgang der Entwicklung scheinen hammerförmige Werkzeuge mit vertikaler Schneide zu sein. Die aus Platten schiefrigen Gesteins hergestellten Rössener Breitkeile weisen bereits eine mehr oder weniger stark ausgeprägte symmetrische Form sowie eine Politur im Bereich der Schneide auf. Allerdings überziehen den Körper noch zahlreiche Arbeitsspuren, ein wichtiges Unterscheidungskriterium zu den späteren eindeutigen Streitaxtformen. Dennoch wirft das auffällige Auftreten dieser Äxte in der männlichen Grabausstattung, bei allein 15 % aller Gräber im eponymen Gräberfeld Rössen, Fragen einer gewissen Distinktion sowie kriegerischen Verwendung auf (Zápotocký 1966, 174).

Mit den Gruppen des Trichterbecherhorizontes erscheinen in unserer Region erstmals formschön gearbeitete Axttypen, die sich vor allem durch ihre klare Symmetrie, die sorgfältige Oberflächenbearbeitung und die z. T. auffälligen Zierelemente auszeichnen. Es sind die Hauptcharakteristika der Streitäxte, die als Waffen aufgrund ihrer nicht zu unterschätzenden Außenwirkung in besonderem Maße auch ästhetischen Gestaltungskriterien unterlagen. Dabei sind sie wesentlich stärker von Modeerscheinungen abhängig als ein rein funktionales Arbeitsgerät (Zápotocký 1989, 101). Im Zusammenhang mit einer kunsthandwerklich anspruchsvollen Gestaltung und der Hervorhebung durch besondere Rohmaterialien entstehen charakteristische Typen. Diese lassen sich im Gegensatz zu den recht einheitlich wirkenden, rein funktionalen Beilen und einfachen Äxten wesentlich besser bestimmten Zeithorizonten zuordnen.

In der älteren Trichterbecherkultur scheinen flache Hammeräxte sowie Knaufhammeräxte einer solchen Kategorie anzugehören. Erstere Form zeichnet sich durch einen geraden, stark symmetrischen Axtkörper mit vier- oder sechskantigem Querschnitt, eine mehr oder weniger stark heruntergezogene Schneide und ein hammerförmiges Nackenende aus. Als Verzierung können herausgearbeitete Rillen oder Leisten auftreten (Abb. 2a). In den meisten Fällen sind die Stücke leider nur als Einzelfunde überliefert, sodass kontextbezogene Funktionsdeutungen kaum möglich sind. Auch die Zuordnung zu einer archäologischen Kultur fällt nicht immer leicht. Aufgrund der Vergesellschaftung mit einem Trichterbecherfragment (Burgscheidungen, Burgenlandkreis) werden die flachen Hammeräxte immer wieder der Baalberger Kultur zugeschrieben. Ihre Kartierung zeigt hingegen, dass derartige Funde im Kerngebiet dieser Kultur fehlen. Vielmehr scheinen sie der frühen Trichterbecherkultur im Norden anzugehören und als südwestdeutsch-schweizerischer Typ im Zusammenhang mit der Michelsberger Kultur aufzutreten (Beran 2011, 160 f.). Ist es dabei Zufall, dass sich die Streitaxtfunde in Grenzgebieten zur Baalberger Kultur konzentrieren?

An der Schwelle zum Spätneolithikum treten im Saalegebiet mit der Salzmünder Kultur rundnackige Äxte vom sächsischen Typ auf, denen aufgrund ihrer z. T. sehr symbolträchtigen Ornamentik, der mitunter enormen Länge bzw. eines nicht unerheblichen Gewichtes in Relation zum sehr kleinen Schaftloch, vorrangig Prunk- und Kultcharakter zugeschrieben wird.

Für die Bernburger Kultur fehlen eindeutige Streitaxtbelege, wenngleich metallene Schaftlochäxte z. B. von Brachwitz, Saalekreis, und Zscheiplitz, Burgenlandkreis, aus diesem Zeithorizont bekannt sind (Abb. 2b). Dabei handelt es sich jedoch eindeutig um importierte Schwergeräte aus dem Karpatenbecken, mit einer Hauptverbreitung in Osteuropa. Es stellt sich die Frage, ob sie in unserem Raum tatsächlich als Waffen zu betrachten sind, denn Kupfer war noch selten. Vielleicht war in diesen Fällen das Prestige von vordergründiger Bedeutung, das durch Gewicht und Tauschwert des Rohmaterials vor Augen geführt wurde. Für das Ursprungsgebiet werden sie hingegen als begehrte Waffen beschrieben, die durch die Verstärkung des Schaftloches und damit einhergehender Gewichtssteigerung viel gefährlichere Ausführungen ihrer Vorgänger darstellen. So wird in der Schaftlochaxt auch das Signum einer historisch neuen Erscheinung des Kriegers gesehen (Hansen 2009, 149).

Vorrangig aufgrund ihres Äußeren werden die Doppeläxte der Walternienburger Kultur, einer Gruppe der jüngeren nordischen Trichterbecherkultur, stets in einem kriegerischen Kontext betrachtet. Die doppelschneidig geschliffene Amazonenaxt des eponymen Fundortes (Abb. 2c) besticht durch ihre symmetrische, ausschwingende Schneide und den adäquat gearbeiteten, leicht abgestumpften Nacken. Nicht selten wurde die optische Wirkung durch besondere Musterung und Farbe des verwendeten Rohmaterials gesteigert. Ob diese ästhetisch sehr anspruchsvollen Stücke tatsächlich im Kampf Verwendung fanden oder als Statussymbol dienten, kann heute nicht mehr eindeutig entschieden werden.

Ähnlich verhält es sich mit den sog. Nackenkammäxten, die aufgrund ihres Einzelfundcharakters nur durch einige wenige Vergesellschaftungen der Kugelamphorenkultur zugeschrieben werden können. Sie gelten als Verschmelzungsprodukt nordischer Doppelaxtvarianten und mitteleuropäischer Äxte und weisen als unverwechselbares Charakteristikum einen aus dem Axtnacken herausgearbeiteten Kamm in Form eines bogenartigen Wulstes auf. Im Gegensatz zu den nachfolgenden Streitäxten der Schnurkeramik besitzen sie eine schmale, meist nicht verbreiterte Schneide (Brandt 1967, 53–54).

Ist bei den zuvor vorgestellten Varianten eine praktische Verwendung im Kampf noch vorstellbar, fällt dies für den Einzelfund einer »Miniatur«-Streitaxt aus dem Nordharzvorland schwer (Abb. 2d). Das Stück besticht durch die überaus ästhetische Gestaltung, u. a. mit Rillenzier sowie spindelförmiger Vertiefung der Unterseite. Mit lediglich 13,1 cm Länge scheint nur eine eingeschränkte Funktionalität gegeben, obwohl die heruntergezogene Schneide trotz allem einen Waffencharakter nahelegt. Diese prunkvolle Ausführung einer Streitaxt in kleinem Format führt in einzigartiger Weise die Wandlung einer Waffe zum Statussymbol vor Augen (Schunke 2011, 112).

Zur Zeit der Schnurkeramik herrschten in Mitteldeutschland ansonsten die typischen Facettenäxte vor (Abb. 2e), die durch fein aus dem Schiefergestein herausgearbeitete Schlifffacetten sowie eine sorgfältige Politur gekennzeichnet sind. Im Vergleich zu anderen archäologischen Epochen fällt die Vielzahl derartiger Streitaxtfunde auf, nicht zuletzt aufgrund ihrer Verwendung zur Repräsentation im Grabbrauch. Neben der Totenhaltung und Orientierung stellt die Axt ein Mittel der Distinktion von Männern und Frauen dar. Einige sehen in den Männergräbern mit Axtbeigabe sogar eine kriegerische Elite, die gefolgt wird von einem zweiten Glied nur mit Beilen bewaffneter Männer (Fischer 1956, 140). Aufgrund des repräsentativen Charakters der Facettenäxte wird jedoch vielfach eine tatsächliche praktische Verwendung angezweifelt. Dabei wird außer Acht gelassen, dass gerade die Optik eine wesentliche Komponente der Kriegswaffe ist. Angeführt werden eine verschobene Relation zwischen Klinge und zu kleinem Schaftloch, die aufwendig gearbeitete Oberfläche, die runden und stumpfen Schneiden, das weiche, wenig widerstandsfähige Rohmaterial sowie das Fehlen jeglicher Gebrauchsspuren. Es handle

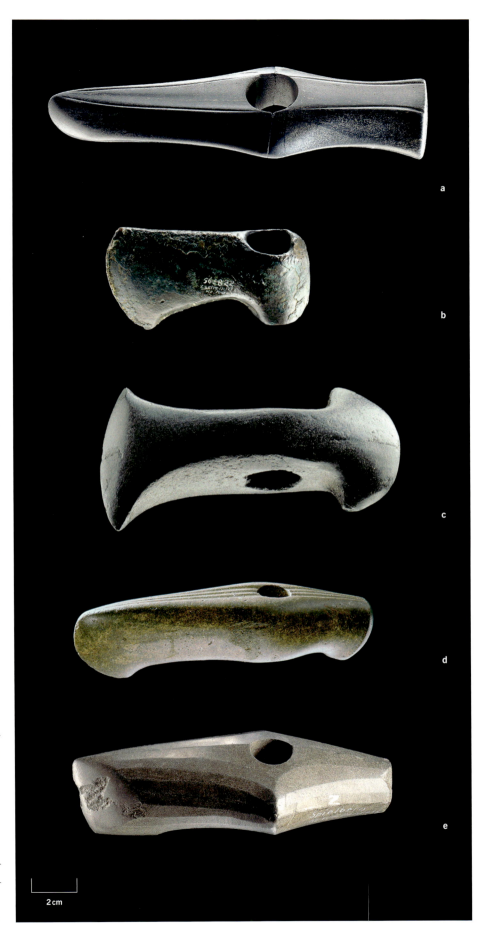

sich folglich um ein reines Statusobjekt zur Repräsentation im Grabbrauch. Leider fehlen bislang umfassende Gebrauchsspurenanalysen, die Gegenteiliges beweisen könnten, obschon eine Waffe vermutlich keiner alltäglichen Verwendung unterlag, folglich entsprechende Veränderungen im Klingenbereich in viel geringerem Umfang als bei einem Arbeitsgerät zu erwarten sind. Zudem bedeutet eine abgerundete Schneide keine Unbrauchbarkeit im Kampf. So wird von einer einhändig im Nahkampf geführten Kurzwaffe ausgegangen, deren tödliche Wirkung vordergründig durch die Schlagwucht infolge des massiven Steingewichtes verursacht wurde.

Auffällig für den schnurkeramischen Horizont scheint gegenüber anderen Perioden das häufige Auftreten von sog. Trepanationen, also operativen Eingriffen am menschlichen Schädel zu sein (Lidke 2008, 50). Aus der Ethnologie kennen wir unterschiedlichste Erklärungen, die von rituellen Öffnungen des intakten Schädels bis hin zu Trauma-Versorgungen reichen. In der Schnurkeramik sind sie relativ häufig bei Männern, vornehmlich im stirn- bzw. scheitelnahen Bereich zu beobachten. Lassen sich hier etwa versorgte Nahkampfverletzungen fassen? Aufgrund ihrer hohen Frequenz im Bereich der Verbreitung der mitteldeutschen Facettenäxte werden die berühmten »Löcher in den Schädeln« seit mehreren Forschergenerationen immer wieder im Zusammenhang mit kriegerischen Konflikten am Ende des Neolithikums diskutiert.

Im Verlauf scheinen die Streitaxtformen allmählich zu verkümmern, von fein facettierten Axtkörpern hin zu plumpen, degenerierten Hammeräxten bis sie schließlich mit dem Ende der Schnurkeramikkultur verschwinden. Lässt sich dies mit einem Bedeutungsverlust als Waffe erklären? An ihre Stelle treten nun andere Ausführungen von Äxten und Beilen im neuen Werkstoff Bronze, die offenbar vordergründig als Werkzeuge zur Holzbearbeitung Verwendung fanden (siehe Beitrag »Äxte und Beile«, S. 285). Vielmehr entstehen in der Bronzezeit andere Kategorien tödlicher Waffen aus Metall, wie Dolch, Schwert und Lanze. Die Vielzahl dieser neuen Spezialwaffen deutet nicht nur eine veränderte Kampfesweise an, sondern legt auch Konflikte in anderen Dimensionen nahe, die entsprechende Organisationsstrukturen voraussetzen.

Das vermehrte Auftreten von Streitäxten in bestimmten archäologischen Horizonten wird immer wieder als Zeichen kriegerischer Zeiten gewertet und im Zusammenhang mit der Herausbildung komplexer gesellschaftlicher Strukturen gesehen. So betrachtet M. Zápotocký ihr Auftreten als »*Symptom gesellschaftlicher Stratifikation*« (Zápotocký 1989, 102) und glaubt mit dem Beginn der Kupfermetallurgie, insbesondere im südöstlichen Mitteleuropa, an eine soziale Notwendigkeit dieser Geräte. Auch in unserem Raum ist das Auftreten erster echter Streitaxtformen mit der Kupferzeit auffällig. Ihre Unbrauchbarkeit als Werkzeug sowie eine Reihe anthropologischer Befunde legen auch hier den Waffencharakter nahe. Die Streitäxte gelten damit neben den Keulen als erste spezialisierte Waffen und sicherlich als indirektes Indiz für die Existenz kriegerischer Auseinandersetzungen.

Literatur

Beran 2011
J. Beran, Kulturkreise und Regionalgruppen in Mittel- und Ostdeutschland vom 5. bis zum 1. Jahrtausend v. Chr. In: T. Doppler/B. Ramminger/ D. Schimmelpfennig (Hrsg.), Grenzen und Grenzräume? Beispiele aus Neolithikum und Bronzezeit. 18. Jahrestagung des Mittel- und Ostdeutschen Verbandes für Altertumsforschung Greifswald 23–27.03.2009. Fokus Jungsteinzeit – Ber. AG Neolithikum 2 (Kerpen-Loogh 2011) 155–174.

Brandt 1967
K. H. Brandt, Studien über steinerne Äxte und Beile der jüngeren Steinzeit und der Stein-Kupferzeit Nordwestdeutschlands. Münstersche Beitr. Vorgeschforsch. 2 (Hildesheim 1967).

Bleicher u. a. 2006
N. Bleicher/S. Greiff/D. Gronenborn/D. Jacob, Das Grabensemble mit Kugelamphore von Langeneichstädt, Saalekreis, aus den Beständen des Römisch-Germanischen Zentralmuseums. Jahrb. RGZM 53, 2006, 89–108.

Fischer 1956
U. Fischer, Die Gräber der Steinzeit im Saalegebiet. Studien über neolithische und frühbronzezeitliche Grab- und Bestattungsformen in Sachsen-Thüringen. Vorgesch. Forsch. 15 (Berlin 1956).

Hansen 2009
S. Hansen, Kupferzeitliche Äxte zwischen dem 5. und 3. Jahrtausend in Südosteuropa. Analele Banatului S.N. 17, 2009, 129–158.

Lidke 2008
G. Lidke, Untersuchungen zur Bedeutung von Gewalt und Aggression im Neolithikum Deutschlands unter besonderer Berücksichtigung Norddeutschlands. Diss. Ernst-Moritz-Arndt-Univ. Greifswald 2005 (Greifswald 2008),
<http://ub-ed.ub.uni-greifswald.de/opus/frontdoor.php?source_opus=491> (01.09.2015).

Schunke 2011
T. Schunke, Steine lesen – der Zufallsfund einer besonderen spätneolithischen Steinaxt aus dem nordöstlichen Harzvorland. Arch. Sachsen-Anhalt N.F. 5, 2011, 110–112.

Zápotocký 1966
M. Zápotocký, Streitäxte und Streitaxtkulturen. Památky Arch. 57, 1966, 172–209.

Zápotocký 1989
M. Zápotocký, Streitäxte der Trichterbecherkultur: ihre Typologie, Chronologie und Funktion. Praehist. 15, 1989, 95–103.

FRÜHE SCHLEUDERN ALS WAFFE

Barbara Horejs

Schleudern gehören zu den ältesten von Menschen entwickelten Waffen, die sich über die Jahrtausende bis in die jüngste Gegenwart erstaunlich wenig verändert haben. Die bisher ältesten gesicherten Schleudergeschosse datieren in den Horizont der ersten Ackerbauern des späten akeramischen Neolithikums (ca. 8. Jt. v. Chr.) im Nahen Osten und im Nordirak. Mit der Ausbreitung der neuen Lebensweise und Wirtschaftsform der Jungsteinzeit Richtung Westen und Norden – der Neolithisierung – scheint sich auch dort die Verwendung der Schleuder durchgesetzt zu haben (Özdoğan 2002). So finden wir entsprechende Geschosse rund um die Ägäis bereits ab ca. 6500 v. Chr.

Auf dem Çukuriçi Höyük, Türkei, einer der ältesten Siedlungen dieses Raums (7. Jt. v. Chr.), wurden unlängst Geschossdeponierungen ausgegraben (Abb. 1). Neben den zahlreichen einzeln gefundenen Geschossen zeigen uns diese Depots, dass die Schleuderprojektile auch innerhalb der Siedlung in größerer Menge vorbereitet und gehortet wurden. Anstatt der sonst ebenfalls ausgegrabenen Projektile aus Keramik und ungebranntem Ton liegen in den Geschossdepots ausschließlich steinerne Exemplare. Zur Herstellung der sorgfältig polierten und doppelkonisch gearbeiteten Geschosse wurden u. a. Flusskiesel vergleichbarer Form und Größe gesammelt und für ihre vermutlich spätere Verwendung als Projektil innerhalb der Siedlung gelagert.

In die Zeit des 7. Jts. v. Chr. fällt auch die älteste mögliche Darstellung von Schleuderern in den gemalten Jagdszenen von Çatal Höyük, Türkei (Mellaart 1967, 170–175 Taf. 61–63). Die ersten Tierzüchter und Ackerbauern in Südosteuropa und der Ägäis nutzten die Schleuder, wie die zahlreichen Funde von Schleudergeschossen belegen (Ivanova 2008). Die Schleuder wurde kontinuierlich auch in den folgenden Perioden der Kupfer-, Bronze- und Eisenzeit genutzt und war ebenfalls in der Antike eine beliebte Waffe. Davon zeugen neben den Funden der Projektile und verschiedenen Darstellungen aus dem 2. Jt. v. Chr. (z. B. Ägypten, Mykene) auch viele schriftliche Quellen, nicht zuletzt die bekannte biblische Auseinandersetzung von David gegen Goliath im Alten Testament.

FORM VON SCHLEUDERN UND GESCHOSSEN

Die in prähistorischen Zeiten wohl hauptsächlich verwendete Handschleuder besteht aus einem flexiblen Band oder Riemen, dessen Ende in einer Schlaufe oder Verdickung gestaltet sein kann. Ethnografische Vergleiche und Funde aus jüngeren Perioden lassen vermuten, dass verschiedene organische Materialien dafür verwendet wurden, wie Leder, Fell, Wolle, Haar oder Pflanzenfasern (Schlüter 2004). In der Regel sind die Schleudern selbst nicht mehr erhalten, sondern nur die Geschosse aus Ton, Stein und später auch Blei. Ein archäologischer Glücksfall ist daher ein Paar von zwei gut erhaltenen Schleudern aus dem berühmten Grab des Tutanchamun (ca. 1332–1323 v. Chr.) im Tal der Könige in Ägypten (Abb. 2). An den sorgfältig aus feinem Leinen geflochtenen Schnüren hängt jeweils eine separate Schleudertasche für die Geschosse. Es

1
Teil des Geschossdepots aus der neolithischen Siedlung des Çukuriçi Höyük, Türkei.

2
Zwei geflochtene Leinenschleudern mit Schleudertasche aus dem Grab des Tutanchamun, Ägypten.

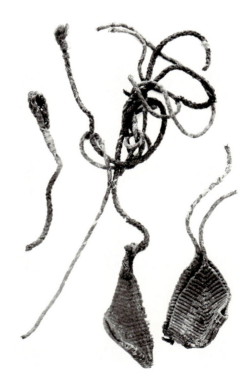

ist anzunehmen, dass Schleudern auch in älteren Perioden mit vergleichbaren Vorrichtungen ausgestaltet sein konnten, auch wenn eine einfache Form als Band oder Seil mit breiterem Mittelteil ebenfalls ausreicht, um das Projektil gezielt zu schießen (Schlüter 2004). Die Geschosse werden möglicherweise bereits ab der späten Bronzezeit, gesichert ab der klassischen Antike aus Blei gegossen, aber nach wie vor auch aus Ton (luftgetrocknet oder gebrannt) und Stein gefertigt. Die Form der Projektile ist durch ihre Funktion vorgegeben, sie werden rund, ovoid sowie doppelkonisch hergestellt oder als einfache Flusskiesel ohne Modifikation aufgesammelt (Korfmann 1972).

EINSATZ UND EFFEKTIVITÄT VON SCHLEUDERN

Schleudern mögen harmlos wirken und als primitive Waffe gelten, waren aber bei gekonnter Verwendung eine durchaus effektive Fernwaffe, wie Xenophon rund 400 v. Chr. über den Krieg gegen die Perser berichtet: »...*denn die Rhodier schleuderten viel weiter als die persischen Schleuderer und selbst weiter als die meisten Bogenschützen der Perser*« (Xen. an. 3,4,16). Ihr Geheimnis lag im Einsatz von Bleigeschossen (sog. Glandes), die aufgrund ihrer Materialdichte kleiner sein konnten und daher wegen des geringeren Luftwiderstands nicht nur weiter geschossen werden konnten, sondern auch eine höhere Aufschlagsenergie aufwiesen (Baatz 1992). Abhängig von den technischen Rahmenbedingungen lässt sich ein Geschoss aus Stein oder Ton immerhin bis zu 200 m weit schleudern.

NACHWEIS FÜR DIE SCHLEUDER ALS WAFFE IM KONFLIKT

Vom Neolithikum bis in die Bronzezeit können wir die Verwendung der Schleuder als Waffe in gewalttätigen Konflikten nur indirekt über archäologische Befunde rekonstruieren. Direkte anthropologische Belege sind schwierig, da stumpfe Traumata von unterschiedlichen Waffen stammen können. Auch wenn Schleudern primär eine Jagdwaffe gewesen sein dürften, ist ihr Einsatz im Krieg wahrscheinlich. Exemplarisch sei hierfür die Zerstörung von Hamoukar in Nordsyrien genannt. Die Ausgräber stießen nicht nur auf zerstörte und verbrannte Häuser sowie Tote aus der Zeit um 3500 v. Chr., sondern auch auf eine große Anzahl von Stein- und Keramikprojektilen in den Zerstörungsschichten (Reichel 2009). Ähnliche Zerstörungsbefunde finden sich relativ häufig im Zusammenhang mit Schleudergeschossen (Ivanova 2008). Die Darstellung einer bronzezeitlichen Befestigung mit Schleuderern und Bogenschützen in dynamischer Aktion ist auf einem silbernen Rhyton aus Schachtgrab IV in Mykene überliefert (ca. 1600 v. Chr.; Abb. 3).

3
Kämpfer mit Schleudern und Bogenschützen vor einer Befestigung auf einem Silberrhyton aus Schachtgrab IV, Mykene.

Literatur

Baatz 1992
D. Baatz, Schleudergeschosse aus Blei. Eine waffentechnische Untersuchung. Saalburg-Jahrb. 45, 1990, 59–67.

Ivanova 2008
M. Ivanova, Befestigte Siedlungen auf dem Balkan, in der Ägäis und in Westanatolien, ca. 5000–2000 v. Chr. Tübinger Schr. Ur- u. Frühgeschichtliche Arch. 8 (Münster 2008).

Korfmann 1972
M. Korfmann, Schleuder und Bogen in Südwestasien: von den frühesten Belegen bis zum Beginn der historischen Stadtstaaten. Antiquitas 13 (Bonn 1972).

Mellaart 1967
J. Mellaart, Çatal Höyük. A Neolithic Town in Anatolia (New York 1967).

Özdoğan 2002
M. Özdoğan, On Arrows and Sling Missiles: What Happened to the Arrows? In: R. Aslan/ S. Blum/G. Kastl/F. Schweizer/D. Thumm (Hrsg.), Mauerschau. Festschrift für Manfred Korfmann (Remshalden-Grundbach 2002) 437–444.

Reichel 2009
C. Reichel, Beyond the Garden of Eden – Competition and Early Warfare in Northern Syria (4500–3000 B.C.). In: H. Meller (Hrsg.), Schlachtfeldarchäologie. 1. Mitteldt. Archäologentag vom 09. bis 11. Oktober 2008 in Halle (Saale). Tagungen Landesmus. Vorgesch. Halle 2 (Halle [Saale] 2009) 17–30.

Schlüter 2004
W. Schlüter, Schleuder. RGA 27 (Berlin, New York 2004) 179–187.

JERICHO – DIE ÄLTESTE BEFESTIGUNG DER WELT?

Bernd Müller-Neuhof

Auf dem Siedlungshügel (*Tell*) Tell es-Sultan, Westjordanland, soll sich einst das berühmte Jericho befunden haben, dessen Stadtmauern nach dem Buch Josua im Alten Testament von den Israeliten nur durch den Klang ihrer Trompeten zum Einsturz gebracht wurden (Jos 6.4–20). Im Laufe der vielen Grabungen auf dem Tell wurden zahlreiche Fortifikationsmauern aus unterschiedlichen Epochen, allerdings nicht aus der Zeit der israelitischen Landnahme nachgewiesen.

Am bekanntesten sind die deutlich älteren Mauerreste, die in den 1950er Jahren durch die britische Archäologin Kathleen Kenyon in den untersten Siedlungsschichten Jerichos gefunden wurden und in das präkeramische Neolithikum (PPN) datieren (siehe Beitrag »Der Krieg im Neolithikum Vorderasiens«, S. 127 Abb. 2). Nach Angaben der Ausgräberin handelt es sich um eine PPNB-zeitliche und eine PPNA-zeitliche Mauer. Kenyon berichtet in ihren Publikationen von Resten neolithischer Umfassungsmauern in drei Grabungsschnitten, nämlich im Norden (Trench II), im Süden (Trench III) und im Westen (Trench I) des Siedlungshügels, wo sich auch noch ein Turm im Verband zur Mauer befand. Basierend auf diesen Befunden rekonstruierte sie den Mauerverlauf zwischen den Schnitten (Kenyon/Holland 1981, 6–14; 114–116; 175 f.). Die Ostseite des Tells blieb dabei unberücksichtigt, da hier aufgrund moderner Überbauungen keine Grabungen vorgenommen werden konnten.

Diese zunächst in Vorberichten veröffentlichten Grabungsbefunde wurden anfangs nicht nur von der Ausgräberin, sondern auch von anderen Autoren kritiklos als früheste Belege für eine Siedlungsbefestigung betrachtet (Kenyon 1957, 65 ff.; Roper 1975). Mit dem Erscheinen der monografischen Endpublikation (Kenyon/Holland 1981) ist diese Befundinterpretation dann von einigen Fachleuten infrage gestellt (Bar-Yosef 1986) bzw. hinsichtlich ihrer ursprünglich eindeutigen Aussagekraft relativiert worden (Hachmann 1994; McClellan 2006).

Diese kritischen Evaluierungen der veröffentlichten Grabungsergebnisse ergaben, dass die tatsächliche Ausdehnung der PPNA- und PPNB-zeitlichen Siedlungen weitaus geringer gewesen ist (Hachmann 1994, 72), als sie durch die (vermeintlichen) Mauerverläufe definiert waren. Darüber hinaus zeigte sich bei dieser Überprüfung, dass die PPNB-zeitliche Mauer in den Nord- und Südschnitten (Trench II und III) gar nicht existierte und der in das PPNB zu datierende Mauerrest im Westschnitt (Trench I) wohl eher als Terrassenmauer zu interpretieren ist, die die Bebauung am Tellrand vor dem Abrutschen bewahren sollte (Hachmann 1994, 61; 72). Somit ist davon auszugehen, dass diese Mauerreste nicht zu einer Befestigungsmauer gehören und es eine solche im PPNB wahrscheinlich auch nicht gegeben hat (McClellan 2006, 605).

Die Überprüfungen der publizierten Grabungsbefunde haben darüber hinaus ergeben, dass auch die PPNA-zeitliche Mauer tatsächlich nur im Westschnitt (Trench I) nachweisbar ist (McClellan 2006, 602 f.). In diesem Schnitt sind eine in ihrer ersten Bauphase frei stehende, 3,60 m hoch erhaltene und 1,80 m dicke Mauer, sowie ein runder Turm aus Bruchstein gefunden worden, dessen Durchmesser 9 m an der Basis und dessen erhaltene Höhe 7,75 m betrug (Abb. 1). Über eine innen liegende Treppe gelangte man auf den Turm. In den späteren Umbauphasen erfolgten eine Anbindung des Turms an die Mauer und die Anlage eines Grabens vor der Mauer. Am Ende des PPNA ist das Begehungsniveau der Siedlung bereits so weit angewachsen, dass diese Gesamtanlage von der Siedlung überdeckt wurde.

Die von Kenyon vertretene defensivstrategische Interpretation der Anlagen wurde mehr und mehr in Zweifel gezogen. Die Kritiken bezogen sich auf die Position des Turmes an der Mauerinnenseite, der damit seine bei Befestigungstürmen übliche Bastionsfunktion nicht erfüllen konnte (Bar-Yosef 1986, 158). Des Weiteren kritisierte man die Anböschung der Mauer in einer ihrer späteren Bauphasen (Hachmann 1994, 61), die damit leichter zu besteigen war, sowie den im Winkel von ca. 45° auf die Mauer zulaufenden und nicht parallel zu ihr verlaufenden Graben (McClellan 2006, 599) und dessen schnelle Verfüllung (Hachmann

1
Jericho, Westjordanland.
PPNA-zeitlicher Turm in *Trench I*
mit Teil der Mauer (unten rechts).

1994, 57), was eine baldige Aufgabe seiner Defensivfunktion impliziert.

Alternativ zur Defensivfunktion interpretierte O. Bar-Yosef (1986) die Mauer am Westrand Jerichos daher als Bauwerk zum Schutz der niedrig gelegenen PPNA-zeitlichen Siedlung vor den Wadifluten mit ihren zerstörerischen Geröll- und Sedimentmassen; eine Schutzmaßnahme, die durch die allmähliche Erhöhung des Siedlungshügels spätestens ab dem PPNB obsolet wurde.

Dem Turm wurde u. a. von I. Kuijt eine rituelle Funktion vor allem im Zusammenhang mit Bestattungsriten zugemessen, worauf zum einen umfangreiche Bestattungen in seinem Umfeld und die Bestattungen im inneren Treppenaufgang gegen Ende des PPNA verweisen (Kuijt 1996, 324).

Allerdings überzeugen diese Alternativvorschläge nicht ganz. So ist zu beachten, dass Jericho nicht im direkten Mündungsbereich der von Westen in den Jordangraben entwässernden Wadis lag und durch einen westlich gelegenen Höhenrücken vor den unmittelbaren Fluten, die zu Regenzeiten vom Hochland hinunterstürzten, geschützt war (Hachmann 1994, 67).

Des Weiteren ist die Anböschung der Mauer statisch zu begründen und eine auf dieser Bruchsteinmauer senkrecht aufsitzende Mauerkrone aus Stampflehm oder Lehmziegeln kann trotz des Fehlens entsprechenden Lehmziegelschutts nicht ganz ausgeschlossen werden.

Auch dem Turm ist eine Defensivfunktion nicht generell abzusprechen. Trotz seiner Positionierung hinter der Mauer ermöglichte er den Verteidigern eine gute Übersicht und ein freies Schussfeld. Die in einer späteren Phase des PPNA in den Turm eingebrachten Bestattungen können allerdings auf einen Wandel in der Funktion des Turmes verweisen (McClellan 2006, 598 f.).

Es ist festzuhalten, dass der Bereich, in dem der Mauerabschnitt und der Turm freigelegt wurden, zu begrenzt ist, um eine eindeutige Aussage hinsichtlich der Funktion dieser Anlagen zu treffen. Außerdem ist bei der anscheinend erheblich kleineren Ausdehnung der PPNA-zeitlichen Siedlung (Hachmann 1994, 72) auch ein anderer Verlauf der Befestigungsmauer zu vermuten, wenn es sie tatsächlich gegeben hat.

Eines der wichtigsten Argumente der Kritiker, nämlich dass keine weiteren PPN-zeitlichen befestigten Siedlungen bekannt sind (Bar-Yosef 1986, 158), kann mit der befestigten PPNB-zeitlichen Siedlung Tell Maghzaliya im Nordirak entkräftet werden.

Literatur

Bar-Yosef 1986
O. Bar-Yosef, The Walls of Jericho: An Alternative Interpretation. Current Anthr. 27,2, 1986, 157–162.

Hachmann 1994
R. Hachmann, Die »Befestigung« des akeramischen Jericho. Baghdader Mitt. 25, 1994, 19–74.

Kenyon 1957
K. M. Kenyon, Digging up Jericho (London 1957).

Kenyon/Holland 1981
K. M. Kenyon/T. A. Holland (Hrsg.), Excavations at Jericho, Vol. 3: The Architecture and Stratigraphy of the Tell (London 1981).

Kuijt 1996
I. Kuijt, Negotiating Equality Through Ritual: A Consideration of Late Natufian and Prepottery Neolithic A Period Mortuary Practices. Journal Anthr. Arch. 15, 1996, 313–336.

McClellan 2006
T. L. McClellan, Early Fortifications: The Missing Walls of Jericho. Baghdader Mitt. 37, 2006, 593–610.

Roper 1975
M. K. Roper, Evidence of warfare in the Near East from 10.000–4.300 B.C. In: M. A. Nettleship/R. D. Givens/A. Nettleship (Hrsg.), War, its causes and correlates (Berlin 1975) 299–340.

BEFESTIGUNGEN DES 6.–3. JAHRTAUSENDS V. CHR.

*Vicente Lull, Rafael Micó, Cristina Rihuete-Herrada,
Roberto Risch und Michael Strambowski*

Wir verstehen unter Befestigung eine architektonische Struktur, welche den effektiven, den affektiven und den symbolischen Charakter von Gewalt vereint. Als erstes stellt sie eine effektive Waffe dar, wenn auch mit einem defensiven Charakter. An zweiter Stelle bestimmt sie eine Grenze in der Landschaft, die eine affektive Trennung zwischen einem umschlossenen, engen Raum und der weiten äußeren Welt schafft. Letztendlich symbolisiert sie die immerwährende, beständige Bereitschaft zur gewaltsamen Auseinandersetzung mit diesem Äußeren.

NEOLITHISCHE BEFESTIGUNGEN NÖRDLICH DER ALPEN

Befestigungen nördlich der Alpen sind ein Produkt der neolithischen Revolution. Anders als die Menschengruppen, die diesen Bereich im Paläolithikum und Mesolithikum besiedelten, waren sie durch die neue Wirtschaftsweise an ihre Siedlungskammern gebunden. Erste Befestigungen in Mitteleuropa traten ab dem Beginn der Jungsteinzeit (ca. 5500 v. Chr.) auf. Sie gehören – wie in späteren Phasen des Neolithikums – zu einer Gruppe von Bauwerken, die in der archäologischen Forschung als »Erdwerke« bezeichnet werden. Unter diesem Begriff werden verschiedenartige Anlagen zusammengefasst, deren Gemeinsamkeit ein geschlossenes Grabensystem unterschiedlicher Form und Größe ist. In vielen Fällen kommen Palisaden aus Holz und seltener sicher nachgewiesene Wälle dazu (Meyer/Raetzel-Fabian 2006, 2). Ein erster wichtiger Punkt für die Deutung eines solchen Erdwerks als Fortifikation ist die Nutzung des Innenraumes der Anlage – es muss etwas geben, das einer Verteidigung bedarf. Während die Funktionsdeutung bei fundleeren Innenflächen problematisch erscheint, können Siedlungsspuren innerhalb des umwehrten Bereiches auf einen defensiven Charakter hinweisen. Neolithische Befestigungen können somit zweierlei Bedürfnisse befriedigen: Zum einen dienten sie der Abgrenzung eines bestimmten Gebietes, zum anderen können sie als Resultat eines gesteigerten Schutzbedürfnisses gesehen werden. Während Ersteres

1
Linienbandkeramische Befestigung von Eilsleben, Lkr. Börde. Die Ansatzstellen der Erweiterung der Befestigung sind im Luftbild durch einbiegende Grabenköpfe besonders gut zu erkennen. Durch die geomagnetische Prospektion sind Hausgrundrisse deutlich inner- und außerhalb der Befestigung auszumachen.

gleichwohl durch Bauten realisiert werden kann, die keinerlei fortifikatorischen Wert haben, verlangt Letzteres den Bau von Strukturen, die das Eindringen von Angreifern in die Siedlung erschweren und gleichzeitig die Verteidigung derselben erleichtern.

Grabensysteme sind ab der ältesten Phase der Linienbandkeramik belegt. Ein Beispiel dafür ist die Anlage von Eilsleben, Lkr. Börde (Kaufmann 1990, 60). Hier wurde ein Graben von 170 m Länge entdeckt. Die ursprüngliche Tiefe des Sohlgrabens rekonstruiert D. Kaufmann (1978, 5) auf 0,7 m. Eine fortifikatorische Funktion scheint somit für Eilsleben eher unwahrscheinlich. Gleiches gilt für den Graben der Siedlung Schöppenstedt-Eitzum, Lkr. Wolfenbüttel (Meyer/Raetzel-Fabian 2006, 7). Sie dienten daher vermutlich eher einer symbolischen Abgrenzung. Ein anderes Bild zeichnet sich dagegen während der jüngeren bis jüngsten Phase der Linienbandkeramik ab (ca. 5100–4900 v. Chr.). In dieser Zeit kam es zu einer Häufung von Befestigungsanlagen. Auffallend ist, dass in den meisten Fällen bei mehrphasigen linienbandkeramischen Siedlungen, bei denen eine Auswertung möglich war (z. B. Erkelenz-Kückhofen, Köln-Lindenthal und Vaihingen a. d. Enz), die Befestigungen meist zum Ende der Besiedlung entstanden und in der Regel nur für kurze Perioden existierten.

Bei einer Siedlung der jüngsten Phase der Linienbandkeramik von Eilsleben – in unmittelbarer Nähe zum oben genannten Graben – scheint sich ein ähnliches Bild abzuzeichnen (Abb. 1). Für diese sind mindestens zwei verschiedene Bauphasen belegt. Die ältere, fünfeckige Anlage wurde in einem späteren Abschnitt nach Norden hin erweitert. Die Befestigung bestand aus einem bis zu 2 m tiefen Sohlgraben mit aufgeschüttetem Innenwall und Rutenflechtzaun. Es konnten aufgrund von Erosion keine vollständigen Hausgrundrisse festgestellt werden, doch fand sich genug Material, um auf eine Siedlung schließen zu lassen. Auch Luftbildaufnahmen aus dem Jahre 2001 konnten keinen Nachweis für eine Nutzung der Innenfläche geben (Schwarz 2003, 28). Erst eine geomagnetische Prospektion im Jahre 2006 belegte Hausgrundrisse innerhalb sowie außerhalb der Siedlung. Man konnte zudem im südlichen Bereich einen bereits im Luftbild erkannten, der Anlage vorgelagerten Graben verifizieren, der als zusätzliches Verteidigungswerk gedient haben könnte (Schwarz 2003, 28). Auch wenn Ausgrabungen, welche die genauen chronologischen Zusammenhänge von Gräben und Häusern ermitteln könnten, leider noch ausstehen, datieren die Ergebnisse der Altgrabungen die Errichtung der Befestigung in die letzte Phase der Linienbandkeramik.

Die Ursache für die gestiegene Zahl von Befestigungsanlagen zu dieser Zeit wird in dem Aufkommen von Konflikten gesucht. Diese könnten durch folgende Faktoren hervorgerufen worden sein: 1. Die linienbandkeramische Kultur erlebte im 51. Jh. v. Chr. ihre höchste Besiedlungsdichte (Zimmermann 2010). 2. In diesem Zeitraum kam es zu einem Wechsel der Großwetterlage mit Auswirkungen auf lokale Wetterverhältnisse. Neben Phasen mit ergiebigem Regen gab es auch Trockenphasen, die einen großen Einfluss auf die Landwirtschaft gehabt haben müssen (Gronenborn 2012, 246). Dass, bedingt durch diese Trockenphasen, Konflikte entstanden, lassen vor allem die Wasserquellen vermuten, die, wie in Eilsleben, Lkr. Börde, innerhalb des geschützten Bereiches der Befestigungen gefunden wurden (Kaufmann 1990, 17 ff.).

Neben diesem Zeitabschnitt kann für das 4. Jt. v. Chr. eine weitere Häufung von befestigten Siedlungen festgestellt werden. In dieser Zeit entstanden Anlagen von unterschiedlicher Form, Größe und Funktion. Ein verbindendes Element von Frankreich über England und Deutschland bis Dänemark ist die Errichtung von segmentierten Gräben. Die meisten dieser Erdwerke besaßen ein oder zwei Gräben. In Mitteleuropa traten im Raum der Michelsberger Kultur und der Trichterbecherkulturen Ostdeutschlands neben kleineren und mittelgroßen Anlagen monumentale Anlagen von bis zu 90 ha Größe (Urmitz, Wiesbaden) auf (Raetzel-Fabian 1999, 90 ff.). Einige dieser Anlagen weisen zudem die Konstruktion einer eindrucksvoll gestalteten »Präsentationsseite« auf (siehe Beitrag »Befestigungskonzepte im Saalegebiet«, S. 169). Während die monumentalen Anlagen der Trichterbecherkulturen in Mitteldeutschland als befestigte Siedlungen aufgefasst werden, gelten die der Michelsberger Kultur eher als Orte von regionaler Bedeutung, deren Errichtung kein primärer Verteidigungszwang oblag. In deren Verbreitungsgebiet werden kleineren Anlagen sowie Abschnittsbefestigungen in Spornlage (wie z. B. Heilbronn-Klingenberg) fortifikatorische Aspekte zugesprochen (Raetzel-Fabian 1999, 101 ff.). Für eine fortifikatorische Nutzung der mitteldeutschen Anlagen sprechen laut R. Schwarz die von ihm festgestellten Wanderbewegungen der Tiefstichkeramik- und später der Walternienburger und der Bernburger Kultur in Mitteldeutschland. Die Doppelgrabenwerke der Baalberger und Salzmünder Kultur markieren, Schwarz folgend,

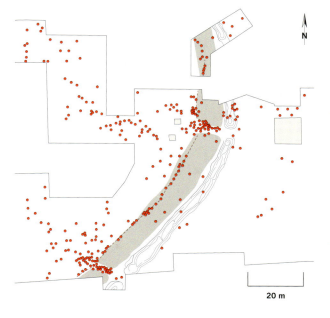

2
Crickley Hill, Gloucestershire. Teilabschnitt des Walles (▩) mit vorgelagertem Graben. Besonders im Bereich der Durchlässe fanden sich zahlreiche Pfeilspitzen (●).

somit Rückzugslinien gegen die vorrückenden »Eindringlinge« (Schwarz 2003, 65).

Auch wenn die Umbettung eines Kollektivgrabes der Bernburger Kultur im Graben des Erdwerkes von Salzmünde, Saalekreis, diese These unterstützen könnte, fehlen doch für die meisten Befestigungsanlagen des Neolithikums direkte Hinweise auf kriegerische Auseinandersetzungen. Konkrete Belege hierfür wurden in Crickley Hill und Hambledon Hill, beide England, aufgedeckt. Die neolithische Befestigung von Crickley Hill (ca. 3705–3395 cal BC) liegt auf einem Hügel 4 Meilen von Cheltenham entfernt in der Grafschaft Gloucestershire (Dixon u. a. 2011, 454). In 14 Kampagnen konnte dort seit 1969 eine Serie von Besiedlungen dokumentiert werden, die mit dem Erdwerk in Verbindung standen (Dixon 1988). Schon früh entdeckte man zwei Ringe aus segmentierten Gräben, die im Abstand von 30 m angelegt waren und flache Wälle auf der nach innen liegenden Seite besaßen. Unter dem Wall des inneren Ringes konnte man zudem Spuren eines dritten verfüllten Segmentgrabens erkennen. Die Gräben umgaben eine Fläche von ca. 1 ha auf der Hügelkuppe. Das Aussehen der Anlage änderte sich im Verlauf der Besiedlung mehrfach. Von besonderem Interesse war für die Ausgräber die Phase 1d. Zu dieser Zeit bestand die Befestigung aus einem einzelnen Graben, an dem sich ein flacher Wall mit einer maximalen Höhe von 0,5 m anschloss. Es folgte in 8 m Entfernung ein Palisadenzaun der keine 2 m hoch war (Dixon 1988, 81 ff.). Das Ende der Siedlungsphase 1d zeigt sich anhand von über 400 Pfeilspitzen, welche massiv im Bereich der östlichen Zugangswege aufgefunden wurden und deren Verbreitung sich dann entlang der Wege ins Innere auffächerte (Abb. 2). Dieses auffällige Verteilungsmuster spricht für einen massiven Angriff von Bogenschützen, der das Ende für die Siedlung bedeutete.

Der zweite Beleg stammt aus Hambledon Hill, Dorset (Abb. 3). In mehreren Kampagnen wurde dort eine komplexe Anlage mit zwei Erdwerken, mehreren vorgeschobenen Befestigungen und zwei Großsteingräbern (*long barrows*) ausgegraben (Mercer/Healy 2008). Am Anfang der 310- bis 370-jährigen Nutzungsdauer des Komplexes (ca. 3685–3315 cal. BC) stand die Konstruktion des »main enclosure«, eines Erdwerkes, dem aufgrund der Funde eine rituelle Nutzung zugesprochen wurde, und des südlichen Großsteingrabes (Healy u. a. 2011, 145). Es folgte die Errichtung der »Stepleton enclosure«, einer kleineren Anlage, die den Funden nach zu schließen als Siedlungsareal genutzt wurde. Im Laufe der Zeit veranlassten Bedrohungen die Gemeinschaft dazu, die

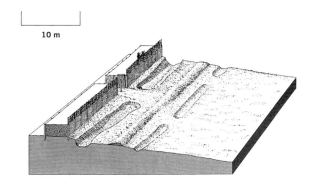

3
Hambledon Hill, Dorset. Rekonstruktion des Wall-Graben-Systems.

Befestigung durch vorgelagerte Verteidigungsanlagen zu verstärken. Diese sollten nicht nur die Siedlung, sondern die gesamte Anlage schützen. Dass dieser Schutz nötig war, belegen eindrucksvoll die Überreste der Holzkonstruktion des inneren Walls der Phase IIA/B. Auf 120 m Länge war diese abgebrannt, wodurch der Wall in den Graben stürzte. Zwei junge Männer wurden dabei verschüttet. Einer der beiden von Pfeilschüssen in Brust und Kehle getroffenen Männer trug ein Kind in seinen Armen. Ein weiteres Opfer des Angriffs kann in einer Bestattung vermutet werden, die mit dem Schutt des zerstörten Walls verfüllt wurde (Mercer 1989, 8). Obwohl Schussverletzungen belegt sind, fanden sich im Gegensatz zu Crickley Hill nur wenige Pfeilspitzen, was die Vermutung nahelegt, dass die Angreifer hier eine andere Taktik anwendeten. Es ist aber auch denkbar, dass die Befunde an der »Stepleton enclosure« lediglich ein Scharmützel eines größeren Angriffes auf ein drittes Erdwerk – welches unter einer eisenzeitlichen Befestigung vermutet wird – darstellen.

Bei der Betrachtung der neolithischen Befestigungen nördlich der Alpen fällt ins Auge, dass zwei Perioden – am Übergang vom 6. zum 5. Jt. sowie im 4. Jt. v. Chr. – auszumachen sind, in denen diesen Befestigungen eine fortifikatorische Bedeutung zugemessen werden muss. Interessanterweise endete die Errichtung von Erdwerken und somit auch die von Befestigungen im 3. Jt. v. Chr. mit dem Vordringen der Becherkulturen; einer Zeit, in der unterdessen im mediterranen Raum eine Vielzahl von Festungsbauten entstand.

BEFESTIGUNGEN UND GEWALT IM MITTELMEERRAUM WÄHREND DES 3. JTS. V. CHR.

Im Gegensatz zur Situation, wie man sie in Zentral- und Nordeuropa beobachtet, wo große Erdwerke mit eindeutig defensivem Charakter mindestens seit dem Mittelneolithikum existierten, gibt es im Mittelmeerraum überraschend wenig Beweise für neolithische befestigte Siedlungen. Obwohl Grabenanlagen auf der Iberischen und Italienischen Halbinsel sowie in Südfrankreich und Griechenland vorhanden waren, bleibt ihr militärischer Charakter zweifelhaft (Risch 2013). Aber unabhängig vom Ausgang dieser fortlaufenden Debatte wurde während des 3. Jts. v. Chr. ein komplett neues Baukonzept eingeführt, das auf Stein- und Lehmziegelkonstruktionen basierte, anstatt auf ausgehobenen Gräben.

DAS AUFKOMMEN VON BEFESTIGUNGEN IM MITTELMEERRAUM

Um 3100/3000 v. Chr. begannen viele Gesellschaften im Mittelmeerraum einen groß angelegten Befestigungsprozess ihres Lebensraumes. Anstatt von Gräben wurden Siedlungen nun durch Steinkonstruktionen in Form von Mauern, Türmen oder Bastionen und gelegentlich auch befestigten Toren eingegrenzt. Interessanterweise waren diese defensiven Strukturen nicht auf bestimmte Regionen begrenzt, sondern weithin im östlichen und auch westlichen Mittelmeerraum verstreut (Abb. 4). Solch ein weit verbreitetes Phänomen spricht für einen kritischen Wendepunkt in der Geschichte des Mittelmeerraums, nach dem Aggressionen innerhalb der Gemeinschaft zunahmen, Kampf- und Befestigungstechniken sich änderten oder beides zur gleichen Zeit geschah.

Dennoch – und dies ist wichtig hervorzuheben – hatten die Gesellschaften, die in diesen Prozess verwickelt waren, hinsichtlich ihrer wirtschaftlichen und politischen Organisation wenig gemein. Während die ummauerten Siedlungen der Languedoc in Südfrankreich scheinbar von kleinen Weidewirtschaft betreibenden Gruppen bewohnt waren, gehörten die monumentaleren Festungen der Iberischen Halbinsel und der Kykladen zu den landwirtschaftlich orientierten Gemeinden. Abgesehen von ein paar außergewöhnlich großen Siedlungen wie Los Millares in Almeria, Spanien (6 ha), muss die Bevölkerungszahl dieser ummauerten Siedlungen eher gering gewesen sein und überstieg kaum 100 oder 200 Bewohner. Während in den Siedlungen der Languedoc kein Hinweis auf eine soziale Hierarchie beobachtet werden kann, war die sozio-ökonomische Situation in Süd- und Westiberien deutlich komplizierter. Auf der anderen Seite des Mittelmeerraums schützten Befestigungen die städtischen Zentren der Levante und Obermesopotamiens und müssen als charakteristische Merkmale der ersten Stadtstaaten angesehen werden. Solche Siedlungen variieren in ihrer Größe gewöhnlich zwischen 4 ha und 30 ha. Architektonische Unterschiede zwischen den Gebäuden innerhalb dieser Städte, schriftliche Belege, wie diejenigen, die in Ebla entdeckt wurden, und außergewöhnlich ausgestattete Gräber, mehrheitlich in syrischen Siedlungen, bestätigen die Differenziertheit einer Klassengesellschaft, die von staatlichen Institutionen gesichert wurde.

Diese klar getrennten sozialen und politischen Welten auf beiden Seiten des Mittelmeerraums entwickelten ebenfalls verschiedene architektonische und defensive Vorstellungen. Abgesehen von Siedlungen, die nur von einer einfachen Mauer abgeschlossen waren, können wir zwei Befestigungssysteme unterscheiden. Der erste Typ besteht aus Mauern mit runden oder hufeisenför-

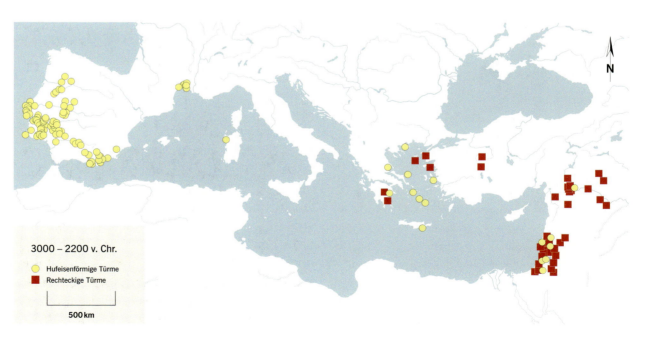

4
Befestigte Siedlungen im Mittelmeerraum zwischen 3000 und 2200 v. Chr.

migen Türmen, die gewöhnlich nicht groß waren, aber über einen Innenraum verfügten, der oft für alltägliche Zwecke oder als Wohnraum genutzt worden war. Die Mauern scheinen nicht sehr breit (1–2 m) gewesen zu sein und konnten daher nur eine begrenzte Höhe erreichen. Es ist schwierig, auf diesen Mauern mit einer großen Anzahl von Verteidigern umherzugehen, wenn keine hölzernen Plattformen oder Gerüste an der Innenseite der Mauern angebracht waren, für die es jedoch keine Nachweise gibt. Dieser Verteidigungstyp, den wir als Los Millares/Kastri-Typ definieren, wurde weithin auf der Iberischen Halbinsel für Siedlungen gewöhnlich unter einer Größe von 0,5–1,0 ha benutzt. Sehr ähnlich sind die ägäischen Befestigungsanlagen mit Hufeisentürmen, wie etwa die 0,5 ha große Anlage in Kastri auf der kykladischen Insel Syros, obgleich deren Anzahl weit geringer ist als auf der Iberischen Halbinsel. In ein paar Fällen wurde diese Abwehrarchitektur auch in der Levante verwendet (z. B. Arad und Ai, Israel). Doch hier handelt es sich um weitaus größere, städtische Siedlungen von 5–25 ha Größe.

Die Verbreitung eines zweiten Typs von Abwehrstrukturen, der durch Mauern mit vorstehenden, quadratischen Bastionen definiert wird, ist nur auf den östlichen Mittelmeerraum beschränkt und wird gewöhnlich als spezifischer Bestandteil eines frühen Urbanisierungsprozesses angesehen, der in dieser Region um 3000 v. Chr begann (de Miroschedji 2009). Im Gegensatz zu den hohlen Türmen des Los Millares/Kastri-Typs waren diese Bastionen massive Konstruktionen aus Stein und/oder Lehmziegeln. Außerdem bewegt sich die mittlere Stärke der Mauern zwischen 3,8 m und 5,6 m, abhängig von der Region und Zeitperiode (Rey 2012). Größere Abwehrplattformen, auf denen sich eine größere Zahl bewaffneter Krieger aufhalten konnten, lassen eine Zunahme der militärischen Stärke der Siedlungen vermuten. Weitere Verbesserungen werden durch komplexere Torkonstruktionen und durch eine Zunahme der Stadtmauerhöhe erreicht (Abb. 5). Die maximal erhaltene Höhe solcher Mauern in der Levante ist 7,5 m. Die Monumentalität derartiger Konstruktionen muss außerdem einen klaren visuellen und symbolischen Eindruck sowie einen abschreckenden Charakter in Zeiten des Krieges gehabt haben, aber noch mehr in Friedenszeiten. Es kann nicht übersehen werden, dass diese neue Architektur ein Teil der Kommunikationsstrategien aufkommender Staatsmächte gegenüber potenzieller Feinde sowie gegen die unterworfene lokale Bevölkerung gewesen sein muss. Im Gegensatz zu einfachen, geschlossenen Mauern sind solche Stadtbefestigungen nicht nur reine Abwehrstrukturen, sondern eine spezialisierte Waffe in sich selbst.

5
Frühbronzezeitliche Befestigung und Tor E (nach Osten) des Tell Yarmouth, Israel. Die Stadtmauer mit Zyklopenmauertechnik ist um die gesamte Anlage auf einer Länge von 1,8 km nachgewiesen. Das Tor mit einem indirekten Aufgang wurde durch eine Rampe erreicht, die auf beiden Seiten Stützmauern hatte. Diese ist mehrere Male zusammen mit den angrenzenden Stützmauern angehoben worden.

Während der ersten Jahrhunderte des 3. Jts. v. Chr. erschien eine wachsende Anzahl von ummauerten Siedlungen mit quadratischen Bastionen in der Ägäis, mehrheitlich in Obermesopotamien und der Levante (vgl. Abb. 4). Nach Belegen aus der südlichen Levante, wo systematisch geforscht wurde, ist eine befestigte Siedlung alle 340 km² gegründet worden.

Die Größe der Siedlungen bietet ein gutes Unterscheidungskriterium für die zwei Befestigungstypen, wie auch für die soziale und politische Situation, die zu Beginn des 3. Jts. v. Chr. in den verschiedenen Teilen des Mittelmeerraums aufkommt (Abb. 6). Die Los Millares/Kastri-Typ Mauern mit hufeneisenförmigen Türmen schützten im Allgemeinen winzige Siedlungen mit einer Ausdehnung unter 0,5 ha, die ein paar Dutzend Bewohner beherbergen konnten. Diese Siedlungsplätze sind charakteristisch für den westlichen Mittelmeerraum und die Ägäis. Im Gegensatz dazu werden die typischen quadratischen Bastionen mit größeren Zentren in Verbindung gebracht, gewöhnlich mit einer Größe von mehr als 4 ha, was einer Einwohnerzahl von mindestens 1000 Bewohnern gleichkommt. Insbesondere im nördlichen Teil des Nahen Ostens begannen sich richtige Städte mit einer Größe von über 32 ha und mit mehr als 10 000 Einwohnern zu entwickeln.

BEFESTIGUNGSTECHNIK IM 3. JT. V. CHR.

Beide architektonischen Konzepte passen zu zwei verschiedenen militärischen Situationen. Der Los Millares/Kastri-Typ berücksichtigt insbesondere das Bogenschießen, also das Kämpfen auf Distanz. Dies ist auch

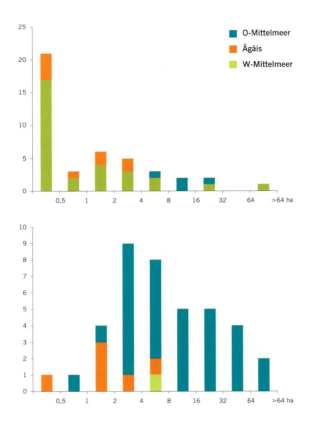

6
Verteilung verschiedener Befestigungstypen nach Siedlungsgröße und geografischer Lage (oben: Befunde mit hufeisenförmigen Türmen; unten: Befunde mit rechteckigen Türmen).

durch gelegentliche Schießscharten in den Mauern der Torhäuser angedeutet. Zugeschlagene Steinpfeilspitzen wurden zu Beginn des 3. Jts. v. Chr. immer ausgefeilter, sowohl im westlichen Mittelmeerraum als auch auf dem griechischen Festland. Metallpfeilspitzen waren bereits auf den ägäischen Inseln, im westlichen Anatolien und nach ca. 2400 v. Chr. auch auf der iberischen Halbinsel im Gebrauch. Eine 4–5 m hohe Mauer bietet ausreichend Schutz gegen Angreifer, die mit Pfeil und Bogen bewaffnet sind, sich aber nicht unbedingt auf einen Nahkampf einlassen wollen. Ein paar Bogenschützen, die auf den Türmen in regelmäßigem Abstand platziert waren, konnten vermeiden, von herannahenden Pfeilen getroffen zu werden, und kleinere Gruppen von der Siedlung fernhalten. Dolche und Stein- oder Metalläxte sind die einzigen potenziellen Nahkampfwaffen, die in der archäologischen Hinterlassenschaft des westlichen Mittelmeerraums vor 2200 v. Chr. sichtbar sind. Auch in der Ägäis finden wir die sog. Streitäxte aus Stein oder Metall und metallene Speerspitzen. In einer Situation, in der nur eine kleine Gruppe von Angreifern mobilisiert werden konnte, musste die Belagerungstechnik sich hauptsächlich auf den Überraschungsfaktor verlassen statt auf zahlenmäßige und technologische Überlegenheit.

Große Kontingente, die dazu trainiert waren, mit Nahkampfwaffen zu kämpfen, und die über Belagerungsgeräte verfügen, würden eine Änderung in den Abwehrstrategien bewirken. Breitere Mauern und Plattformen wären nötig, um die Abwehrkraft der Befestigungen zu erhöhen. In diesem Fall – wie es auf einigen Belagerungsszenen des 3. Jts. v. Chr. aus Ägypten und Mari, Syrien, illustriert ist (siehe Beitrag »Die Erstürmung befestigter Städte«, S. 233 Abb. 1) – verwendet man den Bogen nur in der ersten Phase des Angriffs, um so die sich nähernden Krieger zu decken und die sich verteidigenden Kräfte zu schwächen. Die gleichen Darstellungen informieren auch über die Entwicklung bestimmter Belagerungstechniken und -hilfsmittel, wie mobile Leitern oder Türme. Dennoch wird der entscheidende und tödliche Kampf mit Äxten, Keulen, Stangen oder Lanzen ausgetragen. In diesem Stadium ist die zahlenmäßige Überlegenheit der Angreiferseite entscheidend und setzt eine völlig andere politische Organisation voraus, da eine viel größere Anzahl von militärischen Mitteln und Kriegern versammelt und kommandiert werden musste. Die angreifenden Kräfte brauchten eine klare zahlenmäßige Überlegenheit, um einen Sieg vor diesen massiv gebauten und über 7 m hohen Befestigungen zu erlangen, wie es der Bericht über den Trojanischen Krieg lebhaft beschreibt.

DER ZEITWEILIGE NIEDERGANG DER BEFESTIGUNGEN UND DES STAATES AM ENDE DES 3. JTS. V. CHR.

Die zweite Hälfte des 3. Jts v. Chr. und insbesondere die Jahre um 2200 v. Chr. waren eine Periode großer Veränderungen in vielen Teilen des Mittelmeerraums. In der südlichen Levante wurden die frühen Stadtzentren um 2500 v. Chr. zerstört, verlassen und durch mobilere und kleinere Gemeinden ersetzt (de Miroschedji 2009). Das vorherige wirtschaftliche und politische System, das sich auf die Zentralisation von Reichtum und Bevölkerung konzentrierte, scheint durch die gleiche Gewalt überwältigt worden zu sein, die es förderte, und stellt so ein klares Beispiel von Widerstand dar, den das städtische Leben und strenge hierarchische Systeme in der Gesellschaft auslösen.

In Übereinstimmung mit Siedlungsbelegen und historischen Dokumenten muss das späte 24. Jh. v. Chr. eine besonders gewaltsame Zeit in der weiteren Region Mesopotamiens gewesen sein. Mari, Ebla, Nagar/Tell Brak und Kish kämpften einige Kriege untereinander, bis es Sargon gelang, alle Stadtstaaten in das Akkadische Reich einzugliedern, nachdem er viele von ihnen militärisch besiegt hatte. Obgleich militärische Kampagnen im Norden, Westen und Osten im 23. Jh. v. Chr. fortgesetzt wurden, um das Reich zusammenzuhalten, fiel es dennoch um 2200 v. Chr. in sich zusammen. Die Gründe hierfür scheinen die Auflehnung ländlicher Gesellschaften – wie etwa der Guti und der Amoriten – gegen die zentralisierten Machtstrukturen gewesen zu sein, in Verbindung mit einer strengen Dürreperiode (Weiss 2012). Diese ländlichen Gesellschaften werden für gewöhnlich von der Geschichtswissenschaft als eine Art von »barbarischen« Eindringlingen und Zerstörer von großartigen »Zivilisationen« beschrieben. Die zur Verfügung stehenden Texte sind jedoch nur wenige und höchst unpräzise im Hinblick auf die soziale anstatt die geografische Herkunft dieser Randgruppen. Ihre Fähigkeit, hoch organisierte Armeen zu besiegen und perfekt befestigte Städte mit Tausenden von Einwohnern zu erobern, erlaubt die Annahme, dass wir es hier mit der Reaktion eines wachsenden Teils der lokalen Bevölkerung zu tun haben, der vorher die städtischen Zentren verlassen hatte, um der Staatskontrolle zu entkommen. Alle Staaten sind für ihre Strategie bekannt, interne Gegner als gefährliche und gewalttätige »Außenseiter« zu kennzeichnen, als antisystemisch, barbarisch etc. Unabhängig vom Erscheinen beliebiger Bevölkerungen von außen kann ein Staatssystem mit spezialisierten militärischen Kräften meistens nur durch die Opposition großer Teile seiner eigenen Bevölkerung überwältigt werden.

Die Welle der Zerstörung von befestigten Siedlungen erreichte auch die Ägäis. Troja II mit seinen monumentalen Bauten endet in einem allgemeinen Feuer um 2300 v. Chr. Nach einer zweiten Zerstörung um 2200 v. Chr. scheint der Ort für 100–200 Jahre verlassen worden zu sein. Auch die anderen Befestigungen verschwanden um diese Zeit. Diese pauschalisierte Siedlungsunterbrechung ist Teil des Untergangs einer lebhaften Zeit hervorragender Handwerksproduktionen, aber anscheinend auch einer klaren sozialen Asymmetrie, worauf die Begräbnisbelege oder die »Schätze« deuten, wie etwa der von H. Schliemann in Troja II entdeckte.

Die Situation im westlichen Mittelmeerraum ist nicht wesentlich anders. Um 2200 v. Chr. waren alle ummauerten Siedlungen des Los Millares/Kastri-Typs zerstört und/oder verlassen und markieren so das Ende der Kupferzeit-Phänomenologie, wie etwa die Glockenbecher-Keramik. Die Gründe für ein solch abruptes Ende werden immer noch debattiert, doch es lässt sich nicht leugnen, dass es auch hier eine allgemeine soziale Bewegung gegeben haben muss, möglicherweise durch umweltbedingte und tiefe soziale Veränderungen ausgelöst, die die vorhergehende sozio-politische Ordnung beendete.

Nach 2200 v. Chr. waren dauerhafte Siedlungsstrukturen, die mit Steinmauern konstruiert wurden, im Mittelmeerraum selten, und dies für mehrere Jahrhunderte. Die Gesellschaften scheinen eine mobilere und weniger arbeitsintensive Lebensweise bevorzugt zu haben und eine eher ländlich orientierte Wirtschaftsweise, wie es die schriftlichen Belege zumindest für den östlichen Mittelmeerraum und Mesopotamien vermuten lassen. Veränderungen in den Kampfstrategien und Waffen, verkleinerte Gemeinden sowie der Mangel an Zentralisation und die fehlende Anhäufung von Reichtum durch bestimmte Gruppen und in bestimmten

7
Befestigte Siedlungen im Mittelmeerraum zwischen 2200 und 2000 v. Chr.

Siedlungen könnten die früheren Befestigungsstrukturen ineffektiv oder ganz einfach unnötig gemacht haben (Abb. 7).

NEUE STAATEN UND BEFESTIGUNGEN NACH 2200 V. CHR.

Außer in Mesopotamien, wo nach einer Zwischenperiode von 100 Jahren die sog. Ur III-Dynastie etabliert wurde und sich einige städtische Zentren in der nördlichen Levante weiterentwickelten, sind befestigte Siedlungen im restlichen Mittelmeerraum nach 2200 v. Chr. praktisch unbekannt. Aegina-Kolonna im Saronischen Golf scheint einer der wenigen geschützten Orte in der Ägäis zu sein, bevor die ersten mykenischen und ein paar minoische Befestigungen in der ersten Hälfte des 2. Jts. v. Chr. gebaut wurden.

In diesem Zusammenhang ist die Entdeckung der Siedlung La Bastida im Jahr 2012 im westlichen Mittelmeerraum wahrlich außergewöhnlich und lässt neue Fragen in Bezug auf die Entstehung der ersten Staatsgesellschaft im westlichen Europa, die als El Argar-Kultur bekannt ist, aufkommen (siehe Beitrag »La Bastida«, S. 307). Diese archäologische Einheit steht für eine ausgesprochen asymmetrische Gesellschaft, die durch ein Netzwerk geschützter Höhensiedlungen organisiert war. Radiokarbondaten der Befestigung datieren La Bastida klar um 2200 v. Chr., also an den Beginn der El Argar-Gesellschaft. La Bastida liefert ein weiteres Beispiel für die enge Beziehung zwischen Befestigungen, die sich durch hohe Mauern und quadratische Türme oder Bastionen auszeichnen, und Urbanisierungsprozessen sowie dem Aufkommen von echter Kriegsführung, durchgeführt durch spezialisierte militärische Streitkräfte. Wir werden diesem Verteidigungskonzept durch die Geschichte bis ins Spätmittelalter begegnen, als einem Kennzeichen vieler Staatsgesellschaften in Europa, dem Nahen Osten und darüber hinaus. Nur mit der Einführung von Schießpulver und Kanonen wurde diese Form der Stadtbefestigung überholt, neue Abwehrstrategien traten auf.

Literatur

de Miroschedji 2009
P. de Miroschedji, Rise and Collapse in the Southern Levant in the Early Bronze Age. Scien. Antichità Storia Arch. Antr. 15, 2009, 101–129.

Dixon 1988
P. Dixon, The Neolithic Settlements on Crickley Hill. BAR Internat. Ser. 403 (Oxford 1988).

Dixon u. a. 2011
P. Dixon/A. Bayliss/F. Healy/A. Whittle/ A. Darvill/T. Darvill, The Cotswolds. In: A. Whittle/F. Healy/A. Bayliss (Hrsg.), Gathering Time. Dating the Early Neolithic Enclosures of Southern Britain and Ireland (Oxford 2011) 434–475.

Gronenborn 2012
D. Gronenborn, Das Ende von IRD 5b: Abrupte Klimafluktuationen um 5100 den BC und der Übergang vom Alt- zum Mittelneolithikum im westlichen Mitteleuropa. In: Landesamt für Archäologie (Hrsg.), Siedlungsstruktur und Kulturwandel in der Bandkeramik. Arbeits- u. Forschber. Sächsische Bodendenkmalpfl. Beih. 25 (Dresden 2012) 241–250.

Healy u. a. 2011
F. Healy/A. Bayliss/A. Whittle/M. J. Allen/ R. Mercer/M. Rawlings/N. Sharples/N. Thomas, South Wessex. In: A. Whittle/F. Healy/ A. Bayliss (Hrsg.), Gathering Time. Dating the Early Neolithic Enclosures of Southern Britain and Ireland (Oxford 2011) 111–206.

Ivanova 2008
M. Ivanova, Befestigte Siedlungen auf dem Balkan, in der Ägäis und in Westanatolien, ca. 5000–2000 v. Chr. Tübinger Schr. Ur- u. Frühgesch. Arch. 8 (Münster 2008).

Kaufmann 1978
D. Kaufmann, Ergebnisse der Ausgrabungen bei Eilsleben, Kr. Wanzleben, in den Jahren 1974 bis 1976. 2. Vorbericht. Zeitschr. Arch. 12, 1978, 1–8.

Kaufmann 1990
D. Kaufmann, Ausgrabungen im Bereich linienbandkeramischer Erdwerke bei Eilsleben, Kr. Wanzleben. Jahresschr. Mitteldt. Vorgesch. 73, 1990, 15–28.

Mercer 1989
R. Mercer, The earliest Defences in Western Europe. Part II. The Archaeological evidence. Fortress, The Castles and Fortifications Quart. 3, 1989, 2–11.

Mercer/Healy 2008
R. Mercer/F. Healy, Hambledon Hill, Dorset, England. Excavation and survey of a Neolithic monument complex and its surrounding landscape (Swindon 2008).

Meyer/Raetzel-Fabian 2006
M. Meyer/D. Raetzel-Fabian, Neolithische Grabenwerke in Mitteleuropa. Ein Überblick. <http://www.jungsteinsite.uni-kiel.de/ pdf/2006_meyer_raetzel_low.pdf> (16.07.2015).

Raetzel-Fabian 1999
D. Raetzel-Fabian, Der umhegte Raum – Funktionale Aspekte jungneolithischer Monumental-Erdwerke. Jahresschr. Mitteldt. Vorgesch. 81, 1999, 81–117.

Rey 2012
S. Rey, Poliorcétique au Proche-Orient à l'Âge du Bronze. Fortifications urbaines, procédés de siège et systèmes défensifs. Bibl. Arch. et Hist. 197 (Beirut 2012).

Risch 2013
R. Risch, Die monumentalen neolithischen und chalcolithischen Siedlungsstrukturen der Iberischen Halbinsel. In H. Meller (Hrsg.), 3300 BC. Mysteriöse Steinzeittote und ihre Welt. Sonderausstellung vom 14. November 2013 bis 18. Mai 2014 im Landesmuseum für Vorgeschichte Halle (Halle [Saale] 2013) 163–173.

Schwarz 2003
R. Schwarz, Pilotstudien. Zwölf Jahre Luftbildarchäologie in Sachsen-Anhalt (Halle [Saale] 2003).

Weiss 2012
H. Weiss (Hrsg.), Seven generations since the fall of Akkad (Wiesbaden 2012).

Zimmermann 2010
A. Zimmermann, Wie viele wart ihr denn? Ein Beitrag zur Demografie des westdeutschen Neolithikums. In: C. Lichter (Bearb.), Jungsteinzeit im Umbruch. Die »Michelsberger Kultur« und Mitteleuropa vor 6000 Jahren (Darmstadt 2010) 230–235.

TORE ALS INDIZ FÜR DEN BEFESTIGUNGSCHARAKTER NEOLITHISCHER ERDWERKE IN SACHSEN-ANHALT

Ralf Schwarz

Lange schien der fortifikatorische Charakter von Erdwerken außer Zweifel zu stehen (Lönne 2003, 61). Mit der Neuinterpretation des Altheimer Erdwerks und der Entdeckung der Rondell-Anlagen rückte seit den 1960er Jahren ein weiterer Aspekt in den Vordergrund: der kultische. Seitdem konkurrieren beide Interpretationen zur Funktion der Erdwerke miteinander.

Während den kreisförmigen Rondellanlagen eine kultische Funktion zuerkannt werden kann, lässt sich den ovalen bis rechteckigen Erdwerken eine fortifikatorische Bedeutung beimessen. Auch wenn andere Aspekte nicht auszuschließen sind, dienten die Erdarbeiten selbst vornehmlich dem Schutzbedürfnis der sich innerhalb der Gräben oder Wälle ständig oder zeitweise aufhaltenden Bevölkerung. Die beidseits der Erdbrücken in den Gräben gehäuft auftretenden Funde, »*die gegen eine gewöhnliche Abfallentsorgung sprechen*« (Lönne 2003, 69), deuten vor allem auf eine rituelle Sonderstellung der Tore hin. Diese bildeten seit alters her die Schwachstellen einer Befestigung und wurden deshalb mit besonderer ritueller Aufmerksamkeit bedacht. Entsprechend bedurften die Wälle und Gräben einer zusätzlichen rituellen Festigung (Meller/Schunke 2013, 360). Damit besitzen aber die Befestigungen an sich noch keine rein kultische Funktion (zu den unterschiedlichen Interpretationen Petrasch 1990, 369 ff.). Einen Hinweis auf die fortifikatorische Funktion der Erdwerke bieten die verschiedenen Torkonstruktionen, mit denen man den Einfall fremder Kriegerbanden über die Erdbrücken zu verhindern suchte. Im Folgenden werden deshalb vor allem die Tore als Zeugen für den Befestigungscharakter der Grabenwerke angeführt.

Als älteste Bauernkultur tritt in Mitteldeutschland die Linienbandkeramikkultur auf. Im Saalegebiet erscheint sie um 5500 v. Chr. und dauerte dort bis 4950 v. Chr., während sie im Nordharzgebiet weitere 150 Jahre fortbestand. Neben einzeln stehenden Gehöften existierten Weiler und Dörfer, die bisweilen durch schützende Gräben umschlossen waren. Auch wenn anhand von Luftbildern mehrere befestigte Dörfer der Linienbandkeramikkultur erfasst wurden (Schwarz 2003, 28 ff.), ist nur die Siedlung von Eilsleben, Lkr. Börde, erforscht (Kaufmann 1990). Die Befestigung erfolgte dort mittels eines 7 m breiten und 3 m tiefen Grabens und eines Walles, der mit einem Flechtwerkzaun hinterfüttert war. Deutlich wird der Defensivcharakter der Anlage aber vor allem durch die zwingerartige Befestigung der Zugänge beidseits der Südwestecke (Abb. 1a).

Nur als Luftbildbefund überliefert, aber anhand der im Getreidewuchs sichtbaren Großhäuser eindeutig der Linienbandkeramikkultur zuzuordnen, ist das Grabenwerk von Wulfen, Lkr. Anhalt-Bitterfeld (Abb. 1b). Der Rücksprung im Grabenverlauf führt zum Tor, dessen Flanken den Beschuss von Eindringlingen ermöglichten. Der Graben umschloss ehemals vier Gehöfte, von denen im Luftbild aber nur zwei identifizierbar sind. Lokalisiert man in den Jochen im Nordwesttrakt der Gebäude die Schlafstellen, dann wohnten und wirtschafteten durchschnittlich fünf Familien in einem Haus. Danach lebten im Dorf ca. 100 Personen, unter denen die 25 Familienväter mit ihren ältesten Söhnen einen Kampfverband von 50 Männern gebildet hätten.

Dass es in der Linienbandkeramikkultur zu bewaffneten Auseinandersetzungen kam, belegen neben den Befestigungen die Nachweise getöteter Menschen, die in Massengräbern bestattet oder in Befestigungsgräben verscharrt wurden (siehe Beitrag »Hinweise auf Massaker«, S. 171). Die Ursache für Gewalt dürfte in der steten Bevölkerungszunahme und dem daraus erwachsenden Kampf um Land und Ressourcen begründet liegen. Zudem könnte es sich auch um Überfälle oder um Fehden zwischen Clans gehandelt haben. Interessanterweise sind befestigte Siedlungen der Linienbandkeramikkultur erst ab dem 52. Jh. v. Chr. nachweisbar, also nicht von Beginn an konzipiert und damit auch nicht zum Schutz gegen mesolithische Jäger, sondern als Reaktion auf intertribale Konflikte errichtet worden. Dazu tritt noch eine andere Bedrohung durch neue Siedler der Stichbandkeramikkultur (4950–4625 v. Chr.). Die in Böhmen aus linienbandkeramischen

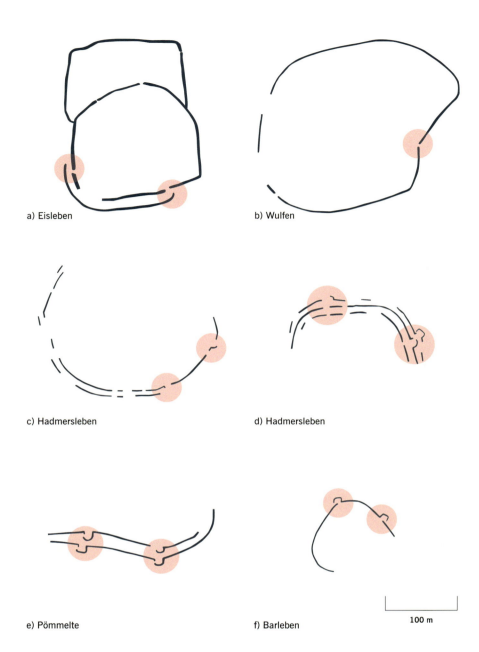

1
Erdwerke der Linien- und Stichbandkeramikkultur aus Eisleben, Lkr. Börde (a); Wulfen, Lkr. Anhalt-Bitterfeld (b); Hadmersleben, Lkr. Börde (c/d); Pömmelte, Salzlandkreis (e); Barleben, Lkr. Börde (f). Die Torsituationen sind rot hervorgehoben.

der von den Rondellanlagen deutlich unterscheidbaren Architektur begründen: Sie umfassen vielfältigere Grundrissgeometrien (Schwarz 2003, 36 ff.), größere Innenflächen (1,0–4,5 ha) und unterschiedliche Torkonstruktionen, bei denen insbesondere die Hakentore auffallen (Abb. 1c–d). Solche waren in Südwestdeutschland noch zur Zeit der Rössener Kultur in Gebrauch (z. B. Bad Friedrichshall-Knochendorf bei Heilbronn).

Mit der Stichbandkeramikkultur scheint in Mitteldeutschland der frühneolithische Befestigungsbau abgeschlossen gewesen zu sein, da sich für die Rössener (4625–4250 v. Chr.) und Gaterslebener Kultur (4450–4075 v. Chr.) bisher keine als Befestigungen ansprechbare Anlagen haben nachweisen lassen.

Der Befestigungsbau setzt dann erst wieder am Ende des 5. Jts. v. Chr. ein, zunächst bei der Michelsberger Kultur (4075–3500 v. Chr.), dann bei der Baalberger (3950–3375 v. Chr.) und Salzmünder Kultur (3375–3075 v. Chr.). Den Anlagen der drei Kulturen gemeinsam ist die Größe von 8–90 ha, weshalb sie als monumentale Erdwerke bezeichnet werden (Raetzel-Fabian 1999). Während die Erdwerke der Michelsberger Kultur vier bis sieben Durchlässe aufweisen (Lichter 2010), beschränkt sich die Zahl der Tore bei den Baalberger und Salzmünder Erdwerken auf eins (z. B. Salzmünde; Abb. 2a) bis vier. Grabungen im Michelsberger Erdwerk von Calden, Lkr. Kassel, haben gezeigt, dass die Tordurchlässe durch Kammertore gesichert waren (Raetzel-Fabian 1999, 86 ff.). Das Verteidigungskonzept umfasste zudem eine Doppelpalisade (Holz-Erde-Mauer) und Palisaden / Faschinen zwischen den Gräben. Solche Befestigungen begegnen auch in Sachsen-Anhalt in dem Grabenwerk von Lausigk, Lkr. Anhalt-Bitterfeld (Abb. 2b). Diese Konstruktionen sowie der Aufwand beim Ausheben der bis 7 km langen Gräben verbieten schon allein die Interpretation als Viehkrale (Geschwinde 2013, 198 Abb. 4; 199). Dabei umfassen die Michelsberger Erdwerke bis zu drei, die Baalberger und Salzmünder Anlagen bis zwei Gräben (Schwarz 2003, 50 ff.). Eine Ausnahme bildet die Befestigung in der Dölauer Heide bei Halle, die trotz ihrer exponierten Lage auf einem 20 m über das Gelände aufragenden Plateau aus eiszeitlichem Geschiebelehm durch eine bis zu sechsfach gestaffelte Wall-Graben-Konstruktion gesichert war (siehe Beitrag »Befestigungskonzepte im Saalegebiet«, S. 169).

Eine charakteristische Torkonstruktion monumentaler Befestigungen besteht u. a. darin, dass – soweit sie als Doppelgrabenwerke konzipiert waren – Außen- und Innengraben miteinander verbunden waren

Gruppen erwachsene Kultur drang über Sachsen nach Anhalt vor, wo mit ihrem Erscheinen um 4950 v. Chr. die 600 Jahre anhaltende linienbandkeramische Besiedlung zum Erliegen kam. Der weitere Aufsiedlungsvorgang bis zur Ohre beanspruchte die folgenden 150 Jahre, weshalb das im äußersten Nordwesten der mitteldeutschen linienbandkeramischen Koiné gelegene Erdwerk von Eisleben auch zum Schutz vor Verbänden der Stichbandkeramikkultur errichtet worden sein könnte.

Dass Tore eine Schwachstelle im Verteidigungskonzept der Bandkeramiker darstellten, bezeugen die Sicherheitsstrategien stichbandkeramischer Erdwerke. Deren fortifikatorischer Charakter lässt sich anhand

(Abb. 2 c–d), wobei beim Erdwerk von Salzmünde, Saalekreis, die die Erdbrücken flankierenden Gräben ins Innere verlängert sind und den Zugang, der durch eine Grube in zwei »Fahrbahnen« geteilt ist, verengen (Abb. 2 a). Solche Gruben sind auch bei anderen Erdwerken bezeugt. Zudem müssen andere Torbefestigungen bestanden haben, die im Getreidewuchs – fast alle Erdwerke wurden aus der Luft entdeckt – unsichtbar bleiben.

Was aber verursachte den Bau derart gewaltiger Anlagen? Die Michelsberger Kultur zumindest wurde von expansiven und damit sicherlich auch kriegerischen Stämmen getragen, die ihre Siedlungsgebiete weit ausdehnten. »*Wie amerikanische und ozeanische Analogien zeigen*«, besitzen zahlreiche Tore in einer Befestigung auch strategische Bedeutung, »*wenn sich etwa gleich starke Nachbarsiedlungen oder Nachbartalschaften gegenüberstehen. Diese Befestigungen bilden vor allem Deckungen, aus denen heraus man sich auch mit Ausfällen verteidigt, wobei zur Abschreckung möglichst viele rasch zu öffnende Durchgänge von Vorteil sind*« (Müller-Beck 2004, 117). Demgegenüber dienten die Erdwerke der Baalberger und Salzmünder Kultur wohl eher Verteidigungszwecken. Nicht zufällig fällt deren Bau in eine Zeit, die durch das Vordringen von Gruppen der nordischen Trichterbecherkultur nach Süden beherrscht war. Gruppen der mit den archäologischen Bezeichnungen Tiefstichkeramik (3625–3300 v. Chr.), Walternienburg (3300–3075 v. Chr.) und Bernburg (3075–2700 v. Chr.) umschriebenen Kultur dehnten ihr Siedlungsgebiet zu Lasten der Baalberger und der ihr nachfolgenden Salzmünder Kultur aus, die sich immer weiter zurückziehen mussten, bis letztere um 3075 v. Chr. mit dem Erscheinen der Bernburger Kultur verschwand (Schwarz 2013). Aufgrund ihres expansiven Charakters waren die Kulturen zunächst nicht gezwungen, Befestigungen zu errichten, um sich einer Rückeroberung zu erwehren.

Spätestens um 3000 v. Chr. war nun auch die Bernburger Kultur gezwungen, ihre Siedlungsgebiete zu sichern. Anstelle monumentaler Anlagen wurden kleinere, 2,0–4,5 ha große Erdwerke errichtet, die hinsichtlich ihrer Geometrie den Befestigungen der Salzmünder Kultur gleichen. Anlass dazu gaben Rinderhirten der Kugelamphorenkultur (3075–2700 v. Chr.), die vom Gebiet des heutigen Polen aus westwärts zogen und ab 3000 v. Chr. in die Siedlungsgebiete der Bernburger Bevölkerung vordrangen. Dabei standen sicherlich Überfälle an der Tagesordnung, wohl zum Zwecke des Rinderraubs. Auch bei den Bernburger Befestigungen bezeugen die Tore eine besondere Sicherung. Der Zugang zum Erdwerk auf dem Steinkuhlenberg bei Derenburg, Lkr. Harz, weist als Sicherungsmaßnahme eine Auffächerung von zwei die Siedlung umschließenden Gräben auf drei auf – ob die von einem Graben umschlossene »Vorburg« zum Bernburger Erdwerk zählt oder Teil einer älteren Anlage ist, ist nicht bekannt (Abb. 3). Die in strategisch beherrschender Lage errichtete Befestigung der Bernburger Kultur auf dem Langen Berg in der Dölauer Heide bei Halle nutzte dagegen die nördliche, mehrfach gestaffelte Wall-Graben-Konstruktion der Baalberger Befestigung als Riegel für die zur Hochfläche hin offene Flanke der Siedlungs-

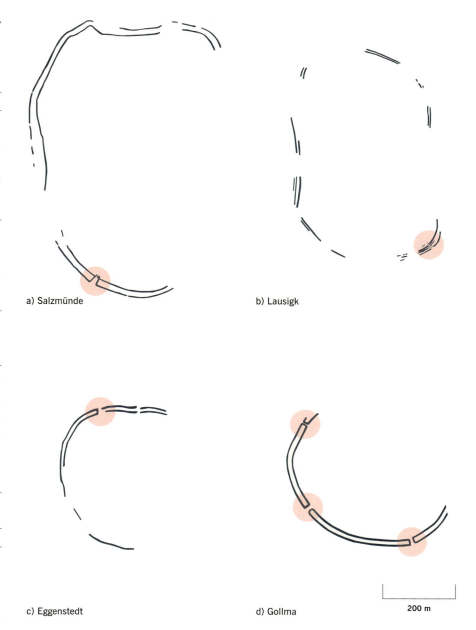

2
Monumentale Erdwerke der Baalberger und Salzmünder Kultur aus Salzmünde, Saalekreis (a); Lausigk, Lkr. Anhalt-Bitterfeld (b); Eggenstedt, Lkr. Börde (c); Gollma, Saalekreis (d).
Die Torsituationen sind rot hervorgehoben.

3
Erdwerk der Bernburger Kultur auf dem Steinkuhlenberg bei Derenburg, Lkr. Harz.

fläche, die sonst an drei Seiten durch steil abfallende Hänge geschützt war.

Die im archäologischen Material nachvollziehbaren Ereignisse bieten den historischen Hintergrund, vor dem sich der Bau von Befestigungen bei den Kulturen des frühen und mittleren Neolithikums abspielt. Die Erdwerke zeigen dazu die unterschiedlichen Strategien, sich vor feindlichen Angriffen zu schützen, wobei die Schwachstellen einer Befestigung – die Tore – den Schutzaspekt am deutlichsten zum Ausdruck bringen.

Literatur

Geschwinde 2013
M. Geschwinde, Erdwerke des 5. und 4. Jahrtausends v. Chr. In: H. Meller (Hrsg.), 3300 BC. Mysteriöse Steinzeittote und ihre Welt. Begleitband zur Sonderausstellung im Landesmuseum für Vorgeschichte Halle (Halle [Saale] 2013) 195–206.

Kaufmann 1990
D. Kaufmann, Ausgrabungen im Bereich linienbandkeramischer Erdwerke bei Eilsleben, Kr. Wanzleben. Jahresschr. Mitteldt. Vorgesch. 73, 1990, 15–28.

Lönne 2003
P. Lönne, Das Mittelneolithikum im südlichen Niedersachsen – Untersuchungen zum Kulturenkomplex Großgartach – Planig-Friedberg – Rössen und zur Stichbandkeramik. Materialh. Ur- u. Frühgesch. Niedersachsens 31 (Rahden/Westf. 2003).

Lichter 2010
C. Lichter, Jungsteinzeit im Umbruch. Die »Michelsberger Kultur« und Mitteleuropa vor 6000 Jahren (Darmstadt 2010).

Meller/Schunke 2013
H. Meller/T. Schunke, Die Ahnen schützen den heiligen Ort – Belege für Kopf- und Schädelkult in Salzmünde. In: H. Meller (Hrsg.), 3300 BC. Mysteriöse Steinzeittote und ihre Welt. Begleitband zur Sonderausstellung im Landesmuseum für Vorgeschichte Halle (Halle [Saale] 2013) 349–361.

Müller-Beck 2004
H. Müller-Beck, Die Steinzeit. Der Weg der Menschen in die Geschichte (München 2004).

Petrasch 1990
J. Petrasch, Mittelneolithische Kreisgrabenanlagen in Mitteleuropa. Ber. RGK 71,1, 1990, 407–564.

Raetzel-Fabian 1999
D. Raetzel-Fabian, Der umhegte Raum – Funktionale Aspekte jungneolithischer Monumental-Erdwerke. Jahresschr. Mitteldt. Vorgesch. 81, 1999, 81–117.

Schwarz 2003
R. Schwarz, Pilotstudien. 12 Jahre Luftbildarchäologie in Sachsen-Anhalt (Halle [Saale] 2003).

Schwarz 2013
R. Schwarz, Das Mittelneolithikum in Sachsen-Anhalt – Die Kulturen und ihre Erdwerke. In: H. Meller (Hrsg.), 3300 BC. Mysteriöse Steinzeittote und ihre Welt. Begleitband zur Sonderausstellung im Landesmuseum für Vorgeschichte Halle (Halle [Saale] 2013) 231–238.

ABSCHRECKUNG UND TABU – IMMATERIELLE ASPEKTE JUNGSTEINZEITLICHER BEFESTIGUNGSKONZEPTE IM SAALEGEBIET

Torsten Schunke

Das steinzeitliche Phänomen »Erdwerk« stellt für die Forschung ein großes Rätsel dar. Die komplexen Grabensysteme variieren je nach Funktion und Topografie. Sie sind mit den unterschiedlichsten Absichten, meist auch multifunktional, errichtet worden (Geschwinde 2013) und waren symbolische oder demonstrative Abgrenzungen besonderer Areale. Hierzu zählen Versammlungsplätze oder Kultstätten, separiert von der profanen Umgebung, oder einfach Räume, deren Zutritt geregelt werden sollte, wie beispielsweise Dorfareale. Erdwerke waren in vielen Zeiten auch probate Mittel zum Schutz gegen Übergriffe anderer.

Zwei der größten neolithischen Erdwerke Mitteleuropas – die Bischofswiese in Halle-Dölau und das eponyme Erdwerk Salzmünde – liegen nur 5 km voneinander entfernt im Saalegebiet bei Halle (Saale). Diese beiden Bauten werfen ganz konkrete Fragen auf: Waren etwa drohende kriegerische Auseinandersetzungen um Macht und Kontrolle von Land für ihre Errichtung verantwortlich?

Bei beiden Monumentalanlagen war ein fortifikatorischer Aspekt während ihrer Errichtung vordergründig. Das wird u. a. dadurch deutlich, dass sie – bei einer enormen Größe von 700 m bzw. 800 m Nord-Süd-Ausdehnung – jeweils nur zwei stark gesicherte Toranlagen besaßen. Mit diesem Konstruktionsprinzip, das im viel kleineren Maßstab noch von mittelalterlichen Burganlagen bekannt ist, konnte der Zugang wirkungsvoll kontrolliert werden. Zusätzlich ist für die Anlage Bischofswiese ein hervorragend geeignetes Areal für eine Befestigung gewählt worden.

Durch Ausgrabungen und moderne Fernerkundung ist es in den letzten Jahren gelungen, das Bild dieser eindrucksvollen Erdwerke deutlich zu vervollständigen. Und obwohl beide Befestigungscharakter tragen, scheinen bei der Konzeption unterschiedliche materielle und immaterielle Aspekte der Fortifikation eine Rolle gespielt zu haben. Offensichtlich sollten die gewaltigen Anlagen nicht nur imponieren, sondern auch als Signal verstanden werden und so in unterschiedlicher Weise auf die Wahrnehmung, Mentalität und Sozialisierung möglicher Angreifer wirken.

1
Dölauer Heide, Halle (Saale). An der Westflanke des Plateaus Bischofswiese fächern sich die sechsfach, über 50 m gestaffelten Gräben rechts vor dem Südwesttor (Pfeil) auf. Links davon laufen sie – ehemals ein monumentales Bild bietend – parallel zueinander am Hang weiter.

Die Bischofswiese in der Dölauer Heide bei Halle (Saale) ist das ältere Erdwerk (Behrens / Schröter 1980; Schunke 2013). Ein dreidimensionales Geländemodell zeigt eine gewaltig dimensionierte Anlage von etwa 25 ha Innenfläche mit vielfach hintereinander gestaffelten Wällen und Gräben. Die Grabenlängen summieren sich auf mehr als 7 km. Für die Errichtung allein einer Palisade mussten mehr als 15 000 Bäume gefällt werden. Im Modell deutlich sichtbar liefen die Gräben parallel gestaffelt Hunderte Meter den Steilhang entlang (Abb. 1). Ganz gleich, wie die Terrassen bzw. Gräben im Einzelnen ausgeführt und welche Baulichkeiten zusätzlich auf ihnen errichtet waren: Das sich von unten bietende Bild muss beeindruckend gewesen sein. Doch welche Funktion kann diese Anlage gehabt haben? Im Hinblick auf die Konstruktion der Gräben und die damals zur Verfügung stehenden Waffen wirkt die Bauart überdimensioniert. Offensichtlich wollten die Erbauer eine Monumentalität erschaffen, die mit der Befestigung zugleich die Kraft und Möglichkeiten ihrer Gemeinschaft für Ankommende eindrücklich signalisieren konnte. Über das waffentechnisch Notwendige hinaus wurde so der Befestigung ein Aspekt der Abschreckung hinzugefügt. Allerdings funktionierte dieses Konzept im Fall der Bischofswiese nicht nachhaltig. Neue ¹⁴C-Daten belegen eindeutig, dass die Anlage nach relativ kurzer Existenzzeit bereits in der ersten Hälfte des 37. Jhs. v. Chr. abgebrannt und danach zumindest nicht in derselben Größe weiter genutzt worden ist.

Etwa 600 Jahre später entstand das Erdwerk bei Salzmünde, Saalekreis. Zunächst wurde der Ort aber mehr als ein Jahrhundert lang unbefestigt als bedeutender Ritualplatz genutzt (Meller 2013, 272–335) und erst danach mit dem Erdwerk umgeben. Offensichtlich erfolgte hier die Platzwahl nicht vordergründig nach fortifikatorischen Kriterien. Vielmehr spielte die Lage genau an einem Flussknick der Saale eine wichtige Rolle – ein kommunikatives Kriterium. Das späte Hinzukommen des Erdwerkes zeigt, dass dieses wohl nicht mit der rituellen Funktion des Platzes zusammenhing. Als die Nutzer den Platz später mit einem gewaltigen Doppelgrabensystem und einem inneren Wall zu einer Befestigung erweiterten, versuchten sie die natürlichen Gegebenheiten optimal zu nutzen und sich so offensichtlich gegen äußere Bedrohungen zu schützen. Der Zugang wurde strikt geregelt. Nach kurzzeitiger Existenz jedoch zerstörten offensichtlich Fremde dieses Erdwerk der Salzmünder Kultur (Schunke u. a. 2013; Schlenker u. a. 2013, 335). Dabei ebneten sie die 4,5 km langen Gräben vollständig ein – die sichtbaren Merkmale des Ritualplatzes sollten ausgelöscht werden. Auch der zusätzlich verwendete immaterielle Schutz konnte die Fremden nicht stoppen: Auf die Grabensohlen hatten die Salzmünder zuvor magische Dinge deponiert – Objekte, von denen man glaubte, dass sie auch Unbefugte abschrecken könnten. Neben Hirschgeweihstangen, dem Schädel eines Hauspferdes und diversen menschlichen Knochen waren das vor allem unzählige menschliche Schädel. Diese wurden, wie ¹⁴C-Daten belegen, zuvor über lange Zeiträume hinweg gesammelt und aufbewahrt. Einige Befunde aus Salzmünde deuten sogar darauf hin, dass die Kraft konkreter Ahnen rituell genutzt werden konnte (Meller/Schunke 2013). Wahrscheinlich hat man in Salzmünde versucht, den Ritualplatz über das Erdwerk hinaus mit verschiedenen »Kraftobjekten« sowie der Unterstützung seiner Ahnen zu schützen.

Die Existenz immaterieller Aspekte – wie Abschreckung und Tabu – kann Kulturen und Zeiten übergreifend als omnipräsent vorausgesetzt werden. Ihre Signalisierung jedoch geschah meist mittels Symbolen innerhalb eines begrenzt gültigen Zeichensystems. Das können Arrangements von Dingen, Farben und Formen sein, die das menschliche Zusammenleben – und damit auch Konflikte und Kriege – regelten und begrenzten. Der archäologischen Forschung bleiben solche Aspekte in den meisten Fällen verborgen, da sie Teil einer uns nicht mehr verständlichen kulturellen Übereinkunft sind. Die beiden vorgestellten Erdwerke sind hierfür eine seltene Ausnahme.

Literatur

Behrens/Schröter 1980
H. Behrens/E. Schröter, Siedlungen und Gräber der Trichterbecherkultur und Schnurkeramik bei Halle (Saale) (Berlin 1980).

Geschwinde 2013
M. Geschwinde, Erdwerke des 5. und 4. Jahrtausends v. Chr. In: H. Meller (Hrsg.), 3300 BC – Mysteriöse Steinzeittote und ihre Welt. Katalog zur Sonderausstellung im Landesmuseum für Vorgeschichte Halle (Halle [Saale] 2013) 195–201.

Meller 2013
H. Meller (Hrsg.), 3300 BC – Mysteriöse Steinzeittote und ihre Welt. Katalog zur Sonderausstellung im Landesmuseum für Vorgeschichte Halle (Halle [Saale] 2013).

Meller/Schunke 2013
H. Meller/T. Schunke, Die Ahnen schützen den heiligen Ort – Belege für Kopf- und Schädelkult in Salzmünde. In: H. Meller (Hrsg.), 3300 BC – Mysteriöse Steinzeittote und ihre Welt. Katalog zur Sonderausstellung im Landesmuseum für Vorgeschichte Halle (Halle [Saale] 2013) 349–361.

Schlenker u. a. 2013
B. Schlenker/T. Schunke/H. Meller, Szenario Salzmünde. In: H. Meller (Hrsg.), 3300 BC – Mysteriöse Steinzeittote und ihre Welt. Katalog zur Sonderausstellung im Landesmuseum für Vorgeschichte Halle (Halle [Saale] 2013) 332–335.

Schunke 2013
T. Schunke, Die befestigte Siedlung Bischofswiese, Halle-Dölauer Heide. In: H. Meller (Hrsg.), 3300 BC – Mysteriöse Steinzeittote und ihre Welt. Katalog zur Sonderausstellung im Landesmuseum für Vorgeschichte Halle (Halle [Saale] 2013) 139–142.

Schunke u. a. 2013
T. Schunke/C. Knipper/L. Renner, Bestattet im Graben – die Umbettung eines Kollektivgrabes der Bernburger Kultur. In: H. Meller (Hrsg.), 3300 BC – Mysteriöse Steinzeittote und ihre Welt. Katalog zur Sonderausstellung im Landesmuseum für Vorgeschichte Halle (Halle [Saale] 2013) 324–331.

HINWEISE AUF MASSAKER IN DER FRÜHNEOLITHISCHEN BANDKERAMIK

Michael Schefzik

Der wohl unmittelbarste Beleg für tödliche Gruppenkonflikte sind die sterblichen Überreste der daran Beteiligten. Liegen Gewaltopfer jedoch nur als einzelne Tote und ohne weitere eindeutige Zusammenhänge vor, sind die Möglichkeiten für die Ursachen der anthropologisch beobachteten Gewalt ungemein vielfältig. Selbst wenn das Trauma nicht auf einem einfachen Unfall beruhte, sondern eindeutig von Menschenhand erfolgte, ist nur selten klar, ob es sich lediglich um individuelle, interpersonelle Gewalt handelte oder um solche zwischen Gruppen, z. B. im Rahmen einer Fehde oder kriegerischen Auseinandersetzung. Liegt jedoch eine größere Anzahl von gleichzeitig Ermordeten vor, so schränkt dies die Interpretationsmöglichkeiten deutlich ein und kann im Verbund mit weiteren Indizien klare Hinweise auf gewaltsam ausgetragene Gruppenkonflikte geben.

TALHEIM

Befunde solcher Art tauchen – abgesehen von der mesolithischen Ofnet-Höhle (siehe Beitrag »Die Große Ofnet-Höhle«, S. 99) – in Europa erstmals mit dem Beginn des Neolithikums auf, was auffällig mit einigen anderen Indizien für frühe Kriege während dieser Zeit korrespondiert (siehe Beitrag »Krieg im Neolithikum«, S. 109). Besonders bekannt ist hierbei der Fund von Talheim, Lkr. Heilbronn, der nach seiner Entdeckung und Ausgrabung 1983/84 in der Fachwelt für erhebliches Aufsehen sorgte, galt bis dato doch die über weite Teile Europas verbreitete frühneolithische Linienbandkeramische Kultur als ausgesprochen friedlich. Das Massengrab fand sich im Randbereich einer bandkeramischen Siedlung. Die Untersuchung der ca. 3,00 m x 1,50 m großen und nur 0,35 m unter der heutigen Oberfläche gelegenen Grube erbrachte folgenden Befund (Wahl/König 1987, 65 ff.; Wahl/Strien 2007, 26 ff.):

In der seichten, wannenförmigen Eintiefung fanden sich die auf eine 10–20 cm starke Schicht komprimierten Überreste von insgesamt 34 Toten, die im anatomischen Verband in die Grube gelangten. Die Körper wurden offensichtlich achtlos und ohne jede Ordnung in die Grube geworfen, sodass es häufig zu Bauch- oder Seitenlagen mit abgewinkelten Extremitäten kam. Die aus der Verfüllung geborgenen Funde – Keramikscherben, Hüttenlehmbrocken, Steine und Tierknochen – können als typischer Siedlungsabfall angesehen werden, der zufällig in die Grube geriet. Mitnichten handelt es sich hierbei um Grabbeigaben, Trachtbestandteile oder sonstige persönliche Gegenstände der Bestatteten. Die in die jüngere Linienbandkeramik einzuordnende Keramik ermöglicht aber immerhin einen *terminus post quem* für die Grablegung. ^{14}C-Datierungen von Knochenproben ergaben

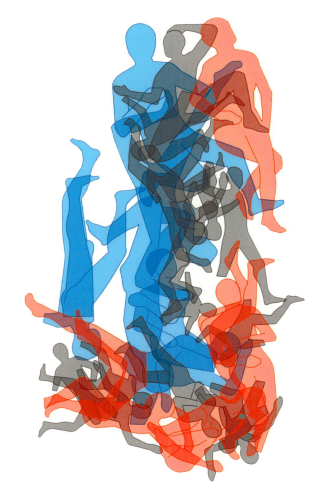

1
Talheim, Lkr. Heilbronn. Rekonstruktion der Lage der Leichname im Massengrab. Rot: Frauen, blau: Männer, grau: Kinder/Jugendliche.

kalibrierte Daten von 5210–4860 BC (Teschler-Nicola u. a. 2006, 72) und bestätigen damit eine Zuweisung des Massengrabes in die jüngere Bandkeramik.

Die anthropologische Untersuchung der Skelettreste ergab, dass in der Grube mindestens 34 Individuen vergraben wurden (Abb. 1). Folgende Altersverteilung liegt vor: Sieben Kinder waren zwischen zwei und sechs Jahre alt, sechs Kinder zwischen 7 und 14 Jahre, außerdem gab es drei Jugendliche, zwölf Erwachsene im adulten (20–40 Jahre), fünf im maturen (40–60 Jahre) und einen im senilen (ab 60 Jahre) Alter. Das Verhältnis zwischen Kindern/Jugendlichen und Erwachsenen beträgt 47 % zu 53 % und liegt damit in dem Bereich, welcher für eine prähistorische Gemeinschaft dieser Art im Sinne einer repräsentativen Lebendpopulation ungefähr angenommen werden darf (Düring/Wahl 2014). Allerdings ist das Fehlen Neugeborener und Säuglinge auffällig. Ebenfalls relativ ausgewogen stellt sich das Verhältnis zwischen Männern (neunmal gesichert, einmal fraglich) und Frauen (siebenmal gesichert) dar, bedenkt man die geringe Zahl gesichert bestimmbarer Individuen und andere mögliche Zufälligkeiten innerhalb dieser Gruppe. Da im Falle der Talheimer Skelette erhaltungsbedingt molekulargenetische Untersuchungen nicht möglich scheinen, müssen anatomische Detailmerkmale am Schädel sowie an den Zähnen Aufschluss über verwandtschaftliche Beziehungen zwischen den Toten und die Homogenität der Gruppe geben. Hinzu kommen Isotopenuntersuchungen am Zahnschmelz. Dabei konnten vier Familien im Sinne von Abstammungslinien erkannt werden (Alt u. a. 1995; Bentley u. a. 2008). Außerdem scheint es so, dass sich die Talheimer Männer einander deutlich ähnlicher sind als die Frauen, weshalb man für die Letztgenannten Exogamie, also eine Eheschließung außerhalb der eigenen sozialen Gruppe, vermuten kann.

Wäre bis hierhin noch eine Interpretation des Massengrabes als Ruhestätte für die Opfer einer Seuche oder Naturkatastrophe denkbar, so sprechen die folgenden Indizien doch klar für ein gewaltsames Ereignis. Die meisten Schädel weisen nämlich unverheilte Traumata auf. In etlichen Fällen lassen die schweren Verletzungen die Tatwerkzeuge erkennen: Steinbeile (insbesondere Flachhacken, seltener Schuhleistenkeile, vgl. Abb. 2), vereinzelt Pfeilspitzen und stumpfe, nicht mehr näher differenzierbare Schlagwaffen, wie zum Beispiel Keulen. Überraschenderweise sind im Gegensatz zum Schädel Verletzungen des postkranialen Skelettes nur ausnahmsweise nachweisbar. Anhand der typischen Positionen der Traumata ließ sich rekonst-

2
Talheim, Lkr. Heilbronn. Schädel einer jungen Frau mit einem wohl durch einen Schuhleistenkeil verursachten Lochbruch.

3
Schöneck-Kilianstädten, Main-Kinzig-Kreis. Längliche Grube mit mindestens 26 Individuen.

ruieren, dass die Talheimer dabei wohl mehrheitlich von hinten (rechts) erschlagen bzw. erschossen wurden. Abwehrverletzungen, wie man sie zum Beispiel von den Opfern der niedergemachten endneolithischen Gemeinschaft von Eulau, Burgenlandkreis, kennt (siehe Beitrag »Ein Steinzeitgemetzel«, S. 191), sowie Verletzungen des Gesichtsschädels fehlen in Talheim fast vollständig. Offensichtlich hat es in letzterem Fall also einen Überfall auf eine kleine bäuerliche Gemeinschaft gegeben, bei dem es kaum zu Kämpfen von Angesicht zu Angesicht kam, sondern die Opfer auf der Flucht oder in bereits wehrlosem Zustand getötet wurden. Fehlender Tierverbiss an den Knochen zeigt, dass die Leichen innerhalb kürzester Zeit entsorgt wurden. Mangelnde Pietät unter völliger Missachtung der damals üblichen Bestattungssitten (Einzelgrab, seitliche Hockerlage) sowie fehlende Beigaben könnten dafür sprechen, dass hier – wiederum im Gegensatz zum Befund von Eulau – die siegreiche Partei und nicht etwa Überlebende der eigenen Gemeinschaft für die Niederlegung sorgten.

SCHÖNECK-KILIANSTÄDTEN

Ganz ähnlich gelagert scheint ein Befund aus dem hessischen Schöneck-Kilianstädten, Main-Kinzig-Kreis (Schwitalla/Schmitt 2007; Meyer u. a. 2013, 117 ff.; Meyer u. a. 2014, 315 f.; Meyer u. a. 2015). Dort wurden 2006 im Bereich einer jüngerbandkeramischen Siedlung in einem 7,50 m langen und nur 0,30–1,00 m breiten Spitzgraben die Überreste von mindestens 26 Individuen gefunden (Abb. 3). Dicht gedrängt und ohne erkennbare Ordnung hatte man die Toten in den Graben geworfen. Mindestens die Hälfte von ihnen lag bei

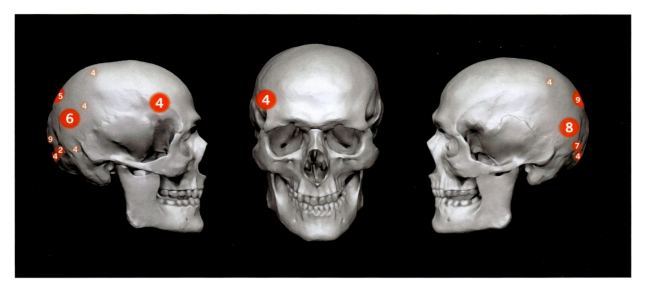

4
Halberstadt, Lkr. Harz. Schematische Zusammenstellung aller festgestellten perimortalen Verletzungen an den sieben erhaltenen Schädeln der insgesamt neun Individuen (1–9). Die Zahlen entsprechen der Nummerierung der betroffenen Individuen. Große Symbole repräsentieren größere, kleine Symbole kleinere Verletzungen; dunkel: sichere Verletzungen, hell: mögliche Verletzungen (nach Ergebnissen von C. Meyer, Halle [Saale]).

der Aufdeckung des Befundes im anatomisch korrekten Verband, bei anderen war ein solcher nicht (mehr?) zu erkennen. Nach Aussage der Bearbeiter scheint es sich um eine Lebensgemeinschaft zu handeln, die auf verwandtschaftlicher Basis organisiert war.

Zwölf der Individuen können der Altersstufe bis acht Jahre zugewiesen werden, dazu kommt ein subadultes (16–21 Jahre) Individuum. Von den 13 Erwachsenen sind lediglich zwei älter als 40 Jahre, bei beiden handelt es sich um die einzigen als weiblich bzw. wohl weiblich bestimmbaren Individuen. Ihnen stehen fünf gesichert und vier wahrscheinlich männliche Individuen gegenüber. Das auffällige Fehlen von Teenagern und jungen Frauen legt einen Raub dieser Personengruppen nahe, ein Phänomen, das sich auch an der Fundstelle Asparn-Schletz andeutet (s. u.).

Zahlreiche, wohl perimortale (also um den Todeszeitpunkt entstandene) Brüche können am Knochenmaterial beobachtet werden. Neben Frakturen der Oberschenkel und Arme ist dabei vor allem die hohe Zahl der Verletzungen am Unterschenkel, insbesondere an den Schienbeinen auffällig, von denen über die Hälfte wohl zum Zwecke der Folter oder Verstümmelung gezielt zertrümmert wurden. Zudem gibt es diverse Hinweise auf Traumata an den Schädeln, für die sich z. T. Hiebe mit Flachbeilen oder ähnlichen Geräten verantwortlich machen lassen. Hinzu kommen zwei triangulläre Knochenpfeilspitzen, die sich beim Reinigen des Skelettmaterials fanden und weitere starke Indizien für ein Gewaltszenario liefern. Spuren von Tierverbiss sind bislang nicht festgestellt worden, sodass man wohl von einer sehr zeitnahen Niederlegung der Verstorbenen ausgehen kann. Eindeutige Beigaben fehlen, Streufunde in der Grabenverfüllung und ^{14}C-Daten (5207–4849 cal BC) legen jedoch eine Datierung in die jüngere bis jüngste Bandkeramik nahe.

HALBERSTADT-SONNTAGSFELD

Das erst kürzlich aufgedeckte Massengrab der jüngeren Linienbandkeramik von Halberstadt-Sonntagsfeld, Lkr. Harz, weist ebenfalls einige Merkmale auf, die mit dem Befund von Talheim vergleichbar sind. So wurden auch hier die Leichen in einer Grube regelrecht verscharrt, ohne Einhaltung der sonst üblichen Bestattungssitten und ohne dass man sie mit Beiga-

5
Halberstadt, Lkr. Harz. Verletzung im rechten Schläfenbereich von Individuum 4, höchstwahrscheinlich hervorgerufen durch eine Steinbeilklinge.

6
Halberstadt, Lkr. Harz. Schnittspuren an zwei linken Rippen von Individuum 8.

ben ausgestattet hätte (siehe Beitrag »Das Massengrab von Halberstadt«, S. 177 Abb. 1). Vergleichbar scheinen zudem die Art und Lage der Traumata, die auf ein Erschlagen von hinten hindeuten (Abb. 4–5). Bei genauerer Betrachtung zeigt sich jedoch, dass die neun Opfer hier anscheinend regelrecht hingerichtet wurden, möglicherweise in jeweils ähnlicher, fixierter Haltung. Knochenbrüche im Bereich des postkranialen Skelettes könnten anzeigen, dass man sich hier nicht kampflos ergeben hatte. Abweichend vom Talheimer Befund handelt es sich bei den Toten von Halberstadt bis auf eine wahrscheinliche Ausnahme nur um Männer, allesamt spätjuvenil bis adult, also im besten Mannes- und Kampfesalter. Berücksichtigt man nun auch noch die Schnittspuren an den Rippen eines der Individuen (Abb. 6), so drängt sich eine Interpretation des Befundes als Akt kollektiver Gewalt geradezu auf. Welcher Natur dieser Gewaltexzess allerdings war, muss vorerst unbeantwortet bleiben.

ASPARN-SCHLETZ

Ein nicht weniger tödliches Szenario als in Talheim, Schöneck-Kilianstädten oder Halberstadt wurde von 1983 bis 2005 im niederösterreichischen Asparn-Schletz untersucht. Von den dort aufgedeckten Grabenwerken der Linienbandkeramik ist insbesondere die jüngste Phase einer ovalen Einfriedung von Interesse, da sich darin zahlreiche Reste menschlicher Skelette mit Spuren tödlicher Verletzungen fanden. Das (streckenweise doppelt ausgeführte) Oval besitzt einen Längsdurchmesser von 330 m und wenige Erdbrücken, über die man in das Innere der Anlage gelangen konnte (Windl 2001; Windl 2009). Die Sohlgräben erreichen maximal 4 m Breite und 2 m Tiefe. Vom Ausgräber wird für das jüngste Grabenoval eine Funktion als Wehranlage zumindest in Erwägung gezogen, eindeutig ist die Situation jedoch nicht (Windl 2009, 195). Anhand der Funde aus der Verfüllung (jüngere Notenkopfkeramik) wie auch stratigrafischer Beobachtungen kann diese letzte Grabenphase der jüngsten Linienbandkeramik zugewiesen werden. ^{14}C-Datierungen der darin gefundenen Skelette bestätigen diesen Datierungsansatz (5210–4950 cal BC) und scheinen auf ein einziges Ereignis hinzuweisen (Teschler-Nicola u. a. 2006, 72).

Etwa 20 % der Gesamtfläche wurden archäologisch untersucht, wobei sich in den freigelegten Grabenabschnitten die Reste von ca. 200 Individuen fanden (Windl 2001, 140; Teschler-Nicola u. a. 2006, 61). Meist handelt es sich hierbei um Teilskelette (Torsi), die in Bauch- oder Seitenlage und mit verdrehten Gliedmaßen einzeln oder in Gruppen (mehrfach konzentriert im Bereich der Toranlagen) auf der Grabensohle aufgefunden wurden (Windl 2009, 192 f.; 195). Aufgrund der häufig fehlenden Schädel und der starken Fragmentierung der Skelette konnte bislang jedoch nur eine Stichprobe von 67 Individuen anthropologisch untersucht werden (Teschler-Nicola u. a. 2006, 61 ff.).

Den meisten Individuen fehlen die körperfernen Teile der Extremitäten, vor allem Hände und Füße, wohingegen die Torsi (Wirbelsäule, Rippen, Beckengürtel) häufig erhalten blieben. Schädel wurden sowohl einzeln als auch noch im Verband mit dem postkranialen Skelett aufgefunden. Eindeutige Spuren von Tierverbiss durch Fleisch- und Aasfresser an den Knochen lassen den Grund hierfür erkennen und belegen zugleich, dass die Leichen einen gewissen Zeitraum für diese Tiere zugänglich gewesen sein müssen. Die Analyse der Alters- und Geschlechtsverteilung erbrachte offensichtlich einen Querschnitt durch eine Lebendpopulation, wie man ihn mit einer Ausnahme auch für die örtlichen Gegebenheiten erwarten würde (Abb. 7). So stehen 27 Kinder/Jugendliche (infans I, infans II, juvenil) 40 Erwachsenen (adult, matur) gegenüber. Auch ist das Verhältnis männlicher zu weiblicher Individuen in der maturen Altersgruppe (40.–60. Lebensjahr) relativ ausgeglichen. Ganz anders verhält es sich hingegen in der Gruppe der 20- bis 40-Jährigen: Dort ist der Anteil der Männer mehr als dreimal so hoch wie der der Frauen. Besonders aufschlussreich sind die festgestellten Verletzungsmuster. Demnach weisen sämtliche Schädelreste traumatische Verletzungen auf, die größtenteils zum unmittelbaren Tod geführt haben dürften. Die typischen Bruchmuster lassen in vielen Fällen erkennen, dass vor allem Geräte wie Flachbeile, Schuhleistenkeile, seltener schwere Steinkeulen oder große Holzknüppel die Tatwaffen waren und zum Teil heftige Gewalt eingesetzt wurde. Bemerkenswert selten kommen dabei einfache Schädelfrakturen vor, während multiple Traumata – auch bei Kindern – mit bis zu acht sicher identifizierbaren Einzeltreffern vorherrschen. Die Verteilung der Verletzungen auf die verschiedenen Kopfregionen lässt kein sicheres Schema erkennen, beide Schädelseiten weisen annähernd ausgeglichene Anteile auf, was ebenso für das Verhältnis von Gesichts- zu Hinterkopfverletzungen gilt (vgl. Teschler-Nicola u. a. 2006, Abb. 8). Lediglich in einem Fall konnte an einem (Kinder-)Schädel eine Verletzung durch eine Pfeilspitze beobachtet werden. Auffallend selten scheinen Brüche im Bereich des postkranialen Skelettes aufzutreten, was seine Ursache aber auch in der unvollständigen Erhaltung bzw. im kompletten Fehlen vieler Langknochen und im Tierverbiss haben kann.

Die Bearbeiter des Fundplatzes gehen aufgrund der ^{14}C-Analysen sowie der stratigrafischen Lage der Skelette davon aus, dass es sich um ein einziges und nicht um mehrere Gewaltereignisse handelte, die zur Auslöschung praktisch der gesamten Siedlungsgemeinschaft führten. Hinweise auf eine direkt an das Massaker anschließende Siedlungstätigkeit fehlen (Windl 2001, 142; Teschler-Nicola u. a. 2006, 71 f.). Anders als in Talheim und Halberstadt lässt in Schletz die Verteilung der Schläge auf die verschiedenen Schädelregionen keine mehrheitliche oder gar ausschließliche Einwirkung von hinten – im Sinne einer Fluchtsituation oder Hinrichtung – erkennen (gegenteiliger Ansicht: Teschler-Nicola u. a. 2006, 69). Merkwürdigerweise fehlen bislang allerdings typische Abwehrverletzungen an den Extremitäten, die man bei sich gegenüberstehenden Gegnern eigentlich erwarten dürfte. Vielleicht wird die Auswertung der bislang noch nicht untersuchten Skelettteile oder aber Material aus weiteren Grabungen in Schletz hierzu Klarheit bringen.

Dass dort nur eine Pfeilverletzung belegt ist, verwundert zunächst, spiegelt letztlich aber das wider, was auch an den etwa zeitgleichen Fundplätzen von Talheim, Halberstadt und Schöneck-Kilianstädten beobachtet werden konnte, nämlich dass Fernwaffen bei dieser Art von gewalttätigen Auseinandersetzungen bzw. Massakern anscheinend nur eine eher untergeordnete Rolle spielten. In eine ähnliche Richtung könnten die von H. Peter-Röcher (2007, 159 ff. Abb. 45) zusammengetragenen Befunde aus linienbandkeramischen Gräberfeldern deuten, in denen Pfeilschussverletzungen nur etwa ein Drittel aller durch anthropogene Gewalt verursachten Verletzungen ausmachen.

Markant ist in Schletz insbesondere, dass jungadulte Frauen deutlich unterrepräsentiert zu sein scheinen. Setzt man diese Beobachtung mit den gewalttätigen Ereignissen im Bereich des Grabenwerkes in Verbindung, so liegt eine Interpretation im Sinne eines Frauenraubes nahe. Ein ebensolcher ist zwar historisch und ethnologisch gut belegt, innerhalb vorgeschichtlicher Kulturen allerdings nur sehr schwer nachweisbar. Ob es sich dabei im Falle von Schletz jedoch um das Motiv oder aber eher um eine Begleiterscheinung dieses Konfliktes handeln könnte, wird sich wohl nie klären lassen.

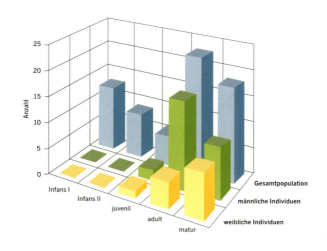

7
Asparn-Schletz, Niederösterreich. Alters- und Geschlechterverteilung (n = 67).

FAZIT

Die vier beschriebenen Befunde scheinen mehr oder weniger klare Hinweise auf Massaker zu geben, deren Ursprung in gewaltsamen (Gruppen-)Konflikten gesucht werden kann. Sie sind allesamt in die jüngere oder jüngste Linienbandkeramik zu datieren, für die (zumindest in Westdeutschland) eine außerordentlich hohe Besiedlungsdichte und ein sehr intensiver Landesausbau postuliert wird (Gronenborn 2012, 245). Etwa gleichzeitig soll es zu starken Klimaschwankungen gekommen sein, die dem westlichen Mitteleuropa nun eher trockene, kontinentale Klimaverhältnisse mit entsprechenden Auswirkungen auf die Landwirtschaft bescherten (Gronenborn 2012, 244 ff.). Im Verbund mit weiteren Besonderheiten, wie dem gehäuften Auftreten von Erdwerken mit vermutetem Wehrcharakter in dieser Phase, soll sich am Ende der Bandkeramik eine europaweite Krise abzeichnen, die das Potenzial für kriegerische Konflikte – insbesondere um Ressourcen – barg und sich nicht zuletzt in den Massakern von Talheim, Schletz und Kilianstädten widerspiegeln könnte (z. B. Gronenborn 2012, 248; Teschler-Nicola u. a. 2006, 74).

Insgesamt darf aber doch kritisch hinterfragt werden, ob die Funde von Talheim, Schletz, Kilianstädten und neuerdings vielleicht auch Halberstadt tatsächlich als Indizien für eine besonders konfliktreiche, kriegerische Periode gewertet werden müssen. Oder ob es sich dabei – vor allem angesichts der von vielen Forschern postulierten extremen Rahmenbedingungen – nicht eher um erstaunlich wenige Belege handelt, zieht man den außerordentlich guten Forschungsstand zur Linienbandkeramik, deren enormes Verbreitungsgebiet sowie die zahlreichen bekannten und untersuchten Fundstellen insbesondere der jüngsten Phase dieser Kultur in Betracht.

Nicht verschwiegen werden soll zudem, dass es durchaus auch kritische Meinungen zu der vorherrschenden Bewertung der hier angeführten Befunde als Überreste kriegerischer Massaker gibt (Zeeb-Lanz 2009; Peter-Röcher 2007, 144). Wenngleich an dieser Stelle hierauf nicht weiter im Detail eingegangen werden kann, so bleibt doch darauf hinzuweisen, dass die massenhafte Ansammlung menschlicher Überreste mit Spuren von Traumata abseits »regulärer« Bestattungen innerhalb der jüngeren und jüngsten Bandkeramik ein auffälliges Merkmal zu sein scheint, das mehrere Interpretationsansätze zulässt (vgl. insbesondere den Ritualplatz von Herxheim bei Landau, Pfalz; Zeeb-Lanz 2009).

Literatur

Alt u. a. 1995
K. W. Alt / W. Vach / J. Wahl, Verwandtschaftsanalyse der Skelettreste aus dem bandkeramischen Massengrab Talheim, Kreis Heilbronn. Fundber. Baden-Württemberg 20, 1995, 195–217.

Bentley u. a. 2008
R. A. Bentley / J. Wahl / T. D. Price / T. C. Atkinson, Isotopic signatures and hereditary traits: snapshot of a Neolithic community in Germany. Antiquity 82,316, 2008, 290–304.

Düring / Wahl 2014
A. Düring / J. Wahl, Agentenbasierte Computersimulationen als Schlüssel zur demographischen Struktur des bandkeramischen Massengrabs von Talheim. Fundber. Baden-Württemberg 34,2, 2014, 5–24.

Gronenborn 2012
D. Gronenborn, Das Ende von IRD 5b: Abrupte Klimafluktuationen um 5100 den BC und der Übergang vom Alt- zum Mittelneolithikum im westlichen Mitteleuropa. In: R. Smolnik (Hrsg.), Siedlungsstruktur und Kulturwandel in der Bandkeramik. Beiträge der internationalen Tagung »Neue Fragen zur Bandkeramik oder alles beim Alten?!«. Leipzig, 23. bis 24. September 2010. Arbeits- u. Forschber. Sächs. Bodendenkmalpfl. Beih. 25 (Dresden 2012) 241–250.

Meyer u. a. 2013
C. Meyer / C. Lohr / H.-C. Strien / D. Gronenborn / K. W. Alt, Interpretationsansätze zu »irregulären« Bestattungen während der linienbandkeramischen Kultur: Gräber en masse und Massengräber. In: N. Müller-Scheeßel (Hrsg.), »Irreguläre« Bestattungen in der Urgeschichte: Norm, Ritual, Strafe …? Akten der Internationalen Tagung in Frankfurt a. M. vom 3. bis 5. Februar 2012. Koll. Vor- u. Frühgesch. 19 (Bonn 2013) 111–122.

Meyer u. a. 2014
C. Meyer / C. Lohr / O. Kürbis / V. Dresely / W. Haak / C. J. Adler / D. Gronenborn / K. W. Alt, Mass Graves of the LBK. Patterns and Peculiarities. In: A. Whittle / P. Bickle (Hrsg.), Early Farmers. The View from Archaeology and Science. Proc. British Acad. 198 (Oxford 2014) 307–325.

Meyer u. a. 2015
C. Meyer / C. Lohr / D. Gronenborn / K. W. Alt, The massacre mass grave of Schöneck-Kilianstädten reveals new insights into collective violence in Early Neolithic Central Europe. Proc. Nat. Acad. Sci. USA 2015 vol. 112 (36) 11217–11222. <http://www.pnas.org/content/early/2015/08/12/1504365112> (24.08.2015).

Peter-Röcher 2007
H. Peter-Röcher, Gewalt und Krieg im prähistorischen Europa. Beiträge zur Konfliktforschung auf der Grundlage archäologischer, anthropologischer und ethnologischer Quellen. Univforsch. Prähist. Arch. 143 (Bonn 2007).

Schwitalla / Schmitt 2007
G. Schwitalla / K. M. Schmitt, Ein Massengrab aus der Umgehungsstraße oder »Aus der Linienbandkeramik ist alles bekannt«. Hessen-Arch. 2006, 2007, 31–32.

Teschler-Nicola u. a. 2006
M. Teschler-Nicola / T. Prohaska / E. M. Wild, Der Fundkomplex von Asparn / Schletz (Niederösterreich) und seine Bedeutung für den aktuellen Diskurs endlinearbandkeramischer Phänomene in Zentraleuropa. In: J. Piek / T. Terberger (Hrsg.), Frühe Spuren von Gewalt – Schädelverletzungen und Wundversorgung an prähistorischen Menschenresten aus interdisziplinärer Sicht. Beitr. Ur- u. Frühgesch. Mecklenburg-Vorpommern 41 (Schwerin 2006) 61–76.

Wahl / König 1987
J. Wahl / H. G. König, Anthropologisch-traumatologische Untersuchung der menschlichen Skelettreste aus dem bandkeramischen Massengrab bei Talheim, Kreis Heilbronn. Fundber. Baden-Württemberg 12, 1987, 65–195.

Wahl / Strien 2007
J. Wahl / H.-C. Strien, Tatort Talheim. 7000 Jahre später. Archäologen und Gerichtsmediziner ermitteln. Katalog zur Sonderausstellung. Museo 23 (Heilbronn 2007).

Windl 2001
H. J. Windl, Erdwerke der Linearbandkeramik in Asparn an der Zaya/Schletz, Niederösterreich. Preist. Alpina 37, 2001, 137–144.

Windl 2009
H. J. Windl, Zur Stratigraphie der bandkeramischen Grabenwerke von Asparn an der Zaya/Schletz. In: A. Zeeb-Lanz (Hrsg.), Krisen – Kulturwandel – Kontinuitäten. Zum Ende der Bandkeramik in Mitteleuropa. Beiträge der internationalen Tagung in Herxheim bei Landau (Pfalz) vom 14.–17.06.2007 (Rahden/Westf. 2009) 191–196.

Zeeb-Lanz 2009
A. Zeeb-Lanz, Gewaltszenarien oder Sinnkrise? Die Grubenanlage von Herxheim und das Ende der Bandkeramik. In: A. Zeeb-Lanz (Hrsg.), Krisen – Kulturwandel – Kontinuitäten. Zum Ende der Bandkeramik in Mitteleuropa. Beiträge der internationalen Tagung in Herxheim bei Landau (Pfalz) vom 14.–17.06.2007 (Rahden/Westf. 2009) 87–101.

DAS JÜNGST ENTDECKTE MASSENGRAB VON HALBERSTADT

Christian Meyer, Olaf Kürbis, Veit Dresely und Kurt W. Alt

Spätestens seit der Aufdeckung des Massengrabes von Talheim, Lkr. Heilbronn, in den 1980er Jahren, das mehrere Dutzend gewaltsam zu Tode gekommene Menschen enthielt, spielt auch das Neolithikum Mitteleuropas eine bedeutende Rolle bei der archäologischen Spurensuche nach den Anfängen des Krieges. Weitere Funde, wie z. B. die Mehrfachbestattungen von Eulau, Burgenlandkreis, haben das Bild kollektiver Gewaltanwendung im Neolithikum seither ergänzt. Ein neuer Befund, der in diese Reihe zu stellen ist, konnte jüngst auf dem Sonntagsfeld am südlichen Stadtrand von Halberstadt, Lkr. Harz, aufgedeckt werden.

Der Fundplatz wird generell durch eine bis zu 1,2 m mächtige Schwarzerdeschicht über Löss und den nahen Goldbach charakterisiert, der eine kontinuierliche Wasserversorgung garantierte. Beides trug wesentlich zur Siedlungsgunst des Platzes bei, der bis zur Römischen Kaiserzeit immer wieder genutzt wurde (Autze 2005). Die Hauptphasen der Besiedlung liegen in der Linienbandkeramik, der Bernburger Kultur und der späten Bronze- bis frühen Eisenzeit. Der zweifelsohne spektakulärste Befund ist das hier im Folgenden vorgestellte Massengrab. Es gehört ausweislich der wenigen Keramikfunde und der bisherigen ^{14}C-Datierungen in die jüngere Linienbandkeramik. Zwar ist bisher nur ein Teil des Fundplatzes archäologisch untersucht worden, aber es scheint, dass das Massengrab im südöstlichen Randbereich des bandkeramischen Siedlungsareals gelegen hat. Pfostenreihen von Langhäusern sind nördlich des Grabes nachgewiesen worden. Aber auch Gräbergruppen mit regulären Bestattungen, von denen mehrere Dutzend in die Linienbandkeramik datiert werden können, fanden sich dort (Fritsch u. a. 2011).

Im Massengrab selbst lagen die Überreste von neun menschlichen Individuen, welche dort vollkommen regellos deponiert worden waren (Abb. 1). Die Skelette waren bei der Auffindung noch größtenteils im Gelenkverband erhalten, jedoch fehlen insbesondere in den Randbereichen einige Arm- und Beinknochen. Vom obersten Skelett war nur noch die untere Körperhälfte

1
Befundlage der Skelette aus dem Massengrab von Halberstadt, Lkr. Harz, *in situ* mit farblicher Kennzeichnung der einzelnen Individuen.

vorhanden, bei zwei weiteren fehlte bis auf wenige Fragmente der Schädel. Jedoch fand sich auch ein einzelner Schädel inkl. der ersten Halswirbel zwischen den anderen Skeletten. Nach detaillierter Untersuchung der Skelette steht fest, dass ein Teil der fehlenden Knochen durch spätere, z. T. auch moderne Störungen des Massengrabes verschwunden ist. An einigen Knochenenden fanden sich zudem Bissspuren von Raubtieren. Diese haben ebenfalls zur heutigen Lückenhaftigkeit der Skelettfunde beigetragen. Offenbar war es den Tieren möglich, sich zumindest eine Zeit lang ungestörten Zugang zu den Leichen zu verschaffen. Ob der Tierfraß jedoch stattgefunden hat, als die Toten bereits zusammen im Grab lagen, oder evtl. vorher an einem anderen Ort, kann nicht mit Sicherheit entschieden werden. Der Nachweis von Tierverbiss fügt sich aber ein in das Bild von fehlender Sorgfalt bei der Bestattung der Toten, welche in diesem Fall jeden Anschein der typischen Totenbehandlung der Bandkeramik vermissen lässt. In dieser Hinsicht ähneln die Skelette aus Halberstadt denjenigen aus dem Erdwerk von Asparn-Schletz in Österreich, die ebenfalls Tierverbiss aufweisen.

Eine weitere Parallele zu Asparn, aber auch zu den bandkeramischen Massengräbern von Talheim und Kilianstädten, Main-Kinzig-Kreis, ist der eindeutige Nachweis von perimortaler, stumpfer Gewalteinwirkung auf den Schädel (Meyer u. a. 2014). Bei allen sieben Individuen aus Halberstadt, bei denen noch Schädelreste vorhanden sind, treten entsprechende Verletzungen auf, die u. a. durch Steinbeile verursacht worden sind (siehe Beitrag »Hinweise auf Massaker«, S. 173 Abb. 4–5). Zum Teil finden sich mehrere Einschlagstellen beim selben Individuum. Im Verbund mit der Deponierung der Toten in einem ungeordneten Massengrab ergibt sich eine relativ eindeutige Interpretation als weiterer Fall von kollektiver neolithischer Gewalt. Ein Unterschied zu den bisher bekannten steinzeitlichen Massakern ist jedoch, dass sich die Verletzungen in Halberstadt fast ausnahmslos auf den Hinterkopf konzentrieren. Lediglich in einem Fall konnte ein Schlag auf die rechte Schläfenregion festgestellt werden. Alle anderen Verletzungen gruppieren sich auf dem Hinterhauptbein sowie der hinteren Hälfte jeweils des rechten und linken Scheitelbeins.

Neben den Schädelverletzungen haben mindestens zwei Individuen auch perimortale Brüche von Oberarm- und Oberschenkelknochen erlitten. Bei der Deponierung der Leichen in der Grube sind die körperfernen Anteile dieser Gliedmaßen jeweils etwa im rechten Winkel abgeknickt, ohne dass eine Korrektur dieser widernatürlichen Lage durchgeführt worden ist. Dies belegt noch einmal die mangelnde Sorgfalt beim Umgang mit den Toten. Lediglich bei einem Individuum konnten zusätzlich Spuren einer scharfen Gewalteinwirkung festgestellt werden. Hier weisen zwei linke Rippen nahe dem Gelenk zur Wirbelsäule jeweils seichte Schnittspuren auf (siehe Beitrag »Hinweise auf Massaker«, S. 174 Abb. 6). Eine Beschädigung der Knochen durch Grabungswerkzeug kann an dieser Stelle ausgeschlossen werden, sodass die Schnitte durch eine Silexklinge entstanden sein müssen. Ob diese von einem Angreifer in der Hand geführt wurde oder die Schnitte von einer Pfeilspitze stammen, kann jedoch nicht mehr entschieden werden.

Klassische Abwehrverletzungen an den Unterarmen fehlen im Halberstädter Massengrab weitgehend. Es ist daher wahrscheinlich, dass die Schädelverletzungen den Opfern zugefügt wurden, als diese wehrlos waren. Hierzu passt auch die Gruppierung der Wunden rund um den Hinterkopf. Betrachtet man abschließend die Demografie der Opfer, so handelt es sich um acht Männer und eine Frau, alle im Alter zwischen 16 und 40 Jahren. Bei diesen wäre durchaus mit einer sichtbaren Gegenwehr zu rechnen gewesen, sodass das beobachtete Verletzungsmuster nicht für ein Erschlagenwerden auf der Flucht spricht. Eher scheint es sich – zumindest zuletzt – um eine gezielte und kontrollierte Tötung festgesetzter Personen gehandelt zu haben, die nur einen selektiven Ausschnitt einer bandkeramischen Gemeinschaft darstellen. In welchem genauen Kontext diese Tat jedoch verübt wurde, lässt sich nicht mehr vollständig rekonstruieren.

Literatur

Autze 2005
T. Autze, Ausgrabung auf dem Sonntagsfeld bei Halberstadt. Arch. Sachsen-Anhalt N.F. 3, 2005, 130–147.

Fritsch u. a. 2011
B. Fritsch/E. Claßen/U. Müller/V. Dresely, Die linienbandkeramischen Gräberfelder von Derenburg »Meerenstieg II« und Halberstadt »Sonntagsfeld«, Lkr. Harz. Jahresschr. Mitteldt. Vorgesch. 92, 2008 (2011) 25–229.

Meyer u. a. 2014
C. Meyer/C. Lohr/O. Kürbis/V. Dresely/ W. Haak/C. J. Adler/D. Gronenborn/K. W. Alt, Mass Graves of the LBK. Patterns and Peculiarities. In: A. Whittle/P. Bickle (Hrsg.), Early Farmers. The View from Archaeology and Science (Oxford 2014) 307–325.

DAS HYPOGÄUM VON LONGAR – DAS MEGALITHISCHE GRAB EINER KEINESWEGS FRIEDLICHEN GEMEINSCHAFT

Javier Armendáriz Martija

Ende der 1980er Jahre entdeckt, war das megalithische Grab von Longar, Navarra, Nordspanien, von 1991 bis 1993 Gegenstand einer archäologischen Ausgrabung. Es wurde auf ca. 750 m ü. NN am Südhang eines als »Alto de los Bojes« bezeichneten Hügels errichtet und liegt am Ende eines engen Tales, das von zwei Bächen durchlaufen wird, die in den Ebrofluss münden. Seine die Landschaft beherrschende Lage erlaubt eine weite Sicht über die Flussebene. Die Nähe zu dieser fruchtbaren Ebene und die Ressourcen der Gebirgswälder bildeten ein optimales Umfeld für die ersten jungsteinzeitlichen Bauern und Viehzüchter im Norden der Iberischen Halbinsel.

Die neolithische Gemeinschaft, die das Grab von Longar in der Mitte des 4. Jts. v. Chr. erbaute, hat eine für die Region völlig neue Grabstruktur entwickelt: Statt große, senkrecht aufgestellte Steine für die Eingrenzung der Grabkammer zu verwenden und so einen klassischen Dolmen zu errichten, grub man in die natürliche Tonerde des Terrains – daher der hypogäische Charakter – einen 4,6 m² großen, länglichen, von Norden nach Süden ausgerichteten Raum mit einem abgerundeten Kopfende (Abb. 1). Man gelangte in diesen Raum durch eine große, senkrechte Steinplatte, in die eine als Tür dienende Öffnung geschlagen worden war, die die Wiederbenutzung der Grabkammer ermöglichte. Von dieser Öffnung, die man durch einen nach Süden ausgerichteten und durch große Steinorthostate geformten Gang erreichte, ist nur noch das untere Drittel vorhanden; in Anbetracht der maximal erhaltenen Höhe der Umfassungsmauer betrug ihre ursprüngliche Höhe vermutlich 1,50 m.

Eine einfache Trockenmauer aus Steinplatten bildet die Begrenzung der Grabkammer dieses Korridorhypogäums. Sie weist eine einzige Außenseite auf, da sie sich gegen die Erdwand lehnt. Bedeckt wird sie abschließend durch ein megalithisches Dach, das aus zwei großen, waagerechten Steinplatten besteht. Beide Platten wiegen zusammen sieben Tonnen und liegen unmittelbar auf der Steinmauer auf. Eine natürliche Fissur in einer der Steinplatten führte zu ihrem Bruch und

1
Longar, Navarra, Spanien. Das Kollektivgrab während der Ausgrabung. Die großen Decksteine sind bereits entfernt. Von der als Eingang dienenden großen Steinplatte mit Durchlochung ist nur noch das untere Drittel erhalten.

späteren Einsturz, als das Grab noch in Gebrauch war, sodass dieses zugeschüttet wurde. Dieser Umstand hat es uns ermöglicht, ein unberührtes vorgeschichtliches Grab zu untersuchen, da es kurz nach seiner Erbauung versiegelt und somit eine spätere Ausplünderung verhindert wurde.

Die Ausgrabung zeigte, dass es keinen Grabhügel gab oder dieser nicht erhalten ist. Das Grab war mit einer Anfüllung kleiner Steine bedeckt, die über dem eingestürzten Dach lagen und als eine vorsätzliche Versiegelung der Grabstätte nach dem Einsturz der Decke gedeutet werden.

Aus der Grabkammer des Hypogäums in Longar stammt eine große Menge menschlicher Überreste: Es wurden 5435 Skelettreste und 2062 Zähne gezählt sowie 140 Skelettteile im anatomischen Verband identifiziert. Eine Mindestzahl von 114 Individuen wurde freigelegt – 71 Erwachsene und 43 Kinder (unter 14 Jahren), sowohl männlich als auch weiblich. Ihre anthropologische Analyse zeigt uns eine Gemeinschaft mit einer Alterskurve, die ein archaisches demografisches Schema mit einer geringen Lebenserwartung aufweist. Obwohl einige der Bestattungen zeitgleich stattgefun-

2
Longar, Navarra, Spanien. Die Pfeilspitze, die noch im Brustwirbel eines männlichen Individuums steckte, führte höchstwahrscheinlich zu dessen Tod.

Doch die zweifellos spektakulärsten Zeugnisse in der Grabstätte von Longar sind vier Pfeilspitzen, die noch in den Skelettresten steckten. Diese Wunden wurden ausschließlich bei erwachsenen männlichen Individuen vorgefunden, wobei nur in einem Fall Zeichen des Überlebens nach der Verwundung nachgewiesen werden konnten. Die Feuersteinspitzen wurden auf der Innenseite einer Rippe, in der Eckzahngrube, am oberen Ende des rechten Oberarmknochens und – im schwersten Fall – im Markkanal eines Brustwirbels gefunden (Abb. 2). Dieser letzte Pfeil hatte den Körper vom Rücken her durchbohrt.

Deshalb scheint es naheliegend, dass fast ausnahmslos alle Pfeilspitzen, die in Longar geborgen wurden, nicht als Beigaben im Rahmen des Bestattungsritus' in die Grabkammer gelegt wurden. Vielmehr ist davon auszugehen, dass sie in den Leichen steckend dorthin gelangten und in vielen Fällen die Ursache des Ablebens waren.

Die vier Fälle anthropologisch nachweisbarer Verletzungen in Longar ähneln den Funden in dem als Grabstelle benutzten Abri von San Juan Ante Portam Latinam, Laguardia, Álava, der nur 14 km Luftlinie entfernt liegt. Dort wurden neun vergleichbare Befunde mit ähnlicher Datierung geborgen (ca. 3360–2650 cal BC).

Sowohl die Stätte in Longar als auch der Abri von San Juan Ante Portam Latinam sind Gräber mit kollektiven Bestattungen, die über längere Zeiträume von einer genetisch heterogenen Bevölkerung genutzt wurden und demnach nicht als durch eine Schlacht verursachte Massengräber gedeutet werden können. All diese gewaltsamen Todesfälle und »Kriegsverletzungen« durch kleine, archaische, mit einem Bogen geschossene Feuersteinpfeile scheinen auf einen äußerst kriegerischen Charakter jener ersten Ackerbauern in dieser Gegend hinzuweisen. Obwohl abschließende Daten fehlen, könnte die geringe Entfernung zwischen beiden Grabstätten, die derselben Epoche und demselben geografischen Raum angehörten, darauf hindeuten, dass die durch Gewalt verursachten Todesfälle an beiden Orten miteinander in Verbindung gestanden haben.

den haben könnten, folgten die meisten Begräbnisse zu verschiedenen Zeitpunkten aufeinander, wie der Fund von »Schädelnestern« und Anhäufungen von Arm- und Beinknochen an bestimmten Stellen am Rande der Grabkammer beweisen. Radiokarbondatierungen weisen zwischen den chronologisch ältesten und den jüngsten Individuen eine Zeitspanne von mehreren Generationen auf (3361–2926 cal BC). Das zeigt, dass das Innere der Grabstätte regelmäßig geleert wurde, um Platz für neue Bestattungen zu schaffen.

Eines der eigentümlichsten Merkmale des Bestattungsritus, das Longar vom Rest der zeitgenössischen Grabstätten der Umgebung unterscheidet, ist das absolute Fehlen jeglicher Elemente persönlichen Schmucks und die Armut an weiteren Grabbeigaben. Lediglich ein kleines Keramikgefäß und eine eher geringe Anzahl von Gegenständen aus Feuerstein, darunter 32 blattförmige Pfeilspitzen, wurden gefunden.

Die Ergebnisse der Gebrauchsspurenanalyse an den Pfeilspitzen lieferten interessante Daten über die Lebensweise und das Sozialverhalten jener Menschen. So weisen elf der untersuchten Spitzen Spuren eines Einschlages auf. Davon befanden sich acht unzweifelhaft innerhalb der Weichteile der bestatteten Individuen und hatten wahrscheinlich deren Tod verursacht.

Literatur

Armendáriz Martija/Irigaray Soto 1995
J. Armendáriz Martija/S. Irigaray Soto, Violencia y muerte en la prehistoria. El hipogeo de Longar. Rev. Arqu. 168, 1995, 16–29.

Armendáriz Martija u. a. 1994
J. Armendáriz Martija/S. Irigaray Soto/F. Etxeberria Gabilondo, New evidence of prehistoric arrow wounds in the Iberian Peninsula. Internat. Journal Osteoarch. 4,3, 1994, 215–222.

DIE KRIEGER DER STREITAXTKULTUR

Ralf Schwarz

Mit dem Begriff »Streitaxtkulturen« werden in der archäologischen Literatur mehrere Kulturen zusammengefasst, die sich durch die Axt-Beigabe im Grab von zeitgenössischen Kulturen wie der Glockenbecherkultur unterscheiden. Dazu gehören die Schwedisch-Norwegische und Finnische Bootsaxtkultur, die Jütische und Inseldänische Einzelgrabkultur und die Schnurkeramikkultur. Durch das Auftreten schnurverzierter formähnlicher Becher wird die Bezeichnung Streitaxtkultur oft auch allgemein als Synonym für die Schnurkeramikkultur verwendet (Filip 1966, 1393). Bei allen Streitaxtkulturen handelt es sich um Kulturen der späten Jungsteinzeit, die kurz vor 2800 v. Chr. auftraten und je nach Region unterschiedlich lang – in Mitteldeutschland bis 2200 v. Chr., in Südschweden bis 1750 v. Chr. – dauerten, ehe sie von frühbronzezeitlichen Kulturen überformt, assimiliert oder verdrängt wurden. In Sachsen-Anhalt finden sich zwei der Axt-führenden Kulturen, im Norden die Einzelgrabkultur und im Süden die Schnurkeramikkultur, deren Siedlungsgebiete in der Mitte des Landes durch die Schönfelder Kultur getrennt waren, die wie eine Barriere deren weitere Ausbreitung nach Süden bzw. Norden verhinderte. Da an dieser Stelle nicht alle Gruppen der Streitaxtkultur zugleich behandelt werden können, richtet sich der Blick im Folgenden stellvertretend auf die mitteldeutsche Gruppe der Schnurkeramikkultur (Schwarz in Vorb.; Schwarz in Vorb. a).

Nicht nur die Streitaxtkulturen zeichnen sich durch die regelhafte Beigabe von Waffen in den Gräbern aus, auch die anderen spätneolitischen Kulturen kennen diese. Dabei lassen sich im Grabkontext zwei unterschiedliche Bewaffnungen feststellen. Es sind dies neben den Kulturen, die sich im Nahkampf des Beiles oder der Axt bedienten, solche, die im Kampf eine Fernwaffe bestehend aus Pfeil und Bogen einsetzten. Dazu zählt vor allem die Glockenbecherkultur, aber auch die Schönfelder Kultur (Ganslmeier/Literski-Henkel 2014), der allerdings neben Pfeil und Bogen bisweilen auch noch Beil und Axt als Waffe dienten. Allerdings sind für die Schnurkeramikkultur ebenfalls Pfeilspitzen belegt (Ganslmeier/Literski-Henkel 2014, 51 ff.), wobei auf den Wandsteinen der Steinkammer von Göhlitzsch, Saalekreis, auch die normalerweise nicht mehr überlieferten Teile der Bogenwaffe, nämlich das Bogenholz mit der Sehne im entspannten Zustand und der Köcher, in dem sechs Pfeile stecken, bezeugt sind (siehe Beitrag »Pfeil und Bogen«, S. 131). Ebenfalls auf einem der Wandsteine abgebildet ist ein Schild, mit dem sich der Krieger gegen heranfliegende Pfeile sowie gegen Axtschläge schützen konnte. In der Schnurkeramikkultur kam aber der Axt als Attribut des Kriegers eine größere – weil symbolische – Bedeutung zu als dem Bogen (Abb. 1). Dies bezeugen die Menhirstele von Dingelstedt, Lkr. Harz, auf der die Axt gleichermaßen als Waffe und als Statussymbol präsentiert wird, und der Menhir von Seehausen, Lkr. Börde, der aber nur noch den Stiel der Axt erkennen lässt (Schwarz 2013).

Darüber hinaus lässt sich im Bestattungsritus, bei dem beide Geschlechter in der Ausrichtung (Männer mit dem Kopf im Westen und Frauen mit dem Kopf im Osten) und Seitenlage der Toten (Männer als rechte und Frauen als linke Hocker) antithetisch zueinander beigesetzt wurden, ein weiterer Aspekt der Weltanschauung der Schnurkeramikkultur erkennen: Nämlich eine bei Frauen und Männern unterschiedliche Ideologie, die sich in der Vergesellschaftung der Geschlechter in Frauen- und Männerbünden artikuliert haben dürfte. Verbindet man diesen Aspekt mit der sich in den Waffenbeigaben manifestierenden Bedeutung des Kriegers in der Gesellschaft, dann wären die Männer in Kriegerbünden organisiert gewesen (siehe Beitrag »Kriegergefolgschaften in der Bronzezeit«, S. 253). Dieselbe Gesellschaftsform lässt sich auch auf die Einzelgrabkultur, die ebenfalls die Axt als Waffe führte, und auf die Glockenbecherkultur übertragen.

Dass die Schnurkeramikkultur zu den sog. segmentären Gesellschaften zu rechnen ist, bezeugen regionale und lokale Gruppierungen (Schwarz in Vorb.), welche die einzelnen Segmente in Form von Clans und Abstammungslinien (Lineages) widerspiegeln, und die weitgehende Uniformität der Grabinventare, die keine

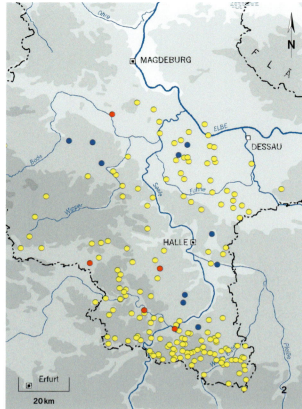

1
Facettenaxt der Schnurkeramikkultur aus Spielberg, Burgenlandkreis.

2
Verbreitung der schnurkeramischen Äxte [gelb] und Skelette mit Schädelmanipulationen (Trepanationen [blau] und Traumata [rot]) innerhalb der Siedlungsgebiete der Schnurkeramikkultur in Sachsen-Anhalt.

auf formalisierten Unterschieden beruhende hierarchische Staffelung der Beigaben erkennen lassen (Schwarz 2014), wobei Äxte schon durch ihre Häufigkeit als Distinktionsmittel ausscheiden (Abb. 2). Einzelne Personen in der Gesellschaft wurden in Stein verewigt. Es handelt sich dabei um anthropomorphe Stelen, auf denen Waffen und/oder Trachtbestandteile dargestellt sind (Schwarz 2013). Letztere umfassen Gürtel und Pektorale und bilden Bestandteile des Ornats. Die Waffen auf den Stelen zeigen, dass es sich um große Krieger (»Great Men«) gehandelt hat. »Great Men« werden im Gegensatz zu Häuptlingen mit segmentären Gesellschaften in Verbindung gebracht, für die H.-P. Hahn Expansion und Integration als charakteristisch nennt (Hahn 2012). Danach waren die segmentären Gesellschaften im nördlichen Ghana expansiv und gewalttätig. Sie setzten Gewalt als Mittel zur Durchsetzung ihrer politischen Ziele ein und haben in der Vergangenheit mehrfach andere Gruppen absorbiert, wobei weniger die formale Aneignung von Land und Unterdrückung der Bevölkerung im Vordergrund standen als vielmehr die Absorbtion der Lineages in die bestehenden Clanstrukturen (Hahn 2012, 38). Solche Szenarien haben sich vor dem Hintergrund der sich in chronologischen Kartenbildern widerspiegelnden territorialen Zuwächse und Verluste an Siedlungsgebieten im mitteldeutschen Spätneolithikum gewiss mehrfach ereignet (Schwarz in Vorb. a).

Den sekundären, in den Grabausstattungen zum Ausdruck kommenden Merkmalen stehen in der Schnurkeramikkultur auch primäre zur Seite. Es handelt sich dabei um Schuss-, Hieb- und Abwehrverletzungen. Solche Merkmale finden sich aber nur dann, wenn Verletzungen Spuren am menschlichen Skelett hinterlassen haben, wie bei den vier Mehrfachbestattungen des Gräberfeldes von Eulau, Burgenlandkreis (siehe Beitrag »Ein Steinzeitgemetzel«, S. 191).

Besonders interessant sind die Schädelverletzungen, die sich außer in Eulau noch an sieben weiteren Skeletten der Schnurkeramikkultur aus Sachsen (1), Sachsen-Anhalt (4) und Thüringen (2) zeigen. Drei davon erfuhren Wundbehandlungen durch Trepanationen. Mit nur zwei Ausnahmen (Allstedt, Lkr. Mansfeld-Südharz; Großstorkewitz, Lkr. Leipzig Land) überlebten die Krieger ihre Verwundungen (Lidke 2008, 291 Nr. 122; Conrad/Teegen 2009). Dass die Läsionen wahrscheinlich auf Gewalteinwirkung beruhen, lässt sich daraus ableiten, dass die Befunde von Männern stammen, die alle im adulten bis maturen Alter starben. Während die Schädel normalerweise nur die Öffnung zeigen, findet sich beim Schädel aus Unseburg, Lkr. Börde, ein durch die Wucht des Schlages nach innen durchgebrochenes Knochenstück, das im Schädel verblieb, während Knochensplitter sonst chirurgisch aus der Wunde entfernt wurden. Dagegen bezeugen die sich zur Schädelinnenseite hin trichterförmig verbreiternden scharfkantigen Ränder der Lochfraktur aus Großstorkewitz, Lkr. Leipzig, dass der Krieger an seiner Verwundung starb. Dabei weist die Stelle der Verletzung auf einen Rechtshänder als Täter hin, der das Opfer von vorne angegriffen hat (Conrad/Teegen 2009, 50).

Auch in den Fällen, in denen Schädel Trepanationen aufweisen, dürften diese auf Traumata zurückzuführen sein, denn alle 20 trepanierten Schädel stammen wiederum von adulten bis maturen Männern (Lidke 2008, 128 ff.). G. Lidke geht davon aus, »*daß sich die Schädeltrepanation als Folge der Behandlung von Schädelverletzungen, insbesondere infolge Schlageinwirkung, entwickelt hat*« (Lidke 2008, 55). In einem Fall sind sogar zwei Trepanationen nachweisbar (Pritschöna, Saalekreis; Abb. 3). Die Überlebensrate von 100 % gab dabei den Medizinmännern recht. Insgesamt liegen für die Schnurkeramikkultur in Sachsen ein Nachweis, in Sachsen-Anhalt 15 und in Thüringen neun Nachweise von Schädeltraumata und/oder Trepanationen vor. Betroffen sind stets die Scheitel- und Frontalregionen des Schädels, während das Hinterhaupt mit nur einer Ausnahme unverletzt blieb. Man stand sich somit im Zweikampf unmittelbar gegenüber (Conrad/Teegen 2009, 50).

Aufgrund der Waffenbeigabe in den Gräbern ist davon auszugehen, dass zumindest innerhalb des Mittelelbe-Saale-Gebietes die Läsionen am Schädel mit der Axt- bzw. Beilwaffe zugefügt wurden. Indem aber die Krieger der Glockenbecherkultur Pfeile verschossen, um ihre Gegner zu töten, weisen die Schädelfrakturen der getöteten Schnurkeramiker auf intratribale Konflikte zwischen den Clans oder Lineages hin. So konnte E. E. Evans-Pritchard (1969, 150) in seiner Studie zu den Nuer, einer aus zahlreichen Stämmen bestehenden ethnischen Gruppe im Südsudan, paradoxerweise nachweisen, dass Feindschaften zwischen Dörfern, Gruppen von Dörfern und nahen Verwandten häufiger sind als zwischen entfernten Verwandten und Stämmen. Dabei ließ sich anhand der Allianzen bei bewaffneten Konflikten auf den unterschiedlichen Ebenen der Abstammungslinien die Segmentierung der Nuer-Stämme am besten erforschen.

Allerdings spielt bei der Bewertung bewaffneter Konflikte im archäologischen Kontext auch die zeitliche Stellung der Befunde eine Rolle. So tritt die Schnurkeramikkultur in Mitteldeutschland bereits kurz vor

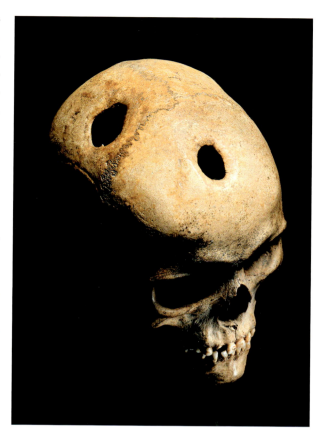

3
Schädel der Schnurkeramikkultur mit doppelter Trepanation aus Pritschöna, Saalekreis.

2800 v. Chr. innerhalb der Siedlungsgebiete der Bernburger Kultur und der Kugelamphorenkultur auf. Ihre Genese im osteuropäischen Raum ist anhand der Artefakte erschließbar. Das sich im archäologischen Kontext abzeichnende Durchsetzungsvermögen der Schnurkeramikkultur gegenüber den autochthonen Kulturen ist durch das mit segmentären Gesellschaften verbundene Prinzip der Expansion und Assimilation erklärbar (Hahn 2012). Nach anfänglich recht heterogenem Erscheinungsbild tritt ab 2575 v. Chr. eine Konsolidierung ein, die in der Ausprägung ortskonstanter Regional- und Lokalgruppen seit 2450 v. Chr. ihren Kulminationspunkt erreicht. Ab 2325 v. Chr. treten dann Auflösungserscheinungen ein, die ab 2200 v. Chr. zum Verschwinden des Eigengepräges und damit zum Erlöschen der kulturellen Identität infolge der Assimilation der schnurkeramischen Bevölkerung durch die frühbronzezeitliche Aunjetitzer Kultur führten. Derartige Aussagen lassen sich für die in Mitteldeutschland verbreitete Einzelgrabkultur nicht treffen. Dafür gibt es Anhaltspunkte, dass die Einzelgrabkultur im Jerichower Land im 25. Jh. v. Chr. die dort ansässige Schönfelder Bevölkerung aus ihren Wohnsitzen verdrängte.

Die für den Befund von Großstorkewitz (Grab 223) vorliegenden Radiokarbondaten (Conrad/Teegen

4
Schnurkeramische Axt aus dem Grab von Wennungen, Burgenlandkreis.

erfolgt sein muss, z. B. dem Nacken einer Axt (Abb. 4). Dabei wurde ein Knochenstück aus dem Zusammenhang getrennt und ins Innere des Schädels getrieben. Die ursprünglich terrassenartig eingebrochenen Defektränder sind im unteren Bereich vermutlich geglättet worden. Obwohl der vordere Ast der mittleren Hirnhautarterie von der Verletzung betroffen war und von einer Schwellung infolge eines Hämatoms auszugehen ist, erfolgte keine Trepanation. Es ist zu vermuten, dass die Person zwar zeitweise Ausfallerscheinungen zeigte, die Symptome aber einen Eingriff nicht notwendig erscheinen ließen. Die Tatsache, dass die Verletzung längere Zeit überlebt wurde, zeigt, dass die Heilung ohne erkennbare Komplikationen ablief.

Diese beiden Fälle und die bislang verfügbaren Daten zeigen, dass unverheilte Traumata eher bei jüngeren Männern vorkommen, während verheilte überlebte Schädelverletzungen in höheren Altersklassen vorherrschen. Bislang fehlen noch Untersuchungen zur exakten Lokalisierung der Defekte und vor allem zu ihrer Form. Auch eine Differenzierung zwischen verheilten und unverheilten Läsionen in Verbindung mit Angaben zu Alter und Geschlecht sowie der archäologischen Befunde (Grabbau, Grabausstattung, Lage der Gräber) sind für eine präzisere Auswertung und Interpretation unerlässlich. Es scheint sich jedoch auf der Grundlage der vorliegenden Daten zu bestätigen, dass eine enge Lokalisierung der Defekte im vorderen Schädelbereich vorliegt. Daher lässt sich, wie bereits ausgeführt, vermuten, dass diese Art der Konflikte reguliert oder sogar ritualisiert ausgefochten wurden. Für die Vermeidung eines letalen Ausgangs eines Kampfes könnte z. B. sprechen, dass die überlebten Verletzungen eher mit der stumpfen Seite der Axt (Nacken) verursacht wurden, was allerdings, wie das Beispiel von Großstorkwitz zeigt, nicht immer gelang. Eine unkontrollierte Gewalt mit Tötungsabsicht dürfte eher mit den Schneiden von Äxten und Beilen ausgeführt worden sein, wie dies in Eulau der Fall ist.

Aufgrund der bislang beschriebenen Befunde wäre es durchaus denkbar, dass es in der Schnurkeramikkultur zur Formierung einer ersten Kriegerkaste kam und dieses Kriegertum einem spezifisch männlichen Rollenverständnis entsprach. Dazu gehörte eine spezielle Form der Bewaffnung mit Streitaxt und vielleicht auch ein entsprechendes Kampftraining sowie ein »heroisches« Lebensverständnis, wie es erst im 3. Jt. v. Chr. archäologisch regelhaft nachweisbar wird, aber im bis in das 3. Jt. v. Chr. zurückreichenden Gilgamesch-Epos eindrucksvoll beschrieben wird. Auch in den regionalen Gruppen der teilweise zeitgleichen Glockenbecherkultur deuten sich regulierte Kämpfe an, die anscheinend zwischen Männern höheren Alters mit Pfeil und Bogen, aber auch mit Streitäxten ausgetragen wurden (Heske/Grefen-Peters 2014, 213 f.). In den älteren Zeitabschnitten des Neolithikums ist dies nicht zu belegen. Dort ist praktisch die gesamte Männergemeinschaft mobilisierbar. Es werden mit Ausnahme von Streitkeulen keine spezifischen Waffen mitgeführt, vielmehr werden, wie Talheim, Asparn-Schletz und auch andere Massengräber zeigen, übliche Ackerbaugeräte zum Töten der Mitmenschen verwendet (siehe Beitrag »Hinweise auf Massaker«, S. 171). Der Kämpfer ist in dieser Zeit eben auch Ackerbauer, Hausbauer etc., aber kein spezialisierter Krieger mit gesondertem Rollenverständnis.

Allerdings ist nicht grundsätzlich auszuschließen, dass vergleichbare rituelle Kämpfe eine weiter zurückreichende Tradition haben, wie dies etwa Schädeluntersuchungen in Mitteldeutschland zur Linienbandkeramikkultur andeuten (Nicklisch 2014). Hier erscheinen angesichts der kleinen Stichprobe die relativ hohen Zahlen von vergleichsweise diskreten Schädeltraumata verdächtig (9,2 %), die mit einer Ausnahme alle überlebt wurden. Man kann sich den Schlag mit dem

Knieholm eines Beiles oder aber einer Holzkeule oder ähnliche stumpfe Gewalt vorstellen. In Einzelfällen lässt sich, wie bei den Funden von Herxheim, Lkr. Südliche Weinstraße, nachweisen, dass die verheilten Verletzungen mit runder bis spitzovaler Form vor allem auf der linken Schädelseite auftraten (75 %; Orschiedt/ Haidle 2009, 48).

In zahlreichen Epochen der Menschheitsgeschichte ist es möglich, bereits an der Art der Bewaffnung einen verabredeten rituellen Zweikampf zumeist vor dem Hintergrund sozialer Stratifizierung zu erkennen. Hier können die mykenischen Rapiere genauso wie die Degen oder Samuraischwerter des 17. und 18. Jhs. genannt werden. Auch in ethnografischen Berichten treten wiederholt rituelle Zweikämpfe auf, beispielsweise bei den Yanomami im Amazonas-Regenwald, die vor Zuschauern stark geregelte Duelle austragen, in denen sie sich abwechselnd kraftvoll mit der Faust auf die Brust oder mit der flachen Hand auf die Seite des Bauches schlagen (Chagnon 2013, 183–188). Eine genauere Betrachtung der schnurkeramischen Skelette zeigt, dass bei der Interpretation von mit Gewalt assoziierten Verletzungen sehr sorgfältig mit dem Etikett »Krieg« umgegangen werden sollte.

Literatur

Chagnon 2013
N. A. Chagnon, Yanomamö. Sixth Edition: The Legacy Edition (Wadsworth 2013).

Conrad/Teegen 2009
M. Conrad/W.-R. Teegen, Gewalt und Konfliktaustragung im 3. Jahrtausend v. Chr. Ein Fallbeispiel aus Sachsen. Archaeo 6, 2009, 48–93.

Dresely 2004
V. Dresely, Schnurkeramik und Schnurkeramiker im Taubertal. Forsch. u. Ber. Vor- u. Frühgesch. Baden-Württemberg 81 (Stuttgart 2004).

Fröhlich/Kegler 2012
M. Fröhlich/J. F. Kegler, »Memento moriendum esse – Bedenke, dass du sterben musst.« Der Umgang mit dem Tod in der Stein- und Bronzezeit. In: M. Becker u. a., Neue Gleise auf alten Wegen I. Wennungen und Kalzendorf. Arch. Sachsen-Anhalt, Sonderbd. 19 (Halle [Saale] 2012) 63–84.

Heske/Grefen-Peters 2014
I. Heske/S. Grefen-Peters, Gewalt im Detail. Bestattungen der Glockenbecherkultur in Niedersachsen mit Hinweisen auf Dimensionen der gesellschaftlichen Auseinandersetzung. In: T. Link/ H. Peter-Röcher (Hrsg.), Gewalt und Gesellschaft. Dimensionen der Gewalt in ur- und frühgeschichtlicher Zeit. Internationale Tagung an der Julius-Maximilians-Universität Würzburg 14.–16. März 2013. Univforsch. Prähist. Arch. 259 (Bonn 2014) 203–216.

Kuchler 2013
B. Kuchler, Kriege. Eine Gesellschaftstheorie gewaltsamer Konflikte (Frankfurt a. M. 2013).

Lidke 2008
G. Lidke, Untersuchungen zur Bedeutung von Gewalt und Aggression im Neolithikum Deutschlands unter besonderer Berücksichtigung Norddeutschlands. Diss. Ernst-Moritz-Arndt-Univ. Greifswald 2005 (Greifswald 2008) <http://ub-ed.ub.uni-greifswald.de/opus/volltexte/2008/491/pdf/diss_lidke.gundula.pdf> (31.08.15).

Menninger 2008
M. Menninger, Die schnurkeramischen Bestattungen von Lauda-Königshofen. Steinzeitliche Hirtennomaden im Taubertal? Diss. Eberhard-Karls Univ. Tübingen 2006 (Tübingen 2008) <https://publikationen.uni-tuebingen.de/xmlui/handle/10900/49177> (31.08.15).

Meyer u. a. 2009
C. Meyer/G. Brandt/W. Haak/R. A. Ganslmeier/ H. Meller/K. W. Alt, The Eulau eulogy: Bioarchaeological interpretation of lethal violence in Corded Ware multiple burials from Saxony-Anhalt, Germany. Journal Anthr. Arch. 28, 2009, 412–423.

Muhl u. a. 2010
A. Muhl/H. Meller/K. Heckenhahn, Tatort Eulau. Ein 4500 Jahre altes Verbrechen wird aufgeklärt (Stuttgart 2010).

Neubert u. a. 2014
A. Neubert/J. Wicke/H. Bruchhaus, Mit der Axt – durch die Axt. Der Zusammenhang von Schädeldefekt und Waffenbeigabe in Bestattungen des schnurkeramischen Kulturkreises. In: T. Link/ H. Peter-Röcher (Hrsg.), Gewalt und Gesellschaft. Dimensionen der Gewalt in ur- und frühgeschichtlicher Zeit. Internationale Tagung an der Julius-Maximilians-Universität Würzburg 14.–16. März 2013. Univforsch. Prähist. Arch. 259 (Bonn 2014) 217–224.

Nicklisch 2014
N. Nicklisch, Paläodemographische und epidemiologische Untersuchungen an neolithischen und frühbronzezeitlichen Bestattungen aus dem Mittelelbe-Saale-Gebiet im Kontext populationsdynamischer Prozesse. Unpubl. Diss. Johannes Gutenberg-Univ. Mainz 2014.

Orschiedt/Haidle 2009
J. Orschiedt/M. N. Haidle, Hinweise auf eine Krise? Die menschlichen Skelettreste von Herxheim. In: A. Zeeb-Lanz (Hrsg.), Krisen – Kulturwandel – Kontinuitäten. Zum Ende der Bandkeramik in Mitteleuropa. Beiträge der Internationalen Tagung in Herxheim bei Landau (Pfalz) vom 14.–17.06.2007. Internationale Archäologie. Arbeitsgemeinschaft, Symposium, Tagung, Kongress 10 (Rahden/Westfalen 2009) 41–52.

Osgood/Monks 2000
R. Osgood/S. Monks, Bronze Age warfare (Stroud 2000).

Peter-Röcher 2007
H. Peter-Röcher, Gewalt und Krieg im prähistorischen Europa. Beiträge zur Konfliktforschung auf der Grundlage archäologischer, anthropologischer und ethnologischer Quellen. Univforsch. Prähist. Arch. 143 (Bonn 2007).

Vandkilde 2006
H. Vandkilde, Warriors and warrior institutions in Copper Age Europe. In: T. Otto/H. Thrane/ H. Vandkilde (Hrsg.), Warfare and society. Archaeological and social anthropological perspectives (Aarhus 2006) 393–422.

Wicke u. a. 2012
J. Wicke/A. Neubert/R. Bindl/H. Bruchhaus, Injured but special? On associations between skull defects and burial treatment in the Corded Ware Culture of central Germany. In: R. Schulting/L. Fibiger (Hrsg.), Sticks, stones, and broken bones: Neolithic violence in a European perspective (Oxford 2012) 151–174.

den Transfer technologischer, gesellschaftlicher und religiöser Innovationen erklären.

Siedlungsreste und Gräberfelder deuten an, dass die Glockenbecher-Leute und die späten Schnurkeramiker in kleineren Verbänden organisiert waren, die eine nur lockere regionale Bindung und Führung besaßen (Bertemes 2010, 140). Hinweise auf eine überregionale Macht und Organisation fehlen. Die Gruppen pflegten untereinander enge Kontakte. Eine derartige inter- und innerkulturelle Kommunikation kann nur auf Basis anerkannter Regeln erfolgen und muss durch gesellschaftliche Praktiken wie z. B. die Exogamie oder andere vertrauensbildende Maßnahmen, Rituale und Kulte stabilisiert werden. Dies heißt freilich nicht, dass dadurch dauerhaft Konflikte und Gewalt ausgeschlossen werden können.

Dass Gewalt Bestandteil der damaligen Gesellschaften war, lehrt der Blick auf die Gräberarchäologie. Insgesamt betrachtet scheinen die Bestattungen der Schnurkeramiker und der Glockenbecher-Leute zunächst durch einen ausgesprochen kriegerischen Charakter geprägt. Symbole der Gewalt wie Streitäxte, Streitkeulen, Pfeil und Bogen sowie Stichwaffen sind in zahlreichen Männergräbern nachgewiesen. Im Detail ist aber die Zusammensetzung der Ausrüstung beider Kulturen verschieden, was auf unterschiedliche Kampfesweisen schließen lässt. Streitäxte wie bei den Schnurkeramikern kommen im Nahkampf zum Einsatz. Die Maximalausrüstung des Kriegers der Glockenbecherkultur besteht hingegen aus einem Bogen, einem Satz von Pfeilen, die vermutlich in einem Köcher aus organischem Material am Körper getragen wurden, und einer Armschutzplatte, die meist auf der Innenseite des linken Unterarmes angebracht war und den Arm vor der zurückschnellenden Sehne schützen sollte (Abb. 3b; 4). Dazu kommt ein kleiner Kupferdolch mit triangulärer Klinge, der im Nahkampf als Stichwaffe eingesetzt werden konnte (Abb. 3a). Ob ein Bogen mit ins Grab gegeben wurde, lässt sich in der Regel nicht nachweisen, da dieser aus organischem Material bestand und daher nicht überliefert ist.

Von fast 2000 veröffentlichten Gräbern der Glockenbecher-Ostgruppe weisen nur ca. 8 % (157 Gräber) direkte oder indirekte Hinweise auf Gewalt oder aber Symbole der Gewalt auf (Krähe 2014). Zu Letzteren sind z. B. Gegenstände zu zählen, deren Funktion potenziell auf Gewaltausübung zielt, wie z. B. Pfeil, Bogen und Dolch. Offenbar lassen sich dabei auch regionale Unterschiede festmachen. In Süddeutschland bekamen ca. 20 % der Bestatteten (meist Männer) nur einen Pfeilsatz mit ins Grab (Bertemes 2010, 136), während bei 9 % der Männergräber die maximale Kriegerausstattung mitgegeben wurde. Einzelne mit Glockenbecherbefunden vorkommende Pferdeknochen in Mitteleuropa (Uerpmann 1990) und vor allem die offenbar auf Pferdezucht spezialisierte Csepel-Gruppe lassen vermuten, dass zur Ausstattung des Kriegers auch ein Pferd gehörte. Die Zugehörigkeit zu dieser Kriegerelite kann auch symbolisch zum Ausdruck gebracht werden, z. B. durch nicht funktionsfähige, z. T. mit Gold überhöhte Armschutzplatten, die nicht mehr getragen werden konnten und dem Toten mit ins Grab gegeben wurden.

Der voll ausgerüstete Krieger gehörte zur Spitze der Gesellschaft und ist nicht selten mit Mobilität in Verbindung zu bringen. Oftmals zeichnet er sich durch weitere Prestige- oder Statusmerkmale aus, wie z. B. Metallgegenstände oder Bernsteinperlen. Besonders deutlich wird dies am Beispiel des Bogenschützen von Amesbury, Wiltshire, England (Fitzpatrick 2011), der aufgrund der ausgeprägten Überausstattung an Statussymbolen sowie der Mitgabe von Goldgegenständen Merkmale der frühbronzezeitlichen »Fürstengräber« aufweist (Abb. 5). Außerdem bezeugt er weiträumige Mobilität und eine Bindung der Kriegerelite auch an das Metallurgenhandwerk (Bertemes 2010).

Diese in den Gräbern zu beobachtende Überbetonung des Kriegerstatus bedeutet aber nicht automatisch, dass es sich um eine sehr kriegerische oder gewaltbetonte Zeit gehandelt haben muss. Großangelegte, unter einer zentralen Leitung durchgeführte, systematische Kriegszüge können wir definitiv ausschließen. Vorstellbar sind indes punktuelle und zeitlich begrenzte interethnische Konflikte zwischen Schnurkeramikern, Trägern der Schönfelder Gruppe und Glockenbecher-Leuten. Man darf nicht vergessen, dass es sich um Gruppen mit vergleichbaren und somit konkurrierenden Mischwirtschaftssystemen handelte. Hier dürfte auch der Kampf um die besten und ertragreichsten Ackerflächen sowie die besten Weiden eine Rolle gespielt haben. Ein Beispiel für einen solchen Konflikt, der ursprünglich wohl auf Frauenraub zurückzuführen ist, sind die schnurkeramischen Gräber von Eulau, Burgenlandkreis. Der Angriff, der wohl eher ein Rache- als ein Beutefeldzug war, wurde von einer kleinen Gruppe von Schönfelder »Kriegern« durchgeführt, und zwar zu einem Zeitpunkt, als die waffenfähigen Männer der Dorfgemeinschaft anderweitig beschäftigt waren (siehe Beitrag »Ein Steinzeitgemetzel«, S. 191).

Die zunehmende gesellschaftliche Differenzierung und das Aufkommen von Besitz, Reichtum und Armut

4 (linke Seite) Rekonstruiertes Lebensbild eines Glockenbecher-Kriegers (Zeichnung © K. Schauer).

nachgewiesenen Lockenringen mit ausgehämmertem Ende – jüngst als »Typ Apfelstädt« bezeichnet (Meller 2014) – vergleichbare Stücke aus Edelmetallen stammen aus Böhmen, Mähren, Niederösterreich und der Schweiz. Verwandte Formen liegen von der Iberischen Halbinsel, aus den Niederlanden und aus England vor.

Nach dem Skelettbefund handelt es sich bei dem Bestatteten um einen 35–50 Jahre alten und 1,70 m großen Mann mit einem ausgeprägt runden und kurzen Schädel in guter körperlicher Verfassung (Birkenbeil 2006). Er hatte mehrere bereits länger und sehr gut verheilte Verletzungen erlitten, die augenscheinlich versorgt worden waren: ein Bruch des linken Schienbeins, ein Nasenbeinbruch und eine Stauchung der Brustwirbelsäule. Ob alle Verletzungen von einem Geschehen – wie z. B. einem Sturz vom Pferd – herrührten, ist unklar.

Stellt schon die Bestattung in einer Holzkammer und die Mitgabe von Pfeilen eine seltene Ausnahme in der mitteldeutschen Glockenbecherkultur dar (Hille 2012), so gilt dies auch für die in einer östlich gelegenen kleinen Grube und wahrscheinlich in Form einer Stele verankerte Grabmarkierung. Die Ausstattung ist durch qualitätvolle Objekte – die Gefäße und Silices, v. a. aber die Elektron-Ringe – geprägt, die den Mann als Krieger von hohem gesellschaftlichen Rang kennzeichnen. Mit fünf beigegebenen Pfeilen hatte er sicher keinen vollständigen Satz, gegenüber den meisten anderen Bogenkriegern allerdings doch relativ viele Pfeile im Grab. Plausibel scheint, dass die Anzahl der Pfeile für vollbrachte Leistungen steht. Dabei könnte es sich z. B. um die Anzahl der Auseinandersetzungen handeln, an denen dieser Krieger teilgenommen hat, oder um die Anzahl getöteter Feinde. Auch die überstandenen Verletzungen könnten auf Kampfgeschehen zurückgehen. Über die Gegner der Glockenbecherkrieger wissen wir nur wenig; ein 20 km entfernt liegender Befund aus Erfurt-Stotternheim lässt aber eine Konfliktlinie erkennen. Auf einem Gräberfeld der Schnurkeramikkultur fand sich dort ein Männergrab mit einer gestielten Pfeilspitze im Brustbereich des Skelettes. Diese eher westeuropäisch verbreitete Form liegt im mitteldeutschen Endneolithikum nur aus zwei Gräbern der Glockenbecherkultur vor: dem hier behandelten von Apfelstädt sowie dem Handwerkergrab mit »Goldabfall« von Zwenkau bei Leipzig (Campen 2004). Sehr wahrscheinlich handelt es sich in Stotternheim um ein im Zuge einer bewaffneten Auseinandersetzung eingeschossenes Projektil.

Die Lage des Apfelstädter Grabes an der Südgrenze des geschlossenen jungsteinzeitlichen Siedlungsraumes zu den Ausläufern des Thüringer Waldes ist kein Zufall. Hier trafen die transeuropäische West-Ost-Verbindung nördlich des Thüringer Waldes sowie die Ausgänge verschiedener Pässe über diesen aufeinander und von hier aus führten die Wege weiter nach Norden und Nordosten. Der Tote hatte nach Ausweis der Beigaben weitgespannte Verbindungen in den Süden und Südosten, aber auch in den Westen und war sicher selbst sehr mobil. Vor seinem Tod scheinen er und seine Gruppe die Wegeverbindungen kontrolliert zu haben, was mit beträchtlichem Einfluss und Kontrolle über Metallströme verbunden gewesen war und andererseits Wehrhaftigkeit erforderte. Zusammenfassend ist der reich ausgestattete Mann als Anführer eines Verbandes – vermutlich eines Clans – erkennbar, der nach seinen Verletzungen und den selektiv beigegebenen Bewaffnungsbestandteilen aktiv an Kämpfen beteiligt war. Ähnliche Gräber liegen vereinzelt aus dem mittel- und nordwesteuropäischen Verbreitungsgebiet der Glockenbecherkultur vor.

Literatur

Birkenbeil 2006
S. Birkenbeil, Erdgaspipeline STEGAL-Loop – Begleitprojekt Anthropologie I. Neue Ausgr. u. Funde Thüringen 2, 2006, 63–68.

Campen 2004
I. Campen, Unscheinbar, aber bedeutsam. Archaeo 1, 2004, 27–28.

Hille 2012
A. Hille, Die Glockenbecherkultur in Mitteldeutschland. Veröff. Landesamt Denkmalpfl. u. Arch. Sachsen-Anhalt 66 (Halle [Saale] 2012).

Küßner 2006
M. Küßner, Ein reich ausgestattetes Grab der Glockenbecherkultur von Apfelstädt, Lkr. Gotha – Vorbericht. Neue Ausgr. u. Funde Thüringen 2, 2006, 55–62.

Küßner 2015
M. Küßner, Apfelstädt, Lkr. Gotha: Häuser der Bandkeramik, ein jungneolithisches Kollektivgrab und außergewöhnliche Gräber der Glockenbecherkultur. In: I. Spazier/T. Grasselt (Hrsg.), Erfurt und Umgebung. Arch. Denkmale Thüringen, Bd. 3 (Weimar/Langenweißbach 2015) 189–194.

Meller 2014
H. Meller, Die neolithischen und bronzezeitlichen Goldfunde Mitteldeutschlands – Eine Übersicht. In: H. Meller/R. Risch/E. Pernicka (Hrsg.), Metalle der Macht – Frühes Gold und Silber. 6. Mitteldeutscher Archäologentag vom 17. bis 19. Oktober 2013 in Halle (Saale). Tagungen Landesmus. Vorgesch. Halle 11/II (Halle [Saale] 2014) 611–716.

BRONZEZEIT

Vorderseite
Schädel eines 20- bis 30-jährigen Mannes aus dem Tollensetal,
Lkr. Mecklenburgische Seenplatte, mit unverheiltem Lochbruch
im Stirnbein (ca. 1200 v. Chr.). > siehe S. 337–350

KRIEG IN DER BRONZEZEIT

Svend Hansen

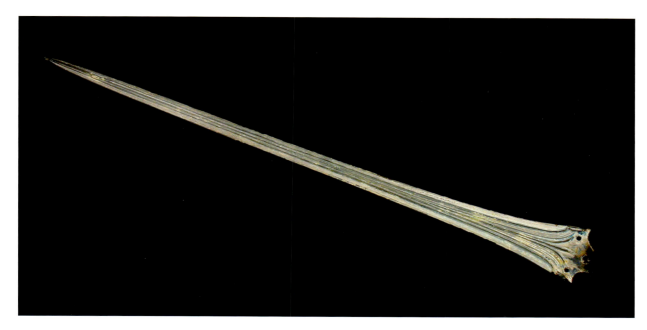

1
Hattuša/Boğazköy, Türkei, 750 m südwestlich des Löwentors. Bronzenes Schwert mit akkadischer Inschrift: »*Als Tuthalija, der Großkönig, das Land Aššuwa zugrunde richtete, weihte er diese Schwerter dem Wettergott, seinem Herrn*«.

In der Archäologie waren die Waffen der Bronzezeit lange Zeit Gegenstand umfangreicher stilistischer und technischer Untersuchungen. Über die mit diesen Zwangsmitteln verbundene Gewalt und den bronzezeitlichen Krieg wurde jedoch kaum gesprochen. Dabei blieben doch das Schwert und die Lanze bis in die Frühe Neuzeit, bis zum effektiven Einsatz der ersten Feuerwaffen, die wichtigsten Tötungswerkzeuge. Erst in jüngerer Zeit werden die Waffen als Zeugnisse von realen Kämpfen und Kriegen betrachtet und die Aufmerksamkeit richtet sich nun beispielsweise vermehrt auf die Gebrauchsspuren an Schwertern und Lanzenspitzen. Die Entdeckung spektakulärer Funde, wie der Gletschermumie vom Hauslabjoch, dem »Ötzi« (Fleckinger 2011), der an einer Pfeilschussverletzung starb, hat die Sicht auf die Gewalt in der Bronzezeit verändert. Das Schlachtfeld im Tollensetal, Lkr. Mecklenburgische Seenplatte (siehe Beitrag »Das Schlachtfeld im Tollensetal«, S. 337) wird dazu nicht minder beitragen als die Toten von Eulau, Burgenlandkreis, deren Sterben beklemmend plastisch rekonstruiert wurde (siehe Beitrag »Ein Steinzeitgemetzel«, S. 191). Die bronzezeitlichen Felsbilder in den Alpen oder im schwedischen Bohuslän zeigen immer wieder die Waffe. Auch in den Grabausstattungen der Krieger und nicht zuletzt in den Opfergaben an die imaginären Mächte spielte sie eine überragende Rolle (Abb. 1).

Im 2. Jt. v. Chr., d. h. in der Zeit, die in Mitteleuropa als Bronzezeit bezeichnet wird, wurde eine Reihe von Innovationen wirksam. Unter den technischen Neuerungen bedeutete vor allem die Beimengung von Zinn zum Kupfer eine erhebliche Verbesserung der Gusstechniken. Dadurch gelang es in größerem Umfang als bisher, lange Schwerter herzustellen. Sie wurden von einem seltenen Prestigeobjekt zu einem Massenphänomen. Schließlich entstanden befestigte Höhensiedlungen, Burgen, die Schutz vor Überfällen bewaffneter Gruppe boten.

Viele dieser Neuerungen setzten andernorts jedoch schon sehr viel früher ein: Daraus resultiert, dass die Archäologie die Bronzezeit in Europa zu sehr unterschiedlichen Zeitpunkten beginnen lässt, und das ist für das Verständnis dieser Epoche natürlich hinderlich. Seit dem 4. Jt. verwendete man nämlich in ver-

2
Arco, Italien. Stele mit Darstellung von Stabdolchen, Beilen und Dolchen.

schiedenen Regionen, wie z. B. dem Kaukasus, Arsen als Zuschlag zum Kupfer, wodurch das weiche Kupfer ebenfalls hart und elastisch wurde. Die Legierung, die Mischung von Metallen, die im 4. Jt. v. Chr. aufkam, darf man als eine der großen technischen Erfindungen der Menschheitsgeschichte betrachten. Heute existieren Tausende von verschiedenen Legierungen, die in der Maschinenproduktion, der Medizin und in vielen anderen Bereichen des Alltags eine Rolle spielen. Die Legierung des Kupfers war einer der entscheidenden technischen Schritte, um die Verlängerung der Klingen zu bewerkstelligen. Der technische Fortschritt ging direkt mit der militärischen Anwendung zusammen. Schon im 4. Jt. v. Chr. wurde eine Vielzahl von regionalen Dolchformen entwickelt, die die Experimentierfreudigkeit der Metallhandwerker belegen.

Wie in einer aktuellen Studie gezeigt wird, kam bereits im 4. Jt. v. Chr. der Stabdolch auf, eine neue Waffe, die ausschließlich zum Töten von Menschen diente (siehe Beiträge »Gebrauchsspuren an frühen Metallwaffen«, S. 273; »Der Stabdolch«, S. 275). Im westlichen Europa blieb er auch im 3. Jt. v. Chr. die dominierende Waffe. Auf großen anthropomorphen Stelen im alpinen Raum sind Krieger mit einer Vielzahl solcher Waffen dargestellt (Abb. 2). Die Stabdolche aus dem Grab von Leubingen, Lkr. Sömmerda, und dem Depot II von Dieskau, Saalekreis, standen am Ende dieser Entwicklung.

Zur gleichen Zeit, im letzten Viertel des 4. Jts. v. Chr., wurden in Ostanatolien, im nördlichen Kaukasus und in der Levante bereits Schwerter mit einer Länge von bis zu 62 cm hergestellt. Es war natürlich das Ziel der Schwertgießer, die Klingen zu verlängern, um so den Abstand zum Gegner zu vergrößern. Die scharfen Schneiden verursachten erhebliche Verletzungen des Gegners. Diese Verbesserungen der Gießtechnik blieben jedoch vor allem auf den mediterranen Bereich begrenzt.

Im Mittelmeerraum waren befestigte Anlagen bereits im 4. und 3. Jt. bekannt: Von Los Millares in Spanien über Boussargues in Südfrankreich, Kastri auf Syros bis nach Arad in Israel entstanden Befestigungen, in deren unmittelbarer Umgebung mit der Ausbeutung mineralischer Ressourcen begonnen wurde. Deswegen hat man diese Befestigungen mit dem Schutz und der Kontrolle der Bergwerke bzw. mit der Herstellung und Verteilung der Fertigprodukte in Verbindung gebracht.

Die zweite Hälfte des 4. Jts. war eine sehr dynamische Zeit, in der neben den Entwicklungen in der Metallurgie eine ganze Reihe von Innovationen, wie Rad und Wagen, das Segelboot oder die Schrift, entstanden, das Wollschaf herausgezüchtet wurde sowie Esel und Pferd domestiziert wurden. Ohne diese Neuerungen, die möglicherweise auf viel ältere Erfindungen zurückgehen, hätte die Entstehung von Städten und Staaten in Mesopotamien und Ägypten in dieser Form nicht stattfinden können.

Die Bronzezeit ist die Epoche der ersten Städte und der Staatsentstehung. Europa hatte an diesen frühen Staatsbildungen zunächst keinen Anteil (Breuer 2014). Der Staat ist nach einer bekannten Definition von M. Weber ein territorial abgegrenzter Herrschaftsverband, der das Monopol physischer Gewalt für sich beansprucht (Gewaltmonopol des Staates) und ein auf Legitimität gestütztes Herrschaftsverhältnis von Menschen über Menschen ist (Weber 1956). Thomas Hobbes konnte sich im 17. Jh. das Leben ohne Staat nur als Chaos vorstellen (siehe Beitrag »Zur Philosophie des Krieges«, S. 25). Demgegenüber vertrat im 18. Jh. J.-J. Rousseau die sehr einflussreiche These, der Mensch sei im Naturzustand ein friedliches Wesen gewesen. Erst das Privateigentum sei der Grund für Krieg und Elend. Es war die britische Sozialanthropologie, die in der ersten Hälfte des 20. Jhs. in verschiedenen Teilen der Welt zeigte, dass es dort Stammesgesellschaften ohne zentrale Herrschaft, Hierarchie und Ausbeutung gab (Kramer/Sigrist 1978). Ob diese Stammesgesellschaften aber friedlich waren, ist fraglich. Pierre Clastres (2008) zufolge waren sie der Ort des permanenten Kriegszustands. Dieser habe in der Regel Bündnisse verhindert, die aber zuweilen nur deshalb geschlossen wurden, weil man Feinde hatte. So wurde die Autonomie der Stammessegmente perpetuiert, was letztlich die Entstehung des Staats verhinderte.

Lawrence Keeley argumentierte 1997 gegen den Mythos der friedvollen Wilden mit Zahlen, indem er ethnografische Berichte quantitativ auswertete. Praktisch alle tribalen Gesellschaften seien tief in den Krieg verwickelt gewesen. In einigen von ihnen seien die Todesraten durch Gewalteinwirkung sogar erheblich gewesen. Vor allem junge Männer hätten nur eine deutlich verminderte Chance gehabt, alt zu werden. Doch sind diese hohen Todeszahlen auch bezweifelt worden, beruhen sie doch wesentlich auf Erzählungen bzw. einer besonderen Form von »Jägerlatein«.

Nicht zuletzt auf die Untersuchung von Keeley baut der amerikanische Psychologe Steven Pinker (2011) seine aufsehenerregende These auf, dass es nie friedlicher zugegangen sei als heute. Mit enormem statistischem Material wird die Abnahme der Gewalt auf den verschiedensten Ebenen plausibel zu machen versucht (Ziemann 2012; Ferguson 2013): Abnahme kriegerischer Gewalt, Abnahme der Mordraten, Abnahme der Gewalt gegen Frauen. Dabei hilft auch die Statistik: 10 000 tote römische Soldaten im Jahr 9 sind im Verhältnis zur damaligen Weltbevölkerung deutlich mehr als 10 000 tote amerikanische Soldaten im Jahr 1945. Man mag schon an diesem Gebrauch der Statistik zweifeln, denn sie zeigt die begrenzte Reichweite einer Methode, die mit den historischen Umständen auch alle Besonderheiten und Einmaligkeiten in quantitativen Größen verschwinden lässt. Der britische Archäologe I. Morris (2013) vertritt neuerdings die These, der Krieg habe auf lange Sicht die Gesellschaften reicher und sicherer gemacht. Trotz vieler Opfer sei die potenziell viel gefährlichere Gewalt eingedämmt worden. Sowohl Pinker als auch Morris deuten die angebliche Abnahme der Gewalt als Ergebnis eines gelingenden Zivilisationsprozesses im Sinne von Norbert Elias (1990), der die Entwicklung vom Mittelalter bis in die Neuzeit durch eine verstärkte Selbstkontrolle, sinkende Gewaltbereitschaft, steigende Schamgrenzen und insgesamt eine Verfeinerung des Verhaltens gekennzeichnet sah.

Gegen die Vorstellung einer irgendwie linearen Zivilisationstheorie wurde eine Fülle von Material zusammengetragen. Hans-Peter Duerr (1993) zeigte auf, dass in Gesellschaften des 20. Jhs. nicht minder brutale und entmenschlichte Gewalt möglich war und weiterhin möglich ist wie vor 1000 oder 2000 Jahren. Auch wenn man, wie zuletzt Harald Welzer, in der staatlichen Gewaltmonopolisierung der westlichen Gesellschaften die »*bislang wahrscheinlich größte zivilisatorische Neuerung der Menschheitsentwicklung* [sieht], *die ein bisher ganz unbekanntes Maß an persönlicher Sicherheit und Freiheit erlaubt*«, so bedeutet dies nicht, dass die Gewalt als soziale Möglichkeit verschwunden wäre, sondern sie ist »*jederzeit in direkte Gewalt rückverwandelbar*« (Welzer 2012, 523).

Es ist ein Kennzeichen des frühen Staates, sowohl nach innen als auch nach außen harte physische Gewalt auszuüben. Der Krieg wurde organisiert durch die Verfügung über Menschen als Soldaten. Die Gegner wurden entweder hingerichtet oder als Gefangene verschleppt. Den eng gelegten Toten auf der Narmer-Palette des späten 4. Jts. v. Chr. wurden Köpfe und Penisse abgeschnitten (siehe S. 38). Gefangene waren als Arbeitskräfte willkommen, besonders wenn sie handwerklich ausgebildet waren.

Die durch die ersten Staaten geprägte Welt Mesopotamiens und Ägyptens hatte zweifellos Auswirkungen auf den östlichen Mittelmeerraum und darüber hinaus. Sowohl Ägypten als auch Mesopotamien waren vom Handel mit wertvollen Rohstoffen abhängig. Mitteleuropa, wo zu dieser Zeit die Schnurkeramik- und die Glockenbecherkultur das Bild prägten, konnte an diese Entwicklungen nicht anschließen. Es ist bis heute eine offene Diskussion, welche spezifischen Mechanismen verhinderten, dass sich keine vergleichbaren hierarchischen, staatlichen Strukturen herausbildeten. Im 2. Jt. v. Chr. mehren sich Hinweise auf Häuptlingstümer, die von großen befestigten Höhensiedlungen größere Territorien beherrschten. Der Bau dieser Anlagen und die neuen Waffen bildeten zudem eine Art Infrastruktur der gewaltförmigen Konflikte. Es sind nicht mehr die neolithischen Fehden, sondern der Beginn des bronzezeitlichen Krieges in Mitteleuropa (Peter-Röcher 2011).

Befestigte Anlagen sind im 3. Jt. selten, doch kennen wir Leliceni und Monteoru in Siebenbürgen oder Vučedol in Kroatien (Kulcsár/Szeverényi 2013). In größerem Umfang entstanden Burgen an der Wende vom 17. zum 16. Jh. v. Chr. Vor allem in der Slowakei ist während der Frühbronzezeit ein umfangreicher Burgenbau belegt, so z. B. in Nižná Myšl´a, Barca und Spišský Švrtkok. Ein wichtiger Grund für diese frühe Konzentration könnte der Abbau der reichen Kupfer- und Goldlagerstätten des slowakischen Erzreviers gewesen sein (siehe Beitrag »Bronzezeitliche Befestigungen«, S. 301).

In die gleiche Zeit fällt in Mitteleuropa das flächendeckende Aufkommen des Schwertes. Eine andere

Innovation dieser Zeit, die bronzene Lanzenspitze, war für die Entwicklung der Kriegstechnik nicht minder bedeutsam. Die großen Fundmengen zeigen uns einen erheblichen realen Bedarf und umfangreiche Waffenweihungen an übernatürlich gedachte Mächte belegen die ideologische Bedeutung dieser Waffen. Von einem quantitativen Standpunkt aus lassen sich Burgenbau und neue Bewaffnung als ein Ergebnis zunehmender

3
Kammhelm aus Mainz-Kostheim, Stadt Wiesbaden.

kriegerischer Gewalt interpretieren. In sie flossen erhebliche Investitionen. Für die Herstellung der Waffen war spezialisiertes Fachwissen erforderlich und ihre Produktion erforderte einen erheblichen Arbeitsaufwand.

Ab dem späten 14. und dem 13. Jh. v. Chr. kam es zu einer Intensivierung des Burgenbaus in ganz Mitteleuropa vom Karpatenbecken bis in den süddeutschen Raum. Vielfach wurden diese markanten Lagen auch in späterer Zeit genutzt und vollständig überformt. Gleichzeitig mit diesem Ausbau sprangen auch andere ökonomische Motoren an: Unter den wirtschaftlichen Aktivitäten sind der intensive Abbau von Salz sowohl in den Karpaten als auch im oberösterreichischen Hallstatt, der Kupferbergbau in den Alpen sowie die deutliche Verbesserung von Bronzeguss und Metallbearbeitungstechniken zu nennen. Dazu kam die Wiederaufnahme der Weihung von Metallobjekten als Gabe an die übernatürlichen Mächte, an die Geister und Götter.

Zu den technischen Neuerungen dieser Zeit gehörten in Mitteleuropa bronzene Schutzwaffen: Helme (Abb. 3), Brustpanzer, Beinschienen und Schilde (siehe Beitrag »Bronzezeitliche Schutzwaffen«, S. 293). Man hielt sie lange eher für Paradestücke denn für einen wirksamen Schutz in tödlichen Auseinandersetzungen. Die gepanzerten Krieger wurden sogar als »Pan-European Dandy« bezeichnet (Coles 1977). Die Waffen lassen sich aber als eine neue Qualität der Auseinandersetzung werten. Sie implizierten nämlich nicht nur eine erhebliche materielle Investition. Darüber hinaus musste man den Kampf mit Schwertern und Lanzen in der Rüstung ständig trainieren und damit den Körper und seine Bewegungen für dieses Ziel optimieren. David versuchte in einer Rüstung Goliath entgegenzutreten, legte sie aber wieder ab, als er merkte, sich darin nicht bewegen zu können. Am Ende tötete er gegen alle Wahrscheinlichkeit Goliath mit der Steinschleuder.

Heute ist man in der archäologischen Forschung eher davon überzeugt, dass der bronzezeitliche Krieg in Mitteleuropa vor allem durch Überfälle und kurzfristige, auch brutale Raubzüge geprägt gewesen sei (Harding 2007). Der Burgenbau wird in dieser Perspektive als ein Element verstanden, welches neue Sicherheitsbedürfnisse spiegelte. Diese Sicht auf den bronzezeitlichen Krieg orientiert sich an den »neuen Kriegen« der vergangenen beiden Jahrzehnte auf dem Balkan oder im Kongo, die durch eine kriminelle Gewaltökonomie, brutale Gewaltstrategien und zahlreiche private Gewaltakteure geprägt waren (Münkler 2007). Der gepanzerte Krieger der Bronzezeit ist in dieser Sichtweise vom Dandy zum Warlord geworden. Alle Rüstung nutzte nichts, wenn nicht die Bereitschaft vorhanden war, jederzeit um das, was man für sein Recht hielt, auch mit der Waffe zu kämpfen. Ohne generelle Gewaltbereitschaft konnte keiner dieser Warlords erfolgreich sein. Wie viel davon trainiert war und wie viel auf die individuelle Disposition zurückging, lässt sich nicht mehr rekonstruieren. Vermutlich war es beides und unter diesen historischen Bedingungen waren psychopathische Grade von Brutalität, Reue- und Empathielosigkeit vielleicht sogar funktional.

In Mitteleuropa war die mediterrane Welt zweifellos »irgendwie« bekannt. Sicher verschwammen meist die Grenzen zwischen echtem Wissen und phantastischem Märchen über das mykenische Griechenland, die Handelsstädte an der levantinischen Küste oder das pharaonische Ägypten. Archäologische Funde, wie Glasperlen bzw. mediterrane Kupferbarren im Norden

4
Stele des Pharao Merenptah aus Theben-West, Ägypten, 1205 v. Chr.

oder Bernstein im Süden, belegen aber, dass es Kontakte zwischen diesen so unterschiedlich anmutenden Welten gab. Zwar vollzog sich dieser Austausch von Gütern in der Regel durch regionale Netzwerke, doch möchte ich annehmen, dass zu diesen Objekten immer auch eine »story« gehörte, die das Wundersame und Geheimnisvolle dieser Objekte erläuterte. Andererseits gab es auch individuelle Mobilität aus verschiedensten Gründen. So könnten beispielsweise auch Menschen aus dem Norden an kriegerischen Auseinandersetzungen in Griechenland beteiligt gewesen sein (Jung/Mehofer 2013).

Der bronzezeitliche Krieg scheint uns heute weit entfernt und die archäologischen Rekonstruktionen bleiben vielfach abstrakt. Um zu verstehen, dass auch der bronzezeitliche Krieg eine Geißel der Menschen war, ist es erhellend, in die zeitgleiche Textüberlieferung des pharaonischen Ägypten zu blicken. Dies ist auch für das Verständnis der kriegerischen Konflikte in Mitteleuropa hilfreich. Der ägyptische Pharao Thutmosis III. hatte zwei Jahre nach der Schlacht von Megiddo 1455 v. Chr. begonnen, jährliche Militärexpeditionen in die Levante zu schicken. Nur in wenigen Jahren kam es zu offenen Schlachten. Es waren vielmehr Beutezüge, die zugleich der allgemeinen Abschreckung dienen sollten. Sein Nachfolger Amenophis II., der vielleicht 1425 v. Chr. auf den Thron kam, führte diese Feldzüge fort. Für das siebte Jahr seiner Herrschaft (also 1419) heißt es: »*Seine Majestät begab sich nach Rtnw auf seinem ersten siegreichen Feldzuge, um seine Grenzen zu erweitern, um Belohnung zu geben dem, der ihm ergeben war. Sein Antlitz war schrecklich wie das der Bastet, wie das des Seth in seiner Stunde des Wütens. Seine Majestät gelangte nach Šamaš-Edom. Er zerhackte es in einem kurzen Zeitraum wie ein Löwe mit grimmigem Gesicht, der die Fremdländer durchstreift. Seine Majestät befand sich auf dem Gespann namens ‚Amun ist tapfer-Mut ist gnädig'; das Gespann mit der schönen Scheibe(?). Liste der Beute seiner Majestät an diesem Tage 35 lebende Asiaten und 22 Rinder*« (Galling 1979, 29).

An anderer Stelle heißt es: »*Seine Majestät begab sich auf dem Gespann nach Hašabu, indem er allein war, ohne daß sich ein Begleiter bei ihm befand. Er kehrte zurück von dort innerhalb eines kurzen Zeitraums und brachte 16 lebende Mariannu an der Seite eines Streitwagens, 20 Hände, die an der Stirne seiner Pferde hingen und 60 Rinder, die vor ihm hergetrieben wurden. Diese Stadt bot seiner Majestät den Frieden an*« (Galling 1979, 31). Nicht nur Amenophis II. benutzte die Hände der Toten als Trophäe. Auch später diente das Abschneiden der rechten Hand des Gegners als Erfolgsnachweis. In Tell el-Daba, dem antiken Avaris, wurden vor dem Palast des Königs Khayan aus der 15. Dynastie mehrere Gruben entdeckt, in denen sich abgeschnittene rechte Hände fanden (Bietak 2012). Erstmals konnte diese grausame Praxis somit archäologisch nachgewiesen werden. Die Abrollung eines syrischen Siegelzylinders aus Minat el-Bêda zeigt einen Krieger mit Sichelschwert, der mit der linken Hand den abgeschlagenen Kopf des Gegners auf einer Lanze aufgespießt vor sich hält.

Auf den Siegermonumenten wird die Beute aus dem Feldzug im neunten Jahr, also 1417 v. Chr., penibel aufgelistet: »*Er führte weg 34 ihrer Großen, 57 Mariannu, 231 lebende Asiaten, 372 Hände, 54 Pferde, 54 Wagen mitsamt allen ihren Kampfgeräten, jeden Erwachsenen von Rtnw, ihre Frauen, ihre Kinder und alle ihre Sachen, 54 Pferde, 54 Wagen und alles Kampfgerät*« (Galling 1979, 31). 1417 v. Chr. war dies nur ein weiterer jener Feldzüge, die seit 40 Jahren die Bewohner der Levante in Schrecken versetzten, und es war nicht der letzte. Diese Zeitdimension ist für das Verständnis des bronzezeitlichen Krieges sehr wichtig.

Zu Beginn der Regierungszeit von Ramses II. (1279–1213 v. Chr.) trafen Ägypter und Hethiter feindlich aufeinander. Letztlich war es der alte Konflikt um Einfluss und Ressourcen in der Levante. Nach der ägyptischen Überlieferung ging Ramses II. als Sieger aus der Schlacht von Qadesh in Nordsyrien im Jahre 1274 v. Chr. hervor. Man ist sich heute aber einig, dass die ägyptischen Inschriften reine Propaganda darstellten und tatsächlich der hethitische Großkönig Muwatalli die Oberhand behielt. Sechzehn Jahre nach der Schlacht schlossen Ramses II. und der neue hethitische Großkönig Hattuschili einen Friedensvertrag (siehe Beitrag »Der älteste Friedensvertrag der Welt«, S. 239).

Wie sehr die Menschen unter der militärischen Gewalt litten, bezeugt eine Stele des Nachfolgers Ramses' II., Merenptah. Die schwarze Granitstele aus Theben-West fand Sir Flinders Petrie 1896 in den Ruinen des Tempels von Merenptah. Der Text wird in das Jahr 1208 v. Chr. datiert, das fünfte Regierungsjahr des Königs, in dem er sich gegen einen Angriff libyscher Volksstämme und verschiedener Seevölker behaupten musste.

Auf der Stele wird Merenptah vom Gott Amun das Sichelschwert des Krieges überreicht (Abb. 4). Die Inschrift präzisiert: »*Nimm Dir das Sichelschwert gegen jedes Fremdsland, vereint an einem Ort*« (von der Way 1992, 80).

Die Stele preist den Pharao Merenptah:
»*Starker Stier, Herr der Kraft, der seine Feinde tötet, / schön auf dem Kampfplatz der Tapferkeit nachdem der Angriff gelungen ist, / Sonne, welche das Gewölk vertreibt, das sich über Ägypten befand, / der Ägypten die Sonnenstrahlen (wieder) zeigt / der einen Berg von Erz vom Nacken des Pat-Volkes entfernt, / damit er den Rechit den Atem gibt, die eingeengt waren. …
Der eine, der die Herzen Hunderttausender festigt, / indem Atem in ihre Nasen eintritt bei seinem Anblick, / der das Land der Tjemehu zerbricht in seiner Lebenszeit, / der ewigen Schrecken in das Herz des Meschwesch gibt, / indem er die Libyer zurückdrängt, die Ägypten betraten* / …
Der elende Fürst, der Feind aus Libyen / war geflohen in der Tiefe der Nacht, ganz allein, / ohne Feder auf seinem Kopf, seine Füße waren nackt, / fortgeführt waren seine Frauen vor seinen Augen …
Große Freude ist aufgekommen in Ägypten, / und Jubel ist aus den Ortschaften Ägyptens herausgedrungen. / Man erzählt sich von den Siegen, / die (Merenptah) in Tjehenu errungen hat: / ‚Wie beliebt ist er der siegreiche Herrscher, / wie erhaben ist er, der König unter den Göttern! / Wie klug ist er, der Herr des Befehls. / Oh wie angenehm ist es, umherzusitzen, während man redet in fremder Sprache!' / Man geht ungehindert hinaus auf dem Weg, / (denn) keinerlei Furcht ist im Herzen der Menschen; …
Re hat sich Ägypten wieder zugewandt!«
(von der Way 1992, 86 ff.).

Der Text lässt erkennen, wie sehr der Krieg als Bürde empfunden wurde. Und er blieb eine Bedrohung: So erinnerte Merenptahs Nachfolger, Ramses III., an seine 1180 v. Chr. geschlagenen Schlachten gegen die »Seevölker«: »*Ich bin wie Re als König erschienen in Ägypten. Ich schütze es indem ich für es abwehrte die neun Bogen (barbarischen Randvölker). Die Bergländer – sie machten ein Bündnis auf ihren Inseln; es zogen fort und verstreut sind im Kampfgewühl die Länder auf einen Schlag; nicht hielt irgendein Land vor ihren Armen stand und die Länder von Hatti, Qadi, Karkemish, Arzawa und Alasia waren nun entwurzelt*« (Edel 1985).

Am Tempel von Ramses III. ist sein Sieg über die Seevölker in Szene gesetzt. Man erkennt das Geschehen einer Seeschlacht. Das Wasser ist voll von ertrinkenden und toten Männern.

Tatsächlich war es eine Zeit, in der auch in anderen Teilen der östlichen Staatenwelt Krisen erhebliche Auswirkungen zeitigten. Um 1200 v. Chr. brach das Hethiterreich zusammen und die Bauten in Bogazköy wurden Opfer eines Feuers. Ugarit, die große Handelsmetropole im Norden Syriens, wurde wohl um 1190/80 v. Chr. zerstört. Die »Seevölker« sieht man heute allerdings weniger als Stämme, sondern als entwurzelte Menschengruppen, die eher die Folge und nicht die Ursache dieser Krisen gewesen sein. Es mag eine ähnliche Situation wie in der Mitte des 2. Jhs. v. Chr. gewesen sein. Damals machten nicht Seevölker, sondern Seeräuber über 100 Jahre das östliche Mittelmeer unsicher. Der griechische Schriftsteller Plutarch

5
Umzeichnung der Figuren auf der sogenannten Kriegervase aus Mykene, Griechenland.

berichtet von 30 000 Seeräubern und 1000 Schiffen, die für Schrecken sorgten, bis sie durch Pompeius im Jahre 67 v. Chr. vernichtet wurden.

Die Beispiele verdeutlichen, wie asymmetrische Kriege in der Bronzezeit und selbst in der hellenistischen Welt über Jahrzehnte das Geschehen bestimmen konnten. Der bronzezeitliche Krieg ist, so fern er heute auch sein mag, so blutig und tödlich gewesen, wie spätere Kriege auch. Auf der sog. Kriegervase von Mykene sehen wir einmal die Trauer (Abb. 5). Während sechs Soldaten mit Helmen, Panzern, Beinschienen und Schilden gerüstet sowie mit der Lanze bewaffnet nach rechts marschieren, steht links hinter ihnen eine Frau. Sie hat den rechten Arm über den Kopf erhoben, der fehlende linke Arm dürfte ebenso über dem Kopf erhoben gewesen sein. Es ist der typische griechische Trauergestus, der in diesem Fall bereits das Kommende antizipiert und die Szene der Marschierenden in eine des Todes verwandelt.

Die Trauer der Mütter, Schwestern und Ehefrauen ist auch ein Thema der »Ilias«, des ältesten literarischen Werks Europas, das vom Krieg der Bronzezeit berichtet. Andromache ruft Hektor zu: *»Was treibt dich? Du Draufgänger – wo hetzt du hin? Deinem / Untergang in die Arme und ohne an unseren Sohn zu denken / oder an mich arme Witwe, die ich sein werd wenn du stirbst«* (Homer, Ilias VI, 406–408; Schrott 2008).
Sie fleht Hektor an, nicht gegen Achilleus zu kämpfen, an das Schicksal ihrer sieben Brüder zu denken, die alle von ihm getötet wurden, und um die sie trauert, wie die Frau auf dem mykenischen Krater.

Auch wenn die »Ilias« erst im 8. Jh. v. Chr. geschrieben wurde und insofern natürlich kein historischer Bericht über den Trojanischen Krieg ist, so hilft sie zum Verständnis der Handlungsmotive nicht nur der eisenzeitlichen, sondern auch der bronzezeitlichen kriegerischen Akteure. Ehre (*timē*) ist für sie ein entscheidender Begriff und in der »Ilias« ein wichtiger Schlüssel für das Verständnis der Handlungslogik. Der zweite zentrale Begriff des Epos ist Ruhm (*kleós*). Die Helden wollen sich einen Namen machen, ein Motiv, das wir übrigens nicht nur in der »Ilias«, sondern auch im mesopotamischen »Gilgameschepos« des 2. Jts. v. Chr. finden. Ehre und Ruhm gehörten, so dürfen wir unterstellen, zum kulturellen Code der Mächtigen in der Bronzezeit. Die Ideologie des Heldischen ist aber nicht erst im 20. Jh. infrage gestellt, sondern schon früh kritisiert worden, sicher auch weit bevor es die ersten Texte belegen. C. Alexander (2009) hat die »Ilias« einer postheroischen Lektüre unterzogen und dabei aufgedeckt, wie illusionslos die heroische Sicht des Krieges auch im Epos in Zweifel gezogen und letztlich dessen totale Sinnlosigkeit sichtbar gemacht wurde. Deshalb stand der griechische Dichter Archilochos im 7. Jh. v. Chr. wohl keineswegs im gesellschaftlichen Abseits, wenn er in einem Gedicht bekannte, wenig heldenhaft seinen Schutzschild im Dickicht verloren, aber dafür sein Leben gerettet zu haben. Die Ideologie des Heldischen wurde immer durch technische und politische Faktoren, aber nicht zuletzt auch die Liebe zum Leben begrenzt. Achilleus steht die Alternative klar vor Augen, wenn er der Gesandtschaft der Griechen erklärt:
»... daß mich zwei Schicksale zu Hades Pforten führen: / entweder bleib ich hier und kämpfe weiter um die Stadt Troia; / dann gibt's kein Zurück mehr für mich aber ewigen Ruhm. / Oder ich kehr zurück zu meinem Vater in

die geliebte Heimat; / dann winkt mir zwar kein Ruhm aber ein langes Leben ... / ... dasselbe rate ich euch auch: segelt lieber nach Haus ...« (Schrott 2008).

Die Archäologie der Bronzezeit verfügt über einen Fundus von Quellen, die auf den verschiedensten Ebenen einen Einblick in die Realität der Gewalt dieser Zeit vermitteln. Damit leistet sie auch einen Beitrag zu den bedrückend aktuellen Fragen des Krieges und der Gewalt. Allein die prähistorische Archäologie vermag die Geschichte der letzten 10 000 Jahre zu schreiben, mit einem natürlich eingeschränkten Quellenmaterial, wie dies für jede historische Wissenschaft charakteristisch ist. In den letzten Jahren sind für die Gewaltgeschichte bedeutende Funde auf methodisch höchstem Niveau untersucht worden. Das Ziel ist, eine möglichst genaue historische Verortung kriegerischer Gewalt und eine Abschätzung ihrer Dimensionen zu leisten und somit einen Beitrag zu einer Betrachtung zu liefern, die Gewalt als ein soziales und politisches, also nicht nur individuelles Phänomen versteht.

Literatur

Alexander 2009
C. Alexander, Der Krieg des Achill. Die Ilias und ihre Geschichte (Berlin 2009).

Bietak 2012
M. Bietak, The archaeology of the »gold of valour«. Egyptian Arch. 40, 2012, 42–43.

Breuer 2014
S. Breuer, Der charismatische Staat. Ursprünge und Frühformen staatlicher Herrschaft (Darmstadt 2014).

Clastres 2008
P. Clastres, Archäologie der Gewalt (Zürich, Berlin 2008).

Coles 1977
J. M. Coles, Parade and Display: Experiments in Bronze Age Europe. In: V. Markotić (Hrsg.), Ancient Europe and the Mediterranean. Studies presented in honour of Hugh Hencken (Warminster 1977) 51–58.

Duerr 1993
H.-P. Duerr, Der Mythos vom Zivilisationsprozess. Bd. 3: Obszönität und Gewalt (Frankfurt a. M. 1993).

Edel 1985
E. Edel, Der Seevölkerbericht aus dem 8. Jahr Ramses' III (MH II, pl. 46, 15–18). Übersetzung und Struktur. In: P. Posener-Kriéger (Hrsg.), Mélanges Gamal Eddin Mokhtar. Festschr. M. Ǧamāl-ad-Dīn Muhtār (Kairo 1985) 223–238.

Elias 1990
N. Elias, Über den Prozeß der Zivilisation. Soziogenetische und psychogenetische Untersuchungen. Bd. 2. Wandlungen der Gesellschaft. Entwurf zu einer Theorie der Zivilisation[15] (Frankfurt a. M. 1990).

Ferguson 2013
R. B. Ferguson, Pinker's list. Exaggerating Prehistoric War Mortality. In: D. P. Fry (Hrsg.), War, Peace, and Human Nature: The Convergence of Evolutionary and Cultural Views (New York 2013) 112–131, DOI:10.1093/acprof:oso/9780199858996.003.0007.

Fleckinger 2011
A. Fleckinger (Hrsg.), Ötzi 2.0. Eine Mumie zwischen Wissenschaft, Kult und Mythos (Wien, Bozen 2011).

Furtwängler/Loeschke 1886
A. Furtwängler/G. Loeschke, Mykenische Vasen: vorhellenische Thongefäße aus dem Gebiete des Mittelmeeres (Berlin 1886).

Galling 1979
K. Galling (Hrsg.), Textbuch zur Geschichte Israels[3] (Tübingen 1979).

Harding 2007
A. F. Harding, Warriors and Weapons in Bronze Age Europe. Archaeolingua, Ser. Minor 25 (Budapest 2007).

Jung/Mehofer 2013
R. Jung/M. Mehofer, Mycenean Greece and Bronze Age Italy: Cooperation, Trade or War? Arch. Korrbl. 43,2, 2013, 175–193.

Keeley 1997
L. H. Keeley, War Before Civilization: the Myth of the Peaceful Savage (New York 1997).

Kramer/Sigrist 1978
F. Kramer/C. Sigrist (Hrsg.), Gesellschaften ohne Staat. Bd. 1: Gleichheit und Gegenseitigkeit (Frankfurt a. M. 1978).

Kulcsár/Szerényi 2013
G. Kulcsár/V. Szerényi, Transition to the Bronze Age: Issues of Continuity and Discontinuity in the First Half of the Third Millennium BC in the Carpathian Basin. In: V. Heyd/G. Kulcsár/V. Szerényi (Hrsg.), Transitions to the Bronze Age. Interregional Interaction and Socio-Cultural Change in the Third Millennium BC Carpathian Basin and Neighbouring Regions. Archaeolingua 30 (Budapest 2013) 67–92.

Lange/Hirmer 1961
K. Lange/M. Hirmer, Ägypten. Architektur, Plastik, Malerei in drei Jahrtausenden[3] (München 1961).

Morris 2013
I. Morris, Krieg. Wozu er gut ist (Frankfurt, New York 2013).

Münkler 2007
H. Münkler, Die neuen Kriege[3] (Reinbek b. Hamburg 2007).

Peter-Röcher 2011
H. Peter-Röcher, Gewalt und Sozialstruktur. Wann beginnen institutionalisierte Konfliktlösungsstrategien. In: S. Hansen/J. Müller (Hrsg.), Sozialarchäologische Perspektiven: Gesellschaftlicher Wandel 5000–1500 v. Chr. zwischen Atlantik und Kaukasus. Internat. Internationale Tagung 15.–18. Oktober 2007 in Kiel. Arch. Eurasien 24 (Mainz 2011) 451–463.

Pinker 2011
S. Pinker, Gewalt. Eine neue Geschichte der Menschheit (Frankfurt a. M. 2011).

Saleh/Sourouzian 1986
M. Saleh/H. Sourouzian, Das Ägyptische Museum Kairo (Mainz 1986).

Schrott 2008
R. Schrott, Homer, Ilias (München 2008).

von der Way 1992
T. von der Way, Göttergericht und »Heiliger« Krieg im Alten Ägypten. Die Inschriften des Merenptah zum Libyerkrieg des Jahres 5. Stud. Arch. u. Gesch. Altägypten 4 (Heidelberg 1992).

Weber 1956
M. Weber, Wirtschaft und Gesellschaft. Grundriss der verstehenden Soziologie (Tübingen 1956).

Welzer 2012
H. Welzer, Gewalt braucht kein Motiv. In: U. Bielefeld/H. Bude/B. Greiner (Hrsg.), Gesellschaft – Gewalt – Vertrauen. Jan Philipp Reemtsma zum 60. Geburtstag (Hamburg 2012) 504–525.

Ziemann 2012
B. Ziemann, Eine »neue Geschichte der Menschheit«? Anmerkungen zu Steven Pinkers evolutiver Deutung der Gewalt. Mittelweg 36,3, 2012, 45–56.

MILITÄR UND KRIEGFÜHRUNG IN VORDERASIEN

Ingo Schrakamp

Krieg – der organisierte, mit Waffengewalt ausgetragene Konflikt zwischen zwei Staaten – lässt sich im Bereich der Keilschriftkulturen des heutigen Irak, Syrien, der Türkei und der Levante anhand keilschriftlicher Quellen, archäologischer Funde und Kriegsszenen in der Bildkunst bis in die Zeit der Entstehung der Keilschrift um 3300 v. Chr. zurückverfolgen (Abrahami 2005; Abrahami 2006).

Hinweise auf kriegerische Auseinandersetzungen finden sich jedoch schon früher (Tallis 2008, 49; Richardson 2011, 17). Einer der ersten archäologisch nachweisbaren Konflikte fand im 4. Jt. v. Chr. in Hamoukar statt, einer befestigten Stadt in Nordostsyrien, die dank Stein- und Metallverarbeitung und verkehrsgünstiger Lage zur Blüte gelangt war. Um 3500 v. Chr. wurde die Stadt zerstört, ihre Lehmziegelmauer eingerissen, Gebäude niedergebrannt. Funde Hunderter tönerner Schleudergeschosse (siehe Beitrag »Frühe Schleudern«, S. 153) lassen keinen Zweifel, dass die Stadt einem Überfall zum Opfer fiel. In den Angreifern vermutet man Truppen des im Südirak gelegenen Uruk, das in der zweiten Hälfte des 4. Jts. v. Chr. an zahlreichen Orten Mesopotamiens Kolonien gründete.

In Uruk, das mit schätzungsweise 50 000 Einwohnern die größte Stadt Mesopotamiens und von einer 11 km langen Stadtmauer umgeben war, wurde zu Beginn der Späturuk-Zeit (ca. 3300–2900 v. Chr.) die Keilschrift erfunden. Sie diente zunächst der Wirtschaftsverwaltung. Tausende Tontäfelchen bezeugen eine hierarchisierte, spezialisierte und arbeitsteilige Gesellschaft, die auf Bewässerungsfeldbau basierte und den Großteil der Bevölkerung in staatlichen Wirtschaftseinheiten in Landwirtschaft, Viehzucht, Fischerei und Handwerk beschäftigte und versorgte. Die gesellschaftliche Ordnung dieses frühen Staates veranschaulicht eine Wortliste, die in hierarchischer Abfolge Titel, Ämter und Berufe aufführt und nach dem Herrscher einen »Leiter der Stadt«, einen »Leiter des Rechts«, einen »Leiter der Pflüger« und einen »Leiter der (Arbeits-)Truppen« nennt. In den »(Arbeits-)Truppen« darf man eine Schicht abhängiger Arbeitskräfte vermuten, die zur Kanal-, Bau- und Feldarbeit und im Kriegsfall zum Wehrdienst herangezogen wurde (s. u.). Die gesellschaftliche Differenzierung hatte den ersten Militärapparat hervorgebracht (Tallis 2008, 47; Richardson 2011, 16–19).

Uruk besaß die Vormachtstellung innerhalb eines Städtebundes, der alle urbanen Zentren Sumers umfasste und sicherlich auch der Verteidigung diente. Siegelabrollungen zeigen die arbeitsteilige Fertigung und Magazinierung von Waffen im Arsenal (Abb. 1), Vorführungen gefesselter Gefangener vor dem Herrscher und stellen diesen als Krieger mit Lanze, Pfeil und Bogen dar. Tontafeln summieren Sklaven, in denen man Kriegsgefangene vermutet, und dokumentieren Ausgaben von Pfeilen und Bögen. Ähnliche Befunde stammen aus dem Südwestiran, ein Siegelbild zeigt möglicherweise eine Belagerungsszene (Hamblin 2006, 38 f.; Tallis 2008, 49). Historische Daten sind diesen Quellen noch nicht zu entnehmen.

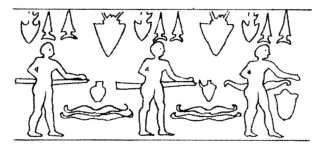

1
Das späturukzeitliche Siegelbild zeigt Handwerker bei der arbeitsteiligen Fertigung von Bögen und anderem Kriegsgerät in einer Werkstatt oder Waffenkammer.

Zu den ersten militärgeschichtlichen Schriftzeugnissen zählt eine Alabasterplatte der Frühdynastisch I/II-Zeit (ca. 2800–2600 v. Chr.). Sie zeigt Soldaten mit Pfeil und Bogen und Wurfholz (?) und trägt eine Inschrift, die Tausende von Gefangenen aus verschiedenen Orten auflistet (Abb. 2). Man nimmt an, dass es sich um die Kriegsgefangenen eines Königs von Kisch handelt, das in der Mitte des 3. Jts. v. Chr. Nordbabylonien beherrschte und in jüngeren Epen als Gegenspieler Uruks erscheint.

Die jüngere Frühdynastische Zeit (Frühdynastisch IIIa–b, ca. 2575–2300 v. Chr.) war durch rivalisierende

2
Alabasterplatte aus der Frühdynastisch I/II-Zeit (ca. 2800–2575 v. Chr.). Die Reliefdarstellung zeigt Soldaten oder Würdenträger mit Pfeil und Bogen sowie Wurfholz (?), die erhaltenen Teile der Inschrift summieren Tausende von Kriegsgefangenen aus zahlreichen Orten.

Stadt- oder Kleinstaaten gekennzeichnet, und ab dieser Epoche liegen umfangreichere militärgeschichtliche Quellen vor (Fuchs 2009, 366–374; Fuchs 2011, 381–385; Richardson 2011, 13 f., 39). Herrscherinschriften mit Feldzugberichten unterrichten über den geschichtlichen und geografischen Rahmen früher Kriege. Da sie jedoch der Legitimation des *casus belli* durch die Götter und der Glorifizierung des Herrschers dienten, dessen Ansehen sich maßgeblich aus seinen Kriegstaten herleitete, konstatieren sie den siegreichen Ausgang der Schlacht nur lapidar. Auch die Kriegsszenen in der Bildkunst, die in der zweiten Hälfte des 3. und der ersten Hälfte des 1. Jts. v. Chr. besonders häufig sind, stellen keine echten Kämpfe dar, sondern zeigen stets unterlegene Gegner, die flüchten, entwaffnet oder bereits getötet sind. Verwaltungsurkunden und Briefe informieren hingegen oft detailliert über Verwaltung, Aushebung, Organisation, Zusammensetzung, Ausrüstung, Versorgung und Einsatz von Truppenteilen und Armeen, erwähnen Truppenbewegungen, Kämpfe und verzeichnen Gefallene, Gefangene und Kriegsbeute. Omina und Rituale, mit denen man den Ausgang von Krieg und Schlacht zu ergründen und beeinflussen suchte, reflektieren bisweilen sogar strategische Überlegungen (Lorenz/Schrakamp 2014, 43). Echte Schlachtenbeschreibungen, wie sie die klassische Antike überliefert, sind aber ebenso unbekannt wie militärtheoretische Handbücher, sodass sich das Geschehen auf einem altorientalischen Schlachtfeld trotz zahlreicher Versuche kaum mit Sicherheit rekonstruieren lässt (Fuchs 2009, 365 Anm. 12; Fagan 2010, 81 f.). Die Kombination archäologischer, bildlicher und keilschriftlicher Befunde mit den Ergebnissen der experimentellen Archäologie und Vergleiche mit militärhistorisch besser dokumentierten Epochen erlauben es aber, die Grundlinien altorientalischer Militärgeschichte nachzuzeichnen und ermöglichen zuweilen Rückschlüsse auf die Kampftaktik.

Die Schlachtfelder der jüngeren Frühdynastischen Zeit wurden von Fußtruppen mit Lanzen und Kampfwagen beherrscht (Tallis 2008, 53; Fuchs 2009, 363). In der Frühdynastisch IIIa-Zeit (ca. 2575–2475 v. Chr.) gehörten Uruk, Nippur, Adab, Lagasch, Umma und Schuruppag einem sumerischen Städtebund an, der dem König von Kisch unterstand, und entsandten ihre mehrere Hundert Mann starken Kontingente und Kampfwagen gegen das am Golf gelegene Ur. In der Frühdynastisch IIIb-Zeit (ca. 2475–2300 v. Chr.) gerieten die vormaligen Bündnispartner in Konflikt. Bevölkerungswachstum, die landwirtschaftliche Erschließung des Hinterlandes und die Abhängigkeit von Wasser hatten die an den Flüssen gelegenen Städte zu Rivalen werden lassen. Der erste historisch dokumentierte Krieg entzündete sich zwischen Lagasch im Südosten Sumers und seinem nördlichen Nachbarn Umma um einen Streifen fruchtbaren Landes im Grenzgebiet. Enmetena von Lagasch (ca. 2350 v. Chr.) schildert das Geschehen in der Retrospektive: Wenige Generationen zuvor hatte der König von Kisch den Grenzverlauf festgelegt, doch Ninta von Umma drang in lagaschitisches Gebiet ein. Lagasch konnte den Angriff zurückschlagen, und Eanatum (ca. 2370 v. Chr.), der dank seiner erfolgreichen Kriegszüge zeitweise ganz Babylonien beherrschte, regelte den Grenzverlauf erneut und erlegte Umma eine Abgabe auf. Eine Generation später drang Urlumma von Umma nach Lagasch vor und bot sogar fremdländische Söldner auf, doch Eanatums Neffe Enmetena schlug ihn so überraschend, dass Urlumma seine Kampfwagen an einem Kanalufer aufgeben musste (siehe Beitrag »Kampf- und Streitwagen«, S. 226). Als sein Nachfolger Il den strittigen Grenzstreifen abermals beanspruchte und Bewässerungskanäle umleitete, entsandte Enmetena Boten und stellte die Wasserversorgung wieder her. Hier findet sich der erste Hinweis auf strategische Eingriffe in die Wasserläufe, die im bewässerungsabhängigen Alluvium verheerende Folgen hatten und in der ersten Hälfte des 2. Jts. v. Chr. gut dokumentiert sind (Fuchs 2009, 362).

Denkmäler wie die Standarte von Ur (siehe Beitrag »Kampf- und Streitwagen«, S. 225 Abb. 1) und die Geierstele des Eanatum von Lagasch (ca. 2470 v. Chr.) (Abb. 3) zeigen Kampfwagen, die als mobile Plattformen für Speerwerfer dienten, sowie Fußtruppen, die mit standardisierten Lanzen, Äxten, metallenen oder ledernen Helmen, langrechteckigen Schilden aus lederbespannten Holzrahmen mit Buckeln sowie Capes, Überwürfen oder Kollern aus Leder oder Filz ausgerüstet waren. Keilschrifturkunden dokumentieren die arbeitsteilige Fertigung großer Mengen von Kriegsgerät durch Schmiede, Tischler oder Bogenmacher und seine Magazinierung in staatlichen Arsenalen. Die Lanzenkämpfer, die auf der Geierstele als disziplinierte Phalanx vorrücken, deutete man zunächst als professionelle Soldaten. Verwaltungstexte zeigen aber, dass es sich um die Aufgebote der Tempel handelt, die einen großen Teil der Bevölkerung in Landwirtschaft, Viehzucht, Fischerei und Handwerk beschäftigten, durch Zuweisung von Ackerland und Naturalrationen versorgten und dafür zu öffentlichen Arbeiten und Wehrdienst heranzogen (Schrakamp 2014). Die Oberschicht dieser Arbeitstruppen genoss das höchste Einkommen, war vorwiegend in der Landwirtschaft tätig und trug die Hauptlast von Arbeits- und Kriegsdienst, und die Erlasse des Urukagina von Lagasch (2324–2315 v. Chr.) schützten diese privilegierten Wehrbauern vor Übergriffen durch Höhergestellte. Fiel ein solcher Kämpfer, übernahmen Angehörige seine Dienstpflicht. Bedarfsweise durch Fischer, Hirten und Handwerker verstärkt,

stellte man diese Truppen in 100–200 Mann starken Einheiten auf. Da ihre personelle Zusammensetzung der des zivilen Wirtschaftslebens entsprach, bildeten diese Aufgebote eingespielte Einheiten. Ein Kleinstaat wie Lagasch konnte wenigstens 5000 Mann und 50, vielleicht 100 Wagen aufbieten (siehe Beitrag »Kampf- und Streitwagen«, S. 226). Gelegentlich erwähnen die Texte professionelle Bogenschützen, und Eanatum von Lagasch berichtet sogar von einer Verwundung durch Pfeilschuss im Kampf gegen Umma. Bogenschützen und Schleuderer erscheinen auch in Textquellen aus dem nordsyrischen Ebla, das mit Mari am mittleren Euphrat um die Vorherrschaft in Syrien rang; das Fehlen von Schleuderern in Darstellungen führt man auf das geringe Prestige dieser einfach herzustellenden Waffe zurück. Während Darstellungen aus Ebla noch einfache Bögen zeigen, findet sich in Mari die erste Darstellung eines Bogenschützen, dessen Waffe aufgrund

3
Das Fragment der Geierstele des Eanatum von Lagasch (ca. 2470 v. Chr.) zeigt den Herrscher als Anführer einer Abteilung von Fußtruppen mit Lanzen, Schilden und Helmen, die über die Leiber getöteter Feinde vorrückt. Versuche, von der Anzahl der Köpfe, Hände und Füße der stark schematisierten Darstellung auf eine bestimmte Schlachtordnung oder Einheitenstärke zu schließen, können nicht überzeugen.

der charakteristischen, doppelt gekrümmten Form als Kompositbogen bestimmt werden kann. Sie ist Teil einer Belagerungsszene, in der der Bogenschütze aus der Deckung eines übermannshohen, am oberen Ende zurückgebogenen Belagerungsschildes aus Schilfrohr einen Brandpfeil auf eine feindliche Befestigung abschießt (Abb. 4). Die Texte erwähnen auch Rammwidder, deren bronzene Spitzen Breschen in die Lehmziegelmauern belagerter Städte schlugen; einfache Vorläufer der assyrischen Mauerbrecher des 1. Jts. v. Chr. erscheinen auf Siegelbildern mit Belagerungsszenen zusammen mit fahrbaren Türmen (Hamblin 2006, 218 f.; Schrakamp 2013). Da frühdynastische Heere aus Wehrpflichtigen bestanden, die man zur Ernte und Aussaat einsetzte, dürften Belagerungen in dieser Epoche die Kriegssaison der Sommermonate kaum überdauert haben – eine Annahme, die die wenigen Textbelege bestätigen.

In den letzten Jahrzehnten der Frühdynastisch IIIb-Zeit bekriegten sich die Stadt- und Kleinstaaten Mesopotamiens und Syriens in wechselnden Allianzen und mit wechselndem Kriegsglück. Keilschrifturkunden aus Lagasch dokumentieren eindrücklich den Krieg, der sich 2324–2315 v. Chr. zwischen Lagasch, Uruk und Umma zutrug. Sie zeigen, wie Lagasch den bevorstehenden Krieg mit diplomatischen Mitteln abzuwenden suchte, aber scheiterte. Der Fernhandel brach zusammen, die Waffenproduktion wurde gesteigert, Tempelaufgebote gemustert und die befestigte Hauptstadt mehrfach belagert. Getreiderationen wurden gekürzt, Kultausgaben gestrichen, und die Verluste stiegen derart dramatisch an, dass man auch Alte einberief, Generalmobilmachungen vornahm und die Tempelaufgebote das ganze Jahr hindurch unter Waffen standen. Schließlich verwüstete Lugalzagesi von Umma die Heiligtümer des Staates, besiegte Lagasch und beherrschte ganz Sumer. In einer literarischen Klage brandmarkt der unterlegene Urukagina die Verwüstung der lagaschitischen Tempel als Sünde – ein Indiz, dass das Brandschatzen von Heiligtümern gegen gängiges Kriegsrecht verstieß, denn Niederlagen übergingen die altorientalischen Herrscher in ihren Inschriften üblicherweise mit Stillschweigen.

Um 2300 v. Chr. erreichte die altorientalische Militärgeschichte einen Wendepunkt (Fuchs 2009, 362 f.). Sargon von Akkade, das bei Samarra vermutet wird, besiegte Lugalzagesi in einer Reihe von Schlachten, schleifte die Mauern der besiegten Städte, setzte loyale Statthalter ein, vereinte ganz Babylonien und begründete ein Imperium, das Mesopotamien für rund 100 Jahre beherrschen sollte. Seine Nachfolger erreichten das Mittelmeer, die Quellen von Euphrat und Tigris, das iranische Hochland und den Oman, und unter Naramsin (2261–2206 v. Chr.) stand Akkade auf dem Zenit der Macht. Spätere Legenden stilisieren Sargon zum Prototypen des Kriegerkönigs, der noch den neuassyrischen Herrschern als Vorbild galt (Richardson 2011, 19).

Königsinschriften veranschaulichen die Leistungsfähigkeit des akkadischen Militärs. Nach Sargons Tod 2285 v. Chr. revoltierten Ur, Lagasch, Adab, Umma und weitere Städte Sumers, doch sein Sohn Rimusch schlug den Aufstand nieder. Er rühmt sich in seinen Inschriften, 84 556 Männer getötet, gefangen genommen und deportiert zu haben. Man hat diese Zahl für überhöht abgetan; da Gefallenenlisten aus dem frühdynastischen Ebla allein die Verluste zweier Kampagnen auf rund 20 000 Mann beziffern, darf man den *body count* der Revolte ernst nehmen – sie kostete Sumer ein Viertel bis ein Drittel seiner wehrfähigen Männer. Manischtuschu (ca. 2275–2261 v. Chr.) gelang eine der seltenen maritimen Operationen der altorientalischen Militärgeschichte; er besiegte Anschan im heutigen Fars, das südlich gelegene Scherihum, überquerte den Golf und schlug 32 Städte im heutigen Oman. Um 2235 v. Chr. schlug Naramsin eine noch größere Revolte nieder; er beziffert die gegnerischen Verluste auf 95 340 Mann.

4
Die ritzverzierte Steinplatte aus Mari (Frühdynastisch IIIb, ca. 2475–2300 v. Chr.) war Teil einer größeren Belagerungsszene und zeigt einen Bogenschützen, der aus der Deckung eines Belagerungsschildes aus Schilf einen Brandpfeil auf eine Festung abschießt, die im Bild nicht erhalten ist. Die Platte bietet die älteste Darstellung eines Bogens, der anhand seiner doppelt gekrümmten Form als Kompositbogen zu bestimmen ist.

Akkade verdankte seinen Erfolg verschiedenen militärischen Innovationen. Sargon nennt »neun Regimenter von Akkade« als Stütze seiner Macht und rühmt sich, 5400 Mann an seiner Tafel gespeist zu haben, sodass man ihm die Aufstellung eines stehenden Heeres zuschreibt, das ihm loyal ergeben war. Da akkadische Bilddenkmäler wie die Siegesstele des Naramsin (Abb. 5) leichtbewaffnete Soldaten mit Kompositbögen abbilden, Funde genormter Pfeilspitzen in der Akkade-Zeit zunehmen und Bogenschützen in den Keilschriftquellen erstmals als ein den Lanzenkämpfern gleichgestellter Truppenteil erscheinen, führt man den Erfolg der Akkader auf eine damit verbundene, innovative Kampfesweise zurück, der die Lanzenkämpfer und Kampfwagen der Frühdynastischen Zeit hoffnungslos unterlegen waren (siehe Beitrag »Kampf- und Streitwagen«, S. 225; Tallis 2008, 52 f.; Fuchs 2009, 362 f.). Funde Tausender Schleudergeschosse in einer Naramsin-zeitlichen Festung im nordsyrischen Nagar (Tell Brak) und die Siegeldarstellung eines Würdenträgers oder Soldaten belegen außerdem den Einsatz von Schleuderern. Die Geschossfunde im Torbereich der Zitadelle von Tell Bazi am mittleren Euphrat verbindet man mit einem akkadischen Angriff, denn aufgrund seiner mehrfachen Umwallung identifizieren manche Forscher diesen Ort mit dem antiken Armanum, dessen Befestigungsanlagen Naramsins Siegesbericht beschreibt. Über das stehende Heer ist wenig bekannt, da die Archive der Hauptstadt noch nicht entdeckt sind, jedoch enthielt es Bogenschützen und Lanzenkämpfer, deren Generäle namentlich bekannt sind. Um professionelle Soldaten handelt es sich wohl auch bei den akkadischen Soldaten der Garnison in Susa im Südwestiran, die standardisierte Bögen, Köcher, Pfeile, lederne und bronzene Helme und textile Schutzkleidung trugen. Die Niederlassung im nordsyrischen Nagar barg neben Tausenden Schleudergeschossen auch eine Werkstatt, die Pfeile herstellte. Die sumerischen Städte des Südens boten wehrpflichtige Tempelbeschäftigte als Lanzenkämpfer auf, und eine Stadt wie Girsu konnte wenigstens 5000 Mann unter Waffen stellen. Wohlhabendere konnten anstelle des Wehrdienstes Silberzahlungen leisten – eine auch später bezeugte Praxis, die die Nähe von Dienst- und Abgabepflichten gegenüber dem Staat verdeutlicht. Eine privilegierte Schicht der Krone verpflichteter Wehrbauern verstärkte die Wehrpflichtigenaufgebote und stellte eigene Abteilungen.

Unter Scharkalischarri (2205–2181 v. Chr.) brach das Reich unter dem Druck von nomadischen Amurritern, Elamern und Gutäern zusammen, zu Provinzen degradierte Stadtstaaten machten sich unabhängig, und Gutäer und Elamer eroberte weite Teile des vormaligen Reiches.

Um 2100 v. Chr. schlug Urnamma (2111–2093 v. Chr.) die Elamer und Gutäer, vertrieb sie aus Babylonien und begründete das Reich der 3. Dynastie von Ur, das Mesopotamien für fast ein Jahrhundert dominierte (Tallis 2008, 55). Die Könige von Ur betrieben eine kluge Bündnispolitik, und etwa ab 2070 v. Chr. eroberten Schulgi, Amarsuena und Schusuen (2092–2027 v. Chr.) auf ihren jährlichen, nach Nordosten und Osten gerichteten Feldzügen das Osttigrisland, den westlichen Zagros und Südwestiran; ein Drittel der bekannten jährlichen Datierungsvermerke bezieht sich auf Kriegszüge. Gegner wie Simurrum am oberen Diyala oder Harschi, Kimasch und Hurti im iranischen Ilam waren Ziel wiederholter Feldzüge, sodass manche Forscher hierin Raubzüge zur Gewinnung von Kriegsgefangenen, Vieh und Edelmetall vermuten, das alljährlich in den königlichen Schatz eingeliefert wurde. 2059 v. Chr. erbeutete Schulgi in Anschan Hunderte Preziosen, die u. a. der Belohnung verdienter Militärs dienten (Richardson 2011, 28), und 2029 v. Chr. setzte Schusuen geblendete Kriegsgefangene in Minen und Gärten ein und ließ die Frauen in Webereien arbeiten. Andere deuten die wiederholten Feldzüge als Hinweise auf eine langfristige Strategie zur dauerhaften Eroberung des westlichen Zagros, der den Zugang zu den Handelswegen und Rohstofflagern im Hochland eröffnete. In den eroberten Gebieten östlich des Tigris und entlang des Zagros von Assur im heutigen Nordirak bis nach Khuzistan im Südwestiran erhob man Tribute und stationierte professionelle Soldaten unter Generälen, Hauptleuten und Unteroffizieren, die als Bogenschützen den Kern des Heeres bildeten, in Zahlen bis 10 000 Mann erscheinen und aus Arsenalen im Herzen des Reiches ausgestattet wurden. Die Provinzen boten turnusmäßig Wehrpflichtige aus den Tempelbetrieben auf. Prozessurkunden belegen, dass man sich dem »Lanzen(dienst)« oft durch Flucht entzog. Jüngere Abschriften militärischer Korrespondenz, die wohl auf authentische Vorlagen zurückgehen, nennen Heere von je 2000–4000 Bogenschützen, Lanzen- und Axtkämpfern. Hymnen, die königliche Kriegstaten glorifizierten, erwähnen auch Kriegsgerät wie Rammwidder und Schleudern.

Gegen die nomadischen Amurriter, die sich in der zweiten Hälfte des 21. Jhs. v. Chr. von der mesopotamischen Tiefebene im Nordwesten bis an die Ausläufer des Zagros im Nordosten ausgebreitet hatten,

versagte die Kriegführung des urbanen Sumer. 2056 v. Chr. errichtete Schulgi eine Mauer, die vom Diyala über 280 km südwestlich verlief und ganz Babylonien nach Norden abschirmte. Bis 2040 v. Chr. kämpften die Herrscher von Ur wiederholt gegen die Amurriter, 2032 v. Chr. führte Schusuen erneut Arbeiten an der Mauer durch. Unter Ibbisuen (2026–2003 v. Chr.) machten sich vormalige Provinzen unabhängig, und unter dem Druck von Amurritern und Elamern, die schließlich die Hauptstadt Ur eroberten, brach das Reich zusammen.

Zu Beginn der altbabylonischen Zeit (2003–1595 v. Chr.) hatten die Amurriter in den meisten Städten Mesopotamiens Dynastien und Kleinkönigtümer begründet, und für zweieinhalb Jahrhunderte fiel Mesopotamien in eine Periode des Partikularismus zurück. Staaten wie Jamchad und Qatna in Syrien, Mari am mittleren Euphrat, Eschnunna im Diyala-Gebiet oder Babylon, Isin und Larsa in Südmesopotamien bekämpften einander in dauernden Kriegen und wechselnden Bündnissen, die durch die hydrogeografischen Gegebenheiten und Stammeszugehörigkeiten der Herrscherhäuser bestimmt wurden (Fuchs 2009, 364). Zwischenzeitlich gewannen Schamschiadad (1833–1775 v. Chr.) und Rimsin von Larsa (1822–1763 v. Chr.) in Obermesopotamien und Babylonien die Oberhand, doch erst die Reichseinigung durch Hammurapi von Babylon (1792–1750 v. Chr.) setzte dem Partikularismus ein Ende. Die Heere der altbabylonischen Zeit zählten meist nicht mehr als 10000 Mann, doch werden auch Armeen von 20000 oder 30000 Soldaten erwähnt; 1781 v. Chr. bot Schamschiadad angeblich ein Heer von 60000 Mann auf. Den Kern bildeten Soldaten, die aus königlichen Domänen Ackerland erhielten und dafür *ilkum*-Dienst leisteten, der Kriegs-, aber auch Arbeitseinsätze umfasste. Der *Codex Hammurapi* unterstreicht die Bedeutung dieser Schicht, denn er regelte die Übernahme von Feldern und Diensten, sah staatliche Zahlungen von Lösegeld für gefangen genommene Soldaten vor oder untersagte das Anmieten von Ersatzleuten für königliche Feldzüge (Richardson 2011, 22). Man unterstützte verbündete Herrscher mit Hilfstruppen, warb in den Gebirgsregionen Gutäer oder Kassiten als Söldner an, die mehrere Tausend Mann starke Kontingente bilden konnten, und rekrutierte amurritische Nomaden, die sich den Herrschern durch Stammeszugehörigkeit verbunden fühlten. Oft entzogen sich diese Gruppen aber dem Zugriff der Administration oder erwiesen sich als unzuverlässig. Die Jaminiten und Hanäer am mittleren Euphrat bildeten durch Razzien und Überfälle eine permanente Gefahr, sodass ihre Unterwerfung zu den wichtigsten Erfolgen der Mari-Herrscher zählte. Reguläre Soldaten trugen Bögen und leistungsfähige Kompositbögen, die nach Textquellen von Spezialisten aus Holz, Horn, Sehnen und Leim gefertigt wurden (siehe Beitrag »Pfeil und Bogen«, S. 131), Speere und Lanzen, sowie lederbespannte Schilde aus Holz oder leichtere aus Rohr. Im nomadischen Milieu kamen verstärkt Schleudern zum Einsatz (Tallis 2008, 55 f.). Mari-Texte nennen erstmals Klingenwaffen, die aufgrund ihrer Gewichte von rund 800 g als Rapiere zu deuten sind und auf ältere Dolche zurückgehen (Schrakamp 2013). Erstmals werden auch Vorläufer der spätbronzezeitlichen Streitwagen erwähnt, jedoch besaßen diese Waffen noch kein taktisches Gewicht (siehe Beitrag »Kampf- und Streitwagen«, S. 226).

Aus altbabylonischer Zeit stammen zudem die ersten detaillierten Schriftquellen zum altorientalischen Belagerungswesen (Eph'al 2009). Mittelbronzezeitliche Befestigungsmauern stiegen üblicherweise von einem Glacis (aufplaniertes Vorfeld) auf. Daher schüttete man Dämme aus Erdwerk auf, auf denen man Rammwidder an das Mauerwerk heranführte – laut einem Brief nahm Ischmedagan die Stadt Nilimar ein, sobald der Belagerungsdamm die Mauer erreicht hatte. Belagerungsdämme erscheinen sogar in mathematischen Keilschrifttexten, die den Material- und Arbeitsaufwand kalkulieren, jedoch gelten die dort errechneten Erdwerke als überdimensioniert. Lieferungen von Waffen und Schanzzeug deuten auf die Aufwerfung von Dämmen oder das Ausbrechen von Ziegeln aus dem Mauerwerk, das assyrische Reliefs des 1. Jts. v. Chr. darstellen. Als die Armee von Elam und Eschnunna während der Belagerung von Razama am oberen Tigris 1765 v. Chr. einen Damm aufwarf, neutralisierten die Bewohner diese Bedrohung durch einen Gegendamm, unternahmen Ausfallangriffe und setzten die hölzernen Rammwidder und Belagerungstürme der Angreifer mit Pech in Brand. Zuweilen erkauften die Eingeschlossenen den Abzug der Belagerer; die Bewohner von Razama verkehrten dies in eine Kriegslist und gewannen so die Zeit, bis das Entsatzheer aus Mari eintraf. Texte aus der Zeit vor Hammurapis Reichseinigung dokumentieren zudem Methoden der »hydraulischen Kriegführung«, die darauf abzielte, Feindesland durch Umleiten oder Blockieren von Kanälen und Flüssen trockenzulegen oder zu überschwemmen. 1889–1877 v. Chr. gelang es Abisare und Sumuel von Larsa, einen Euphratarm umzuleiten, der Isin mit Wasser ver-

5 (linke Seite)
Die Siegesstele des Naramsin (2261–2206 v. Chr.) zeigt den mit Kompositbogen, Axt und Helm bewaffneten, vergöttlichten König im Triumph über den tödlich verwundeten Herrscher der Lullubäer. Die akkadischen Soldaten tragen Kompositbögen, Äxte, Lanzen, Standarten und Helme.

sorgte. Dies sicherte Larsa den Sieg, denn im bewässerungsabhängigen Südmesopotamien konnten derartige Maßnahmen das Wirtschaftsgefüge zum Zusammenbruch bringen. Später setzte Sinmuballit von Babylon (1812–1793 v. Chr.) ähnliche Methoden gegen Rimsin von Larsa ein. Sein Nachfolger Hammurapi (1792–1750 v. Chr.) einte ganz Babylonien. Babylon konnte seine Vormachtstellung aber nur kurz behaupten. 1595 v. Chr. plünderten die Hethiter unter Murschili I. die Stadt und brachten die 1. Dynastie von Babylon zu Fall.

Die Spätbronzezeit (ca. 1600–1200 v. Chr.) war durch ein internationales Machtgefüge bestimmt, in dem Babylonier, Assyrer, Mittani, Hethiter und Ägypter miteinander in diplomatischem Kontakt standen und erbitterte Kriege fochten. Im politisch zersplitterten Syrien prallten die Interessen Ägyptens, des hethitischen und des Mittani-Reiches aufeinander, das im 14. Jh. v. Chr. durch das erstarkende Assyrien abgelöst wurde, das gegen Hethiter und Babylonier Krieg führte (Tallis 2008, 57 f.; Fuchs 2009, 364; Richardson 2011, 23–25).

Auch militärhistorisch bedeutete die Spätbronzezeit einen Wendepunkt. In der Mitte des 2. Jts. v. Chr. setzte sich in Vorderasien und Ägypten der Streitwagen als beherrschendes Waffensystem durch, dessen Besatzungen neuartige, aus überlappenden Bronzeplättchen gefertigte Panzer trugen und ihre Gegner mit weitreichenden Kompositbögen auf große Distanz mit Pfeilhageln eindeckten (siehe Beitrag »Kampf- und Streitwagen«, S. 227). Die These, dass der Streitwagen die Infanterie fast bedeutungslos machte, ist sicher falsch. Texte aus Assyrien, Ugarit oder Nuzi und bildliche Darstellungen bezeugen Schwerbewaffnete, Schleuderer und Bogenschützen, die dienstpflichtige und professionelle Kämpfer umfassten, und die militärgeschichtlich ergiebigsten hethitischen Texte (Lorenz / Schrakamp 2011; Lorenz / Schrakamp 2014) erwähnen Armeen in Größenordnungen von 1000 Wagen und 10 000 Fußtruppen bis 3500 Wagen und 37 000 Fußsoldaten. Im 14. Jh. v. Chr. erschienen bronzene Vollgriffschwerter mit Klingen von rund 50 cm Länge, parallelen Schneiden und flacher Mittelrippe, die als erste Hieb- und Stichschwerter eine weitere Innovation bedeuteten und mit Panzer und Rundschild eine hervorragende Nahkampfbewaffnung bildeten. Sie verdrängten das Sichelschwert, eine Hiebwaffe mit gebogener, auf der Außenseite geschärfter Klinge. Späte Typen wie das Sichelschwert des Adadnirari I. von Assur (1295–1264 v. Chr.) ähneln bereits echten Schwertern (Drews 1993; Schrakamp 2013).

Schwertkämpfer erscheinen auch auf ägyptischen Darstellungen der Schlacht bei Kadesch, die 1274 v. Chr. zwischen Ramses II. und den Hethitern unter Muwatalli II. am Orontes um die Vorherrschaft in Syrien ausgetragen wurde und dank gezielter Desinformation mit einem hethitischen Sieg endete (siehe Beitrag »Die Schlachten bei Megiddo und Kadesch«, S. 235). Von den Ägyptern gefangen genommene, aber mit den Hethitern verbündete Beduinen gaben im Verhör an, das hethitische Heer stünde noch weit nördlich im Land von Halab / Aleppo. Tatsächlich befand sich das Heer bereits kurz hinter Kadesch, sodass die hethitischen Wagen Ramses überraschend schlagen konnten. Das Ende des ägyptischen Engagements in der Orontes-Region resultierte im Abschluss eines bilateralen Vertrags, der den Konflikt zwischen Ägyptern und Hethitern beilegte (siehe Beitrag »Der älteste Friedensvertrag der Welt«, S. 239).

Mit 37 000 Fußtruppen und 3500 Wagen bot Muwatalli bei Kadesch sicherlich nicht nur das stehende Heer, sondern auch Wehrpflichtige und die Kontingente von Vasallen auf, die die Großmächte vertraglich zur Heeresfolge verpflichteten. Nichtstaatlich organisierte Gruppen ließen sich auf diese Weise hingegen nicht kontrollieren, und obwohl etwa die nomadischen Sutäer oder Hapiru in der Levante und Syrien oder die Kaskäer im nördlichen Zentralanatolien nicht über komplexe Waffen wie Streitwagen und Kompositbögen verfügten, verwickelten sie die Großmächte durch Überfälle, Hinterhalte, Plünderungen und Entführungen immer wieder in asymmetrische Konflikte.

Die Hethiter begegneten der Bedrohung durch die Kaskäer mit drakonischen Maßnahmen: Murschili II. entvölkerte ganze Landstriche, brandschatzte Städte und verseuchte ihr Hinterland durch Aussähen von Unkraut, hinter dem man Nesselseide (*cuscuta europaea*) oder Taumellolch (*lolium temulentum*) vermutet. Die durch Aussieben nicht vom Korn zu trennende Nesselseide ruft beim Verzehr Vergiftungen hervor, der Taumellolch entzieht dem Boden Nährstoffe und führt zu geringen Getreideerträgen, und beide halten sich über Jahre im Boden. Diese Form des Öko- und Urbizids war so gefürchtet, dass ganze Städte beim Herannahen des Heeres die Flucht ergriffen, und die Notwendigkeit einer göttlichen Legitimierung durch Rituale deutet wohl auf einen ähnlichen kriegsrechtlichen Hintergrund wie eine Textstelle des Alten Testamentes (Deut. 20, 19–20), die die nachhaltige Zerstörung von Ökosystemen bei Belagerungen verbietet und als Reaktion auf den ökologischen Terror neuassyrischer Kriegführung gilt (Lorenz/Schrakamp 2014, 51 f., s. u.). Auch während, vor und nach der Schlacht führte man Rituale durch, die die Unterstützung der Götter gewährleisteten und sicherlich die Moral der Truppe stärkten. Bei Belagerungen bediente man sich Methoden wie dem Niederbrennen von Feldern, Aushungern und Abschneiden der Wasserversorgung.

Eroberungen feindlicher Städte bedeuteten wertvolle Beute, an der sich auch die kämpfende Truppe durch Plünderungen bereicherte. Hethitische Texte erwähnen sogar Übergriffe auf Zivilisten; ein Vasallenvertrag enthält eine Klausel, die sexuelle Gewalt gegen Frauen untersagt. Deportationen unterworfener Bevölkerungsteile erreichten ungekannte Dimensionen. Hethitische Annalen erwähnen Verschleppungen von 15 500 oder 66 000 Zivilgefangenen, die als billige Arbeitskräfte dienten oder dem Heer eingegliedert wurden. Diese Praxis minderte die Widerstandskraft unterworfener Gebiete und wurde unter Salmanassar I. (1263–1234 v. Chr.) auch von den Assyrern übernommen. Er ließ 14 400 Gefangene aus den nordöstlichen Bergländern blenden, deportieren und gliederte die Bogenschützen ins Heer ein (Richardson 2011, 26).

Kurz nach 1200 v. Chr. brach die internationale Staatenwelt zusammen. 1208 v. Chr. kämpfte Merenptah gegen die Seevölker. Der Herrscher von Alaschija (Zypern) warnte den König von Ugarit brieflich vor feindlichen Schiffen, und hethitische Quellen erwähnen eine Seeschlacht. 1178 v. Chr. brüstete sich Ramses III. eines Sieges über die Seevölker, denen kein Land standhalten konnte (siehe Beitrag »Krieg und Krieger der Bronzezeit«, S. 325 Abb. 4), und seine Wandbilder haben zu der Annahme geführt, dass Seevölkerarmeen dank einer innovativen Kampfesweise als Plänkler mit neuartigen Hieb- und Stichschwertern, Wurfspeeren und Rundschilden die Streitwagenheere der Großmächte schlugen und der Ära der Streitwagen ein Ende setzten (Drews 1993). Tatsächlich hatte die Krise aber vielfältige Ursachen, und nach den militärgeschichtlich bedeutendsten, im 9. Jh. v. Chr. einsetzenden assyrischen Quellen spielte der Streitwagen auch im 1. Jt. v. Chr. noch eine zentrale Rolle (siehe Beitrag »Kampf- und Streitwagen«, S. 228).

Anders als Ägypten oder das Hethiterreich hatte der assyrische Staat die Krise um 1200 v. Chr. trotz des Drucks aramäischer Nomaden überstanden und unter Assurnasirpal II. (883–859 v. Chr.) und Salmanassar III. (858–824 v. Chr.) bereits den Nordirak und die östlich des Euphrat gelegenen Teile Syriens unter seine Kontrolle gebracht. Unter Sanherib (705–681 v. Chr.) erstreckte sich das Imperium von der Levante über Südwestanatolien bis in den Westiran und umfasste damit ganz Vorderasien. Assurbanipal (668–631/627 v. Chr.) erreichte sogar Ägypten und Elam, nur Babylonien entzog sich durch Aufstände immer wieder der assyrischen Herrschaft (Fuchs 2009, 365 f.; Fuchs 2011, 388). Der König fungierte als Sachwalter des Gottes Assur, dessen universalen Herrschaftsanspruch er mit grausamsten Mitteln wie dem Enthaupten, Pfählen oder Schinden besiegter Gegner, dem Verwüsten breiter Landstriche und Deportationen ganzer Bevölkerungsgruppen durchsetzte (Fuchs 2005, 38). Viele Forscher erklären den Erfolg des assyrischen Heeres durch eine überlegene Wehrtechnik (Fagan 2010, 100). Seine Bogenschützen, Lanzenträger und Streitwagen unterschieden sich jedoch ebenso wenig von denen anderer regulärer Armeen wie die bronzenen und eisernen Schuppen- und Lamellenpanzer, konischen Helme und neuartigen, eisernen Hieb- und Stichschwerter, die besonders durch Funde aus dem nördlich gelegenen Urartu bekannt sind (Schrakamp 2013). Andere führen den Erfolg der Assyrer daher auf eine zahlenmäßige Überlegenheit und die Kampferfahrung zurück, die das Heer auf alljährlichen Feldzügen erworben hatte (Fuchs 2005, 52 f.). Es umfasste professionelle Soldaten, Wehrpflichtige, Kontingente zur Heeresfolge verpflichteter Vasallen, Söldner und Hilfstruppen aus aramäischen Stämmen sowie gefangen genommene Soldaten, die in geschlossenen Verbänden zu Tausenden in das Heer eingliedert wurden und einen steten Zuwachs kampferprobter Truppen bedeuteten – allein Sanherib (704–681 v. Chr.) rühmt sich, 30 500 Bogenschützen und 20 200 Lanzenkämpfer in das Heer aufgenommen zu haben (Fuchs 2005, 41; 52 f.; Fuchs 2011, 387). Auf Palastreliefs sind die fremdländischen Kontingente dieser Vielvölkerarmee an Kammhelmen syrisch-anatolischen Typs und Rundschilden aus Schilf oder an ihrer aramäischen Tracht erkennbar und oft in vorderster Front kämpfend dargestellt (Fagan 2010, 99). Als Assyrien ab dem 9. Jh. v. Chr. mächtigeren Gegnern gegenüberstand, war es diesen an Heeresmasse weit überlegen: Tukulti-Ninurta II. (890–884 v. Chr.) beziffert die Zahl seiner Pferde oder Streitwagen auf 2702, Assurnasirpal II. (883–859 v. Chr.) bot 50 000 Soldaten auf. Allein die von Sargon II. (722–705 v. Chr.) in Bitjakin stationierte Besatzungstruppe zählte 150 Wagen, 1000 Reiter, 10 000 Lanzenkämpfer und 20 000 Bogenschützen, und Salmanassar III. (858–824 v. Chr.) mobilisierte in seinem 14. Jahr angeblich sogar 120 000 Soldaten, verfügte über ein Reichsaufgebot von 2001

6
Die Belagerungsszene aus der Zeit des Assurnasirpal II. (883–859 v. Chr.) illustriert den Einsatz unterschiedlicher Belagerungstechniken. Links rücken assyrische Soldaten mit Schild und Lanze über Sturmleitern vor und graben Stollen zur Untertunnelung des Mauerwerks, während gepanzerte Sappeure mit Brechstangen Ziegel aus dem Mauerwerk brechen. Die rechte Bildhälfte zeigt assyrische Bogenschützen, die von Schildträgern gedeckt werden und die Verteidiger unter Beschuss nehmen. Gleichzeitig setzen Assyrer einen Rammwidder gegen das Mauerwerk ein. Die Verteidiger versuchen, die metallbeschlagene Ramme mit Ketten zu blockieren.

Wagen und 5242 Reitern und konnte 853 v. Chr. in der Schlacht von Qarqar eine syrisch-levantinische Koalition besiegen, die Zehntausende Fusstruppen, 1000 Kamelreiter, 1900 Berittene und 3940 Streitwagen aufgeboten hatte (siehe Beitrag »Kampf- und Streitwagen«, S. 228). Wie man sich eine solche Schlacht vorzustellen hat, wird kontrovers diskutiert. Wahrscheinlich eröffneten Bogenschützen und Schleuderer das Gefecht, während Reiterei und Streitwagen die Flanken des Gegners angriffen. Anscheinend zeigen Reliefdarstellungen der Schlacht am Ulai, die 653 v. Chr. in Assurbanipals Sieg über die Elamer unter Teumman und der Zerstörung von Susa endete, Wagen und Reiter bei einem derartigen Manöver, während Lanzenkämpfer und Bogenschützen das Zentrum halten (Fagan 2010, 89; 96; Fuchs 2011, 393 f.).

714 v. Chr. unternahm Sargon II. (722–705 v. Chr.) einen Feldzug gegen Rusa I. von Urartu, das mit Assyrien um die Vorherrschaft im Norden rang. Sargon schildert diesen Feldzug in einem langen Brief an den Gott Assur, der zu den bedeutendsten Zeugnissen altorientalischer Militärgeschichte gehört. Eine umfangreiche briefliche Korrespondenz dokumentiert ein dichtes Netz von Spähern, die Informationen über die urartäischen Aktivitäten sammelten; so gelang es Sargon, seinen Vormarsch zu verbergen. Er überraschte die Urartäer, vernichtete Rusas Heer, verwüstete ganze Landstriche und setzte der urartäischen Bedrohung damit ein Ende (Fuchs 2011, 392 f.). Auf dem Rückmarsch stürmte Sargon mit 1000 Reitern die Kultstadt Musasir, nahm ihre Bevölkerung gefangen und plünderte den Palast und das Heiligtum des urartäischen Wettergottes. Die mit Bögen, Lanzen bzw. Speeren und Helmen bewaffneten Reiter gewannen im 8. Jh. v. Chr. immer mehr an Bedeutung; das Fehlen von Steigbügeln erlaubte im Nahkampf jedoch nur Lanzenstöße von oben (siehe Beitrag »Kampf- und Streitwagen«, S. 228). Laut seinem Feldzugsbericht erbeutete Sargon Tonnen von Gold, Silber und Bronze sowie Zehntausende Waffen und Kultgegenstände, deren Abtransport Palastreliefs aus Sargons Residenz Durscharrukin im Bild festhalten.

Die meisten Reliefs zeigen jedoch Belagerungen. Über die dabei angewendeten Methoden unterrichten

Orakelanfragen an den Sonnengott, mit denen man die Aussichten einer Belagerung zu ermitteln suchte (Fuchs 2008, 52–57). Demnach war es möglich, eine Festung im Handstreich zu nehmen oder den Gegner durch Zusicherung von freiem Abzug, das Aufhetzen der Einwohner oder durch Einschüchterungsmaßnahmen wie das Pfählen von Gefangenen oder die Zerstörung der ökologischen Grundlage zur Aufgabe zu bringen, die den Hintergrund für das im Alten Testament unter Verbot gestellte Schlagen von Obstbäumen bei Belagerungen bildete (Deut. 20, 19–20). Derartige Methoden sind häufig auf Reliefs dargestellt und finden in den Reden, mit denen Sanheribs *rab šaqê* 701 v. Chr. Hiskija und die Bevölkerung von Jerusalem zur Aufgabe zu bewegen suchte, biblischen Wiederhall (2. Kön. 18, 26–36, 19, 9–13; Eph'al 2009, 12, 46–48). Neben List, Verrat, Aushungern und Abschneiden der Wasserversorgung erwähnen die Orakelanfragen das gewaltsame Erstürmen der Stadt. Dabei setzte man Sturmleitern, Belagerungsdämme sowie fahrbare, gepanzerte Rammwidder und Belagerungstürme ein oder brachte die Mauern durch Untertunneln oder Unterspülen zum Einsturz. Reliefs und Inschriften zeigen, dass diese Methoden gleichzeitig zum Einsatz kamen. Eine Belagerungsszene aus der Zeit des Assurnasirpals II. (883–858 v. Chr.) bzw. Tiglatpilesers III. (745–727 v. Chr.) zeigt Soldaten mit Schwertern und Rundschilden, die über Sturmleitern vorrücken. Gleichzeitig setzen Sappeure mit langen Panzerhemden die Stadttore in Brand und brechen Ziegel aus dem Mauerwerk, während an anderer Stelle Rammwidder herangeführt werden und auf Belagerungstürmen postierte Bogenschützen die Verteidiger auf der Mauerkrone beschießen (Abb. 6). Sanherib berichtet, wie er 701 v. Chr. gegen Hiskija und die Städte Judas vorging und mithilfe von Belagerungsdämmen, Belagerungsgeräten, das Graben von Stollen und den Einsatz von Sturmleitern 46 befestigte Orte eroberte. Die Belagerung von Lachisch ist nicht nur durch Reliefdarstellungen, sondern auch archäologisch dokumentiert – Ausgrabungen legten die Reste eines Belagerungsdammes aus aufgeschüttetem Erdwerk und Geröll sowie einer Schicht von Steinen und Mörtel frei, deren ebene Oberfläche das Heranfahren der Belagerungsgeräte erlaubte. Nach modernen Rekonstruktionen besaß der Belagerungsdamm eine Länge von 50–60 m, eine Breite von 25 m und bestand aus 19 000 t Erdwerk. Da das Aufschütten eines solchen Dammes zeitraubend und dem Beschuss der Verteidiger ausgesetzt war, vermutet man, dass Sanherib bei diesen Arbeiten Gefangene einsetzte. Reste eines Gegendammes, der die Stadtmauer von der Innenseite her verstärkte, dokumentieren die vergeblichen Verteidigungsversuche der Eingeschlossenen (Tallis 2008, 63; Eph'al 2009, 93). Sanherib nahm die Stadt ein, verbrachte die Beute nach Assur und ließ die Bevölkerung deportieren. Deportationen galten als probates Mittel, den Widerstandswillen der Besiegten zu brechen. Tiglatpileser III. (745–727 v. Chr.) verschleppte rund 400 000, Sanherib gar 470 000 Menschen; die Gesamtzahl aller in 300 Jahren assyrischer Vorherrschaft Deportierten wird auf mehr als vier Millionen geschätzt.

Lachisch war jedoch lediglich eine Stadt von untergeordnetem Rang. Die syrisch-levantinischen Hauptstädte wie Damaskus waren so stark befestigt, dass eine Belagerung langwierig, wenig aussichts- und sehr verlustreich war. Daher begnügte sich Salmanassar III. auf seinen Westfeldzügen 841, 838 und 837 v. Chr. mit der Verwüstung des Umlandes (Fuchs 2008, 46 f.). Im Jahr 689 v. Chr. gelang ihm jedoch nach fünfzehnmonatiger Belagerung die Einnahme von Babylon. 694 v. Chr. war sein Sohn, den er als Regenten eingesetzt hatte, einer Verschwörung zum Opfer gefallen. Sanherib brandschatzte Babylon, schleifte seine Mauern, verschleppte das Kultbild des Gottes Marduk und überflutete die Stadt mit den Wassern des Euphrat. Noch heute zeugen Unterspülungen am Fundament des Turmes zu Babel von Sanheribs Strafgericht. Die Zerstörung Babylons war jedoch nur von kurzer Dauer, denn Sanheribs Sohn Asarhaddon baute die Stadt wieder auf. Nachhaltige Verwüstungen größerer Städte lassen sich entgegen den Behauptungen der assyrischen Herrscher nicht belegen.

Man hat das Neuassyrische Reich als Militärstaat bezeichnet (Fuchs 2005). Es besaß eine ideologisch-religiöse Grundlage, die den Krieg als politisches Mittel legitimierte, beschäftigte den maßgeblichen Anteil seiner Bevölkerung im Militär und gewann den größten Teil seiner Staatseinnahmen durch Beute und Tribut. Der Fortbestand des Reiches hing daher von seinem militärischen Erfolg ab. Nach dem Tode Assurbanipals kam es in Babylonien zu Aufständen. 614, 612 und 609 v. Chr. fielen in rascher Folge die Hauptstädte Assur, Niniveh und Harran an eine Koalition aus Babyloniern unter Nabopolassar (626–605 v. Chr.) und Medern, und das Neubabylonische Reich (626–539 v. Chr.) trat das Erbe Assyriens an.

Da sich die neubabylonischen Könige als fromme Bauherren darstellten, beschränken sich die militärgeschichtlichen Quellen neben biblischen Texten und späteren Chroniken auf Verwaltungstexte (Fuchs 2009, 366). Militärische Innovationen sind ihnen nicht zu entnehmen. Noch Nebukadnezar II. (604–562 v. Chr.) setzte Streitwagen, Berittene, Fußtruppen und Belagerungsgeräte ein. Verwaltungstexte bezeugen Lehen für Bogenschützen und Berittene, den Einsatz Wehrpflichtiger, die Rekrutierung freier Bürger und nennen mit Lanzen, Schwertern, Bögen, Helmen, Panzern und Schilden dieselben Ausrüstungsgegenstände wie die assyrischen Quellen. 597 v. Chr. eroberte Nebukadnezar Jerusalem und deportierte Jojakin. Biblische Quellen erwähnen eine zweite Belagerung, die mit der Brandschatzung der Stadt und der Deportation ihrer Bewohner endete, und die dreizehnjährige Belagerung von Tyros durch Nebukadnezar stellt die Leistungsfähigkeit des babylonischen Militärs unter Beweis. Unter Nabonid (556–539 v. Chr.) erhob sich mit den Achämeniden ein übermächtiger Gegner, der Babylon 539 v. Chr. einnahm. Über das persische Militär unterrichten jedoch vor allem die klassischen Autoren.

Literatur

Abrahami 2005
P. Abrahami, Bibliographie sur les armées et les militaires au Proche-Orient ancien I. Rev. Études Militaires Anciennes 2, 2005, 3–19.

Abrahami 2006
P. Abrahami, Bibliographie sur les armées et les militaires au Proche-Orient ancien II. Rev. Études Militaires Anciennes 3, 2006, 1–11.

Drews 1993
R. Drews, The End of the Bronze Age: Changes in Warfare and the Catastrophe ca. 1200 B.C. (Princeton 1993).

Eph'al 2009
I. Eph'al, The City Besieged. Siege and its Manifestations in the Ancient Near East (Leiden, Boston 2009).

Fagan 2010
G. G. Fagan, »I Fell upon Him like a Furious Arrow«: Toward a Reconstruction of the Assyrian Tactical System. In: G. G. Fagan/M. Trundle (Hrsg.), New Perspectives on Ancient Warfare (Leiden, Boston 2010) 81–100.

Fuchs 2005
A. Fuchs, War das Neuassyrische Reich ein Militärstaat? In: B. Meißner/O. Schmitt/M. Sommer (Hrsg.), Krieg – Gesellschaft – Institutionen. Beiträge zu einer vergleichenden Kriegsgeschichte (Berlin 2005) 35–60.

Fuchs 2008
A. Fuchs, Über den Wert von Befestigungsanlagen. Zeitschr. Assyriologie u. Vorderasiatische Arch. 98,1, 2008, 45–99.

Fuchs 2009
A. Fuchs, Zu einer Militärgeschichte des alten Vorderasien. In: R. Gundlach/C. Vogel (Hrsg.), Militärgeschichte des pharaonischen Ägypten: Altägypten und seine Nachbarkulturen im Spiegel aktueller Forschung. Krieg in der Geschichte 34 (Paderborn, München, Wien, Zürich 2009) 361–376.

Fuchs 2011
A. Fuchs, Assyria at war: strategy and conduct. In: K. Radner/E. Robson (Hrsg.), The Oxford Handbook of Cuneiform Culture (Oxford 2011) 380–401.

Hamblin 2006
W. J. Hamblin, Warfare in the Ancient Near East to 1600 BC. Holy Warriors at the Dawn of History (London, New York 2006).

Lorenz/Schrakamp 2011
J. Lorenz/I. Schrakamp, Hittite Military and Warfare. In: H. Genz/D. P. Mielke (Hrsg.), Insights to Hittite History and Archaeology. Colloquia Ant. 2 (Leuven, Paris, Walpole 2011) 125–151.

Lorenz/Schrakamp 2014
J. Lorenz/I. Schrakamp, »Our Master! Do not destroy us!« The Fate and Role of Non-combatants in the Wars of the Hittites. In: D. Nadali/J. Vidal (Hrsg.), The Other Face of the Battle. The Impact of War on Civilians in the Ancient Near East. Alter Orient und Altes Testament 413 (Münster 2014) 37–64.

Richardson 2011
S. F. Richardson, Mespotamia and the »New« Military History. In: L. L. Brice/J. T. Roberts (Hrsg.), Recent Directions in the Military History of the Ancient World. Publ. Assoc. Ancient Hist. 10 (Claremont 2011) 11–52.

Schrakamp 2013
I. Schrakamp, Weaponry, ancient Near East. In: S. Bagnall/K. Brodersen/C. B. Champion/ A. Erskine/S. R. Huebner (Hrsg.), The Encyclopedia of Ancient History (Malden, Oxford, Chichester 2013) 7070–7072.

Schrakamp 2014
I. Schrakamp, Krieger und Bauern. RU-lugal und aga/aga3-us2 im Militär des altsumerischen Lagaš. In: H. Neumann/R. Dittmann/S. Paulus/ G. Neumann/A. Schuster-Brandis (Hrsg.), Krieg und Frieden im Alten Vorderasien. 52e Rencontre Assyriologique Internationale, International Congress of Assyriology and Near Eastern Archaeology, Münster, 17.–21. Juli 2006. Alter Orient u. Altes Testament 401 (Münster 2014) 693–726.

Steinkeller 2013
P. Steinkeller, An archaic »prisoner plaque« from Kiš. Rev. Assyriologie et Arch. Orient. 107,1, 2013, 131–157, doi: 10.3917/assy.107.0131.

Tallis 2008
N. Tallis, Ancient Near Eastern Warfare. In: P. de Souza (Hrsg.), The Ancient World at War: a global history (London 2008) 47–66.

KAMPF- UND STREITWAGEN IN VORDERASIEN

Ingo Schrakamp

Equidengezogene Kampffahrzeuge sind vom 3.–1. Jt. v. Chr. anhand archäologischer Funde, bildlicher Darstellungen und keilschriftlicher Quellen als fester Bestandteil vorderasiatischer Heere nachzuweisen (siehe Beitrag »Militär und Kriegführung«, S. 213).

Die ältesten Belege für Kampfwagen stammen aus der zweiten Hälfte der Frühdynastischen Zeit (ca. 2700–2300 v. Chr.). Ein Tontafelarchiv aus Schuruppag im heutigen Südirak, das Aufgebote sumerischer Städte koordinierte, erwähnt »Wagen«, die »*aus der Schlacht kommen*« bzw. »*in die Schlacht ziehen*«. Darstellungen wie die Standarte von Ur zeigen neben Fußtruppen mit Lanze, Axt, Helm und Schild auch Fahrzeuge, die ihre Gegner scheinbar niederrollen (Abb. 1). Dabei handelt es sich um vierrädrige Wagen mit kniehohen Seitenwänden, einer brusthohen Stirnwand, Scheibenrädern aus Holzbohlen und einer vom Wagenboden aufsteigenden Deichsel mit metallenen Zügelringen. Die Wagen werden von zwei bis vier Zugtieren gezogen, die über Schnauzenringe kontrolliert werden, und tragen einen Wagenlenker und einen Wagenkämpfer mit flachen Helmen, Capes, Äxten und Wurfspeeren, die in einem Köcher an der Wagenfront mitgeführt werden. Diese Kampfwagen setzt man üblicherweise mit vierrädrigen Wagen aus Gräbern von Ur und Kisch gleich. Da die Vorderachsen und Deichseln dieser nur 1 m breiten Wagen horizontal unbeweglich waren, gelten die Kampfwagen als schlecht manövrierfähige Fahrzeuge, die nur in sehr weiten Bögen wenden konnten; dass es sich bei diesen Funden um Kampfwagen handelt, ist jedoch keineswegs gesichert. Die Zugtiere deutet man als Esel, als Kreuzungen aus Esel und Onager (Asiatischer Esel) oder als Kreuzungen aus Esel und Pferd. Einige Forscher glauben auf Rollsiegeldarstellungen Pferde zu erkennen, jedoch gelten gerade die kleinteiligen Siegelbilder für tierartliche Bestimmungen als ungeeignet. Die Keilschriftquellen weisen die Zugtiere meist als Esel oder Maultiere aus; Pferde werden erst gegen Ende des 3. Jts. v. Chr. häufiger genannt, zeitgleich mit den ältesten osteologischen Nachweisen. Nach Keilschrifttexten aus dem syrischen Ebla schützte man die Zugtiere mit ledernen Panzern. Da die Wagen auf bildlichen Darstellungen ihre Gegner scheinbar niederrollen, vergleichen sie manche Forscher mit frühen *tanks*, die die Reihen der Gegner aufbrachen, aber dieser Vergleich ist anachronistisch. Ihre geringe Größe und Wendigkeit machen auch den Einsatz als Truppentransporter unwahrscheinlich. Da

1
Sogenannte Standarte von Ur (Königsfriedhof von Ur, Südirak, Frühdynastisch IIIa, ca. 2575–2475 v. Chr.). Der untere Bildstreifen zeigt mehrere Kampfwagen in voller Fahrt, die eine fahrende Einheit symbolisieren. Die beiden darüberliegenden Register zeigen Fußsoldaten mit Lanzen, Äxten, Helmen und Capes, die ihre Gegner überwältigen und Gefangene dem Anführer oder Herrscher vorführen.

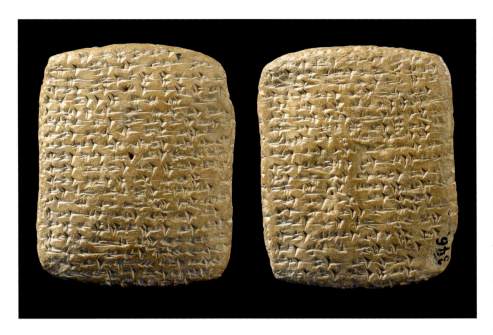

2
In dem aus Tell el-Amarna in Ägypten stammenden Keilschriftbrief (14. Jh. v. Chr.) bittet Ribadda von Byblos den ägyptischen Herrscher um Bereitstellung von Wagengespannen.

die Wagen nach den Darstellungen Speerköcher besaßen, nutzte man sie offenbar als mobile Plattformen für Speerwerfer; in Versuchen schleuderten geübte Werfer bis zu 30 Geschosse pro Minute über 60 m weit, während Wagennachbauten Geschwindigkeiten bis 20 km/h erzielten. Neben den vierrädrigen Kampfwagen werden auch zweirädrige Wagen mit nur einem Wagenlenker dargestellt, sie erscheinen auch in Jagdszenen und waren sicherlich beweglicher. Enmetena von Lagasch (ca. 2350 v. Chr.) berichtet, dass Urlumma von Umma auf seinem Rückzug 60 Gespanne an einem Kanal zurückließ, und liefert einen Hinweis auf die Größe der Wagentruppe eines sumerischen Stadtstaates. Die repräsentativen Fahrzeuge waren aber sicherlich der Elite vorbehalten, denn sie erscheinen nicht nur als Grabbeigabe von Würdenträgern, sondern auch als Herrscherfahrzeug (Littauer/Crouwel 1979; Moorey 1986; Raulwing 2000; Fansa/Burmeister 2004).

Die Kunst der Könige von Akkade (ca. 2300–2140 v. Chr.), die ganz Mesopotamien unterwarfen, stellt keine Kampfwagen mehr dar. In dieser Epoche setzte sich der Kompositbogen als Kriegswaffe durch, und anscheinend machte eine innovative Kampfesweise die schwerfälligen Wagen obsolet; vereinzelte Bild- und Textbelege sind bloße Reminiszenen einer überholten Waffengattung, die erst um 1600 v. Chr. wieder taktische Bedeutung gewinnen sollte.

Zweirädrige Wagen, die noch älteren Typen ähneln, aber bereits Speichenräder besitzen oder Bogenschützen tragen, finden sich schon im 19.–18. Jh. v. Chr. auf Siegelbildern aus Kanesch, dem türkischen Kültepe, und Syrien. Im 18. Jh. v. Chr. werden im syrischen Mari und Chagar Bazar Pferde und vereinzelt »schnelle« Wagen erwähnt, und unter Ammisaduqa (1646–1626 v. Chr.) erscheinen zuweilen kassitische Wagenkämpfer aus dem heutigen Iran. Noch spielten Wagen auf den von Bogenschützen und Lanzenkämpfern dominierten Schlachtfeldern aber keine größere Rolle (Moorey 1986).

Kurz nach 1600 v. Chr. setzte der hethitische König Hattuschili I. in Syrien Streitwageneinheiten ein, und althethitische Texte nennen Zahlen von 80 bis 200 Gespannen. Bis 1200 v. Chr. sind Streitwagen archäologisch, bildlich und in Schriftquellen aus Vorderasien, Ägypten und der Ägäis so weiträumig nachzuweisen, dass man von einer Streitwagen-Kultur spricht (Abb. 2). Manche Inschriften deuten ihre schlachtentscheidende Rolle an – so rühmt sich Salmanassar I. von Assyrien (1263–1234 v. Chr.), die Qutäer mit einem Drittel seiner Wagen geschlagen zu haben. Über Fertigung, Organisation und Ausstattung der Streitwagen informieren vor allem Texte staatlicher Archive aus dem hethitischen Hattuscha, aus Nuzi in Arraphe, einem Vasall des Mitanni-Reiches im Nordirak, sowie aus Ugarit an der syrischen Küste. Eine Beschreibung eines vollständigen Fahrzeugs hat sich jedoch nicht erhalten, und auch archäologisch sind die fast ausschließlich aus vergänglichem Material wie Holz, Leder, Sehnen, Wolle und organischen Klebstoffen gefertigten Fahrzeuge – abgesehen von seltenen Darstellungen – nur durch Funde bronzener Pferdetrensen oder steinerner Jochknäufe nachzuweisen. Da die keilschriftlichen und bildlichen Quellen aber weitgehend mit Funden von Wagen aus ägyptischen Gräbern übereinstimmen, gelten diese Fahrzeuge auch für Vorderasien als repräsentativ (Littauer/Crouwel 1979; Moorey 1986; Lorenz/Schrakamp 2011; Loretz 2011; Veldmeijer/Ikram 2013).

Der Streitwagen verdankte seine Durchsetzungsfähigkeit vielfältigen Innovationen. Er besaß einen Wagenkorb mit D-förmigem Grundriss, eine flache, nach hinten abgerundete Brüstung, eine hinterständige Achse mit zwei Speichenrädern und eine am Wagenboden versenkte Deichsel mit Brüstungsanker und aufgesetztem Joch mit zwei Jochgabeln. Gezogen wurde der Wagen von zwei Streitwagenpferden, die über einen Trensenzaum gelenkt wurden (siehe Beitrag »Die Schlachten bei Megiddo und Kadesch«, S. 235). Nachbauten ägyptischer Wagen wogen 30–34 kg und blieben auch bei 38 km/h noch äußerst stabil; der Vergleich mit modernen Sulkies macht noch höhere Geschwindigkeiten denkbar. Manche Forscher halten die Grabfunde für leichte Prunkfahrzeuge, aber nur die Leichtbauweise erlaubte es den Truppen Tiglatpilesers II. (1114–1076 v. Chr.), die Wagen durch unwegsames Gelände zu tragen. Die Besatzung bestand aus einem Wagenlenker und einem Wagenkämpfer mit einem Kompositbogen. Seine effektive Reichweite schätzt man auf 100–200 m, und ein geübter Schütze konnte pro Minute 6–10 Geschosse abfeuern, die man in Köchern von 30–35 Pfeilen aufbewahrte. Die lanzettförmigen Bronzepfeilspitzen gelten als Reaktion auf neuartige Panzer, die ebenfalls zur Ausrüstung zählten. Sie bestanden aus Bronzeplättchen, die überlappend auf eine textile Unterlage genäht wurden; Texte aus Nuzi erwähnen Panzer von 9–27 kg, die aus bis zu 4000 Bronzeplättchen bestanden; ägyptische Darstellungen zeigen Panzer, die weit über die Hüften reichen. Nach dem gleichen Prinzip fertigte man auch Helme und Panzer für die Zugtiere. Zusätzlich führte der Wagenlenker einen Schild, der meist aus einem lederbespannten Holzrahmen bestand; Treibmodeln aus Piramesse im Nildelta belegen die Verwendung bronzebeschlagener Schilde. Hethitische sowie assyrische Wagen des 1. Jts. v. Chr. trugen zusätzliche Schildträger. Schwert und Lanze komplettierten die Ausrüstung (Lorenz/Schrakamp 2011; Loretz 2011).

Im 15.–14. Jh. v. Chr. gehörten die Wagenkämpfer des obermesopotamischen Mitanni-Reiches einer politisch-militärischen Elite an, die sich als *marijannu* bezeichnete. Da dieser Begriff aus dem Indoarischen stammt, hat man die Herkunft des Streitwagens lange in indoarischem oder indoeuropäischem Milieu gesucht; heute gelten jedoch die sozioökonomischen Rahmenbedingungen der städtischen Kulturen Vorderasiens als Voraussetzung für die Entwicklung der Wagenwaffe (Raulwing 2000; Fansa/Burmeister 2004).

Über die Organisation der Streitwagentruppen ist wenig bekannt. In Nuzi bestand die Idealeinheit aus zehn Sechsergruppen, jedoch schwankte die Ist-Stärke aushebungsbedingt; in Ugarit oder Nippur werden Einheiten von zwei, fünf oder sechs Fahrzeugen erwähnt. Die Oberbefehlshaber der hethitischen Wagentruppen trugen den Titel »Kommandeur der 1000 Wagen« der rechten bzw. linken Seite – ein Titel, der nicht nur andeutet, dass die Wagen die Flügel der Armee bildeten, sondern zugleich einen Hinweis auf die Stärke der Wagentruppe einer spätbronzezeitlichen Großmacht liefert. Die Kleinfürstentümer der Levante besaßen jedoch selten mehr als 50, Mittelstaaten wie Kizzuwatna in Kilikien 100–200 Wagen.

Die größte spätbronzezeitliche Streitwagenschlacht wurde 1274 v. Chr. zwischen Ramses II. und den Hethitern unter Muwatalli bei Kadesch am Orontes ausgetragen (siehe Beitrag »Die Schlachten bei Megiddo und Kadesch«, S. 235). Dank gezielter Desinformation überraschten Muwatallis Streitwagen die Ägypter und zwangen sie zum Rückzug. Obwohl diese Niederlage das Ende von Ramses' Engagement in der Orontes-Region bedeutete, ließ er sich an zahlreichen Tempeln als Sieger darstellen und bezifferte das hethitische Aufgebot mit 3500 Wagen und 37 000 Fußtruppen – eine Armee, die auch eine Supermacht wie die Hethiter nur unter Aufbietung aller Vasallen mobilisieren konnten.

Wie man die Streitwagen im Kampf einsetzte, ist umstritten. In Anlehnung an die Epen Homers und die ägyptischen Kadesch-Darstellungen, auf denen die hethitischen Wagenkämpfer Stangenwaffen tragen, deuten manche Gelehrte die Streitwagen als bloße Fortbewegungsmittel, oder nehmen an, dass die Hethiter nur mit Wurfspeeren kämpften oder vom fahrenden Wagen Lanzenstöße ausführten – eine in der Praxis unmöglich umzusetzende Kampfesweise. Tatsächlich unterlagen die ägyptischen Wandbilder einem Darstellungstabu, denn laut den zugehörigen Inschriften waren die hethitischen Wagen »*mit allen Waffen des Kampfes*« bewaffnet, und andere Bild- und Schriftquellen weisen den Bogen als Hauptwaffe der Wagenkämpfer aus. Offenbar dienten die Streitwagen als mobile Plattform für Bogenschützen, die sich in kleineren Schwadronen von etwa 50 Wagen den Flanken oder dem Rücken des Gegners näherten, Geschosshagel auf ihn niedergehen ließen, sich zurückzogen und erneut

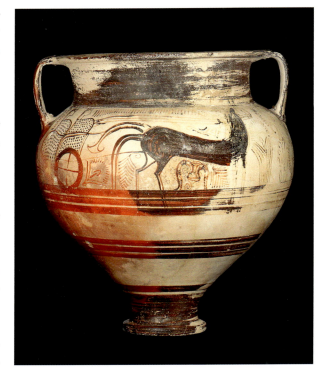

3
Spätmykenischer Krater mit Wagendarstellung aus Rhodos. Die taktische Rolle des Streitwagens im mykenischen Raum ist umstritten.

formierten (Lorenz/Schrakamp 2011). Ob dies auch für das mykenische Griechenland gilt, ist aufgrund der Topografie der griechischen Halbinsel ungewiss (Abb. 3). Darüber hinaus eignete sich der Streitwagen für die Verfolgung fliehender Gegner, die Flankensicherung von Marschformationen, die Aufklärung sowie die Abriegelung belagerter Städte.

Hethitische Texte bezeugen nicht nur das notwendige Training der Wagenkämpfer. Der nach dem gleichnamigen Pferdetrainer benannte »Kikkuli-Text« dokumentiert ein siebenmonatiges Pferdetrainingsprogramm, das vor Beginn der Kriegssaison im Frühsommer zu absolvieren war. Pferdetrainingstexte stammen auch aus Assyrien; darüber hinaus kannte man diverse hippiatrische Schriften (Raulwing 2000; Loretz 2011).

Die Quellen zum Streitwagen übertreffen die Dokumentation gleichzeitiger Fußtruppen bei Weitem. Dass die spätbronzezeitliche Kriegführung allein auf dem Wagen beruhte, ist aber ebenso abwegig wie die These, dass um 1200 v. Chr. Invasoren, die mit neuartigen Hieb- und Stichschwertern sowie Wurfspeeren als Plänkler kämpften, das Ende der spätbronzezeitlichen Großreiche und der Streitwagenkriegführung insgesamt herbeiführten. Neuassyrische Reliefs der Zeit Assurnasirpals II. (882–859 v. Chr.) und Salmanassars III. (858–824 v. Chr.) zeigen mit Wagenlenker, Kämpfer und Schildträger bemannte Streitwagen, die denen der Spätbronzezeit gleichen. Salmanassar rühmt sich, 853 v. Chr. bei Qarqar am Orontes eine syrisch-levantinische Allianz unter Adadidri von Damaskus besiegt zu haben, die neben zehntausenden Fußsoldaten 1000 Kamelreiter, 1900 Berittene und 3940 Wagen umfasste, davon 2000 allein unter Ahab von Israel; Salmanassars Reichsaufgebot wird mit 2001 Wagen und 5242 Reitern beziffert. Diese Zahlen belegen eindrücklich das große taktische Gewicht des Streitwagens im 9. Jh. v. Chr., verdeutlichen aber ebenso das Aufkommen der Reiterei (Littauer/Crouwel 1979).

Die Reiterei ermöglichte Operationen in den Gebirgsregionen im Norden und Osten, in denen den Assyrern mit Urartu und seiner Reitertruppe ein ernstzunehmender Gegner gegenüberstand. Die assyrischen Reiter auf den Bronzereliefs Salmanassars III. agieren noch paarweise, indem der eine die Zügel beider Pferde hält, während der andere mit dem Bogen schießt; ihr Kampfwert entsprach damit dem eines Streitwagens. Auf den Reliefs Tiglatpilesers III. (744–727 v. Chr.) und Sargons II. (722–705 v. Chr.) operieren die berittenen Bogenschützen dank verbesserter Zäumung bereits unabhängig voneinander. Die Reliefs zeigen gleichzeitig, dass man den Kampfwert des Wagens durch zusätzliche Schildträger, Zugtiere und einen vergrößerten Wagenkasten zu steigern versuchte, bis sich am Ende dieser Entwicklung Assurbanipal (668–631/627 v. Chr.) in Löwenjagdszenen auf einem übermannshohen Wagen mit zwei Schildträgern und vier Pferden darstellen ließ. Der Nutzen eines so schweren Wagens kann den Kosten im Vergleich mit der Reiterei kaum gerecht geworden sein. Zwar stationierte Sargon II. nach der Eroberung von Samaria die israelischen Streitwagen im assyrischen Kernland; in seinen Inschriften erwähnt er jedoch lediglich Kontingente von 150 Gespannen – die Reiterei übernahm schrittweise die Aufgaben der Wagentruppe.

Mit dem Ende Assyriens (614–609 v. Chr.) versiegen die Quellen; im chaldäerzeitlichen Babylonien (626–539 v. Chr.) werden nur Nebukadnezar größere Abteilungen von Streitwagen zugeschrieben. Klassische Autoren berichten, dass die Achämeniden Sicheln an den Streitwagen anbrachten; Artaxerxes II. soll 200 Sichelwagen unterhalten haben. Ihr erfolgloser Einsatz bei Gaugamela (331 v. Chr.) beendete die Geschichte des Streitwagens in Vorderasien – Xenophon hielt ihn für veraltet.

Literatur

Fansa/Burmeister 2004
M. Fansa/S. Burmeister (Hrsg.), Rad und Wagen. Der Ursprung einer Innovation. Wagen im Vorderen Orient und Europa (Mainz 2004).

Littauer/Crouwel 1979
M. A. Littauer/J. H. Crouwel, Wheeled Vehicles and Ridden Animals in the Ancient Near East. Handbuch Orientalistik VII, Bd. 1,2 (Leiden, Köln 1979).

Lorenz/Schrakamp 2011
J. Lorenz/I. Schrakamp, Hittite Military and Warfare. In: H. Genz/D. P. Mielke (Hrsg.), Insights into Hittite History and Archaeology (Leuven, Paris, Walpole 2011) 125–151.

Loretz 2011
O. Loretz, Hippologia Ugaritica. Das Pferd in Kultur, Wirtschaft, Kriegführung und Hippiatrie Ugarits – Pferd, Esel und Kamel in biblischen Texten (Münster 2011).

Moorey 1986
P. R. S. Moorey, The Emergence of the Light, Horse-Drawn Chariot in the Near-East c. 2000–1500 B.C. World Arch. 18, 1986, 208–211.

Raulwing 2000
P. Raulwing, Horses, Chariots and Indo-Europeans. Foundations and Methods of Chariotry Research from the Viewpoint of Comparative Indo-European Linguistics. Archaeolingua Ser. Minor 13 (Budapest 2000).

Veldmeijer/Ikram 2013
A. J. Veldmeijer/S. Ikram (Hrsg.), Chasing chariots. Proceedings of the first international chariot conference, Cairo 2012 (Leiden 2013).

QUELLEN ZUM KRIEG IM ALTEN ÄGYPTEN

Heidi Köpp-Junk

Als Quellen zum Krieg stehen in Ägypten archäologische, ikonografische und auch textliche Belege zur Verfügung. Die Ersteren überwiegen zunächst, doch im Laufe der Zeit nehmen die Textbelege zu. Die frühesten Darstellungen kriegerischer Auseinandersetzungen sind in prädynastischer Zeit belegt. Die sog. Städtepalette wird als die Eroberung von Städten im Delta durch verschiedene Herrscher interpretiert (Dreyer 1998, 173–175 Abb. 103). Das Gebel el-Arak-Messer datiert in die Periode Naqada III (siehe S. 241). Der Griff des Messers ist aus Elfenbein und nicht nur sehr reich und kunstvoll, sondern überdies ungewöhnlich verziert, werden doch ägyptische und vorderasiatische Elemente vereinigt. Eine Seite zeigt Kämpfe, abgeführte Gefangene und verschiedene Schiffe, während die andere neben diversen Tieren und einer Jagdszene eine zwei Löwen bändigende Person zeigt. Dabei handelt es sich um eine für den vorderasiatischen Raum typische Darstellung, die in Ägypten allerdings nicht nur auf dem Gebel el-Arak-Messer, sondern auch im etwa zeitgleichen Grab 100 in Hierakonpolis wiedergegeben ist. Überdies sind auf der im Tempel von Hierakonpolis gefundenen Narmer-Palette aus der Dynastie 0 (ca. 3000 v. Chr.), die als Votivgabe dorthin gelangt war, verschiedene Kampfszenen dargestellt (siehe S. 37). Eine zeigt Narmer beim Niederschlagen eines Feindes mit einer Keule. Dieses Ikon ist bereits früher auf einem Gefäß in einem abydenischen Grab aus der Zeitstufe Naqada I sowie im Grab 100 in Hierakonpolis (Naqada II) zu beobachten. Bis in die römische Epoche hinein wird es tradiert und steht für den siegreichen Pharao. Am Übergang von Dynastie 0 zur 1. Dynastie (ca. 3000 v. Chr.) erfolgte die Reichseinigung von Ober- und Unterägypten. In der Folgezeit zerbrach das Reich erneut, es kam zu verschiedenen Gegenkönigen. Erst Chasechemui, dem letzten König der 2. Dynastie (ca. 2734–2707 v. Chr.), gelang die Wiedervereinigung des Gesamtreiches. Neben Inschriften wird auf seinen Statuen in Kampfszenen darauf Bezug genommen. Die kumulierte Wirtschaftskraft des Landes zeigt sich in der Größe und ursprünglichen Beschickung seines Grabes in Abydos. Die unter ihm erfolgte Wiedervereinigung von Ober- und Unterägypten war die Grundlage für die äußerst prosperierende Phase des Alten Reiches (2707–2170 v. Chr.), die Zeit der großen Pyramidenbauten.

Doch kriegerische Auseinandersetzungen fanden nicht allein im Kernland selbst statt. Offenbar sah man es bereits in der Frühzeit als nötig an, die Südgrenze zu schützen, denn am 1. Katarakt wurde auf der Nilinsel Elephantine eine Grenzbefestigungsanlage in Form einer mit Türmen ausgestatteten Festung gegen die Nubier errichtet.

Im Alten Reich folgten diverse Kriegszüge ins Ausland, die allerdings eher den Charakter kurzer Ausfälle hatten. Hiervon liegen sowohl ikonografische als auch schriftliche Quellen vor. Darstellungen finden sich in Privatgräbern wie dem des Kaemheset in Sakkara oder des Inti in Deshashe, die die Erstürmung befestigter, ausländischer Städte mittels einer Sturmleiter zeigen (siehe Beitrag »Die Erstürmung befestigter Städte«, S. 233). Überdies wurden verschiedene Verteidigungsanlagen gebaut. War in der Frühzeit die Elephantine-Festung die südlichste Befestigungsanlage, so wurde nun eine weitere in Buhen am 2. Katarakt in Form einer von einer hohen Mauer umgebenen Siedlung errichtet. Doch auch im Norden gab es Verteidigungsanlagen, deuten doch die Pyramidentexte auf Wachtürme im Ostdelta hin (Eichler 1993, 203).

Die Biografien der beiden Expeditionsführer Herchuf und Weni, die in der 6. Dynastie (ca. 2347–2216 v. Chr.) lebten, ermöglichen einen Einblick in die militärischen Unternehmungen des Alten Reiches. Herchuf unternahm vier Expeditionen in ein Land namens Yam, das bisher nicht eindeutig zu lokalisieren ist, jedoch weit im Süden Ägyptens vermutet wird. In dem Textabschnitt, der sich auf seine dritte Reise bezieht, heißt es: »*Seine Majestät schickte mich auch zum 3. Mal nach Yam [...] Ich fand, dass der Herrscher von Yam sich nach Tjemeh aufgemacht hatte, um die Bewohner in den westlichsten Winkel des Himmels zu treiben. Ich ging ihm nach bis ins Land Tjemeh. Ich stellte ihn zufrieden, woraufhin er alle Götter pries für den Herrscher«* (Urk. I 125,12–126, 4). Kurz darauf heißt es im Text: *»Ich stieg herab mit 300 Eseln, beladen mit Weihrauch, Ebenholz, [...] Pantherfellen, Elephantenstoßzähnen, Wurfhölzern und allen schönen Kostbarkeiten. Als der Herrscher von Jrtjet, Satu und Wawat sah, dass der Trupp aus Yam, der mit mir zur Residenz hinabstieg, zusammen mit dem Heer, das mit mir gesandt worden war, stark und zahlreich war, geleitete mich dieser Herrscher, gab mir Rinder und Ziegen und führte mich auf den Wegen der Höhen von Jrtjet«* (Urk. I 126,17–127,9).

Herchufs Tross setzt sich also aus einem Trupp zusammen, der als »groß und zahlreich« bezeichnet wird, sowie aus 300 Eseln als Transporttiere. Wie die Aufzählung der exotischen Waren zeigt, waren seine Expeditionen eine Mischung aus Handelsreise und Militäraktion. Das von ihm bereiste Gebiet war offenbar ein diffiziles Netz, bewohnt von verschiedenen Stämmen mit ihren Herrschern.

Weni war Armee-Kommandant und unternahm im Auftrag des Königs ebenfalls mehrere kriegerische Unternehmungen, die in seinem Grab in Abydos geschildert sind: *»Seine Majestät wehrte die asiatischen Wüstenbewohner ab. Seine Majestät stellte eine Armee von mehreren zehntausenden Soldaten zusammen«* (Urk. I 101,9–10).

»Diese Armee kehrte in Frieden zurück, nachdem sie das Land der Sandbewohner zerstört hatte.

Diese Armee kehrte in Frieden zurück, nachdem sie das Land der Sandbewohner niedergemacht hatte.

Diese Armee kehrte in Frieden zurück, nachdem sie seine Festungen eingerissen hatte.

Diese Armee kehrte in Frieden zurück, nachdem sie seine Feigenbäume und Weinstöcke zerstört hatte.

Diese Armee kehrte in Frieden zurück, nachdem sie Feuer in allen seinen Häusern gelegt hatte.

Diese Armee kehrte in Frieden zurück, nachdem sie die Truppen von vielen Zehntausenden niedergemetzelt hatte.

Diese Armee kehrte in Frieden zurück, nachdem sie eine große Anzahl Gefangene fortgeschleppt hatte. Meine Majestät lobte mich dafür über alles. Seine Majestät sandte mich fünf Mal aus, um diese Armee anzuführen, um das Land der Sandbewohner anzugreifen, jedes Mal, wenn sie aufrührerisch waren. Ich erfüllte die Aufgabe so, dass mich seine Majestät über alle Maßen dafür lobte« (Urk. I 103,6–104,9).

Literaturgeschichtlich ist die Biografie des Weni äußerst interessant, handelt es sich doch um den ers-

1
Darstellung eines Belagerungsturmes im Grab des Intef aus der 11. Dynastie (2119–1976 v.Chr.).

ten Beleg für ein »Kriegsgedicht«, also einen bewusst in poetischer Form verfassten Siegestext. Bei den Gegnern handelt es sich offenbar nicht um eine homogene Gruppe von Feinden, sondern um verschiedene Stämme. In beiden Quellen bleiben die Angaben, um wen es sich bei den Widersachern handelt, recht unspezifisch, da allgemeine Bezeichnungen wie »Sandbewohner« benutzt werden. Dass es sich dabei nicht um Nomaden im engeren Sinne gehandelt haben kann, zeigt der Verweis auf die Feigenbäume und Weinstöcke in der Biografie des Weni. Überdies sind die in den Texten genannten Lokalitäten oftmals nicht konkret identifizierbar, sodass mitunter nur eine grobe Ortszuweisung wie Nubien, Syrien-Palästina bzw. die Ostwüste möglich ist.

Im Mittleren Reich (ca. 2119–1794 v. Chr.) wurde die Belagerungstechnik verfeinert, tritt doch nun zu den Sturmleitern der Belagerungsturm hinzu. Der Einsatz eines solchen Belagerungsturmes ist im Grab des Intef im Assasif aus der 11. Dynastie (2119–1976 v. Chr.) abgebildet (Abb. 1). Im Grab des Cheti in Beni Hassan ist der Einsatz eines Schutzdaches bei der Erstürmung einer Festung wiedergegeben (siehe Beitrag »Die Erstürmung befestigter Städte«, S. 233). Überdies wurden die im Alten Reich begonnenen Maßnahmen zur Sicherung der Grenzen ausgebaut. Literarische Schriftquellen erwähnen die sog. Herrschermauer im Norden (Sinuhe B 17; Papyrus Leningrad 1116, 66–68). Darüber hinaus ist die Errichtung einer Reihe von Festungen am 2. Katarakt belegt, die der Sicherung dienten. Bei Forts wie Buhen, Shalfak, Semna und Kumma handelt es sich um massive Befestigungen mit Mauern von mehreren Metern Breite. In bestimmten Abständen befanden sich Türme. Die Grundrisse der Festungen sind nicht identisch, sondern der Topografie angepasst (Vogel 2004). Offenbar wurden zu Tode gekommene Festungssoldaten bis in die 12. Dynastie (1976–1794 v. Chr.) nicht dort am 2. Katarakt, sondern in Ägypten bestattet, ist doch die Zahl der Grablegungen bei den Forts sehr gering (Vogel 2004, 17). Dass man in pharaonischer Zeit möglichst vermied, in fremdem Boden bestattet zu werden, ist unter anderem aus zwei literarischen Werken bekannt. Sowohl in der »Sinuhe«-Erzählung als auch in der Geschichte »Der Schiffbrüchige« wird dieser Aspekt thematisiert (Köpp-Junk 2015, 283 f.). Auch wenn man unterwegs auf einem Kriegszug vom Tod ereilt wurde, gab es offenbar mitunter die Möglichkeit für eine Rückführung nach Ägypten. Dies legt der Fund von 60 verstorbenen Soldaten aus dem Mittleren Reich nahe, die in Deir el-Bahari gefunden wurden. Wo sie zu Tode kamen, ist unbekannt. Ihre Körper weisen offensichtliche Kampfverletzungen auf, bei sechs von ihnen waren zudem Spuren von Greifvögeln festzustellen, sodass davon auszugehen ist, dass sie nicht sofort vom Kampfort, an dem sie verstarben, entfernt wurden. Es sind keine Hinweise auf eine Mumifizierung erkennbar, doch sind sie in Leinentücher gehüllt. Da sich Sand auf den Leichnamen befand, geht man davon aus, dass sie vor der Rückführung nach Ägypten zwischenzeitlich im Wüstensand begraben wurden (Ikram / Dodson 1998, 116).

Ebenfalls Opfer eines Kriegsgeschehens wurde der Pharao Seqenenre aus der 17. Dynastie (ca. 1554 v. Chr.). Der Kopf seiner Mumie zeigt deutliche Spuren von Messer, Axt und Keule. Bei einigen der Verletzungen ist erkennbar, dass zunächst der Heilungsprozess einsetzte, bevor er doch zu Tode kam. Die Mumifizierung des Leichnams wurde, offenbar aus Zeitmangel, nicht auf die sonst übliche Weise vorgenommen: Zwar waren die Organe aus dem Körper entnommen worden, nicht jedoch das Gehirn (Ikram / Dodson 1998, 117 f.). Heute ist nicht mehr zu eruieren, ob der Verwesungsprozess zum Zeitpunkt der Teilmumifizierung bereits eingesetzt hatte.

In der Mitte des 2. Jts. v. Chr. wird der bisherigen Kriegstechnik durch den Streitwagen eine gänzlich neue Komponente hinzugefügt. Er ist kein in Ägypten entwickeltes Kriegsgerät, da für ihn dort keine vorangehenden Entwicklungsstufen belegt sind. Räderfahrzeuge sind in Ägypten bereits vor dem Streitwagen bezeugt, doch hatten diese aus militärtechnischer Sicht keine Relevanz. Die frühesten schriftlichen Erwähnungen von Streitwagen stammen aus der 17. Dynastie. Aus dem Anfang der 18. Dynastie (ca. 1550 v. Chr.) ist die Biografie des Ahmose, Sohn der Abana, überliefert. Dort wird sein Militärdienst unter Ahmose I., dem 1. König der 18. Dynastie, geschildert. Der Text beschreibt die Kämpfe mit den Hyksos bei der Einnahme von deren Hauptstadt Auaris: »*Ich folgte dem König auf meinen beiden Beinen, während er auf seinem Streitwagen fuhr*« (Urk. IV 3,5–6). Aus der gleichen Zeit stammen die ältesten Abbildungen von Streitwagen aus dem Tempel des Ahmose in Abydos. Im Laufe des Neuen Reiches nehmen die Text- und Bildbelege für Streitwagen stetig zu. Insgesamt sind keine lokalen Entwicklungstendenzen zu beobachten. Aus Textbelegen geht nicht hervor, wie der ägyptische Streitwagen im Kampfgeschehen eingesetzt wurde. Dies ist nur indirekt anhand der abgebildeten Schlachtenszenen bzw. der Bewaffnung rekonstruierbar, die aus Fernwaffen in Form von Pfeil

Am Ende der Reihe steht ein ägyptischer Soldat, der das Seil mehrfach um seine Hand geschlungen hält. Überdies trägt er einen der Feinde auf der Schulter davon.

Die rechts dargestellte befestigte Stadt ist mit einer Mauer umgeben, in der sich in bestimmten Abständen Befestigungstürme befinden. Das Innere der Stadt ist in fünf Register unterteilt. Männer, Frauen und sogar Kinder sind an den sehr illustriert wiedergegebenen Geschehnissen innerhalb der Stadtmauer beteiligt. Im obersten Register verarztet eine Frau einen von einem Pfeil getroffenen Verletzten. Auf der Gegenseite zertritt ein Mann seinen Bogen, ihm gegenüber stehen eine Frau und ein Kind im Klagegestus. Im zweiten Register ist der Herrscher der Stadt auf einer Sitzgelegenheit wiedergegeben, eine Frau liegt ihm zu Füßen, eine weitere sowie ein Mann und ein Kind stehen dahinter; man rauft sich die Haare. Im zweiten, dritten und vierten Register sind verletzte Personen dargestellt, die betreut werden. Im unteren Register lauscht ein Mann auf die Geräusche der von außen mit Stangen durchbrechenden Ägypter, hinter ihm befinden sich ein Mann und eine Frau in leicht gebückter Haltung.

Diese sehr lebhaft wiedergegebene Darstellung ist kein Unikat. Aus dem Alten Reich ist Ähnliches aus dem Grab des Kaemheset in Sakkara nahe Kairo bekannt (Köpp-Junk 2015, 117–160; Abb. 49; Taf. 12a). Diese polychrome Szene aus einem Privatgrab zeigt die frühesten in Ägypten dargestellten Räder. Es handelt sich um einteilige Scheibenräder, die an einer mobilen Sturmleiter befestigt sind. Die Leiter ist an die Stadtmauer angelehnt, die nur aus einer einfachen Ummauerung ohne Befestigungstürme besteht. Die Bewaffnung der ägyptischen Angreifer besteht aus Äxten. Wo sich die Stadt befindet, ist unklar. Um ein Rollen der Leiter während des Ansturmes zu vermeiden, wird sie von einem Soldaten mit einem Stecken fixiert. Die die Leiter erklimmenden ägyptischen Angreifer haben sich die Streitäxte in den Schurz gesteckt, um beide Hände frei zu haben. Ebenso wie im Grab des Inti sind auch hier zwei Personen mit Stangen ausgestattet, um eine Bresche zu erzeugen, und auch hier sind im untersten Register innerhalb der Stadt Lauschende wiedergegeben.

Eine weitere Belagerungsszene befindet sich im Grab des Intef im Assassif, einer Nekropole in Theben-West, und datiert in die späte 11. Dynastie (2119–1976 v. Chr.; Köpp-Junk 2015, 138 Abb. 50; Taf. 12b). Intef war oberster Siegelbewahrer und Truppenführer. Auch hier ist der Kampfort ungewiss. In der dargestellten Szene erfolgt die Erstürmung nicht mit einer Leiter, sondern mit einem Belagerungsturm. Es handelt sich um die erste Wiedergabe eines Belagerungsturmes im pharaonischen Ägypten (siehe Beitrag »Quellen zum Krieg«, S. 230 Abb. 1). Wie die Sturmleiter im Grab des Kaemheset ist er ebenfalls mit Scheibenrädern ausgestattet. Die Konstruktion von Rädern und Achse ist hier ebenfalls nicht erkennbar, allerdings bedingt durch den Zerstörungsgrad. Während die ägyptischen Angreifer mit Äxten, Pfeil und Bogen bewaffnet sind, setzen sich die Verteidiger mit Pfeilen und Steinwürfen zur Wehr. Anders als bei den beiden anderen Szenen schützen sich einige der ägyptischen Kämpfer mit Schilden. Deren Farbgebung verdeutlicht, dass sie mit Kuhfell bespannt sind.

Neben Schilden verwendete man in pharaonischer Zeit auch weitaus massivere Schutzmöglichkeiten in Form von Sturmdächern. Solch eine »Vinea« war eine leichte, tragbare Hütte, die während der Belagerung Schutz vor den Pfeilen der Feinde bieten sollte. Die Erstürmung einer Festung, dargestellt im Grab des Cheti in Beni Hassan (Grab 2), zeigt drei Soldaten unter solch einem mobilen Schutzzelt, die sich mit langen Stangen der Festung nähern, flankiert von ägyptischen Bogenschützen.

Auch in späterer Zeit bediente man sich in Ägypten zur Erstürmung von Festungen noch einer Leiter, wie Darstellungen aus dem Neuen Reich (1550–1070 v. Chr.) zeigen. Eine Reliefszene im Ramesseum, dem Totentempel von Ramses II. aus der 19. Dynastie (1279–1213 v. Chr.) in Theben, gibt die Erstürmung von Darpur, einer hethitischen Festung, mittels einer Leiter wieder. Auch hier handelt es sich, wie bei allen anderen Sturmleitern mit Ausnahme der Darstellung im Grab des Kaemheset, um ein Exemplar ohne Räder.

Literatur

Kanawati/McFarlane 1993
N. Kanawati/A. S. McFarlane, Deshasha (Sydney 1993).

Köpp-Junk 2015
H. Köpp-Junk, Reisen im Alten Ägypten. Reisekultur, Fortbewegungs- und Transportmittel in pharaonischer Zeit. Göttinger Orientforsch. IV/55 (Wiesbaden 2015).

Petrie 1897
W. M. F. Petrie, Deshasheh. Egypt Exploration Fund 15 (London 1897).

DER PHARAO SIEGT (FAST) IMMER – DIE SCHILDERUNGEN DER SCHLACHTEN BEI MEGIDDO UND KADESCH IM SPIEGEL ALTÄGYPTISCHER QUELLEN

Heidi Köpp-Junk

Die berühmtesten ägyptischen Schlachten Megiddo und Kadesch trugen sich beide außerhalb des Landes im Norden zu. Während Megiddo nahe der Küste im heutigen Israel liegt, befindet sich Kadesch in Syrien.

Die Schlacht bei Megiddo fand im 23. Regierungsjahr des Königs Thutmosis III. in der 18. Dynastie statt (1457 v. Chr.). Sie ist neben einer ausführlichen Darstellung in den sog. Annalen von Thutmosis III., dem überarbeiteten Feldtagebuch (Urk. IV 647–667) im Karnak-Tempel in Luxor, auf der Gebel Barkal-Stele (Urk. IV 1234–1236) sowie auf der Armant-Stele (Urk. IV 1246–1247) erwähnt. Der Ort der Schlacht nahe Megiddo ist archäologisch bisher nicht nachzuweisen, doch ist die Ebene für den Einsatz von Streitwagen besonders gut geeignet.

Die Armee von Thutmosis III., bestehend aus Fußsoldaten und Streitwagen, sah sich einer Allianz von 330 Machthabern, angeführt vom Herrscher von Kadesch, gegenüber. Die Größe des ägyptischen wie auch des feindlichen Heeres wird nicht explizit genannt, allein über die Beutelisten sind Rückschlüsse möglich, werden doch z. B. 2041 Pferde genannt (Urk. IV 663, 8), was auf etwa 1020 Streitwagen schließen lässt. Dennoch wirken die Annalen durch die detaillierten Beschreibungen sehr illustrativ, angefangen von der Angabe von Jahr, Jahreszeit, Monat, Tag und sogar Stunde bis hin zur Aufzählung jedes einzelnen erbeuteten Rindes, Pferdes oder Streitwagens. Durch die Verwendung direkter Rede sind die Schilderungen mitunter äußerst lebendig.

Der Aufbruch findet bereits im 22. Regierungsjahr von Thutmosis III. statt und führt das Heer über Sile im Norddelta Richtung Megiddo. Man geht von einer Reisegeschwindigkeit der Armee von 20–24 km/Tag aus. Um nach Megiddo zu gelangen, gab es verschiedene Wege. Der kürzeste Weg führte durch einen Engpass, den sog. Aruna-Pass, doch stand zu befürchten, dass sich an dessen Ende der Feind positioniert hatte, um das ägyptische Heer aufzureiben, denn der Pass war so eng, dass ihn nur ein Kämpfer hinter dem anderen und ein Pferd nach dem nächsten durchschreiten konnte. Der König befragte seine Soldaten, und diese zogen die beiden anderen möglichen Wege vor, um die durch den Engpass drohenden Gefahren zu umgehen. Doch der König wollte nicht der Feigheit bezichtigt werden und entschied sich dennoch für den Engpass (Urk. IV 649, 14–651, 17). Im weiteren Verlauf der Reise werden Details wie die Unterbringung des Königs unterwegs offenbar, ist doch von dem königlichen Zelt die Rede: »*Seine Majestät gelangte in den Süden Megiddos [...], danach wurde dort das Lager für seine Majestät aufgeschlagen*« (Urk. IV 655, 12, 15), »*[...] Ruhen im Zelt dessen, der lebt, heil und gesund ist [...] Lebendig erwachen im Zelt dessen, der lebt, heil und gesund ist*« (Urk. IV 656, 6, 13).

Der Verlauf der Schlacht selbst ist im Text recht kurz geschildert. Bei Sonnenaufgang erfolgte die Aufstellung des ägyptischen Heeres in zwei Flügeln mit dem König auf seinem vergoldeten Streitwagen in der Mitte. Nach dem anschließenden Kampf, den Thutmosis III. nach dem Annalentext selbst anführt, fliehen die Feinde unter Zurücklassung von Pferden und Streitwagen aus Angst vor dem König in die Festung. Statt die Stadt sofort zu stürmen, werden die Hinterlassenschaften von den Ägyptern ausgiebig geplündert, was dazu führt, dass erst nach einer sieben Monate andauernden Belagerung die Eroberung Megiddos möglich wird. Im Text wird explizit auf die ausführliche Schilderung dessen verwiesen, was der König »*gegen die Stadt [...] und jenen elenden Feind und seine elende Armee*« tat – dies sei festgehalten auf einer im Amuntempel befindlichen Lederrolle (Urk. IV 661, 14–662, 6). Auf der Gebel Barkal-Stele wird geschildert, dass die besiegten Fürsten anschließend auf Eseln die Heimreise antreten mussten, nachdem man ihnen die Streitwagen genommen hatte. Die Kriegsbeute inklusive des Viehs, der Ernte Megiddos und der Beute aus den Städten des Herrschers von Kadesch werden anschließend detailliert aufgelistet und zusammengezählt (Urk. IV 663, 5–667, 15).

Neben der Schlacht bei Megiddo hat die bei Kadesch große Aufmerksamkeit auf sich gezogen, obwohl oder gerade weil sie nicht mit einem ägyptischen Sieg endete. Sie fand im fünften Regierungsjahr des Königs

1
Relief der Kadesch-Schlacht im Tempel von Abu Simbel: Auf der linken Seite prescht der König auf seinem Streitwagen heran, seine Pferde trampeln zahlreiche Feinde nieder. Die Stadt Kadesch ist von einer Mauer umgeben. Darunter befindet sich das ägyptische Lager mit dem Zelt des Königs. Er wird durch seine Namenskartusche symbolisiert, die von zwei Falken geschützt wird. Im oberen Register befindet sich eine der überaus seltenen Reiterdarstellungen aus Ägypten. Auf der rechten Seite befindet sich wiederum eine einzigartige Darstellung, die den König auf seinem Streitwagen mit reich geschmückten Pferden zeigt.

1
Fragmentarische akkadische Keilschrifttafel des Staatsvertrages zwischen Ramses II. und Ḫattušili III.

noch gefestigt durch eine diplomatische Heirat zwischen Ramses II. und einer Tochter Ḫattušilis (1256/55 v. Chr.). Der Austausch und die Zusammenarbeit, z. B. in den Bereichen Medizin, Bewässerungstechnik und Schiffbau, belegen die guten Beziehungen ebenso wie der gelegentliche Kampf gegen gemeinsame Feinde, insbesondere Piraten (Quack 2002, 291 f.).

Zusammenfassend kann mit den Worten der Rechtshistorikerin K. Schmidt (2002, 54) festgehalten werden:

»*Der Friedensvertrag von Kadesch stellt keinen Maßnahmenkatalog dar, sondern Basis und Klima für zukünftiges Miteinander der beiden Großreiche. Für die Entwicklung antiken Völkerrechts ist vor allem der Effekt von Bedeutung, daß Krieg als Lösungsmöglichkeit zukünftiger Konflikte jedenfalls ausgeschlossen sein sollte. Die daraus folgende logische Konsequenz war, daß andere, friedliche und nicht zuletzt völkerrechtliche Mittel herangezogen werden mußten, um den Bestand des Vertrages zu garantieren. Diese Gedanken […] entsprechen durchaus jenen moderner völkerrechtlicher Intention.*«

Die Bedeutung, aber auch die Zeitlosigkeit des ägyptisch-hethitischen Friedensvertrages spiegeln sich nicht zuletzt darin wider, dass eine monumentale Bronzekopie der Keilschrifttafel im Hauptgebäude der Vereinten Nationen in New York angebracht wurde.

Literatur

Edel 1997
E. Edel, Der Vertrag zwischen Ramses II. von Ägypten und Ḫattušili III. von Hatti (Berlin 1997).

Klengel 2002
H. Klengel, Hattuschili und Ramses: Hethiter und Ägypter – ihr langer Weg zum Frieden. KAW 95 (Mainz 2002).

Quack 2002
J. F. Quack, Da wurden diese zwei großen Länder zu einem Land. Die Beziehungen zwischen Ḫattusa und Ägypten im Lichte ihrer diplomatischen Korrespondenz. In: H. Willinghöfer (Hrsg.), Die Hethiter und ihr Reich: das Volk der 1000 Götter (Stuttgart 2002) 288–293.

Schmidt 2002
K. Schmidt, Friede durch Vertrag: Der Friedensvertrag von Kadesch von 1270 v. Chr., der Friede des Antalkidas von 386 v. Chr. und der Friedensvertrag zwischen Byzanz und Persien von 562 n. Chr. (Frankfurt a. M. 2002).

Prädynastisches Messer aus Gebel el-Arak, Ägypten, mit einer der ältesten bekannten Kampfdarstellungen auf dem Elfenbeingriff (um 3200 v. Chr.). > siehe S. 229–232

Das Helmpaar von Viksø, Seeland, Dänemark, wurde als Opfergabe auf einer hölzernen Plattform im Moor deponiert.
> siehe S. 259–264

ARMEEN IN DER FRÜHBRONZEZEIT?

Harald Meller

Begreiflicherweise stehen Fragen nach militärischen Truppengrößen und ihren Organisationsformen nicht im Vordergrund der archäologischen Forschungen zum Thema Krieg. Die der Archäologie bisher zur Verfügung stehenden Quellen wie Kriegergräber, Befestigungen, Waffenopfer, Massengräber oder auch Hortfunde scheinen zur Beantwortung dieser Fragen bisher wenig geeignet. Zumeist werden für das Neolithikum und die Bronzezeit »*sippengebundene Fehden mit persönlichen Motivationen*« angenommen, während größere kriegerische Auseinandersetzungen erst mit dem Ende der Bronzezeit und der Eisenzeit in Verbindung gebracht werden (Peter-Röcher 2007, 187–190).

Beziehen wir für die fortgeschrittene Eisenzeit die Schriftquellen der mediterranen Hochkulturen, die seit dem 5. Jh. v. Chr. Auskunft über die Völker nördlich der Alpen geben, mit in die Betrachtung ein, so erhalten wir erste Anhaltspunkte zu Truppenstärken. Bereits der erste größere Zusammenprall mit den als barbarisch empfundenen keltischen Stämmen des Nordens führte am Beginn des 4. Jhs. v. Chr. bei der Schlacht an der Allia (387 v. Chr.) zu einer verheerenden Niederlage Roms, die mit der Plünderung der Stadt durch die Kelten endete (Pol. 2,18,2; Liv. 38,17,6). Auch die folgenden Zusammenstöße mit Truppen aus dem prähistorischen Norden entsetzten die mediterranen Betrachter vor allem aufgrund der großen Anzahl von »Barbaren«, aber auch deren Kampfkraft. Selbst wenn wir davon ausgehen, dass die antiken Quellen übertreiben und nur 10–50 % der angegebenen Truppengrößen annehmen, ergäbe dies im Fall der Kimbernkriege (105–101 v. Chr.) noch immer ein Heer von 40 000–200 000 Kriegern (Diod. 37,1,5). Allein in den Kimbernkriegen in Gallien sollen 60 000 römische Soldaten gefallen sein (Diod. 36,1).

Da sich die Wirtschaftsweise und damit die Bevölkerungszahlen in den beiden letzten vorchristlichen Jahrtausenden in Mitteleuropa nicht grundsätzlich geändert haben, müssen wir zumindest die Möglichkeit größerer Truppen bereits für die Bronzezeit in Betracht ziehen. Darauf deutet auch schlaglichtartig das neu entdeckte spätbronzezeitliche Schlachtfeld im Tollensetal hin. Die Bearbeiter gehen hier nach vorsichtiger Schätzung von 2000–6000 am Kampf beteiligten Kriegern aus. Die spezifische Machart der Pfeilspitzen, aber auch die Isotopenanalysen lassen an zahlreiche professionelle Krieger aus dem Süden denken, die an der Schlacht an der Tollense um 1300 v. Chr. teilnahmen (Terberger u. a. 2014; siehe Beiträge »Tollensetal«, S. 337).

Auf dieser Grundlage ist die Frage nach großen Armeen mit professionellen Kriegern auch für die Frühbronzezeit Mitteleuropas nicht unangemessen. Es stellt sich jedoch die Frage nach dem methodischen Zugang und den Nachweismöglichkeiten, da außer dem Tollensetal keine weiteren archäologisch überlieferten Schlachtgeschehen vorliegen und schriftliche Quellen in dieser Zeit ohnehin fehlen. Eine Neuinterpretation von alten Fundkomplexen der frühbronzezeitlichen mitteldeutschen Beilhortfunde eröffnet jedoch einen neuen methodischen Zugang, der auf gut organisierte Heere mit Standardbewaffnung und hierarchischen Befehlsketten schließen lässt.

Am Ende des Neolithikums im 3. Jt. v. Chr. breiteten sich die Streitaxt- und Bogenkrieger der Schnurkeramik- und Glockenbecherkultur von Osten und Westen her über große Teile Europas aus. Bei beiden Kulturen handelte es sich um Krieger, die zwar in Verbänden kämpften, sich ihrem Ideal des »heroischen« Einzelkämpfers aber stets bewusst waren. Dies zeigen am eindrucksvollsten ihre Gräber, in denen Männer durch die Waffenbeigabe ihre Rolle als Krieger hervorhoben (siehe Beitrag »Krieg zur Zeit der Glockenbecher-Leute«, S. 193). Aus diesen beiden Kulturgruppen des Spätneolithikums entwickelte sich seit ca. 2200 v. Chr. im Gebiet nördlich der Mittelgebirge zwischen dem östlichen Niedersachsen und Großpolen sowie Sachsen-Anhalt und Niederösterreich eine frühbronzezeitliche Kulturgruppe, die nach einem böhmischen Gräberfeld als Aunjetitzer Kultur bezeichnet wird. Welche Anhaltspunkte sprechen nun dafür, dass diese Gesellschaft plötzlich über Armeen mit einer übergeordneten Struktur mit Befehlshabern und Soldaten, wie wir sie normalerweise nur aus Staaten zu kennen glaubten, verfügte?

Dederstedt 1
(14)

Pegau-
Carsdorf
(35)

Straußberg
(35)

Halle-
Kanena 3
(48)

Olbersdorf
(49)

Neun-
heilingen
(61)

Dermsdorf
(98)

Schkopau 1
(124)

Dieskau 3
(293)

Gröbers-
Bennewitz 1
(297)

3
Grafische Darstellung ausgewählter, mitteldeutscher Hortfunde der frühen Bronzezeit (Stufe Bz A2). Die linke Hälfte illustriert aufsteigend die Quantität der umfangreichen Beilhorte, von 14 bis 297 Stück (vgl. Abb. 4). Dementsprechend ist rechts die Anzahl der Dolche, Stabdolche und Doppeläxte aus zeitgleichen Deponierungen gegenübergestellt. Einige Hortfundkomplexe enthielten beide Waffengattungen; sowohl Beile als auch Stabdolche, Beile und/ oder Doppeläxte, die vielleicht eher als Statussymbol fungierten.

Anhand eines Vergleiches der Anzahl der deponierten Waffen zueinander konnte ermittelt werden, dass auf etwa 30 Beile ein Stabdolch, auf 60 Beile ein Dolch und auf etwa 120 Beile eine Doppelaxt entfällt. Die Mehrzahl der übergeordneten Waffen wurde jedoch in separaten Horten niedergelegt, die keine oder wenig Beile enthielten. Die Funde von Neunheiligen und Dieskau 3 bilden hier eine Ausnahme.

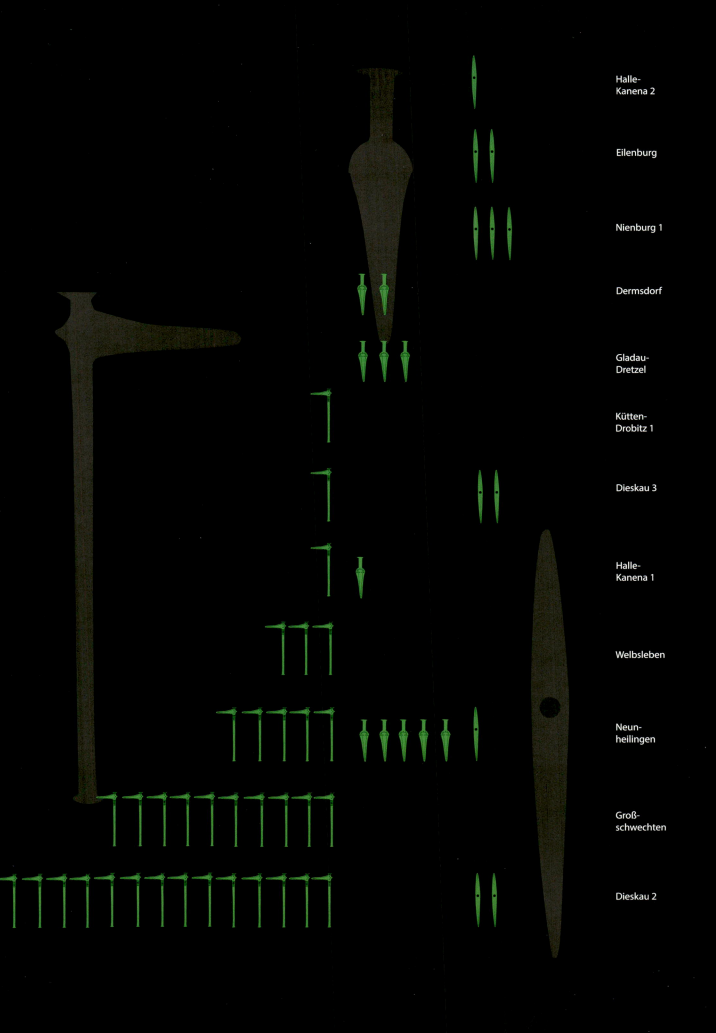

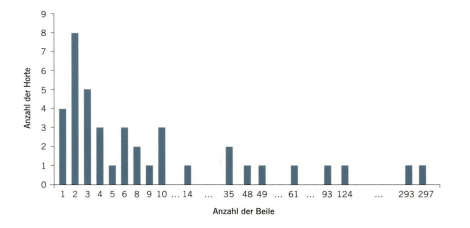

4
Diagramm aller frühbronzezeitlichen (Stufe Bz A2), Beil führenden Hortfunde Mitteldeutschlands (Datensatz siehe Meller 2013, 516f. Tab. 2). Die Anzahl der Beile reicht von einem einzelnen Exemplar bis hin zu fast 300 Beilen. In den meisten Horten sind die Beile in geringer Stückzahl von bis zu 10 bzw. 14 Stück teilweise auch zusammen mit weiteren Bronzegegenständen niedergelegt worden. Reine Beilhorte hingegen sind umfangreicher und seltener. Sie weisen Stückzahlen von etwa 30, 45, 60, 90, 120 oder 300 Beilen auf. Diese Verteilung spiegelt unter Umständen ein militärisches System mit der kleinsten Einheit von 15 Beilen bzw. Mann wider.

und Helmsdorf; im Fall von Leubingen sind neben einem Stabdolch Beile in doppelter und Dolche sogar in dreifacher Ausführung bezeugt. Dolche und Stabdolche scheinen folglich eine andere gesellschaftliche Schicht als die zahlreichen Beile zu repräsentieren. Die Doppeläxte stellen mit ihrer dünnen Durchlochung keine Waffen, sondern Statussymbole dar. Ob sie der militärisch-hierarchischen Sphäre zuzuordnen sind, ist unklar. Während einfachen Beilkriegern die Mitnahme der Waffe in das Grab verwehrt blieb, konnten sich die »Fürsten«, aber auch die Dolchträger noch im Grab als Krieger zeigen – ein Privileg, das am Ende des Neolithikums noch jeder Krieger hatte.

Wie lässt sich dieser Wandel erklären? Folgt er einem üblichen Muster, dem wir in der Vorgeschichte häufiger begegnen, nämlich dass die Beigabe von Waffen zugunsten ihrer Weihung an die Götter aufgegeben wird, wie dies etwa bei einzelnen germanischen Stämmen der ersten Jahrhunderte nach Christus der Fall war?

Wie bei den meisten Hortfunden ist auch in der Frühbronzezeit Mitteleuropas von einem Opfergedanken auszugehen (Abb. 2). Am Ende der Aunjetitzer Kultur scheint, wie der herausragende Fund von Nebra, Burgenlandkreis (1600 v. Chr.), zeigt, die Hortfundsitte auch die absoluten Spitzen der Gesellschaft erfasst zu haben. Dies war in den Jahrhunderten zuvor nicht der Fall. Vielmehr stellten sich die »Fürsten« in dieser Zeit mit dem Beil als Krieger und mit Dolch bzw. Stabdolch als Befehlshaber dar. Dass wir die Waffen in den Horten durchaus als Repräsentanz realer Krieger und Kriegerverbände begreifen dürfen, zeigt am eindrucksvollsten der jüngst entdeckte Hortfund von Dermsdorf, Lkr. Sömmerda. Hier wurden 98 Beile und zwei mögliche Gussrohlinge von Dolchen bzw. Stabdolchen in einem Keramikgefäß am Firstpfosten eines mit 44 m Länge und 11 m Breite ungewöhnlich großen Langhauses gefunden (Behrendt u. a. 2015). Natürlich liegt der Gedanke nahe, dass es sich hier um die Niederlegung derjenigen Waffen handeln könnte, die ein »Fürst« an die zu dem Männerhaus gehörenden Krieger ausgegeben hatte. Entlang der Längsseiten dieses Gebäudes böte sich, wie wir dies aus ethnografischen Beispielen kennen, mühelos Platz für 98–100 Krieger. Dass das Haus von Dermsdorf in Sichtweite des Hügels von Leubingen lag, muss kein Zufall sein (Meller 2013, 520 f.; Schwarz 2014, 727 f.). Es ist davon auszugehen, dass der »Fürst« von Leubingen etwa im Zentrum seines Herrschaftsgebietes bestattet wurde. Noch heute lässt sich dieser Teil des nördlichen Thüringer Beckens, der von den Höhenzügen des Kyffhäusers, der Hohen Schrecke und der Hainleite nach Norden begrenzt wird und die wichtige Fernverbindung der Porta Thuringica kontrolliert, von hier weithin überblicken. Möglicherweise waren vom Grabhügel aus verschiedene mit dem »Fürsten« verbundene Männerhäuser zu sehen. Es erscheint denkbar, dass die dem »Fürsten« dienenden Krieger die von ihm ausgegebenen Waffen bei seinem Tod vor ihrem gemeinsamen Kulthaus opferten; möglicherweise damit der nachfolgende Herrscher ihnen neue Beile geben und so ihre Loyalität übernehmen konnte. Ein weiteres Argument für die zentralisierte Ausrüstung der Krieger mit Beilen stellen die Ergebnisse der Metallanalysen dar, wonach das Material der Beile aus einzelnen Hortfunden sich jeweils stark ähnelt (freundl. Mitt. E. Pernicka, Mannheim).

Setzt man nun die Anzahl der Waffen in Horten mit tatsächlich existierenden Kriegergruppen gleich, so wären zuerst die Zahlenverhältnisse der Horte untereinander zu untersuchen. Dabei ist zu beachten, dass

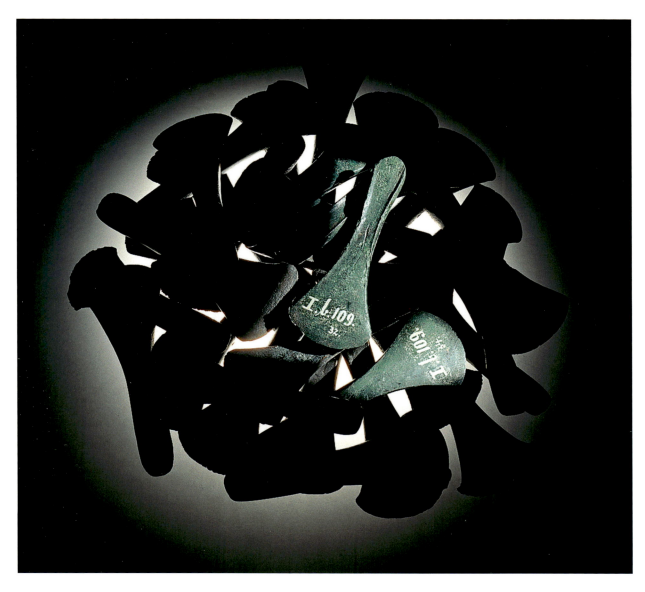

5
Hortfund von Gröbers-Bennewitz 1, Saalekreis. Mit 297 bronzenen Randleistenbeilen und insgesamt 70 kg Gewicht ist dieses Ensemble, das 1879 beim Pflügen in einem Tongefäß entdeckt wurde, der größte Beilhort Mitteldeutschlands.

zahlreiche Hortfunde bereits im 19. und zu Beginn des 20. Jhs. zufällig beim Ackern auf dem Feld entdeckt wurden; die Anzahl der Funde muss folglich nicht zwangsläufig mit der ursprünglichen Deponierung übereinstimmen. Allerdings dürfte durch die Lagerung der meisten Hortfunde in Gefäßen eine gewisse Vollständigkeit gegeben sein. Ein erster Blick auf die Zahlenverhältnisse zeigt, dass 1174 Beilen 36 Stabdolche, 20 Dolche und 11 Doppeläxte gegenüberstehen. Dies ist ein Muster, das bereits auf den ersten Blick nicht zufällig erscheint, sondern vielmehr eine militärische Kommandostruktur und damit eine bewusste Organisation wiedergeben könnte. Auf etwa 30 (32,6) Beilträger kam ein Stabdolchträger, auf etwa 60 (58,7) Beilkrieger ein Dolchträger und auf etwa 120 (117,4) Beilträger der Träger einer Doppelaxt (Abb. 3). Dass dieses Verhältnis eventuell von Relevanz ist, zeigen die beiden möglichen Gussrohlinge von Dolchen oder Stabdolchen in Dermsdorf, deren Träger dem Zahlenverhältnis gemäß rund 90 Männern vorgestanden hätten. Dies entspricht in etwa den 98 Beilklingen. Fügt man den Hortfunden die Waffen aus den Gräbern hinzu, so ergibt sich lediglich bei den Dolchträgern eine signifikante Verschiebung. In diesem Fall kommen nicht mehr 60, sondern nur rund 30 Beilkrieger auf einen Dolchträger.

Interessanterweise taucht dieses Verhältnis auch in den Beilhorten wieder auf, weshalb ein Blick auf die Mengenverteilung der Beile in den verschiedenen Horten angebracht ist (Abb. 4). So zeigt sich, dass die Verteilung gerade der Beilhorte mit größeren Stückzahlen über zehn Beilen nicht zufällig ist. Die großen Horte von Gröbers-Bennewitz (Abb. 5) und Dieskau 3 (vgl. Abb. 2), beide Saalekreis, weisen mit 297 bzw. 293

Beilen in etwa die dreifache Größe des Dermsdorfer Hortes auf und würden damit jeweils drei Männerhäuser repräsentieren. Dass diese beiden Horte in der reichsten Herrschaftsregion um Dieskau liegen, bestätigt das allgemeine Bild. Die Hortfunde von Schkopau, Saalekreis, mit 124 Beilen, Neunheilingen, Unstrut-Hainich-Kreis, mit 61 Beilen, Olbersdorf, Lkr. Görlitz, mit 49 Beilen, Halle-Kanena mit 48 Beilen, Straußberg, Kyffhäuserkreis, und Pegau-Carsdorf, Lkr. Leipzig, mit jeweils 35 Beilen und Dederstedt, Lkr. Mansfeld-Südharz, mit 14 Beilen repräsentieren jeweils ungefähr eine Teilmenge der Kriegergemeinschaft eines solchen möglichen Langhauses. Dies zeigen die gerundeten Zahlenverhältnisse der Beile von 15 : 30 : 45 : 60 : 90 : 120 : 300. Vielleicht wurde bereits hier, wie in der Spätbronzezeit, auf Basis der Zahl fünf gerechnet (Sommerfeld 1994). Wichtiger aber ist, dass die Zahlenverhältnisse militärische Ordnungssysteme widerspiegeln könnten, wie sie in der Militärgeschichte seit der Antike belegt sind. Die kleinste in den Horten fassbare Einheit bildeten 15 Beile bzw. Krieger. Damit hätte erst die nächst größere Einheit von 30 Kriegern einem Stabdolchträger und die wiederum nächst größere Einheit von 60 Kriegern einem Dolchträger unterstanden. Dem größten Kampfverband mit 120 Individuen hätte ein Doppelaxtträger vorgestanden (Abb. 6). Lediglich die »Fürsten«, denen auch die Militärhoheit oblag, vereinten alle Waffentypen in ihrer Grabausstattung.

Für die Militärorganisation wäre demnach folgendes Verhältnis von der kleinsten bis zur größten Einheit zu postulieren: 1 (15 Beile / Krieger) : 2 : 4 : 6 bzw. 8. Zum Vergleich: Die Einteilung des kaiserzeitlichen römischen Heeres erfolgte im Verhältnis 1 (Zenturie) : 2 (Manipel) : 6 (Kohorte) : 60 (Legion) (Junkelmann 1991, 92–94). Das preußische Heer nach der Neuorganisation von 1713–1717 war im Verhältnis 1 (Zug) : 4 (Kompanie) : 20 (Bataillon) : 40 (Regiment) untergliedert (Groehler 2001, 73 f.).

Auch die »kleinen« Hortfunde mit jeweils zehn Beilen oder weniger widersprechen dieser Interpretation nicht. Sie belegen Opferungen durch einzelne Krieger oder kleinere Kriegergemeinschaften. Die größten Beilhorte aus der Dieskauer Region fügen sich ebenfalls in das Verhältnis der Gruppengrößen: Sie spiegeln etwa die 3-fache Größe des größten Kampfverbandes wider.

Die Mannschaftsstärken innerhalb der Teileinheiten zeigen freilich eine große Variabilität. In der modernen Heeresorganisation der Bundeswehr ist gleiches zu beobachten; hier schwankt bereits die Besetzung der kleinsten Teileinheit – eines Trupps bzw. Teams – zwischen zwei und sechs Personen (Brockhaus 1996–1999).

Nicht nur die Deponierung in Horten, sondern ebenso die strikte Hierarchisierung spricht für eine dramatische soziale Änderung. Seit dem Spätneolithikum kämpften in der Glockenbecher- und Schnurkeramikkultur vor allem einzelne »Helden«, derer mitunter in Form von steinernen Stelen gedacht wurde (siehe Beitrag »Krieg im Neolithikum«, S. 113 Abb. 3). Für die Frühbronzezeit haben wir uns hingegen gut organisierte, mit Beilen bewaffnete Fußtruppen, die eventuell mit Schilden und Körperpanzerung aus organischen Stoffen geschützt waren, vorzustellen (Abb. 7). Inwiefern auch Lanzen zum Einsatz kamen, ist äußerst schwierig zu beurteilen, da es sich hier durchaus um Lanzen mit organischen Spitzen gehandelt haben könnte, die sich archäologisch nicht überliefert haben. So tritt eine einzelne bronzene Lanzenspitze, die allerdings zumindest als Ideenimport aus dem Mittelmeerraum zu betrachten ist, bereits in Kyhna, Lkr. Nordsachsen, einem der ältesten Depotfunde der Aunjetitzer Kultur, auf (Genz 2004).

Träfen die obigen Überlegungen zu, könnten wir im Gegensatz zu den »heroischen« Kämpfern des Spätneolithikums für die hier behandelte Region in der Frühbronzezeit bereits von professionellen Soldaten sprechen, die in systematische Armeen eingebunden waren. Ob es sich hierbei um stehende, dauerhaft aus wirtschaftlichem Überschuss versorgte oder nur zeitweise mobilisierte Truppen handelte, lässt sich natürlich nicht mehr feststellen. Aufgrund allgemei-

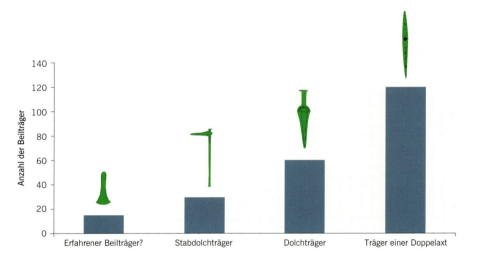

6
Diagramm zur möglichen Militärorganisation der Aunjetitzer Kultur in Mitteldeutschland. Während Kleingruppen von 15 Beilträgern vermutlich von einem erfahrenen Beilkrieger geführt wurden, standen den größeren Einheiten entsprechend Träger von Stabdolchen, Dolchen oder Doppeläxten vor. Ähnliche militärische Gliederungsformen kennen wir von der klassischen Antike bis heute.

7
Ägyptisches Relief mit der Darstellung einer Festprozession, Deir el-Bahari, Ägypten (1479–1458 v. Chr.). Zu sehen sind Krieger mit Beilen, Bumerangs, Standarten und Zweigen.
In einem frühen Staat wie Ägypten war der Einzelne nur Soldat oder Söldner, dem die Waffe gestellt wurde. Die Rolle des Helden war nicht für ihn, sondern nur für den Pharao vorgesehen (siehe Beitrag »Die Schlachten bei Megiddo und Kadesch«, S. 235).

ner Überlegungen ist jedoch eher von stehenden Truppen auszugehen, da die »Fürsten« zur Sicherung und Friedenswahrung in einem solch großen Gebiet über einen permanenten militärischen »Erzwingungsstab« im Sinne Max Webers verfügt haben müssen (Weber 1922 [2005], 24 f.). Der Preis für das friedliche unbefestigte Siedeln entlang der Flüsse und die dauerhafte Sicherung der einzelnen Haushalte waren sicherlich erhebliche Abgaben an die herrschende Schicht, die daraus nicht nur die Mittel für die eigene Repräsentation, sondern auch für ihre militärische Machtbasis abschöpfte.

Dabei ist zu betonen, dass zwischen den »Fürsten« eine Übereinkunft bestanden haben muss, die über mehrere Jahrhunderte verhinderte, dass untereinander Kriege – beispielsweise um die Kontrolle über die Gebiete des Nachbarn – ausbrachen. Dieser Zusammenhalt mag in verwandtschaftlichen Beziehungen, in einem Wahlkönigtum, das abwechselnd jeweils eine andere Region berücksichtigte, oder aber in einer hierarchisch noch über den Gräbern von Leubingen und Helmsdorf stehenden Institution begründet gewesen sein.

Neuere Grabungen am Großgrabhügel Bornhöck bei Dieskau, Saalekreis, liefern Hinweise, dass das Reichtums- und Machtzentrum Dieskau über mehrere Jahrhunderte, zumindest aber ab der Erbauung des neu entdeckten Großgrabhügels im 19. Jh. v. Chr. (2032–1887 cal. BC) bestanden haben könnte. Dies würde für die Vorgeschichte Mitteleuropas eine in Dauer und Größe singuläre Herrschaftsform darstellen, die erst zwischen 1600 und 1550 v. Chr. ihr Ende fand (Meller 2013, 520–523). Zu diesem Zeitpunkt markieren karpatenländische Schwerter, aber auch zahlreiche andere Importfunde entlang der Oder bis nach Skandinavien den Zusammenbruch des Aunjetitzer »Handelsimperiums«. Das Geheimnis des Reichtums der Aunjetitzer Fürsten lag also nicht, wie häufig vermutet, primär in der Ausbeutung der Rohstoffquellen Salz und vielleicht auch mitteldeutschem Kupfer, sondern vielmehr in der perfekten verkehrsgeografischen Lage nördlich der Mittelgebirge zwischen den Flüssen Elbe und Oder, die es den Fürsten erlaubte, den Warenaustausch zwischen Nord und Süd über Jahrhunderte zu kontrollieren. Dass diese Kontrolle bestens funktionierte, zeigt die Ausbreitung des nordischen Bernsteins. Bis zum Zusammenbruch der Aunjetitzer Herrschaft verblieb dieser innerhalb der Aunjetitzer Kultur und ihrer Handelspartner, nach dem Niedergang dieses Systems jedoch erreichte der Bernstein plötzlich die Welt südlich der Alpen bis ins mykenische Griechenland.

Um diese unvergleichliche Machtposition abzusichern, benötigten die Herrscher der Aunjetitzer Kultur vor allem eines: loyale und ausgebildete Soldaten, die als organisierte professionelle Armeen den Frieden durch ihre organisatorische Überlegenheit und damit Abschreckung sicherten. Dabei dürfte die Bilanz für den einzelnen Bauern durchaus gemischt gewesen sein. Unter dem Aunjetitzer System lebte er vermutlich sicher, aber unter hohen Abgaben, während sein Leben im darauf folgenden lokalen Herrschaftssystem möglicherweise freier, selbstbestimmter und wohlhabender, aber gleichzeitig deutlich unsicherer war.

Quellen

Diodorus Siculus, Bibliotheca historica. Zitiert nach J. Herrmann (Hrsg.), Griechische und lateinische Quellen zur Frühgeschichte Mitteleuropas bis zur Mitte des 1. Jahrtausends u. Z. 1. Von Homer bis Plutarch (8. Jh. v. u. Z. bis 1. Jh. u. Z.). Schr. u. Quellen alte Welt 37,1 (Berlin 1988).

Livius, Ab urbe condita. Zitiert nach J. Herrmann (Hrsg.), Griechische und lateinische Quellen zur Frühgeschichte Mitteleuropas bis zur Mitte des 1. Jahrtausends u. Z. 1. Von Homer bis Plutarch (8. Jh. v. u. Z. bis 1. Jh. u. Z.). Schr. u. Quellen alte Welt 37,1 (Berlin 1988).

Polybios, Historiae. Zitiert nach J. Herrmann (Hrsg.), Griechische und lateinische Quellen zur Frühgeschichte Mitteleuropas bis zur Mitte des 1. Jahrtausends u. Z. 1. Von Homer bis Plutarch (8. Jh. v. u. Z. bis 1. Jh. u. Z.). Schr. u. Quellen alte Welt 37,1 (Berlin 1988).

Literatur

Behrendt u. a. 2015
S. Behrendt/M. Küßner/O. Mecking, Der Hortfund von Dermsdorf, Lkr. Sömmerda – Erste archäometrische Ergebnisse. In: T. Gluhak/ S. Greiff/K. Kraus/M. Prange (Hrsg.), Archäometrie und Denkmalpflege 2015. Jahrestagung an der Johannes-Gutenberg-Universität Mainz 25.–28. März 2015. Metalla, Sonderh. 7 (Bochum 2015) 98–100.

Bertemes 2010
F. Bertemes, Die Metallurgengräber der zweiten Hälfte des 3. und der ersten Hälfte des 2. Jt. v. Chr. im Kontext der spätkupferzeitlichen und frühbronzezeitlichen Zivilisationen Mitteleuropas. In: H. Meller/F. Bertemes (Hrsg.), Der Griff nach den Sternen. Wie Europas Eliten zu Macht und Reichtum kamen. Internationales Symposium in Halle (Saale) 16.–21. Februar 2005. Tagungen Landesmus. Vorgesch. Halle 5,I (Halle [Saale] 2010) 131–162.

Brockhaus 1996–1999
Brockhaus. Die Enzyklopädie in 24 Bänden XXII, 359. s. v. Trupp.

Ettel/Schmidt 2011
P. Ettel/C. Schmidt, Höhensiedlungen und Siedlungen der Frühbronzezeit in Thüringen – Untersuchungen im Rahmen der DFG-Forschergruppe »Nebra«. Neue Ausgr. u. Funde Thüringen 6, 2010/11 (2011) 59–74.

Evers 2012
M. Evers, Die frühbronzezeitliche Besiedlung der Makroregion um Nebra. Unpubl. Diss. Martin-Luther-Univ. Halle-Wittenberg (Halle [Saale] 2012).

Genz 2004
H. Genz, Griechische Lanzenspitzen in Mitteldeutschland? In: H. Meller (Hrsg.), Der geschmiedete Himmel. Die weite Welt im Herzen Europas vor 3600 Jahren. Begleitband zur Sonderausstellung (Halle [Saale] 2004) 186–187.

Groehler 2001
O. Groehler, Das Heerwesen. Das Heerwesen in Brandenburg und Preußen von 1640 bis 1806 Bd. 1² (Berlin 2001).

Hansen 2010
S. Hansen, Der Hort von Nebra: seine Ausstattung. In: H. Meller/F. Bertemes (Hrsg.), Der Griff nach den Sternen. Wie Europas Eliten zu Macht und Reichtum kamen. Internationales Symposium in Halle (Saale) 16.–21. Februar 2005. Tagungen Landesmus. Vorgesch. Halle 5,I (Halle [Saale] 2010) 77–89.

Junkelmann 1991
M. Junkelmann, Die Legionen des Augustus. Der römische Soldat im archäologischen Experiment. Kulturgeschichte der antiken Welt 335 (Mainz 1991).

Meller 2013
H. Meller, Der Hortfund von Nebra im Spiegel frühbronzezeitlicher Deponierungssitten. In: H. Meller/F. Bertemes/H.-R. Bork/R. Risch (Hrsg.), 1600 – Kultureller Umbruch im Schatten des Thera-Ausbruchs? 4. Mitteldeutscher Archäologentag vom 14. bis 16. Oktober 2011 in Halle (Saale). Tagungen Landesmus. Vorgesch. Halle 9 (Halle [Saale] 2013) 493–526.

Meller 2014
H. Meller, Die neolithischen und bronzezeitlichen Goldfunde Mitteldeutschlands – Eine Übersicht. In: H. Meller/R. Risch/E. Pernicka (Hrsg.), Metalle der Macht – Frühes Gold und Silber. 6. Mitteldeutscher Archäologentag vom 17. bis 19. Oktober 2013 in Halle (Saale). Tagungen Landesmus. Vorgesch. Halle 11,II (Halle [Saale] 2014) 611–716.

Peter-Röcher 2007
H. Peter-Röcher, Gewalt und Krieg im prähistorischen Europa. Beiträge zur Konfliktforschung auf der Grundlage archäologischer, anthropologischer und ethnologischer Quellen. Univforsch. Prähist. Arch. 143 (Bonn 2007).

Schwarz 2014
R. Schwarz, Goldene Schläfen- und Lockenringe – Herrschaftsinsignien in bronzezeitlichen Ranggesellschaften Mitteldeutschlands. Überlegungen zur Gesellschaft der Aunjetitzer Kultur. In: H. Meller/E. Pernicka/R. Risch (Hrsg.), Metalle der Macht – Frühes Gold und Silber. 6. Mitteldeutscher Archäologentag vom 17. bis 19. Oktober 2013 in Halle (Saale). Tagungen Landesmus. Vorgesch. Halle 11,II (Halle [Saale] 2014) 717–742.

Sommerfeld 1994
C. Sommerfeld, Gerätegeld Sichel. Studien zur monetären Struktur bronzezeitlicher Horte im nördlichen Mitteleuropa. Vorgesch. Forsch. 19 (Berlin, New York 1994).

Terberger u. a. 2014
T. Terberger/A. Dombrowsky/J. Dräger/ D. Jantzen/J. Krüger/G. Lidke, Professionelle Krieger in der Bronzezeit vor 3300 Jahren? Zu den Überresten eines Gewaltkonfliktes im Tollensetal, Mecklenburg-Vorpommern. In: T. Link/H. Peter-Röcher (Hrsg.), Gewalt und Gesellschaft. Dimensionen der Gewalt in ur- und frühgeschichtlicher Zeit. Internationale Tagung an der Julius-Maximilians-Universität Würzburg 14.–16. März 2013. Univforsch. Prähist. Arch. 259 (Bonn 2014) 93–109.

Weber 1922 (2005)
M. Weber, Wirtschaft und Gesellschaft. Grundriss der verstehenden Soziologie. Zwei Teile in einem Band, hrsg. von A. Ulfig [Erstauflage 1922] (Frankfurt a. M. 2005).

KRIEGERGEFOLGSCHAFTEN IN DER BRONZEZEIT

Anthony Harding

Gehen Kriegerbünde und Häuptlingsgefolgschaften, die aus dem Frühmittelalter gut bekannt sind, bis in die Eisen- und Bronzezeit zurück? Diese Praxis, die häufig von Publius Cornelius Tacitus im späten 1. Jh. n. Chr. im Zusammenhang mit germanischen Stämmen erörtert wird, ist bisher noch nicht oft für das 2. oder frühe 1. Jt. v. Chr. in Betracht gezogen worden. Neueste Arbeiten beinhalten jedoch diverse Diskussionen über die Art der Kriegsführung später prähistorischer Gesellschaften. Dabei wird vor allem die Möglichkeit erwogen, dass die Kriegsführung in der späten Bronze- und frühen Eisenzeit viele Gemeinsamkeiten mit derjenigen historischer Epochen hatte. Da es *per definitionem* keine schriftlichen Hinterlassenschaften für diese prähistorischen Perioden gibt, bleibt vieles Spekulation. Aber es gibt dennoch Gründe, die es erlauben, die Verhältnisse in der Eisenzeit zurück in das frühe 1. Jt. v. Chr. und sogar in das letzte Viertel des 2. Jts. zu projizieren.

Der *locus classicus* für die Existenz des sozialen Phänomens Gefolgschaft (lat. *comitatus*) ist Tacitus' »Germania« (13.2–3; 14.1; neueste Diskussion in Bazelmans 1991). Etwas Ähnliches wird ein wenig früher für die keltische Gesellschaft von Julius Caesar und Polybius beschrieben. Die Meinungen über Tacitus' Quellen und die Intention seines Berichtes sind gespalten, aber die moderne Forschung tendiert eher dahin, das Werk als ein Stück Literatur mit vielen typischen Elementen oder literarischen Halbwahrheiten zu sehen, anstatt als strikten historischen oder ethnografischen Bericht im modernen Sinne. Die grundlegenden Bestandteile sind diese: Ein *princeps* (anführender Mann, Führer, Chief), »*reif und mit einem Ruf von Ausdauer*«, umgibt sich mit einer Gefolgschaft von jungen Männern, die gegenseitig um die Nähe zum Anführer rivalisieren. Je größer die Gefolgschaft, desto besser. Das Ziel des Anführers war es, immer »*von einem großen Verband ausgewählter junger Männer umgeben zu sein – im Frieden bedeutet dies Prestige, im Krieg Schutz*«. Diese Gruppe war hauptsächlich darauf bedacht, sich an Kämpfen zu beteiligen, um dadurch dem Chief Ehre zu bringen:

»*Der Anführer kämpft für den Sieg, die Untergebenen für den Anführer*« (Tac. Germ. 13.2–3; 14.1).

Wenn dies die Situation innerhalb der germanischen Stämme des 1. Jhs. war, so verhielt es sich in der Völkerwanderungszeit und in späteren Jahrhunderten ähnlich. Einige Autoren haben dies im Detail dargelegt (Schlesinger 1968, 69 ff.; Bazelmans 1991; Wenskus 1992), während H. Steuer (2006) eine praktische Zusammenfassung der Situation liefert: Die Kriegerbünde wurden von den Dörfern eines Territoriums erhoben, die vielleicht 10 000 Einwohner hatten und bis zu 2000 Krieger stellen konnten. Deren Zweck war es, unter dem Kommando eines Anführers frei umherzuziehen, um zu plündern und Beute zu machen (Steuer 2006).

Der riesige Waffenhort aus dem Moor in Illerup Ådal in Jütland (Ilkjær 1990), der in das 2. Jh. n. Chr. datiert, soll die Bewaffnung eines besiegten Kriegerbundes darstellen (vgl. von Carnap-Bornheim 1992). Der Fund umfasst 750 Lanzen und 660 Speere sowie 663 Schildbuckel. Angenommen, jeder Krieger hatte einen Schild, dann ist dies ein Indiz für die Anzahl der anwesenden Krieger, von denen jeder wohl auch eine Lanze und einen Speer besaß. Steuer mutmaßt anhand der vorhandenen Anzahl von Schilden sowie der unterschiedlichen Herstellungsmaterialien der bestimmbaren Schildbuckel (fünf Exemplare waren aus Silber, 30 aus Bronze und die übrigen aus Eisen gefertigt), dass, vorausgesetzt der Führer hatte einen silbernen Schild und die Gefolgsmänner einen eisernen, möglicherweise mehrere Bünde anwesend waren, die jeweils etwa 60–80 Krieger umfassten. K. Randsborg (1995, 192) führte ähnliche Hochrechnungen für Illerup und andere Fundstätten durch. Er kam zu dem Schluss, dass – ausgehend vom Verhältnis von Schwertern zu Speeren und Lanzen – die Anzahl von Kriegern mit höherem Status, die Schwerter besaßen, wohl zwischen 60 und 100 lag.

Solche Muster noch weiter in die Vergangenheit zu projizieren, ist unvermeidlich mit Schwierigkeiten behaftet. Man könnte an Wagengräber aus der frühen Eisenzeit denken und dass diese – oder zumindest

1
Waffen aus dem Fund von Krogsbølle Mose, nördliches Fünen, Dänemark.

einige davon – klare Anzeichen von herrschaftlichem Rang sind. Aber der Beweis für die Existenz solcher herrschaftlichen Individuen bedeutet noch nicht *per se* die Existenz der Gefolgschaft. Die Funde verschiedener Waffen, wie die 51 eisernen Speerspitzen von Passentin, Lkr. Mecklenburgische Seenplatte, könnten ähnlich interpretiert werden. Falls dies die Ausrüstung eines Kriegerbundes war, und jeder Krieger zwei Speerspitzen mit sich führte, so könnte dieser Bund aus 25 Männern bestanden haben. Ein Fund aus Krogsbølle Mose, nördliches Fünen, Dänemark, der durch die ^{14}C-Methode in das 5. Jh. v. Chr. datiert wurde, bestand aus 25 eisernen Speerspitzen, 19 Speerspitzen aus Bein, sechs einschneidigen Schwertern und einem zweischneidigen Schwert (Abb. 1; Kaul 2003, 164 ff.). Das Verhältnis 6:1 von Schwert zu Speer könnte so interpretiert werden, dass ein Anführer mit zwei Schwertern acht Untergebene hatte, die wiederum selbst je zwei Speere besaßen, wobei natürlich auch andere Interpretationen möglich sind. K. Randsborgs Untersuchung (1995) des in das 4./3. Jh. v. Chr. datierten Bootes von Hjortspring, südliches Jütland, Dänemark, geht noch weiter: Der Fund umfasste 52 Schilde, 67 Schildgriffe und mindestens 169 Speere (31 aus Bein oder Geweih). Randsborg schlägt jedoch vor, dass die Anzahl der Sitze auf dem Boot – neun auf jeder Seite – die Anzahl der Ruderer (18) liefert, bei denen es sich ebenfalls um Krieger handelte. F. Kaul meint dagegen, dass mehr als 65 Krieger hier zugegen waren (Kaul 2003, 148). Was die Bronzezeit betrifft, so schlug Randsborg vor, der Hort von Smørumovre, Seeland, Dänemark, aus Periode II, der neben anderen Objekten 50 Äxte und 60 Speerspitzen umfasst, stelle möglicherweise die Ausrüstung von zehn Kommandanten und 40 gewöhnlichen Kriegern dar. Doch handelt es sich hier größtenteils um Spekulationen.

Für die Bronzezeit gibt es theoretisch schriftliche Hinweise auf den Linear-B-Tafeln aus dem mykenischen Griechenland. Das Erscheinen einer Gruppe von Personen auf den Tafeln, die *e-qe-ta* (*hequetai*, »Gefolgsleute« oder »Begleiter«), ist von großem Interesse, da es andeutet, der König (*wanax*) hatte solch eine Gefolgschaft. Dennoch werden die Details stark diskutiert (Deger-Jalkotzy 1978). Auf jeden Fall muss das, was in Griechenland geschah, nicht unbedingt für das nördlich des Mittelmeeres liegende Europa zutreffen. Auch die homerischen Epen liefern wenig Hilfe. Während sie sicherlich die Existenz von Elitekriegern mit Untergebenen dokumentieren, ist die Datierung problematisch für das Verständnis der Situation in der Bronzezeit und die Aussagekraft selbst für die Eisenzeit sehr ungewiss.

In der europäischen Bronzezeit wurde eine große Anzahl von Waffen deponiert, einzeln oder als Hort. Manchmal enthielten diese Horte ausschließlich Waffen oder diese waren Hauptbestandteil des Fundkomplexes; manchmal waren sie Teil einer größeren gemischten Ansammlung. Problematisch ist, dass die Deponierung von Bronzen im Boden eine bedeutende und andauernde Praxis in der Bronzezeit war, sodass es schwierig ist, den militärischen Aspekt vom kulturellen zu trennen. Diese Praxis variierte außerdem im Laufe der Zeit und in verschiedenen Gebieten unterschiedlich gegenüber der Situation im frühen Mittelalter, die Andeutungen für die Rekonstruktion einer Gesellschaft mit Gefolgschaft haben mag. Man kann vielleicht solche Waffenfunde, die nur fragmentarisch sind – wie etwa in den zahlreichen sog. Brucherz-Horten mit zerstückelten Bronzeobjekten –, von denen mit ganzen und unbeschädigten Waffen trennen. In einer solchen Untersuchung sind Schwerter von besonderer Bedeutung. Sie werden einzeln – so z. B. in Gräbern – oder zu mehreren gefunden. Das Beispiel des Hortes aus Wilburton, Cambridgeshire, England (Burgess/Colquhoun 1988, 42 ff.), zeigt, dass die Zusammensetzung von zwölf fragmentarischen Schwertern oder Schwertgriffen und weiteren Klingenfragmenten, 113 Speerspitzen, Schwertscheiden und Speerschaftbeschlägen es theoretisch möglich macht, hier eine Gruppe von Kommandanten mit einer Gruppe von vielleicht 30 Kriegern zu vermuten.

Schwerter werden manchmal als Paar oder in Gruppen deponiert gefunden, wie mehrere Beispiele aus Nordengland und Südschottland zeigen (Burgess/Colquhoun 1988, 88 ff.). In Ewart Park, Northumberland, England, fanden sich drei Schwerter (eines in perfektem Zustand, die anderen leicht unvollständig), die vertikal in den Boden gerammt waren. In Grosvenor Crescent, Edinburgh, Schottland, wurden sieben komplette und auch fragmentierte Schwerter zusammen mit Schmuck und einem Beil geborgen (Abb. 2). Und aus Startforth, County Durham, England, stammen zwei Schwerter mit einem goldenen Verschlussring. In Cauldhane, Angus, Schottland, fand man vier Schwerter mit einer Speerspitze und einer Scheidenhalterung. In Simonside, Northumberland, wurden zwei Schwerter (eines komplett) mit Knäufen und drei bronzenen Ringen freigelegt. Diese Beispiele – alle vom Festland – zeigen, dass zumindest am Ende der Bronzezeit und in diesem Teil der Welt die Deponierung von Schwertern sowohl einzeln als auch in Gruppen eine reguläre Praxis war und die Schwerter besonders häufig mit Schmuck vergesellschaftet waren.

Auch Flussfunde können mehrere Schwerter beinhalten, wie diejenigen aus der Elbe bei Velké Žernoseky, Kr. Litoměřice, Tschechien. Jedoch ist die Fundsituation komplex und man kann nicht sicher sein, ob alle Funde tatsächlich zum gleichen Zeitpunkt deponiert wurden. Die Deponierung eines Hortes mit sechs Schwertern im Tal des Porečka Flusses in Topolnica, Serbien, scheint diesem Muster zu entsprechen. Der Hort enthielt auch acht Doppelspiralringe (oder Teile davon), drei Armreife, zwei Tüllenbeile und zwei Nadeln. Vergleichbar ist der Hort von Viss, Borsod-Abaúj-Zemplén, Ungarn, der sieben Schwerter, einen fragmentierten Bronzebecher, zwei Armringe, ein gerolltes Spiralornament, eine Nackenscheibenaxt und eine Doppelhacke beinhaltete. Solche Belege könnten noch zahlreich aufgeführt werden. Die Assoziation von Waffen mit (vorrangig) Schmuck ist sinnvoll. Während es vielleicht nicht modernen Vorstellungen von Kämpfertum entspricht, dass wilde Krieger Wert auf ihr Aussehen legen, so gibt es zahlreiche historische und ethnografische Beispiele für ein solches Verhal-

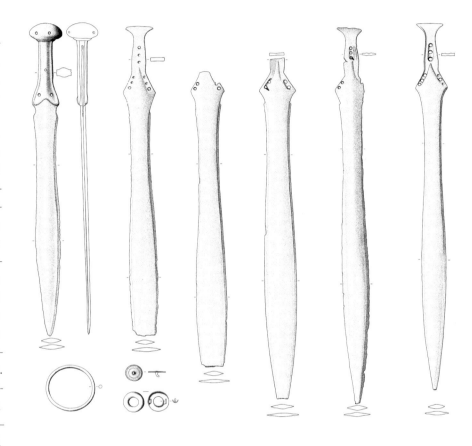

ten. Man muss nur an die Stelle bei Herodot (Historien VII,208) denken, in der er beschreibt, wie sich spartanische Krieger vor der Schlacht bei den Thermopylen die Haare kämmen, oder an die Bemerkung von Demaratus, dem im Exil lebenden König von Sparta, dass es bei den Spartanern üblich sei, ihrem Haar besondere Aufmerksamkeit zu schenken, bevor sie in die Schlacht zogen, um zu erkennen, wie wichtig persönliches Aussehen im Kämpfertum der antiken Welt war.

Was können wir nun über die Krieger und ihre Gefolgschaften in der Bronzezeit sagen? Erstens ist es unumstößlich, dass es eine Kriegeridentität in der Bronzezeit gegeben hat, wahrscheinlich schon zu Beginn der Epoche und sicherlich ab dem dritten Vier-

2
Der Bronzehort von Grosvenor Crescent, Edinburgh, Schottland.

3
Die Grabbeigaben aus dem »Königsgrab« von Seddin, Lkr. Potsdam-Mittelmark.

tel des 2. Jts. v. Chr. Im Laufe der Jahrhunderte nehmen die Belege für die Existenz von Kriegern dramatisch zu, und zwar in Form von Waffen. Außerdem gibt es klare Anzeichen von Gewalt gegenüber anderen Personen, v. a. an Orten, wo potenzielle Massaker stattfanden, wie in Velim, Tschechien, das um 1400 v. Chr. datiert. Diese Fundstätte wird als das Resultat eines Massakers, vielleicht infolge eines feindlichen Zusammentreffens, interpretiert. Zur selben Zeit und in den darauffolgenden Jahrhunderten treten befestigte Orte, oft auf Höhenrücken, immer häufiger auf. Es kann hier argumentiert werden, dass dies die Konsequenz von Überfällen war, die von Gruppen von Kriegern durchgeführt wurden, deren Zahl von einigen wenigen bis in die Hunderte reichen konnte. Hier handelte es sich wahrscheinlich um Kriegerbünde, wie sie Tacitus mehr als 1000 Jahre später beschreibt.

Wer waren die Führer, die *principes*, denen die Krieger gehorsam waren? Diese Frage kann nur mit Blick auf andere archäologische Belege beantwortet werden; am auffallendsten anhand von Grabfunden, die auf Kriegstüchtigkeit hinweisen, etwa in Form von spezieller militärischer Ausrüstung, obgleich deren Interpretationen oft kontrovers sind. Solche Fälle könnten durch ein reiches Grab, wie das »Königsgrab« von Seddin in Brandenburg, repräsentiert sein (Abb. 3). Während dies ein Einzelbeispiel ist, das nicht von Gräbern von »Gefolgsleuten« begleitet wird, ist es dennoch angebracht, solche Bestattungen als die von Anführern oder Chiefs anzusehen. Falls eine solche Annahme korrekt ist, dann sind es diese Personen, denen man Loyalität schuldete, die die Formierung von Kriegerbünden ermöglichten und ihnen einen Zweck gaben. Es waren diese Gruppen von Kriegern, die die Überfälle und Fehden ausführten, die so charakteristisch für die Bronzezeit sind.

Literatur

Bazelmans 1991
J. Bazelmans, Conceptualising early Germanic political structure: a review of the use of the concept of Gefolgschaft. In: N. Roymans/ F. Theuws (Hrsg.), Images of the Past. Studies on ancient societies in Northwestern Europe (Amsterdam 1991) 91–129.

Burgess/Colquhoun 1988
C. Burgess/I. Colquhoun, The Swords of Britain. PBF IV, 5 (München 1988).

von Carnap-Bornheim 1992
C. von Carnap-Bornheim, Die germanische Gefolgschaft. Zur Interpretation der Mooropfer der jüngeren römischen Kaiserzeit in Südskandinavien – Ein archäologischer Diskussionbeitrag. Peregrinatio Gothica III. Univ. Oldsaksamlinggs Skrifter 14 (Oslo 1992) 45–52.

Deger-Jalkotzy 1978
S. Deger-Jalkotzy, E-QE-TA. Zur Rolle des Gefolgschaftswesens in der Sozialstruktur mykenischer Reiche. Mykenische Stud. 6 (Wien 1978).

Ilkjær 1990
J. Ilkjær, Illerup Ådal 1. Die Lanzen und Speere (Aarhus 1990).

Kaul 2003
F. Kaul, The Hjortspring find. In: O. Crumlin-Pedersen/A. Trakadas (Hrsg.), Hjortspring. A Pre-Roman Iron-Age Warship in Context. Ships and Boats of the North 5 (Copenhagen 2003) 141–185.

Randsborg 1995
K. Randsborg, Hjortspring. Warfare and Sacrifice in Early Europe (Aarhus 1995).

Schlesinger 1968
W. Schlesinger, Lord and follower in Germanic institutional history. In: F. L. Cheyette (Hrsg.), Lordship and Community in Medieval Europe (New York 1968) 64–99.

Steuer 2006
H. Steuer, Warrior bands, war lords, and the birth of tribes and states in the first millennium AD in Middle Europe. In: T. Otto/H. Thrane/ H. Vandkilde (Hrsg.), Warfare and Society: Archaeological and Social Anthropological Perspectives (Aarhus 2006) 227–236.

Wenskus 1992
R. Wenskus, Die neuere Diskussion um Gefolgschaft und Herrschaft in Tacitus' Germania. In: G. Neumann/H. Seemann (Hrsg.), Beiträge zum Verständnis der Germania des Tacitus (Göttingen 1992) 311–331.

DER URNENFELDERZEITLICHE MÄNNERFRIEDHOF VON NECKARSULM

Steffen Knöpke

Das im Jahr 2001 archäologisch untersuchte Gräberfeld von Neckarsulm, Lkr. Heilbronn (1200–1100 v. Chr.; Neth 2002), eröffnet neue Einblicke in die Gesellschaftsstruktur der Urnenfelderzeit (Knöpke 2009). Kannte man in Baden-Württemberg aus der spätbronzezeitlichen Stufe Hallstatt A vor allem kleine Friedhöfe mit Urnenbestattungen sowie einige wenige Steinkistengräber, so zeigt sich in Neckarsulm ein in vielen Aspekten von der Norm abweichender Bestattungsritus. Außergewöhnlich ist, dass hier die Toten ausschließlich körperbestattet wurden, was es erlaubt, teilweise sehr auffällige Körperhaltungen mit verschiedenen Variationen in den Arm-, Bein- und Fußstellungen zu beobachten.

Gemessen an einem Belegungszeitraum von etwa zwei bis drei Generationen gehört das Gräberfeld mit seinen 32 Flachgräbern zu den größten Nekropolen der süddeutschen Urnenfelderzeit. Auf diese Gräber verteilen sich insgesamt 50 Individuen: Neben 20 Einzelfunden finden sich acht Doppelbestattungen, drei Dreifach- und eine Fünffachbestattung. Auch in der jeweiligen Beigabenausstattung zeigt sich ein Unterschied zum damals vorherrschenden Grabritus: Bei den Toten von Neckarsulm fanden sich keine der damals durchaus üblichen umfangreichen Keramiksets, sondern – wenn überhaupt – nur ein einzelnes keramisches Trinkgefäß. Auch die Zahl der bronzenen Beigaben ist als gering zu bezeichnen, wobei es sich häufig nur um eine bronzene Gewandnadel oder in zwei Fällen um ein Messer handelt. Allein drei jeweils mit einem Schwert versehene Bestattungen heben sich von den übrigen Gräbern ab. Diese Bestattungen besitzen durch weitere Beigaben jeweils sehr individuelle Züge, etwa in Form eines goldenen Fingerrings, den der Schwertträger aus Bestattung 22/1 am linken Mittelfinger trug. Auch das in Bestattung 18/1 neben dem Schwert und einem Messer deponierte Schwertgehänge sowie mehrere Bronzehülsen, die als mögliche Überreste einer kleinen Gürteltasche zu deuten sind, stellen besondere Funde dar (Abb. 1). Die daneben liegende, wenngleich schwertlose Bestattung 18/2 kann mit einer prunkvollen Gewandnadel und einem bronzenen Rasiermesser ebenfalls ansehnliche Beigaben vorweisen. Nur fragmentiert erhalten geblieben ist das Schwert aus Bestattung 21/1. Hier und auch bei anderen Gräbern kann der Pflug als Verursacher von Schäden vermutet werden. Darüber hinaus zeigen verschiedene Gräber als Beraubungsspuren zu deutende Störungen. So ließen sich bei einigen Bestattungen Eingriffe im oberen Körperbereich feststellen, wo regelhaft die kostbaren Bronzen deponiert worden waren. Da sich die Gräber oberirdisch nur schwach abgezeichnet haben werden, ist zu vermuten, dass die Toten nicht lange nach der Grablegung ihrer Beigaben beraubt worden sind. Es ist demnach davon auszugehen, dass ursprünglich mehr Bronzebeigaben vorhanden gewesen sein müssen.

Ein wesentlicher Beitrag zum Verständnis des Neckarsulmer Gräberfeldes kommt den Untersuchungsergebnissen des Anthropologen Joachim Wahl

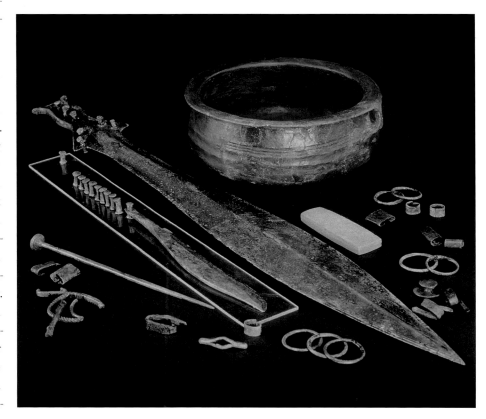

1
Die Beigaben der Bestattung 18/1 von Neckarsulm, Lkr. Heilbronn, inkl. Schwert und Messer weisen den Toten als Mitglied eines kriegerisch geprägten Männerbundes aus.

(Wahl/Price 2013) zu. Obwohl der jeweilige Erhaltungszustand der Skelette recht unterschiedlich ausfiel und einzelne Geschlechtsbestimmungen daher mit Vorbehalt zu verstehen sind, ist davon auszugehen, dass auf dem Gräberfeld ausschließlich männliche Individuen bestattet wurden (Wahl/Price 2013, 292 f.). Das durchschnittliche Sterbealter lag bei ca. 39 Jahren, wobei etwa die Hälfte der Toten in einem Alter zwischen 25 und 40 Jahren verstarb (Wahl/Price 2013, 291). Die Frage nach der Todesursache, die sich vor allem bei den Doppel- und Mehrfachbestattungen stellt, konnte in keinem Fall beantwortet werden. Daher bleibt in diesem Punkt ein breiter Raum für Spekulationen, der von Krankheit, Totenfolge bis hin zu einem gewaltsamen Tod reicht, welcher nicht zwangsläufig seine Spuren am Skelett hinterlassen haben muss. Mit einer durchschnittlichen Körperhöhe von 1,72 m waren die Männer für ihre Zeit relativ groß (Wahl/Price 2013, 291). Die Skelette geben zudem darüber Auskunft, dass diese Männer einen generell schlanken und muskulösen Körperbau besaßen und zu ihren Lebzeiten keine übermäßig schweren Arbeiten zu verrichten hatten (Wahl/Price 2013, 294 f.). Strontiumisotopenanalysen der Knochen weisen darauf hin, dass sich ihre Ernährung nicht nur aus Landtieren, sondern zu einem großen Teil auch aus Süßwasserfischen zusammensetzte (Wahl/Price 2013, 296). Die genannten Analysen erlaubten bei 37 Skeletten des Gräberfeldes zudem eine Unterscheidung zwischen lokal aufgewachsenen und zugewanderten Individuen. Die Doppel- und Mehrfachbestattungen zeigen dabei eine sehr heterogene Belegung des Gräberfeldes: Die Zugewanderten waren demnach vollständig in die Gruppe integriert. So konnte der Schwertträger aus Grab 21 als ein Zugewanderter identifiziert werden, während zumindest bei einem der beiden weiteren Individuen aus diesem Grab eine lokale Abstammung nachgewiesen wurde.

Das Gräberfeld von Neckarsulm kann als archäologischer Nachweis für einen Männerbund verstanden werden, der aufgrund dreier Schwerter und einer etwas abseits gefundenen Lanzenspitze eine kriegerische Prägung aufweist. Die abweichenden bzw. eigenständigen Bestattungsriten können als Zeichen einer bewussten Abgrenzung von der übrigen Gesellschaft verstanden werden. Aufgrund der zahlreichen Doppel- und Mehrfachbestattungen ist dabei von einem auf Kleingruppen basierenden Gefolgschaftswesen mit relativ flachen Hierarchien auszugehen. Der höhere Status der Schwertträger wird allein durch die Schwertbeigabe angezeigt, nicht aber in aufwendiger konstruierten Einzelbestattungen, da sie immer zusammen mit einem bzw. zwei weiteren Individuen beerdigt wurden. Auch bei den übrigen Doppel- und Mehrfachbestattungen zeigt sich eine sehr variable Zusammensetzung in Sterbealter und Herkunft der Männer. Von in ethnologischen Studien und historischen Quellen beschriebenen Bünden oder Kriegergemeinschaften ist bekannt, dass sich die Mitglieder solcher Gruppen nicht nur aus Verwandtschaftsverbänden rekrutieren. Oftmals werden eben auch nicht miteinander verwandte, also fremde Männer in die Gruppen integriert. Dies bringt einen stabilisierenden Effekt mit sich, da die Gefolgschaften dadurch unabhängiger von der übrigen Gesellschaft agieren können und eher auch in Friedenszeiten bestehen bleiben. Das Gefolgschaftswesen kann als ein bedeutender Faktor einer zunehmenden Stratifizierung in den frühgeschichtlichen Gesellschaften begriffen werden. Durch die Stabilisierung und vor allem durch die zunehmende Institutionalisierung von Machtpositionen wandelten sich die vormals egalitären bzw. segmentären Gesellschaften in Häuptlingstümer, wie wir dies einige Jahrhunderte später beispielsweise in dem eisenzeitlichen Fürstengrab von Eberdingen-Hochdorf (Stufe HaD) manifestiert sehen (Krausse 1996).

Literatur

Knöpke 2009
S. Knöpke, Der urnenfelderzeitliche Männerfriedhof von Neckarsulm. Forsch. u. Ber. Vor- u. Frühgesch. Baden-Württemberg 116 (Stuttgart 2009).

Krausse 1996
D. Krausse, Hochdorf III. Trink- und Speiseservice aus dem späthallstattzeitlichen Fürstengrab von Eberdingen-Hochdorf (Kr. Ludwigsburg). Forsch. u. Ber. Vor- u. Frühgesch. Baden-Württemberg 64 (Stuttgart 1996).

Neth 2002
A. Neth, Ein außergewöhnlicher Friedhof der Urnenfelderzeit in Neckarsulm, Kreis Heilbronn. Arch. Ausgr. Baden-Württemberg 2001 (2002) 51–55.

Wahl/Price 2013
J. Wahl/T. D. Price, Local and foreign males in a late Bronze Age cemetery at Neckarsulm, south-western German: strontium isotope investigations. Anthr. Anz. 70,3, 2013, 289–307.

REALIA UND RITUALE:
DAS BILD DES KRIEGERS IM 13.–8. JH. V. CHR. IN EUROPA

Regine Maraszek

»… während pátroklos die bronze anlegte / die getriebenen beinschienen als erstes – er preßte sie an / und spannte sie mit den silberschnallen am knöchel fest; / dann zog er sich achilleús glitzernden, reich mit sternen / verzierten harnisch über seine brust- und schlang dann / dessen mit silbernen nieten beschlagenes bronzeschwert / und danach den großen schweren schild um die schulter / setzte den gutgeschmiedeten helm auf den kantigen kopf / daß der hohe roßbusch ihn noch gefährlicher aussehen ließ / und griff sich zwei speere, die er grade noch halten konnte. von all den waffen des unvergleichlichen achilleús nahm er / nur eine einzige nicht: den schweren langen starken speer – / der war auch den anderen griechen zu groß; bloß achilleús / vermochte mit ihm umzugehen – aus der esche vom gipfel / des pelion gefertigt, hatte der kentaure cheíron diese waffe / seinem vater peleús geschenkt, um alle krieger zu besiegen.«
(Homer, Ilias, XVI, 130–145; Schrott 2010, 330)

Patroklos wappnet sich zum Kampf, mit den Waffen und der Rüstung seines Vorbildes, seines Helden Achill. Die beiden Speere kann er gerade so beherrschen, die Lanze jedoch nicht. Aber gefährlich will er aussehen, Achill zum Verwechseln ähnlich, auch wenn seine Fähigkeiten noch nicht seiner Ambition entsprechen. Mit dem großen Schild trägt er die ganze Welt auf seiner Schulter. Hephaistos, der Gott des Feuers und der Schmiede, hatte dafür gesorgt. In kunstvoller Zier waren Erde, Himmel, Meer, Sonne, Mond und Sterne, der ganze Weltenlauf, darauf verewigt. Auch die übrigen Waffen zeigen in ihrer prachtvollen Ausstattung weit mehr als nur Funktionalität und sollen schon durch bloße Präsenz beim Gegner einen dauerhaften Eindruck hinterlassen.

Das Ideal des vor Waffen strotzenden, mutigen Mannes kann zur Zeit der homerischen Epen in der Ägäis schon auf eine jahrhundertelange Tradition zurückblicken. Seit dem 2. Jt. v. Chr. manifestiert sich im archäologischen Sachgut, aber auch in damit korrespondierenden Bildwerken und Schriftzeugnissen

1
Kombination von Rüstungsteilen und Waffen verschiedener europäischer Fundorte. Eine solche komplette Ausrüstung eines spätbronzezeitlichen Kriegers wurde jedoch nie überliefert. Rekonstruiertes Lebensbild (Zeichnung © K. Schauer).

eine Elite, die Waffenbesitz und Kriegerhandwerk zu ihren Leitmotiven erhebt. Dabei sind Bewaffnung und Prunk, Ritual und Religion auf das Engste verbunden, so wie wir es auch in der Rüstung Achills finden. Waffen, Kampfgeschehen und Prozessionen Bewaffneter sind ein langlebiges Merkmal der ägäischen Kunst der Bronzezeit (Vonhoff 2008).

Alle in der »Ilias« beschriebenen Rüstungsteile des Achill finden sich im 13. Jh. v. Chr. auch in West-, Mittel- und Nordeuropa, wenn auch nur einzeln und selten überliefert (Abb. 1). Helmfunde gibt es in Italien, im Karpatenbecken (hier als Bruchstücke) und nördlich

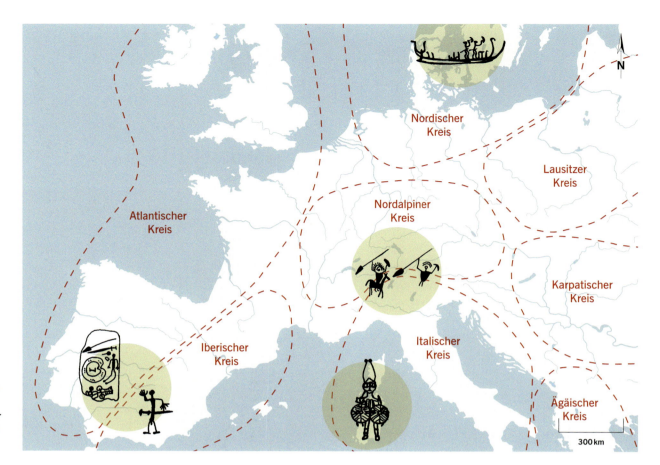

2
Spätbronzezeitliche Kulturräume in Europa (13.–9. Jh. v. Chr.) mit den Schwerpunkten figuraler Darstellung und Kleinplastik von Bewaffneten.

der Alpen – fast immer aus Flüssen und Mooren. Nur auf den Britischen Inseln sind sie unbekannt, auf der Iberischen Halbinsel selten. Panzer wurden in den Ostalpen und im Karpatenraum gefunden, jüngere Exemplare auch in Westeuropa (siehe Beitrag »Bronzezeitliche Schutzwaffen«, S. 293 Abb. 1). Schilde aus Holz und Leder blicken womöglich auf eine sehr viel längere Tradition zurück. Bronzeschilde sind vor allem aus dem Atlantischen und Nordischen Kreis überliefert, wie die anderen Schutzwaffen in der Regel als Hort deponiert. Die bronzenen Rüstungsteile lassen oft funktional zu wünschen übrig, sind aber mit großer Sorgfalt und hohem Aufwand gefertigt und reich verziert worden. Deshalb wird immer wieder auf ihre Rolle als Zeremonialgerät und Statussymbol verwiesen.

Den Krieger als bedeutende Person finden wir immer wieder im bronzezeitlichen Fundgut ganz Europas. Bewaffnung, Ausstattung und Darstellung sind lokal geprägt. Regelhaft gilt, dass die Bilder und die Verbreitung von Waffen in Gräbern und Horten sich weitgehend ausschließen. Die Waffengräber nördlich der Alpen stehen seit vielen Jahrzehnten im Mittelpunkt der Forschung. Ausstattungsmuster verweisen auf eine Rangfolge der Bewaffneten: Schwert, Schwert und Lanze, Schwert und Bogen, Lanze, Bogen. Aus einigen Gräberfeldern können wir einen örtlichen Kriegeradel ablesen (siehe Beitrag »Der urnenfelderzeitliche Männerfriedhof von Neckarsulm«, S. 257). Als Opfer regionaler, zeitlich befristeter Kriegergemeinschaften lassen sich Waffenhorte deuten (siehe Beitrag »Kriegergefolgschaften in der Bronzezeit«, S. 256 Abb. 3). Umfangreichere Deponierungen, die vor allem aus Waffen bestehen, sind jedoch eine Ausnahme und auf den Atlantischen Kreis beschränkt. Beispiele bilden die mehr als 150 Lanzenspitzen und drei Schwerter von Willow Moor in Shropshire oder die etwa 80 Lanzenspitzen von Bramber in West Sussex, England (Maraszek 2006, 176 ff.).

Die Bronzezeit ist vor allem das Zeitalter des Einzelkämpfers, des Schwertträgers. Das Schwert ist von Beginn an Waffe und Symbol der Herrschaft, bedeutet Macht und Reichtum. Die verschiedenen Kulturkreise zeigen neben der Wertschätzung dieser Waffe aber auch deutliche Differenzen: Der Status der privilegierten Frau, abgelesen aus deren Schmuck, scheint im Karpatenbecken, nördlich der Alpen und im Nordischen Kreis ebenbürtig dem des Waffenträgers. In der atlantischen Welt dagegen spielt das weibliche Element in den Bronzefunden kaum eine Rolle. Im Kultgeschehen finden überall gemeinsames Festmahl und Umtrunk statt, im Westen nachgewiesen durch Fleischspieße und -haken sowie riesige Kessel. In Nord- und Mitteleuropa wird hingegen das aus Ungarn stammende elegantere Eimerservice mit dazugehörigen Tassen bevorzugt, Grillbesteck fehlt.

Abseits der mediterranen Welt teilten die bronzezeitlichen Gemeinschaften im Westen und Norden einfache, ähnliche Gesellschaftsstrukturen, die bis in das 8. Jh. v. Chr. wenig mit den Schriftkulturen gemein haben. Die sozialen Gebilde blieben auf dem räumlichen Niveau etwa einer Tagesreise. Abstammung und damit Sprache, Glaube und Alltag bildeten die Grundlage von Stammesgesellschaften, die in verstreuten Siedlungen oder dörflichen Gruppen lebten, angeführt von lokalen Größen. Dauerhafte Dynastien konnten diese, von wenigen Ausnahmen abgesehen, jedoch nicht gründen. Entwickelten sich im Laufe der Zeit auch hier und dort imposante Befestigungswerke, größere Zentralherrschaften entstanden nicht. Der Reichtum scheint nicht angesammelt, sondern ausgegeben worden zu sein. Zumindest für die Metalle können wir das anhand der umfänglichen Hortfunde ahnen – in überwältigender Mehrheit Opfergaben zur Aufrechterhaltung des vom Übernatürlichen gelenkten Weltgeschehens.

Darstellungen von Waffen, Kriegern und Kämpfen gibt es nur in wenigen Regionen Europas (Abb. 2). Eine kleine Auswahl von Felsbildern und Statuetten aus dem Norden, Westen und Süden Europas soll einen Überblick über das Bild des Kriegers in der Bronzezeit geben. Dabei darf der Kontext der Quellen nicht außer Acht gelassen werden. Bronzene Statuetten scheinen ein statisches Bild des Geschehens zu geben, können jedoch zweckfremd weiter- oder wiederverwendet worden sein, wobei ihr Arrangement veränderbar blieb. Die Bilder auf Felsen und Steinen hingegen sind zwar oft mehrfach überarbeitet worden und das häufig über einen langen Zeitraum, aber unabänderlich in ihre Landschaft gehörig.

DER NORDEN: FELSBILDER, BILDSTEINE, STATUETTEN

Die Felsbilder Südskandinaviens bilden detailreich und originell einen bedeutenden Ausschnitt der Lebenswelt der Bronzezeit ab. Ein Drittel der Darstellungen zeigt Figuren. Die Mehrzahl davon sind Waffen tragende oder gar demonstrativ schwenkende Personen, deren Geschlecht wegen ihrer Ithyphallik über jeden Zweifel erhaben ist. Dazu zählt der übergroße Lanzenträger von Litsleby, Schweden (siehe Beitrag »Kampf- und Jagdwaffen«, S. 292 Abb. 5) genauso wie ein Äxte hochhaltendes Quartett von Kalleby, Schweden. Es gibt isolierte Personen, einander zu- oder abgewandte Paare und Gruppen, die miteinander agieren, oft auf Schiffen stehend. Die Waffen berühren nie den Gegner, es gibt weder Sieger noch Besiegte (Harding 2007, 115 ff.). Wir sehen folglich Rituale, keine Kampfgeschehen. Während Äxte und Lanzen hoch erhoben gehalten werden, bleiben Schwerter in der Regel in ihrer Scheide. Sie spielten im dargestellten Kultgeschehen eine untergeordnete Rolle.

3
Wagenfahrer von Kivik, Schonen (links; 11. Jh. v. Chr.), und Vitlycke, Bohuslän (rechts; 10. Jh. v. Chr.?) in Schweden. Zweirädrige Streitwagen gehören zur Spitzenausstattung bronzezeitlicher Krieger der Mittelmeerwelt. Die gehörnte Figur (rechts) verweist auf eine zeremoniale Bedeutung, wie wir sie für vierrädrige Wagen in ganz Europa kennen.

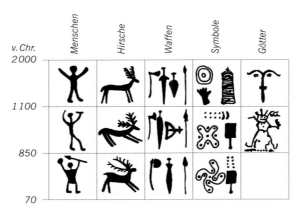

4
Chronologische Entwicklung der Abbildungen von Figuren, Waffen und Symbolen im Val Camonica, Italien.

Das außergewöhnliche Grab von Kivik, Schweden, ist mit seiner bildlichen Ausschmückung eine der seltenen Ausnahmen, in denen Felsgravur im Bestattungsbrauch Verwendung fand. Der Tote wird in dem Streitwagen fahrenden Schwertträger gesehen (Abb. 3). Seine Waffe steckt in der Scheide, wie von den Felsbildern bekannt. Den Streitwagen kennen wir führerlos auch andernorts (z. B. auf Felsbildern in Frännarp, Schonen). Das aus dem Nahen Osten vermittelte Gefährt war wohl im hohen Norden mehr Symbol der Weltläufigkeit als tatsächliches Kriegsgerät (siehe Beitrag »Kampf- und Streitwagen«, S. 225). Vierrädrige Wagen dagegen sind vom 13.–6. Jh. v. Chr. ein auf dem ganzen Kontinent verbreitetes Statussymbol der Mächtigen, überliefert als Kultgerät oder als Bestandteil der Grabausstattung.

Am südlichen Rand der nordischen Welt, in Niedersachsen, gibt es zwei außergewöhnliche mit Bewaffneten versehene Stelen, die nicht unerwähnt bleiben dürfen. Da ist zum einen der Bildstein von Anderlingen, Lkr. Rotenburg (Wümme), auf dem eine der drei abgebildeten Personen wohl eine Axt schwingt, zum anderen die Deckplatte einer Doppelbestattung von Schafwinkel, Lkr. Verden, die auf der Unterseite eine Figur mit Schild und (Hörner-?)Helm zeigt (Capelle 2008, Abb. 80).

DER ALPENRAUM: FELSBILDER

Die meisten und bedeutendsten Felsbilder des Alpenraums sind im Val Camonica und am Monte Bego in Italien versammelt (Abb. 4). Diese alpine Bilderwelt widmet sich vor allem dem Alltag der Menschen und ihrer unmittelbaren Umwelt, beispielhaft dafür sind die Szenen von Naquane. Symbolgut ist häufig, jedoch selten in Szenen arrangiert und wirkt auch deshalb weniger fröhlich als auf den nordischen Felsbildern.

Die spätbronzezeitlichen Darstellungen, auf denen erstmals Bewaffnete erscheinen, fertigten die von Kriegern angeführten Gemeinschaften der Umgebung. Sie bilden den Auftakt für die umfangreichen früheisenzeitlichen Felsbilder, die Jagdszenen, rituelle Kämpfe, sportliche Wettbewerbe, Tänze und Prozessionen von Waffenträgern in großer Vielfalt zeigen (siehe Beitrag »Kampf- und Jagdwaffen«, S. 291 Abb. 4). Diese kraftvolle Präsentation des Kriegshandwerks wird heute als Darstellung von Initiationsriten der ansässigen Camunni gedeutet. Genau wie im Norden sind reale Kampfgeschehen selten und die Waffen werden oft hoch erhoben. Die Darstellung einzelner Waffen kann als Substitut für deren Deponierung interpretiert werden (Fossati 2008, 36).

IBERIEN: GRABSTEINE

Im Südwesten der Iberischen Halbinsel findet sich eine Gruppe von Grabstelen, die der bronzezeitlichen Kriegerelite ein einzigartiges Denkmal setzen (1250–750 v. Chr.). Verbreitet zwischen zwei einflussreichen Kulturräumen, dem atlantischen im Westen und der Mittelmeerwelt im Osten (vgl. Abb. 2), zeigen die Grabsteine den Krieger mitsamt seinen Waffen und seiner Ausstattung (Harrison 2004, 97): Schild, Schwert, Lanzenspitze, denen später Spiegel, Helm, Streitwagen und zuletzt Musikinstrumente, Schmuck und Kamm zur Seite gestellt werden (Abb. 5). Im Laufe der Zeit ersetzte die Menschenfigur das Schild als zentrales Element, die abgebildeten Gegenstände nahmen zu, am Ende wurden zwei oder mehrere Figuren in Szene gesetzt. Die Personen selbst sind als Strichfiguren wiedergegeben. Das deutlichste männliche Geschlechtsattribut wird sehr selten und wenn, dann auch in nicht aufgerichtetem Zustand dargestellt – ein klarer Gegensatz zu den Bildern im Nordischen Kreis. Sehr häufig sind die Finger, mitunter auch die Zehen in anatomisch korrekter Anzahl ausgearbeitet. Gedeutet wird das – im Fall der Hände – als die Fähigkeit, sofort zu den Waffen greifen zu können. Aber die Zehen? Möglicherweise zeichnete sich ein Krieger, der noch über alle Finger verfügte, auch als besonders geschickt aus? Oder könnte es ein Hinweis auf ein Abzählen sein? Merkwürdig ist auch die Darstellung des Schildes von hinten, mit sichtbarem Griff. Bedeutete das ein niedergelegtes Schild? Sollte der Betrachter das Schild des Toten übernehmen? In der Regel werden auf den Stelen Waffen und Figuren statisch nebeneinander aufgereiht. Auch dadurch entsteht ein ganz anderer Eindruck beim Betrachter, als ihn die dynamischen Szenen in den Alpen oder an der Ostseeküste wecken. Die Ursache dafür liegt in der ursprünglichen Funktion der Stelen als Grabdenkmale.

Das Ensemble der dargestellten Attribute zeigt deutlich, dass zu einem Krieger mehr als die Waffe gehörte. Das gesamte Erscheinungsbild zählte. Eine ähnliche Sprache sprechen die Grabfunde des Nordischen Kreises. Hier spielen Schmuck, Armring und Toilettgerät wie Pinzette und Rasiermesser eine große Rolle. Das persönliche Rasiermesser präsentiert oft sogar einen Ausschnitt aus dem Mythos des Sonnenlaufs (Kaul

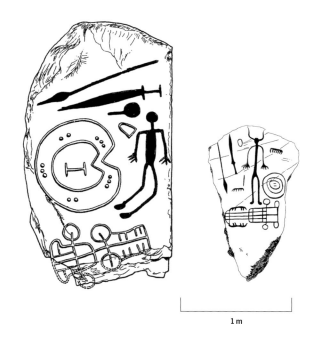

5
Stelen von Solana de Cabanas, Extremadura (links), und Écija V, Sevilla (rechts), in Spanien. Die Stele links zeigt einen Schild neben einer einfachen Strichfigur. Über der Figur finden sich eine nicht näher identifizierbare kegelförmige Ritzung (Trinkbecher?), Spiegel, Schwert und Lanze; darunter ein Streitwagen. Alle Elemente können wir in ähnlicher Anordnung auch auf der Stele rechts finden. Die Figur ist jedoch mit Hörnern versehen. Hinzu kommt ein Kammmotiv und vielleicht über den angeschirrten Pferden noch ein weiterer Vierbeiner?

6
Rekonstruktion der Bewaffnung einer Auswahl der sardischen Statuetten.

1998). Es ist im iberischen Fundmaterial sehr unüblich. Spiegel kennen wir wiederum allein aus West- und Mitteleuropa. In Nord und Süd ähnlich rar überliefert sind Kämme, in Echtgröße und als Miniatur. Genauso selten finden sich Haartrachten oder kunstvolle Bärte.

SARDINIEN: STATUETTEN

Eine ganz andere, üppige Ausstattung zeigen die Krieger unter den sardischen Bronzestatuetten (11.–7. Jh. v. Chr.). Voll uniformiert und bewaffnet weisen die Figuren eine große Vielfalt von Waffen auf: Keule, Stock, Pfeil und Bogen, Dolch und Schwert, dazu Helm, Schild und sogar Beinschutzplatten und lederne Schutzrüstung (Abb. 6). Die Bandbreite und Kombinationsmöglichkeiten sind so groß, dass man versucht ist, hier die Realität vor sich zu sehen. Einige Statuetten führen uns jedoch sicher in das Reich der Mythen und Legenden, wie der mit übernatürlichen Kräften versehene Krieger von Abini, Italien (Abb. 7). Die etwa 20 sardischen Statuetten mit Hörnerhelmen gelten als gegenständlicher Hinweis auf die seefahrenden Schardana/Shekelesh, deren Krieger mit Hörnerhelmen auf dem Seevölkerrelief von Medinet Habu in Ägypten (Anfang 12. Jh. v. Chr.) abgebildet sind (siehe Beitrag »Krieg und Krieger der Bronzezeit«, S. 325 Abb. 4). Auch unter den Resten der großen steinernen Statuen von Monte Prama, die als Gegenstück der Bronzestatuetten von Abini gesehen werden, ist ein Kopf mit Hörnerhelm zu finden (Lo Schiavo 1997, 427).

KRIEGER MIT GEHÖRNTEM KOPFPUTZ

Während Achill auf das imposante Aussehen eines Rossbusches auf seinem Helm setzte, zogen andere Kämpfer offenbar handfestere animalische Attribute vor, die eine längere Tradition präsentieren: Hörner. Stierhörner allein als Kultobjekte und Gottessymbole kennen wir seit der Steinzeit aus vielen Kulturen, z. B. die altorientalische Hörnerkrone als Götterattribut seit dem 3. Jt. v. Chr.

Ein Kappe mit kurzen Hörnern, Schild, Speer und Beinschienen trägt die Statuette des sog. Barren- oder Kriegsgottes aus Enkomi, Zypern. Auch eine kleine Holzfigur aus El Mussol, Menorca, trägt Hörner (Risch u. a. 2001, Abb. 63). Auf einigen späten iberischen

7
Bronzestatuette eines Kriegers von Abini Teti, Sardinien. Mit vier Augen, vier Armen, zwei Halsringen, zwei Schwertern, zwei Schilden und einer Kappe mit überdimensionalen Hörnern ist der Krieger zweifellos mit übernatürlichen Kräften ausgestattet. Die Doppelung der Waffen, Arme und Augen wird als magisches Element gedeutet.

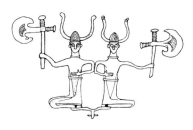

8
Bronzefigürchen von Grevensvænge, Seeland, Dänemark. Skizze nach der Auffindung.

Stelen sind übergroße Hörner am Kopf der Figuren zu erkennen (vgl. Abb. 5). Darstellungen Bewaffneter, mit Schild und Hörnerhelm ausgestattet, sind so im gesamten Mittelmeerraum von der Pyrenäenhalbinsel bis nach Zypern und in die Ägäis verbreitet (siehe Beitrag »Krieg in der Bronzezeit«, S. 211 Abb. 5). Der kultische Kontext der Befunde unterstreicht ihre symbolische Bedeutung.

Im Original sind bronzezeitliche Hörnerhelme nur aus Dänemark überliefert. Wozu das bekannte Hörnerhelmpaar von Viksø vor allem dienen sollte, ist auf den ersten Blick klar: Pracht und Abschreckung (siehe S. 242). Zwischen dem Augenpaar – dem »bösen Blick« – sticht ein Raubvogelschnabel über der Stirn des Trägers hervor. Dass solcher Kopfputz in Zeremonien Verwendung fand, beweisen neben Felsbildern schon früh zwei kniende Bronzefigürchen aus Dänemark, die leider nur fragmentarisch erhalten, aber in der Funddokumentation ganz wiedergegeben sind (Abb. 8). Sie waren wohl auf einem Schiffsmodell befestigt. Die übergroßen Prachtäxte, die sie in den Händen halten, sind originalgroß aus Moorfunden bekannt.

Mit Hörnerhelmen versehene oder gehörnte ithyphallische Figuren erscheinen immer wieder auf den nordischen Felsbildern, Streitwagen fahrend (vgl. Abb. 3) oder auch Waffen tragend als Lurenbläser (Kalleby). Waffen und Hörnerhelme bilden demnach ein zum Vollzug eines Rituals notwendiges Ensemble. Diese Kombination kennen wir somit nicht nur aus der Mittelmeerwelt, sondern auch im Norden Europas. Eine antike, die Menschheit schon seit der Altsteinzeit begleitende Vorstellung, der mit Hörnern versehene Mann, wird mit den neu entwickelten Bronzewaffen verbunden. Das Aufsetzen des Kopfschmucks verwandelt den Krieger. Nach seinem Tod scheinen die Hörner mitunter fest mit dem Kopf verbunden zu werden (Harrsion 2004, 46). Der Bewaffnete selbst steht an der Grenze des Magischen, wird zum Mischwesen, verwandelt sich, wird Teil der übernatürlichen Welt. Ein neuer Kriegermythos hält Einzug: geschmiedete Waffen, verbunden mit der Stärke, dem Mut und der Wildheit eines Stiers.

Literatur

Anati 1995
E. Anati, Valcamonica. Una storia per l'Europa. Il linguaggio delle pietre. Studi Camuni 13 (Capo di Ponte 1995).

Brøndsted 1962
J. Brøndsted, Nordische Vorzeit Bd. 2. Bronzezeit in Dänemark (Neumünster 1962).

Capelle 2008
T. Capelle, Bilderwelten der Bronzezeit. Felsbilder in Norddeutschland und Skandinavien. Kulturgesch. Antike Welt 116 (Mainz 2008).

Demontis 2005
A. Demontis, Il popolo di Bronzo. Abiti, armi e attrezzature dei bronzetti sardi in 100 schede illustrate (Cagliari 2005).

Fossati 2008
A. Fossati, Following Arianna's Thread: Symbolic Figures at Female Rock Art Sites at Naquane and In Valle, Valcamonica, Italy. In: G. Nash/G. Children (Hrsg.), The Archaeology of Semiotics and the Social Order of Things. BAR Internat. Ser. 1833 (Oxford 2008) 31–44.

Harding 2007
A. Harding, Warriors and Weapons in Bronze Age Europe. Archaeolingua, Ser. Minor 25 (Budapest 2007).

Harrison 2004
R. J. Harrison, Symbols and Warriors. Images of the European Bronze Age (Bristol 2004).

Kaul 1998
F. Kaul, Ships on Bronzes. A Study in Bronze Age Religion and Iconography. Publ. Nat. Mus., Stud. Arch. and Hist. 3 (Copenhagen 1998).

Lo Schiavo 1997
F. Lo Schiavo, La Sardaigne de L'Âge du Bronze Final et du Premier Âge du Fer. In: F. de Lanfranchi/M. C. Weiss (Hrsg.), L'aventure humaine préhistorique en Corse (Ajaccio 1997) 418–434.

Maraszek 2006
R. Maraszek, Spätbronzezeitliche Hortfundlandschaften in atlantischer und nordischer Metalltradition. Veröff. Landesamt Denkmalpfl. u. Arch. Sachsen-Anhalt 60 (Halle [Saale] 2006).

Risch u. a. 2001
R. Risch/V. Lull/R. Micó/C. Rihuete Herrada, Neue Entdeckungen zur Vorgeschichte von Menorca. In: Denkmäler der Frühzeit. Hispania antiqua 5 (Mainz 2001) 153–170.

Schrott 2010
Homer, Ilias. Übertragen von R. Schrott (Frankfurt a. M. 2010).

Vonhoff 2008
C. Vonhoff, Darstellungen von Kampf und Krieg in der minoischen und mykenischen Kultur. Internat. Arch. 109 (Rahden/Westf. 2008).

KRIEGER UND FELSKUNST IM BRONZEZEITLICHEN SKANDINAVIEN

Johan Ling und Per Cornell

FELSEN, GEWALT UND KRIEG

Gewalt und kriegsbezogene sozio-rituelle Themen sind in vielen Regionen Südskandinaviens auf Felsen dargestellt. Die Präsenz von Gewalt ist möglicherweise mit einer ausgeprägten sozialen Ungleichheit innerhalb der Gesellschaft verbunden, was in den Felsbildern der Bronzezeit selbst angedeutet ist (Kristiansen 1998). Die Gewalt in der figurativen Felskunst sollte vielleicht nicht in Bezug auf Krieger *per se* beschrieben werden, da diese zu formalisiert und institutionell sind (Harding 2007, 115 ff.). Dennoch, ein bestimmter Teil der bronzezeitlichen skandinavischen Gesellschaft war – neben anderen Tätigkeiten – am maritimen Fernhandel, an Reisen und der Kriegsführung beteiligt. Die »Krieger« werden oft von großen Schiffen, spezifischer ritueller Ausrüstung und anderen Exotica begleitet, was andeutet, dass diese Praxis auf einer makro-regionalen Ebene stattfand. In diesem Licht sollte man die »Krieger« auf den Felsen betrachten (Abb. 1).

Es ist wichtig zu beachten, dass die kriegsbezogene Thematik nur ein Aspekt in den skandinavischen Felsbildern ist. Außerdem sollte man die Felsbilder als eine verzerrte Version der Gesellschaft betrachten und nicht als tatsächliche Wiedergabe derselben. Die Felskunst kann sich auf tatsächliche Gewalt und Kriege beziehen, zeigt jedoch auch inszenierte Handlungen. Im Folgenden soll daher das gesamte Spektrum berücksichtigt werden, wenn die Handlung und die Bedeutung der Darstellung von kriegsbezogenen sozialen Phänomenen auf den Felsen diskutiert werden.

Unter den Kriegern innerhalb dieser Kategorie gibt es soziale Ungleichheit und man kann argumentieren, dass die soziale Stellung nicht fest bestimmt war, sondern in der Praxis erkämpft werden musste. Bekanntgaben sind eine wichtige Strategie in diesem Kontext und man ist geneigt, die Felsbilder als ein Instrument dafür zu sehen (Ling/Cornell 2010).

Das Einritzen in den beständigen Fels als gezieltes Medium wurde – besonders in bestimmten Fällen – für strategische Zwecke genutzt und zuweilen um bestimmte Arten sozialer Gemeinschaft und sozialer Phänomene übertrieben darzustellen. Darüber hinaus kommt in diesen Abbildungen in hohem Maße Schauspiel und Prahlerei in einer inszenierten Welt zutage (Coles 2005). Zeitgenössische Analogien wären etwa große Militärparaden und öffentliche Vorführungen, die vom Militär organisiert wurden. Aber es gibt in diesen Darstellungen auch ein Potenzial an tatsächlicher Gewalt, eine implizierte Drohung. Vorgeschichtliche Kriegsführung wurde oft in der Felsbildforschung heruntergespielt zugunsten des

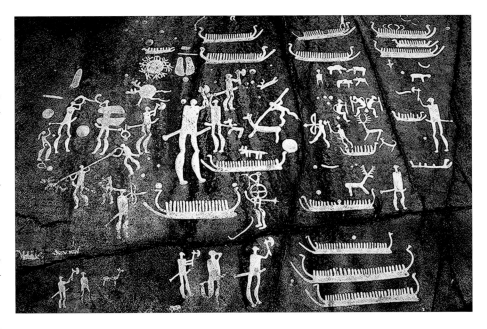

rituellen Aspektes (Kaul 1998). Man muss dennoch hervorheben, dass die Felsbilder zumindest gewisse allgemeine Merkmale der bronzezeitlichen Kriegsführung darstellen (Ling 2008). Diese sind nicht vom täglichen Leben getrennt und sie behandeln greifbare Fragen von Leben und Tod. Die Bildsprache auf den Felsen war nicht idyllisch und friedlich, eher das Gegenteil. Es scheint einen allgemeinen Konsens innerhalb des bronzezeitlichen Diskurses über gewisse Konzepte zu geben, die den Charakter des bronzezeitlichen Kriegers erfassen (Kristiansen 1998).

1
Die berühmten Felsbilder von Fossum in Tanum, Schweden, zeigen vieles, was mit dem bronzezeitlichen Krieger in Verbindung gebracht werden kann.

5
Schiffe mit Besatzung aus Tanum, Schweden. Frühe Bronzezeit Periode I–II (oben) und späte Bronzezeit Periode V (unten).

tralisierten sozio-politischen Organisation ruhten (Kristiansen 1998). Wie die entsprechenden Prozesse tatsächlich abliefen, ist noch wenig bekannt; die Unterschiede zwischen Gruppen und Regionen sind von entscheidender Bedeutung. So ist der maritime Faktor in manchen Gegenden dominanter, während der agrar- und weidewirtschaftliche Faktor in anderen Gegenden stärker ausgeprägt ist. Dennoch waren beide Faktoren nötig, um die skandinavische metallorientierte Wirtschaft zu ermöglichen.

Das Engagement in der Metalldistribution im ganzen südlichen Skandinavien umfasste Landbesitz für die Viehwirtschaft, Eigentum von seetauglichen Schiffen und Bernstein für den Export. Kurzum, einzelne Haushalte, erfolgreich in der Agrar- und Weidewirtschaft und mit Möglichkeiten in die maritimen Produktionskräfte zu investieren, waren der Schlüssel, um Reichtum im bronzezeitlichen Skandinavien anzuhäufen.

Die aus maritimer Perspektive strategisch günstige Lage der Felsbildregionen mag vermuten lassen, dass sich Krieger aus entfernteren Gebieten und unterschiedlich organisierten Gesellschaften hier gegenseitig beeinflusst haben.

Im Hinblick auf die maritime Position der Felsbildregionen ist es faszinierend, dass die Gesellschaften in Skandinavien mit Metallquellen aus verschiedenen Gegenden Europas in Verbindung standen, wie neue Metallanalysen zeigen (Ling u. a. 2014). Einige der küstennahen Felsbildregionen könnten als Plätze für die Metallverteilung in Südskandinavien gedient haben. Dies gilt für Bohuslän, Norrköping, Uppland und Schonen. Sie haben vielleicht als Versammlungsorte fungiert für Gruppen mit mobilen Tätigkeiten wie Reisende, Krieger oder Händler und auch für die statische, einheimische Bevölkerung. Daher könnten die dort dargestellten Kämpfer und Krieger möglicherweise Händler sein, die in diesem Teil Skandinaviens in der Bronzezeit tätig waren. Es ist auffallend, dass ein hoher Prozentsatz dieser figuralen Szenen jeweils in die Nordische Bronzezeit Periode II und V datiert und dies wiederum mit dem Höchststand an Metallaufkommen in Südskandinavien zusammenfällt (Kristiansen 1998).

Literatur

Coles 2005
J. M. Coles, Shadows of a northern past. Rock carvings of Bohuslän and Østfold (Oxford 2005).

Fredell 2003
Å. Fredell, Bildbroar: figurativ bildkommunikation av ideologi och kosmologi under sydskandinavisk bronsålder och förromersk järnålder. Gotarc Ser. B. Gothenburg Arch. Thesis 25 (Göteborg 2003).

Harding 2007
A. Harding, Warriors and weapons in Bronze Age Europe. Archaeolingua 25 (Budapest 2007).

Harrison 2004
R. J. Harrison, Symbols and Warriors. Images of the European Bronze Age (Bristol 2004).

Kaul 1998
F. Kaul, Ships on bronzes. A study in Bronze Age religion and iconography (Copenhagen 1998).

Kristiansen 1998
K. Kristiansen, Europe before history (Cambridge 1998).

Ling 2008
J. Ling, Elevated rock art: Towards a maritime understanding of Bronze Age rock art in northern Bohuslän, Sweden. Gotarc Ser. B. Gothenburg Arch. Thesis 49 (Göteborg 2008).

Ling 2013
J. Ling, Rock art and seascapes in Uppland (Oxford 2013).

Ling/Cornell 2010
J. Ling/P. Cornell, Rock art as secondary agent? Society and agency in Bronze Age Bohuslän. Norwegian Arch. Rev. 43,1, 2010, 26–43.

Ling u. a. 2014
J. Ling/Z. Stos-Gale/L. Grandin/K. Billström/E. Hjärthner-Holdar/P.-O. Persson, Moving metals II: provenancing Scandinavian Bronze Age artefacts by lead isotope and elemental analyses. Journal Arch. Scien. 41, 2014, 106–132.

Toreld 2012
A. Toreld, Svärd och mord: nyupptäckta hällristningsmotiv vid Medbo i Brastad socken, Bohuslän. Fornvännen 107, 4, 2012, 241–252.

BRONZEZEITLICHE BEWAFFNUNG UND KAMPFESWEISE IN MITTELEUROPA

Marianne Mödlinger

Kampf und Krieg stellen seit dem Beginn der Menschheit ein Kontinuum in unserer Entwicklung dar. Mit jedem geeigneten Material wurden und werden Waffen und Schutzwaffen entwickelt und für kriegerische Aspekte eingesetzt. In der Bronzezeit entstand mit dem Schwert die erste, alleinig zum Kampf eingesetzte Waffe. Ungleich anderen Waffen wie Dolch oder Speer, die auch als Werkzeug/Gerät oder zur Jagd eingesetzt wurden, diente das Schwert einzig dazu, einen menschlichen Gegner kampfunfähig zu machen oder zu töten. Der Einsatz des Schwertes, aber auch anderer Angriffswaffen wie des Speers oder der Lanze bedingte die Entwicklung entsprechender Schutzbewaffnung. Diese wurde anfänglich rein aus organischen Materialien hergestellt, konnte aber der steigenden Effektivität der Angriffswaffen immer weniger entgegensetzen. Mit zunehmender Kenntnis in der Metallbearbeitung, vor allem bei der Herstellung von Blechen, entstanden in Europa im 14. Jh. v. Chr. die ersten metallenen Schutzwaffen: Helm, Panzer, Beinschienen und Schild. Diese treten ab dem 13. Jh. v. Chr. deutlich häufiger auf. Heute kennen wir ca. 320 metallene Schutzwaffenfunde aus der europäischen Bronzezeit (siehe Beitrag »Bronzezeitliche Schutzwaffen«, S. 293): rund 90 Schilde, 120 Helme, 30 Panzer und 75 Beinschienen. Die Anzahl dieser Schutzwaffen ist aufgrund von bronzezeitlichen Recyclingaktivitäten und Deponierungssitten nicht repräsentativ; wir müssen von deutlich höheren Schutzwaffenzahlen ausgehen, die in der Bronzezeit in Verwendung waren.

SYMBOLWAFFE, PRESTIGEOBJEKT, STATUSSYMBOL – ABER WAFFE?

Gerade die im Gegensatz zur großen Menge erhaltener metallener Angriffswaffen gering erscheinende Anzahl der Schutzwaffen dient weitgehend als Basis für deren Interpretation als Statussymbol oder symbolische Waffe bar jedweder praktischen Funktionalität. An weiteren Argumenten gegen die Verwendung als tatsächliche Schutzwaffen werden neben ihrer Exklusivität generell ihr hoher Materialwert, die reichen, symbolträchtigen Ornamente oder eine spezielle Deponierung, die auf vorangegangene Kulthandlungen schließen lässt, genannt – auch wenn eine besondere Deponierung nicht zwangsläufig im Widerspruch zu einer vorherigen, tatsächlichen Verwendung der Schutzwaffen als solche stehen muss.

Bei diesen Interpretationen bleiben jedoch einige Aspekte unbeachtet: Sehen wir metallene Waffen als symbolische Waffen, bleibt die Frage, welche tatsächlichen Waffen diese dann symbolisieren und warum diese symbolisierten Waffen – hier kann es sich nur um organische Schutzbewaffnung handeln – nicht durch effektivere Schutzwaffen aus Bronze ersetzt worden sein sollten. Der reine Materialwert der jeweiligen Schutzwaffen war jedenfalls hoch: Helme wiegen zwischen 0,3 kg und 1,5 kg, ein Panzer 2–3 kg, ein Schild zwischen 1 kg und 3 kg. Ein Schwert dagegen wiegt nur etwa 0,5–1,0 kg. Darüber hinaus unterliegen die Schutzwaffen einem aufwendigeren Herstellungsprozess als jede Angriffswaffe: Aus einer gegossenen Bronzescheibe wurde in zahlreichen Arbeitsschritten ein dünnes Bronzeblech hergestellt, welches abschließend zum Teil verziert wurde. Zweifelsohne konnte sich nicht jeder Krieger solche Waffen leisten. Wer es aber konnte, tat es – boten die bronzenen Helme, Panzer und Beinschienen aufgrund des Metalls und der organischen Fütterung doch deutlich höheren Schutz als jede andere rein organische, direkt am Körper getragene Schutzwaffe.

TRAGEWEISE UND NUTZUNG

Die einzelnen Schutzwaffen wurden nicht direkt am Körper getragen, sondern waren entweder mit verschiedenen organischen Materialien gepolstert oder wurden über einem organischen Schutz, etwa einem Wams, getragen. Als Innenfutter oder innere Schutzbekleidung konnten verschiedene Materialien wie etwa Leder, Fell, Filz, Leinen oder Wolle einzeln oder auch kombiniert verwendet werden. Aristoteles nennt darüber hinaus Schwämme, um den Aufprall einer Angriffswaffe an Helm oder Beinschiene abzufedern (Aristoteles V, 16).

Helme wurden über einer separat befestigten organischen Kappe getragen (wenn dieser keine umlaufenden Nietlöcher aufweist) oder das Innenfutter oder die Kappe wurde von der Innenseite auf die Außenseite des Helmes umgeschlagen und mittels Nieten an diesem befestigt. Beispiele von zumeist tödlichen bronzezeitlichen Kopfverletzungen durch Schwerthiebe sind belegt (etwa aus Wiligrad, Deutschland; Alicante, Spanien; Kråkerøy, Norwegen; vgl. Mödlinger 2011) und zeigen, dass nicht jedem im Zweifelsfall ein ausreichender Schutz zur Verfügung stand. Schwerthiebe an vollständigen bronzezeitlichen Helmen sind dagegen relativ selten; dies mag auch damit zusammenhängen, dass sie leicht von der Innenseite heraus ausgebessert werden konnten. Deutliche Hiebspuren weisen etwa die spätbronzezeitlichen Helme von Hajdúböszörmény, Ungarn, und Brodi / Ternopil, Ukraine, auf (Abb. 1).

1
Schwerthieb auf einem 2013 illegal ausgegrabenen Helm aus Brodi / Ternopil, Ukraine.

Beinschienen wurden nicht direkt an das nackte Bein gebunden, sondern besaßen entweder eine organische Hinterfütterung (so die Beinschiene eine randbegleitende Lochung aufwies) oder wurden über einer organischen Unterlage, die bereits am Bein fixiert war, befestigt. Sowohl Helm als auch Beinschiene boten daher zusätzlichen Schutz in Kombination mit den darunter liegenden organischen Materialien. Während ihrer Verwendung unterlagen die Beinschienen einem deutlichen Materialstress und rissen (vermutlich aufgrund zu fester Schnürung) häufig an der Ober- oder Unterseite ein. Waffeneinwirkungen, wie wir es an Helmen, Panzern und Schilden beobachten, sind von Beinschienen nicht bekannt. Die Diskussion über ihre tatsächliche Funktion und wogegen sie primär schützten, ist noch nicht beendet. Die Verbindung der Beinschienen mit Kriegern ist jedoch dank zahlreicher Abbildungen und Figuren, allen voran den sardischen »bronzetti«, unumstritten. Häufig wird als primäre Funktion der Schutz gegen den eigenen Schild (Schauer 1982), Gestrüpp (Drews 1993) oder Pfeile (Hansen 1994) genannt. Ersterem ist entgegenzuhalten, dass der Schild beim Gehen eher am Rücken denn lose in der Hand getragen wurde und im Kampf wohl wichtigere Körperteile als die Waden schützte. Aus der »Ilias« kennen wir nur eine Bemerkung zur Funktion von Beinschienen: Achilles wird durch seine Beinschienen geschützt, als Agenor seinen Speer auf ihn wirft (Ilias, XXI Gesang, Vers 687).

Auch Panzer wiesen gleich Helmen entweder ein fix angebrachtes Innenfutter oder ein darunter getragenes, separates organisches Kleidungsstück, etwa einen Wams, auf. Die ältesten heute bekannten Panzer gehören zur Gruppe der griechischen Panzer und datieren in das 14. Jh. v. Chr. Neben dem Kürass weisen sie darüber hinaus noch einen Schulterschutz, einen Halsschutz und mehrere Bronzebleche auf, die direkt am unteren Ende des Kürasses zum Schutz von Becken und Oberschenkeln angebracht wurden (siehe Beitrag »Bronzezeitliche Schutzwaffen«, S. 295 Abb. 3a). Eine randbegleitende Lochung der einzelnen Teile zeigt, dass ein organisches Innenfutter direkt an der Innenseite der ca. 1 mm starken Bronzeteile angebracht worden war. Eine derartige randbegleitende Lochung ist bei den etwas jüngeren karpatischen Panzern nicht mehr zu beobachten; nur einer davon weist entlang der Ränder der Panzerhälften Nietlöcher auf (siehe Beitrag »Bronzezeitliche Schutzwaffen«, S. 295 Abb. 3b). Es ist anzunehmen, dass an diesem Panzer mittels Nieten das Innenfutter wie bei den Helmen befestigt worden war. Alle anderen karpatischen Panzer weisen keinerlei Befestigungsmöglichkeiten für eine organische Fütterung auf. In diesem Fall wurde der Metallpanzer über einem Wams (gleich den karolingischen Panzerreitern) getragen. Mit dieser Entwicklung geht eine Reduzierung des Panzers *per se* einher: Karpatische Panzer weisen im Gegensatz zu den griechischen keinerlei Halsschutz, Schulterschutz oder Beckenschutz mehr auf. Das Bronzeblech konnte daher bei gleichem Schutz aufgrund des darunter getragenen Wamses dünner gefertigt werden. Um einem Verbiegen des Bleches vorzubeugen, musste der Rand verstärkt werden: Dies geschah entweder durch ein weiteres angeniete-

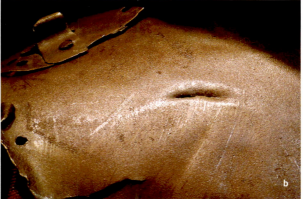

2 Gebrauchsspuren an Panzern.
a Der Panzer von Graye-et-Charnay/Véria, Frankreich, zeigt auf Höhe der Leber einen Einstich von Schwert oder Speer/Lanze.
b Der Panzer aus der Donau bei Pilismarót, Ungarn, zeigt dagegen einen ca. 4 cm breiten Einstich (von einem Schwert?) über dem rechten Schlüsselbein.
c Die Panzer von Marmesse, Frankreich, weisen zahlreiche Reparaturen auf.

tes Blech oder die Falzung um einen Draht. Die westeuropäischen Panzer als jüngste Gruppe gleichen in Aufbau und Konstruktion den karpatischen Panzern, sind jedoch überreich verziert. Die angebrachte Verzierung, die zumeist aus punzierten Rippen und Buckeln besteht, erfüllte nicht nur ästhetische oder kulturelle, sondern auch praktische Ansprüche: Sie verleiht dem dünnen Blech mehr Stabilität.

Bei den Panzern können wir eine deutliche Entwicklung zu leichteren Modellen mit mehr Bewegungsfreiheit beobachten. Sie reicht von einem relativ massiven, griechischen Panzer zu den karpatischen und westeuropäischen leichten Modellen und zeigt deutlich die Veränderung der Kampfesweise: Kam der griechische Panzer sowohl auf Streitwagen als auch auf dem Feld zum Einsatz und lag der Schwerpunkt mehr auf dem Schutz des Kämpfers als auf dessen Mobilität, erlaubten die späteren Panzer deutlich mehr Bewegung, Flexibilität und Geschwindigkeit des Kämpfers. Dass diese vielleicht nicht immer schnell genug waren, zeigen eindeutige Kampfspuren an zwei Panzern (Abb. 2a–b). Ob die zahlreichen beobachteten Reparaturen an westeuropäischen Panzern auf Herstellungsfehler oder auf Kampfspuren zurückgehen, kann heute leider nicht mehr festgestellt werden. Fehlender oder unzureichender Becken- und Oberschenkelschutz generell und an den europäischen Panzern mit Ausnahme der frühen griechischen im Besonderen barg trotz allem ein nicht beträchtliches Risiko, in gerade diesem Körperbereich verletzt zu werden: Im Becken steckende Speer- oder Lanzenspitzen wurden an zahlreichen bronzezeitlichen Skeletten aus verschiedenen Regionen Europas gefunden (Tormarton, Großbritannien; Over Vindinge, Dänemark; Hernádkak, Ungarn; vgl. Mödlinger 2011).

Die 0,3–1,3 mm starken Bronzeschilde weisen, wie am Abstand von Grifffessel und Schildkörper sichtbar ist, keinerlei Innenfutter oder organische Verstärkung auf. Auch deswegen wurde ihre Effektivität lange angezweifelt. Erst in den letzten Jahren wies man die tatsächliche Verwendung der Schilde als Schutzwaffen nach. Einerseits wurden an den Originalschilden Reparaturen und Waffenverletzungen dokumentiert (Uckelmann 2011; Uckelmann 2012), andererseits testete man an kupfernen Schildrepliken die Tauglichkeit als Schutzwaffe gegen Schwert und Speer/Lanze (Molloy

3
Gebrauchsspuren an bronzezeitlichen Schilden vom Typ Yetholm.
a Der Schild wurde vermutlich sowohl von einem Schwert als auch von einem Speer/einer Lanze (?) durchbohrt.
b Der Schildbuckel des ca. 60 cm großen Schildes wurde von einem Schwert getroffen.

2009). Einstiche von Schwert und Speer/Lanze sind auf einigen Schilden zu beobachten (Abb. 3b), aber generell nicht sehr häufig. Zu nennen ist vor allem ein Fund aus der Themse bei London (Abb. 3a).

KAMPFESWEISE

In welcher Weise in Europa in der Bronzezeit gekämpft wurde, lässt sich anhand der Waffenfunde nur bruchstückhaft rekonstruieren. Anhand von Kampfspuren an Schutzwaffen können wir deren Aufeinandertreffen mit Schwert und Speer/Lanze nachweisen. Organische Waffen sind nur in Einzelfällen überliefert (siehe Beitrag »Das Schlachtfeld im Tollensetal«, S. 337). Waffen und Schutzwaffenausstattung unterscheiden sich darüber hinaus deutlich in verschiedenen Regionen. So weist etwa die verschiedene Größe der Schilde auf unterschiedliche Verwendung im Kampf hin. Auch Wertvorstellungen, Traditionen und regionale Vorgaben änderten sich von Gebiet zu Gebiet und beeinflussten so auf unterschiedliche Art und Weise Wahl, Form und Funktion (etwa des Schwertes als primäre Hieb- oder Stichwaffe) der Waffen. Ob es vorwiegend zu einem Zusammentreffen verschiedener Gruppen, zu Belagerungen, Überfällen, ritualisierten Zweikämpfen oder anderen Auseinandersetzungen kam, bei denen die Krieger ihre Schutzwaffen trugen, ist heute nur schwer und wenn, dann nur in Einzelfällen festzustellen. Natürlich konnten in einer Region Konflikte auch in jeder dieser Formen beendet (oder intensiviert) werden. Belege für jede dieser Kampfhandlungen gibt es in verschiedener Weise aus unterschiedlichen Regionen.

Da bis auf den Fund von Dendra, Griechenland, keine (wahrscheinlich) vollständige Schutzwaffenausrüstung eines bronzezeitlichen Kriegers bekannt ist, können wir keine weitere »vollständige« Kriegerausrüstung rekonstruieren. Nichtsdestotrotz geben uns die beobachteten Gebrauchsspuren, Abbildungen und erhaltenen Schutzwaffen einen kleinen Einblick in die Verwendung derselben. Sicher ist, dass sowohl Angriffs- als auch Schutzwaffen als solche verwendet wurden, wie zahlreiche Gebrauchsspuren, Kampfspuren, Bildquellen, aber auch Verletzungen am Skelett zeigen. Dies bedeutet aber nicht, dass Schutzwaffen nicht auch als Prestigeobjekte oder Statussymbole eines Einzelnen oder der Gemeinschaften dienten oder zu ritualisierten Kämpfen eingesetzt und am Ende ihrer Verwendung als Waffen nicht auch im Rahmen ritueller oder kultischer Handlungen zerstört, niedergelegt oder deponiert werden konnten.

Literatur

Drews 1993
R. Drews, The End of the Bronze Age: Changes in Warfare and the Catastrophe ca. 1200 BC (Princeton 1993).

Hansen 1994
S. Hansen, Studien zu den Metalldeponierungen während der älteren Urnenfelderzeit zwischen Rhônetal und Karpatenbecken. Univ. forsch. Prähist. Arch. 21 (Bonn 1994).

Mödlinger 2011
M. Mödlinger, Herstellung und Verwendung bronzezeitlicher Schwerter Mitteleuropas. Eine vertiefende Studie zur mittelbronze- und urnenfelderzeitlichen Bewaffnung und Sozialstruktur. Univ.forsch. Prähist. Arch. 193 (Bonn 2011).

Molloy 2009
B. Molloy, For Gods or men? A reappraisal of the function of Bronze Age shields. Antiquity 83, 2009, 1052–1064.

Schauer 1982
P. Schauer, Die Beinschienen der späten Bronze- und frühen Eisenzeit. Jahrb. RGZM 29, 1982, 100–155.

Uckelmann 2011
M. Uckelmann, The function of Bronze Age shields. In: M. Uckelmann/M. Mödlinger (Hrsg.), Bronze Age Warfare: Manufacture and Use of Weaponry. BAR Internat. Ser. 2255 (Oxford 2011) 187–200.

Uckelmann 2012
M. Uckelmann, Die Schilde der Bronzezeit in Nord-, West- und Zentraleuropa. PBF III, 4 (Stuttgart 2012).

GEBRAUCHSSPUREN AN FRÜHEN METALLWAFFEN

Christian Horn

Bei den ersten Waffen aus Bronze handelt es sich um Stabdolche, Schwerter und Speere, doch bereits davor haben Menschen Waffen aus Kupfer und Kupfer-Arsen-Legierungen hergestellt. Stabdolche sind die ältere Waffenform (3800–1700 v.Chr.), die in Europa durch Schwerter und Speere ersetzt wurde (ab 1800/1700 v. Chr.). Oft wurden in der älteren Forschung diese frühen Waffen mit Skepsis betrachtet. Ihre Form und Konstruktionsweise schien für moderne Forscher zu ungewöhnlich, zu klein und schwach, um sich zum Kampf zu eignen. Solche Überlegungen basieren jedoch auf theoretischen Vorannahmen, was funktional und effektiv ist. Zur Bewertung der Frage, ob eine Waffe im Gefecht eingesetzt wurde, müssen die Gebrauchsspuren individuell analysiert werden.

Bei Gebrauchsspurenanalysen an 183 Stabdolchen, 158 Speeren und 50 Schwertern, die hauptsächlich von 2500 v. Chr. bis 1500 v. Chr. datieren, konnten verschiedene Kampfspuren festgestellt werden (Horn 2013; Horn 2014).

- Bei Scharten (Abb. 1) handelt es sich um V-förmige Vertiefungen an der Schneide. Sie wurden durch Treffer anderer Klingen hervorgerufen.
- Dellen (Abb. 2) sind U-förmige Beschädigungen der Schneide. Äxte, aber auch Holzschäfte oder Knochen könnten sie verursacht haben.
- Als Schlagmarken (Abb. 3) werden Scharten und Dellen auf der Seite der Klinge bezeichnet.
- Biegungen können alle Teile der Waffe in verschieden intensiver Ausprägung betreffen. Das seitliche Auftreffen auf eine härtere Oberfläche, z. B. eine Panzerung, oder der Kontakt mit anderen Waffen können eine Klinge verbiegen.
- Stauchungen finden sich als seitlich verbreitetes oder gebogenes Material an der Spitze oder der Schäftungsplatte. Sie wurden durch einen gerade verlaufenden Stoß hervorgerufen, der auf eine harte Oberfläche wie eine Panzerung, Schilde oder eine andere Waffe auftrifft.
- Brüche treten auf, wenn eine einwirkende Kraft die Zähigkeit des Materials übersteigt. Sie können die Folge von weiteren Schlägen gegen vorhandene Scharten, Dellen, Schlagmarken oder Biegungen sein.

Zudem ließen sich Spuren von Reparaturen feststellen, die sich in Asymmetrien der Form, Sekundärnietungen, Hammerspuren sowie Schleif- und Poliermustern zu erkennen gaben (Abb. 2). Sie dienten der Wiederherstellung der Einsatzfähigkeit der Klinge, ließen also Kampfspuren verschwinden. Sie sind ein indirekter Indikator für einen Einsatz im Gefecht. Ein anderes Problem ist aggressive Korrosion. Kupfer und seine Legierungen bilden grünliche Korrosionsschichten, als Patina bekannt. Diese können schützend oder zersetzend sein. Besonders in Gräbern kommt es durch Faulgase wie Ammoniak oder Chloride oft zu besonders

1
Scharten (S) und Dellen (D) an einem Speer, Vergrößerung x 60; Fundort unbekannt, Schweden.

2
Schleifspur an einem Speer, Vergrößerung x 150; Fundort unbekannt, Schweden.

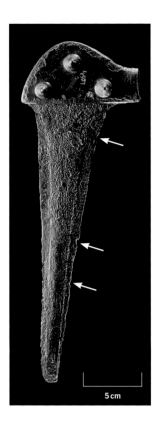

3
Der Stabdolch aus Halle-Jägerberg mit deutlichen Gebrauchsspuren an der Klinge.

aggressiver Korrosion, die Objekte gänzlich zersetzen kann. Da hiervon insbesondere bereits geschwächte und dünne Stellen betroffen sind, werden Schneiden und Beschädigungen meist als erstes zerstört. Sie sind somit in der Analyse der Gebrauchsspuren nur schwer oder gar nicht erkennbar.

Insgesamt konnte festgestellt werden, dass mindestens die Hälfte der Funde jeder Waffengruppe Beschädigungen aufwies, die auf einen Einsatz im Kampf schließen lassen. Oft treten Reparaturen neben Neubeschädigungen auf, was auf einen kontinuierlichen Kampfeinsatz hinweist. Damit wird deutlich, dass sich frühe Waffen nicht nur für den Kampf eigneten, sondern auch tatsächlich intensiv in gewalttätigen Konflikten genutzt wurden. Schwerter stellten den geringsten Anteil von Klingen mit beobachtbaren Beschädigungen, was eventuell darauf zurückgeführt werden kann, dass sie am stärksten von allen drei Waffenarten in Gräbern vertreten sind.

Am überraschendsten war, dass sehr viele Speere Scharten, Dellen und Schlagmarken aufweisen. Gerade die relativ kurzen Speerspitzen der frühen Exemplare der Nordischen Bronzezeit müssten nach formalen Charakteristika in die Gruppe der Wurfwaffen fallen (Tarot 2000). Mit dem massiven Auftreten von Schlagbeschädigungen kann aber nachgewiesen werden, dass sie vermutlich vorrangig zum Fechten eingesetzt wurden. Demnach gab es in der frühen Nordischen Bronzezeit (1700–1500 v. Chr.) keine Waffenkombination aus Wurf- und Nahkampfwaffe, wie sie z. B. römische Legionäre trugen. Damit ist natürlich nicht ausgeschlossen, dass Speere auch geworfen werden konnten. Es war lediglich nicht ihre primäre Funktion.

K. Kristiansen (1984) verwies darauf, dass Waffenarten, die anteilsmäßig weniger genutzt worden sind, möglicherweise einer höheren Statusschicht zugewiesen werden können. Wenn man auf das untersuchte Material dieselben Kriterien anwendet, dann gehören Schwerter vorrangig zu einer Schicht von höher gestellten Persönlichkeiten. Speere sind anteilsmäßig öfter und schwerer beschädigt. Demnach wären Speere die Waffen einer weniger privilegierten Schicht von Kämpfern, und Schwerter könnten den Kommandierenden zugeordnet werden. Damit finden sich die Wurzeln einer sozialen Hierarchisierung von Kämpfergruppen im Krieg, wie sie für die Eisenzeit z. B. im Boots- und Opferfund aus Hjortspring, Dänemark, mit seinen 138 eisernen Speeren und nur zehn eisernen Schwertern sichtbar wird (Randsborg 1995).

Stabdolche sind nach der Häufigkeit der Gebrauchsspuren eher mit den Speeren verbunden (Abb. 3). Oberflächlich betrachtet könnte dies mit dem Fehlen der statusmäßig obersten Schicht in Verbindung gebracht werden. In der Kupferzeit stand Metall jedoch vermutlich in geringerem Ausmaß zur Verfügung als in der frühen Bronzezeit, was es noch kostbarer machte. Demnach fehlt anscheinend eher eine zwischengeschaltete Schicht an Kriegern, denen es möglich war, ebenfalls mit Metallwaffen in den Krieg zu ziehen. Nach einer Kontextanalyse sind Stabdolche der gesellschaftlich höchstgestellten Schicht zuzuordnen (Horn 2014). Da Kampfspuren an Stabdolchen dennoch sehr häufig sind, scheint Statusgewinn eher mit dem Bezwingen von Gegnern verbunden gewesen zu sein als mit dem Kommandieren von Kämpfern.

Die mikroarchäologische Perspektive bringt also neue Erkenntnisse für das individuelle Objekt. Sie zeigt, dass frühe Metallwaffen intensiv und häufig im Kampf eingesetzt wurden. Was sich ändert, ist das Verhältnis von Krieg zu hohem Status. Um diesen zu erhalten, war es offenbar in der frühen Nordischen Bronzezeit nicht mehr notwendig, stets persönlich physisch ins Kampfgeschehen einzugreifen.

Literatur

Horn 2013
C. Horn, Auf Messers Schneide – Gedanken zum Einfluss vorgeschichtlicher Gefechte auf soziale und technologische Veränderung und Stabilität. Mitt. Anthr. Ges. Wien 143, 2013, 73–96.

Horn 2014
C. Horn, Studien zu den europäischen Stabdolchen. Teil 1 u. 2. Univforsch. Prähist. Arch. 246 (Bonn 2014).

Kristiansen 1984
K. Kristiansen, Krieger und Häuptlinge in der Bronzezeit Dänemarks. Ein Beitrag zur Geschichte des bronzezeitlichen Schwertes. Jahrb. RGZM 31, 1984, 187–208.

Randsborg 1995
K. Randsborg, Hjortspring. Warfare and sacrifice in early Europe (Aarhus 1995).

Tarot 2000
J. Tarot, Die bronzezeitlichen Lanzenspitzen der Schweiz. Univforsch. Prähist. Arch. 66 (Bonn 2000).

DER STABDOLCH – HERRSCHAFTSSYMBOL ODER WAFFE?

Bernd Zich

Die in der prähistorischen Archäologie geläufige Objektbezeichnung »Stabdolch« (Abb. 1) – in der älteren deutschsprachigen Literatur auch Dolchaxt, Dolchbeil, Stabklinge, Commandostab, Schwertstab oder Königsstab – (zuletzt umfassend Horn 2014) sorgt jenseits der fachlichen Grenzen eher für Ratlosigkeit, sind doch mit »Stab« und »Dolch« zwei in dieser Kombination keinen Sinn ergebende Begriffe zusammengebracht. Das internationale Schrifttum übersetzt die genannte Bezeichnung überwiegend eins zu eins. Eine Ausnahme macht hier das Englische, indem es Stabdolche als »*halberd*« – übersetzt »Hellebarde« – bezeichnet. Mit diesem offensichtlichen Bezug auf eine mittelalterliche Waffe wird recht suggestiv für den Stabdolch eine Funktion als Kampfinstrument propagiert. Im Gegensatz dazu wurde den Stabdolchen aus der Sicht der deutschen archäologischen Forschung bisher eher eine zeremonielle, Herrschaft symbolisierende Bewandtnis zugesprochen (Lenerz-de Wilde 1991). Momentan bleibt daher nur die Feststellung, dass der Waffencharakter inzwischen vermehrt diskutiert wird. Eine Stützung erfährt dieser Ansatz u. a. durch Beschädigungen im Bereich der Stabdolchklingen, die als Kampfspuren gedeutet werden (O`Flaherty 2007, 425 ff.). Nimmt man allerdings szenische Darstellungen mit Stabdolchen aus dem Bereich der Felsbildkunst mit in die Betrachtung, so erlauben diese durchweg Deutungen von Kampf oder Zeremonie. Gegen eine Nutzung wie eine Hellebarde spräche auch, dass Letztere etwa mannshoch geschäftete Waffen sind, Stabdolchschäfte aber meist nur Längen wie etwa heutige Axtstiele haben. Für sich genommen gibt das Fundobjekt Stabdolch also keinerlei Zweckbestimmung preis.

Es muss daher versucht werden, aus den zur Verfügung stehenden Fundbeobachtungen Rückschlüsse auf die Bewandtnis des Stabdolches zu generieren. Zunächst sei der Blick auf ihre Beschaffenheit gelenkt. Hauptkomponenten sind jeweils die Klinge und die Schäftung. Erstere erinnert an eine metallische Dolchklinge, was offensichtlich die Namensgebung inspirierte. Im Unterschied zu vorgeschichtlichen Dolchklingen, die zumeist lotrecht mit dem Griff verbunden sind, werden Stabdolchklingen horizontal geschäftet, wobei man den 90°-Winkel offenbar bewusst vermeidet. Dadurch wirken sie für sich genommen immer leicht »schief« und sind so von reinen Dolchklingen überwiegend gut zu unterscheiden. Die Stabdolchklinge ist jeweils in einen Schaft eingesetzt und mit metallischen Nieten befestigt. In besonderen Fällen wurde der Schäftungsbereich ebenfalls aus Metall hergestellt (vgl. Abb. 1, links). Der Vollständigkeit halber sind auch Stabdolchklingen aus Stein zu erwähnen. Da es sich bei ihnen um regionale und zeitliche Nischenprodukte handelt, bleiben sie nachstehend unberücksichtigt. Die metallische Stabdolchklinge wird regelhaft, Äxten und Beilen vergleichbar, am oberen Schaftende oder kurz darunter positioniert. Der Schaft ist überwiegend aus Holz, gelegentlich und dann mit zeitlicher und regionaler Priorität aus Metall (Bronze) gearbeitet. Für beide Formen gibt es Zwischenlösungen. So haben hohl gegossene Metallschäfte in der Regel einen hölzernen Innenstab besessen. In anderen Fällen wurden auf Holzschäften Metallringe oder -manschetten aufgezogen. Diese und weitere Nuancen in der Gestaltung der Klinge, des Schäftungsansatzes und des Schaftkopfes bieten Anlass für einen sich regional Ausdruck verleihenden Formenspielraum. Darüber hinaus beweisen Materialanalysen der verwendeten Metalle, dass Stabdolche auch technologisch keine homogene Artefaktgruppe darstellen und sich in das Entwicklungsgeschehen der frühen Metallzeiten nahtlos einfügen.

Für eine Gesamtbetrachtung des europäischen Stabdolchphänomens stehen derzeit 709 Einzelnachweise zur Verfügung (Abb. 2). Nähme man ferner bildliche Darstellungen – Stabdolche auf Menhiren, Stelen und in Felszeichnungen – hinzu, wäre die Anzahl noch erheblich steigerbar. Insgesamt gesehen verteilen sich Funde mit Stabdolchen nicht gleichmäßig über den Kontinent. Stattdessen treten sie in manchen Regionen konzentriert auf, während andere kaum Nachweise kennen. In Osteuropa scheinen sie hingegen komplett zu fehlen. Ausgesprochene Verbreitungsschwerpunkte

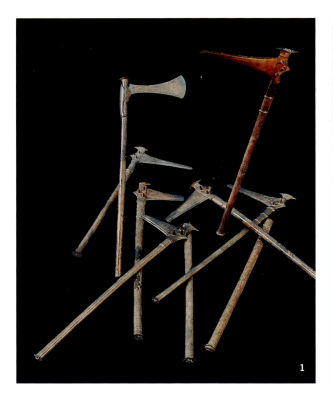 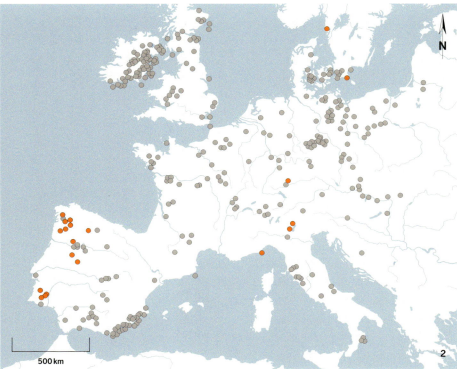

1
Melz, Lkr. Mecklenburgische Seenplatte. Frühbronzezeitlicher Hortfund »Melz II«: 5 geschäftete Stabdolche, 1 Stabdolchkopf, 2 Stabdolchschäfte, 1 geschäftete Nackenkammaxt.

2
Verbreitungskarte der europäischen Stabdolche mit tatsächlichen Funden (grau) und Abbildungen (rot) des Statussymbols. Kartierung nach Groht (2013).

bilden Irland und der Südosten der Iberischen Halbinsel mit der El Argar-Kultur sowie die mitteldeutschen Ostharz-Regionen. Aber auch darüber hinaus sind Stabdolche in Südskandinavien mit Präferenz auf Inseldänemark und Schonen, ferner auf der britischen Hauptinsel, in Westeuropa (Frankreich und Benelux-Länder), Mitteleuropa (Polen, Tschechien, Slowakei, Schweiz und Österreich) und seltener dann in Richtung Ungarn, Bulgarien und Rumänien anzutreffen. Nimmt man als weitere Quellengruppe die der Steingravuren hinzu, werden die genannten geografischen Räume im Wesentlichen bestätigt und mit weiteren Schwerpunktbildungen konfrontiert. Hervorzuheben wären in diesem Zusammenhang die Fundorte in den französischen und norditalienischen Alpen, im Trentino, der Lombardei wie auch im äußersten Nordwesten der Iberischen Halbinsel und in der südportugiesischen Algarve. Eine erwähnenswerte Ausnahmeerscheinung ist der Menhir von Tübingen-Weilheim, Lkr. Tübingen, mit seinen fünf eingravierten geschäfteten Stabdolchen (Abb. 3).

Wenngleich das Verbreitungsbild gewisse regionale Präferenzen widerspiegelt, gibt es gute Argumente für die Annahme, Stabdolche wären real in weitaus größerer Zahl und dann flächendeckend über den europäischen Kontinent, vielleicht mit Ausnahme des östlichen Teils, verbreitet gewesen. Ein wichtiger Gesichtspunkt für diese Annahme ist einerseits die deutliche Diskrepanz der zahlreichen Belege im Rahmen der Felsbildkunst und der geringen realen Fundzahl in deren unmittelbarer Umgebung. Andererseits liefert die bisweilen weiträumige und über lange Zeiträume stattfindende Streuung typidentischer Stücke Argumente für eine größere reale Fallzahl als die aus den archäologischen Funden sprechende, da ein solches Verbreitungsbild in Raum und Zeit sonst keine Basis hätte.

Diese aus der Plausibilität heraus entstandene Argumentation ruft die Frage auf den Plan, wann und wie lange es Stabdolche gegeben hat. Hierzu ist vorab festzustellen, dass Stabdolche von der Forschung lange Zeit als ein chronologisch eng auf die frühe Bronzezeit bezogenes Phänomen angesehen wurden. Sie galten in diesem Verbund sogar als »Leitform«. Ausgelöst wurde dieser Zeitansatz nicht zuletzt dadurch, dass Mitteldeutschland mit seinen Nachweisen in umfangreichen sowie aussagekräftigen Hortfunden zu einem Hauptbetrachtungsraum wurde (von Brunn 1959, 16 ff.; 73 ff. Karte 1–2). Indem Stabdolche hier regelhaft als Erscheinung der frühbronzezeitlichen Aunjetitzer Kultur auftraten, schienen damit bereits frühzeitig chronologische Vorstellungen gefestigt, die auch über den Rand dieser Kultur hinaus gelten sollten. Überregionale Studien widersprachen jedoch dieser Datierungsausschließlichkeit und belegten plausibel, dass Stabdolche auf der einen Seite bereits in neolithisch-kupferzeitlichen Zusammenhängen auftraten und andererseits in manchen Regionen auch noch in einem fortgeschritteneren Abschnitt der Bronzezeit Verwendung fanden. Stabdolche wurden also über viele Jahrhunderte genutzt. Die frühesten Belege datieren bereits in die erste Hälfte des 4. Jts. v. Chr. Sie stammen aus dem Bereich der Kleinen Karpaten und treten dann leicht zeitversetzt in kupferzeitlichen Kulturen Nord- und Mittelitaliens auf. Als »Hochphase« der Stabdolchentwicklung wird aber die Zeit des 3. Jts. v. Chr. betrachtet, in der sich die westeuropäischen Formen herausbildeten. Am Ende dieser Entwicklung stehen dann die frühbronzezeitlichen Exemplare. Bisweilen schon als Zinnbronzen hergestellt, dokumentieren sie, dass Stabdolche auch metallurgisch mit einem progressiven Innovationsschub Schritt hielten. Das gelegentlich beobachtete Nachleben der Stabdolchsitte in jüngeren Epochen wird mit sekundär verwendeten Exemplaren erklärt.

Abgesehen von den genannten Stabdolchgravuren, die als Felsbilder und Abbildungen auf Menhiren im weiteren Sinne dem kultischen Bereich angehören, sind Stabdolche hauptsächlich an die Fundgattungen Grab und Hort gebunden. In Siedlungen kommen sie nur ausnahmsweise vor. Gesicherte Fundumstände, mit denen man Erkenntnisse ihrer Bewandtnis erzielen könnte, sind indes nur für einen geringen Teil der bekannten Stabdolche überliefert. Demnach stammen bislang 79 Exemplare aus Gräbern und 61 aus Hortfunden. Als aufschlussreich erweist sich in diesem Zusammenhang aber die Tatsache, dass Stabdolche in Gräbern in der Regel in der Einzahl, in Hortfunden hingegen auch mit Anzahlen zwischen eins und 14 vorkommen. Die Grabfunde beweisen uns damit, dass der Stabdolch »personalisiert«, also konkret an eine Person gebunden war. Anders dagegen das Auftreten von Stabdolchen in Hortfunden. Hier sind besonders die in Mitteldeutschland geborgenen Deponierungen der Aunjetitzer Kultur hervorzuheben. So finden sich allein im nahe Halle (Saale) geborgenen Hortfund Dieskau II nicht weniger als 14 Exemplare, darunter zwei mit metallischer Teilschäftung. Dieser Fund stellt europaweit hinsichtlich der Anzahl an Stabdolchen einen Rekord dar, gefolgt vom Hortfund aus Groß Schwechten, Lkr. Stendal (von Brunn 1959, 55 ff. Taf. 12,6–19; 35–37,1–15), mit zehn Klingen, sofern man das Depot vom rumänischen Fundort Perşinari (Hansen 2002, 164 f. Abb. 12) mit elf goldenen Klingen als Stabdolchhort in Zweifel zieht. Die Einzahl wird in sieben weiteren Aunjetitzer Deponierungen in Mitteldeutschland und in polnischen Nachbarregionen überschritten.

3
Tübingen-Weilheim, Lkr. Tübingen. Menhir mit Stabdolchgravuren.

Führt man den Blick über diesen relativ kompakten geografischen Raum hinaus, finden sich über ganz Europa verteilt weniger als 15 Hortfunde, in denen mehr als ein Stabdolch vorkommt. Sie stammen aus Schottland, Kalabrien (Italien) und Irland sowie von der Iberischen Halbinsel, Frankreich und von der britischen Kanalinsel Guernsey. Ein weiterer Fundort aus Deutschland – Hofkirchen-Unterschöllnach, Lkr. Passau, mit vier Exemplaren – unterstreicht im Verein mit den vorab genannten, europaweiten Nachweisen die Sonderstellung des mitteldeutschen Aunjetitz-Raumes und seiner Anrainerschaft.

Ungeachtet dessen, ob man Stabdolche als Herrschaftsinsignie, »Zeremonialwaffe« oder reguläres Kampfinstrument betrachtet, bleibt ihnen in jedem Fall das Odium des Exklusiven, nicht zuletzt, weil Bestattungen mit Stabdolchen sowohl vom Artefaktwert als auch vom Aufwand her als überdurchschnittlich reich

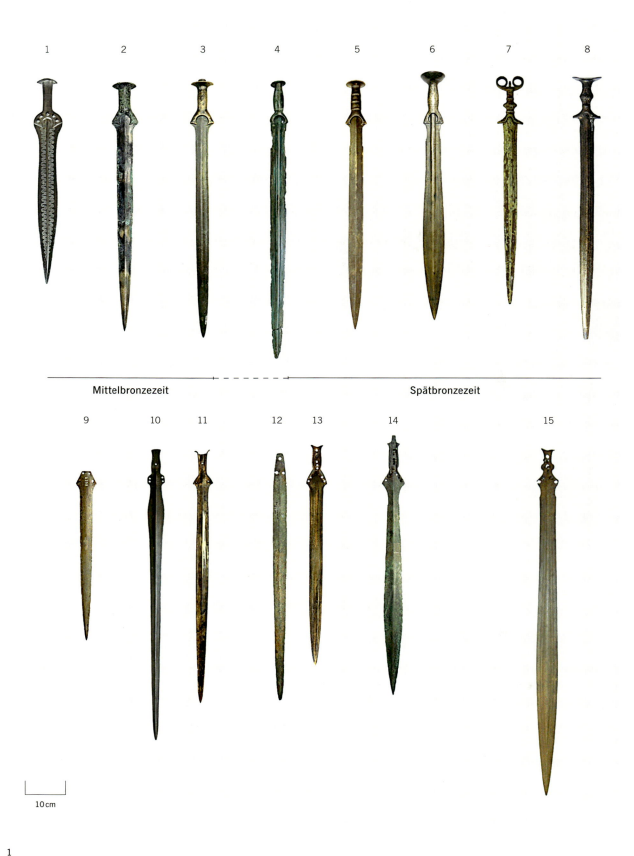

1

1 Hajdúsámson, Kom. Hajdú-Bihar, Ungarn; 2 »Unterfranken«, Bayern; 3 Traubing, Lkr. Starnberg; 4 Behringersdorf, Lkr. Nürnberger Land; 5 Schwaig, Lkr. Kelheim; 6 Hajdúböszörmény, Kom. Hajdú-Bihar, Ungarn; 7 München, Bayern; 8 Gailenkirchen, Lkr. Schwäbisch Hall; 9 Traun-Alm-Eck, Oberösterreich; 10 Budapest, Ungarn; 11 Eggstätt, Lkr. Rosenheim; 12 Freimersheim, Lkr. Alzey-Worms; 13 Laskod, Kom. Szabolcs-Szatmár, Ungarn; 14 Wollmesheim, Lkr. Südliche Weinstraße; 15 Großauheim, Main-Kinzig-Kreis.

2
Bothenheilingen, Unstrut-Hainich-Kreis. Die sechs Bronzeschwerter wurden als Bündel rituell niedergelegt. Sie gehören an das Ende der Bronzezeit (8. Jh. v. Chr.) und wurden in regional unterschiedlichen Werkstätten gefertigt.

10. Jh. v. Chr. bei der Herstellung der Vollgriffschwerter beibehalten wurde. Den tatsächlichen Einsatz der mittelbronzezeitlichen Schwerter belegen zuweilen antik verbogene Nieten, ein- oder gar ausgerissene Nietlöcher sowie leicht deformierte, selten auch an- bzw. abgebrochene Griffzungen und Klingen (siehe Beitrag »Gebrauchsspuren an frühen Metallwaffen«, S. 273). Scharten, Kerben oder Dellen sind jedoch bei den wenigen Exemplaren mit weitgehend unkorrodierten oder rezent nicht überschliffenen Klingenschneiden nur selten anzutreffen. Das weitgehende Fehlen von lokal begrenzten Schneidenläsionen ist nicht weiter verwunderlich, da die Besitzer sicherlich auf eine Instandhaltung ihrer Waffen bedacht waren, wozu u. a. das Auswetzen oder -dengeln von Klingenschäden und – im Fall einer Fraktur – das Nachspitzen des Klingenendes zählten. Nur nach gravierender Schädigung sind derartige Reparaturen mit eintretendem Substanzverlust, die immerhin an etwa jedem vierten mittelbronzezeitlichen Griffplattenschwert mit guter Oberflächenerhaltung registriert werden können, zu beobachten. Die meisten Schäden legen hierbei nahe, dass bereits einige mittelbronzezeitliche Schwerter als Hiebwaffen oder aber bei waffenabwehrenden Paraden eingesetzt wurden.

Insgesamt handelt es sich um ausgesprochen leichte, gut und schnell zu führende Schwerter. So wiegen die häufig zwischen 63 cm und 67 cm langen Achtkantschwerter (Abb. 1,3) und auch die am Übergang von der Mittel- zur Spätbronzezeit im 13. Jh. v. Chr. hergestellten 65–70 cm langen Riegseeschwerter (Abb. 1,4) im Durchschnitt zwischen 764 g und 739 g. Die 63–71 cm langen Dreiwulstschwerter (Abb. 1,5) des 12.–11. Jhs. v. Chr. sind mit durchschnittlich 826 g nur geringfügig schwerer; ebenso die im 10. Jh. v. Chr. im Umlauf befindlichen Schalenknaufschwerter (Abb. 1,6)

2
Vitlycke, Tanum, Schweden. Die sich gegenüberstehenden Männer sind mit Schilden, Schwertern, großen Äxten und Vogelköpfen versehen. Das Radkreuz eines anderen Kriegers symbolisiert nicht nur Schild oder Sonne, sondern auch Bewegung – ein weiteres transzendentes Merkmal.

*Und Hammerhiebe   erhielt sie für Ringe.
So holte Odhins Sohn   seinen Hammer wieder.«*
(Simrock 1995, 96, Verse 31–32)

Nicht nur Thor verfügte über eine solche Waffe mit magischen Kräften. Der Himmels-, Wetter- oder Donnergott, der Hammer, Axt oder Keule schwingend, mit dem Wagen über den Himmel braust, Blitz und Donner gebietend, ist eine sehr alte Vorstellung in verschiedenen indoeuropäischen Religionen. So kennen wir z. B. aus der ersten Hälfte des 1. Jts. v. Chr. bildliche Darstellungen des hethitischen Wettergottes Tarhunna, der mit einer Streitaxt ausgestattet wurde (Watkins 1995, 429 ff.). Die Waffen dienten im Kampf und zur Demonstration des Status ihres Besitzers. Die Eigenschaften eines solchen Gegenstandes kann man nutzen, damit erstrebt man Macht. So kann politischer Wille als göttliches Wollen dargestellt werden, wenn das Artefakt in den Händen Sterblicher erscheint.

Große Männer mit großen Äxten, mitunter mit vogelähnlichen Kopfformen, erscheinen häufig auf den Felsbildern der Nordischen Bronzezeit (Abb. 2). Diese Darstellungen sind eines der Argumente für das Erscheinen personifizierter Götter in der religiösen Vorstellungswelt in Nord- und Mitteleuropa am Ende des 2. Jts. v. Chr. Als Götterbilder werden sie wegen der außergewöhnlichen Größe der Figuren und ihren besonderen, hoch erhobenen Waffen gedeutet. In den letzten Jahrzehnten, in denen das Augenmerk der Felsbildforschung vor allem auf den Kontexten der Bilder lag, ist auch klar geworden, dass an den meisten Galerien Kulthandlungen stattfanden. Das bezeugen Reste von Feuer und Gefäßscherben. Die Bedeutung der Darstellungen war sicher vielfältig, von ihrer Herstellung, dem Inhalt, der Instandhaltung oder Erneuerung und ihrem Denkmalcharakter in unterschiedlicher Gewichtung geprägt. Die Frage, wer die Bilder zu welchem Zweck fertigte, führt uns wieder zurück zur Frage, wer in dieser Zeit Macht wie benutzte (siehe Beitrag »Krieger und Felskunst«, S. 265). Hinter den Felsbildern Südskandinaviens verbergen sich jahrhundertelange Traditionen, die auf ebenso dauerhafte Gemeinschaftsstrukturen hinweisen.

Die Bilder zeigen unterschiedliche Beil- und Axttypen, die wir im Fundrepertoire der Nordischen Bronzezeit wiederfinden. Auch überdimensionale Äxte sind uns nicht nur bildlich, sondern auch real überliefert.

3
Brøndstedskov, Dänemark (15.–14. Jh. v. Chr.). Die Prachtaxt verbirgt unter ihrem prächtigen Blechmantel einen Tonkern. Sie wurde mit dem Bruchstück einer nahezu identischen Axt zusammen gefunden. Solche Beilpaare kennen wir in Skandinavien nicht nur als Hortfunde, sondern auch aus den Kultszenen auf Felsbildern.

4
Kivik, Schonen, Schweden (11.–10. Jh. v. Chr.). Am Eingang zur Grabkammer stand die mit den Prunkäxten verzierte Steinplatte. Möglicherweise waren neben den Äxten, dem Schiffsbild darunter und dem Kegelhut dazwischen noch ein Paar doppelaxtförmige oder gar lanzenähnliche Objekte eingraviert.

Die prächtigsten Exemplare tragen nur eine dünne Bronzeschicht, die über einen Tonkern gegossen worden ist. Sie taugen weder als Waffe noch als Werkzeug. Das gilt auch für einige andere Äxte, deren Loch für eine stabile Schaftverbindung zu klein ist, oder Beile, die fehlerhaft gegossen worden waren.

Die Axt von Brøndstedskov, Dänemark, ist zusätzlich auf Höhe des Schaftlochs mit einem Goldblech verziert, das ein geometrisch verlaufendes Kreismuster beendet (Abb. 3). Dieses »Sonnenauge« kann als Zier und Verstärkung der Bedeutung der Prunkwaffe gelten. Derartige Äxte sind in Skandinavien häufiger gefunden worden, in der Regel paarweise. Als Ensemble kennen wir sie auch in Miniaturform, getragen von zwei knienden Figuren mit Hörnerhelmen im Fund von Grevensvænge, Dänemark (siehe Beitrag »Realia und Rituale«, S. 264 Abb. 8), und als Bild auf der Eingangsplatte im Steinkistengrab von Kivik, Schweden (Abb. 4). Leider können wir die Verbindung von Abbild, tatsächlichem Gegenstand und Verwendung nicht für alle Prunkäxte Europas so klar knüpfen.

BEILE UND BEILHORTE

Neben den außergewöhnlichen Prunkäxten, die wohl in steinzeitlicher Tradition zu verstehen sind, stehen die gewöhnlichen Bronzebeile. Ihre Formen werden aus den frühen kupfernen Flachbeilen abgeleitet. Ihre Entwicklung vom Randleisten- zum Tüllenbeil zeigt das Bemühen, die Verbindung zwischen Schneide und hölzernem Schaft zu optimieren (Abb. 5). Das Tüllenbeil befriedigte dieses Bedürfnis offenbar am besten, denn es wurde mehr als 700 Jahre lang in weiten Gebieten Europas gefertigt.

Die Beile haben auf den ersten Blick nichts mit den Prachtäxten gemeinsam. Auch als Waffe taugen sie nicht und werden von Schwert und Lanze abgelöst. Anders als letztere lassen sich die Beile recht klar in regionale Formengruppen auflösen. Sie sind selten verziert und zeigen auch sonst keinerlei Bemühen, eine persönliche Note hinzuzufügen. Ganz im Gegensatz zu bronzenen Waffen steht auch ihr formal einheitlicher Charakter, ihr hohes Fundaufkommen und die Standardisierung der Form, was wir ebenfalls bei Ringen und Sicheln beobachten können.

Das Beil als Werkzeug spielt in den bronzezeitlichen Hortfunden dennoch eine sehr bedeutende Rolle. Beile wurden einzeln oder mit anderen Bronzen gemeinsam niedergelegt. Die Deponierung zeigt, wie auch die anderer Gegenstände, regionale und zeitliche Schwerpunkte. Mitteldeutschland, und besonders die Gegend von Dieskau, Saalekreis, östlich der Saale nahe Halle, ist ein solch überaus reiches Fundgebiet. In der ersten Hälfte des 2. Jts. v. Chr. wurden hier Bronzen, vor allem Beile, Ringe und Stabdolche, niedergelegt. Einer der Funde enthielt 293 Randleistenbeile sowie Doppeläxte, eine Stabdolchklinge, Armspiralen und Ringe. Neben solchen mitteldeutschen Massenfunden der Frühbronzezeit sind besonders die umfangreichen Beilhorte vom Beginn der Eisenzeit in der Bretagne und in der Normandie erwähnenswert. Im Depot von Maure-de-Bretagne, Frankreich, waren mehr als 4000 Beilchen versammelt. Sie waren allerdings ihrer schlechten Qualität wegen nicht als Werkzeug zu gebrauchen und werden als Barren – als Beilgeld – gedeutet.

Dass den Beilen grundsätzlich ein Symbolwert nicht abzusprechen ist, zeigen neben den Hortfunden auch die immer wieder in einzelnen Funden in ganz Europa erscheinenden Miniaturformen, die als Anhänger oder Amulette gedient haben könnten. Gedeutet wird das Symbol aufgrund seiner Werkzeugfunktion: Es ist das Werkzeug, mit dem die Bäume gefällt wurden, um das Land urbar zu machen. So ist das Beil eng mit der

1800 v. Chr.

1300 v. Chr.

900 v. Chr.

5
Entwicklung bronzezeitlicher Beile.

6
Goldhort von Dieskau, Saalekreis (18.–17. Jh. v. Chr.). Der Fund bestand wohl ursprünglich aus zwölf Goldgegenständen und einem (heute verschollenen) Ösenring aus Elektron. Sorgsame Quellenstudien haben gezeigt, dass es sich wohl um ein Depot, nicht um eine Grabausstattung handelt (Filipp/Freudenreich 2014). Gegen einen Grabfund spricht auch der aufgebogene Halsring, denn er könnte vor der Niederlegung (vielleicht sogar dafür) dem Träger abgenommen worden sein.

Kultivierung der Landschaft verbunden, der menschlichen Macht über die Natur (Bradley 1990). Bis in die Neuzeit haben sich in Volksfrömmigkeit und Aberglaube Rituale erhalten, die uns daran erinnern. So ist es in Dänemark und Schweden am Gründonnerstag Brauch, für eine gute Ernte Beile auf die Saatfelder zu werfen (Bächtold-Stäubli 1987, 744).

DAS GOLDENE BEIL

Das rituelle Potenzial selbst der gewöhnlichen Werkzeugform des Randleistenbeils zeigt sich sehr klar bereits in der frühen Bronzezeit (Abb. 6). Aus Dieskau stammt ein in Europa einzigartiger Goldhort (zuletzt Meller 2014, 636 f.; 648), zu dem ein Randleistenbeil gehört, dessen Klinge beidseits mit einem ineinander gesetzten Tropfenornament versehen ist. Wir kennen keinen Vergleichsfund für dieses Beil, dessen Form typisch für die mitteleuropäische Frühbronzezeit ist. Die Suche nach der Idee für ein solches Goldbeil in Mitteldeutschland führte über Südosteuropa, den berühmten Fund von Tufalau, Rumänien (siehe Beitrag »Waffen aus Edelmetall«, S. 299 Abb. 6), bis in den Vorderen Orient (Primas 1988). Eine Ausstattung mit goldenen Waffen zeigte hier den höchsten Rang der Machthaber an. Das Edelmetall diente der Überhöhung in der Selbstdarstellung. Die Verbreitung der goldenen Waffen zeigt uns den Weg der Kommunikation dieser Eliten am Beginn des 2. Jts. v. Chr., der bis weit über die Alpen nach Mitteldeutschland führte. Die kostbaren Gegenstände wurden dabei sicher verbunden mit den sagenhaften Geschichten aus fernen Ländern weitergegeben.

Die Herrscher von Ur sahen im 3. Jt. v. Chr. in Gilgamesch die Wurzeln ihrer Dynastie. Das Leben des großen Königs ist uns aus schriftlichen Quellen überliefert. Seine mythische Waffenausstattung wird beschrieben als zahlreich, schwer und goldverziert. Bevor Gilgamesch und sein Freund Enkidu sich in den Zedernwald begeben, um den wilden Humbaba zu besiegen und unsterblich zu werden, sich einen Namen für alle Ewigkeit zu machen, gehen sie zu den Waffenschmieden:

»*Große beile gossen sie*
und äxte, die jede für sich hundertachtzig pfund wogen.
Große dolche gossen sie:
hundertzwanzig pfund wog jede klinge,
dreißig pfund die garde am heft,
dreißig pfund gold, ums sie zu verzieren.
Gilgamesch und Enkidu trugen jeder sechshundert pfund.« (Schrott 2001, 194)

Möglich, dass die Beile und Äxte auch beim Fällen des Zedernwaldes zum Einsatz kommen sollten und so, streng genommen, als Werkzeuge betrachtet worden sind. Tatsächlich wird Humbaba am Ende mit einem einzigen, zuvor vergifteten Dolch getötet.

Literatur

Bächtold-Stäubli 1987
H. Bächtold-Stäubli (Hrsg.), Handwörterbuch des deutschen Aberglaubens (Berlin, New York 1987).

Bradley 1990
R. Bradley, The Passage of Arms. An archaeological analysis of prehistoric hoards and votive deposits (Cambridge 1990).

Filipp/Freudenreich 2014
J. Filipp/M. Freudenreich, Dieskau Revisited I. Nachforschungen zur »Lebensgeschichte« des Goldhortes von Dieskau und zu einem weiteren Grabhügel mit Goldbeigabe bei Osmünde im heutigen Saalkreis, Sachsen-Anhalt. In: H. Meller/R. Risch/E. Pernicka (Hrsg.), Metalle der Macht – Frühes Gold und Silber. 6. Mitteldeutscher Archäologentag vom 17. bis 19. Oktober 2013 in Halle (Saale). Tagungen Landesmus. Vorgesch Halle 11,II (Halle [Saale] 2014) 743–752.

Meller 2014
H. Meller, Die neolithischen und bronzezeitlichen Goldfunde Mitteldeutschlands, eine Übersicht. In: H. Meller/R. Risch/E. Pernicka (Hrsg.), Metalle der Macht – Frühes Gold und Silber. 6. Mitteldeutscher Archäologentag vom 17. bis 19. Oktober 2013 in Halle (Saale). Tagungen Landesmus. Vorgesch. Halle 11,II (Halle [Saale] 2014) 611–716.

Primas 1988
M. Primas, Waffen aus Edelmetall. Jahrb. RGZM 35,1, 1988, 161–185.

Schier 1992
K. Schier, Skandinavische Felsbilder als Quelle für die germanische Religionsgeschichte? In: H. Beck/D. Ellmers/K. Schier, Germanische Religionsgeschichte, Quellen und Quellenprobleme. RGA Ergbd. 5 (Berlin, New York 1992) 162–228.

Schrott 2001
R. Schrott, Gilgamesh (München, Wien 2001).

Simrock 1995
K. Simrock, Die Edda. Götterlieder, Heldenlieder und Spruchweisheiten der Germanen (Augsburg 1995).

Sommerfeld 2004
C. Sommerfeld, Mythische Geschichten aus der Bronzezeit – ein phantastischer Ausblick. In: H. Meller (Hrsg.), Der geschmiedete Himmel. Die weite Welt im Herzen Europas vor 3600 Jahren. Katalog zur Sonderausstellung im Landesmuseum für Vorgeschichte Halle (Halle [Saale] 2004) 82–87.

Watkins 1995
C. Watkins, How to Kill a Dragon. Aspects of Indo-European Poetics (New York, Oxford 1995).

Weller 2014
U. Weller, Äxte und Beile erkennen – bestimmen – beschreiben. Bestimmungsbuch Archäologie Bd. 2 (München 2014).

KAMPF- UND JAGDWAFFEN: LANZEN UND SPEERE IM BRONZEZEITLICHEN EUROPA

Regine Maraszek

Hölzerne Speere und Lanzen benutzten die Menschen schon in der Altsteinzeit, wie beispielsweise die etwa 300 000 Jahre alten Funde aus Schöningen, Lkr. Helmstedt, zeigen. Derart angespitzte Holzstangen sind aus späteren Epochen, wie viele andere organische Funde auch, aufgrund schlechter Erhaltungsbedingungen nur sehr selten überliefert. Gleichzeitig unterliegen Grabbeigaben und Hortfunde – unsere wichtigsten archäologischen Quellen für Waffen aus der Bronzezeit – kulturellen Auswahlregeln in Zeit und Raum. Ob eine Lanzenspitze dem Toten beigegeben oder als Opfer in den Fluss versenkt worden ist, bestimmten die Sitten und Bräuche der Gemeinschaften. Man kann aus dem Erscheinen der Lanzenspitze in den verschiedenen Bodenfunden kaum auf die reale Waffenausstattung schließen, eher auf die Bedeutung dieser Waffe.

Aus der Jungsteinzeit sind keine Lanzen bekannt, womöglich dienten jedoch Spitzen aus Stein oder Knochen als Lanzenhäupter. Die bronzene Lanzenspitze gehört zu den waffentechnischen Innovationen der Bronzezeit. Sie ist der am häufigsten überlieferte Waffenrest in dieser Zeit. Wie Schwert, Schild und Rüstungsteile war die Lanze seit der Mitte des 2. Jts. v. Chr. Teil einer paneuropäischen Bewaffnung, deren Vollbild wir im endmykenischen und homerischen Griechenland finden. Lanze und Speer sind in den homerischen Epen die bedeutendsten Angriffswaffen (Höckmann 1980, 312 ff.). Schrift- und Bildquellen zeigen drei unterschiedliche Formen: den bis zu 3 m langen Speer, den schweren Kurz- und den leichten Wurfspeer (siehe Beitrag »Krieg in der Bronzezeit«, S. 211 Abb. 5). Eine zeitliche Entwicklung von langer zu kurzer Waffe ist nachvollziehbar. Die Speere sind als Sportgerät verwendet worden, als Kampf- und Jagdwaffe, und gehörten zur Ausstattung mythischer Helden:

»*... den nun betrat Hektor, der liebling des zeus, seine fünf meter / lange lanze in der hand, die bronzespitze die von einem ring / aus gold fest am schaft gehalten wurde, aufblitzend im licht ...*« (Homer, Ilias, VI 318 f., übertragen von Schrott 2010, 134)

FORMENVIELFALT

Die frühesten Lanzenspitzen sind in Vorderasien aus dem 4. Jt. v. Chr. bekannt, in Südosteuropa aus dem 3. Jt. v. Chr. Sie verbreiteten sich im 2. Jt. v. Chr. recht schnell über den ganzen Kontinent. Die schlichten, oft unverzierten Formen blieben viele Jahrhunderte lang sehr ähnlich. Vom 13.–9. Jh. v. Chr. sind Bronzelanzenspitzen in ganz Europa überliefert; die Formenvielfalt und die Zahl der Funde wächst deutlich. Die wenigen besonderen, späten Formen wie die Ösen- (Augen?-)lanzenspitzen in Nordwesteuropa, solche mit gestuftem Blatt in Ostmitteleuropa oder besonders reich verzierte Exemplare mit Rippen-, Linien-, Winkel-, Bogen- und Mäandermustern in Südwesteuropa zeigen regional eng begrenzte Verbreitungen. Sehr selten sind Prachtstücke, die vor allem als Statussymbole Verwendung fanden: außergewöhnlich große, auffallend reich verzierte, mit Gold gefasste oder aus Edelmetall gefertigte Spitzen und solche aus dünnem Blech, die nicht zum Kampfeinsatz taugten. Die berühmtesten sind wohl die silbernen, prunkvoll ornamentierten Lanzen von Borodino, Ukraine (Kaiser 1997).

In Mitteldeutschland ist als außergewöhnlich die Lanzenspitze aus dem Hort von Hindenburg, Lkr. Stendal, zu nennen, sorgfältig verziert und mit 44 cm deutlich größer als die übrigen Funde. Sie findet ein Vergleichsstück im zweiten Hort von Valsömagle in Dänemark (Abb. 1).

QUELLEN

Die meisten Lanzenspitzen Nord- und Mitteleuropas sind einzeln gefunden worden, oft in Flüssen oder anderem feuchtem Milieu, seltener stammen sie aus Waffenhorten (Abb. 2), noch seltener sind sie Grabbeigabe. In der Regel finden sich nur wenige Spitzen gemeinsam in einem Befund. Umfangreichere Kollektionen, in denen die späteren Waffenopfer der Eisen- und Kaiserzeit anklingen, gibt es vor allem in Westeuropa. Dazu gehört der Hortfund von Bramber in West Sussex, England (9. Jh. v. Chr.), zu dem 80 Lanzenspitzen und Bruchstücke solcher, mindestens zehn Lan-

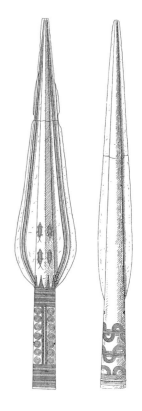

1
Lanzenspitzen aus Valsömagle, Sorö Amt, Dänemark (links), und Hindenburg, Lkr. Stendal (rechts).

2
Kehmstedt, Lkr. Nordhausen. 9.–8. Jh. v. Chr. Diese Waffen fand man gebündelt beim Ausbau der Straße im Bodetal 1906. Röntgenaufnahmen weisen nach, dass zwei Schwerter einem Kampfgeschehen nicht standgehalten hätten: An einem war die Klinge nur lose befestigt, das andere zeigt eine schwache Grifffixierung.

zenschuhe, ein Beil, Messer, kleine Ringe, Blech- und Gusskuchenresten zählen, die wahrscheinlich in oder an einem See niedergelegt worden waren (Maraszek 2006, 479). Depotfunde, die ausschließlich aus bronzenen und eisernen Lanzenspitzen bestehen, erscheinen erst am Beginn der Eisenzeit zwischen Schweden und Mecklenburg. Eindrucksvolles Beispiel für diese Fundgruppe ist der aus ursprünglich über 50 Eisenlanzenspitzen bestehende Flussfund von Passentin, Lkr. Mecklenburgische Seenplatte (Schoknecht 1974).

In einigen Fundräumen konnte eine absichtliche Beschädigung der Lanzenspitzen vor der Deponierung nachgewiesen werden, so für etwa die Hälfte der Waffen aus der Themse bei London – übrigens im gleichen Maße wie für die Schwerter (York 2002, 84 ff.). Manche Tüllen sind mit Bronzeresten regelrecht verstopft worden – ein sicherer Hinweis auf die Entfernung der Griffstangen vor der Niederlegung.

SCHÄFTUNG UND GEBRAUCH

Die Frage, ob die Bronzespitzen an Lanze oder Speer Verwendung fanden, ist kaum zu beantworten. Während die Lanze als Stichwaffe für den Nahkampf taugt, bezeichnet der Begriff »Speer« ein Wurfgeschoss, das für lange Distanzen eingesetzt wird. Leider sind Lanzen ähnlich wie Pfeile fast immer ohne Schaft überliefert.

Einzelne erhaltene Schäfte aus Ungarn, Polen, Norddeutschland, Südengland und Irland erreichen Längen von 1,5–2,5 m. Holzreste aus Deutschland und England zeigen, dass die Rundhölzer aus dem Stamm der Esche gearbeitet worden sind. Wie die Hölzer mit der Tülle verbunden wurden, dazu gibt es unterschiedliche Ansichten. Während die Lanzenspitzen des frühen 2. Jts. v. Chr. aus dem Vorderen Orient allesamt mit geschlitzten Tüllen versehen sind, fand in Europa nur die geschlossene Röhrentülle Verwendung, die nicht unbedingt mit Nietlöchern versehen sein musste. Steckt man einen trockenen Schaft in die Bronzetülle, kann man durch Wässern ein Aufquellen des Holzes erreichen, was eine einigermaßen haltbare Fixierung schafft. Zusätzlich weisen Nietlöcher auf die Verwendung von Bronzestiften zum Festmachen hin. Diese Niete können aber auch der Befestigung eines Gusskerns gedient haben – was wiederum auch ohne eine Tüllenlochung möglich war. Mitunter sind Reparaturen an Nietlöchern belegt, was deren Bedeutung nach dem Guss unterstreicht (Armbruster 2000, 38 Abb. 8).

Lanzen wurden sicher als Jagdwaffe benutzt, aber auch im Kampf Mensch gegen Mensch. Das zeigen uns die wenigen, aber weit über Europa verstreuten Funde der Spitzen, die in Tier- und Menschenknochen stecken geblieben sind. Auf dem einzigen bislang bekannten und z. T. untersuchten Feld eines größeren Kampfgeschehens in der Bronzezeit Mitteleuropas, dem Tollensetal, wurden jedoch nur wenige Lanzenspitzen gefunden: ein in der Mitte durchgebrochenes Exemplar, eine stark korrodierte und beschädigte und eine ganz erhaltene Bronzespitze. Neben einigen Nadeln,

Sicheln, Messern, Pfeilspitzen, einem Beil und einer Schmuckfibel waren das die einzigen Metallfunde. Schwerter wurden entweder nicht benutzt oder wieder mitgenommen. Verletzungen durch Lanzenspitzen oder Schwerter sind dort bislang nur spärlich bzw. unsicher nachgewiesen (siehe Beitrag »Die menschlichen Skelettreste aus dem Tollensetal«, S. 347).

Wir gehen heute davon aus, dass die Waffe auf verschiedene Art und Weise zum Einsatz kam. Viele Exemplare zeigen Nutzungsspuren: beschädigte Schneiden und Spitzen oder wiederholt geschärfte Klingen. Eine experimentelle Untersuchung von Beschädigungen an spätbronzezeitlichen Lanzenspitzen aus Großbritannien verweist auf einen Gebrauch zum Stoßen, Werfen, Schlagen und Schneiden; unabhängig von der konkreten Form der Bronze (Anderson 2011). Auch ein Einsatz als Fechtspieß, in der Art einer mittelalterlichen Hellebarde, ist für bestimmte Stücke, wie die große Lanzenspitze (32 cm) von Gau-Algesheim, Lkr. Mainz-Bingen, in Erwägung gezogen worden (Schauer 1979).

LANZENTRÄGER

Die bildlichen Darstellungen des 12.–9. Jhs. v. Chr. außerhalb der Schriftkulturen der Mittelmeerwelt zeigen ein verkürztes, in Formeln verschlüsseltes Bild der Lebenswelt. Im Mittelpunkt steht das Ornament, das Symbol. Figürliche Darstellungen sind selten, sie beschränken sich auf wenige Regionen und bestimmte Medien: sehr wenige plumpe Tonfigürchen, die vereinzelt in ganz Mitteleuropa gefunden worden sind, Felsbilder und Statuetten in Südskandinavien, Felsbilder in den Alpen, Statuetten in Sardinien und Bilder auf Grabstelen in Südwestspanien. Sardinien und Südwestspanien stehen in dieser Zeit unter deutlichem Einfluss des östlichen Mittelmeerraumes.

Die sardischen Votivstatuetten zeigen Männer und Frauen: Bauern, Hirten, Adoranten, Musiker, dazu Tiere, Schiffsmodelle und Alltagsgegenstände, aber auch viele Krieger in unterschiedlichster Bewaffnung: Schwertkämpfer mit Schild und Helm oder Bogenschützen (Stary 1991). Es gibt aber auch Fabelwesen wie den Kentaur und Krieger, die mit vielfachen Attributen gottähnlich ausgestattet sind, z. B. mit riesigen Hörnerhelmen, mehreren Schwertern, zwei Schilden, vier Augen. Aber nur ein einziger speertragender Mann ist darunter, der einen Widder an der Leine führt (Abb. 3). Die iberischen Denkmale zeigen schlichte Lanzen, die neben Schwert und Schild zur Grundausstattung der Krieger zählen (Harrison 2004, 144 f. Abb. 7,14).

Dynamische Jagd- und Kampfszenen, in denen Lanzen dargestellt sind, finden sich auf den alpinen Felsbildern. Die Lanze ist hier die am häufigsten dargestellte Waffe. Mit Panzern und prächtigen Helmen versehene Krieger, auch zu Pferd, halten hier eine Lanze hoch erhoben, mitunter ist die Waffe durch Übergröße stark hervorgehoben (Abb. 4).

In Südskandinavien zeigt etwa ein Drittel der Felsbilder Figuren, vor allem waffentragende, ithyphallische Männer. Wir können Keulen, Bogen und Pfeil, Beile, Schwertscheiden und auch Lanzen erkennen. Eine sehr bekannte, mit etwa 2,5 m außergewöhnliche Figur ist der sog. Riese mit der Lanze von Litsleby, Schweden (Abb. 5). Über den anderen Felsritzungen angebracht, sprengt er den Rahmen der älteren Darstellungen. Wegen seiner Größe wird der Riese von manchen Forschern als Gott gedeutet. Übergroße Figuren sind auch von anderen Felsbildern bekannt, jedoch trägt keine davon eine Lanze.

Wir sehen aus diesem knappen Bildervergleich, dass in den unterschiedlichen bronzezeitlichen Gemeinschaften den Lanzenträgern offensichtlich unterschiedliche

3
Bronzestatuette (Lanzenträger), Nuraghen-Heiligtum von Serra Niedda, Sorso, Sassari, Sardinien (11.–8. Jh. v. Chr.). Die Figur wurde mit weiteren Votivbronzen und Tierknochen an einem als Altar gedeuteten Monolithen in einem Brunnenheiligtum gefunden.

4
Ausschnitt aus dem Felsbild in Areal 1, Naquane, Valcamonica, Italien. Auf dem Panel – hier nur ein Ausschnitt – sind mehr als 170 Figuren abgebildet. Die meisten Szenen werden als Jagdgeschehen gedeutet. Die häufigste Waffenkombination bilden Lanze und Schild. Als weitere Waffen erscheinen Dolche, Schwerter, Schilde, Helme, auch einige Stabdolche, Beile und einfache Stöcke.

5
Ausschnitt aus einem Felsbild bei Litsleby, Tanum, Schonen, Schweden (16.–6. Jh. v. Chr.). Das Bild soll gefertigt worden sein, als die Darstellung personifizierter Götter im Kanon erlaubt wurde, deren Abbildungsverbot aufgehoben war. Wir kennen diese Verbindung von (göttlichem) Symbol und Person im Norden Europas seit dem Ende der Bronzezeit, allerdings dann in Form von Miniaturornamentik auf Bronzefunden (9. Jh. v. Chr.). Interessant ist das verhüllte Haupt, ein Vogelkopf, den wir auch an anderen Figuren finden.

Bedeutung beigemessen wurde – nicht alle stehen im Kontext eines Kampfgeschehens Mann gegen Mann. Die Lanze gehörte zweifellos zur bronzezeitlichen Waffenausstattung, ist um ein Vielfaches öfter überliefert als das Schwert und hat durchaus Potenzial als Statusanzeiger und mythisches Element, wie die Prachtlanzenspitzen und die überdimensionale Darstellung in den Felsbildern zeigen. Wir wollen dem gewaltig großen Lanzenträger aus Südschweden als Kontrapunkt in dieser Zeit einen anderen mythischen Riesen gegenübersetzen: über 3 m groß, seine Lanzenspitze wog mehr als 7 kg – Goliath, dem allerdings die fabelhafte Ausstattung nichts genützt hat, wie wir wissen.

»*Da trat aus dem Lager der Philister ein Vorkämpfer namens Goliat aus Gat hervor. Er war sechs Ellen und eine Spanne groß. Auf seinem Kopf hatte er einen Helm aus Bronze, und er trug einen Schuppenpanzer aus Bronze, der fünftausend Schekel wog. Er hatte bronzene Schienen an den Beinen, und zwischen seinen Schultern hing ein Sichelschwert aus Bronze. Der Schaft seines Speers war (so dick) wie ein Weberbaum, und die eiserne Speerspitze wog sechshundert Schekel. Sein Schildträger ging vor ihm her.*« (1. Sam. 17, 4–7)

Literatur

Anati 1961
E. Anati, Camonica valley: a depiction of village life in the Alps from neolithic times to the birth of Christ as revealed by thousands of newly found rock carvings (New York 1961).

Anderson 2011
K. Anderson, Slashing and thrusting with Late Bronze Age spears: analysis and experiment. Antiquity 85,328, 2011, 599–612.

Armbruster 2000
B. Armbruster, Goldschmiedekunst und Bronzetechnik: Studien zum Metallhandwerk der Atlantischen Bronzezeit auf der Iberischen Halbinsel (Montagnac 2000).

Harrison 2004
R. Harrison, Symbols and Warriors: Images of the European Bronze Age (Bristol 2004).

Höckmann 1980
O. Höckmann, Lanze und Speer. In: H.-G. Buchholz (Hrsg.), Kriegswesen, Teil 2: Angriffswaffen: Schwert, Dolch, Lanze, Speer, Keule. Arch. Homerica Kap. E (Göttingen 1980) 275–319.

Jacob-Friesen 1967
G. Jacob-Friesen, Bronzezeitliche Lanzenspitzen Norddeutschlands und Skandinaviens. Veröff. Urgesch. Slg. Landesmus. Hannover 17 (Hildesheim 1967).

Kaiser 1997
E. Kaiser, Der Hort von Borodino. Kritische Anmerkungen zu einem berühmten bronzezeitlichen Schatzfund aus dem nordwestlichen Schwarzmeergebiet. Univforsch. Prähist. Arch. 44 (Berlin 1997).

Maraszek 2006
R. Maraszek, Spätbronzezeitliche Hortfundlandschaften in atlantischer und nordischer Metalltradition. Veröff. Landesamt Denkmalpfl. u. Arch. Sachsen-Anhalt 60 (Halle [Saale] 2006).

Maraszek 2010
R. Maraszek, Masken und Maskierungen der Bronzezeit in Europa. In: H. Meller/R. Maraszek (Hrsg.), Masken der Vorzeit in Europa I. Internationale Tagung vom 20.–22. November 2009 in Halle (Saale). Tagungen Landesmus. Vorgesch. Halle 4 (Halle [Saale] 2010) 145–157.

Schauer 1979
P. Schauer, Eine urnenfelderzeitliche Kampfweise. Arch. Korrbl. 9, 1979, 69–80.

Schoknecht 1974
U. Schoknecht, Ein früheisenzeitlicher Lanzenhort aus dem Malliner Wasser bei Passentin, Kreis Waren. Jahrb. Bodendenkmalpfl. Mecklenburg 1973 (1974) 157–173.

Schrott 2010
Homer, Ilias. Übertragen von R. Schrott (Frankfurt a. M. 2010).

Stary 1991
P. Stary, Arms and armour of the Nuragic warrior-statuettes. In: B. Santillo Frizell (Hrsg.), Arte militare e architettura nuragica. Nuragic architecture in its military, territorial and socio-economic context. Proceedings of the First International Colloquium on Nuragic Architecture at the Swedish Institute in Rome, 7–9 December, 1989 (Stockholm 1991) 119–142.

York 2002
J. York, The life cycle of Bronze Age metalwork from the Thames. Oxford Journal Arch. 21,1, 2002, 77–92.

BRONZEZEITLICHE SCHUTZWAFFEN

Marianne Mödlinger

Aufgrund von Erhaltungsbedingungen, Recycling und Deponierungssitten hat sich bis heute nur ein Bruchteil des gesamten bronzezeitlichen Schutzwaffenspektrums, d.h. Helme, Panzer, Beinschienen und Schilde, erhalten. Schutzwaffen aus organischen Materialien, wie z.B. Leder, Leinen, Holz, u.a. sowie aus verschiedenen Kombinationen dieser Rohstoffe sind vergangen und nur in Einzelfällen nachweisbar. Mit Ausnahme von fünf organischen Schilden und Schildformen aus Irland (Leder, Holz) und indirekten Hinweisen auf organische Schilde durch Bronzenieten (Uckelmann 2012) haben sich ausschließlich metallene, d.h. bronzene Schutzwaffen erhalten.

Die ersten metallenen Schutzwaffen sind in Europa aus dem Gräberfeld von Dendra, Griechenland, um 1400 v. Chr. belegt (Mödlinger 2014). Ab dem Beginn der Spätbronzezeit um 1250 v. Chr. kam es zu einem wahren Boom in Produktion, Austausch und Deponierung metallener Schutzwaffen in Europa, allen voran im Karpatenbecken. Diese Entwicklung stellte den Beginn eines beidseitigen Wettrüstens von metallenen Angriffs- und Schutzwaffen bis zum Auftreten der ersten Schusswaffen im 14. Jh. n.Chr. dar.

Metallene Schutzwaffen sind im Gegensatz zu bronzezeitlichen Angriffswaffen wie Dolch, Schwert, Speer oder Lanze nur in geringer Anzahl vertreten: Wir kennen heute aus der gesamten europäischen Bronzezeit rund 90 Schilde, 120 Helme, 30 Panzer und 75 Beinschienen, denen Tausende Funde von metallenen Angriffswaffen aus derselben Zeitepoche gegenüberstehen.

Aufgrund ihrer geringen Anzahl, dem in sie investierten Herstellungsaufwand und ihres hohen materiellen und immateriellen Wertes werden diese Schutz-

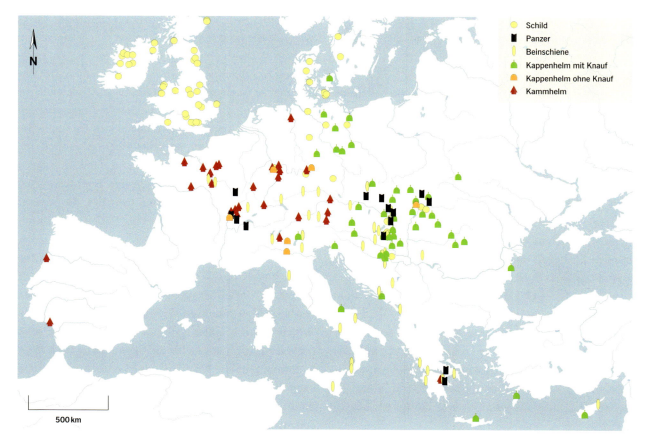

1
Fundorte metallener Schutzwaffen der europäischen Bronzezeit. Kartiert sind ausschließlich sichere Funde. Schutzwaffen mit unbekanntem Fundort bleiben unberücksichtigt.

2
Mala Gruda, Montenegro.
Goldener Dolch und silberne Axt.

3
Goldener Dolch aus Mari, Syrien.

4
Goldener Dolch aus Ur, Irak,
mit Griff aus Lapislazuli.

den. Zugleich stellen die Silberniete auch frühe Zeugnisse für den Gebrauch dieses Edelmetalls dar. Denn die Verwendung von Silber setzte erst im 4. Jt. im Vorderen Orient und in Europa ein (Hansen 2014).

Ganz aus Silber gefertigt ist ein Dolch aus einem jüngeren, etwa um 3000 v. Chr. angelegten Grab unter einem großen Kurgan in Nalčik in Balkarien, Russland. Dieser Dolch diente wohl vor allem der Repräsentation oder war ein Ehrengeschenk (Abb. 1a).

In Ostanatolien und Nordmesopotamien wurden Gräber erst nach 3000 v. Chr. mit Waffen ausgestattet. Im »Königsgrab« auf dem Arslantepe, das in die Zeit um 3000 v. Chr. datiert wird, fand sich ein ganzes Waffenarsenal, darunter auch ein silberner Dolch (Palumbi 2011).

Die archäologische Überlieferung von Metalldolchen ist in hohem Maße davon abhängig, ob sie irgendwann wieder eingeschmolzen oder aber den Toten mit ins Grab gelegt wurden. Trotz zahlenmäßig weniger Funde lässt sich aus der Qualität der Dolche und Schwerter eine umfangreichere Produktion dieser Waffen erschließen. Sie dürften in der zweiten Hälfte des 4. Jts. im gesamten östlichen Mittelmeerraum, in Mesopotamien und dem Iran bereits eine geläufige Erscheinung gewesen sein. Zur gleichen Zeit breitete sich die Herstellung und Verwendung von Metalldolchen auch in den Gebieten zwischen Kaukasus und Südfrankreich aus. Nördlich der Alpen blieben sie jedoch die Ausnahme. Ein Exemplar aus Aspenstedt, Lkr. Harz, mag durch Tausch in den Norden gelangt sein (Abb. 1b; Müller 2013).

Silberne Waffen waren nicht nur in der Kaukasusregion und Ostanatolien, sondern auch in Mesopotamien im 4. Jt. v. Chr. bekannt, wie eine silberne Lanzenspitze aus dem sog. Riemchengebäude in Uruk im Süden Mesopotamiens zeigt. Auch im Ostmittelmeerraum wurden silberne Dolche in der zweiten Hälfte des 4. Jts. v. Chr. verwendet. Ein 16,6 cm langer Dolch mit Elfenbeingriff stammt aus einem Grab im oberägyptischen el-Amrah und ein weiterer wurde in einem Grab in Hamra Dum, Ägypten, gefunden (Baumgartel 1960, Taf. 2,1–4).

Leider kann der Silberdolch aus einer Siedlung bei Poduri, jud. Bacău in der rumänischen Moldau, nicht sicher datiert werden (Abb. 1c; Munteanu/Dumitroaia 2010). Aufgrund seiner Metallzusammensetzung und seiner Form wurde unlängst vorgeschlagen, ihn in die Mitte des 4. Jts. v. Chr. zu setzen (Popescu 2013, 74), doch ist eine jüngere Zeitstellung in das frühe 3. Jt. v. Chr. nicht auszuschließen.

Obwohl Gold bereits im 5. Jt. v. Chr. verarbeitet wurde, also deutlich früher als das Silber, sind bislang keine massiven goldenen Waffen aus dieser Zeit bekannt. Doch Gold wurde bereits zur Ummantelung der Stiele von Steinäxten verwendet (Warna, Bulgarien, Grab 4).

Die Herstellung massiver goldener Waffen setzte später ein und blieb deutlich seltener als die von Silberwaffen. Die ältesten Nachweise stammen aus dem frühen 3. Jt. v. Chr. Der goldene Dolch von Mala Gruda an der montenegrinischen Küste fand sich zusammen mit einer silbernen Axt in einem Grabhügel (Abb. 2; Durman 1988). Vier vergleichbare Silberäxte waren Bestandteil eines größeren Hortes, der als Weihegabe an die imaginären Mächte vergraben worden war (Born/Hansen 2001). Bemerkenswert ist, dass aus dem benachbarten Grabhügel Velika Gruda, Montenegro, eines der ältesten Zinnobjekte in Europa stammt. Der Zusatz von Zinn, ideal 10–12 %, verleiht dem Kupfer eine goldglänzende Farbe. Der ästhetische Aspekt dürfte bei den Kupfer-Zinn-Legierungen eine wichtige Rolle gespielt haben.

Der Dolch von Mala Gruda ist deutlich älter als die berühmten goldenen Waffen aus den Königsgräbern von Ur in Mesopotamien, die nach der Mitte des 3. Jts. v. Chr. errichtet wurden. Für die Griffe wurden andere exotische Materialien wie Lapislazuli verwendet, so im Falle des 36,8 cm langen Exemplars aus dem Grab des Meskalamdug (Abb. 4). Goldene Dolche dürften jedoch auch schon früher in Ur oder anderen Stadtstaaten Mesopotamiens als Abzeichen der Herrschenden eine Rolle gespielt haben. Die reichhaltig mit goldenen Dolchen und Äxten ausgestatteten Königsgräber werfen nur ein Schlaglicht auf eine viel umfangreichere Verwendung von Edelmetallwaffen. Selbst im Zugang zum ausgeraubten Grab 789 fanden sich noch vier goldene und vier silberne Lanzenspitzen.

Unklar sind die Fundumstände eines angeblich aus Mari, Syrien, stammenden goldenen Dolchs (Abb. 3), der aus einem Grab oder einem Tempeldepositum stammen könnte (siehe S. 312).

Sichere Weihefunde sind die silbernen und goldenen Äxte aus dem Obeliskentempel in Byblos, Libanon, die zwischen 2100 und 2000 v. Chr. deponiert wurden (Seeden 1980).

In Südosteuropa waren goldene Waffen im 3. Jt. v. Chr. ebenfalls keine Einzelerscheinung. Der umfangreichste Komplex ist ein Weihehort aus Perşinări, Rumänien, mit goldenen Dolchen und silbernen Äxten (Abb. 5). Es lassen sich gute Gründe dafür anführen, sie in die Mitte des 3. Jts. zu datieren (Hansen 2001, 39 f.).

Das Gleiche gilt für die beiden goldenen Dolche von Măcin, Rumänien.

Deutlich jünger sind die Goldäxte aus Țufalău bei Kronstadt/Braşov, Rumänien (Abb. 6), und ein goldener Dolch von Inowrocław, Polen (Gedl 1980, 41 Nr. 74 Taf. 11,74), die bereits in das 2. Jt. v. Chr. zu datieren sind.

Das 13,9 cm lange goldene Beil aus dem Hortfund I von Dieskau, Saalekreis, trägt auf dem Blatt einen

5
Goldene Dolche und goldenes Schwertfragment aus Perşinări, Rumänien.

6
Goldaxt von Țufalău, Rumänien.

ungewöhnlichen, aus parallelen Linien gebildeten, tropfenförmigen Dekor (siehe Beitrag »Äxte und Beile«, S. 287 Abb. 6). Das Beil konnte unlängst als Bestandteil eines Hortes identifiziert werden, nachdem man lange geglaubt hatte, es handele sich um eine Grabausstattung (Filipp/Freudenreich 2014).

Im 2. Jt. v. Chr. blieben goldene Waffen sicher eine verbreitete Erscheinung, doch sind die Nachweise nur sporadisch. Der goldene Dolch aus dem Grab des Tutanchamun, der um 1323 v. Chr. bestattet wurde, ist ein spätes Beispiel für diese besonderen Prunkwaffen. Da das Grab das einzige unberaubte Pharaonengrab ist, bleibt zu vermuten, dass goldene Dolche regelmäßig Teil des Prunkornats ägyptischer Herrscher waren.

Silberne Waffen kamen in der zweiten Hälfte des 4. Jts. v. Chr. auf. Sie wurden in einer breiten geografischen Zone vom Kaukasus bis nach Ägypten geschätzt und waren Teil der umfangreichen Waffenausstattung der Herrschenden. In bestimmten Regionen wurden die silbernen Waffen in das Grab gelegt, damit die Bestatteten auch nach dem Tode über diese Dinge verfügen konnten. Im 3. Jt. v. Chr. finden sich Silberwaffen in der Ägäis, der Adria und im westlichen Karpatenbecken. In Südosteuropa wurden die Prunkwaffen auch als Weihegeschenke an die Geister und Götter an besonderen Plätzen abgelegt. Im 2. Jt. v. Chr. gibt es nur noch vereinzelt Silberdolche, denn die Wertschätzung für den Goldglanz hatte sich durchgesetzt.

So sehr die archäologische Fundüberlieferung ohnehin durch zahlreiche Lücken gekennzeichnet ist, so machen sich diese Lücken bei besonders wertvollen Objekten wie Edelmetallwaffen noch stärker bemerkbar. Dennoch ist erkennbar, dass die Herstellung von Silber- und Goldwaffen in der Bronzezeit des 4.–2. Jts. v. Chr. in Vorderasien und Europa ein spezifisches Phänomen der Darstellung der Mächtigen war. In dieser Zeit wurden Grundlagen der Machtrepräsentation gelegt, die über Jahrhunderte wirksam blieben.

Literatur

Baumgartel 1960
E. J. Baumgartel, The Cultures of Prehistoric Egypt II (London 1960).

Born/Hansen 2001
H. Born/S. Hansen, Helme und Waffen Alteuropas. Sammlung Axel Guttmann Bd. 9 (Mainz 2001).

Durman 1988
A. Durman (Hrsg.), Vušedol. Three thousand years b.c. Ausstellungskatalog Zagreb (Zagreb 1988).

Filipp/Freudenreich 2014
J. Filipp/M. Freudenreich, Dieskau Revisited I: Nachforschungen zur »Lebensgeschichte« des Goldhortes von Dieskau und zu einem weiteren Grabhügel mit Goldbeigabe bei Osmünde im heutigen Saalekreis, Sachsen-Anhalt. In: H. Meller/ R. Risch/E. Pernicka (Hrsg.), Metalle der Macht – Frühes Gold und Silber. 6. Mitteldeutscher Archäologentag vom 17. bis 19. Oktober 2013 in Halle (Saale). Tagungen Landesmus. Vorgesch. Halle 11,II (Halle [Saale] 2014) 743–752.

Frangipane 2004
M. Frangipane (Hrsg.), Alle origini del potere. Arslantepe, la collina dei leoni (Milano 2004).

Gedl 1980
M. Gedl, Die Dolche und Stabdolche in Polen. PBF VI, 4 (München 1980).

Hansen 2001
S. Hansen, Waffen aus Gold und Silber während des 3. und 2. Jahrtausends v. Chr. in Europa und Vorderasien. In: H. Born/S. Hansen (Hrsg.), Helme und Waffen Alteuropas. Sammlung Axel Guttmann Bd. 9 (Mainz 2001) 11–59.

Hansen 2014
S. Hansen, Gold and silver in the Maikop Culture. In: H. Meller/R. Risch/E. Pernicka (Hrsg.), Metalle der Macht – Frühes Gold und Silber. 6. Mitteldeutscher Archäologentag vom 17. bis 19. Oktober 2013 in Halle (Saale). Tagungen Landesmus. Vorgesch. Halle 11,II (Halle [Saale] 2014) 389–410.

Montanari 2011
D. Montanari, Sei lance rituali in metallo del Bronzo Antico I (3400–3000 a.C.) dal Levante meridionale. Vicino & Medio Oriente XV, 2011, 33–50.

Müller 2013
J. Müller, Missed Innovation: The Earliest Copper Daggers in Northern Central Europe and Southern Scandinavia. In: S. Bergerbrant/S. Sabatini (Hrsg.), Counterpoint: Essays in Archaeology and Heritage Studies in Honour of Professor Kristian Kristiansen. BAR INternat- Ser. 2508 (Oxford 2013) 443–448.

Munteanu/Dumitroaia 2010
R. Munteanu/G. Dumitroaia, Un pumnal din epoca bronzului descoperit La Poduri (jud. Bac u). Studii și Cercetări de Istor. Veche și Arh. 61, 2010, 133–141.

Palumbi 2011
G. Palumbi, The Arslantepe Royal Tomb and the »Manipulation« of the Kurgan Ideology in Eastern Anatolia at the Beginning of the Third Millennium. In: E. Borgna/S. Müller-Celka (Hrsg.), Ancestral Landscapes. Burial mounds in the Copper and Bronze Ages (Lyon 2011) 47–59.

Popescu 2013
A. D. Popescu, Cele mai timpurii obiecte de argint din Europa. In: S. C. Ailincăi/A. Târlea/C. Micu (Hrsg.), Din Preistoria dunării de Jos. 50 de ani de la Începutul cercetărilor arheologice la Babadag (1962–2012). Actele conferin ței »Lower Danube Prehistory. 50 years of excavations at Babadag«, Tulcea, 20–22 septembrie 2012 (Brăila 2013) 67–88.

Rezepkin 2000
A. D. Rezepkin, Das frühbronzezeitliche Gräberfeld von Klady und die Majkop-Kultur in Nordwestkaukasien. Arch. Eurasien 10 (Rahden/Westf. 2000).

Seeden 1980
H. Seeden, The Standing Armed Figurines in the Levant. PBF I,1 (München 1980).

Vajsov 1993
I. Vajsov, Die frühesten Metalldolche Südost- und Mitteleuropas. Prähist. Zeitschr. 68, 1993, 103–145.

Woolley 1961
L. Woolley, Mesopotamien und Vorderasien. Die Kunst des mittleren Ostens (Baden-Baden 1961).

BRONZEZEITLICHE BEFESTIGUNGEN UND BURGEN IN EUROPA

Peter Ettel

Wenn Burgen als sichtbare Kennzeichen von sozialen, kriegerischen Konflikten zu deuten sind – wofür einiges spricht –, dann muss die Bronzezeit von Konflikten, letztlich Kriegen geprägt gewesen sein, denn der Burgenbau spielt in dieser Epoche eine ungemein große und bestimmende Rolle im mittel- und gesamteuropäischen Kulturkreis. Dies beginnt in der Frühbronzezeit, wird in der Mittelbronzezeit weitergeführt und kulminiert schließlich in der Spätbronzezeit.

Der Bau von Burgen und Befestigungen setzt noch nicht zu Beginn der Frühbronzezeit, sondern erst am Übergang von der Früh- zur Mittelbronzezeit in Südost- und Mitteleuropa ein. Nun begann man Höhensiedlungen und Burgen anzulegen und Siedlungen zu bewehren. Diese Entwicklung wird zweifelsohne in Verbindung mit Südosteuropa zu sehen sein, darüber hinaus vielleicht auch mit der kulturellen Entwicklung im Mittelmeergebiet: Dazu gehört der Adriaraum mit der Herausbildung der *castellieri* am Caput Adriae und vor allem das östliche Mittelmeergebiet. Dort wird ein großräumig wirksamer Prozess der Zentrumsbildung mit teils vor- und frühurbanen Strukturen sichtbar (Ettel 2010, 351 ff. mit älterer Literatur). Dies geschieht gegen Ende der Frühbronzezeit und zu Beginn der Mittelbronzezeit relativ gleichzeitig und flächendeckend mit der Anlage zahlreicher Höhensiedlungen im Kontaktbereich mit den donauländischen Tellkulturen – in der Hatvan-, Otomani-, Maďarovce-, Věteřov- und Jungaunjetitzer Kultur (Abb. 1).

Diese Höhensiedlungen können dabei zunächst noch unbefestigt und erst in einer nächsten Phase bewehrt gewesen sein. Ihre Entstehung wird sowohl im veränderten Sozialgefüge als Ergebnis sozialer Umschichtungen als auch im Zusammenhang mit wirtschaftlichen und technologischen Neuerungen wie der neuen Bronzetechnologie zu sehen sein, die aus dem Maďarovce-Věteřov-Gebiet nach Mitteldeutschland ausstrahlte. Jedenfalls weist die Ausbreitung der neuen Technologie auf die gleichen Kommunikationsräume am Übergang von der Früh- zur Mittelbronzezeit hin, die von den mittleren Donauländern ausgehend einerseits über die Südwestslowakei, Tschechien und Polen und andererseits über Oberitalien – das Caput Adriae und die Alpenländer mit einbeziehend – und Süddeutschland nördlich über die Mittelgebirge bis nach Mitteldeutschland reichten. In diesem technologischen Umwälzungsprozess kam den Höhensiedlungen eine, vielleicht sogar teilweise die entscheidende Rolle zu: einerseits als Fortifikation, andererseits als handwerklicher Zentralort. Dabei ist kennzeichnend, dass der Burgen- und Befestigungsbau noch nicht in der Stufe Bz A1, also vor 2000 v. Chr. einzusetzen scheint, sondern erst in einem fortgeschrittenen Stadium mit der Stufe Bz A2, nach 2000 v. Chr.

Die Anzahl der Höhensiedlungen in Mitteleuropa aus der Übergangszeit von der Früh- zur Mittelbronzezeit beträgt annähernd 280 (Abb. 1; jeweilige Literatur in Ettel 2010, 376 ff.). Sie finden sich im kartierten Gebiet nördlich des Alpenkamms in der Schweiz, Österreich und Süddeutschland, der Slowakei, Tschechien, Mitteldeutschland und Polen.

Die Konzentration in der Slowakei, insbesondere im südwest- und angrenzenden mittelslowakischen Gebiet, tritt deutlich zutage (Bátora 2013). Die archäo-

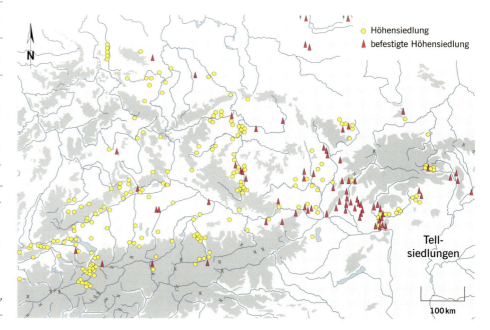

1
Frühbronzezeitliche befestigte Höhensiedlungen in Mitteleuropa. Kartiert sind Deutschland, Tschechien, die Slowakei, Polen, Österreich und die Schweiz nördlich des Alpenkamms.

ständig umlaufenden Mauerringen von 2–3 m Mauerbreite, aber auch mit Abschnittsbefestigungen einen gängigen Siedlungstyp. Einige Burgen, die in der Nähe von Kupfererzvorkommen lagen, besaßen vielleicht im Zusammenhang mit Kupfergewinnung, -verarbeitung und -tausch bzw. -handel eine zentralörtliche Funktion in einem hierarchischen Siedlungsgefüge. Für die nachfolgende Mittelbronzezeit lässt sich hier durchaus ein umfangreicher Burgenbau konstatieren; mitunter werden Höhenplätze erst jetzt aufgesucht, befestigt und dann zum Teil kontinuierlich bis in die Urnenfelderzeit besiedelt.

5
Ehrenbürg, Lkr. Forchheim. Luftbild von Süden der befestigten Höhensiedlung.

So scheint der Bernstorfer Berg, Lkr. Freising, ab der späten Frühbronzezeit oder zu Beginn der mittleren Bronzezeit durchgängig genutzt und erst am Ende der Mittelbronzezeit, nach der Mitte des 14. Jhs., befestigt worden zu sein. Fälldaten ergaben für die Bauhölzer der Holzkonstruktion einen Zeitraum zwischen 1339 und 1326 v. Chr. (Bähr u. a. 2012, 10; 18; 38). Beim Bernstorfer Berg handelt es sich um einen Sporn, der sich auf eine nahezu quadratische Fläche verbreitert und das Amperufer um über 50 m überragt. Kiesabbau hat den Sporn stark verändert und 75 % des ursprünglichen Siedlungsareals abgetragen, das ehemals eine Größe von etwa 600 m x 200–250 m besaß (ca. 12–15 ha). Die Konstruktion bestand aus zwei im Abstand von 3,0–3,5 m gesetzten Pfostenreihen als Front- und Rückseite. Im Profil war die Befestigung durch ein bis zu 0,4 m dickes Schichtpaket aus verbranntem bis glasig verschlacktem Schluff erkennbar. Darunter verlief ein 0,1 m dickes Holzkohleband, gefolgt von einer bis zu 0,3 m dicken Ascheschicht. Die Ausgräber rekonstruieren eine Befestigung mit Front- und Rückseite sowie einen Kern aus einem Holzrost von Längsbalken und Querriegeln – eine Konstruktion bislang unbekannter Art, wie sie erst in der Spätbronzezeit allgemein üblich wurde. Die Front war mit Lehmmaterial verstrichen, die Rückseite gleich einer Rampe gestaltet. Rot verziegelter Lehm und verglaste Schlacken zeugen von einer Zerstörung der Mauer durch Brand. 5 m vor der Mauer verlief ein 8 m breiter Spitzgraben (Bähr u. a. 2012, 15 ff.).

Bernstorf gehört zu einer Reihe von Befestigungen der Bronzezeit mit sogenannten Schlackenwällen, bei denen es sich um vollständig verbrannte Befestigungen aus Holz, Erde und Steinen handelt, die durch hohe Hitzeeinwirkung stark zusammengebacken, sogar verglast sind (Bähr u. a. 2012, 39). Mögen solcherart Brände sozusagen als Unfall durchaus auch in friedlichen Zeiten aufgetreten sein, können und werden Brandhorizonte, insbesondere mit dem Niederbrennen einer Mauer, aber auch ein Indiz für gezielte Brandsetzungen, gewaltsame Auseinandersetzungen, Kampfhandlungen und kriegerische Konflikte darstellen.

Zu einem umfassenden, flächendeckenden und überregionalen Burgenhorizont kommt es schließlich in der späten Bronzezeit bzw. Urnenfelderzeit zwischen dem 13. und 9. Jh. v. Chr. Einige Höhensiedlungen der mittleren Bronzezeit wurden weitergenutzt, doch werden in der frühen/älteren Urnenfelderzeit (Bz D/Ha A1) viele befestigte Anlagen neu errichtet. Nach einer Zäsur, vielleicht klimatisch bedingt, kommt es schließlich in der mittleren Urnenfelderzeit (Ha A2/B1) und dann vor allem in der späten Urnenfelderzeit (Ha B2/3) zu einem bislang nicht gekannten Aufsuchen und Befestigen von Höhensiedlungen. Die Zahl der Burgen und befestigten Siedlungen nimmt immens zu, auch in geografischer Hinsicht: Zu den bisher bekannten Regionen werden nun auch die nördlich anschließenden Gebiete vom Burgenbau erfasst. Dies betrifft in besonderem Maße die mitteldeutschen Regionen mit Thüringen, Sachsen und Sachsen-Anhalt bis hin zu den norddeutschen Gebieten und Polen bis zur Ostseeküste.

Die topografische Lage der Burgen und befestigten Siedlungen kann entsprechend der regionalen Gegebenheiten vielfältig sein. In den klassischen Burgenregionen treten neben markanten Inselbergen und Spornlagen auch relativ flache Anhöhen meist in unmittelbarer oder mittelbarer Nähe zu Gewässern auf, überwiegend in verkehrsgeografisch günstiger Position. Die Burgen umfassen damit sowohl große Rundwälle als auch Abschnittsbefestigungen. Die Größe der befestigten Höhensiedlungen kann von kleinen Anlagen mit 1–2 ha über mittelgroße bis zu sehr großen Anlagen mit bis zu 30 ha (Bullenheimer Berg, Lkr. Kitzingen) oder 36 ha, wie im Falle der Ehrenbürg, Lkr. Forchheim, mit dreiteiliger Wehranlage schwanken (Abb. 5). Sie spiegeln damit schon von der Fläche her eine große Bandbreite von Funktionsmöglichkeiten wider, die von kleinen befestigten Anlagen mit speziellen Funktionen – zum Beispiel der Kontrolle von Verkehrswegen oder Abbaustätten von Rohstoffen – zu Siedlungen mit Mittelpunktsfunktion innerhalb von Siedlungskammern oder selbstständigen Siedlungseinheiten reichen kann.

Dabei ist wichtig festzustellen, dass aufwendige Befestigungswerke sowohl auf großen Höhensiedlungen wie dem Bullenheimer Berg mit 2,8 km langer Befestigung errichtet wurden (Diemer 1995, 26 ff.; Falkenstein u. a. 2011) als auch auf relativ kleinen wie der 1,4 ha großen Heunischenburg, Lkr. Kronach, mit einer mehrphasigen gemauerten Steinmauer (siehe Beitrag »Die Befestigung Heunischenburg«, S. 313). Auf dem Bullenheimer Berg errichtete man in Phase 2 eine 2,5 m breite Holzrost-Konstruktion, in Phase 3 einen 3 m breiten Erdwall mit Planken- oder Palisadenwand, in Phase 4 eine 1,5 m breite, hölzerne Schalenkonstruktion mit Erdhinterfüllung und abgeböschter, versteifter Berme (vgl. Abb. 3). Insgesamt umfasst der spätbronzezeitliche Befestigungsbau das gesamte mögliche Spektrum an bekannten Fortifikationsweisen. Dazu gehören einfache Palisaden- oder Plankenwände, aufwendige Holz-Erde-Konstruktionen teils mit Rost- und Kastenbauweise, ferner Schalenbauweise, insbesondere auch mit ein- oder beidseitiger Steinmauer oder Steinverblendung bis hin zu komplexen Trockensteinmauern, teils mit Holzeinbauten oder *murus gallicus*-ähnlichen Konstruktionen wie neuerdings auf der Ehrenbürg (Abels 2012/2013, 9–25). Tore können als einfache Torlücken oder mit nach innen ziehenden Wallenden gestaltet sein, zangenförmige Tore scheinen erst in der Eisenzeit aufzukommen. Dazu kommen Bermen, Ausfallpforten und Gräben.

Sind Höhenlagen sicherlich als Refugien genutzt worden – einige vielleicht nur hierfür –, so ist gerade bei den Befunden gegrabener Höhensiedlungen davon auszugehen, dass sie auch über einen größeren Zeitraum und ständig mit einer teilweise dichten Bebauung besiedelt wurden, wenngleich flächige Untersuchungen des Innenraums meist weitgehend fehlen. Die sachkundige Aufarbeitung von Lesefundkomplexen ermöglicht aber zum Beispiel für das Burgendreieck an der mittleren Saale bei Jena in Thüringen – Jenzig, Johannisberg und Alter Gleisberg – sowohl einen Einblick in zeitliche Abfolgen als auch räumliche, funktionale Aussagen (Abb. 6). Jenzig und Johannisberg überragen das Saaletal auf der Ostseite in 4,5 km Abstand voneinander; sie kontrollierten den wichtigen Verkehrsweg von Böhmen sowie aus Franken/Süddeutschland und von den mutmaßlichen Kupferlagerstätten im Orlagebiet zu den Salzsiedersiedlungen im

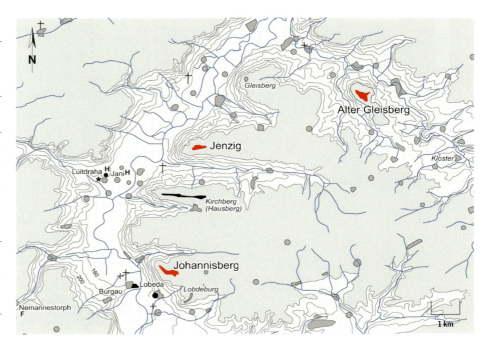

6
Die Höhensiedlungen Jenzig, Johannisberg und Alter Gleisberg, Saale-Holzland-Kreis, im mittleren Saaletal bei Jena, Thüringen.

nördlichen Thüringen und südlichen Sachsen-Anhalt mit Halle (Saale) als Zentrum. Der Jenzig bestand in der mittleren Urnenfelderzeit und wurde in der späten Urnenfelderzeit vom Johannisberg abgelöst. Der Alte Gleisberg dagegen, etwas zurückversetzt, durch Gleise und Gembdental jedoch mit der Saale bestens verbunden und mit fast 7 ha deutlich größer, wurde von der mittleren Urnenfelderzeit bis in die ältere Hallstattzeit hinein dauernd genutzt. Er beherrschte offensichtlich so den rückwärtigen Raum und stellte damit einen Zentralort ersten Ranges dar.

Die Burgen der Spätbronzezeit waren zweifelsohne multifunktional, die bedeutendsten sicherlich Zentralorte in verkehrsgeografisch günstiger Lage mit Sicherung und Kontrolle von Gütertausch und Handel, teils selbst Produktions- und Distributionsort von differenzierten, handwerklichen Halb- und Fertigprodukten unterschiedlicher Art, insbesondere der Metallverarbeitung, und dementsprechend Sitz einer sozialen, koordinierenden Elite. Darauf verweisen auch die zahlreichen, unterschiedlich zusammengesetzten Depotfunde auf den Burgen, die einerseits einen materiellen Wohlstand sowie Nah- und Fernkontakte belegen, andererseits auf die intensive Ausübung ritueller, sakraler Praktiken der Bewohner und Nutzer der Burgen hinweisen. Damit ist neben Repräsentation von Herrschaft, Schutz, Handel und Verkehr, Handwerk und Gewerbe auch eine kultische Funktion der Burgen erfasst.

Überraschend ist das relativ plötzliche Ende des spätbronzezeitlichen Burgenhorizontes. Die Burgen und befestigten Siedlungen sowie die Besiedlung auf den Höhen allgemein brechen nahezu überall ab. Zahlreiche Befestigungen werden zudem gewaltsam zerstört – wie die Heunischenburg –, was auf kriegerische Ereignisse zurückgeführt werden kann. Hier zeichnet sich ein überregional wirksamer Konflikt- und Krisenhorizont ab. Dieser geht mit einem verstärkten Deponieren von Hortfunden einher. Bezeichnend ist, dass dieser Deponierungshorizont wie der Burgenbauhorizont relativ genau um 800 v. Chr. endet. Sicherlich werden hierfür unterschiedliche Gründe ausschlaggebend gewesen sein, neben inneren Konflikten sind dies insbesondere klimatische Gründe, wie eine Klimaänderung mit kühler und feuchter Witterung, entsprechender Umweltveränderung wie Erosion und Anstieg des Wasserspiegels etc., die letztendlich auch zum Aufgeben der Uferrandsiedlungen führten. Darüber hinaus brachte die Klimaänderung Missernten und insgesamt schlechte Ernteerträge mit sich und zog Hungerperioden und Subsistenzkrisen nach sich. Es war also genügend Konfliktpotenzial am Ende der Bronzezeit vorhanden, in dessen Folge die bestehende, in hohem Maße leistungsfähige Gesellschaftsordnung, die in der Lage war, eine herausragende Gemeinschaftsleistung wie das Errichten einer großen Befestigung zu bewerkstelligen, zusammenbrach. Der neue Rohstoff Eisen und der Bedeutungsverlust der auf Kupfer und Zinn beruhenden Handelsrouten und der damit verbundenen Produktions- und Machteliten mögen dabei eine wichtige Rolle gespielt haben (Jockenhövel 1990, 228; Abels 2012/2013, 24 f.).

Am Ende der Bronzezeit war der Burgen- und Befestigungsbau so einerseits Symbol der Macht, bauliche Manifestation für die bestehende gesellschaftliche Ordnung, für gesellschaftliche Zentralisierungsprozesse und Indikator für den hohen gesellschaftlichen Organisationsgrad, andererseits sichtbares Kennzeichen für die sozialen Konflikte und Kriege, die das Ende der Bronzezeit bestimmten und besiegelten.

Literatur

Abels 2012
B.-U. Abels, Die urnenfelder- und frühlatènezeitliche Zentralsiedlung Ehrenbürg bei Forchheim. Ber. Bayer. Bodendenkmalpfl. 53, 2012, 9–59.

Bähr u. a. 2012
V. Bähr/R. Krause/R. Gebhard, Neue Forschungen zu den Befestigungen auf dem Bernstorfer Berg bei Kranzberg, Landkreis Freising, Oberbayern. Bayer. Vorgeschbl. 77, 2012, 5–41.

Bátora 2013
J. Bátora, The settlement structure problem and the end of fortified settlements from the final period of Early Bronze Age in Slovakia. In: H. Meller/F. Bertemes/H.-R. Bork u. a. (Hrsg.), 1600 – Kultureller Umbruch im Schatten des Thera-Ausbruchs? 4. Mitteldeutscher Archäologentag vom 14. bis 16. Oktober 2011 in Halle (Saale). Tagungen Landesmus. Vorgesch. Halle 9 (Halle [Saale] 2013) 373–386.

Diemer 1995
G. Diemer, Der Bullenheimer Berg und seine Stellung im Siedlungsgefüge der Urnenfelderkultur Mainfrankens. Materialh. Bayer. Bodendenkmalpfl. A 70 (Kallmünz/Opf. 1995).

Ettel 2010
P. Ettel, Die frühbronzezeitlichen Höhensiedlungen in Mitteldeutschland und Mitteleuropa – Stand der Forschung. In: H. Meller/F. Bertemes (Hrsg.), Der Griff nach den Sternen. Internationales Symposium in Halle (Saale) 16.–21. Februar 2005. Tagungen Landesmus. Vorgesch. Halle 5 (Halle [Saale] 2010) 351–380.

Ettel/Schmidt 2014
P. Ettel/C. Schmidt, Die Ausgrabungen auf der Rudelsburg in den Jahren 2005 und 2006 – ein Vorbericht. Arch. Sachsen-Anhalt N. F. 7, 2014, 178–189.

Falkenstein u. a. 2011
F. Falkenstein/T. Link/H. Peter-Röcher/M. Schußmann, Neue Forschungen auf dem Bullenheimer Berg. Beitr. Arch. Unterfranken 7, 2011, 27–50.

Jockenhövel 1990
A. Jockenhövel, Bronzezeitlicher Burgenbau in Mitteleuropa. Untersuchungen zur Struktur frühmetallzeitlicher Gesellschaften. In: P. Schauer (Hrsg.), Orientalisch-ägäische Einflüsse in der europäischen Bronzezeit. Ergebnisse eines Kolloquiums (16.–19.10.1985). RGZM Monogr. 15 (Bonn 1990) 209–228.

Krause 2008
R. Krause, Bronze Age Hillforts in the Alps. In: J. Czebreszuk/S. Kadrow/J. Müller (Hrsg.), Defensive structures from Central Europe to the Aegean in the 3rd and 2nd millennia BC. Stud. Arch. Ostmitteleuropa 5 (Pozna 2008) 65–84.

Schlichtherle/Strobel 2001
H. Schlichtherle/M. Strobel, Ufersiedlungen – Höhensiedlungen. Extremfälle unbekannter Siedlungsmuster der Früh- und Mittelbronzezeit im südwestdeutschen Alpenvorland. In: B. Eberschweiler/J. Königer/H. Schlichtherle/C. Strahm (Hrsg.), Aktuelles zur Frühbronzezeit und frühen Mittelbronzezeit im nördlichen Alpenvorland. Rundgespräch Hemmenhofen 6. Mai 2000. Hemmenhofener Skripte 2 (Freiburg i. Br 2001) 79–92.

Simon 1990
K. Simon, Höhensiedlungen der älteren Bronzezeit im Elbsaalegebiet. Jahresschr. Mitteldt. Vorgesch. 73, 1990, 287–330.

LA BASTIDA – EINE BRONZEZEITLICHE STADTBEFESTIGUNG IM WESTLICHEN MITTELMEERRAUM

Vicente Lull, Rafael Micó, Cristina Rihuete-Herrada und Roberto Risch

Im Frühjahr 2012 kam durch die Grabungen von La Bastida, Murcia, Südostspanien, eine außerordentliche Befestigung zum Vorschein, die etwas bis dahin völlig Unbekanntes im westlichen Mittelmeerraum darstellt (Abb. 1). Sowohl die topografische Position dieses Siedlungshügels in den Bergen, entfernt von landwirtschaftlichen Ressourcen, als auch die wirtschaftlichen Strukturen und die architektonische Organisation setzen eine zentrale politische Führung voraus. Die Siedlung erstreckte sich dank eines Terrassensystems über 5 ha mit 60–70 m² großen trapezoiden Gebäuden. Sowohl hier als auch in kleineren Häusern wurden Verstorbene aller Altersgruppen und beider Geschlechter bestattet.

Daneben existierten unterschiedliche, scheinbar öffentliche Bauten. Das bedeutendste Bauwerk stellt ein Wasserbecken dar, welches durch einen 21 m langen und 5 m breiten Damm abgeschlossen wurde. In diesem Becken, dem größten hydraulischen Werk der europäischen Vorgeschichte, konnten mindestens 350 000 l Regenwasser aufgefangen werden (Abb. 2).

An der nordöstlichen Seite der Siedlung bedeckten bis zu 5 m hohe Ablagerungen die Reste einer äußeren Befestigungslinie, die auf einer Länge von 45 m untersucht wurde (vgl. Abb. 1). Diese bestand aus Mauerwerk, das ursprünglich mit gelbem oder violett-blauem Lehm verputzt, bis zu 3 m breit war und an manchen Stellen bis zu einer Höhe von 4 m erhalten ist. Diese Mauer wurde durch eine Reihe von fünf quadratischen, soliden Türmen in der Form von Pyramidenstümpfen verstärkt. Im Durchschnitt sind sie 4 m breit und springen 3,00–3,50 m im Verhältnis zur äußeren Mauerlinie vor. Die Befestigung war hauptsächlich aus Sandstein und Lehmmörtel gebaut worden. Wenn man das Volumen der verstürzten Steinblöcke berücksichtigt, so hätte die ursprüngliche Höhe der Befestigung mindestens 6 m erreicht. Ein paar Meter südlich dieser Befestigung wurde eine zweite Mauer aufgedeckt. Wenn man die beiden ungefähr parallelen Linien betrachtet, kann man einen Eingangsbereich ausmachen, der durch zwei halbrunde Bastionen geschützt wurde.

1 Siedlungshügel La Bastida, Spanien, und unterer Abschnitt der Stadtbefestigung mit Osttor.

Die innere Mauer lehnt sich an einen halbrunden, massiven Turm. An seiner östlichen Seite befand sich ein rechteckiges Gebäude mit einem vollständig erhaltenen Kragbogen. Dieser scheinbare Durchgang führte zu einer Wasserzisterne oder einem Brunnen, der in eine natürliche Schicht von undurchlässigem Konglomerat geschnitten war.

Die ganze Konstruktion wurde auf einem bis zu 3 m hohen und sorgsam präparierten Fundament errichtet, das aus großen Felsblöcken bestand, die mit Geröll und Lehm verfüllt waren. Diese gewaltigen Unterbauten verhindern – bis heute – ein Hinunterrutschen der gesamten Konstruktion in Richtung der Steilklippe, die sich wenige Meter gen Osten vor dem Tor befindet (vgl. Abb. 1).

Die Befestigung wurde gebaut, um den einzigen mehr oder weniger einfachen Zugang zu La Bastida an seiner nördlichen Seite zu verschließen. Die Mauern verlaufen leicht schräg zum Hügelabhang, beginnend beim niedrigsten Punkt im Osten in Richtung

2
Ansicht der Befestigungsmauer von La Bastida, Spanien.

des Gipfels. Falls sich die Mauer entlang der gesamten nördlichen Grenze der Siedlung bis zur westlichen Klippe ausdehnte, wäre sie 375 m lang gewesen und hätte einen Hügel mit 40 % Steigung erklommen. Die Planung der Mauern beweist ein klares befestigungstechnisches Ziel: Angreifer wurden gezwungen, sich der Siedlung hangaufwärts zu nähern, nachdem sie ein enges Tal durchquert hatten, und mussten dabei ihre rechte, schildfreie Körperseite bloßlegen. Zudem muss eine monumentale Anlage wie diese einen überwältigenden symbolischen Eindruck gehabt haben.

Eine Reihe von Radiokarbondaten, die von Tierknochen stammen und aus den Fundamenten und der Basis der Befestigung kommen, datieren La Bastida um 2200 v. Chr. (Lull u. a. 2014). Da dies bis jetzt die ältesten Daten sind, muss davon ausgegangen werden, dass La Bastida gleich zu Beginn als befestigte Siedlung geplant war. Der gesamte defensive Aufbau zeigt, dass die Gründer der Siedlung mit einer vorher bewährten Vorstellung von Stadtplanung eintrafen sowie architektonische Techniken und Festungsbau beherrschten, die bis dahin im westlichen Mittelmeerraum unbekannt waren. Die Ähnlichkeit zwischen der Befestigung von Aegina-Kolonna, Griechenland, und den städtischen Zentren in der Levante wirft die Frage auf, ob Siedler aus dem östlichen Mittelmeerraum den Südosten der Iberischen Halbinsel erreichten und dort die Entwicklung des El Argar-Staatssystems einleiteten (siehe Beitrag »Befestigungen des 6.–3. Jts. v. Chr.«, S. 157). Leider stützten kein anderer archäologischer Befund oder schriftliche Hinterlassenschaften diese Idee eines Einflusses in der Zeit um 2200 v. Chr.

In jedem Fall wurde das Befestigungssystem von La Bastida ein mächtiges Werkzeug in den Händen der oberen sozialen Klassen einer entstehenden Staatsgesellschaft. Nach 2200 v. Chr. scheinen sich im Südosten der Iberischen Halbinsel die ersten staatlichen Strukturen Westeuropas gebildet zu haben. Über ein Netz von mehr oder weniger großen Höhensiedlungen wurden ein Gebiet von etwa 35 000 km² und seine Bevölkerung beherrscht.

Die innerhalb der Mauer liegenden Einzel- und Doppelgräber spiegeln die soziale Ordnung der El Argar-Gesellschaft wider: 10 % Aristokratie, 50 % Untertanen mit sozialen Rechten und 40 % Diener oder Sklaven. Die wirtschaftliche Grundlage des Staates basierte hauptsächlich auf der Zentralisation und Redistribution der Getreideproduktion und der Kontrolle über die Zirkulation von Metallen (Lull u. a. 2011). Ob La Bastida die Hauptstadt des gesamten El Argar-Territoriums war oder eines von einer Reihe von regionalen Zentren, ist im Moment schwierig zu sagen. Zweifellos war es das größte wirtschaftliche und politische Zentrum, das unmittelbar nach der Aufgabe und Zerstörung der meisten Kupferzeitsiedlungen um 2200 v. Chr. gegründet wurde.

Literatur

Lull u. a. 2011
V. Lull / R. Micó / C. Rihuete / R. Risch, El Argar and the Beginning of Class Society in the Western Mediterranean. In: S. Hansen / J. Müller (Hrsg.), Sozialarchäologische Perspektiven: Gesellschaftlicher Wandel 5000–1500 v. Chr. zwischen Atlantik und Kaukasus. Internationale Tagung 15.–18. Oktober 2007 in Kiel. Arch. Eurasien 24 (Kiel 2011) 381–414.

Lull u. a. 2014
V. Lull / R. Micó / C. Rihuete / R. Risch, The La Bastida fortification: new light and new questions on Early Bronze Age societies in the western Mediterranean. Antiquity 88, 2014, 395–410.

DIE BELAGERUNG DER BRONZEZEITLICHEN BEFESTIGUNG VON ROCA VECCHIA

Teodoro Scarano

Die bronzezeitliche Anlage von Roca Vecchia bei Lecce, Italien, ist eine befestigte Siedlung, die wahrscheinlich von der mittleren Bronzezeit bis zur frühen Eisenzeit kontinuierlich genutzt wurde. Sie ist auf einer kleinen Halbinsel an der adriatischen Küste im südöstlichen Italien gelegen und fast vollständig durch einen großen Küstensumpf vom Festland abgeschnitten (Abb. 1). Für italienische Verhältnisse ist die Anlage von Roca hinsichtlich des Ausmaßes der untersuchten Flächen, der Monumentalität der Architektur sowie der ungewöhnlichen Anzahl und des Erhaltungszustands der sowohl lokalen als auch importierten Artefakte einzigartig (Scarano/Maggiulli 2014).

Als zwischen der zweiten Hälfte des 15. Jhs. und den ersten Jahrzehnten des 14. Jhs. v. Chr. (1447–1392 v. Chr. cal BC) das mittelbronzezeitliche Roca nach einer Belagerung komplett durch einen Brand zerstört wurde, hatte die Anlage eine riesige, fast 200 m lange Befestigungsmauer. Die Abschnittsbefestigung wurde an der Landenge zwischen besiedelter Halbinsel und Festland errichtet und bestand aus einer massiven Trockenmauer. In ihrem Inneren befanden sich Gänge und Kammern, deren Wände robuste hölzerne Verbauungen enthielten, die das Dach und an manchen Stellen sogar ein zweites Stockwerk stützten. Die Befestigungsmauer verfügte über ein aufwendiges monumentales Tor – nicht weniger als 23 m dick –, mindestens fünf kleinere Ausfallpforten (Poternen) und einen Graben, der aus dem anstehenden Kalkgestein ausgehoben und mit einer steinernen Brücke für jeden Eingang versehen worden war. Außerhalb und innerhalb der Anlage wurden Türme, Pfeiler, gepflasterte Wege, überdachte und nicht überdachte Bereiche und funktionale Areale freigelegt (Scarano 2012).

Ein einzigartiger Befund wurde unter dem Schutt des während eines Feuers eingestürzten oberen Teiles des Mauerwerks geborgen, der die langen Gänge und die Kammern sowohl des Hauptores als auch der Ausfallpforten verfüllte. Alles wurde so in seiner funktionalen Situation kurz vor der Zerstörung und dem Einsturz versiegelt. Dadurch war es möglich, einige ungewöhnliche Zeugnisse dieses kriegsartigen Ereignisses zu fassen. Viele der Ausfallpforten waren möglicherweise von kleinen Gruppen der Bevölkerung als Zufluchtsorte genutzt worden, ausgestattet mit allem, was sie brauchten (Töpfe, Knochen- und Steinwerkzeuge, Plattformen aus Ton oder Kochständer), um dort während der Zeit der Belagerung zu hausen.

Die Untersuchung der Poterne C lieferte eine beeindruckende Momentaufnahme dieses Ereignisses und seines fatalen Endes. Die archäologischen Ausgrabungen brachten zwei verschiedene Fundinventare zutage: Im nordöstlichen Bereich des Ganges fand sich eine beachtliche Anzahl von Gefäßen, die in verschiedenen Gruppen arrangiert waren. An der Südwest-Seite wurde hingegen eine große Anzahl von menschlichen Knochen mit einigen Gefäßen geborgen (Abb. 2). Die im anatomischen Verband erhaltenen Skelette spiegeln höchstwahrscheinlich die Lage der Verstorbenen zum Zeitpunkt ihres Todes wider. Die sieben Individuen beiderlei Geschlechtes und verschiedenen Alters – ein

1 Luftbild der bronzezeitlichen Befestigung von Roca Vecchia, Italien. Eine im Luftbild gut erkennbare Befestigungsmauer (Pfeile) mit Tor und Ausfallpforten schützte die dicht besiedelte Halbinsel.

Der Golddolch mit reich verziertem Knauf –
angeblich aus Mari, Syrien – stammt vermutlich aus
einem Grab oder Tempelschatz (2600–2300 v. Chr.).
> siehe S. 297–300

DIE SPÄTURNENFELDERZEITLICHE BEFESTIGUNG HEUNISCHENBURG BEI KRONACH

Michael Schefzik

Bei der an das Ende der Bronzezeit zu datierenden Heunischenburg handelt es sich um eine befestigte Höhensiedlung, die sich durch zahlreiche Besonderheiten von anderen Höhensiedlungen der Urnenfelderzeit abhebt. Alle Indizien sprechen dabei für eine ausgesprochen militärisch-strategische Funktion der Anlage.

Die nahe Kronach, Lkr. Kronach, auf einem vorspringenden Bergsporn des Frankenwaldes errichtete Anlage wird auf drei Seiten von abfallenden Hängen geschützt, sodass eine massive Befestigung lediglich im Bereich der nordöstlichen offenen Flanke angelegt werden musste. Insgesamt konnte B.-U. Abels (2002) durch Ausgrabungen drei Befestigungswerke dokumentieren, die nach Ausweis der Funde und ^{14}C-Datierungen während des 10. und 9. Jhs. v. Chr. aufeinander folgten. Während die erste Siedlung nur von einer relativ einfachen Holz-Erde-Konstruktion geschützt wurde, ersetzte man diese in der Folgezeit (Periode II) durch eine etwa 3 m breite, massive Sandsteinmauer, die sich über ca. 100 m entlang der ungeschützten Flanke erstreckte. Vermutlich in Zusammenhang mit einem kriegerischen Ereignis wurde die Abschnittsmauer durch ein großes Feuer vollständig zerstört. An ihrer Stelle errichtete man in der nun folgenden dritten Periode (9. Jh. v. Chr.) eine zweischalige Mauer aus z. T. mächtigen Sandsteinquadern, die man in weiteren Ausbauphasen noch verstärkte. Die Mauerstärke betrug in dieser Endphase beachtliche 3 m bei einer Höhe von 3,5 m, zu der man sicher noch eine hölzerne Brustwehr auf der Mauerkrone von ca. 1 m Höhe hinzurechnen kann. Die natürlich geschützten Hangbereiche sicherte eine einfachere Holz-Erde-Konstruktion, sodass eine Fläche von 1,4 ha umfriedet wurde.

Schon die im bronzezeitlichen Mitteleuropa sonst kaum gesichert nachweisbare Befestigung in Form einer massiven Steinmauer sowie der für eine Anlage dieser geringen Größe beachtliche betriebene Aufwand würden der Heunischenburg eine Sonderstellung innerhalb der urnenfelderzeitlichen Höhensiedlungen zukommen lassen. Wirklich einzigartig sind jedoch die über 40 m lange Torgasse sowie eine dort befindliche kleine Ausfallpforte (Poterne), die Angreifern den Zugang erschweren sollten (Abb. 1). Die Torgasse aus überlappenden Mauerflügeln ist so angelegt, dass Angreifer beim Vordringen in Richtung des Haupttores den Verteidigern auf der Mauer ihre schildfreie rechte Seite darbieten mussten. Die gleiche Schwachstelle des Gegners konnten die Verteidiger ausnutzen, wenn sie aus der nur 1 m breiten Ausfallpforte überraschend in der engen Torgasse über diese herfielen. Sicherlich waren die Krieger, die diese Pforte nutzten, noch durch Holzwände des unmittelbar darüber errichteten kleinen Turmes geschützt. In einer späten Phase wurde die Pforte dann sehr nachlässig zugesetzt und am Ende ging auch dieses letzte massive Befestigungswerk in einem großen Feuer unter.

Für die Trockensteinmauer, die zangenartige Torgasse und insbesondere die Poterne dürfen ohne Zweifel Vorbilder im älteren ostmediterranen Burgenbau vermutet werden (Abels 2002, 79 Anm. 273). Auf welchem Wege die Vermittlung dieses Wissens in das ferne Mitteleuropa vonstatten ging, ist allerdings noch völlig unklar.

Ist die Konstruktion der Befestigung bereits außergewöhnlich, so trifft dies auf die im Bereich der Mauer und der Torgasse geborgenen Funde erst recht zu: Neben Keramikscherben handelt es sich dabei um über 300 Bronzeobjekte, von denen 70 % dem Bereich »Bewaffnung« zugewiesen werden können (Abels 2002, 83).

Bei den Waffenfunden überwiegen die Pfeilspitzen aus Bronze mit insgesamt 107 Exemplaren deutlich. Einige davon scheinen äußerst nachlässig gefertigt und z. T. nicht einmal von den Gussnähten befreit worden zu sein (Abels 2002, 32). Möglicherweise benötigte man in einer akuten Verteidigungssituation dringend Nachschub. In das Szenario eines Kampfes passt auch, dass diverse Pfeilspitzen Gebrauchsspuren aufweisen.

In bemerkenswerter Anzahl angesichts der kleinen Grabungsfläche fanden sich zudem Lanzenspitzen (mind. 11) und Schwerter (mind. 4) bzw. deren Fragmente. Eine der Lanzen weist eine Verzierung aus Kupfer- und Eiseneinlagen auf und kann als ausge-

1
Rekonstruierte Eingangssituation zur Heunischenburg, Lkr. Kronach, mit Torgasse, Steinmauer, Brustwehr und Holzturm, der in seinem unteren Teil die kleine Ausfallpforte schützte.

sprochenes Prunkstück angesehen werden. Ähnliches lässt sich wohl für eine eiserne Lanzenspitze feststellen, da dieses Material am Ende der Urnenfelderzeit nur äußerst selten Verwendung fand. Die starke Fragmentierung wie auch mehrere zerhackte Schneiden lassen bei Lanzen und Schwertern entweder auf Kampfhandlungen oder aber wahrscheinlicher auf rituelle Zerstörungen und Deponierungen der Waffen schließen.

Erwähnenswert ist außerdem noch eine Vielzahl an Bronzeblechen und Phaleren, von denen eines möglicherweise zu einem exklusiven Ganzmetallpanzer gehörte. Ebenfalls als Attribut eines hochrangigen Kriegers zu deuten ist ein in nur 5 km Entfernung gefundener Kappenhelm aus Bronze.

Wie ist der Befund nun einzuordnen? Die Heunischenburg liegt isoliert in einem Gebiet, das während der Urnenfelderzeit nur äußerst dünn besiedelt war. Die Funktion einer befestigten Mittelpunktsiedlung dürfte hier kaum infrage kommen. Warum dann aber die extrem starke und technisch qualitätvolle Befestigung einer nur 1,4 ha großen Siedlung? Die Anlage liegt strategisch äußerst günstig, indem sie eine Passstraße von den urnenfelderzeitlichen Siedlungsgebieten Frankens zum Frankenwald und Fichtelgebirge kontrolliert (Abels 2002, 80 ff.). Dort befinden sich Zinn- und Kupferlagerstätten. Sollten die Vorkommen tatsächlich bereits in der Urnenfelderzeit genutzt worden sein, wäre eine Verbindung der Heunischenburg mit dem Schutz des Abbaues und Handels dieser Rohstoffe mehr als naheliegend.

Ob es sich bei der Heunischenburg um eine eigenständige, selbst organisierte Befestigung handelte oder aber um eine Art militärischen Brückenkopf einer der in 50–80 km Entfernung gelegenen großen Mittelpunktsiedlungen, ist noch unklar (Abels 2002, 87 ff.). Im zweiten Falle wäre dies allerdings ein bemerkenswerter Befund, da die Anlage und der Betrieb einer militärisch-strategischen Befestigung in einer solchen Entfernung und vor allem wohl als Exklave einen erheblichen logistischen Aufwand bedeuten würden. Gleichzeitig würde sich dann möglicherweise die Herausbildung eines Standes andeuten, dessen hauptsächliche oder gar einzige Aufgabe die eines Kriegers war.

Literatur
Abels 2002
B.-U. Abels, Die Heunischenburg bei Kronach.
Eine späturnenfelderzeitliche Befestigung.
Regensburger Beitr. Prähist. Arch. 9
(Regensburg, Bonn 2002).

MASSENGRÄBER DER BRONZEZEIT: WASSENAAR, SUND UND TORMARTON

Michael Schefzik

Archäologische Hinweise auf frühe Massaker sind keineswegs auf das Neolithikum beschränkt (siehe Beiträge »Hinweise auf Massaker«, S. 171; »Das Massengrab von Halberstadt«, S. 177; »Ein Steinzeitgemetzel«, S. 191). Auch aus der europäischen Bronzezeit liegen einige wenige Befunde vor, die eine Deutung der Bestatteten als Opfer einer gewalttätigen Auseinandersetzung nahelegen und von denen drei der aussagekräftigsten im Folgenden näher vorgestellt werden sollen.

WASSENAAR

1987 stieß man bei einer Rettungsgrabung im nördlich von Den Haag gelegenen Wassenaar, Niederlande, überraschend auf eine Grabgrube mit zwölf offensichtlich gewaltsam und gleichzeitig zu Tode gekommenen Personen (Abb. 1a; Louwe Kooijmans 1993; Smits/Maat 1993). Mittels der Radiokarbonmethode lässt sich das Grab auf ca. 1700 v. Chr. datieren, also in den Übergang von der frühen zur mittleren Bronzezeit (Louwe Kooijmans 1993, 10 f.). Der Befund sorgte für erhebliches Aufsehen, waren die holländischen Archäologen bis dato doch von einer im Wesentlichen friedlich geprägten bronzezeitlichen Gesellschaft in dieser Region ausgegangen: Zum einen fehlt bis heute jeglicher Hinweis auf befestigte Siedlungen dieser Zeit, zum anderen kommt auf über 1000 bekannte Gräber der frühen und mittleren Bronzezeit in den Niederlanden lediglich eine verschwindend geringe Anzahl von Kriegergräbern (Louwe Kooijmans 1993, 14–18).

Obwohl die Knochen der Mehrfachbestattung außerordentlich schlecht erhalten waren, konnten Anthropologen doch einige wichtige Beobachtungen machen (Smits/Maat 1993): Bei den zwölf Toten handelt es sich um sechs Männer, eine Frau und vier Kinder/Jugendliche; eine Person blieb unbestimmbar. Die Kinder/Jugendlichen starben im Alter von 1,5–2, 3–3,5, ca. 10 und 15–16 Jahren. Von den Erwachsenen erreichte keiner ein Alter von über 40 Jahren (Abb. 1b). Hinweise auf Gewalteinwirkung weisen vier Skelette auf: Bei einem jungen Mann von 19–21 Jahren (Individuum 10) fand sich eine Silexpfeilspitze im Brust-

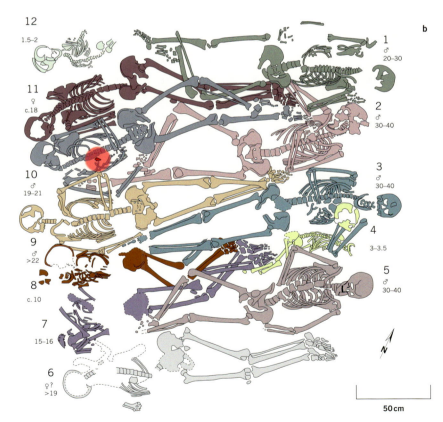

1
Massengrab von Wassenaar, Niederlande. a Grabungsfoto, b Plan des Grabes mit Eintragung der anthropologischen Geschlechts- und Altersbestimmungen; rot hervorgehoben die Silexpfeilspitze.

korb. Drei andere Männer (alle 30–40 Jahre alt) erlitten tiefe Einschnitte durch sog. scharfe Gewalt, also Verletzungen durch scharfe oder spitze Objekte, die deutliche Spuren an den Knochen von Unterkiefer, Stirn und Oberarm hinterließen und keinerlei Heilungsspuren zeigen.

Interessant ist auch die Niederlegung der Toten im Grab: Diese erfolgte sehr sorgfältig, gleichzeitig und bald nach dem tödlichen Ereignis, da weder Fraßspuren von Fleischfressern noch eine Auflösung des Sehnenverbandes festgestellt wurden. Offensichtlich hielt man bei der Bestattung ganz bewusst bestimmte Regeln ein. So wurden die Kinder allesamt auf der Seite liegend bestattet, während man die einzige sicher nachgewiesene Frau in gestreckter Bauchlage niederlegte, also auf

2
Sund, Norwegen. Knochenansammlung im Bereich der rezenten Kiesgrube (Ausschnitt).

sehr unübliche Art und Weise. Die anderen Toten lagen in Rückenlage, zwei davon in komplett gestreckter Haltung, die vier übrigen hingegen mit jeweils einem angewinkelten Bein, was ebenfalls als ein ungewöhnliches Arrangement auffällt. Beigaben sind nicht überliefert (Louwe Kooijmans 1993, 9). Die sorgfältige Bestattung lässt vermuten, dass sie durch überlebende Angehörige der Gemeinschaft erfolgte und nicht durch die gegnerische Partei. Nicht nur in diesem Detail bestünde damit eine Parallele zu dem knapp 1000 Jahre älteren Überfall auf die dörfliche Gemeinschaft von Eulau (siehe Beitrag »Ein Steinzeitgemetzel«, S. 191).

Die Indizien sprechen insgesamt klar für einen gewaltsamen Konflikt und gegen z. B. eine Seuche oder Naturkatastrophe als Ursache für den Tod der Menschen. In den letztgenannten Fällen wäre ein demografisch ausgewogeneres Bild zu erwarten gewesen, mit mehr Frauen und auch älteren Menschen im Grab. Hinzu kommen die schweren Verletzungen und die Pfeilspitze im Brustkorb. Nicht auszuschließen ist auch, dass sich bei einer besseren Knochenerhaltung noch mehr Traumata an den Knochen hätten nachweisen lassen, ganz abgesehen von den zahlreichen Möglichkeiten eines gewaltsamen Todes, die keinerlei Spuren am Skelett hinterlassen.

SUND

Absolutchronologisch einige Jahrhunderte jünger als Wassenaar und der mittleren Bronzezeit zuzuweisen ist ein Fundkomplex von Sund, Inderøy in Norwegen (Fyllingen 2006, 323). Die Fundstelle befindet sich an einem Seitenarm des Trondheimfjordes in Nord-Trøndelag und wurde bereits 1968 ausgegraben. Die wahre Bedeutung des Fundkomplexes wurde jedoch erst durch eine anthropologische Aufarbeitung der menschlichen Überreste im Jahr 2002 erkannt und kurz darauf der Öffentlichkeit vorgestellt (Fyllingen 2003).

Da die Fundstelle beim Kiesabbau entdeckt wurde, kann man davon ausgehen, dass sie von diesem bereits teilweise zerstört wurde, bevor die archäologischen Untersuchungen einsetzten. Bei der Ausgrabung fanden sich dann direkt unter der Oberfläche und verteilt über eine Fläche von ca. 10–15 m² Ansammlungen von menschlichen und tierischen Knochen (Pferd, kleine Wiederkäuer, Nager) (Abb. 2). Als einziges Artefakt konnte eine endneolithische/frühbronzezeitliche Knochennadel entdeckt und geborgen werden. Die starke Fragmentierung des Knochenmaterials sowie eine fehlende exakte Kennzeichnung beim Bergen erschwerte die spätere anthropologische Auswertung stark. Als deren wichtigste Ergebnisse sollen folgende Beobachtungen Erwähnung finden (Fyllingen 2003, 28 ff. Tab. 2; Fyllingen 2006, 324 ff.): Die Skelettreste lassen sich mindestens 22, maximal 30 Individuen zuweisen. Drei Individuen können sicher als Mann, eines sicher als Frau angesprochen werden. Knapp die Hälfte der Individuen wurde nicht älter als 15 Jahre, die übrigen decken nahezu alle folgenden Altersstufen ab, sodass sich hier insgesamt das Bild einer kleinen Gemeinschaft aus zwei bis drei Familien abzuzeichnen scheint. Neben Anzeichen für Mangelernährung bzw. längere Erkrankungen im Kindesalter sind vor allem die festgestellten Traumata erwähnenswert. Diese beschränken sich (soweit feststellbar) auf die Erwachsenen, von denen sieben (54 % aller Erwachsenen) verheilte bzw.

unverheilte Traumata aufweisen. Meist handelt es sich dabei um Spuren scharfer Gewalt. Diese verteilen sich vom Kopf über die Arme, die Wirbelsäule, das Becken und die Beine bis zu den Füßen. Mehrere von ihnen waren unverheilt und sicher tödlich, wie z. B. der durch eine metallene Schneide, vielleicht ein Schwert verursachte Einschnitt im Brustwirbel eines Individuums (Nr. 4) oder auch die zwei scharfen Traumata am Oberschenkelkopf einer männlichen Person (Nr. 7), die wohl mit einem spitzen Gegenstand von vorne durch den Unterbauch zugefügt wurden. Interessanterweise weist der zuletzt erwähnte Mann (Nr. 7) eine weitere schwere, jedoch verheilte und jahrlang überlebte Verletzung auf. Als Ursache für den schweren Bruch des Kreuzbeines mit einer Verschiebung der Knochen vermutet H. Fyllingen (2003, 36) mehr als etwa einen bloßen Sturz. Sie hält stattdessen einen schweren Tritt oder Schlag, z. B. mit einer Axt oder einer Keule, für wahrscheinlicher. Einer Frau (Nr. 6) sollte möglicherweise eine Zehe abgeschnitten werden, worauf Schnittspuren in diesem Bereich deuten.

Da Hinweise auf Verletzungen durch Pfeilspitzen fehlen, die Traumata an den Skeletten jedoch auf den Einsatz von Schwert, Lanze und vielleicht auch Keule / Axt hinweisen, dürften Auseinandersetzungen in Form von Nahkämpfen am wahrscheinlichsten sein. Angesichts diverser verheilter Spuren früherer gewaltsamer Auseinandersetzungen scheinen derartige Konflikte zumindest in dieser kleinen Gemeinschaft nicht unüblich gewesen zu sein. Die irreguläre und in ungeordneter Weise sowie ohne Beigaben erfolgte Niederlegung der Toten deutet im Gegensatz zu dem Befund aus Wassenaar auf ein von der siegreichen Partei vorgenommenes Arrangement hin. Hierfür spricht auch die aus der Grabungsdokumentation erkennbare, offensichtlich ganz bewusste Aneinanderreihung einiger Schädel, die auf eine Enthauptung der Opfer hinweisen könnte (Fyllingen 2003, 40 f.).

TORMARTON

Wie schon bei den beiden zuvor beschriebenen Fundkomplexen spielte auch im westenglischen Tormarton, South Gloucestershire, Kommissar Zufall die Hauptrolle bei der Entdeckung des wichtigsten britischen Fundes hinsichtlich eines direkten Beleges für bronzezeitliche Gruppenkonflikte. Ein aufmerksamer Farmer und Hobbyarchäologe bemerkte 1968 beim Bau einer Gaspipeline die Überreste mindestens dreier Männer, die offensichtlich achtlos in eine Grube oder einen Graben geworfen worden waren (Osgood 2006, 331 ff.).

Einer der Männer – er war als Mitt-/Endreißiger der älteste von ihnen – wurde zweimal von hinten mit einer Lanzenspitze durchbohrt, wie die rautenförmigen Einstiche in seinem Becken beweisen. Ähnlich erging es dem zweiten Mann, ca. 20–25 Jahre alt und 1,78 m groß: Zunächst wurde ihm eine Bronzelanze in den Unterleib gestoßen, deren Spitze hierbei abbrach und im Beckenknochen des Opfers steckenblieb. Ein zweiter Lanzenstoß, wiederum von hinten geführt, durchstach dann einen Lendenwirbel und verletzte das Rückenmark so stark, dass der junge Mann vermutlich sofort gelähmt war. Auch diesmal blieb ein fast 5 cm langes Stück der Lanzenspitze im Wirbel stecken (Abb. 3). Von den Bearbeitern als Gnadenstoß gedeutet wird schließlich seine dritte schwere Verletzung, ein lochförmiger Defekt auf der linken hinteren Schädelseite (Abb. 4).

Die archäologische Bewertung des Lanzenfragmentes im Lendenwirbel des jungen Mannes ergab, dass es sich hierbei um einen mittelbronzezeitlichen Typ handeln dürfte. Diese Einordnung wird bestätigt durch die Radiokarbondatierung der Knochen des Mannes, die ein Datum um 1315–1045 v. Chr. erbrachte, was in Großbritannien etwa dem Ende der Mittelbronzezeit entspricht (Osgood 2006, 332).

Angeregt durch diese überraschenden Ergebnisse und den Hinweis auf im Boden verbliebenes Knochenmaterial unternahm R. Osgood 30 Jahre nach der Entdeckung der Fundstelle kleinflächige Nachuntersuchungen (Osgood 2006, 334 ff.). Seine Grabungen zeigten, dass es sich bei dem Befund tatsächlich um einen V-förmig eingetieften Graben unbekannter Funktion handelte, der ca. 3,1 m breit und ca. 1,4 m tief war und auf einer Länge von 70 m nachgewiesen werden konnte. Derartige Gräben bzw. Grabensysteme werden häufig als Landgräben, also Grenzmarkierungen, in Siedlungslandschaften interpretiert. Aus seiner Verfüllung konnten zahlreiche weitere menschliche Knochen geborgen werden, die allerdings in schlechtem Erhaltungszustand waren. Andere Funde kamen nicht zutage.

Das Material von 1968 und 1999 wurde zusammengeführt und erneut untersucht, sodass man nun von mindestens vier, möglicherweise fünf Individuen ausgehen kann. Alle diesbezüglich ansprechbaren Knochen weisen auf Männer hin, die Altersspanne reicht von einem ca. elf Jahre alten Jungen bis zu einem Enddreißiger. Zwar brachten die Neufunde keine weiteren Spuren von Gewalteinwirkungen, jedoch ist aufgrund der Fundsituation und der massiven Verletzungen der beiden anderen Männer sehr wahrscheinlich, dass alle bei dem gleichen Ereignis ums Leben kamen und

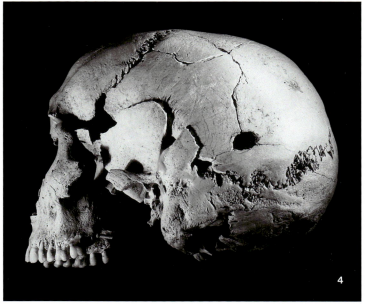

3
Tormarton, England. Abgebrochene Spitze einer mittelbronzezeitlichen Lanze im Brustwirbel eines Mannes.

4
Tormarton, England. Lochförmige Verletzung auf der linken Schädelseite ebendieses Mannes.

achtlos und ohne Beigaben in den Graben geworfen wurden. Im Anschluss wurde der Graben über ihnen mit großen Kalksteinplatten verfüllt, die aus dem ursprünglichen Aushub des Grabens stammten und möglicherweise zur Bedeckung der inneren Böschung gedient hatten. Es handelt sich also mitnichten um eine reguläre Bestattung, sondern eher um das genaue Gegenteil: eine lieb-, respekt- und pietätlose Verlochung bzw. Entsorgung menschlicher Überreste, die man weniger von trauernden Angehörigen erwartet als vielmehr von Todfeinden.

Die angeführten Beispiele zeigen auf drastische Art und Weise, dass gewaltsame Konflikte zwischen Gruppen innerhalb der Bronzezeit auftraten. Zu deren Häufigkeit, Dimension und Intensität sind derzeit jedoch kaum verlässliche Aussagen möglich. Vermutlich lassen sich diese Parameter auch gar nicht vereinheitlichen und unterscheiden sich von Zeitstufe zu Zeitstufe und von Region zu Region. In den Funden von Wassenaar, Sund und Tormarton scheint sich jedenfalls eher die untere Ebene kriegerischer Konflikte widerzuspiegeln, während im mecklenburgischen Tollensetal (siehe Beitrag »Das Schlachtfeld im Tollensetal«, S. 337) ein Ereignis dokumentiert wurde, für das der Begriff »Schlacht« mit einiger Berechtigung verwendet werden kann.

Literatur

Fyllingen 2003
H. Fyllingen, Society and Violence in the Early Bronze Age: An Analysis of Human Skeletons from Nord-Trøndelag, Norway. Norwegian Arch. Rev. 36,1, 2003, 27–43.

Fyllingen 2006
H. Fyllingen, Society and the Structure of Violence: A Story Told by Middle Bronze Age Human Remains from Central Norway. In: T. Otto/H. Thrane/H. Vandkilde (Hrsg.), Warfare and Society. Archaeological and Social Anthropological Perspectives (Aarhus 2006) 319–329.

Louwe Kooijmans 1993
L. Louwe Kooijmans, An Early/Middle Bronze Age multiple burial at Wassenaar, the Netherlands. Analecta Praehist. Leidensia 26, 1993, 1–20.

Osgood 1998
R. Osgood, Warfare in the Late Bronze Age of North Europe. BAR Internat. Ser. 694 (Oxford 1998).

Osgood 2006
R. Osgood, The Dead of Tormarton: Bronze Age Combat Victims? In: T. Otto/H. Thrane/H. Vandkilde (Hrsg.), Warfare and Society. Archaeological and Social Anthropological Perspectives (Aarhus 2006) 331–340.

Smits/Maat 1993
E. Smits/G. Maat, An Early/Middle Bronze Age common grave at Wassenaar, the Netherlands. The physical anthropological results. Analecta Praehist. Leidensia 26, 1993, 21–28.

GETÖTET UND VERSCHARRT?
EINE FRÜHBRONZEZEITLICHE MEHRFACHBESTATTUNG AUS PLÖTZKAU

Vera Hubensack, Nicole Nicklisch und Kurt W. Alt

Nordwestlich von Plötzkau, Salzlandkreis, kamen bei einer Ausgrabung 1997/98 insgesamt fünf frühbronzezeitliche Siedlungsgruben mit Bestattungen sowie weitere Gruben und Pfostenlöcher unklarer Zeitstellung zum Vorschein. Die Beisetzungen umfassten drei Einzelbestattungen, eine Doppel- und eine Fünffachbestattung. Über Letztere soll im Folgenden berichtet werden.

Eine runde Grube (Bef. 31) mit einem Durchmesser von etwa 1,60 m und einer Tiefe von 0,55 m enthielt große Mengen zerscherbter Keramik, verbrannter und unverbrannter Tierknochen, gebrannten Lehm, Muschelfragmente sowie bearbeitetes und unbearbeitetes Silexmaterial, was an eine vorherige Nutzung als Abfallgrube denken lässt. Im unteren Grubenbereich waren nah beieinander fünf menschliche Individuen bestattet. Zwei von ihnen lagen jeweils mit dem Rücken dicht am Grubenrand, eines an die östliche, das andere an die westliche Grubenwand geschmiegt. Die Bein- und Armknochen der jeweils auf der Seite liegenden Toten waren angewinkelt. Vor dem Kopfbereich der westlich niedergelegten Bestattung lagen die Gebeine eines Kindes, die Überreste eines weiteren Kinderskeletts fanden sich im rückwärtigen Bereich der Beine. In der Grabgrubenmitte konnte das Skelett eines fünften Individuums freigelegt werden. Es lag mit dem Rumpf etwas tiefer als die anderen Bestattungen und wurde in Hockstellung mit Süd-Nord-Ausrichtung und Blick nach Osten aufgefunden. Einzelne, nicht mehr im anatomischen Verband liegende Knochen sind durch taphonomische Prozesse wie Setzungen im Grubeninneren oder Verlagerungen durch Tieraktivitäten erklärbar. Eine durchbohrte Muschel fand man zwischen den Beinknochen des Toten im Westteil der Grube. Zwei Knochennadeln mit verbreitertem und durchbohrtem Kopf lagen ebenfalls zwischen den Knochen der Toten und gehörten wohl zu ihrer normalen Trachtausstattung.

Die osteologische Untersuchung der Skelettfunde ergab, dass es sich bei den Verstorbenen im westlichen Teil der Grube um eine Frau im Alter von etwa 30–35 Jahren und zwei Kleinkinder im Alter von 2–3 und ca. 5 Jahren handelte, bei den Bestattungen im östlichen Bereich und der Grubenmitte um zwei jugendliche Männer (16–20 Jahre).

Der Frau und den beiden jungen Männern wurden die Schädel mit stumpfen und halbscharfen Gegenständen eingeschlagen. Die Verletzungen der beiden Männer fanden sich im Gesicht, mittig am Schädeldach und am linken Scheitelbein. Zumindest bei den Verletzungen eines Jugendlichen kommt eine Flachhacke als Tatwaffe infrage. Die Lokalisierung der Defekte deutet auf einen Angriff von vorne durch rechtshändige Angreifer hin. Bei der Frau konnte am rechten Scheitelbein eine große, runde Impressionsfraktur festgestellt werden, hier wäre ein Angriff von hin-

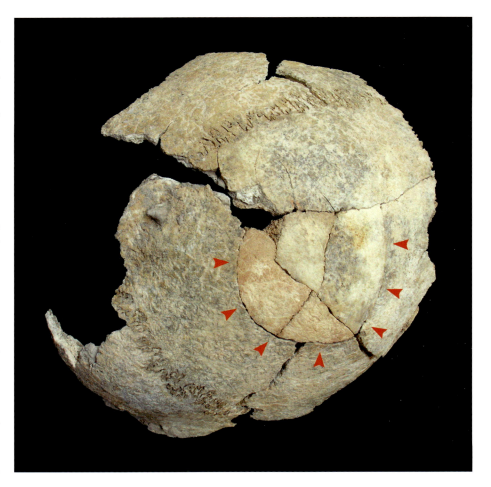

1
Tödliche Gewalteinwirkung: Die Globusfraktur am rechten Scheitelbein der weiblichen Bestattung aus Plötzkau, Salzlandkreis, zeigt einen charakteristischen Frakturverlauf mit deutlichen Farbunterschieden im Bruchmuster.

ten – bei dem das Opfer auf dem Bauch lag oder auf der Flucht war – denkbar (Abb. 1). Abwehrverletzungen waren in keinem Fall nachzuweisen. Bei den beiden Kleinkindern ließen sich hingegen keine eindeutigen Verletzungsspuren feststellen, aber eines der Kinder war offensichtlich nicht gesund: Bei dem 2- bis 3-Jährigen fanden sich Knochenneubildungen an der Innenseite des Stirnbeins und am Unterkiefer, was mit einer Einblutung (u. a. durch Trauma, Skorbut) oder einer Infektion in Zusammenhang stehen könnte. Auch an dem weiblichen Skelett konnten an zwei Wirbelkörpern Veränderungen dokumentiert werden, wie sie beispielsweise bei einer Knochentuberkulose zu beobachten sind (Nicklisch u. a. 2012).

Einzelne Bestattungen in Siedlungsgruben sind aus fast allen Zeitepochen belegt und waren besonders in der Eisenzeit relativ häufig. In der Frühbronzezeit des nördlichen Mitteleuropas konnten sie während der gesamten 700 Jahre dauernden Aunjetitzer Kultur (2300–1600 v. Chr.) nicht nur in Mitteldeutschland, sondern auch in anderen Regionen (u. a. Slowakei, Mähren, Polen) nachgewiesen werden. Bei der genauen Überprüfung der mitteldeutschen Bestattungen in Siedlungsgruben wurde deutlich, dass sie sich grundsätzlich kaum von denjenigen in regulären Grabgruben unterscheiden. Beide Bestattungsarten wiesen nur selten Gefäß- oder Schmuckbeigaben sowie in wenigen Fällen abweichende Varianten der Totenlage und Orientierung auf. Anthropologisch gesehen unterscheiden sich die in den Siedlungsgruben beigesetzten Individuen weder altersmäßig noch durch eine Bevorzugung eines bestimmten Geschlechts von denjenigen in den Gräbern. Isotopenanalysen zur Mobilität (Strontium) und Ernährung (Kohlenstoff/Stickstoff) erbrachten keine Belege für das Vorliegen einer Selektion bei den Bestattungen in den Siedlungsgruben (Knipper u. a. in Vorb.). Im Fall von Befund 31 weist ein lokales Strontiumsignal die beiden Kinder und die Jugendlichen als Einheimische aus, während die Strontium-Isotopenverhältnisse der Frau auf eine Herkunft aus einer anderen geologischen Region hindeuten. Im Rahmen kürzlich abgeschlossener Untersuchungen zu den mitteldeutschen Bestattungssitten konnte festgestellt werden, dass die Beisetzungen in Siedlungsgruben hauptsächlich aus der entwickelten Frühbronzezeit stammen (Hubensack 2013, 144). Möglicherweise zeichnet sich dadurch eine Erklärung für die in dieser Zeitstufe stark abnehmende Gräberanzahl und erste Tendenzen einer Auflösung der althergebrachten, sehr einheitlichen Bestattungssitte ab, die in der Mittelbronzezeit mit dem Beginn der Brandbestattung eine umfassende Veränderung erfährt.

Wie bei einem Großteil der Doppel- und Mehrfachbestattungen dieser Zeitstellung sind auch in der Fünffachbestattung von Plötzkau Kinder und Erwachsene gemeinsam beigesetzt. Schon auf den ersten Blick impliziert dies familiäre Beziehungen zwischen den Verstorbenen, die sich durch die Analyse mitochondrialer DNA bestätigen ließen: Bei der Frau dürfte es sich um die Mutter der beiden Kleinkinder handeln; ebenso scheinen die beiden jungen Männer biologisch miteinander verwandt gewesen zu sein (Brandt u. a. 2013). Im Fall der Mehrfachbestattung von Plötzkau ist wohl davon auszugehen, dass im Rahmen eines gewaltsamen Übergriffes einige Angehörige einer Familie getötet wurden. Möglicherweise wurden die Toten dann in einer schon offenstehenden Grube beigesetzt, die eigentlich als Vorrats- oder Abfallgrube diente, weil den Bestattenden keine Zeit für das Anlegen eines regulären Grabes zur Verfügung stand.

Literatur

Brandt u. a. 2013
G. Brandt/W. Haak/C. J. Adler/C. Roth/A. Szécsényi-Nagy/S. Karimnia/S. Möller-Rieker/H. Meller/R. Ganslmeier/S. Friederich/V. Dresely/N. Nicklisch/J. K. Pickrell/F. Sirocko/D. Reich/A. Cooper/K. W. Alt/Genographic Consortium, Ancient DNA reveals key stages in the formation of Central European mitochondrial genetic diversity. Science 342,6155, 2013, 257–261. doi:10.1126/science.1241844.

Hubensack 2013
V. Hubensack, Kontinuitäten und Wechselwirkungen des Bestattungsverhaltens in Gräberfeldern und Siedlungen des 3. bis 2. Jahrtausends v. Chr. im südlichen Sachsen-Anhalt und angrenzenden Gebieten anhand der Funde seit 1990. Unpubl. Diss. Ludwig-Maximilians-Univ. München (München 2013).

Knipper u. a. in Vorb.
C. Knipper/M. Fragata/N. Nicklisch/J. Ziegler/A. Siebert/A. Szécsényi-Nagy/V. Hubensack/C. Metzner-Nebelsick/H. Meller/K. W. Alt, A distinct section of the Early Bronze Age society? Stable isotope investigations of burials in settlement pits and multiple inhumations of the Únětice Culture in Central Germany (in Vorb.).

Nicklisch u. a. 2012
N. Nicklisch/F. Maixner/R. Ganslmeier/F. Friederich/V. Dresely/H. Meller/A. Zink/K. W. Alt, Rib lesions in skeletons from Early Neolithic sites in Central Germany: On the trail of tuberculosis at the onset of agriculture. Am. Journal Physical Anthr. 149, 2012, 391–404.

KRIEG UND KRIEGER DER BRONZEZEIT IM ZENTRALEN UND ÖSTLICHEN MITTELMEERRAUM

Reinhard Jung

Krieg hinterlässt Tote, Verletzte, Traumatisierte, Verwüstung; erzeugt Hunger, Angst und Verzweiflung; fördert neue Machtstrukturen, neue Berufe, technische Innovationen, die wiederum neue Kriege fördern oder sie verhindern sollen. Vieles davon kann man auch Tausende von Jahren nach den Ereignissen noch in der Erde finden oder indirekt aus den Spuren im Boden erschließen. Manches, was Kriege hinterlassen, insbesondere die psychischen Traumata, bleibt nicht im Boden erhalten und verschwindet aus der Geschichte, wenn die Zeitzeugen es nicht aufzeichnen.

DIE SCHRIFTLICHE ÜBERLIEFERUNG

Im bronzezeitlichen Mittelmeerraum, in der Zeit vom 3. bis zum frühen 1. Jt. v. u. Z., befinden wir uns in einer Übergangssituation. In manchen Mittelmeerländern kannte und nutzte man schon die Schrift, in anderen nicht. Dort, wo man schreiben konnte, in Ägypten etwa oder in Syrien, schrieb man auch über den Krieg. Es waren dies in der Regel die Könige bzw. ihre hohen Beamten. Die Perspektive der überlieferten Berichte ist daher die der offiziellen staatlichen Bekanntmachung – oft auch von Bildern begleitet, die das Berichtete plastisch und farbig vor Augen führen, wie im Fall zahlreicher Reliefs an ägyptischen Tempeln. Es kommt auch die Sichtweise des Beamten vor, der direkt in Planung oder Abwehr von Kriegen involviert war und Materialbestände registrierte oder mit einem anderen Beamten über die Entwicklungen per Brief kommunizierte. Beispiele für die Kommunikation mit ausländischen Partnern stammen aus den Archiven des syrischen Königreichs Ugarit, dessen König mit dem ihm hierarchisch übergeordneten und verbündeten König von Alašija, dem heutigen Zypern, in Kontakt stand. Beide Könige bzw. ihre Beamten unterrichteten sich gegenseitig über Aktivitäten feindlicher Flotten (Noort 1994, 86–88). Selten begegnet in den Quellen so etwas wie Aufklärung oder Geheimdienstarbeit, beispielsweise der Bericht über die Tätigkeit von hethitischen Spionen im Zusammenhang mit der Schlacht von Qadeš (Spalinger 2005, 210–226) zwischen dem Pharao Ramses II. und dem hethitischen Großkönig Muwatalli im Jahre 1285 v. u. Z. (nach Schneider 2010, 402; siehe Beitrag »Die Schlachten bei Megiddo und Kadesch«, S. 235). Ein anderes Beispiel ist die Anweisung des hethitischen Großkönigs Suppiluliuma II. an einen hohen Beamten seines Vasallen, des Königs von Ugarit, ihm einen gewissen Lunadušu zu schicken. In dem Brief steht, Lunadušu sei zuvor ein Gefangener der Šikalajū gewesen. Der Hethiterkönig wollte ihn zu jenen Šikalajū verhören, von denen er kaum etwas wusste – abgesehen davon, dass sie »*auf Schiffen leben*«, wie es in dem Brief heißt (Noort 1994, 85 f.).

Auch aus dem mykenischen Griechenland liegen Schriftquellen vor, die man heute lesen kann, denn sie wurden auf Griechisch in der sog. Linear-B-Schrift abgefasst und auf Tontafeln eingeritzt. Diesen Verwaltungstexten aus den Kanzleien einer Reihe von Palästen zwischen Kreta im Süden und Thessalien im Norden verdanken wir wertvolle Informationen zu ökonomischen und politischen Vorgängen vom ausgehenden 15. bis zum späten 13. Jh. v. u. Z. Historische Aufzeichnungen, wie wir sie aus Ägypten, Kleinasien und der Levante kennen, fehlen allerdings. Immerhin wissen wir aber, dass die mykenischen Beamten genau über Abgaben und Materiallager Buch führten. In ihren Verantwortungsbereich fielen z. B. die vom Palast verwalteten Streitwagenbestände und Waffenkammern, in denen sowohl funktionsfähige als auch demontierte Wagen, Bronze- und Leinenpanzer sowie Angriffswaffen lagerten (Hiller/Panagl 1986, 213–229). Sie kontrollierten auch die Produktion von Waffen, wenn etwa an den Palast von Pylos in Messenien abzuliefernde Kupfer- oder Bronzemengen verzeichnet wurden, damit sie zur Produktion von Geschossspitzen verwendet werden konnten (Smith 1993, 173; 206; 208). Zudem zeichneten die Beamten desselben Palasts von Pylos Marschbefehle mit Namenslisten auf, um in der Zeit um 1200 v. u. Z. den Küstenschutz zu organisieren (Palaima 1995, 625 f.).

1
Schwert aus einem Kriegergrab des 11. Jhs. v. u. Z. aus Frattesina, Veneto, Norditalien. Beim Brand auf dem Scheiterhaufen wurden die organischen Komponenten zerstört, sodass nur die metallenen Bestandteile, wie die goldenen Nieten, erhalten blieben.

DIE WERTVOLLSTE WAFFE: DAS SCHWERT

Eine der wichtigsten waffentechnischen Innovationen der Bronzezeit ist das Schwert, das im Osten Kleinasiens und im Gebiet der Maikop-Kultur im heutigen Südrussland bereits am Ende des 4. Jts. v. u. Z. in Gebrauch war. Diese fortschrittliche Waffe war sehr schwer herzustellen, da eine große Bronzemenge schnell und gleichmäßig in eine Form gegossen werden musste, um Luftblasen, die als Sollbruchstellen gewirkt hätten, zu vermeiden. Das heißt, eine anspruchsvolle Produktionstechnik kann dafür verantwortlich gewesen sein, dass sich das Schwert nicht in kurzer Zeit verbreitete (Hansen 2008, 291).

Angesichts dieser technischen Parameter ist es verständlich, dass Schwerter in den meisten bronzezeitlichen Gesellschaften mit Macht und Reichtum assoziiert wurden. Daher wurden sie mit kostbaren Materialien wie Gold, Halbedelsteinen oder Elfenbein verziert. Dies gilt bereits für die ältesten echten Schwerter aus Europa, die als Paar im Alten Palast von Mália auf Kreta gefunden wurden und ins 19. Jh. v. u. Z. datieren. Der Griff des einen Schwerts ist mit einem in Treibarbeit verzierten Goldblech verkleidet, das die Darstellung eines Akrobaten zeigt (Kilian-Dirlmeier 1993, 18 Taf. 6,33–34). Etwas jünger sind Dutzende, oft aufwendig verzierte Schwerter aus den wohl königlichen Schachtgräbern von Mykene (17.–16. Jh. v. u. Z.). Ein Exemplar hat beispielsweise einen Griff aus Elfenbein, in das Mäandermuster aus feinsten Goldstiften und -fäden eingelegt sind (Karo 1930, 103 Taf. 73; 87,435). Weitaus plumper ist schließlich eines der spätesten bronzezeitlichen Schwerter Griechenlands verziert, das in einem Grab des 11. Jhs. v. u. Z. in Kouwarás im westgriechischen Akarnanien gefunden wurde: Ein simpler Golddraht ist eng um den Griff gewickelt. Die Materialanalyse der Bronzeklinge weist aber deutlich darauf hin, dass dieses Schwert nicht in Griechenland hergestellt wurde (Stavropoulou-Gatsi u. a. 2012, 252 f. Abb. 6a; 256–260 Abb. 9–10). Die Funktion als einfach goldverziertes Statussymbol hat das Schwert von Kouwarás mit einem etwa zeitgleichen Grabfund aus dem norditalienischen Veneto gemein: In Frattesina wurde ein Krieger zusammen mit seinem Schwert auf dem Scheiterhaufen verbrannt. Dabei verbrannten die organischen Griffbeläge, doch die massiv goldenen Niete des Griffs blieben glücklicherweise erhalten (Abb. 1; Salzani 1989, 16; 38 Abb. 16).

Trotz einer anscheinend in weiten Gebieten gegebenen Wertschätzung für die Waffe des Schwertkämpfers kann man die Kriegstechnik der verschiedenen Länder anhand der dort gemachten Waffenfunde nicht unmittelbar miteinander vergleichen. Wie die Schriftquellen, so haben auch die archäologischen Quellen ihre Besonderheiten und stehen nicht für jedes Land in gleicher Menge und Qualität zur Verfügung. Das kann man sich anhand der Schwertfunde leicht vor Augen führen: In Dänemark und Norddeutschland kommen auf eine Fläche von 1000 km² im Durchschnitt 6,88 Bronzeschwerter, in Italien aber nur 0,77 (Harding 2007, 98 Tab. 1), während es in Griechenland 3,20 sind (berechnet nach Steinmann 2012, 523–537). Woran liegt das?

Einmal abgesehen von den unterschiedlich guten Möglichkeiten einer wissenschaftlich dokumentierten Auffindung kann man feststellen, dass die Menschen in den verschiedenen bronzezeitlichen Gesellschaften ganz unterschiedlich mit ihren Waffen umgingen. In Dänemark und Norddeutschland war es vom 15. bis 12. Jh. v. u. Z. Sitte, Krieger mit ihren Schwertern unter Hügeln zu bestatten, wobei nach den letzten Berechnungen etwa 5–12 % aller Männer mit einem Schwert beigesetzt wurden (Bunnefeld 2014).

In der Levante waren Kriegergräber mit einer reichen Ausstattung von der Frühbronzezeit im 3. Jt. v. u. Z. bis in die Mittelbronzezeit hinein ein charakteristisches Phänomen weiter Regionen von Mesopotamien bis ins Nildelta hinein, wobei die Waffentypen einem zeitlichen Wandel und morphologischen Innovationen unterworfen waren und u. a. Dolche, Lanzenspitzen verschiedener Typen und Fensteräxte umfassen konnten (Doumet-Serhal / Kopetzky 2011). In der zweiten Hälfte des 2. Jts. v. u. Z., in der Spätbronzezeit, wurden Waffen hingegen kaum noch in Gräbern deponiert. So enthielt das Königsgrab aus der syrischen Stadt Qatna als Beigaben von mindestens 19–23 Toten nur zwei Lanzenspitzen sowie mehrere Bündel von Pfeil- und Wurfspießspitzen und Reste eines goldblechbeschlagenen Köchers (al-Rawi 2011).

In Griechenland waren Gräber mit Waffen (Dolchen und Lanzenspitzen) zuerst in der Frühbronzezeit häufig, und zwar vor allem im mittleren 3. Jt. v. u. Z. auf Kreta und den Kykladen (Alram-Stern 2004, 419–422), danach erst wieder ab dem zweiten Viertel des 2. Jts. v. u. Z.

Interessanterweise kamen in der Blütezeit des mykenischen Staates im 13. Jh. v. u. Z. deutlich weniger Waffen in die Gräber als in der formativen Phase des Staatswesens. Generell kennen wir nur wenige reiche Gräber aus dieser Zeit, wobei die mutmaßlich reichsten – die riesigen Tholosgräber nämlich – weitgehend geplündert sind. Dennoch ist eine wahrscheinliche Erklärung für die an Waffen armen Grabbefunde die zentralisierte staatliche Herstellung, Kontrolle und Ausgabe von Waffen an die Truppen (Steinmann 2012, 210–221). Einen solchen, man könnte sagen militärisch-palatialen Komplex gab es auch in den Staaten der Levante und in Ägypten gemäß den dortigen Schriftquellen (Spalinger 2005, 253).

Am Ende des 13. Jhs. v. u. Z. ging der mykenische Palaststaat unter. In den aus mehreren Dutzend oder auch bis zu etwa 200 Felskammergräbern bestehenden mykenischen Nekropolen des folgenden 12. Jhs. v. u. Z. sind Schwerter nur mit etwa ein bis vier Exemplaren je Nekropole vertreten. Es konnte pro Generation anscheinend nur ein Krieger den Vorrang durchsetzen, mit einer solch wertvollen und symbolträchtigen Waffe bestattet zu werden. Allerdings wurden in manchen Nekropolen in ein und demselben Kammergrab zwei Schwerter niedergelegt, und zwar bei aufeinanderfolgenden Bestattungen, was auf eine zumindest bedingte Erblichkeit eines solchen sozialen Vorrechts hindeutet

(Eder / Jung 2005, 490 f.). Verwendet wurden Schwerter jedoch sicher von deutlich mehr Kriegern einer lokalen Gemeinschaft, worauf etwa die Darstellung auf einem Krater aus dem zentralgriechischen Kalapódhi hindeutet. Auf diesem Weinmischgefäß sind mehrere Männer abgebildet, von denen drei ein Schwert gegürtet haben, während ein vierter ohne Schwert dargestellt ist (Niemeier 2010, Abb. 3).

Auf dem italienischen Festland gab man bestimmten toten Kriegern noch im 14. Jh. v. u. Z. regelhaft Waffen mit ins Grab, was man anhand der Körpergräber der Nekropole von Olmo di Nogara nachvollziehen kann (siehe Beitrag »Waffen und Wunden«, S. 333). Im 13. Jh. v. u. Z. änderte sich diese Bestattungssitte radikal. Nun verbrannte man die Verstorbenen mit ihrem Besitz, wobei kaum noch einem Toten das Recht zukam, wertvolle Objekte als individuelle Beigabe mitzubekommen. In der Nekropole von Casinalbo in der norditalienischen Emilia konnten die Ausgräber nachweisen, dass

2
Luftbild der frühbronzezeitlichen Hafensiedlung von Limantepe (3. Jt. v. u. Z.), Westtürkei.

man wertvolle Metallgegenstände wie Schwerter und Dolche nach der Totenverbrennung gesondert zerstückelte und verbog, um die Bruchstücke schließlich in dafür vorgesehenen Arealen des Gräberfelds kollektiv zu deponieren (Cardarelli u. a. 2006). Auch wenn diese Bestattungssitte egalitär erscheint, so ist doch die Überführung des reich ausgestatteten Toten mit seinen Waffen sicher eine Gelegenheit gewesen, seine Macht bzw. die seiner Hinterbliebenen vor aller Augen zu demonstrieren. Außerdem praktizierten die Bewohner Italiens Riten, bei denen sie ganze Bündel von Bronzewaffen zuerst sorgfältig zerstörten, indem sie sie verbogen, zerhackten und verbrannten, um sie danach als separate Deponierungen zu vergraben – etwa in Flussauen oder auch unter Hausfußböden; Letzteres im 11. Jh. v. u. Z. in Roca Vecchia in Apulien.

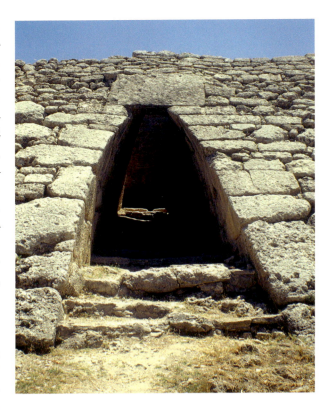

3
Äußerer Eingang zur Poterne der spätbronzezeitlichen Befestigung von Ugarit (zweite Hälfte des 2. Jts. v. u. Z.), Westsyrien.

FESTUNGSBAUTEN

Gute Indikatoren für das Niveau und die Häufigkeit militärischer Konflikte stellen das Vorkommen und die Konstruktionsweisen von Befestigungen dar. Sie sind über die Länder des Mittelmeers in Zeit und Raum äußerst ungleich verteilt. In der Ägäis gibt es bereits im Verlauf des 3. Jts. v. u. Z. eine ganze Reihe von Befestigungsanlagen mit einer frühen Konzentration auf den ostägäischen Inseln Limnos, Lesbos, Chios und Samos. In den Jahrhunderten um die Mitte des 3. Jts. v. u. Z. wurden zahlreiche Burgen sowohl auf dem griechischen Festland und im Westen Kleinasiens als auch auf vielen ägäischen Inseln unterhalten (Alram-Stern 2004, 251–258). Die mächtigste heute bekannte Anlage ist Limantepe westlich von Izmir, Türkei. Diese Hafensiedlung war seit dem frühen 3. Jt. v. u. Z. durch eine Burg auf einer Halbinsel über dem Hafen geschützt. Noch vor der Jahrtausendmitte verstärkte man sie auf 1,50 m Mauerdicke und durch den Anbau einer 29 m breiten, 20 m langen und mindestens 6 m hohen halbrunden Bastion (Abb. 2); kleinere Bastionen liegen heute unter Wasser. In einer Entfernung von 700 m von der Burg erbrachten neuere Grabungen den Nachweis einer weiteren Befestigungslinie, die eine Unterstadt gegen das Inland ebenfalls durch eine steinerne Mauer mit Bastionen schützte (Kouka 2013, 570–573 Abb. 2–3).

Eine solche Kombination von Burg und deutlich größerer Unterstadt kennen wir auch aus dem etwa zeitgleichen Troja II, wo die Burgmauer ebenfalls aus Stein (und mit einem Aufbau aus Lehmziegeln) gebaut war, während die etwa 200 m entfernt verlaufende Unterstadtbefestigung aus einer hölzernen Palisade bestand (Jablonka 2006, 172–174 Abb. 5). Diese zweifachen Befestigungen bedeuteten eine gewaltige Gemeinschaftsleistung, und man kann sie im Sinne einer angewachsenen Bevölkerung interpretieren (Kouka 2013, 570). Doch die unterschiedliche Bauweise der zwei Verteidigungsanlagen in Troja, die für ihre Zeit riesigen Rechteckhäuser auf der Burg und die dort verborgenen Schatzfunde weisen eindeutig auch auf soziale Unterschiede hin (Ünlüsoy 2006, 137–142). Der reiche Besitz jener, die im Inneren der Burg residierten, beruhte ebenso wie die Verteidigung dieses Besitzes durch Baumaßnahmen oder Kampf auf der Arbeit jener, die außerhalb der Burg wohnten. Ausbeutung von Arbeitskraft, daraus resultierende Anhäufung von Besitz und dessen militärische Verteidigung bzw. Erweiterung im Krieg mit den Nachbarn gingen Hand in Hand. So ist es sicher kein Zufall, dass Streitäxte, die aus Kupferlegierungen, aber auch aus anderen, prestigeträchtigeren Materialien bestanden, zu den Machtinsignien jenes 3. Jts. v. u. Z. gehörten, und zwar von Troja, über Nord- und Zentralgriechenland bis in den Ostadriaraum (Maran 2001).

Im weiteren Verlauf der ägäischen Bronzezeit kam es erst wieder in der entwickelten mykenischen Palastzeit des 13. Jhs. v. u. Z. zu einem intensiven Burgenbau. Die aus riesigen Steinen aufgeschichteten kyklopischen Mauern befestigten die neuralgischen Palastresidenzen und einige angeschlossene Produktions- und Magazinbauten sowie Heiligtümer der offiziellen Staatsreligion. Bereits die Häuser bestimmter Beamter lagen außerhalb der schützenden Mauern. Raffiniert waren die fortifikatorischen Maßnahmen, die die Architekten der mykenischen Könige entwarfen: Zu ihnen gehörten Gänge, die Zutritt zu unterirdischen Trinkwasserreservoires boten, und enge Ausfallpforten, die unter den Mauern hindurchführten (Iakovidis 1983; Maran 2008). Dennoch stürzte das mykenische staatliche System überall innerhalb nur weniger Jahre um 1200 v. u. Z., ohne dass wir mit Sicherheit sagen könnten, in welchem Maße hierfür innere oder äußere Kriege verantwortlich waren. Ein ähnliches Schicksal hatten in diesen Jahrzehnten auch die Städte der Levante, obwohl sie im 13. Jh. v. u. Z. z. T. gut befestigt waren: Ugarit mit seiner Stadtmauer (Abb. 3) und die benachbarte Hafensiedlung Ras Ibn Hani im Norden Syriens, das weiter südlich gelegene Tell Tweini und schließlich Tell Kazel ganz im Süden der syrischen Küste sind einige Beispiele. Das im späten 13. Jh. mit einer massiven Mauer gut befestigte Enkomi auf Zypern ist ein weiteres. Zumindest in einigen dieser Fälle kann man durch eine Kombination archäologischer und schriftlicher Quellen kriegerische Ereignisse als wahrscheinliche Ursache von Brand und Zerstörung erschließen.

DAS ENDE DER BRONZEZEITLICHEN STAATEN UND DIE SEEVÖLKER

In das 13. und 12. Jh. v. u. Z. datiert eine Reihe von Schriftquellen aus Ägypten und der Levante, die uns über Krieger aus mediterranen Regionen informieren, die mit ihren Schiffen die Küsten des östlichen Mittelmeers überfielen. Anscheinend wussten die Regierungen der verschiedenen Staaten über diese Piraten nur schlecht Bescheid. Darauf lässt der Fall des Lunadušu schließen, der vom Hethiterkönig verhört wurde (s. o.). Die Tatsache, dass in den offiziellen historischen Berichten der ägyptischen Pharaonen dieser Zeit immer wieder von Feinden die Rede ist, die über das Meer bzw. von ihren Inseln kämen, ist ein Hinweis in dieselbe Richtung. Manchmal wurden sie mit Gruppennamen bezeichnet (z. B. Šardana oder Šikalajū), ein anderes Mal erschienen sie den Berichterstattern als anonyme Masse von »Feinden«. Ihre Bewaffnung und das Aussehen ihrer mit je einem Vogelkopf auf Vorder- und Achtersteven ausgestatteten Schiffe geben Hinweise darauf, dass zumindest einige Gruppen dieser sog. Seevölker aus Süditalien kamen (Abb. 4). Wir kennen aus verschiedenen Regionen Italiens stilisierte Schiffsmotive mit zwei Vogelkopfprotomen. Außerdem wurden in Süditalien und Sizilien Schwerter verwendet, wie sie schon bei den Šardana aus der Zeit Ramses' II. auf den ägyptischen Reliefs dargestellt sind. Die Bevölkerung des südlichen Italien hatte zwar schon lange mit dem mykenischen Staat in Kontakt gestanden, doch es war aufgrund eines starken politisch-sozialen Gefälles nicht dazu gekommen, dass Güter – z. B. Metalle – in großen Mengen zwischen Griechenland und Italien ausgetauscht worden wären. Wenige Importe und vor allem lokale Imitationen mykenischer Produkte

4
Detail aus einem Relief am Totentempel Ramses' III. (erste Hälfte des 12. Jhs. v. u. Z.) in Medinet Habu, Oberägypten: ein Schiff der sog. Seevölker in einer Seeschlacht gegen die Ägypter.

5
Darstellung einer Seeschlacht auf einem Krater aus Kynos (zweite Hälfte des 12. Jhs. v. u. Z.), Zentralgriechenland.

in Süditalien belegen, dass die dortige Bevölkerung Bedarf an luxuriösen Erzeugnissen aus Griechenland hatte, zugleich aber nur ungenügenden Zugang zu den begehrten Produkten bekam.

Den archäologischen Funden kann man auf der Grundlage von formalen Merkmalen in Kombination mit Materialanalysen entnehmen, dass sich in der zweiten Hälfte des 13. und im 12. Jh. v. u. Z. bestimmte neue Waffentypen, nämlich lange Hiebschwerter und kurze Lanzenspitzen mit gegossener Schäftungstülle, von Italien ausgehend zunächst in der Ägäis und dann im übrigen östlichen Mittelmeerraum verbreiteten (Jung / Mehofer 2013). Außerdem töpferten kleinere Gruppen von Einwohnern zahlreicher ostmediterraner Siedlungen von Griechenland bis Syrien Keramik italienischen Typs, während in begrenzter Zahl auch in italienischer Tradition stehende Rasiermesser und Messer sowie Fibeln verwendet wurden. Aus den ägyptischen Quellen wissen wir, dass die Pharaonen besiegte Piraten als Spezialeinheiten in ihre Heere eingliederten; so fochten die Šardana bereits in der Schlacht von Qadeš auf ägyptischer Seite, und zwar in einer Art Garde des Pharaos selbst (Bietak / Jung 2007, 220 f. Abb. 8). Ähnlich könnten auch die mykenischen Könige vorgegangen sein, und noch bei den römischen Kaisern und ihren germanischen und sarmatischen Truppen finden wir Parallelen. Allerdings wäre es falsch, die Seevölker ausschließlich als italienische Emigranten zu verstehen. In bestimmten Regionen Griechenlands hatten die neuen aus Italien eingeführten Waffen die älteren mykenischen im 12. Jh. v. u. Z. praktisch völlig verdrängt und wurden regulär von den einheimischen Kriegern verwendet, denn sie brachten militärische Vorteile. Was allerdings die Seekriegführung betrifft, so beherrschten die Galeeren mykenischen Typs (mit einem Tierkopf nur auf dem Vordersteven) die Ägäis, wie zahlreiche Darstellungen vor allem aus der zweiten Hälfte des 12. Jhs. v. u. Z. zeigen, die z. T. regelrechte Seeschlachten mit gegenseitigem Speerbeschuss darstellen (Abb. 5; Dakoronia 2006, 25 Abb. 1).

Auf einem großen Schlachtrelief des Pharaos Ramses III., das seine zu Wasser und zu Lande an den Grenzen Ägyptens errungenen Siege über eine Seevölkerkoalition feiert, sehen wir Abbildungen von Ochsenkarren, auf denen Frauen und Kinder mitfahren. Sie wurden von manchen Archäologen als Illustration einer sich über große Distanzen (z. B. durch Kleinasien) bewegenden Wanderung interpretiert, für die aber keine Beweise existieren. Angesichts der sich über Jahre hinziehenden Bedrohungen und Zerstörungen levantinischer Küstenstädte durch Piratenüberfälle, wie sie allein in den Archiven des nordsyrischen Ugarit dokumentiert sind, liegt aber eine andere Interpretation nahe. Die Häufung von Kriegen und Hunger, für die es auch schriftliche Zeugnisse gibt, dürfte dazu geführt haben, dass landlose Menschen einschließlich Frauen und Kindern auf der Suche nach einem Auskommen und einer besseren Zukunft mit den Heeren und Kriegergruppen zogen, auch wenn dies den eigenen Tod oder den der Kinder in der Schlacht bedeuten konnte. Man kann an eine Mutter Courage der Bronzezeit denken. Auch für die Libyer, die im fünften Regierungsjahr des Pharaos Merenptah (1219 v. u. Z., nach Schneider 2010, 402) gemeinsam mit Immigranten aus dem Mittelmeerraum (Šekeleš) versucht hatten, ins Niltal einzudringen, überliefern die Siegesinschriften Ähnliches: Neben den gefangenen und getöteten Kriegern sind auch die gefangenen bzw. getöteten Frauen, Kinder und Familien verzeichnet. Dabei verwendeten die ägyptischen Beamten zum Zählen der Opfer die abgeschnittenen Hände oder alternativ die Penisse der Männer, wenn diese wie bei den Libyern nicht beschnitten waren (Kitchen 2003, 29, Z. 38,3–4).

Unschuldige Opfer waren die Realität des Krieges auch in der Bronzezeit. Einen archäologischen Beweis dafür, dass dies ebenfalls für die Kämpfe und Belagerungen der nicht staatlich organisierten italienischen Gemeinschaften galt – wenn auch in geringerem Ausmaß – führen uns die Grabungen in der apulischen Hafensiedlung von Roca Vecchia, in der Phase des 14. Jhs. v. u. Z., vor Augen (siehe Beitrag »Die Belagerung der bronzezeitlichen Befestigung von Roca Vecchia«, S. 309).

Literatur

Alram-Stern 2004
E. Alram-Stern, Die ägäische Frühzeit 2. Die Frühbronzezeit in Griechenland mit Ausnahme von Kreta. Veröff. Myken. Komm. 21 (Wien 2004).

al-Rawi 2011
A. al-Rawi, Die Bronzewaffen aus der Königsgruft von Tall Mišrife/Qatna: Räumliche Verteilung und funktionales Spektrum. In: P. Pfälzner (Hrsg.), Interdisziplinäre Studien zur Königsgruft von Qatna. Qatna Stud. 1 (Wiesbaden 2011) 311–327.

Bietak/Jung 2007
M. Bietak/R. Jung, Pharaohs, Swords and Sea Peoples. In: H. Charraf (Hrsg.), Inside the Levantine Maze. Festschr. J.-P. Thalmann. Arch. & Hist. in the Lebanon 25–27, 2007–2008 (2007) 212–233.

Bunnefeld 2014
J.-H. Bunnefeld, Der Häuptling und sein Schwert? – Anmerkungen zur sozialen Stellung des Schwertträgers in der älteren nordischen Bronzezeit. In: T. Link/H. Peter-Röcher (Hrsg.), Gewalt und Gesellschaft. Dimensionen der Gewalt in ur- und frühgeschichtlicher Zeit. Internat. Tagung Würzburg 2013. Univforsch. Prähist. Arch. 259 (Bonn 2014) 133–143.

Cardarelli u. a. 2006
A. Cardarelli/D. Labate/G. Pellacani, Oltre la sepoltura. Testimonianze rituali ed evidenze sociali dalla superficie d'uso della necropoli della terramara di Casinalbo (MO). In: Studi di protostoria in onore di Renato Peroni (Festschr. Renato Peroni) (Florenz 2006) 624–642.

Dakoronia 2006
F. Dakoronia, Mycenaean Pictorial Style at Kynos, East Lokris. In: E. Rystedt/B. Wells (Hrsg.), Pictorial Pursuits. Figurative Painting on Mycenaean and Geometric Pottery. Papers from two Seminars at the Swedish Institute at Athens in 1999 and 2001 (Stockholm 2006) 23–29.

Doumet-Serhal/Kopetzky 2011
C. Doumet-Serhal/K. Kopetzky, Sidon and Tell el-Dab'a: Two Cities – one Story. A Highlight on Metal Artefacts from the Middle Bronze Age Graves. Arch. & Hist. in the Lebanon 34–35, 2011–2012 (2011) 9–52.

Eder/Jung 2005
B. Eder/R. Jung, On the Character of Social Relations between Greece and Italy in the 12th/11th Cent. BC. In: R. Laffineur/E. Greco (Hrsg.), Emporia. Aegeans in the Central and Eastern Mediterranean. Proc. of the 10th Internat. Aegean Conference Athens 2004. Aegaeum 25 (Liège 2005) 485–495.

Hansen 2008
S. Hansen, Rezension zu A. Harding, Warriors and Weapons in Bronze Age Europe [2007]. European Journal Arch. 11, 2008, 291–293.

Harding 2007
A. Harding, Warriors and Weapons in Bronze Age Europe. Archaeolingua Ser. Minor 25 (Budapest 2007).

Hiller/Panagl 1986
S. Hiller/O. Panagl, Die frühgriechischen Texte aus mykenischer Zeit. Zur Erforschung der Linear B-Tafeln2 (Darmstadt 1986).

Iakovidis 1983
S. E. Iakovidis, Late Helladic Citadels on Mainland Greece. Mon. Graeca et Romana 4 (Leiden 1983).

Jablonka 2006
P. Jablonka, Leben außerhalb der Burg – Die Unterstadt von Troia. In: M. O. Korfmann (Hrsg.), Troia. Archäologie eines Siedlungshügels und seiner Landschaft (Mainz 2006) 167–180.

Jung/Mehofer 2013
R. Jung/M. Mehofer, Mycenaean Greece and Bronze Age Italy: Cooperation, Trade or War? Arch. Korrbl. 43, 2013, 175–193.

Karo 1930
G. Karo, Die Schachtgräber von Mykenai (München 1930).

Kilian-Dirlmeier 1993
I. Kilian-Dirlmeier, Die Schwerter in Griechenland (außerhalb der Peloponnes), Bulgarien und Albanien. PBF IV 12 (Stuttgart 1993).

Kitchen 2003
K. A. Kitchen (Hrsg.), Ramesside Inscriptions Translated and Annotated. Translations 4. Merenptah & the Late Nineteenth Dynasty (Oxford 2003).

Kouka 2013
O. Kouka, »Minding the Gap« – Against the Gap: The Early Bronze Age and the Transition to the Middle Bronze Age in the Northern and Eastern Aegean/Western Anatolia. Am. Journal Arch. 17, 2013, 569–580.

Maran 2001
J. Maran, Der Depotfund von Petralona (Nordgriechenland) und der Symbolgehalt von Waffen in der ersten Hälfte des 3. Jahrtausends v. Chr. zwischen Karpatenbecken und Ägäis. In: R. M. Boehmer/J. Maran (Hrsg.), Lux Orientis. Archäologie zwischen Asien und Europa. Festschr. H. Hauptmann. Internat. Arch. Studia honoraria 12 (Rahden/Westf. 2001) 275–284.

Maran 2008
J. Maran, Forschungen in der Unterburg von Tiryns 2000–2003 (mit einem Beitrag von Peter Marzolff). Arch. Anz. 2008, 35–111.

Niemeier 2010
W.-D. Niemeier, Kalapodi. Chronique des fouilles en ligne, notice 798, <http://chronique.efa.gr/index.php/fiches/voir/798/> (11.02.2015).

Noort 1994
E. Noort, Die Seevölker in Palästina. Palaestina antiqua 8 (Kampen 1994).

Palaima 1995
T. G. Palaima, The Last Days of the Pylos Polity. In: R. Laffineur/W.-D. Niemeier (Hrsg.), Politeia. Society and State in the Aegean Bronze Age. Proc. of the 5th Internat. Aegean Conference Heidelberg 1994. Aegaeum 12 (Liège 1995) 623–633.

Salzani 1989
L. Salzani, Necropoli dell'Età del Bronzo Finale alle Narde di Fratta Polesine. Prima nota. Padusa 25, 1989, 5–42.

Schneider 2010
T. Schneider, Contributions to the Chronology of the New Kingdom and the Third Intermediate Period. Ägypten u. Levante 20, 2010, 373–403.

Smith 1993
J. Smith, The Pylos Jn Series. Minos 27–28, 1992-93 (1993) 167–259.

Spalinger 2005
A. J. Spalinger, War in Ancient Egypt. The New Kingdom (Malden/Oxford 2005).

Stavropoulou-Gatsi u. a. 2012
M. Stavropoulou-Gatsi/R. Jung/M. Mehofer, Τάφος «Μυκηναίου» πολεμιστή στον Κουβαρά Αιτωλοακαρνανίας. Πρώτη παρουσίαση. In: N. C. Stampolidis/A. Kanta/A. Giannikouri (Hrsg.), Atharasia. The Earthly, the Celestial and the Underworld in the Mediterranean from the Late Bronze and the Early Iron Age. Internat. Arch. Conference Rhodes 2009 (Iráklio 2012) 249–266.

Steinmann 2012
B. F. Steinmann, Die Waffengräber der ägäischen Bronzezeit. Waffenbeigaben, soziale Selbstdarstellung und Adelsethos in der minoisch-mykenischen Kultur. Philippika 52 (Wiesbaden 2012).

Ünlüsoy 2006
S. Ünlüsoy, Vom Reihenhaus zum Megaron – Troia I bis Troia III. In: M. O. Korfmann (Hrsg.), Troia. Archäologie eines Siedlungshügels und seiner Landschaft (Mainz 2006) 133–144.

Selten erhaltene Schutzwaffen:
Erlenholzschild (unten) aus einem Moor bei Annadale, Irland
(1258–1010 v. Chr.), und Lederschild (oben) aus Cloonbrin, Irland
(^{14}C-Datierung 1194–934 v. Chr.). > siehe S. 293–296

5 cm

VOM STECHEN ZUM HAUEN – DIE VERBREITUNG NEUER SCHWERTER AM ENDE DES ZWEITEN JAHRTAUSENDS V. U. Z.

Reinhard Jung

1
Südliches Verbreitungsgebiet des Schwerttyps Reutlingen/Cetona/Naue II, Typ A (Punkte in Klammern = unsichere Fundorte; Fragezeichen = unsichere Typenzuweisung); Beispiel aus den Schliemann-Grabungen in Mykene, Griechenland.

Eine der militärischen Erfolgsgeschichten des 2. Jts. v. u. Z. war die weite Verbreitung des Hiebschwertes norditalienisch-zentraleuropäischer Tradition in großen Teilen Europas und im zentralen und östlichen Mittelmeerraum, die sich vom 13.–12. Jh. v. u. Z. abspielte. Als Ergebnis schlugen sich Krieger vom Skagerak bis zum Orontes z. T. mit den gleichen Waffen (Abb. 1), obwohl hinter dieser Entwicklung natürlich nicht das Profitstreben und die politischen Interventionen eines militärisch-industriellen Komplexes wie in der heutigen Zeit standen, sondern eher der unmittelbare taktisch-militärische Vorteil, den der jeweilige Waffentyp lieferte.

Die wesentlichen Merkmale des neuen Hiebschwertes, das etwa in der ersten Hälfte des 13. Jhs. v. u. Z. entwickelt wurde, sind seine meist zwischen 60 cm und 70 cm lange massive Klinge mit dick-linsenförmigem bis rhombischem Querschnitt und parallel verlaufenden Schneiden sowie die leicht konvex abfallenden Heftschultern und die stabile Griffzunge mit »T«-förmigen Randleisten, die mit der Klinge in einem Stück gegossen wurde. Die Griffzunge bildete, wie der Name schon sagt, nicht den gesamten Griff, sondern sie wurde beidseitig mit Griffschalen aus organischem Material (z. B. Holz) verkleidet. Die Griffzunge ist kürzer als die Hand des Kriegers, sodass diese auch partiell um das Heft herumgreifen musste (Abb. 2) – daher die sanft gebogenen Heftschultern. Diese Handhaltung erlaubte eine bessere Kontrolle der Bewegung der Waffe, zumal der Schwerpunkt relativ weit vorn lag, was dem Hieb eine größere Durchschlagskraft verlieh. Man nennt diesen Schwerttyp nach unterschiedlichen Fundorten in Mitteleuropa Reutlingen, in Italien Cetona und in Griechenland Naue II, Typ A (nach einem Archäologen des 19. Jhs.).

Wie und wann genau sich die waffentechnische Innovation abspielte, können wir mangels schriftlicher Quellen nicht sagen. Archäologisch datierte Funde deuten aber darauf hin, dass es im Raum zwischen den Flussebenen Norditaliens, der ungarischen Tiefebene und den Regionen nördlich der Alpen geschah. Lange Schwerter wurden dort schon im 14. Jh. v. u. Z.

2
Das Schwert des Typs Reutlingen/Cetona/Naue II, Typ A, aus den Schliemann-Grabungen in Mykene, Griechenland, in der Hand einer Restauratorin des Archäologischen Nationalmuseums Athen.

hergestellt, dies waren aber Stichwaffen mit schlankeren Klingen, deren Schneiden zur Spitze hin konvergierten und deren Schwerpunkt näher beim Griff der Waffe lag. Die Waffenproduzenten experimentierten zunehmend mit breiteren und schwereren Klingen. Der Innovationsprozess verlief allmählich, wie die verschiedenen Vorstufen der Hiebschwerter zeigen, die wir aus Kriegergräbern und Hortfunden kennen (z. B. De Marinis/Salzani 2005, 391–406).

In den Regionen des Mittelmeerraumes aber waren diese Hiebschwerter, die dennoch gut zum Stich geeignet blieben, eine im wahrsten Sinne des Wortes einschneidende Neuerung. So benutzte man in Süditalien und Sizilien bis ins 13. Jh. hinein schlankere und oft auch kürzere (etwa 35–60 cm lange) Langdolche und Stichschwerter mit schmaler Mittelrippe und einem Griff aus organischem Material, der wenig stabil mit der Klinge vernietet war. In Griechenland waren zur gleichen Zeit kurze und breite, aber dabei oft recht dünne Langdolche und Schwerter (mit einer Länge meist zwischen 35 cm und 50 cm) mit Griffzungen in Verwendung, die den neuen Hiebschwertern ebenso unterlegen waren wie die süditalienisch-sizilianischen Stichschwerter – wenn auch aus anderen Gründen als diese. In Ägypten verwendeten die Soldaten des Pharaos Sichelschwerter und Keulen; Waffen, die es nicht erlaubten, schlagende und stechende Bewegungen zu kombinieren. Im Nahen Osten schließlich kämpfte man mit Stichschwertern, die verschiedene Formen hatten, aber oft kürzer und weniger massiv als die europäischen Hiebschwerter waren.

Krieger, die mit den neuen Waffen aus dem Norden ausgerüstet waren, hatten daher zumindest im Schwertkampf gegen die traditionell bewaffneten mediterranen Krieger einen taktischen Vorteil. Für die Verbreitung der neuen Schwerter in den Ländern am Mittelmeer müssen in einer ersten Phase intensive Kontakte zwischen den Bewohnern Nord- und Süditaliens verantwortlich gewesen sein. Diese Kontakte waren keineswegs rein militärischer Natur, denn sie blieben nicht auf Waffen beschränkt (Abb. 3a). Vielmehr breiteten sich auch zahlreiche Neuerungen des täglichen Lebens ab etwa 1400 v. u. Z. von Nord nach Süd über die Apenninhalbinsel aus, so z. B. zahlreiche Keramikformen, Werkzeuge, Kleidungsaccessoires und selbst neue Bestattungssitten, also Elemente der Ideologie. Hinzu kommt, dass Metallhandwerker in Süditalien das Kupfer, den wichtigsten Rohstoff zur Herstellung von Waffen und Geräten, schon seit dem 14. Jh. v. u. Z. vor allem aus den Minen im Südalpenraum bezogen (wenn auch vielleicht über diverse Zwischenstationen entlang der Adriaküste).

Etwa um 1350 v. u. Z. bekamen auch die mykenischen Armeen des griechischen Festlands Kenntnis von der neuen Bewaffnung, wie Artefakte aus Mykene, dem wohl wichtigsten politischen Zentrum des mykenischen Staates, zeigen. Dazu gehören die elfenbeinernen Griffschalen eines Hiebschwertes, die in einem Heiligtum gefunden wurden. Darüber hinaus belegt eine steinerne Gussform für ein Lappenbeil, ein in Zentraleuropa und Italien gebräuchliches Gerät (das auch als Waffe verwendet werden konnte), dass Metallurgen in Mykene auch fremdartige Bronzen produzierten. Gussformen für die Hiebschwerter neuen Typs sind aus Griechenland hingegen nicht überliefert. Wenn man auch dort Tongussformen wie in Wennungen, Burgenlandkreis, verwendete (Abb. 3b; Jarecki 2012, 50–52 Abb. 7–9), ließe sich das erklären: Solche Formen waren Einwegobjekte und mussten nach dem Guss zerschlagen werden. Man findet ihre Fragmente nur in einer Waffenwerkstatt, und einen solchen Befund kennen wir noch nicht aus dem mykenischen Griechenland.

Chemische und massenspektrometrische Analysen haben aber gezeigt, dass spätestens im 12. Jh. v. u. Z. die meisten Hiebschwerter mitteleuropäisch-italienischen Typs in Griechenland mit Kupfer hergestellt wurden, das höchstwahrscheinlich aus den Minen Zyperns stammte und in Griechenland das meistverwendete Kupfer war. In Italien wurde dieses Kupfer nur selten in der Waffen- und Geräteproduktion verwendet, stattdessen benutzte man auch zu dieser Zeit vorwiegend das Trentiner Kupfer, das sich nur in wenigen Hiebschwertern aus Griechenland nachweisen ließ. Die mykenischen Krieger hatten also den Vorteil dieser neuen Schwerter erkannt, sich das nötige Know-how zu ihrer Herstellung angeeignet und erfolgreich

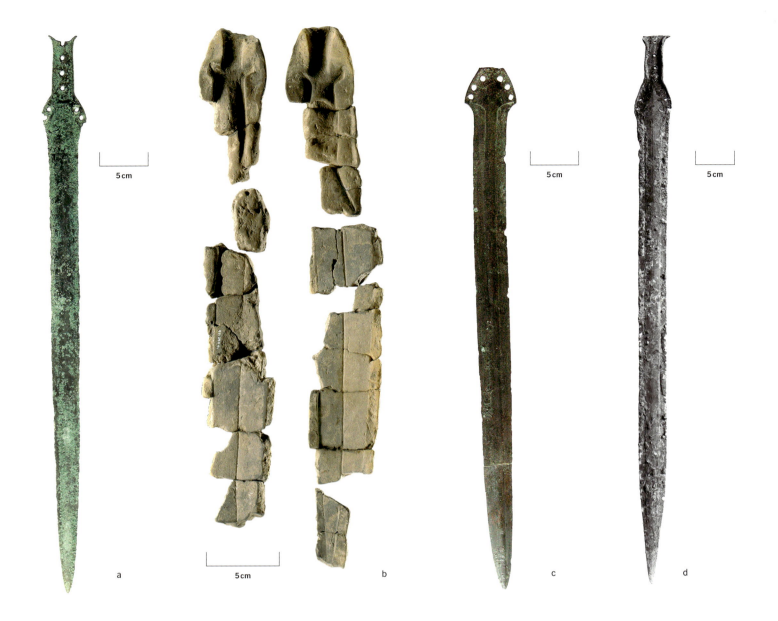

begonnen, sie auch zu gießen, sodass sie nur selten auf importierte Schwerter aus Italien zurückgriffen (Jung/Mehofer 2013). Diese lokale Produktion hatte sich allerdings in großem Umfang wohl erst nach dem Sturz des mykenischen Staatssystems um 1200 v. u. Z. verbreitet.

Ganz am Ende des 13. Jhs. v. u. Z. hatte der Siegeszug des Hiebschwertes die Küsten Syriens und das Niltal erreicht. Ein verbogenes Schwert, das in allen Details den Waffen aus Griechenland und Italien sowie aus Mittel- und Nordeuropa gleicht, wurde in der Stadt von Ugarit in der Nähe des heutigen Lattakia, Syrien, gefunden (Abb. 3c; Jung/Mehofer 2008), während ein anderes Schwert, das mit hoher Wahrscheinlichkeit aus dem Nildelta stammt, eine lokale Abwandlung dieses Typs darstellt. Obwohl der Fundkontext des ägyptischen Schwertes leider unbekannt bleiben wird, da es um 1900 illegal ausgegraben wurde, kann man es dennoch genau datieren. Es trägt nämlich auf der Klinge die Kartuschen des von 1214–1208 v. u. Z. regierenden Pharaos Sethos' II. Damit ist klar, dass Krieger im ägyptischen Heer in den Jahrzehnten kurz vor 1200 v. u. Z. schon mit neuartigen Hiebschwertern ausgerüstet wurden (Bietak/Jung 2007).

Die Mobilität der Krieger aus Italien im 13. Jh. v. u. Z. dürfte entscheidend zur Verbreitung ihrer Schwerter beigetragen haben. Vor allem in Griechenland, aber auch an einigen Orten auf Zypern und sogar in der Akkarebene, die teils in Syrien und teils im Libanon liegt, haben Immigranten aus Italien ihre Spuren in Form von lokal hergestellter italienischer Keramik hinterlassen (siehe Beitrag »Krieg und Krieger im Mittelmeerraum«, S. 321). Eine Verbindung zu den in ugariti-

3
a Schwert des Typs Reutlingen/Cetona/Naue II, Typ A aus Vibo Valentia, Kalabrien, Italien;
b Gussformenfragmente für Hiebschwerter aus Wennungen, Burgenlandkreis;
c Hiebschwert der Typengruppe Naue II aus Ugarit, Syrien;
d Hiebschwert des Typs Stätzling/Allerona/Naue II, Typ C, angeblich aus dem altägyptischen Bubastis.

schen und ägyptischen Texten erwähnten Piraten, die heute Seevölker genannt werden, liegt nahe. Nicht alle von den Ägyptern im Zusammenhang mit den Seevölkern im 13. und frühen 12. Jh. v. u. Z. dargestellten Ausrüstungsgegenstände und Waffen können wir heute anhand archäologischer Funde identifizieren. Zum Teil liegt das daran, dass sie aus leicht vergänglichem Material bestanden. Bemerkenswert ist aber ein aus dichtem Strohgeflecht und darauf applizierten Bronzebändern sowie -nieten aufgebauter Helmtyp, der an einigen Orten Griechenlands gefunden wurde und verblüffend den buschigen Kopfbedeckungen des Seeschlachtreliefs von Medinet Habu gleicht (siehe Beitrag »Krieg und Krieger im Mittelmeerraum«, S. 325 Abb. 4). Dieser Helmtyp hat jedoch keine Vorläufer in Griechenland und ist vermutlich auf Kappen mit Nietenbesatz aus Italien zurückzuführen, die dort schon im 14. Jh. v. u. Z. verwendet wurden (Moschos 2009, 356–359 Abb. 1–2; Jung 2009, 78–79; 82–84; 89 Abb. 2; 93 Abb. 7). Die Krieger auf den ägyptischen Reliefs führen interessanterweise eine Vielzahl verschiedener Schwerter, darunter solche nahöstlichen Typs, während andere entfernt wie manche älteren mykenischen Schwerter aussehen. Häufig sind Schwerter süditalienisch-sizilianischen Typs dargestellt, die im 12. Jh. v. u. Z. bereits veraltet wirken. Die Hiebschwerter, die ja bereits für die Zeit Sethos' II. als Objekte im Nildelta nachgewiesen sind, erscheinen hingegen nicht auf den Reliefs.

Dieser komplexe ikonografische Befund sollte nicht verwundern, da wir es mit Piraten zu tun haben, die weiträumig im Mittelmeer operierten und überall Küstenorte überfielen und plünderten, wie uns die Texte aus Ägypten und Ugarit berichten. Auch im fortgeschrittenen 12. Jh. v. u. Z. erreichten noch waffentechnische Veränderungen, die man am Grundtyp des Hiebschwertes vornahm, den griechischen und ägyptischen Raum. Das belegt u. a. ein weiteres Hiebschwert aus dem Nildelta, das leider wiederum ein Raubgrabungsfund ist (Abb. 3d). Der betreffende Schwerttyp wird in Mitteleuropa Stätzling genannt, in Italien Allerona und in Griechenland Naue II, Typ C. Hiermit endete der militärische Austausch jedoch nicht; auch aus der frühen Eisenzeit kennen wir noch Schwerter, die in ähnlicher Form sowohl in Griechenland als auch in Westsyrien (in Hama) hergestellt wurden, doch produzierte man nun zunehmend lokale Varianten. Die sog. metallurgische Koinè, die Bronzehandwerker in Europa und dem Orient so markant verbunden hatte, war bereits Vergangenheit.

Literatur

Bietak/Jung 2007
M. Bietak/R. Jung, Pharaohs, Swords and Sea-Peoples. In: H. Charraf (Hrsg.), Inside the Levantine Maze. Festschr. J.-P. Thalmann. Arch. and Hist. Lebanon 25–27, 2007–2008 (2007), 212–233.

De Marinis/Salzani 2005
R. C. De Marinis/L. Salzani, Tipologia e cronologia dei materiali. In: L. Salzani (Hrsg.), La necropoli dell'età del Bronzo all'Olmo di Nogara. Memorie del Museo Civico di Storia Naturale di Verona, 2. Serie, Sezione Scienze Dell'Uomo 8 (Verona 2005) 391–448.

Jarecki 2012
H. Jarecki, Entdeckung und Erkundung – Die jungbronze- bis früheisenzeitliche Siedlung Wennungen im Spiegel der Untersuchungen von 1995–1999/2001. In: M. Becker u. a., Neue Gleise auf alten Wegen I. Wennungen und Kalzendorf. Arch. Sachsen-Anhalt, Sonderbd. 19 (Halle [Saale] 2012) 47–56.

Jung 2009
R. Jung, Pirates of the Aegean. Italy – East Aegean – Cyprus at the End of the Second Millennium BCE. In: V. Karageorghis/O. Kouka (Hrsg.), Cyprus and the East Aegean: Intercultural Contacts from 3000 to 500 BC. An International Archaeological Symposium held at Pythagoreion, Samos, October 17th–18th 2008 (Nikosia 2009) 72–93.

Jung/Mehofer 2008
R. Jung/M. Mehofer, A Sword of Naue II Type from Ugarit and the Historical Significance of Italian-type Weaponry in the Eastern Mediterranean. Aegean Arch. 8, 2005–2006 (2008) 111–135.

Jung/Mehofer 2013
R. Jung/M. Mehofer, Mycenaean Greece and Bronze Age Italy: Cooperation, Trade or War? Arch. Korrbl. 43, 2013, 175–193.

Moschos 2009
I. Moschos, Evidence of Social Re-Organization and Reconstruction in Late Helladic IIIC Achaea and Modes of Contacts and Exchange via the Ionian and Adriatic Sea. In: E. Borgna/ P. Càssola Guida (Hrsg.), Dall'Egeo all'Adriatico: organizzazioni sociali, modi di scambio e interazione in età postpalaziale (XII–XI sec. a. C.) / From the Aegean to the Adriatic: Social Organizations, Modes of Exchange and Interaction in Postpalatial Times (12th–11th c. BC). Atti del Seminario internazionale (Udine, 1–2 dicembre 2006). Studi e ricerche di protostoria mediterranea 8 (Rom 2009) 345–414.

WAFFEN UND WUNDEN – DAS BRONZEZEITLICHE GRÄBERFELD VON OLMO DI NOGARA

Michele Cupitò, Maria Letizia Pulcini und Alessandro Canci

Das mittel- bis spätbronzezeitliche Gräberfeld von Olmo di Nogara bei Verona ist eine der wichtigsten protohistorischen Begräbnisstätten, die in den letzten Jahren in Italien zutage kamen. Es datiert von der zweiten Hälfte des 16. bis in die erste Hälfte des 12. Jhs. v. Chr. und zeichnet sich durch eine birituelle Bestattungssitte aus, wobei die Körperbestattungen gegenüber den Einäscherungen dominieren. Wie andere Gräberfelder in der Gegend zwischen den Flüssen Etsch und Mincio ist Olmo die Nogara durch Gruppen körperbestatteter Männer mit Waffen gekennzeichnet (Salzani 2005) und ein Schlüsselbefund für die Rekonstruktion sowohl bronzezeitlicher Waffentypen als auch Kampftechniken. Die Phase des Überganges von der mittleren zur späten Bronzezeit zeigt einen klaren Wandel, der zweifellos radikale Veränderungen in der sozio-politischen Struktur der Gemeinschaften reflektiert: Waffendeponierungen in den Gräbern erwachsener, der Elite angehöriger Männer verschwinden, die Selbstrepräsentation des Kriegerführers verlagert sich von der Begräbnis- zur rituellen Sphäre (Cupitò/Leonardi 2005; Cupitò im Druck).

Die Untersuchungen von Olmo zeigen, dass die Hauptbestandteile der Ausrüstung eines Kriegers Schwert, Dolch und defensive Elemente wie Helme und Ringkragen waren, außerdem möglicherweise auch Panzer aus vergänglichem Material, die mit bronzenen Knöpfen und Nieten verziert waren. Die Schwerter hatten immer einen hölzernen Griff, der manchmal mit kleinen Bronzenägeln versehen war. Sie wurden im Grab mitsamt der Scheide aus vergänglichem Material niedergelegt. Die Dolche hatten ebenfalls hölzerne Griffe und wurden häufig in Scheiden aufbewahrt, die an denen der Schwerter angebracht waren. Da die Dolche mitunter sehr kleine Klingen hatten, werden sie eher als multifunktionale Werkzeuge im Zusammenhang mit der Instandhaltung des Schwertes interpretiert denn als Waffe.

Zeitgenössische Siedlungs- sowie rituelle Befunde zeigen, dass Speere und Wurfspeere mit bronzenen Spitzen weithin im Kampf genutzt wurden. Das völlige Fehlen dieser Waffenarten in den Gräbern spiegelt ein klares rituelles Verbot wider und unterscheidet die Selbstdarstellung – im Bestattungskontext – der Palafitticolo-Terramaricolo-Krieger von derjenigen der mitteleuropäischen Krieger. Die Gründe für diese strenge Regel sind unbekannt. Es ist möglich, dass die Erklärung hierfür in der Konnotation des Speeres liegt, der eher in Konflikten zwischen großen Gruppen als in Zweikämpfen Einzelner eingesetzt wurde und damit nachrangigen Kämpfern zugedacht war.

Das Fehlen der Axt im Begräbnis- und Ritualkontext könnte darauf hindeuten, dass sie nicht im Kampf zum Einsatz kam. Andererseits zeigen die Funde zweier Bronzepfeilspitzen in den Körpern eines Schwertträgers sowie eines Mannes ohne Grabbeigaben, dass Bogen weithin im Kampf benutzt wurden. Es wird deutlich, dass das Bild des Kriegers, das sich uns aus dem Gräberfeld in Olmo di Nogara erschließt, absichtlich durch die individuelle Ideologie des Helden gefiltert und verzerrt wurde.

Des Weiteren ist es durch die Belege von Olmo möglich, Veränderungen im Gebrauch der Schwerter zu erkennen. Während der mittleren Bronzezeit wurden die älteren, kurzen Schwerter für Nahkämpfe durch lange und dünne Schwerter ersetzt, die für Kämpfe auf weiterer Distanz geeignet waren. Funde von Dolchen im Verbund mit Schwertern deuten darauf hin, dass dem Kampf auf weiterer Entfernung ein Nahkampf folgen konnte. Am Ende der mittleren Bronzezeit kommt es zu einem Wandel und Schwerter mit schwereren Klingen und stärkeren Griffen, die sowohl zum Stoßen als auch zum Schlagen geeignet waren, treten in Erscheinung. Regelrechte Hiebschwerter wurden dann das Erfolgsmodell der späten Bronzezeit, als Schwerter mit immer robusteren Griffen und größeren und stärkeren Klingen gebräuchlich wurden (Cupitò im Druck).

Das Gräberfeld von Olmo di Nogara ist ein Schlüsselfund für die archäologische Erforschung antiker Kriegsführung. Neueste anthropologische und paläopathologische Untersuchungen an Skeletten mit und ohne Waffenbeigaben führten zur Identifikation einer

Rekonstruktionsvorschlag zum Kampfgeschehen im Tollensetal, ca. 1200 v. Chr. (Zeichnung © K. Schauer) > siehe S. 337–350

DAS BRONZEZEITLICHE SCHLACHTFELD IM TOLLENSETAL – FEHDE, KRIEG ODER ELITENKONFLIKT?

Gundula Lidke, Thomas Terberger und Detlef Jantzen

Sicher wurde der Krieg nicht im heutigen Mecklenburg-Vorpommern »erfunden«, aber in einem Flusstal im Nordosten dieses Bundeslandes fand um 1250 v. Chr. ein großer Gewaltkonflikt statt, dessen Überreste im feuchten Boden ausgezeichnet erhalten geblieben sind. Seit 2009 arbeitet ein Team aus Archäologen, Anthropologen, Forensikern und Naturwissenschaftlern daran, die Ereignisse aufzuklären, die zur Entstehung dieser außergewöhnlichen Fundsituation geführt haben (Jantzen u. a. 2014; siehe Beitrag »Die menschlichen Skelettreste aus dem Tollensetal«, S. 347).

DIE ENTDECKUNG DES SCHLACHTFELDES

Bereits seit den 1980er Jahren war im Tollensetal immer wieder menschliches Skelettmaterial bei Baggerarbeiten aufgesammelt worden. Im Sommer 1996 konnte der ehrenamtliche Bodendenkmalpfleger R. Borgwardt bei einer Begehung der Uferzone des Flüsschens Tollense nördlich von Altentreptow, Lkr. Mecklenburgische Seenplatte (Abb. 1), an einem frisch erodierten Prallhang zahlreiche Skelettreste und eine sorgfältig gearbeitete Holzkeule bergen, die in ihrer Form an heutige Baseballschläger erinnert (Abb. 2). Im Gelenkende eines menschlichen Oberarmknochens steckte eine flächenretuschierte Pfeilspitze aus Feuerstein (Abb. 4).

Mit der Pfeilspitze, die nur im späten Neolithikum oder der älteren Bronzezeit hergestellt worden sein konnte, gab es erstmals eine Datierung für einen Menschenknochen aus dem Tal. Sowohl die Pfeilspitze als auch die Keule weisen auf einen Konflikt als mögliche Ursache der Fundsituation hin. Um genauere Informationen über den wissenschaftlichen Aussagewert der Fundstelle, ihre Ausdehnung und ihren Erhaltungszustand zu gewinnen, wurden noch im selben Jahr mehrere Sondageschnitte angelegt. Sie offenbarten, dass die Fundstücke zu einer Schicht gehören, die sich auf einer größeren Fläche parallel zum heutigen Flussufer erstreckt.

Ein menschliches Stirnbein mit einer ovalen Impressionsfraktur aus den 1996 angelegten Sondageschnitten lieferte einen weiteren Anhaltspunkt für tödliche Gewalt. Als Borgwardt 1999 eine zweite Holzkeule, diesmal an einen Krocket-Schläger erinnernd (Abb. 3), aus dem erodierten Ufer barg, lag noch ein starkes Indiz für einen Gewaltkonflikt vor. Aber auch Zweifel waren präsent: Konnten die Funde nicht auf einen vom Fluss zerstörten Bestattungsplatz zurückzuführen sein? Und wenn die Fundsituation tatsächlich die Folge eines Gewaltkonfliktes war, hatte diese Auseinandersetzung dann im Tal stattgefunden oder konnten nicht auch die getöteten Bewohner eines Dorfes in den Fluss geworfen worden sein? Und schließlich: War

1 Luftbild der Tollense.

2
Weltzin, Lkr. Mecklenburgische Seenplatte, Fpl. 20. Die 1996 von R. Borgwardt entdeckte, 73,5 cm lange Keule (»Baseballschläger«) aus Eschenholz.

3
Weltzin, Lkr. Mecklenburgische Seenplatte, Fpl. 20. Die 1999 entdeckte, ca. 62 cm lange Keule (»Krocket-Schläger«) aus Schlehenholz.

4
Weltzin, Lkr. Mecklenburgische Seenplatte, Fpl. 20. Flächenretuschierte Flintpfeilspitze im Gelenkende eines rechten Oberarmknochens. Das Projektil ist 2,2 cm in den Knochen eingedrungen; seine Gesamtlänge beträgt 3,6 cm.

es nicht auch denkbar, dass es sich um die Überreste von Gewaltopfern handelte, die im Rahmen von Opferzeremonien oder besonderen Bestattungsritualen dem Fluss anvertraut worden waren, möglicherweise im Lauf mehrerer Jahrzehnte oder Jahrhunderte?

Die 2009 begonnenen systematischen Forschungen konzentrierten sich zunächst darauf, die Gesamtausdehnung der Fundschicht durch Sondagen, Begehungen und Tauchprospektionen festzustellen. Ab 2009 wurden die Grabungsflächen an der Erstfundstelle (Weltzin 20) erweitert und kleinere Grabungen an anderen Fundstellen im Tal durchgeführt. Im Ergebnis konnte die Fundschicht mit menschlichen Überresten über eine Strecke von rund 3,5 km entlang des Flusses – etwa 2,5 km Luftlinie entsprechend – in unterschiedlicher Intensität nachgewiesen werden. Sie steht teils in geringer Tiefe an, etwa 1 m unter der heutigen Oberfläche, teils aber auch bis zu 2,5 m tief. Mittlerweile wurden bei Grabungen und Sondierungen an acht Fundplätzen im Tal mehrere Hundert Quadratmeter archäologisch untersucht.

DIE FUNDE AUF DER BRONZEZEITLICHEN GELÄNDEOBERFLÄCHE

Exemplarisch für die in geringer Tiefe liegenden Teile der Fundschicht ist die Fundstelle Weltzin 20, die seit 1996 im Mittelpunkt des Interesses steht. Hier wurde die Fundschicht inzwischen auf einer Länge von mindestens 90 m und einer Fläche von mehr als 350 m² entlang des Flussufers untersucht. Die Grabungen werden an dieser Stelle durch die relativ hohe stratigrafische Position der Funde ca. 0,8–1,2 m unter Geländeoberfläche erleichtert. Die Menschenreste liegen in z. T. sehr dichten Konzentrationen beieinander (Abb. 5), die durch nahezu fundfreie Zonen getrennt sind. Die Verteilung der Skelettreste lässt meist keinen anatomischen Verband mehr erkennen. Mitunter weisen parallel liegende, zu einem Individuum gehörende Knochen auf die Ablagerung von Extremitäten wie Ober- und Unterschenkeln oder Unterarmen hin. Die taphonomischen Analysen sprechen dafür, dass (Teil-)Körper hier zerfallen sind und nach ihrer Desartikulation über begrenzte Distanz unter Wassereinfluss verlagert wurden (Brinker u. a. 2014).

Die bislang gewonnenen Datierungen stellen die Funde überwiegend in das frühe 13. Jh. v. Chr. Datierungen von Hölzern unterhalb der Fundschicht fallen etwas älter aus und bestätigen die intakte stratigrafische Abfolge. Die Fundschicht blieb von späteren Erosionsprozessen allem Anschein nach (weitgehend) unberührt (Brinker u. a. 2014).

Der Sedimentcharakter spricht am Fundplatz Weltzin 20 für die Ablagerung der Menschenreste in einem Stillwasser- bzw. Uferbereich des Flusses, der wohl immer feucht gewesen ist und gelegentlich überflutet wurde. Die Überreste von inzwischen deutlich mehr als 70 Individuen allein an dieser Stelle liegen bis zu 6–7 m vom heutigen Flussufer entfernt. Zum Talrand hin schließt sich noch eine Zone an, in der vor allem Reste weniger Pferdeindividuen liegen.

Die Zahl der übrigen Funde ist, gemessen an der bislang dort gegrabenen Fläche, überschaubar: Neben einem kleinen Bronzering und einer Knochennadel aus der Grabungsfläche ist ein Bronzearmring als Streufund aus dem Fluss (vor der Uferkante) zu erwähnen. Die wichtigste Fundgruppe bilden allerdings Projektile: Sechs Feuersteinpfeilspitzen wurden bislang zwischen den Menschenresten entdeckt. 2012 konnten auch erstmals zwei bronzene Tüllenpfeilspitzen in der Fundschicht nachgewiesen werden, sodass an deren paralleler Verwendung nicht gezweifelt werden muss. Die Projektile liegen unmittelbar zwischen und neben den Knochen (Abb. 6), und es ist möglich, dass sie mit bzw. in den Körpern steckend an die Fundstelle gelangten. Zusammen mit den beiden früher gefundenen Holzkeulen und sechs im Umfeld der Grabung im Aushub alter Flussausbaggerungen entdeckten Bronzepfeilspitzen illustriert dies die Dominanz von Waffenfunden für Weltzin 20 immer deutlicher. Der Gewaltkontext wird auch durch eine wachsende Zahl identifizierter Verletzungen an den Skelettresten bestätigt (Brinker u. a. 2014).

DIE FUNDE IM BRONZEZEITLICHEN FLUSSBETT

Exemplarisch für die tiefer gelegenen Teile der Fundschicht sind die Fundplätze Weltzin 32 (Westufer) bzw. Wodarg 25 (Ostufer). An einer Flussbiegung wurde bei Tauchprospektionen in den Jahren 2008/09 am Ostufer der Tollense (Wodarg 25) eine größere Zahl von Menschenknochen unter der Wasserlinie aus Flusssedimenten aus dem Profil geborgen. In einer benachbart angelegten Sondierung in unmittelbarer Nähe zur Tollense ließ sich die Fundschicht mit einigen Menschenknochen und einer Flintpfeilspitze bis etwa 3 m vom Fluss entfernt nachweisen. Nach wiederholter Kontrolle der umliegenden Uferprofile gelang es 2011, ca. 40 m nordwestlich in einer Tiefe von bis zu 2,5 m unter Geländeoberfläche die Fundschicht erneut zu lokalisieren (Weltzin 32): Sommerliches Hochwasser hatte das Profil auf einem etwa 40 m langen Abschnitt frisch erodiert. In diesem Bereich zeigten sich Menschenreste in bis dahin kaum gekannter Dichte: Auf ca. 15 m Profillänge konnten Schädelreste von über zwölf Individuen und umfangreiches postkraniales Skelettmaterial geborgen werden.

Die menschlichen Knochen waren hier offenbar im ehemaligen Flussbett abgelagert worden und wurden von weiteren Funden begleitet: Außer einer Flintpfeil-

5 (oben)
Ausschnitt des Grabungsareals 2013 neben der Tollense.

6
Weltzin, Lkr. Mecklenburgische Seenplatte, Fpl. 20. Eine 3,1 cm lange Flintpfeilspitze neben Unterarmknochen, Grabung 2011.

spitze mit hölzernem Schaftrest ließen sich ein Knochenanhänger und ein Goldspiralring bergen. Einige Meter weiter nördlich gelang die Entdeckung von zwei gewundenen Metallringen und vier Spiralröllchen (Abb. 7), die in unmittelbarer Nähe eines menschlichen Femurs lagen. Die Spiralröllchen ließen sich als Bronze bestimmen, während die Analyse der beiden Ringe zu einem überraschenden Ergebnis führte: Erstmals konnte mit den beiden, je ca. 22 g schweren Spiralringen Zinn (mit geringem Bleianteil) für die Ältere Nordische Bronzezeit in dieser Form nachgewiesen werden (Krüger u. a. 2012).

Aus dem Umfeld des unter Wasser dokumentierten Profils stammen weitere Streufunde, darunter eine Bronzesichel vom Flussgrund. Bei wiederholten Detektor-

7
Weltzin, Lkr. Mecklenburgische Seenplatte, Fpl. 32. Zwei Zinnringe (Dm. ca. 26 und 30 mm) und vier bronzene Spiralröllchen (L. 16–23 mm).

begehungen des bei Flussvertiefungen ausgebaggerten Sedimentes konnten elf Bronzetüllenpfeilspitzen auf beiden Uferseiten sowie auch größere Objekte wie ein verzierter Bronzearmring lokalisiert werden. Das Fundspektrum zeigt mit der Vergesellschaftung von Menschenresten und Pfeilspitzen Parallelen zum Fundplatz Weltzin 20; abweichend ist hier jedoch auch eine Reihe von wertvolleren Metallfunden in unmittelbarem Zusammenhang mit menschlichen Skelettresten überliefert.

EIN FLUSSÜBERGANG

Das Tal der Tollense ist im Bereich der beschriebenen Fundstellen tief eingeschnitten; oberhalb der recht steilen Hänge erstreckt sich eine schwach reliefierte, durch schwere Böden geprägte Hochfläche. Der Flusslauf schlängelt sich in Mäandern durch die etwa 300 m breite Talaue. Die topografische Situation zur Zeit des Ereignishorizontes kann als offenes, noch kaum vermoortes Flusstal beschrieben werden. Der Flusslauf war flach, umgeben von weitgehend offenem Sumpf mit Röhricht und kleinen Wasserflächen. Verkehrsgeografisch stellte dieser Bereich des Tales in Ost-West-Richtung ein ernsthaftes Hindernis dar, das jedoch anscheinend schon im späten Neolithikum bzw. der frühen Bronzezeit ca. 550 m (Luftlinie) südlich der zuvor beschriebenen Fundstelle (Weltzin 32) durch einen Damm überwunden wurde (Fundplätze Weltzin 13 und Kessin 12).

Der Fundplatz Weltzin 13 rückte durch die Entdeckung eines bronzezeitlich datierten Eichenpostens im Fluss schon vor Jahren in den Blickpunkt des Interesses. Inzwischen konnten im Fluss eine Reihe weiterer Holzpfosten sowie auch Holzstrukturen mit Pfosten und aufliegenden Hölzern am Ostufer dokumentiert werden. Begleitet werden diese Befunde von einzelnen Keramikgefäßen und verschiedenen Bronzefunden, unter denen vor allem Fragmente einer Sichel, eines Tüllengerätes mit großer, leicht gerundeter Schlagfläche, einer Fibel und von Armringen zu erwähnen sind, die vermutlich auf eine gestörte Deponierung mit Bezug zum Bronzehandwerk zurückgehen. Weiterhin ist als besonderer Fund aus dem Fluss ein böhmisches Absatzbeil zu erwähnen, das – ebenso wie eine einzelne Bronzepfeilspitze – wohl zu den Waffen gerechnet werden darf (Abb. 8).

Insgesamt unterscheidet sich der Charakter des Fundplatzes Weltzin 13 deutlich von den flussabwärts gelegenen Fundplätzen Weltzin 32 und Weltzin 20. Diese Beobachtung wird inzwischen durch weitere Entdeckungen unterstrichen. 2013 und 2014 war es möglich, größere Flächen der Talaue überwiegend auf dem anschließenden Ostufer (Fundplatz Kessin 12) geomagnetisch zu untersuchen. Dabei zeigte sich eine lineare, auf den Fluss zulaufende Struktur. Sondierungen ergaben eine teils mit zwei Steinreihen und dazwischen liegenden Hölzern, teils als Sand-/Rasensodenschüttung mit Pfosten und liegenden Hölzern befestigte Damm- bzw. Wegstruktur (Abb. 9), deren Errichtung nach den Ergebnissen erster Radiokarbondaten in die ältere Bronzezeit zwischen 1900 und 1700 v. Chr. datiert. Diese Anlage dürfte über Jahrhunderte sicht- und nutzbar gewesen sein. Von Tauchern am Ostufer der Tollense entdeckte Holzstrukturen datieren dendrochronologisch in den Zeitraum 1400–1200 v. Chr., was auf Umbauten oder Reparaturen hindeuten könnte. Damit dürfte die Talquerung zum Zeitpunkt des Konfliktes noch von Bedeutung gewesen sein. So zeichnet sich als Ausgangspunkt der Fundschicht mit den Menschenresten ein Ost-West verlaufender befestigter Weg durch das Tal ab, zu dem vielleicht auch eine Brücke über den Fluss gehörte. Diese Talquerung war vermutlich für das bronzezeitliche Wegenetz von größerer Bedeutung und bildete möglicherweise einen

8
Weltzin, Lkr. Mecklenburgische Seenplatte, Fpl. 13. Absatzbeil in Fundlage.

9
Kessin, Lkr. Mecklenburgische Seenplatte, Fpl. 12. Frühbronzezeitliche Wegetrasse mit beidseitiger Steineinfassung, Grabung 2013.

Knotenpunkt für die Ost-West-Route über Land und den Nord-Süd-Weg über die Tollense.

METALLFUNDE AUS DEM TAL

Die Streuung der Menschenknochen wird durch eine bemerkenswerte Zahl von Bronzeobjekten von z. T. herausgehobener Qualität ergänzt, deren Verteilung deutlich nach Norden und auch Süden über die Verbreitung der Knochen hinausreicht. Insgesamt wurden auf mindestens 6 km Länge im Tal zahlreiche Metallfunde (Abb. 10), darunter herausragende Objekte, entdeckt. Allerdings ist ihr Verbreitungsbild überwiegend an das Vorkommen ausgebaggerter Sedimente geknüpft.

Die Mehrzahl der Bronzefunde kann typologisch in Periode III der Nordischen Bronzezeit oder – weniger präzise – in Periode II/III und Periode III/IV eingeordnet werden. Ein zweites Fundmaximum ergibt sich für die jüngere Bronzezeit (Periode V). Hinsichtlich der Zusammensetzung dominieren jeweils Schmuckfunde, wobei für die Zeit um Periode III ein beachtlicher Waffen- und Geräteanteil zu beobachten ist.

Während die bronzenen Tüllenpfeilspitzen auch direkt aus der Fundschicht mit den Menschenresten nachgewiesen sind, kann ein Zusammenhang der Schmuck- und Gerätefunde mit dieser Schicht bislang nur vermutet werden. Allerdings konnten an der Fundstelle Weltzin 32 selbst wertvolle Objekte neben Menschenknochen geborgen werden (s. o.), und so erscheint es plausibel, zumindest einen größeren Teil der Metallfunde mit den Skelettresten unmittelbar in Zusammenhang zu bringen. Objekte wie Bronzearmringe oder -nadeln können ebenso wie Goldspiralringe und Anhänger aus organischem Material auf (männliche) Trachtbestandteile zurückgehen, während die Zinnringe, eine Bronzesichel (beide Weltzin 32), ein Knochenangelhaken und kleinere Bronzefragmente (beide Weltzin 12) zur sonstigen Ausstellung gehört

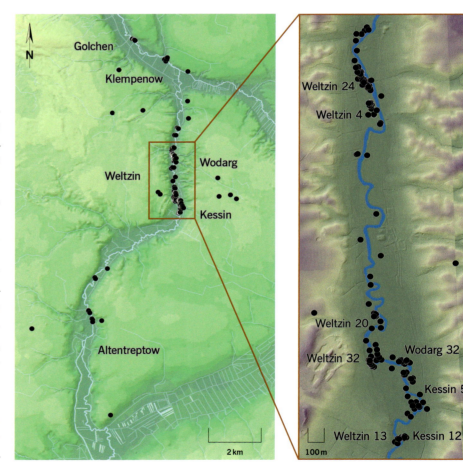

10
Kartierung der Bronzefunde im Tollensetal.

11
Auswahl bronzener Tüllenpfeilspitzen aus dem Tollensetal.

haben dürften. Es fällt auf, dass wertvollere Bronzeobjekte vor allem dort auftreten, wo die Fundschicht tief im Flussbett erhalten ist und die Toten einem späteren Zugriff weitgehend entzogen waren. Demgegenüber finden sich an der stratigrafisch höher gelegenen Fundstelle Weltzin 20 nur wenige, vor allem kleine Metallfunde; ein möglicher Hinweis auf eine spätere Plünderung.

Davon abzusetzen sind Hortfunde, die – offensichtlich bei Baggerarbeiten gestört – u. a. am südlichsten Fundplatz (Weltzin 13/Kessin 12) und am ca. 6 km stromabwärts gelegenen Fundplatz Golchen 18 entdeckt wurden. Ihr Zusammenhang mit den weit verstreuten Menschenresten ist noch unklar.

DIE DATIERUNG DER EREIGNISSE

Die verlässliche Datierung der Funde von den unterschiedlichen Lokalitäten stellt eine Herausforderung dar. Die stratigrafische Position ist an verschiedenen Stellen ähnlich, aber eine nähere Datierung ist auf diesem Wege nicht möglich. Typologische Datierungen für verschiedene Objekte, vor allem Bronzefunde, erlauben eine Zuordnung zu Periode III bzw. II/III, aber eine genaue zeitliche Auflösung der Ereignisse kann so nicht erarbeitet werden. So bleiben nur absolute Datierungen, um zu einer näheren zeitlichen Einordnung zu gelangen.

Die mittlerweile mehr als 50 ^{14}C-Daten von 15 Lokalitäten im Tal gehen vor allem auf menschliche Knochen, wenige Pferdereste, die beiden Holzkeulen und Pfeilschaftreste zurück. Eine abschließende Bewertung ist noch nicht möglich, aber die ^{14}C-Datierungen der meisten Knochen, der Holzkeulen und der Pfeilschäfte zeigen eine bemerkenswerte Übereinstimmung, sodass tatsächlich von einem sehr kurzen Ereignishorizont zwischen etwa 1300 und 1250 v. Chr. auszugehen ist.

DAS WAFFENSPEKTRUM

Das Waffenspektrum aus dem Tollensetal wird dominiert durch Pfeilspitzen, die überwiegend aus Bronze (Abb. 11), in geringerer Zahl aber auch aus Feuerstein bestehen. Hinzu treten einzelne Lanzenspitzen, die beiden Holzkeulen (Abb. 2; 3), ein Beil (Abb. 8) und potenzielle Waffen wie Messer. Die Feuersteinpfeilspitzen sind gegenüber den Projektilen aus Bronze sicher unterrepräsentiert, da sie nur bei Grabungen in der Fundschicht und Sondierungen im Baggeraushub entdeckt werden können. Das Waffenspektrum korrespondiert inzwischen gut mit den an den Menschenresten identifizierten Verletzungen: Scharfe, vor allem wohl durch Pfeilspitzen verursachte Gewalt tritt in wachsender Zahl auf. Einzelne schwere Schädeltraumata gehen auf stumpfe Gewalt zurück und können vielleicht auf die im Tal entdeckten Holzkeulen zurückgeführt werden. Eindeutige Schwertverletzungen sind im Skelettmaterial bisher erst ansatzweise zu identifizieren, was der geringen Repräsentanz dieses Waffentyps im direkten Fundareal entspricht.

WAS GESCHAH IM TOLLENSETAL?

Die interdisziplinären Forschungen zum Tollensetal wurden mit der Arbeitshypothese begonnen, dass es sich bei den Funden um die Überreste eines bronzezeitlichen Gewaltkonfliktes des 13. Jhs. v. Chr. handelt. Inzwischen gibt es für diese Hypothese eine wachsende Zahl von Argumenten: Über eine Länge des Flusslaufes von mindestens 2,5 km (Luftlinie) treten an verschiedenen Stellen Menschenreste mit Waffen- bzw. Projektilfunden und gelegentlichen Pferderesten unmittelbar vergesellschaftet auf. Die Menschenreste finden sich zum einen in oberflächennahen ehemaligen Flachwasserbereichen (Weltzin 20) und zum anderen in den im Flussbett abgelagerten Sedimenten (Weltzin 32 / Wodarg 25). Die Entstehung der Fundschicht ist komplex und die desartikulierten Skelette wurden offensichtlich durch Wasseraktivität überwiegend kleinräumig verlagert; auch anthropogene Einflüsse sind nicht auszuschließen. Der bronzezeitliche Fluss bewegte sich in einem dem heutigen Lauf ähnlichen Korridor, wobei er flacher war und mit geringer Fließgeschwindigkeit das feucht-sumpfige Tal durchströmte (Lorenz u. a. 2014).

Die Skelettreste aus dem Tollensetal zeigen hinsichtlich Alter und Geschlecht ein markantes und ungewöhnliches Profil. Nach Auswertung der anthropologischen Merkmale am Schädel handelt es sich fast ausschließlich um männliche Individuen. Nur wenige Schädel weisen weibliche Merkmale auf; angesichts der Unsicherheit, mit der die anthropologische Bestimmung des Geschlechts am Schädel behaftet ist, muss man aber feststellen, dass es bislang keinen sicheren Nachweis für Frauen unter den Todesopfern gibt. Für eine rein männliche Sterbegemeinschaft spricht auch, dass sich unter den Beckenknochen bislang keine Exemplare mit weiblichen Merkmalen nachweisen lassen (Brinker u. a. 2014). Die Altersverteilung zeigt eine klare Dominanz junger bzw. erwachsener Individuen. Nur wenige Kinder und Jugendliche lassen sich identifizieren, deren bronzezeitliche Datierung im Einzelfall noch der Überprüfung bedarf.

Neben einer größeren Anzahl perimortaler Verletzungen wurden auch Läsionen mit eindeutigen Heilungsspuren beobachtet, die auf wiederholte Gewalterfahrungen im Leben einzelner Individuen hinweisen. Das Auftreten von Pferden steht mit der Hypothese einer kriegerischen Auseinandersetzung im Einklang. Sie könnten als Zug- und/oder Reittiere gedeutet werden, wobei an dem bisher geborgenen Knochenmaterial keine entsprechenden degenerativen Veränderungen nachgewiesen werden konnten. Ihre geringe Zahl – bislang lassen sich fünf Individuen (Mindestindividuenzahl) nachweisen – kann dahingehend gewertet werden, dass nur ein kleiner Teil der Beteiligten über Pferde verfügte bzw. nur eine geringe Zahl von Pferden im Tal zu Tode kam.

Ein erodiertes Gräberfeld oder eine besondere Bestattungsform ist als Erklärung für die Fundsituation auszuschließen. Rituelle Handlungen, wie etwa Hinrichtungen, Deponierungen von Objekten/Waffen oder Handlungen mit menschlichen Skelettresten, können für die Entstehung der Situation eine Rolle gespielt haben. Sie wären im Kontext vorangehender oder nachfolgender Gewalthandlungen zu erwarten, lassen sich aber bislang nicht konkret nachweisen (Vandkilde 2011).

DIE GRÖSSENORDNUNG DES KONFLIKTES

Folgt man der Hypothese eines Gewaltkonfliktes, so stellt sich die Frage nach dem Ausmaß der Auseinandersetzung. Aus dem Tal lassen sich inzwischen über 120 Individuen nachweisen. Die höchste Funddichte zeigt der Fundplatz Weltzin 20 mit ca. einem Individuum auf 4,5 m² (Mindestindividuenzahl 77, Stand 2014). Auch am Fundplatz Weltzin 32 zeigt sich eine hohe Knochendichte. Versucht man auf der Basis der vorliegenden Daten eine Abschätzung der ursprünglich im Tal vorhandenen Toten vorzunehmen, so erscheint es – angesichts der weitläufigen Ausdehnung der Fundschicht und der bislang begrenzten Grabungsflächen – als Arbeitshypothese plausibel, von einer bisherigen Auffindungsrate von 10–30 % der gesamten Individuen auszugehen. Dies würde zu einer Gesamtzahl von ca. 400 bis 1200 im Tal verstorbener Individuen führen. Nach ethnografischen Quellen kann für eine traditionelle Kampfesweise mit Pfeil und Bogen eine Todesrate von bis zu 20 % kalkuliert werden (Petrasch 1999). Nach Quellen zu Schlachten der römischen Republik der Jahre 200–168 v. Chr. lag die Todesrate im Schnitt bei etwa 10 %, im Einzelfall jedoch auch bei bis zu 50 % (Rosenstein 2004, Tab. 2). Im Falle des favorisierten singulären Ereignisses im Tollensetal ließe sich auf eine Gesamtzahl von etwa 2000 bis 6000 an den Kämpfen beteiligter Individuen schließen. Im Falle einer außergewöhnlich hohen Todesrate, etwa bei der nahezu vollständigen Tötung der Verlierer, würde sich diese Anzahl entsprechend reduzieren.

DIE HERKUNFT DER KONFLIKTBETEILIGTEN

Bronzefunde südlicher Provenienz könnten als Argumente für eine südliche Herkunft zumindest einiger Konfliktbeteiligter angesehen werden. Neben dem böhmischen Absatzbeil und Nadeltypen ähnlicher Herkunft sind vor allem die mittlerweile 49 bronzenen Tüllenpfeilspitzen anzuführen. Sie finden u. a. Parallelen in Tschechien, Süddeutschland, Polen und Teilen Ostdeutschlands.

In der Umgebung des Tollensetals waren bronzene Tüllenpfeilspitzen zwar nicht unbekannt, aus ganz Mecklenburg-Vorpommern sind aber sonst nur insgesamt 28 Exemplare geborgen worden. In Schleswig-Holstein sind sie höchst selten vertreten und aus Südskandinavien sind bislang keine bronzenen Tüllenpfeilspitzen bekannt. Demgegenüber dürften die Feuersteinpfeilspitzen aus dem Tollensetal aus regionaler Fertigung stammen.

Als Sachgut fremden Ursprungs sind auch die Zinnringe zu bewerten. Auch wenn das Zinn in seiner Provenienz bislang nicht bestimmt werden kann, so ist eine Herkunft aus südlicher (Erzgebirge?) oder westlicher Lagerstätte (Cornwall) anzunehmen.

Für eine fremde Herkunft mindestens eines Teils der Toten sprechen auch die Sr (Strontium)-Isotopenwerte. Auch wenn eine konkrete Verortung bestimmter Sr-Werte (bislang) nicht gelungen ist, so spricht die Variabilität der Daten für eine heterogene Herkunft der Individuen (Price 2014). In diesem Zusammenhang sind auch ^{13}C (Kohlenstoff)- und ^{15}N (Stickstoff)-Isotopenanalysen von Interesse. Erhöhte bis sehr hohe ^{13}C-Werte weisen zusammen mit eher niedrigen ^{15}N-Werten von unter 12 ‰ auf einen regelhaften bis ausgeprägten Konsum der C_4-Pflanze Hirse hin (Terberger/Heinemeier 2014). Der Hirsekonsum wurde zunächst als weiteres Argument für eine Herkunft (eines Teils) der Kämpfer aus dem Süden gewertet (Jantzen u. a. 2011). Für die Ältere Nordische Bronzezeit lässt sich nach neueren Forschungen Hirse vereinzelt direkt durch Makroreste oder indirekt durch hohe ^{13}C-Werte bei gleichzeitig niedrigen ^{15}N-Werten an weiteren Individuen anderer Fundplätze aus Mecklenburg-Vorpommern nachweisen. Vor diesem Hintergrund erscheint eine Herkunft der Hirsekonsumenten aus dem Süden gut möglich, aber keineswegs zwingend (Terberger/Heinemeier 2014).

EIN MÖGLICHES SZENARIO

Anhand der mittlerweile gesammelten Informationen lässt sich in groben Zügen ein Szenario des Konfliktes entwerfen. Danach erstreckte sich der Kampf über eine Distanz von mindestens 1,5 km entlang des Westufers der Tollense. Die Talaue war damals noch nicht großflächig vermoort. Im Bereich eines Schwemmfächers am Fundplatz Weltzin 20 auf der Westseite war sie durch eine dünne Muddeschicht über mineralischen Sedimenten gekennzeichnet, die mit typischer Feuchtbodenvegetation bewachsen war und in diesem Areal ein relativ leicht und sicher zu belaufendes – und vielleicht sogar zu befahrendes – Terrain darstellte. Im Umfeld allerdings war das Tal, jahreszeitlichen Schwankungen unterliegend, deutlich feuchter; hier dürften großflächige Schilf-Seggen-Riede dominiert haben. Je nach Witterungsbedingungen dürfte der damals wohl flachere, langsamer fließende Fluss im Uferbereich von temporären Flachwasserarealen oder sumpfigen Bereichen gekennzeichnet gewesen sein. Hinweise auf Bruchwald gibt es nicht, sodass von guten Sichtverhältnissen auszugehen ist.

Die unterlegene Konfliktpartei bewegte sich offenbar auf dem durchschnittlich kaum mehr als 50 m breiten Streifen zwischen dem Fluss und dem Talhang. Zweifellos war das offene Tal unter diesen Voraussetzungen kein vorteilhafter Aufenthaltsort. Ein möglicher Grund dafür, dass die unterlegene Konfliktpartei sich dennoch dort aufhielt, könnte ein gescheiterter Versuch sein, den Fluss im Bereich der Talquerung (Kessin 12/Weltzin 13) zu passieren.

Die Verletzungen der Opfer zeigen, dass sie sowohl mit Distanz- als auch mit Nahkampfwaffen angegriffen wurden. Der Einsatz von Distanzwaffen erscheint in diesem Szenario vor allem dann plausibel, wenn er von erhöhter Position aus erfolgte, möglicherweise aus einer Deckung oberhalb des Talhangs. Das könnte auf einen Hinterhalt hindeuten, bei dem zunächst abgewartet wurde, bis sich die unterlegene Partei im Bereich des Flussüberganges im Tal befand. Folgt man diesem Szenario, dann wurde die Gruppe dort angegriffen, flussabwärts abgedrängt und von den Hängen aus weiter mit Pfeilen beschossen. Möglicherweise versuchte die angegriffene Gruppe auch, den Fluss zu überqueren. In dieser Situation kam es zum Einsatz von Nahkampfwaffen wie Holzkeulen, Lanzen und anderen Stichwaffen.

Am Ende des Konfliktes müssen auf einem relativ schmalen Streifen entlang des Flusses mehrere Hundert Leichen gelegen haben, die in der Folgezeit allmählich verwesten und zerfielen, nachdem sie geplündert worden waren. Nur die Leichen, die direkt in den Fluss gelangt waren, entgingen der Plünderung. Das Tal muss über lange Zeit ein Ort des Schreckens gewesen sein, der weit über die nähere Umgebung hinaus bekannt war.

Zu einem Zeitpunkt, als der anatomische Zusammenhang der Skelette bereits z. T. aufgelöst war, scheinen Körperpartien wie Beine, Arme oder Oberkörper, aber auch Schädel nochmals verlagert worden zu sein. Ein Teil der »Cluster«-Bildung könnte auf diese Weise erfolgt sein. Die Prozesse sind jedoch schwierig zu beurteilen, weil sicher auch die Strömung bei Hochwasser zu Verlagerungen von Knochen und Teilskeletten geführt hat.

Ob die im Tal entdeckten älterbronzezeitlichen Metallfunde vor oder nach dem Konfliktereignis deponiert wurden, lässt sich wegen der chronologischen Unschärfe schwer entscheiden. Es erscheint aber plausibel, dass Teile der im Kampf verwendeten Waffenausrüstung im Tal niedergelegt wurden, wofür vor allem die geplünderten Waffen der unterlegenen Konfliktpartei infrage kommen. H. Vandkilde (2011) konnte überzeugend die wichtige Rolle von Ritualen und Opferhandlungen im Zusammenhang mit Krieg und Gewaltereignissen herausarbeiten. Niedergelegte Funde wären unter dieser Annahme also fast die einzige Quelle, aus der sich Rückschlüsse auf die Ausstattung der unterlegenen Konfliktpartei ziehen lassen. Der Anteil von Schmuckformen, Werkzeug und Arbeitsgeräten unter den geborgenen Metallobjekten deutet aber an, dass sich im Tal auch ganz andere Niederlegungsaktivitäten widerspiegeln, die durchaus mit der aus dem Konfliktereignis resultierenden Rolle des Tales als »schrecklicher« oder »unterweltnaher« Ort in Zusammenhang stehen können.

FEHDE, KRIEG, ELITENKONFLIKT?

Art und Größenordnung des Konfliktes setzen in jedem Fall eine differenzierte gesellschaftliche Ordnung mit den entsprechenden Machtstrukturen voraus. Dass es eine solche Ordnung gab, ist nicht nur an den Beigaben der älterbronzezeitlichen Gräber im heutigen Mecklenburg-Vorpommern ablesbar, die im Vergleich mit den regionalen »Reichtumsindices« durch besonders hochwertige Ausstattungen hervortreten (Endrigkeit 2014); auffallend ist besonders die große Zahl von Schwertgräbern (Schmidt 2004). Für eine solche Ordnung sprechen auch die weitreichenden Fernkontakte, die sich u. a. im Hortfund von Neustrelitz, Lkr. Mecklenburgische Seenplatte, mit Glasperlen aus dem Mittelmeerraum oder vielleicht sogar Ägypten (Varberg u. a. 2015) sowie in der Grabausstattung der »Dame von Thürkow«, Lkr. Rostock, mit dem Nachweis eines Seidenschleiers aus dem Mittelmeerraum widerspiegeln (Scherping / Schmidt 2007). Die Bedeutung überregionaler Verbindungen wird auch durch Infrastrukturmaßnahmen wie den Bau des Flussüberganges im Tollensetal deutlich (s. o.).

Wie die Entscheidungsstrukturen in dieser Ordnung organisiert waren, ob es regionale oder überregionale Machtzentren gab, die in der Lage waren, Kampfverbände aufzustellen und zu befehligen, oder ob sich die »Schwertträger« von Fall zu Fall zu solchen Kampfverbänden zusammenschlossen und unter wessen Leitung sie gegebenenfalls standen, ist anhand der archäologischen Quellen vorerst nicht zu entscheiden. In jedem Fall gibt es Hinweise darauf, dass sich auch Angehörige

12
Drei der vier goldenen Spiralringe (Dm. 2,5–4,5 cm) aus dem Tollensetal.

der gesellschaftlichen Elite im Tal aufgehalten haben. Die goldenen Spiralringe, von denen inzwischen vier Exemplare aus dem Tollensetal bekannt sind (Abb. 12), zählen zum typischen Inventar besonders reich ausgestatteter Männer- und Frauengräber (Schmidt 1997). Die Indizien sprechen dagegen, dass sich im Tollensetal Eliten lediglich in einem ritualisierten, überwiegend von symbolischer und nicht tödlicher Gewalt geprägten Kampfszenario gegenübergestanden haben. Der Konflikt im Tollensetal ist eher mit den in den Schriftquellen des Mittelmeerraumes überlieferten Szenarien – z. B. der Schlacht um Kadesch 1274 v. Chr. – (siehe Beitrag »Die Schlachten bei Megiddo und Kadesch«, S. 235) zu vergleichen. Während für das östliche Mittelmeergebiet die Schriftquellen vorhanden sind, fehlen dort bislang die konkret nachweisbaren Überreste der Schlachtfelder. Im Tollensetal ist es umgekehrt: Die physischen Überreste des Gewaltkonfliktes werden durch keinerlei Bild- oder Schriftquellen erläutert.

Vor diesem Hintergrund bleibt die Frage offen, ob es sich bei den Getöteten um Soldaten im Sinne einer

Zahlreiche Skelettreste weisen perimortale Verletzungen auf, die auf ein vielfältiges Waffenspektrum und auf verschiedene Kampfhandlungen zurückzuführen sind. Aus den Läsionen konnte die Verwendung von Pfeil und Bogen, Lanzen, Schwertern, Dolchen und Holzkeulen abgeleitet werden. Damit ist durch das Knochenmaterial der Einsatz sowohl von Fern- als auch von Nahwaffen belegt. Der besonders hohe Anteil an Pfeilschussverletzungen lässt darauf schließen, dass die Distanzwaffe Pfeil und Bogen eine bedeutende Rolle in diesem Konflikt spielte. So sind selbst die vielen Pfeilschussläsionen nur als ein Minimalwert zu betrachten, denn nur etwa jeder dritte Pfeilschusstreffer hinterlässt auch tatsächlich Spuren am Skelett (z. B. Milner 2005). Dies konnte ebenso durch die mit Repliken bronzezeitlicher Waffen durchgeführten Pfeilschussexperimente an Schweinehälften nachgewiesen werden.

Sowohl die Tatsache, dass nicht alle Verletzungen auch Spuren am Knochen hinterlassen, als auch deren teilweise postmortale Überprägung führen grundsätzlich eher zu einer Unterschätzung der Anzahl der Traumata. Zusätzlich zu den sicher identifizierbaren Verletzungsspuren kommt dadurch eine Anzahl weniger sicher zu interpretierender Veränderungen an den Knochen, die durchaus ebenfalls in den Bereich der Verletzungen gehören können. So lassen sich etwa durch Pfeilschüsse verursachte Rippenbrüche schwer von postmortalen Frakturen unterscheiden. Auch können selbst massive Waffen wie Lanzen und Schwerter mikroskopisch feine Schnittspuren am Knochen hinterlassen, die kaum von Schleifspuren zu unterscheiden sind, wie sie beim Wassertransport über Sediment entstehen.

Die Skelettreste repräsentieren überwiegend oder ausschließlich junge erwachsene Männer – ein keineswegs typischer Bevölkerungsausschnitt. Somit kann das Vorliegen eines Gräberfeldes mit Sicherheit ausgeschlossen werden.

Hochrechnungen zufolge könnten mehrere Hundert Personen dem Konflikt im Tollensetal zum Opfer gefallen sein (Jantzen u. a. 2014, 245 f.). Eine solch hohe Opferzahl, das Ausmaß der interpersonellen Gewalt sowie die Vielfalt der gebrauchten Waffen sprechen für ein kriegsähnliches Zusammentreffen bewaffneter Männer im Tollensetal.

Literatur

Brinker 2009
U. Brinker, Das Tollensetal zwischen Wodarg und Weltzin, Lkr. Demmin. Schauplatz einer kriegerischen Auseinandersetzung in der Älteren Bronzezeit? Eine osteoarchäologische Analyse. Unpubl. Magisterarbeit Univ. Hamburg (Hamburg 2009).

Brinker u. a. 2013
U. Brinker/S. Flohr/J. Piek/A. Schramm/ J. Orschiedt, Die bronzezeitlichen Menschenreste aus dem Tollensetal, Mecklenburg-Vorpommern: Opfer eines gewaltsamen Konflikts? Mitt. Anthr. Ges. Wien 143, 2013, 131–147.

Brinker u. a. 2014
U. Brinker/S. Flohr/J. Piek/J. Orschiedt, Human remains from a Bronze Age site in the Tollense Valley: victims of a battle? In: C. Knüsel/ M. J. Smith (Hrsg.), The Routledge Handbook of the Bioarchaeology of Human Conflict (London, New York 2014) 146–160.

Flohr u. a. 2014
S. Flohr/U. Brinker/E. Spanagel/A. Schramm/ J. Orschiedt/U. Kierdorf, Killed in action? A biometrical analysis of femora of supposed battle victims from the Middle Bronze Age site of Weltzin 20, Germany. In: D. L. Martin/ C. P. Anderson (Hrsg.), Bioarchaeological and Forensic Perspectives on Violence: How Violent Death is Interpreted from Skeletal Remains (New York 2014) 17–33.

Flohr u. a. 2015
S. Flohr/U. Brinker/A. Schramm/U. Kierdorf/ A. Staude/J. Piek/D. Jantzen/K. Hauenstein/ J. Orschiedt, Flint arrowhead embedded in a human humerus from the Bronze Age site in the Tollense Valley, Germany – A high-resolution micro-CT study to distinguish antemortem from perimortem projectile trauma to bone. Internat. Journal Paleopathol. 9, 2015, 76–81.

Jantzen u. a. 2011
D. Jantzen/U. Brinker/J. Orschiedt/ J. Heinemeier/J. Piek/K. Hauenstein/ J. Krüger/G. Lidke/H. Lübke/R. Lampe/ S. Lorenz/M. Schult/T. Terberger, A Bronze Age battlefield? Weapons and trauma in the Tollense Valley, north-eastern Germany. Antiquity 85, 2011, 417–433.

Jantzen u. a. 2014
D. Jantzen/G. Lidke/U. Brinker/ A. Dombrowsky/J. Dräger/J. Krüger/ S. Lorenz/A. Schramm/T. Terberger, Das bronzezeitliche Fundareal im Tollensetal – Entstehung, Interpretation und Hypothesen. In: D. Jantzen/J. Orschiedt/J. Piek/T. Terberger (Hrsg.), Tod im Tollensetal – Forschungen zu den Hinterlassenschaften eines bronzezeitlichen Gewaltkonfliktes in Mecklenburg-Vorpommern. Teil 1: Die Forschungen bis 2011. Beitr. Ur- u. Frühgesch. Mecklenburg-Vorpommern 50 (Schwerin 2014) 239–252.

Letourneux/Pétillon 2008
C. Letourneux/J.-M. Pétillon, Hunting lesions caused by osseous projectile points: experimental results and archaeological implications. Journal Arch. Scien. 35,10, 2008, 2849–2862.

Lidke u. a. 2014
G. Lidke/D. Jantzen/T. Terberger, Tatort Tollensetal: Schussexperimente mit Pfeil und Bogen. Arch. Deutschland 2014, 2, 62–63.

Milner 2005
G. R. Milner, Nineteenth-century arrow wounds and perceptions of prehistoric warfare. Am. Antiquity 70, 2005, 144–156.

Smith u. a. 2007
M. J. Smith/M. B. Brickley/S. L. Leach, Experimental evidence for lithic projectile injuries: improving identification of an under-recognised phenomenon. Journal Arch. Scien. 34, 2007, 540–553.

VON KADESCH NACH LÜTZEN
3000 JAHRE EUROPÄISCHE KRIEGSGESCHICHTE – EINE SKIZZE

Harald Meller und Ralf Schwarz

Zwischen der bronzezeitlichen Schlacht des 13. Jhs. v. Chr. im Tollensetal und dem zentralen Gefecht des Dreißigjährigen Krieges bei Lützen 1632 liegen fast 3000 Jahre europäische Kriegsgeschichte, an deren Beginn wir weder die Namen der beteiligten Gruppen noch die ihrer Heerführer kennen. Anlass und Ablauf der bronzezeitlichen Schlacht sind vergessen; sie lassen sich nur durch die Archäologie erschließen (siehe Beiträge »Tollensetal«, S. 337). Ganz anders verhält es sich bei der nahezu zeitgleichen Schlacht von Kadesch (1274 v. Chr.) im heutigen Syrien zwischen Ägyptern und Hethitern. Hier sind wir durch die Niederschrift der ägyptischen Propaganda unter Ramses II. über Anlass, Aufmarsch, Ablauf, bis hin zu einzelnen Details der Schlacht informiert. Die zugehörigen Bildquellen verdichten die Informationen (siehe Beitrag »Die Schlachten bei Megiddo und Kadesch«, S. 235). Im Unterschied zum Tollensetal handelte es sich um einen Krieg zwischen zwei Staaten, der mit teurem Kriegsgerät wie Streitwagen und unter Beteiligung von fremdstämmigen Söldnern geführt wurde. Bei Kadesch endete der Völkerstreit in einem förmlichen Friedensvertrag (siehe Beitrag »Der älteste Friedensvertrag der Welt«, S. 239). Zu dieser Leistung sind wohl nur Staaten fähig.

In Lützen erreicht die Schlacht mit rund 36 000 professionellen Soldaten eine ganz andere Dimension als in Kadesch. Hier trafen weitgehend stehende Heere aufeinander und agierten in groß angelegten taktischen und strategischen Manövern mit Feuerwaffen (siehe Beitrag »Die Schlacht von Lützen«, S. 377). Auch dieser Krieg endete, wenngleich erst nach 30 Jahren, mit einem Friedensvertrag. Zur Zeit der Schlacht von Lützen hatte längst der Aufstieg des Abendlandes begonnen, der im Wesentlichen auf die in Europa entwickelte fortschrittliche und technikorientierte Kriegsführung zurückzuführen ist. Diese entwickelte sich in permanenten klein- und großräumigen Konflikten, da auf dem territorial und politisch zergliederten Kontinent über Jahrtausende nahezu immer an einem Ort Krieg geführt wurde.

Wie beginnt diese Entwicklung und was sind deren wesentliche Leitlinien? Die Krieger im Tollensetal dürften vorwiegend mit hölzernen und erzbewehrten Speeren bzw. Lanzen, aber auch mit Pfeil und Bogen, Holzkeulen oder mit Beilen und Schwertern gekämpft haben. Es ist davon auszugehen, dass es sich im Wesentlichen um Fußtruppen unter Beteiligung von Reitern handelte. In einzelnen Fällen ist eine Bronzepanzerung aus Helm, Schild, Brustpanzer und Beinschienen möglich, jedoch mit Sicherheit nicht die Regel. Eine organische Panzerung, etwa aus Leder, Leinenstoffen oder Flechtwerk, war sicher geläufiger.

Die Kämpfer ab der Eisenzeit waren wahrscheinlich – ganz ähnlich dem homerischen Krieger – in Gefolgschaftsverbänden organisiert (in der »Ilias« als ἑταῖροι [Gefährten] oder θεράποντες [Gefolgsleute] bezeichnet), zu deren berühmtesten Vertretern die Myrmidonen des Achilles zählen. Sie agierten in kleineren geschlossenen Formationen von etwa 50 Männern, die sich hochflexibel auflösen konnten, wobei es mitunter zum Zweikampf einzelner »Helden« kam. Als Grundlage des Kriegertums und des Gefolgschaftswesens ist ein »heroisches« Ethos anzunehmen, in dem

1
Eine Neuerung im Kampfwesen brachte spätestens im 7. Jh. v. Chr. die Phalanx. Hierbei hielten die Schwerbewaffneten im direkten Gefecht eine geschlossene Formation und lösten sie nicht mehr für einen Zweikampf auf. Die Hopliten setzten die Speere als Stoß- und Stichwaffe ein. Sie schützten sich mit einem geschlossenen Bronzehelm, einem metallenen Brustpanzer, Beinschienen und einem runden Schild. Chigi-Kanne, Museo Nazionale Etrusco di Villa Giulia, Rom (650–630 v. Chr.).

2
Kriegselefanten wurden erstmals im Hellenismus in die europäische Kriegsführung eingeführt und stellten unter bestimmten Umständen eine wirksame Waffe dar, die aber durchaus auch zur Gefahr für die eigenen Truppen werden konnte. Dabei trugen sie kleine Türme, die zwei bis vier Soldaten aufnahmen. Vorne saß ein Elefantenführer, der das Tier mit einem hakenbesetzten Stab lenkte. Anfangs erzielten Feldherren wie König Pyrrhos von Epirus (319/18–272 v. Chr.) mit dem Einsatz von Kriegselefanten gegen die Römer Erfolge. Auch Hannibal (247/46–183 v. Chr.) setzte Kriegselefanten gegen Rom ein. Bei seiner Überquerung der Alpen 218 v. Chr. erlitten sie jedoch schwere Verluste. Darstellung eines Kriegselefanten auf einer graeco-baktrischen Silberphalere (2. Jh. v. Chr.).

3
Darstellung von in engen Reihen vorrückenden römischen Legionären während des Markomannenkrieges (164–180 n. Chr.) auf der Siegessäule des Kaisers Mark Aurel in Rom.

4 (rechte Seite)
Rekonstruiertes Lebensbild eines berittenen keltischen Kriegers mit langer Lanze, Schwert, Helm und Körperpanzer des 4. Jhs. v. Chr. Am Zaumzeug befestigt findet sich der Kopf eines getöteten Gegners; diese Form der Befestigung der Trophäenschädel ist beispielsweise bei dem antiken Geografen Strabon (um 63 v. Chr.–23. n. Chr.) schriftlich und auf einem Zierblech aus Kärlich, Lkr. Mayen-Koblenz, auch bildlich überliefert (Zeichnung © K. Schauer).

der Einzelne vom Verlangen nach kriegerischem Ruhm beseelt im Wettstreit (ἀγών) mit seinen Kampfgenossen focht (Burckhardt 2008, 15–21; Schulz 2012, 21–24).

Der charismatische Charakter der persönlichen Tapferkeit zeigt sich auch am Beispiel der Schlacht von Kadesch, ganz besonders in der Darstellung der herausragenden Taten des Pharaos selbst. Mit der Urbanisierung des Mittelmeerraumes und der Entwicklung von Stadtstaaten gingen dauerhafte kriegerische Auseinandersetzungen einher, in denen sich die Heere zunehmend professionalisierten und zu immer ausgefeilteren taktischen Mitteln griffen. In der Folge konkurrierten im Mittelmeerraum verschiedene Großmächte, von denen am Ende das Römische Reich als einziges langlebiges Imperium übrig blieb.

Grundlage für die beeindruckenden griechischen Erfolge gegen die zahlenmäßig weit überlegenen Heere der Perser war die Erfindung der Phalanx, bestehend aus schwer bewaffneten Hopliten, die ihre Lanzen als Stoß- und Stichwaffen einsetzten und in dichten Reihen Schild an Schild, Wange an Wange kämpften (Abb. 1; Hanson 2001; Burckhardt 2008, 22–32; Sidebottom 2008, 122–126; Schulz 2012, 63–67). Durch die geschlossenen Reihen beim Nahkampf verringerte sich der Verlust im Vergleich zu den Zweikämpfen (Schulz 2012, 39). Die Formation aus schwerbewaffneten Fußsoldaten (mit Lanze, Speer, Schwert, Dolch, Schild, Brustpanzer und Helm) bildete über mehr als 1000 Jahre vom 7. Jh. v. Chr. bis ins 5. Jh. n. Chr. die Basis der mediterranen Kriegsführung (Schulz 2012, 449). Lediglich die taktischen Formationen sowie Länge und Form der Bewaffnung änderten sich im Laufe der Zeit.

Eine maßgebliche Entwicklung stellt die Sarissenphalanx des makedonischen Königs Philip II. (382–336 v. Chr.) dar, die mit 6 m langen Lanzen kämpfte und auch für die Erfolge seines Sohnes Alexander des Großen bei der Eroberung des Perserreiches verantwortlich war (Markle 1977). Neben die Schwerbewaffneten traten in der Regel Leichtbewaffnete (Peltasten) sowie die Reiterei, die häufig in Flankenangriffen eine Schlachtentscheidung herbeiführte. Dennoch beruhten Erfolg und Niederlage einer Schlacht fortan nicht mehr allein auf der Wucht der Phalanx, sondern auf dem kombinierten Einsatz verschiedener Waffengattungen.

Seit dem 4. Jh. v. Chr. kamen zahlreiche Kriegs- und Belagerungsgeräte, insbesondere Katapulte und Torsionsgeschütze zur technischen Unterstützung bei der Belagerung von befestigten Städten hinzu. Bekannt war ab dieser Zeit auch der Einsatz von Kriegselefanten, mit denen es möglich wurde, sogar eine dicht gedrängte Phalanx aufzubrechen oder die gegnerische Reiterei zu zerstreuen. Ihrerseits aber waren sie sehr verwundbar und konnten sich sogar gegen die eigenen Reihen wenden (Abb. 2; Burckhardt 2008, 69–72; Schulz 2012, 176 f.).

Der überwältigende Erfolg der römischen Kriegsführung hingegen beruhte im Wesentlichen auf der Kampfkraft der frühen republikanischen Milizheere, die durch die Ideale des römischen Bürgers, nämlich militärische Tapferkeit und Disziplin, geprägt waren. Die Aufstellung der Soldaten in der schachbrettartigen Quincunx-Formation mit den taktischen Körpern der Manipel, später Kohorten, ermöglichte es den Römern, die hochbeanspruchte vorderste Kampflinie mehrfach zu wechseln und erst zum Ende der Abnutzungsgefechte die erfahrensten Soldaten als ausgeruhte Reserve ins Rennen zu schicken (Goldsworthy 2001, 43–45; Schulz 2012, 178–189). Verbunden mit einer effektiven Verwaltung und finanziellen Ausbeutung der eroberten Gebiete führte dies zur Entstehung und Stabilität des Imperium Romanum (Abb. 3).

Im Verlauf ihrer expansiven Bestrebungen trafen die Römer früh auf die barbarischen Kriegertruppen des Westens (Keltiberer) und Nordens (Gallier) (Abb. 4). Zum Teil übernahmen sie deren erfolgreiche Bewaffnung und integrierten sie selbst zunehmend als Hilfstruppen (Auxiliareinheiten) in die römische Armee (Fischer 2012; Schulz 2012, 306–311). Bereits der erste Kontakt Roms mit den mitteleuropäischen Kriegern bei der Belagerung Roms (387 v. Chr.) durch die Gallier unter Brennus führte fast zur Auslöschung des Stadtstaates. Erst bei Telamon (225 v. Chr.) gelang es durch einen taktischen Glücksfall, die gefürchteten Gallier vernichtend zu schlagen und deren Macht in Italien zu brechen. Bis dahin hatten die furchterregenden Stammesverbände aus den Gebieten nördlich der Alpen weite Teile der Mittelmeerwelt überrannt (Plünderung Delphis 279 v. Chr.) und selbst im fernen Kleinasien mit dem Galaterreich ein eigenes Staatsgebilde gegründet.

Wie waren diese Erfolge möglich? Die aus römischer Sicht barbarischen Krieger, seien es Gallier oder Germanen, waren durch ihre große Zahl, ihren Kampfeswillen und ihre Unerschrockenheit äußerst gefürchtete Gegner. Auch sie kämpften mit Schwertern, Lanzen, Speeren sowie Pfeil und Bogen. Lediglich die teure Schutzbewaffnung war deutlich weniger ausgeprägt und zumeist auf den Schild, selten einen Helm und

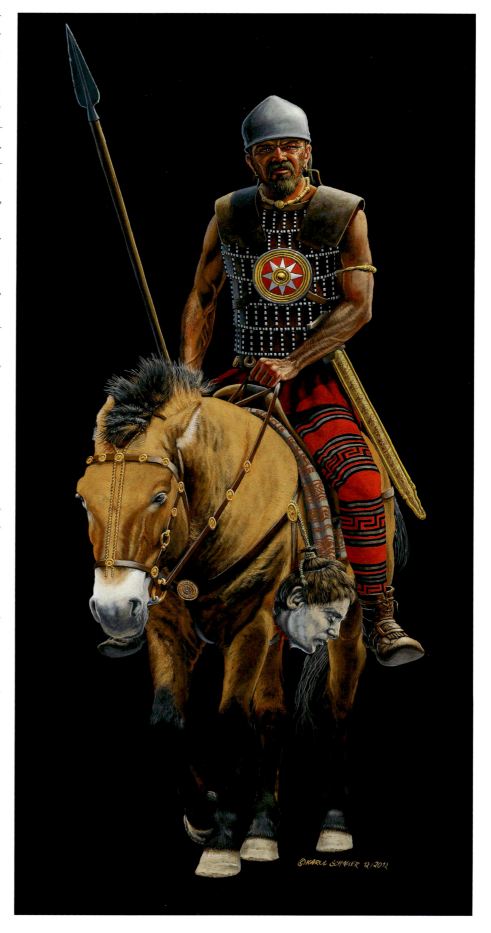

5
Ritter mit Kettenrüstung, Helm, Schild und Lanze reiten in die Schlacht. Darstellung auf dem Teppich von Bayeux, Frankreich, anlässlich der siegreichen Eroberung Britanniens im Jahre 1066 durch die Normannen gewebt. Im Hochmittelalter dominierten Berittene die Schlachtfelder.

nur in Einzelfällen einen Kettenpanzer beschränkt. Diese scheinbar barbarischen Verbände verfügten, wie uns das Tollensetal zeigt, ebenfalls über eine jahrtausendealte Tradition des Krieges. Sie vermieden den direkten Zusammenprall mit den gepanzerten römischen Legionären und praktizierten schnelle Vorstöße der Reiterei, Raubzüge und Überfälle in unwegsamem Gelände – Taktiken, auf die die römische Armee nicht vorbereitet war.

Obwohl dem Römischen Reich vonseiten der Barbaren, etwa der Kimbern und Teutonen bei Arausio (105 v. Chr.), verheerende Niederlagen zugefügt wurden, gelang es immer wieder, neue Truppen aus einem schier unermesslich erscheinenden Reservoir zu rekrutieren. Barbarische Völker, die sich wie die Gallier zu offener Feldschlacht stellten und befestigte Städte verteidigten, waren von römischer Seite wesentlich einfacher zu besiegen als etwa die iberischen Kelten; hochmobile Krieger, die sich immer wieder in unzugängliche Bergregionen zurückzogen und Rom einen jahrzehntelangen äußerst verlustreichen Abnutzungskrieg lieferten. Als letztendlich unbesiegbar erwiesen sich die verschiedenen Stämme der *Germania Libera*, die sich ebenfalls nicht zur offenen Feldschlacht stellten, sondern Rom nur in asymmetrischen Kriegen gegenübertraten (Burmeister 2009). Die germanischen Krieger organisierten sich in Gefolgschaften als Berufskrieger; ihre Anführer mussten sich durch militärische Erfolge legitimieren (Schulz 2012, 234).

Bei der berühmten Schlacht im Teutoburger Wald (9 n. Chr.) wurden die römischen Legionen von germanischen Fußkämpfern vernichtend geschlagen, deren Hauptbewaffnung lediglich aus leichten organischen Schilden und Lanzen sowie Speeren mit Holz-, Knochen- oder Eisenspitzen bestand – Schwerter hingegen waren den Gefolgschaftsführern und Leibgarden vorbehalten und nicht Bestandteil der regulären Bewaffnung. Der entscheidende Vorteil dürfte jedoch zum einen dem charismatischen Führer Arminius und seiner militärischen Erfahrung zu verdanken gewesen sein, zum anderen konnte sich dieser auf die von ihm als Offizier befehligten und treu ergebenen, geschulten germanischen Auxiliartruppen verlassen. Denn während die Römer nur wenig über die germanischen Stämme, ihre Technik und Strategien wussten, kannten die germanischen Führer wie Arminius, Marbod oder Julius Civilis Rom bestens, da sie im Römischen Reich aufgewachsen waren und als römische Offiziere gedient hatten. Dieser detaillierten Kenntnis, besonders dem Wissen um die Schwachstellen der römischen Kriegsführung, verbunden mit asymmetrischer Kriegsführung war vonseiten Roms kaum beizukommen, sodass schließlich davon abgesehen wurde, die germanischen Gebiete östlich des Rheins zu erobern (Schulz 2012, 294–306). Die zunehmende Integration germanischer Söldner und Verbündeter (Föderaten) in die römische Armee und der sukzessive Bedeutungsverlust der Legionen, die häufig zum Ausbau der Infrastruktur und in der Verwaltung eingesetzt wurden, führten langfristig zur Destabilisierung und letztlich zum Zusammenbruch des Weströmischen Reiches.

Mit Sarmaten, Alanen, Hunnen und Persern (Parther, Sassaniden) griffen immer wieder auch Reiterkrieger aus den Steppen und Ebenen des Ostens in das Geschehen ein. Es handelte sich durchweg um berittene Verbände, die entweder auf die perfekt eingesetzte Bogenwaffe oder auf schwere Panzerung mit langen Lanzen setzten. Rom reagierte auf diese Herausforderung seit Ende des 2. Jhs. ebenfalls mit der Aufstellung von Panzerreitern: Kataphrakten (griech. *Κατάφρακτος* = ganz bedeckt, gepanzert) und Clibanarier (griech. *κλίβανος* = geschlossenes eisernes Backgeschirr, Ofen) (Unruh 1992, 95; Burckhardt 2008, 123; Schulz 2012, 354).

Nach dem Zusammenbruch des Weströmischen Reiches dominierten germanische Gefolgschaftsverbände auch im Mittelmeerraum. Ihre prinzipielle Ausrüstung unterschied sich nicht von der vorheriger Jahrhunderte. Die ausgefeilten taktischen Manöver der Phalanx- und Kohortentaktik und die komplexe Belagerungstechnik gerieten jedoch weitgehend in Vergessenheit.

Seit dem 8. Jh. n. Chr. bildete sich zunehmend eine schwere gepanzerte Reiterei aus adligen Kriegern heraus, die im europäischen Rittertum des Hochmittelalters ihre Blüte fand (Abb. 5). Dabei spielte der Steigbügel erst mit der Erfindung des Angriffs mit angelegter Lanze ab 1100 eine entscheidende Rolle im Reiterheer. Die Dominanz der Reiterei stellt im europäischen Kontext einen einzigartigen Sonderfall dar, der am ehesten durch die fehlenden staatlichen Voraussetzungen für die Aufstellung und den Unterhalt einer disziplinierten und erfahrenen Infanterie, vor allem aber durch die ritualisierte adelige Kriegsführung zu erklären ist (Prietzel 2006, 25–28). Das hochmittelalterliche Ritterwesen war dabei, wie beispielsweise die Kreuzzüge zeigen (1095–1291), eine durchaus erfolgreiche Kampfesweise. Der größte Erfolg schwerer Panzerreiter bestand sicherlich in der Beendigung der jahrhundertealten Bedrohung Mitteleuropas durch Reitervölker mit dem Sieg Otto des Großen gegen die Ungarn auf dem Lechfeld bei Augsburg im Jahr 955 (Bowlus 2012). Im Mittelalter wurden allmählich auch die Kunst der Belagerung befestigter Plätze sowie die engen Formationen von mit langen Lanzen ausgerüsteten Fußkämpfern, letztlich also die Phalanx, wiederentdeckt. Mit dieser Entwicklung ging schließlich das Ende der Dominanz der Reiterei einher. Sobald der Gegner sich nämlich nicht an die »Regeln« hielt und einen Paradigmenwechsel herbeiführte, wie dies mit den englischen Langbogenschützen bei den Schlachten von Crécy (1346) und Azincourt (1415) oder mit den Schweizer Gewalthaufen bei Sempach (1386) der Fall war, erwiesen sich die aus Adligen bestehenden Ritterheere als unterlegen (Abb. 6; Keegan 1991, 89–134). Die Schweizer kämpften als Infanteristen in engstehenden Formationen mit Schilden, langen Piken und Spießen ähnlich der antiken Phalanx, die nach fast 1000 Jahren wiedererstand, wie in den aufeinanderfolgenden Schlachten bei Grandson und Murten (1476) (Abb. 7). Nicht nur der Einsatz des Langbogens und die schwer gepanzerte Infanterie, sondern insbesondere die Arm-

6
Die Schlacht von Crécy (1346) war die erste große Schlacht des Hundertjährigen Krieges (1337–1453). Hier schlug ein englisches Heer unter König Edward III. (rechts), das vor allem aus Langbogenschützen bestand, die Angriffe der französischen Ritter (links) blutig zurück. Durch das Erschießen der Pferde waren die Ritter in ihren schweren Plattenrüstungen nahezu wehrlos den englischen Fußtruppen ausgeliefert. Darstellung in einer Chronik des Jean Froissart, Paris, 14. Jh.

7
In der Schlacht bei Grandson (1476) siegten die Schweizer Eidgenossen (links) mithilfe ihrer Taktik der Gewalthaufen, die sich in alle Richtungen mit langen Spießen vor der gegnerischen Reiterei und Infanterie schützten, gegen die moderne Armee Herzog Karl des Kühnen von Burgund mit Kavallerie, Artillerie, Infanterie und Bogenschützen. Darstellung im Luzerner Schilling, Luzern (1513).

brust – die übrigens schon von den römischen Legionen eingesetzt wurde – und daran anschließend die Entwicklung der Feuerwaffen ab etwa 1320 führten zum Zusammenbruch des Rittertums, das in der ritualisierten Form der Turniere bis in das 16. Jh. weiterlebte und in dieser Zeit sogar seine Blüte erlebte.

Vor allem das Aufkommen von Kanonen veränderte das Kriegswesen spätestens seit dem 15. Jh. Damit waren ein neues und äußerst aufwendiges Befestigungswesen, zugleich aber ein sehr hoher logistischer und finanzieller Aufwand für Herstellung und Transport der Geschütze notwendig. Ebenso wuchsen die Armeen ab dem 16. Jh. mit der Herausbildung der Landsknechtsheere stark an, was die Logistik weiter erhöhte und Söldnerführer mit Managementtalenten erforderte (Parker 1990, 25–67).

Die Entwicklung immer effektiverer Kanonen, aber auch von Kleinfeuerwaffen hat die »Kriegskunst« nicht nur revolutioniert und dynamisiert, sondern insbesondere in der Verbindung von Kanonen mit effektiven Segelschiffen zum eingangs erwähnten unaufhaltsamen Aufstieg des Westens geführt (Parker 1990, 107–142; Cipolla 1999). Die Seekriegsführung, auf die hier nicht weiter eingegangen wird, setzte zwischen den Schlachten von Salamis (480 v. Chr.) und Lepanto (1571) auf große Ruderschiffe mit Rammsporn. Sporne bildeten vor allem die Waffe der Trieren, die durch drei übereinandergesetzte Reihen von Ruderern eine hohe Geschwindigkeit erreichten und mit taktischen Manövern die feindlichen Flotten attackierten, dafür aber regelmäßig trainierte Mannschaften benötigten. Deshalb bestimmten später große Rammschiffe den Seekrieg, deren Ruderetagen aufgestockt, deren Riemen durch mehrere Ruderer zugleich bedient und die zudem mit Katapulten besetzt wurden. Bei Lepanto wurden auch erstmals rundum mit Kanonen ausgestattete Galeassen eingesetzt, die eine entscheidende Wende in der Seekriegsführung bedeuteten.

Wie ein Blick auf die verschiedenen Abbildungen der Schlacht von Lützen zeigt, erinnert diese in der Aufstellung durchaus an die römische Kohortentaktik. Die langen Hellebarden lassen uns an die Sarissen der makedonischen Heere Alexanders des Großen denken. Für den einzelnen Infanteristen, der mit Hellebarde und Dolch im Karree kämpfte, hat sich die Schlachtsituation nicht grundsätzlich verbessert. Vielmehr haben sich die Geschwindigkeit und die Opferzahlen durch die Feuerwaffen wesentlich erhöht, zumal der Soldat im offenen Gefecht aufrecht kämpfen musste, da das Nachladen der Musketen eine solche Position erforderlich machte. Diese Entwicklung dauerte mit fortschreitender Entwicklung der Waffen in den folgenden Jahrhunderten an (Keegan 1991). Die Dauer der Schlachten steigerte sich von den klassischen eintägigen Schlachten der Antike und des Dreißigjährigen Krieges zu den wochenlangen Schlachten des Ersten und Zweiten Weltkrieges. Flächenausdehnung und Anzahl der beteiligten Soldaten wuchsen stetig. Gleichzeitig stieg die Anzahl der verfeuerten Geschosse ebenso exponentiell wie das flächendeckende Leid der beteiligten Zivilbevölkerung.

Literatur

Bowlus 2012
C. R. Bowlus, Die Schlacht auf dem Lechfeld (Ostfildern 2012).

Burckhardt 2008
L. Burckhardt, Militärgeschichte der Antike (München 2008).

Burmeister 2009
S. Burmeister, Aufstieg germanischer Kriegsherren. Germanisches Kriegswesen und römische Militärpolitik. In: Varusschlacht im Osnabrücker Land GmbH – Museum und Park Kalkriese (Hrsg.), 2000 Jahre Varusschlacht. Konflikt (Stuttgart 2009) 392–402.

Cipolla 1999
C. M. Cipolla, Segel und Kanonen: Die europäische Expansion zur See (Berlin 1999).

Fischer 2012
T. Fischer, Die Armee der Caesaren. Archäologie und Geschichte (Regensburg 2012).

Goldsworthy 2001
A. Goldsworthy, Die Kriege der Römer (Berlin 2001).

Hanson 2001
V. D. Hanson, Die Kriege der griechischen Antike (Berlin 2001).

Keegan 1991
J. Keegan, Das Antlitz des Krieges: Die Schlachten von Azincourt 1415, Waterloo 1815 und an der Somme 1916 (Frankfurt a. M., New York 1991).

Markle 1977
M. M. Markle, The Macedonian Sarissa, Spear, and Related Armor. Am. Journal Arch. 81,3, 1977, 323–339.

Parker 1990
G. Parker, Die militärische Revolution. Die Kriegskunst und der Aufstieg des Westens 1500–1800 (Frankfurt a. M., New York 1990).

Prietzel 2006
M. Prietzel, Krieg im Mittelalter (Darmstadt 2006).

Schulz 2012
R. Schulz, Feldherren, Krieger und Strategen. Krieg in der Antike von Achill bis Attila (Stuttgart 2012).

Sidebottom 2008
H. Sidebottom, Der Krieg in der antiken Welt (Stuttgart 2008).

Unruh 1992
F. Unruh, Gefährliche Profis: Das römische Heer im 3. Jh. n. Chr. In: H.-P. Kuhnen (Hrsg.), Gestürmt – Geräumt – Vergessen? Der Limesfall und das Ende der Römerherrschaft in Südwestdeutschland (Stuttgart 1992) 95–96.

DREISSIGJÄHRIGER KRIEG

Vorderseite
Detail des Massengrabes von Lützen (1632).
> siehe S. 399–404

DIE SCHLACHT BEI LÜTZEN. EIN EREIGNIS MITTEN IM KRIEG

Olaf Mörke

Gut 13 Jahre dauerte schon das Ringen, das heute Dreißigjähriger Krieg genannt wird, als im November 1632 bei Lützen die Truppen des kaiserlichen Oberbefehlshabers Albrecht von Wallenstein und diejenigen des Schwedenkönigs Gustav II. Adolf, der beiden bedeutendsten militärischen und politischen Strategen des Krieges, aufeinandertrafen. Fast 16 Jahre sollte es noch dauern, bis in Münster und Osnabrück ein allgemeiner Frieden geschlossen wurde. Die Schlacht von Lützen steht in der Rückschau also nahezu im chronologischen Zentrum jenes Krieges. In seinem strategischen Zentrum stand sie zunächst nicht. Die militärischen Kräfteverhältnisse änderten sich durch ihren Ausgang nicht direkt. Umso erstaunlicher mutet es an, dass der Schlachtentod des Königs eine Phase einläutete, in der das politische und militärische Gewicht Schwedens das Kriegsgeschehen für etliche Jahre prägte.

Schon bei den Zeitgenossen, Freund wie Feind, erweckte das Ende Gustav II. Adolfs den Eindruck der Zäsur. Das lag vor allem daran, dass der König sich erfolgreich zum entschiedenen Verfechter zweier kriegsbestimmender Prinzipien stilisierte: des Rechtes der Stände im Rahmen der Verfasstheit des Reiches, der »teutschen Libertät«, und des Schutzes des Protestantismus. Für seine politischen und militärischen Gegner im Reich verkörperte er den grundsätzlichen Antagonismus zum Kaiser und zur katholischen Kirche. Seinen Tod und damit auch die Schlacht als Zäsur wahrzunehmen, lag damals also nahe (Tschopp 1991, 53–57).

VORGESCHICHTE UND URSACHEN DES DREISSIGJÄHRIGEN KRIEGES

Der Disput um Stände- und Konfessionsrechte war nicht erst mit dem Ereignis virulent geworden, das gemeinhin als Auslöser des großen Krieges gilt, dem »Prager Fenstersturz« (Abb. 1). Schon in den 1520er Jahren, als die *causa Lutheri* zu einem Politikum ersten Ranges wurde, verbanden sich politische und religiöse Differenzen zu einem langfristigen, hochsensiblen Konfliktfeld. Der Schmalkaldische

1
Der Prager Fenstersturz als vermeintlicher Auslöser des Dreißigjährigen Krieges. Darstellung aus dem »Theatrum Europaeum« 1662.

Krieg von 1546/47 und der sog. Fürstenkrieg von 1552 bildeten nur dessen militärische Spitze.

KONFESSIONELLE GEGENSÄTZE

Der Augsburger Religionsfrieden markierte 1555 den ersten Versuch, diesen Konflikt rechtlich einzudämmen. Für die zukünftige Beziehung von »*Religion, Kirche und staatlich-politischem Handeln war die faktische Entkoppelung von theologischer Wahrheitsfrage und Reichsrecht*« bezeichnend (Mörke 2011, 63). Das war so grundsätzlich neu, wurden bisher doch Reichseinheit und Religionseinheit untrennbar zusammengedacht, dass es noch bis zum Westfälischen Frieden von 1648 dauern sollte, bis diese Entkoppelung dauerhaft zu greifen begann. Immer wieder kam es entlang der konfessionellen Trennungslinie zu gewalttätigen Herausforderungen des mit rechtlichen Stolpersteinen gepflasterten Friedens von 1555.

Die Vorgänge in der bikonfessionellen Reichsstadt Donauwörth kündeten ab 1605 von der Verschärfung der Konfrontation. Das Zusammenleben von protestantischer Bevölkerungsmehrheit und katholischer Minderheit, wie auch in vier anderen Reichsstädten, unterlag dort dem Schutz des Friedens von 1555. Der Versuch der protestantischen Mehrheit, sich in Donauwörth vollends durchzusetzen, endete damit, dass die Stadt vom Kaiser in die Reichsacht getan wurde. Dass der katholische Herzog Maximilian von Bayern mit der Exekution der Acht beauftragt wurde, war rechtlich höchst bedenklich. Bayrische Truppen besetzten die Stadt 1608 und erzwangen deren Rekatholisierung.

Als überdies noch der Regensburger Reichstag 1608 an den Gegensätzen der katholischen und protestantischen Reichsstände scheiterte, gleichsam gesprengt wurde, war das »*wichtigste Ausgleichsorgan der Reichsverfassung lahmgelegt*« (Whaley 2014, 24). In der Gründung zweier Konfessionsbündnisse, der protestantischen Union unter kurpfälzischer Führung noch 1608 und der katholischen Liga unter Führung Bayerns 1609, manifestierte sich jetzt eine reichspolitische Polarisierung, die den Zerfall der auf innere Friedenssicherung ausgelegten Reichsverfassung unterstrich.

MÄCHTEVERHÄLTNISSE IN EUROPA

Auf der abschüssigen Bahn in die große militärische Auseinandersetzung, begleitet von regionalen Konflikten, so dem mit Mühe und Not beigelegten Jülich-Klevischen Erbfolgestreit von 1609, offenbarte sich, dass die spannungsreiche Gemengelage politischer und konfessioneller Interessenkollisionen längst nicht nur eine innere Angelegenheit des Reiches war. Gerade der Streit um Jülich-Kleve berührte die Interessen der niederländischen Republik selbst, ihres spanischen Gegners in den südlichen Niederlanden, aber auch die der nahen Großmächte Frankreich und England. Die protestantische Union schloss schon 1612 mit England und 1613 mit der Republik der Vereinigten Niederlande Subsidienverträge, auch nach Frankreich wurden Fühler ausgestreckt. Dahinter standen dynastische Verflechtungen. So hatte 1612 der junge pfälzische Kurfürst Friedrich V., Sohn des ersten politischen Führers der Union, Kurfürst Friedrich IV., Elisabeth, die einzige Tochter James' I./VI., des Königs von England und Schottland, geheiratet. Ein Onkel Friedrichs war Friedrich Heinrich von Oranien-Nassau, als Statthalter maßgeblicher Politiker und militärischer Oberbefehlshaber der niederländischen Republik. Gustav II. Adolf, seit 1611 schwedischer König und schon jetzt ein ambitionierter Machtpolitiker im Ostseeraum, der von der Finanzkraft der Niederländer profitierte, zählte ebenfalls zum engsten Verwandtenkreis des Pfälzer Kurfürstenhauses. Sie alle verband die Gegnerschaft gegen den Katholizismus und dessen machtvollstes Herrscherhaus, die Habsburger. Trotz des Konfessionsunterschiedes stand auch die französische Krone der Union und dem Pfälzer nahe, da auch sie gegen die österreichischen und spanischen Habsburger stand. Den deutschen Protestanten war im Streit um Jülich-Kleve deutlich geworden, dass ihnen trotz der Bereitschaft, Krieg »*als letzten Ausweg in Betracht zu ziehen*«, die Ressourcen für eine militärische Auseinandersetzung fehlten und sie von ausländischer Hilfe abhingen (Whaley 2014, 528). Obwohl das von ihnen nicht als wünschenswert angesehen wurde, war die weit über das Reich hinausgehende Dimension der Konfliktlage am Vorabend des Dreißigjährigen Krieges offensichtlich.

STÄNDEAUFSTAND IN BÖHMEN UND PRAGER FENSTERSTURZ

Nahezu parallel zum Jülich-Klevischen Erbfolgestreit im Nordwesten des Reiches zeichnete sich in dessen Zentrum, im seit 1526 unter habsburgischer Herrschaft stehenden Königreich Böhmen, eine weitere Krise ab. Sie resultierte aus der konfessionellen Vielfalt der Bevölkerung. »*Um die Mitte des 16. Jahrhunderts teilte [...] nur noch eine kleine Minderheit der böhmischen Bevölkerung die römisch-katholische Konfession ihrer habsburgischen Landesherren, während sich die weitaus überwiegende Mehrheit [...] zu unterschiedlichen nichtkatholischen, hussitisch-protestantischen Religionsgemeinschaften bekannte*« (Kampmann 2008, 29). Die in Böhmen starken Stände widersetzten sich dann auch den landesherrlichen Versuchen einer katholischen Konfessionalisierung, welche die habsburgischen Landesherren hier und in ihren österreichischen Erblanden vorantrieben. Der als »Bruderzwist im Hause Habsburg« bekannte innerdynastische Streit zwischen Rudolf II., von 1575 bis 1611 böhmischer König und seit 1576 Kaiser, und seinem jüngeren Bruder Erzherzog Matthias führte dazu, dass Rudolf im »Majestätsbrief« von 1609 den Ständen Böhmens weitgehend die Organisation des eigenen Kirchenwesens zugestand. Er blieb freilich zwischen den begünstigten Protestanten und den Katholiken im Lande umstritten.

Als Rudolf sich anschickte, den »Majestätsbrief« zu revidieren, erzwangen die Stände seinen Rücktritt. 1611 trat Matthias in fortgeschrittenem Alter dessen Erbe im Reich und in Böhmen an. Zur Vermeidung erneuter Probleme einigte sich das Haus Habsburg auf eine Nachfolgeregelung. Sie sah Erzherzog Ferdinand von

Steiermark vor. Auch die böhmischen Stände erkannten ihn 1617 als künftigen Herrscher an, hatte er doch ihre Privilegien bestätigt. Radikale Vertreter des böhmischen Adels befürchteten aber längst eine Abkehr Matthias' von der konfessionellen Konzessionspolitik gegenüber den Protestanten und rechneten mit einer bevorstehenden Konfrontation. Die Anerkennung Ferdinands konnten sie damit freilich nicht verhindern.

Als es jedoch zu Aktionen kam, die von den Protestanten als Übergriff auf die im »Majestätsbrief« garantierten Rechte interpretiert wurden, polarisierte sich die politische Lage. Das ermöglichte den protestantischen Protagonisten einer rigoros antihabsburgischen, auf weitere Stärkung der Stände drängenden Position, offen gegen die Repräsentanten des neuen Königs Ferdinand II. vorzugehen (Abb. 2). Es kam am 13./23. Mai 1618 zum spektakulären »Prager Fenstersturz«. Die Konfrontation mit Wien war nunmehr unausweichlich. Noch im Mai kam es zu ersten Kämpfen. Der Böhmische Krieg hatte begonnen. Im Juni standen böhmische Truppen vor Wien.

BÖHMISCH-PFÄLZISCHER KRIEG (1618–1623)

Als die böhmischen Stände am 9./19. August König Ferdinand für abgesetzt erklärten und Friedrich V. von der Pfalz zu seinem Nachfolger wählten, war daraus der Böhmisch-Pfälzische Krieg geworden. Die Wirkung der ersten militärischen Überraschungserfolge der Böhmen begann jedoch schon zu verfliegen. Unterstützung durch die protestantischen Mächte blieb, entgegen Friedrichs Erwartung, weitgehend aus. Anders auf der katholischen Seite: Im August 1619 wurde Ferdinand einstimmig zum Kaiser gewählt. Militärische Unterstützung erhielt er von den Ligatruppen, die bald Böhmen besetzen konnten, und von seinem spanischen Verwandten Philipp III., dessen Armee die linksrheinische Pfalz okkupierte, wovon Spanien sich strategische Vorteile im Konflikt mit der niederländischen Republik und in der Konkurrenz mit Frankreich erhoffen konnte. Selbst die protestantischen Kurfürsten von Sachsen und Brandenburg gewann Ferdinand zunächst für sich. Das Verhalten der böhmischen Stände war ihnen als gegen den Kaiser gerichtete Rebellion erschienen.

Die militärische Niederlage der böhmischen Ständearmee am 29. Oktober/8. November 1620 am Weißen Berg bei Prag war durch das Ulmer Waffenstillstandsabkommen zwischen Union und Liga vom Juli 1620 vorbereitet worden. *»In der Praxis bedeutete dies, dass die Liga-Mitglieder, allen voran Bayern, ihren Feldzug gegen das Nicht-Unionsmitglied Böhmen durchführen konnten, ohne einen Gegenangriff der Union auf ihre eigenen Territorien befürchten zu müssen«* (Kampmann 2008, 41). Das Ständeregiment brach zusammen. Friedrich von der Pfalz floh in die Niederlande. Er verlor nicht nur die böhmische Krone, sondern 1622 auch noch seine pfälzischen Erblande. Die pfälzische Kurwürde ging an Maximilian von Bayern, der als Führer der Liga für den Sieg über die aufständischen Böhmen gesorgt hatte.

2
Ferdinand II. von Habsburg (1578–1637), König von Böhmen und ab 1619 Kaiser des Heiligen Römischen Reiches.

DÄNISCH-NIEDERSÄCHSISCHER KRIEG (1623–1629)

Die Restitution der habsburgischen Herrschaft in den Gebieten der böhmischen Krone ging mit einem drastischen Strafgericht gegen die adligen Träger des Aufstandes, mit Todesurteilen und umfänglichen Besitzkonfiskationen einher. Die Ständeprivilegien wurden von den Siegern als verwirkt angesehen. Die »Verneuerte böhmische Landesordnung« von 1627 untermauerte schließlich die Absicht, in Böhmen dauerhaft eine katholische Erbmonarchie zu errichten. Die Niederlage der böhmischen Protestanten führte auch zu massiven Umschichtungen innerhalb der Adelselite. Mit ihr begann der materielle und professionelle Aufstieg des mährisch-böhmischen Adligen Albrecht von Wallenstein zu einem der entscheidenden Heerführer und Politiker des Dreißigjährigen Krieges.

3 (links)
Christian IV. (1577–1648), König von Dänemark und Norwegen.

4 (rechts)
Gustav II. Adolf (1597–1632), König von Schweden.

Die totale Niederlage des »Winterkönigs« Friedrich sowohl in Böhmen als auch in der Pfalz bedeutete indes nicht das Kriegsende. Die Wucht des Sieges der Kaiserlichen und der Liga setzte der Loyalität der protestantischen Kurfürsten von Brandenburg und Sachsen gegenüber dem Kaiser ein Ende. Ferdinand II. hatte mit der gegen Reichsrecht verstoßenden eigenmächtigen Übertragung der Pfälzer Kurwürde auf den Bayernherzog Maximilian den Bogen überspannt. Die protestantischen Fürsten fühlten sich zudem von der Ligaarmee bedroht. Zwei der Truppenkommandeure Friedrichs von der Pfalz, Christian von Halberstadt und Peter Ernst von Mansfeld, operierten gleichsam auf eigene Rechnung vor allem im Nordwesten des Reiches weiter, ehe sie 1623/24 von der Ligaarmee ausgeschaltet wurden. Damit war die Liga, deren Aktionsgebiet sich bislang auf Böhmen und den oberdeutschen Raum konzentriert hatte, auch im protestantischen Norden angekommen.

Der Konfliktraum hatte sich folgenreich ausgedehnt. Überdies waren nach zwölfjährigem Waffenstillstand 1621 in den Niederlanden die Kampfhandlungen zwischen dem spanischen Süden und dem republikanischen Norden wieder aufgenommen worden. Die Unsicherheit brachte einen neuen Akteur ins Spiel, König Christian IV. von Dänemark, als Herzog von Holstein gleichzeitig deutscher Reichsfürst (Abb. 3). Noch war die dänische Krone die dominierende Macht im europäischen Norden, noch konnte sie vor allem die Herrschaft über den Ostseeraum behaupten. Der junge Schwedenkönig Gustav II. Adolf war jedoch zum dynamischen Herausforderer geworden (Abb. 4). Es galt für den Dänen also, seine herausgeforderte Führungsrolle auch im Kampf gegen den nunmehr nahen ligistischen Gegner unter Beweis zu stellen und sich als Schutzmacht der bedrohten norddeutschen Protestanten in Szene zu setzen. Dass Christian IV. ganz konkret auf die säkularisierten Bistümer Verden, Bremen und Osnabrück schaute, die er für seinen Sohn Friedrich gewinnen wollte, um zur unumstrittenen ersten Macht in Norddeutschland zu werden, untermauerte seine ideellen Ambitionen höchst materiell. Im April 1625 wurde er zum Kreisobersten des Niedersächsischen Kreises gewählt. Damit besaß er eine reichsrechtlich verbriefte Funktion, mit der er ein militärisches Eingreifen zum Schutz des Kreisgebietes vor kaiserlichen und ligistischen Angriffen legitimieren konnte.

Militärisches Engagement musste dem Dänenkönig auch deshalb geboten erscheinen, weil sein schwedischer Rivale ebenfalls als Bündnispartner der protestantischen Reichsstände im Spiel war. Gustav II. Adolf richtete sein Augenmerk jedoch zunächst auf die Südostküste der Ostsee und ließ seine Truppen im Juni 1625 im polnischen Preußen einfallen. Er zog das von seinem katholischen Verwandten aus dem Haus Vasa regierte Polen in einen Krieg, der ihm schließlich 1629 einen deutlichen territorialen Zugewinn in Livland und die zeitweilige Besetzung wichtiger preußischer Küstenstädte einbrachte. Mit Gustav II. Adolf war also zu rechnen. Christian IV. indes beschränkte sich keineswegs auf Militäraktionen innerhalb des Niedersächsischen Kreises, sondern überschritt die Grenze nach Westfalen.

Eine neue Kriegsphase zeichnete sich 1625 ab. Jetzt war die Stunde Wallensteins gekommen, der von Ferdinand II. schon 1623 in den Reichsfürstenstand erhoben worden war. Eigene Finanzmittel vorschießend, stellte er eine Armee unter seinem Kommando in den Dienst des Kaisers. Mit Patent vom Juli 1625 wurde er zum General des Kaisers im Reich und in den Niederlanden ernannt. Damit bestimmte er die Aktionen der Kaiserlichen in Norddeutschland. Mit wechselndem Kriegsglück operierte die kaiserliche Armee unter Wallenstein und die der katholischen Liga unter Tilly. Letzterer hatte den dänischen König 1626 bei Lutter am Barenberge geschlagen und ihn von da an in die Defensive gezwungen. 1627 eroberten Wallensteins Truppen Jütland. Außerdem ließ er Mecklenburg und Pommern besetzen. König Christian war auf den dänischen Inseln eingeschlossen und militärisch wie politisch paralysiert. Er sah sich zu Verhandlungen gezwungen, denen Wallenstein seinen Stempel aufdrückte. Entgegen der Erwartungshaltung Wiens waren die Bedingungen des am 12./22. Mai 1629 geschlossenen Lübecker Friedens moderat. Christian behielt das dänische Kernland und blieb außerdem Herzog des deutschen Reichslehens Holstein. Im Gegenzug verzichtete er auf weitere Einmischung in das Kriegsgeschehen im Reich.

Die Macht des Kaisers schien sich an den nördlichen Küsten des Reiches zu etablieren, zumal Wallenstein mit dem Herzogtum Mecklenburg belehnt wurde. Dessen Fürsten waren wegen der Unterstützung König Christians der Rebellion gegen das Reich bezichtigt und abgesetzt worden. Dass Wallenstein zudem noch mit dem Titel eines »Generals des Ozeanischen und Baltischen Meeres« ausgestattet worden war, belegt die habsburgischen Ambitionen einer maritimen Machtpolitik im Norden. Sie richtete sich u. a. gegen die niederländische Republik, die zu jener Zeit führende Wirtschaftsmacht in Europa, die den Handel auf Nord- und Ostsee dominierte und überdies als Gegner Spaniens das habsburgische Einflussgefüge herausforderte (Mörke 2015, 119–127). Die Verzahnung innerreichischer und europäischer, profaner und konfessioneller Konfliktpunkte zeigte sich in dieser Kriegsphase nachdrücklich. Mit Wallenstein war zudem ein Akteurstyp aufgetaucht, der wie kein anderer vor ihm den erfolgreichen Militärunternehmer mit dem eigenständigen Politikgestalter kombinierte – aber letztlich an dieser Kombination scheiterte. In der Auseinandersetzung mit Christian IV. hatte er seine militärstrategischen und politischen Fähigkeiten bewiesen.

Es zeichneten sich Ausweitungen des Krieges ab, die sich auch Wallensteins Kalkül entzogen und die Planungen in Norddeutschland über den Haufen warfen. So wurde ein Teil der kaiserlichen Armee nach Oberitalien abgezogen, wo 1628 ein Streit zwischen Frankreich und Spanien um das Erbe des Herzogtums Mantua ausgebrochen war, in den sich der Kaiser einmischte. Im Norden opponierten die Hansestädte gegen die kaiserlichen Flotten- und Machtpläne an der Ostsee. Ganz offen widersetzte sich Stralsund der Annahme einer kaiserlichen Besatzung und suchte 1628 die Verbindung zu Schweden, mit dem die Stadt einen Beistandspakt schloss.

Trotz dieser Indizien für eine Destabilisierung des Erfolgs der Kaiserlichen waren deren Folgen noch nicht absehbar; zumal sich Kaiser Ferdinand II. auf der vermeintlichen Höhe des Erfolges darum bemühte, die Verfasstheit des Reiches in seinem Sinn umzugestalten. Im März 1629, noch vor dem Frieden von Lübeck, erließ er das Restitutionsedikt. Es bedeutete eine deutliche Verschlechterung der Position der protestantischen Reichsstände, da es in großem Stil die Rückgabe von seit 1552 durch diese enteigneten Kirchengütern vorsah und die Reformierten ausdrücklich vom Religionsfrieden ausschloss. Der Kaiser erhob sich damit zum einzig verbindlichen Interpreten des Augsburger Religionsfriedens von 1555.

Man kann dies als den Versuch Ferdinands II. zur Restabilisierung des Reiches werten, andererseits aber auch als Angriff auf die von Reichsständen und Krone gleichermaßen geprägte Verfassungstradition des Reiches sehen. Davon waren in letzter Konsequenz nicht nur die Protestanten, sondern auch die katholischen Reichsfürsten der Liga betroffen. Sie forderten erfolgreich die Entlassung des ihnen zu mächtig gewordenen Wallenstein und eine Reduzierung der kaiserlichen Heeresmacht. Im August 1630 endete das erste Generalat Wallensteins.

SCHWEDISCHER KRIEG (1630–1635)

Kurz zuvor, im Juli 1630, war König Gustav II. Adolf von Schweden mit einer kleinen schlagkräftigen Armee auf der pommerschen Insel Usedom gelandet.

Möglich war dies geworden, weil ein auf sechs Jahre geschlossener Waffenstillstand mit Polen ihm östlich des Reiches Entlastung geschaffen hatte. Konnte die Beteiligung Christians IV. am Krieg noch immer als eine innerreichische Angelegenheit betrachtet werden, war er doch auch Herzog von Holstein, so war mit dem direkten Eintritt Schwedens eine neue Qualität in der Europäisierung des Krieges erreicht worden. Die großen protestantischen Reichsfürsten wie die Kurfürsten von Brandenburg und Sachsen verhielten sich zunächst ablehnend gegenüber der schwedischen Intervention. Der im Januar 1631 abgeschlossene Vertrag von Bärwalde sicherte Gustav II. Adolf jedoch auf fünf Jahre französische Subsidienzahlungen, die den Unterhalt des schwedischen Heeres ermöglichten. Schweden und Frankreich verpflichteten sich auf die Verteidigung der Ständerechte gegenüber dem Kaiser, auf die Wahrung der »teutschen Libertät« (Gotthard 2003, 11). Ein politisches Manöver, mit dem man deutsche Verbündete zu gewinnen suchte.

Die Ablehnungsfront der protestantischen Fürsten gegenüber dem Schweden wurde freilich erst aufgebrochen, als das protestantische Magdeburg von den Truppen Tillys, der nicht nur Heerführer der Ligatruppen, sondern nach Wallenstein auch Befehlshaber der Kaiserlichen geworden war, im Mai 1631 erobert, grausam geplündert und von Bränden verwüstet wurde. Der spektakuläre Fall Magdeburgs führte Brandenburg und vor allem Kursachsen an die Seite des Schwedenkönigs. Bei Breitenfeld nahe Leipzig fügte denn auch eine vereinte schwedisch-sächsische Armee den Kaiserlichen unter Tilly im September 1631 eine vernichtende Niederlage zu. Tilly entkam verletzt. Für Gustav II. Adolfs Armee begann ein Siegeszug durch den deutschen Südwesten und Süden. Mit einem neu zusammengestellten Heer stellte sich Tilly den schwedischen Einheiten im April 1632 am Lechübergang bei Rain an der Grenze zu Bayern entgegen. Erneut wurde er besiegt, zwei Wochen danach erlag er einer schweren Verwundung.

Für Gustav II. Adolf war der Weg ins Kurfürstentum Bayern frei. Im Mai 1632 marschierten die Schweden in München ein. Kurfürst Maximilian zog sich nach Braunau am Inn zurück, wo er bis 1635 residierte. Maximilian, der als Führungspersönlichkeit der Liga nicht als Freund der Politik Kaiser Ferdinands II. galt und maßgeblich zum ersten Sturz Wallensteins beigetragen hatte, wurde in die politische Isolation gedrängt, aus der er sich erst nach dem Tod Wallensteins 1634 befreien konnte.

Inzwischen war Ferdinand II. angesichts empfindlicher Niederlagen nichts anderes übrig geblieben, als Wallenstein im April 1632 erneut zum Oberbefehlshaber zu machen, ausgestattet mit einer Kompetenzfülle, welche die seines ersten Generalats übertraf. Es begann eine Kriegsperiode, die als »der Zweikampf« bezeichnet worden ist, als Duell zwischen ihm und dem Schwedenkönig (Mann 1983, 661–748). In der Tat hatte sich die Zahl der militärischen und politischen Hauptakteure für die folgenden Monate auf jene beiden reduziert. Ihre Armeen bewegten sich in Richtung Nürnberg, in dessen Nähe Wallenstein im Juli ein befestigtes Lager bezog. Dessen erfolglose Belagerung und ein Sturmversuch fügten der Truppe Gustav II. Adolfs erhebliche Verluste zu. Mitte September marschierten die Schweden ab. Wallensteins Hauptkontingent brach Richtung Sachsen auf, dem wichtigsten Verbündeten Schwedens im Reich. Am 22. Oktober / 1. November wurde Leipzig erobert. Die Schweden, die sich zunächst nach Süden gewandt hatten, folgten ihm. Bei Lützen trafen beide Heere am 6. / 16. November 1632 aufeinander. Ein Resultat ist bekannt: Der Schwedenkönig blieb tot auf dem Schlachtfeld.

Da Wallensteins Armee das Schlachtfeld als erste verlassen hatte und sich ins böhmische Winterquartier zurückzog, galt bei aller Zweifelhaftigkeit die Begegnung als schwedischer Sieg. Die protestantische Propaganda schlachtete dies weidlich aus (Schmidt-Voges 2004, 279–284). Eine Entscheidungsschlacht im engeren militärischen Sinn war sie jedoch nicht. Schließlich sollte der Krieg noch anderthalb Jahrzehnte andauern. Gleichwohl wird ihr Ausgang, nicht zuletzt wegen Gustav II. Adolfs Tod, als wichtiger Einschnitt gesehen. »*Die Hoffnung auf einen baldigen und totalen protestantischen Sieg [...] war vorüber. Nun waren die beiden Seiten wieder mehr oder weniger gleich stark. So nahm das Jahr 1632, das für die Schweden mit so hochgespannten Erwartungen begonnen hatte, ein bitteres Ende. Der Krieg trat in eine neue Phase ein. Die Zeit der Kreuzzüge war vorüber*« (Englund 1998, 137).

Mit dem Tod des Schwedenkönigs war der letzte Hauptakteur von der politischen und militärischen Bühne verschwunden, der erfolgreich mit dem Bild vom Retter des wahren, hier protestantischen, Glaubens operiert hatte. Der schwedische Kanzler Oxenstierna, der nun die politisch-militärische Führung der Schweden übernahm, konnte und wollte als Machtpragmatiker die Rolle des charismatischen Glaubensführers nicht übernehmen. Gustav II. Adolfs großem Gegner Wallenstein war konfessioneller Fundamentalismus fremd. Für ihn begann im Jahr nach Lützen eine Phase der Verhandlungen mit dem Gegner. Zwar hatte Ferdinand ihn dazu ermächtigt, der Verdacht jedoch, seine Kompetenzen dabei deutlich zu überschreiten und ganz eigene Friedenspläne zu verfolgen, brachte Wallenstein in Gegensatz zum Kaiser. Im Januar 1634 wurde Wallenstein für abgesetzt erklärt, kurz darauf, am 15./25. Februar 1634, in Eger das Opfer eines Tötungskomplotts.

Für die Schweden verlief der Krieg unterdessen nicht günstig. Vor allem politisch drohte man in die Isolation zu geraten. Die schwedischen Bundesgenossen im Reich, die ja ohnehin nicht aus Neigung, sondern unter dem Zwang der Verhältnisse an die Seite Gustav II. Adolfs geführt waren, sondierten alternative Optionen. Die militärische Pattsituation sorgte für Verhandlungsbereitschaft. Nahe der Reichsstadt Nördlingen fuhren zudem im September 1634 die Kaiserlichen gegen die Truppen der Schweden und ihrer im Heilbronner Bund zusammengefassten süd- und westdeutschen Verbündeten einen wichtigen Sieg ein. Die Schweden räumten alle Garnisonen südlich des Mains.

Am 20./30. Mai 1635 trugen innerreichische Friedensbemühungen Frucht: Man schloss den Prager Frieden. Der Kaiser und der Kurfürst von Sachsen, der wichtigste der protestantischen Reichsfürsten, sowie nach ihnen der Brandenburger und die meisten protestantischen und katholischen Reichsstände hatten sich geeinigt. Das Restitutionsedikt von 1629 wurde für 40 Jahre ausgesetzt. Man legte 1627 als Normaljahr für den konfessionellen Besitzstand fest. Sowohl Katholiken als auch die Angehörigen der Augsburger Konfession konnten damit leben. Das Verbot, Bündnisse mit auswärtigen Mächten einzugehen, sollte die endgültige Konfliktlösung ohne äußere Einmischung möglich machen.

SCHWEDISCH-FRANZÖSISCHER KRIEG (1635–1648)

Wäre der Krieg nicht längst ein Konflikt europäischer Dynastien gewesen, sondern nur eine deutsche Angelegenheit, hätte der Frieden von Prag eine Chance gehabt. Der lange Kampf zwischen der Krone Frankreichs und dem Haus Habsburg indes dauerte fort. Dessen spanischem Zweig ging es um die Niederlande. Mit einem Sieg gegen die niederländische Republik wäre die Präsenz der gegnerischen Spanier an der Ostgrenze Frankreichs empfindlich verstärkt worden. Als Frankreich Spanien noch im Mai 1635 den Krieg erklärte, war der Prager Frieden eigentlich schon obsolet, bevor er offiziell geschlossen worden war. Verschiedene Faktoren zeich-

5
Ferdinand III. von Habsburg (1608–1657), ab 1637 Kaiser des Heiligen Römischen Reiches.

neten dafür verantwortlich. So der, dass Schweden trotz erheblicher Schwächung als innerdeutsche Kriegspartei keineswegs ausgespielt hatte. In Norddeutschland behauptete es sich weiter, ja konnte im Oktober 1636 nahe Wittstock an der Dosse, zwischen Berlin und Hamburg, einen spektakulären Sieg gegen ein kaiserlich-kursächsisches Heer erringen. Außerdem stand Schweden mit Frankreich in engem Kontakt, mit dem schon im März jenen Jahres ein Bündnisvertrag ausgehandelt worden war, der aus taktischen Gründen jedoch noch nicht ratifiziert wurde. Er würde Oxenstierna erhebliche französische Subsidienzahlungen einbringen. Zudem wandte sich der Kaiser gezwungenermaßen seinem spanischen Verwandten zu. 1638 dann wurde der Bündnisvertrag zwischen Frankreich und Schweden doch noch ratifiziert. Er legte nicht nur die Subsidienzahlungen an Schweden fest, beide Mächte koordinierten auch ihre Kriegsziele und fassten ein gemeinsames Vorgehen für mögliche Friedensverhandlungen mit dem Kaiser ins Auge. Dass auch Spanien beträchtliche Hilfsgelder an den Kaiser zahlte, belegt eindrücklich die europäische Dimension nicht nur des Krieges. Auch eine Friedensregelung war nur noch auf europäischer Ebene möglich (Kampmann 2008, 126 f.).

Diese Konfliktkonstellation wurde trotz des Prager Friedens durch innerreichische Probleme unterfüttert.

Einige protestantische Reichsstände, darunter der Landgraf von Hessen, führten den Kampf weiter, weil sie ihre verlorenen Territorien wieder zurückerlangen wollten. Angesichts der Vermischung inner- und außerreichischer Interessen in einer Situation, in der alle Beteiligten zwar kriegsmüde, jedoch nicht bedingungslos friedensbereit waren, war jede Kriegspartei bestrebt, für sich möglichst günstige Friedensbedingungen zu erreichen. Eine langjährige Friedensfindungsphase stand ins Haus, zumal weder Frankreich noch Schweden Bereitschaft zeigten, dem Prager Frieden beizutreten. 1641 führte man in Hamburg Vorgespräche für einen Friedenskongress, die im Dezember in einen Präliminarvertrag mündeten, der immerhin Münster und Osnabrück als Orte für zukünftige Verhandlungen festlegte, im Übrigen aber die wesentlichen Fragen offenließ. Erst 1643 sollten erste Delegationen in den Verhandlungsorten eintreffen. Aber es dauerte bis zum Oktober 1648, bis das Friedensinstrument unterzeichnet wurde.

Unterdessen gingen die Kriegshandlungen mit dem Ziel weiter, die jeweils eigene Verhandlungsposition zu stärken. Der Krieg, der anfangs noch ein Krieg um politische Konzepte, um das Maß ständischer Beteiligung an der ständisch-monarchischen Mischverfassung des Reiches, und – in engster Verbindung damit – um die Rechte der Konfessionsparteiungen gewesen war, zeigte sich jetzt vollends als säkularer europäischer Macht- und Einflusskonflikt. Von seinem Ausgang hing auch ab, wie das Ergebnis der Verhandlungen bezüglich der Rechte des Kaisers, seit 1637 Ferdinand III. (Abb. 5), und der Reichsstände ausfiel. Die Kräfteverhältnisse verschoben sich in den 1640ern zuungunsten des Kaisers. So waren wegen militärischer und politischer Probleme die Subsidien der Spanier ausgefallen. Dies schwächte das militärische Potenzial der Kaiserlichen. Militärische Erfolge hingegen stärkten trotz etlicher Rückschläge letztlich die schwedische und französische Position. Davon profitierten auch die Reichsstände im politischen Wettbewerb mit Kaiser Ferdinand III. (Schmidt 1999, 66–72).

DER WESTFÄLISCHE FRIEDE

Der Friedenschluss des Jahres 1648 begünstigte die Reichsstände denn auch in besonderem Maß. Ihre Handlungsspielräume gegenüber dem Kaiser wurden durch das Friedensinstrument wesentlich erweitert. Frankreich und Schweden, versehen mit Territorialgewinnen am Südwest- bzw. Nordrand des Reiches, wurden zu Garantiemächten des Friedens. Die Beziehung der Konfessionen wurde durch komplexe Rechtsvorschriften befriedet. Für die moderne Forschung »*ist der Friede ein Epocheneinschnitt, der das Ende konfessioneller Kämpfe einläutete*« (Schorn-Schütte 2009, 228–230). Die Schlacht von Lützen markierte einen wichtigen Schritt auf dem Weg zur Internationalisierung des Krieges. Diese wiederum verhalf der Entideologisierung des Krieges als konfessionellem Weltanschauungskonflikt auf den Weg hin zu einem pragmatisch verhandelbaren Machtkonflikt, an dessen Ende die rechtliche Regulierung des Friedens stand.

Literatur

Englund 1998
P. Englund, Die Verwüstung Deutschlands. Eine Geschichte des Dreißigjährigen Krieges (Stuttgart 1998).

Gotthard 2003
A. Gotthard, Das Alte Reich 1495–1806 (Darmstadt 2003).

Kampmann 2008
C. Kampmann, Europa und das Reich im Dreißigjährigen Krieg. Geschichte eines europäischen Konflikts (Stuttgart 2008).

Mann 1983
G. Mann, Wallenstein. Sein Leben erzählt von Golo Mann (Frankfurt a. M. 1983).

Mörke 2011
O. Mörke, Die Reformation. Voraussetzungen und Durchsetzung[2] (München 2011).

Mörke 2015
O. Mörke, Die Geschwistermeere. Eine Geschichte des Nord- und Ostseeraumes (Stuttgart 2015).

Schmidt 1999
G. Schmidt, Der Dreißigjährige Krieg[4] (München 1999).

Schmidt-Voges 2004
I. Schmidt-Voges, De antiqua claritate et clara antiquitate Gothorum. Gotizismus als Identitätsmodell im frühneuzeitlichen Schweden (Frankfurt a. M. 2004).

Schorn-Schütte 2009
L. Schorn-Schütte, Geschichte Europas in der Frühen Neuzeit (Paderborn, München, Wien, Zürich 2009).

Tschopp 1991
S. S. Tschopp, Heilsgeschichtliche Deutungsmuster in der Publizistik des Dreißigjährigen Krieges. Pro- und antischwedische Propaganda in Deutschland 1628 bis 1635 (Frankfurt a. M. 1991).

Whaley 2014
J. Whaley, Das Heilige Römische Reich Deutscher Nation und seine Territorien. Bd. 1: Von Maximilian I. bis zum Westfälischen Frieden 1493–1648 (Darmstadt 2014).

WARUM LÜTZEN? – SCHWEDENS WEG IN DIE SCHLACHT VON LÜTZEN UND DARÜBER HINAUS

Lars Ericson Wolke

Betrachtet man die dramatischen Folgen, erscheint die Schlacht von Lützen regelrecht als ein unabwendbares Ereignis, fast wie von der Weltgeschichte selbst gesteuert. Natürlich war das ganz und gar nicht der Fall. Aber wie sollen wir sonst die Entscheidung der Schweden verstehen, ihre Hauptarmee in Deutschland in Richtung der Leipziger Gegend vorstoßen zu lassen, und was waren die militärischen und politischen Konsequenzen der Schlacht für Schweden? Schon in den 1620er Jahren gab es Überlegungen, dass die beiden protestantischen Mächte Skandinaviens ihre Kräfte bündeln sollten, um die wachsende Bedrohung durch die kaiserlichen Armeen entlang der südlichen Ostseeküste und die spanischen Schiffe im Hafen von Wismar zu stoppen. Aber die Feindseligkeiten zwischen den Dänen und Schweden waren zu tief, um überbrückt zu werden. Dänemark wurde selbst in den deutschen Krieg hineingezogen: 1626 mit verheerendem Resultat nach der Schlacht bei Lutter am Barenberge. Selbst ein persönliches Treffen zwischen Gustav II. Adolf von Schweden und Christian IV. von Dänemark führte zu keiner Zusammenarbeit gegen den gemeinsamen Feind in Deutschland.

Stattdessen schickte Schweden 1628 lediglich 400 Soldaten in das belagerte Stralsund, um zu verhindern, dass es in die Hände der kaiserlichen Armee fiel. Am 24. Juni 1630 erreichten die ersten Schiffe der schwedischen Flotte Rügen. Mit der folgenden Landung in Usedom waren mehr als 16 000 schwedische Soldaten angekommen, um am Krieg teilzunehmen.

Nach langer Belagerung schafften es die Schweden im April 1631 Frankfurt an der Oder zu erobern (Abb. 1) und im September 1631 Tillys kaiserliche Armee in Breitenfeld zu schlagen. Nach diesen Erfolgen wuchs Gustav II. Adolfs militärische und politische Bedeutung auf dem Kontinent; seine Armeen stießen weiter in Richtung Süden vor. Bis Weihnachten 1631 war die Zahl der Soldaten unter seinem Kommando bis auf 80 000 Mann angestiegen. Zahlreiche deutsche Städte

1
Die Eroberung von Frankurt an der Oder durch die schwedische Armee 1631. Darstellung aus dem »Theatrum Europaeum« 1646.

2
Übergabe von München an den schwedischen König Gustav II. Adolf. Darstellung aus dem »Theatrum Europaeum« 1632.

fielen in die Hände der schwedischen Armee, darunter Erfurt, Würzburg, Frankfurt am Main, Augsburg, aber auch Rostock und Wismar im Norden, sogar die freie Reichsstadt Nürnberg. Der Lech wurde überquert, sodass die ligistische Armee unter Herzog Maximilian von Bayern gezwungen war, sich in die Festung von Ingolstadt zurückzuziehen. Doch anstelle einer Belagerung entschied sich Gustav II. Adolf im Mai 1632, in Richtung München zu ziehen. Die bayerische Hauptstadt fiel in die Hände der Schweden, ohne dass ein einziger Schuss fiel (Abb. 2).

DER WEG VON MÜNCHEN ZURÜCK NACH NORDEN

Als Gustav II. Adolf im Mai 1632 mit seiner Armee in München einmarschierte, hatte seine politische und militärische Macht ihren Zenit erreicht. Bayern war *de facto* geschlagen. In welche Richtung würde sich der schwedische König nun wenden? Er befehligte mehr als 150 000 Soldaten, nicht nur Nationalschweden, Finnen und Balten, auch Söldner aus zahlreichen anderen Ländern und verbündete deutsche Truppen. Würde er die Alpen überqueren und nach Norditalien ziehen, wie die Spanier befürchteten? Seit der Schlacht bei Oppenheim im Dezember 1631 zwischen spanischen und schwedischen Truppen wurde die sich vertiefende Konfrontation zwischen den Armeen aus Madrid und Stockholm von vielen als eine wachsende Gefahr gesehen.

Dennoch gab es nur wenige europäische Länder, die die Erfolge der schwedischen Armee begrüßten. Sogar Frankreich, Schwedens stärkster Verbündeter seit 1631, war wegen des Risikos eines mächtigeren Schwedens auf der anderen Rheinseite sehr beunruhigt. Nur Moskau und Konstantinopel betrachteten die Einnahme Münchens als strategisch positiv. Russland war wegen seiner Feindseligkeiten mit Polen ein wichtiger Verbündeter gegen Habsburg und das Osmanische Reich begrüßte jeden Rückschlag der Habsburger in Wien.

Nun kontrollierte die schwedische Armee große Teile Süddeutschlands und ein System von Militärbasen wurde zwischen den Alpen und den Flüssen Lech und Donau stationiert, um so die Versorgung der Armee sicherzustellen. Garnisonen und Verpflegungsstandorte wurden an strategischen Punkten eingerichtet, während die Kommunikationslinien entlang der Flüsse unterhalten wurden. Etwas weiter nördlich hatten die Schweden bereits ein ähnliches Nachschubareal zwischen Oder, Spree, Havel und Elbe errichtet (Ericson Wolke u. a. 2003).

Die große Frage war folgende: Welche Absichten verfolgte Gustav II. Adolf im Sommer 1632? Vieles deutet darauf hin, dass der schwedische König eine Art Union zwischen den protestantischen deutschen Staaten plante und dafür sorgen wollte, dass Schweden in einem Friedensvertrag eigene Territorien in Norddeutschland erhielt. Dadurch sollte Schweden außerdem ein »deutscher Staat« werden, was genau so 1648 im Westfälischen Frieden festgeschrieben wurde, als der König von Schweden auch Herzog von Pommern wurde, verbunden mit den Rechten und Pflichten, auch in inneren deutschen Belangen zu agieren. Mit solch einer Entwicklung wäre Schweden in der Lage gewesen, die Führung in einem deutschen Bündnis der Protestanten zu übernehmen.

Es gab auch Spekulationen, der schwedische König habe selbst Ambitionen auf die kaiserliche Krone gehabt, dies lässt sich jedoch nicht mit Sicherheit beantworten. Was wir aber wissen ist, dass Schweden im Sommer 1632 eine Art Annexion von zumindest Pommern und Mecklenburg plante. All diese Bestrebungen starben im wahrsten Sinne des Wortes am 6./16. November 1632 in Lützen. In den folgenden Jahren geriet Schwedens Politik in Deutschland eher zu einer Frage des Überlebens als zu einer von Gebietsgewinnen. Erst während der fortgeschrittenen 1640er Jahre begann die schwedische Führung wieder Pläne für ein Deutschland nach dem Krieg zu erörtern. Nach dem Tod von Gustav II. Adolf hatten weder Königin Christina noch Kanzler Axel Oxenstierna die Autorität, die Protestanten in Deutschland zu führen.

DIE ENTSCHEIDUNG ZUR SCHLACHT VON LÜTZEN

Nach dem Einmarsch der Schweden in München musste Kaiser Ferdinand III. Wallenstein als Oberkommandierenden zurückrufen. Eine neue kaiserliche Armee wurde ausgehoben, gleichzeitig die Streitkräfte von Kurfürst Johann Georg von Sachsen aus Böhmen vertrieben. Auf einmal wurden Gustav II. Adolfs Pläne von zwei Seiten bedroht: Erstens, dass sich Wallenstein mit Maximilian von Bayern zusammenschließen, und zweitens, dass beide Gegner gemeinsam die Nachschublinien zur Ostseeküste abschneiden könnten. Das Risiko, dass der Großteil der schwedischen Armee in Süddeutschland in der Falle saß, weit entfernt von den Ostseehäfen, musste unter allen Umständen verhindert werden.

Deshalb marschierte Gustav II. Adolf in Richtung Nürnberg, um den Aufbau einer gemeinsamen kaiserlich-bayerischen Armee mit mehr als 50 000 Mann – im Gegensatz zur schwedischen Truppenstärke von 18 000 Soldaten – zu verhindern. Doch die katholischen Truppen begannen ihre Position an der Alten Veste außerhalb Nürnbergs zu befestigen. Dadurch wurden die Schweden von der direkten Kommunikation mit Norddeutschland abgeschnitten. Ende August machte Gustav II. Adolf erneut einen erfolglosen und verlustreichen Versuch, Wallensteins Lager bei der Alten Veste zu erobern.

In dieser Situation plante der schwedische König nach Süden zu marschieren, direkt in die kaiserlichen Kernlande, um Wallenstein auf diese Weise zu zwingen, seine vorteilhafte Position bei Nürnberg aufzugeben und Wien zu retten. Aber noch ehe dies geschah, kam die Nachricht, dass Wallenstein zusammen mit den Streitkräften Pappenheims, die von Norden gekommen waren, Vorbereitungen traf, das Winterquartier in Sachsen aufzuschlagen. Sollte dies gelingen, stand zu befürchten, dass die Sachsen gezwungen werden würden, die Koalition mit Schweden aufzugeben und die Seiten zu wechseln.

Mit dieser Aussicht wäre auch ein erfolgreicher Feldzug nach Österreich ohne strategischen Erfolg gewesen, im Gegenteil: Gustav II. Adolf und seine Truppen wären dann in Österreich noch weiter als je zuvor von der Ostsee und ihren rettenden Häfen entfernt. Deshalb blieb dem schwedische König nichts anderes übrig, als seinen Gegnern Wallenstein und Pappenheim nach Sachsen zu folgen.

In der Nacht vom 22. Oktober / 1. November auf den 23. Oktober / 2. November 1632 schloss sich die schwedische Hauptarmee mit den Truppen des Herzogs Bernhard von Weimar zusammen. Erst zu diesem Zeitpunkt fühlte sich Gustav II. Adolf stark genug, den Kampf mit Wallenstein aufzunehmen.

Sobald der schwedische König die Nachricht erhielt, dass Pappenheims Streitkräfte nach Halle (Saale) geschickt worden waren, entschied er, Wallenstein in Lützen anzugreifen, um einen der beiden Gegner zu schlagen, bevor diese sich erneut zusammenschließen konnten.

Wie wir wissen, war die Schlacht von Lützen ein Zweikampf zwischen Gegnern gleicher Stärke. Reichskanzler Axel Oxenstierna hatte Gustav II. Adolf oftmals ermahnt, nicht sein eigenes Leben zu riskieren, aber dieser konnte sich offenbar nicht zurückhalten, direkt in die Kämpfe einzugreifen. Als dann in der Schlacht von Lützen Pappenheims Kavallerie den Schweden zuzusetzen begann, ritt der König an der Spitze des Kavallerieregiments aus der Provinz Småland, um die schwedischen Linien zu ordnen. Doch nach kurzer Zeit wurde Gustav II. Adolf von seinen Männern getrennt. Er war nur noch von Feinden umgeben und fiel schlussendlich. Bernhard von Weimar übernahm das Kommando der gesamten Armee; es gelang ihm, ein schwedisches Desaster zu verhindern und die Schlacht mit Erfolg zu Ende zu bringen. Bei Sonnenuntergang waren die kaiserlichen Truppen am Rande eines Zusammenbruchs und Wallenstein entschloss sich, seine Armee relativ geordnet zurückzuziehen. Die Schweden und ihre Verbündeten behaupteten zwar ihre Position auf dem Schlachtfeld als Sieger, doch gleichzeitig hatten sie einen katastrophalen Schlag erlitten – den Verlust ihres Königs Gustav II. Adolf (Ericson Wolke 2007).

DIE ROLLE AXEL OXENSTIERNAS

Neben den wichtigen Fürsten und Generälen gab es im wahrsten Sinne des Wortes nur eine Handvoll Männer mit genügend politischem und militärischem Einfluss, die das Schicksal Europas während des Dreißigjährigen Krieges entschieden: Moritz von Oranien in den Niederlanden, der spanische Minister Olivares sowie die Kardinäle Richelieu und Mazarin in Frankreich. Dieser Aufzählung muss Axel Oxenstierna in Schweden hinzugefügt werden. In den dramatischen Monaten nach Lützen übernahm Oxenstierna die Führung des Landes. Ihm gelang es, die Situation zu beruhigen, die sehr leicht in eine noch größere Katastrophe für Schweden hätte münden können.

Axel Oxenstierna wurde 1583 geboren und bereits 1612 Kanzler und des Königs rechte Hand. Über zwei Jahrzehnte hinweg bildeten er und Gustav II. Adolf, der 1611 den Thron bestiegen hatte, ein Team, das außerordentlich gut zusammenarbeitete und nach und nach den schwedischen Staat modernisierte. Letztlich traf zwar der König die Entscheidungen, aber diese enge Zusammenarbeit bedeutete, dass Axel Oxenstierna tiefe Einblicke in das Denken des Königs und in dessen Ansichten zu diplomatischen und militärischen Angelegenheiten hatte. Noch viele Jahre nach Lützen bestand Axel Oxenstierna darauf, dass er den Absichten des verstorbenen Königs gefolgt sei, und drängte so der jungen Königin Christina als auch dem Reichsrat seine Pläne auf.

Axel Oxenstierna spielte bereits 1632 eine wichtige Rolle, als er es fertigbrachte, die festgefahrenen Beziehungen zwischen Schweden und Brandenburg nach einem ziemlich »undiplomatischen« Benehmen Gustav II. Adolfs zu entspannen. Andere wichtige Aufgaben für ihn waren die Finanzierung des schwedischen Kriegseinsatzes, aber auch das Aufrechterhalten von Kontakten mit den anderen protestantischen Staaten in Deutschland. Man könnte behaupten, dass sich Axel Oxenstierna um die vielfältigen politischen, diplomatischen und finanziellen Seiten des Krieges kümmerte, während der König seine Armee tiefer und tiefer nach Deutschland hinein führte.

Der Kanzler versuchte auch, stets auf einen möglichen polnischen Angriff auf Deutschland vorbereitet zu sein. Für diesen Fall, so plädierte er, wollte er eine relativ große schwedische Truppe entlang der Oder stationiert halten, um so Ausschau nach Osten zu halten. Ein anderes »Projekt« Axel Oxenstiernas war die schwedische Invasion in das Land des Erzrivalen Dänemark 1643, was zu einem siegreichen Frieden im Jahr 1645 führte und eine wichtige Verschiebung der Machtverhältnisse im Ostseeraum zugunsten Schwedens und zum Nachteil Dänemarks zur Folge hatte.

Als der König in Lützen fiel, war Schweden in der glücklichen Lage, eine Führungspersönlichkeit mit besten Kenntnissen der politischen und militärischen Lage zu haben, die über ein weitgespanntes Netzwerk wichtiger Kontakte innerhalb der wirtschaftlichen, politischen, diplomatischen und kulturellen Sphäre des damaligen Deutschland und Europa verfügte.

DIE SCHWEDEN IN DEUTSCHLAND NACH DER SCHLACHT VON LÜTZEN

Der Tod Gustav II. Adolfs war natürlich sowohl vom politischen als auch vom moralischen Standpunkt aus ein großes Unglück für Schweden. Dennoch war die schwedische Armee in militärischer Hinsicht auch nach der Schlacht Mitte November 1632 gut aufgestellt. Die Verluste der kaiserlichen Truppen in Lützen waren hoch und der Tod Pappenheims war ebenfalls ein herber Schlag.

Reichskanzler Axel Oxenstierna übernahm die politische Kontrolle schwedischer Belange in Deutschland. Das militärische Kommando wurde zwischen zwei Armeen aufgeteilt. Bernhard von Weimar kommandierte eine große Streitkraft in Franken, während Gustaf Horn und Johan Banér einer weiteren Armee entlang der Donau vorstanden. Der Plan war, dass sich diese beiden Armeen vereinigen und dann gemeinsam gegen das kaiserliche Herrschaftsgebiet einen Schlag führen sollten. Eine dritte, kleinere schwedische Streitmacht unter dem Kommando von Dodo von Knyphausen marschierte Richtung Westfalen, um so das nordwestliche Deutschland zu sichern und, falls nötig, einen Einfall spanischer Truppen aus Richtung der Niederlande in dieses Gebiet zu verhindern. Im Norden, in Pommern, waren zahlreiche starke schwedische Garnisonen stationiert, die die Verbindung nach Schweden sicherten.

Axel Oxenstierna leitete darüber hinaus diplomatische Anstrengungen ein, um einen politischen Zusammenbruch der protestantischen Seite zu verhindern. Am 8./18. März 1633 traf sich eine ganze Reihe protestantischer Fürsten unter der Leitung des schwedischen Kanzlers, um über eine zukünftige Zusammenarbeit zu verhandeln. Am 13./23. April 1633 wählten sie Axel Oxenstierna zum Oberbefehlshaber aller protestantischen Truppen. Natürlich war dies eine eher nominelle Position, da Axel Oxenstierna weder den Ehrgeiz noch die militärische Ausbildung hierfür besaß. Doch die Wahl zeigte deutlich den Willen zum Zusammenhalt Schwedens und der versammelten deutschen Protestanten. Auf diese Weise wurde eine wichtige Vereinigung zwischen Schweden und der deutschen Protestantischen Union geschlossen.

Auf dem Papier war die schwedische Armee im Frühsommer 1633 zumindest so stark, wie sie nach der Eroberung von München ein Jahr zuvor gewesen war. Aus logistischen und operativen Gründen war sie jetzt in sechs »schwedische« Feldarmeen mit einer Gesamtstärke von etwa 100 000 Soldaten unterteilt. In Franken kommandierte Herzog Bernhard von Weimar 13 500 von ihnen, in Schwaben hatte Gustaf Horn 14 000 Männer, im Elsass stand Rheingraf Otto Ludwig von Salm-Kyrburg-Mörchingen mit 10 000 Männern bereit. Entlang des Rheins in der Pfalz war Graf Christian I. von Pfalz-Birkenfeld-Bischweiler mit 10 000 Männern stationiert, entlang der Weser kommandierte Herzog Georg von Braunschweig und Lüneburg 15 000 Soldaten und schließlich hatte der tschechische Graf Heinrich Mattias von Thurn in Schlesien weitere 10 000 Männer zur Verfügung. Neben diesen großen Truppen gab es weitere 30 000 Soldaten in den alliierten Truppen von Brandenburg, Hessen und Sachsen, auf die man zählen konnte.

Doch im Vergleich zur Situation im Frühsommer 1632 gab es einen gravierenden Unterschied, nämlich den Verlust Gustav II. Adolfs. Der schwedische König hatte alle wichtigen militärischen und politischen Aspekte im Blick gehabt, Axel Oxenstierna hingegen hatte weder die Autorität noch das militärische Geschick, den gefallenen König zu ersetzen. Auch kein anderer der schwedischen Generäle besaß die Fähigkeit, um als alleiniger Heerführer zu agieren. Die Vorstellung, einen deutschen Oberkommandierenden über alle schwedischen Truppen einzusetzen, stand aus politischen und Prestigegründen vollkommen außer Frage. Das Ergebnis war, dass die Kriegsführung selbst erheblich unter dem Verlust Gustav II. Adolfs litt, obwohl es Axel Oxenstierna gelang, Schweden und viele der deutschen Alliierten zusammenzuhalten. Das Resultat war ein geschwächtes Oberkommando, fehlende Koordinierung und eine stärker auf Verteidigung ausgerichtete schwedische Kriegsführung. Letztere brach daher in mehrere, mehr oder weniger voneinander unabhängige, kleine Kriege zusammen, in denen die unterschiedlichen, nominell »schwedischen« Armeen ohne Blick auf das strategische Ganze kämpften. Die schwedische Streitmacht, die zwischen 1630 und 1632 Schritt für Schritt große Teile Deutschlands erobert hatte, war noch vergleichbar mit ihren deutschen Alliierten, ihnen aber nicht mehr überlegen. So hatte der Tod König Gustav II. Adolfs einen überaus großen politisch-strategischen Verlust für Schweden zur Folge.

Im Frühjahr 1633 schloss sich Herzog Bernhard von Weimar mit Gustaf Horn und Johan Banér in Süddeutschland zusammen. Die schwedischen Militärführer hatten allen Grund, dies als positives Signal zu betrachten. Doch am 20./30. April änderte sich alles: In der schwedischen Armee brach eine Meuterei wegen ausbleibender Soldzahlung aus. Die Soldaten weigerten sich, loszumarschieren, solange sie nicht bezahlt wurden. Die alliierten protestantischen Fürsten sammelten 4,9 Millionen Reichstaler, zahlten diese aus, dann endlich begann die Armee, sich in Bewegung zu setzen. Doch die kaiserlichen Streitkräfte hatten dadurch Zeit für Vorbereitungen gewonnen.

In Süddeutschland war die schwedische Armee in mehrere Aktionen verwickelt: Gustaf Horn griff den Herzog von Feria an, der einem italienisch-spanischen Korps vorstand. Es gelang ihm nach monatelangen Kämpfen, das Korps aus Deutschland zu vertreiben. Eine andere Teilarmee unter der Führung von Bernhard von Weimar eroberte am 5./15. November 1633 Regensburg. Gleichzeitig versuchte Wallenstein, eine weitere Front in Westfalen nahe Hameln zu eröffnen. Doch sein Heerführer wurde von Knijphausens Schweden in der Schlacht bei Oldendorf geschlagen, 3000 kaiserliche Soldaten wurden gefangen genommen.

Während all dieser Zeit wartete Wallenstein ab, bevor er im Spätsommer 1633 seine Operationsbasis in Prag verließ und in Richtung Landsberg und Frankfurt an der Oder im Norden vordrang. Am 27. September/ 7. Oktober 1633 wurden schwedische Truppen bei Steinau an der Oder geschlagen. Zwar konnte die schwedische Kavallerie fliehen, doch etwa 5000 Söldner wurden gefangen genommen. Dennoch wagte es Wallenstein nicht, weiter nach Norden vorzudringen und angesichts schwedischer Erfolge entlang der Donau entschied er sich, wieder Richtung Süden zu ziehen.

Nach der Ermordung Wallensteins 1634 agierten die kaiserlichen Truppen unter den beiden neuen Kommandeuren Matthias Gallas und Thronfolger Ferdinand – der spätere Kaiser Ferdinand III. – zunehmend passiv und die Schweden konnten die Gelegenheit ergreifen, Landsberg und Frankfurt an der Oder wieder zurückzugewinnen. Zur gleichen Zeit schlug die sächsische Armee eine kaiserliche Truppe bei Liegnitz in Schlesien.

Doch im Mai 1634 begannen die Streitkräfte von Gallas und Erzherzog Ferdinand sich in Richtung Norden zu bewegen. Die schwedische Garnison in Regensburg musste sich geschlagen geben, kurz darauf, am 27. August / 6. September 1634, wurden die zusammengeführten Einheiten von Gustaf Horn und Bernhard von Weimar von der kaiserlichen Armee bei Nördlingen vernichtet. Diese Niederlage war nicht nur ein taktisches, sondern auch ein strategisches Unglück für die Schweden. Alle schwedischen Positionen in Süddeutschland fielen, die kaiserlichen Streitkräfte konnten Stadt für Stadt zurückerobern.

Im schwedischen Reichsrat wurden Stimmen nach Friedensverhandlungen laut, Teile der Regierung wollten den Krieg beenden. Aber Axel Oxenstierna war dagegen und forderte, bevor Schweden seine Waffen niederlegen könne, Entschädigungen für die militärischen Anstrengungen Schwedens seit 1630 in Form von Geld und Territorien. Dies waren nun die Gründe für Schwedens fortgesetzte Kriegsanstrengungen, während einer nach dem anderen seiner deutschen Alliierten Schweden den Rücken kehrte.

Etwa gleichzeitig, am 1. / 11. November 1634, begannen Schweden und Polen Verhandlungen um einen formalen Frieden zwischen beiden Staaten. Das Waffenstillstandsabkommen von 1629 würde 1635 auslaufen, etwas Neues musste an seine Stelle treten. Die Schweden fürchteten eine offene polnische Einmischung in den Krieg in Deutschland. Die unnachgiebige Haltung Polens während der Verhandlungen zeigte klar, dass Warschau die geschwächte schwedische Position zu seinem Vorteil nutzen wollte.

In dieser Situation zog Axel Oxenstierna 20 000 schwedische Soldaten von den Fronten in Deutschland ab und entsandte sie entlang der Oder, um einen polnischen Angriff zu verhindern. Aber ein offener polnisch-schwedischer Krieg wurde durch den Vertrag vom 2. / 12. September 1635 abgewandt. Die schwedischen Soldaten konnten an ihre Einsatzorte in Deutschland zurückkehren, wo sie dringend benötigt wurden. Allerdings musste Schweden im Gegenzug sechs wichtige preußische Städte, die es seit dem Waffenstillstand von 1629 kontrollierte, aufgeben: Elbing, Braunsberg, Pillau, Fischhausen, Lochstädt und Memel.

Nach Nördlingen verbrachte Gustaf Horn einige Jahre in bayerischer Gefangenschaft, während es Bernhard von Weimar gelang, zu entkommen und seine restliche Armee in französische Dienste zu stellen. Im Laufe des Jahres 1635 betrat ein neuer aktiver Verbündeter die Kriegsbühne, der Schweden davor bewahrte, aus Deutschland verdrängt zu werden: Im April 1635 traf Axel Oxenstierna Kardinal Richelieu, Frankreichs starken Mann, in Compiègne. Das Treffen führte zu der Entscheidung, dass Frankreich nicht nur weiterhin wirtschaftlich zu den Kriegsanstrengungen beitrug, sondern selbst am Krieg teilnehmen würde. Mit dem Eintritt Frankreichs in den Krieg in Deutschland begann eine neue Phase und viele der unmittelbaren Folgen der Schlacht von Lützen wurden getilgt.

Ob Gustav II. Adolf je geplant oder es sogar geschafft hätte, sich noch tiefer in die deutsche Politik einzubringen, ist ungewiss. Doch 1648, somit 16 Jahre nach Lützen, wurde Schweden formal ein deutscher Akteur, als Pommern, Bremen-Verden mit Stade und Wismar schwedisch wurden und dies teilweise bis 1815 blieben. Das ist das Vermächtnis Gustav II. Adolfs und man kann nur spekulieren, wie dieses ausgesehen hätte, wenn er nicht im Nebel und Schießpulverrauch an jenem Tag in Lützen die Orientierung verloren hätte.

Literatur
Ericson Wolke 2007
L. Ericson Wolke, Die Schlacht bei Lützen. In: M. Reichel / I. Schubert (Hrsg.), Gustav Adolf. König von Schweden. Die Kraft der Erinnerung 1632–2007 (Dössel 2007) 61–70.

Ericson Wolke u. a. 2003
L. Ericson Wolke / G. Larsson / N. E. Villstrand, Trettioåriga kriget. Europa i brand 1618–1648 (Lund 2006).

DIE KAISERLICHEN IN DER SCHLACHT BEI LÜTZEN

Claudia Reichl-Ham und Jenny Öhman

Im Sommer 1632 lagen sich das kaiserliche Heer unter Generalissimus Albrecht von Wallenstein und die schwedischen Truppen unter König Gustav II. Adolf bei Nürnberg in befestigten Lagern gegenüber. Der für seine defensive Kriegsführung bekannte kaiserliche Feldherr verschanzte sich bei der Alten Veste bei Fürth und ließ den zahlenmäßig überlegenen König von Schweden unter großen Verlusten stürmen. Als Gustav Adolf die Sinnlosigkeit des Kampfes erkannte und Mitte September nach Schwaben abzog, marschierte Wallenstein nach Sachsen (Brzezinski 2001, 13). Er hoffte, die Sachsen durch den Krieg im eigenen Land »auszuhungern« und Kurfürst Johann Georg von Sachsen dazu zu bewegen, sich dem Kaiser anzuschließen. Zudem erwartete er, dass der schwedische König ihm folgen würde, um seinem Verbündeten zu Hilfe zu eilen und sich einer Entscheidungsschlacht zu stellen (Seidler 1954, 26 f.). Nachdem kaiserliche Truppen unter dem dänischen Feldmarschallleutnant Heinrich Holk am 23. Oktober / 2. November die Festung Pleissenburg bei Leipzig eingenommen hatten, schwenkte Wallenstein – entgegen der ursprünglichen Absicht, sich Torgaus und der dortigen Elbbrücken zu bemächtigen – nach dem Erhalt der Nachricht, dass sich die Schweden Erfurt näherten, auf halbem Wege bei Eilenburg um, um sich mit Feldmarschall Gottfried Heinrich von Pappenheim, der von ihm nach Sachsen beordert worden war, am 27. Oktober / 6. November in der Nähe von Merseburg zu vereinigen und ebenfalls Richtung Erfurt zu marschieren. Da die schwedischen Truppen bereits am 28. Oktober / 7. November vor Erfurt angelangt waren, ließ Wallenstein seine Truppen am 2. / 12. November bei Weißenfels in Schlachtordnung Aufstellung nehmen (Abb. 1; KA, AFA 1632-11-195; Hallwich 1912, 499; Brzezinski 2001, 31). Der Versuch, mit einem Infanterieregiment und der Kavallerie des Oberst Hans Rudolf von Breda(u) Naumburg zu besetzen, scheiterte, da die Schweden den Ort bereits am 1. / 11. November eingenommen und dort ein befestigtes Lager errichtet hatten (KA, AFA 1632-11-195; Brzezinski 2001, 31). Nach Beratungen mit Pappenheim und Holk gelangte Wallenstein zu der Ansicht, dass der König von Schweden keine offene Feldschlacht mehr plane und beschloss, den Feldzug für dieses Jahr abzubrechen. Er wies seinen Truppen im Raum Merseburg-Leipzig-Lützen Winterquartiere zu. Pappenheim, der dem von den Protestanten bedrohten Köln zu Hilfe eilen wollte, sollte sich zunächst mit sechs Infanterieregimentern und Kavallerie nach Halle begeben, das von nur ca. 150 schwedischen Soldaten bewacht wurde, und dieses einnehmen. Wallenstein selbst begab sich mit den restlichen Truppen nach Lützen. Feldmarschall Matthias Gallas, der sich in Böhmen aufhielt, erteilte er den Befehl, sich mit seinem 6000 Mann starken Korps nach Sachsen zu begeben (KA, AFA 1632-11-195 u. 126; Rebitsch 2006, 65).

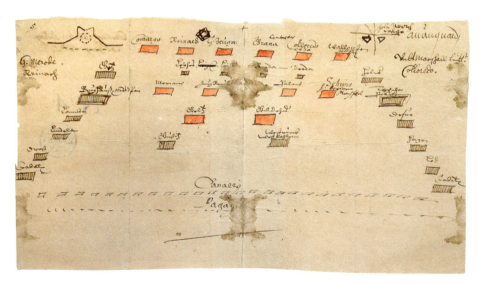

Gustav II. Adolf, der von der Aufteilung der kaiserlichen Truppen Nachricht erhalten hatte, beschloss, diese vermeintliche Schwächung zu nutzen, und leitete einen Überraschungsangriff ein. Generalfeldwachtmeister Rudolf Graf Colloredo, der sich mit seinen Kroaten bei Weißenfels befand, um der kaiserlichen Garnison, rund 100 Mann unter Hauptmann Delabonde, sicheres Geleit zu geben, gelang es, Wallenstein die

1 Kaiserliche Schlachtaufstellung für eine geplante Schlacht bei Weißenfels vom 2. / 12. November 1632. Die Fußtruppen sind rot dargestellt, die Reiter schraffiert.

Nachricht zu übermitteln, dass der König von Schweden in Schlachtordnung auf Lützen vorrücke, und sich hinter das Flüsschen Rippach zurückzuziehen, um dort den Vormarsch der Schweden zu verzögern (KA, AFA 1632-11-195; Brzezinski 2001, 34–36). Da es bereits dunkel wurde, beschloss Gustav II. Adolf, vorerst ein Lager zu errichten und Wallenstein nicht sofort anzugreifen. Dies gab Wallenstein die Gelegenheit, seine Armee in einem günstigen Gelände östlich von Lützen in Schlachtordnung aufzustellen. In der Nacht zum 6./16. November bezogen die kaiserlichen Truppen nördlich der Straße nach Leipzig Stellung; die Straßengräben wurden mit Musketieren besetzt. Zur Rechten lehnte sich die Schlachtordnung an Lützen mit seinen etwa 300 Häusern und den umliegenden Gärten mit Garten-

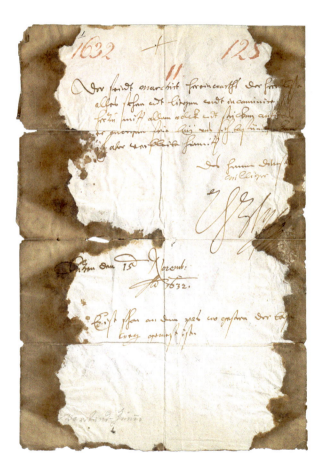

2
Wallensteins Hilfegesuch an Pappenheim vom Tag der Schlacht von Lützen 6./16.11.1632, von Pappenheims Blut durchtränkt.

mauern, die den Soldaten während der Kämpfe Schutz bieten sollten. Im Osten zog sie sich bis zum Floßgraben. Die Artillerie, 14 Geschütze, wurde auf dem Windmühlenhügel postiert (Seidler 1954, 32; 35). An den Grafen Pappenheim, der sich bereits der Stadt Halle bemächtigt und dort Quartier genommen hatte, erging ein Schreiben mit dem Befehl, sich so rasch wie möglich mit seinen Truppen nach Lützen zu begeben (Abb. 2).

Das Zentrum der Kaiserlichen unter dem Kommando von Colloredo bildeten etwa 7500 Infanteristen in acht Brigaden (Abb. 3), unterstützt durch einige Kompanien berittener Schützen. Vor dem Zentrum waren weitere sieben Geschütze aufgestellt worden. An den beiden Flügeln waren je 36 Kavallerie-Kompanien – vorne die Kürassiere, dahinter die Arkebusiere, besonders am linken Flügel auch leichte kroatische, ungarische und polnische Reiterei –, die nach schwedischem Vorbild durch kleine Musketier-Abteilungen verstärkt worden waren. Der starke rechte kaiserliche Flügel, zwischen dem Windmühlenhügel und dem mit 400 Mann besetzten Ort Lützen in Stellung gebracht, wurde von Wallenstein selbst geführt. Er erwartete hier den ersten Angriff. Trotz seiner Krankheit war Wallenstein aufgesessen und ritt während der Schlacht die Front auf und ab, um seine Regimenter anzutreiben.

Der linke Flügel, der zunächst von Holk befehligt wurde, war relativ schwach, doch erwartete man hier baldige Unterstützung durch Pappenheims Kavallerie, ca. 3000 Kürassiere. Insgesamt befehligte Wallenstein bei Lützen etwa 8000 Mann Infanterie und 6000 Reiter, wozu noch 2000–2500 leichte Reiter kamen (KA, AFA 1632-11-125).

Das schwedische Heer überschritt am Morgen des 6./16. November zwischen 9 und 10 Uhr, von leichter Reiterei angegriffen, den Floßgraben und formierte sich anschließend wieder in Schlachtordnung. Noch schwiegen die kaiserlichen Geschütze, und selbst als die Schweden mit einer kleinen Batterie Halbgeschützen das Feuer eröffneten, erfolgte keine Reaktion. 400 Musketiere Holks bezogen im und vor dem am Ortsrand gelegenen Schloss und hinter den Mauern der Gärten Stellung (Brzezinski 2001, 51). Starker Nebel verhinderte bis gegen 11 Uhr den Beginn der Schlacht; erst dann löste er sich auf und gab den Blick auf das Schlachtfeld frei. Nach einer kurzen Kanonade rückte die schwedische Armee vor und erkämpfte sich – trotz der heftigen Gegenwehr der im Straßengraben postierten Musketiere – den Übergang über die Straße nach Leipzig. Dem rechten schwedischen Flügel, der von Gustav II. Adolf selbst befehligt wurde, gelang es, einen Teil der kaiserlichen Reiterei am linken Flügel in die Flucht zu schlagen. Gegen die schwedischen und finnischen Kürassiere hatten die leichten polnischen und kroatischen Reiter, die *de facto* nur als Staffage dienten, um die Schwäche des linken kaiserlichen Flügels zu kaschieren, keine Chance und zogen sich daher zurück. Auch das kaiserliche Zentrum geriet zusehends ins Wanken. Die Schweden eroberten die sieben Geschütze vor dem Zentrum und setzten sie gegen die kaiserlichen Truppen ein. Wallenstein ließ daraufhin die Munitions- und Gepäckwagen auf den rechten Flügel bringen (KA, AFA 1632-11-195; Brzezinski 2001, 53–55).

Gegen 12 Uhr traf Pappenheim mit etwa 3000 Mann auf dem Schlachtfeld ein und übernahm das Kommando über den linken Flügel – der bisher dort kommandierende Holk begab sich nun auf den rechten Flügel. Mit einem ungestümen Angriff gelang es, den rechten schwedischen Flügel bis zur Straße zurückzudrängen. Dies ermöglichte es dem Zentrum, sich neu zu formieren. Auch die Geschütze wurden zurückerobert.

Allerdings wurde Pappenheim selbst bereits beim ersten Angriff durch eine schwedische Falkonettkugel so schwer verwundet, dass er kurz danach seinen Verletzungen erlag. Der Gegenangriff brach daraufhin zusammen, die Befehlshaber seiner Regimenter gerieten in Panik. Sie wurden dafür später vor ein Kriegsgericht gestellt. Ein Großteil seiner Reiterei brach den Kampf unvermittelt ab und beging Fahnenflucht. Die Kroaten folgten ihnen. Die Flüchtenden plünderten nicht nur das kaiserliche Gepäck, sondern streuten unter der aus Halle vorrückenden Pappenheim'schen Infanterie das Gerücht aus, dass das kaiserliche Heer bereits geschlagen sei. Die eben erst errungenen Vorteile und territorialen Gewinne gingen dadurch erneut verloren, der linke kaiserliche Flügel war in Auflösung begriffen. Erst als Oberst Ottavio Piccolomini die Initiative ergriff und das Kommando übernahm, die Flucht der kaiserlichen Kavallerie auf dem linken Flügel stoppte und gemeinsam mit den Truppen des Obersten Götz die Schweden zurückdrängte, stabilisierte sich vorerst die Lage am rechten Flügel. Piccolomini wurde bei diesem Angriff ebenfalls verwundet (KA, AFA 1632-11-195; Seidler 1954, 44 f.; Brzezinski 2001, 53–55).

Den Schweden gelang es daher nicht, die kaiserliche Infanterie im Zentrum von der offenen Flanke her aufzurollen. Zudem war es nötig, das zweite Treffen des rechten schwedischen Flügels zum Schutz des Trosses zurückzubeordern: Noch auf Befehl Pappenheims hatten über 100 Kroaten das Schlachtfeld im Osten, verborgen durch ein Waldstück, umgangen und waren überraschend über den Tross hergefallen, um die Munitions- und Gepäckwagen zu plündern und so Unruhe in die schwedischen Truppen zu bringen (Seidler 1954, 57).

Die Angriffe des linken schwedischen Flügels, verstärkt durch sächsische Truppen unter dem Kommando von Herzog Bernhard von Sachsen-Weimar, und der Infanterie im Zentrum fuhren sich hingegen bald fest, da die gut aufgestellten kaiserlichen Geschütze auf dem Windmühlenhügel, die schwere Kavallerie der Kaiserlichen sowie die kaiserlichen Brigaden im ersten Treffen den Angreifern große Probleme bereiteten. Unter schweren Verlusten mussten sich die Schweden zurückziehen.

Als Gustav II. Adolf auch vom Wanken seines rechten Flügels erfuhr, griff er gegen 13 Uhr mit seinen Smålandern dort ein, geriet dabei aber zu nahe an die feindlichen Linien. Ein Musketier traf den König und zerschmetterte ihm den linken Arm. Der schwer verwundete Gustav II. Adolf versuchte sich vom Schlachtfeld zurückzuziehen, wurde aber durch einen Pistolenschuss in den Rücken getroffen und starb schließlich nach Degenstichen und einem Kopfschuss eines kaiserlichen Kürassiers. Die Nachricht von einer schweren Verwundung des schwedischen Königs verbreitete sich wie ein Lauffeuer im kaiserlichen Heer. Die ersten Siegesrufe waren auf Seiten der Kaiserlichen zu vernehmen. Bei den schwedischen Truppen machte sich große Bestürzung breit. Doch gelang es dem neuen schwedischen Oberbefehlshaber, Herzog Bernhard von Sachsen-Weimar, die Truppen wieder zu formieren, die Soldaten anzufeuern und seinen linken Flügel zu einem neuen Angriff zu bewegen (KA, AFA 1632-11-195; Brzezinski 2001, 62 f.; 66; 71).

Gegen 14.30 Uhr setzte Weimar zum entscheidenden Vorstoß an. Nach heftiger Gegenwehr der Obersten

3
Schlacht von Lützen, Öl auf Leinen von Peeter Snayers (1651), Heeresgeschichtliches Museum Wien (siehe auch Nachsatz).

Bernhard von Waldstein und Francesco Grana Marchese di Caretto nahmen die Schweden die kaiserliche Artilleriestellung auf dem Windmühlenhügel ein. Beinahe wäre es der schwedischen Kavallerie gelungen, die Stellung der Kaiserlichen im Westen zu durchbrechen, als Teile der Pappenheim'schen Kavallerie eigenmächtig auf den rechten Flügel wechselten in der Annahme, dass es dort sicherer sei. Als jedoch ebendort auf Befehl Wallensteins ein Entlastungsangriff durchgeführt werden sollte, ergriffen die Reiter mit ihrem Befehlshaber Oberstleutnant Albrecht von Hofkirchen an der Spitze erneut die Flucht. Die Infanterie leistete den Schweden jedoch unter schweren Verlusten erbitterten Widerstand (KA, AFA 1632-11-195; Seidler 1954, 75–77; 99; Brzezinski 2001, 79 f.).

Der Einbruch der Dunkelheit beendete schließlich die Schlacht. Bernhard von Weimar hatte nicht mehr die Kraft für einen weiteren Angriff, Piccolomini konnte auf dem linken kaiserlichen Flügel ohne Artillerieunterstützung ebenfalls keine Akzente mehr setzen. Wallenstein erkannte die Aussichtslosigkeit des Kampfes und beschloss gegen 19 Uhr, seine erschöpften Truppen zu einem geordneten Rückzug in Richtung Leipzig zu formieren, während die aus Infanterie und Kroaten bestehende Nachhut bis gegen 22 Uhr auf dem Schlachtfeld blieb. Allerdings mussten die meisten Geschütze aufgrund fehlenden Vorspanns dem Gegner überlassen werden.

Die Schweden, die damit das Schlachtfeld behauptet hatten, waren ebenfalls viel zu erschöpft, um den Rückzug der Kaiserlichen zu stören oder gar an eine Verfolgung zu denken. Ganz im Gegenteil befürchteten sie einen Überraschungsangriff während der Nacht und zogen sich über die Straße zurück (KA, AFA 1632-11-195).

Die Gesamtverluste der Kaiserlichen beliefen sich auf mehr als 6000 Mann und Offiziere. Von den höheren Offizieren waren Gottfried Heinrich zu Pappenheim, Hans von Breuner, Theodor von Comargo sowie Johann von Westrum gefallen oder kurz danach ihren Verletzungen erlegen. Auch der Abt von Fulda, der den kaiserlichen Truppen vor der Schlacht den Segen erteilt hatte, starb durch eine feindliche Pistolenkugel. Wallenstein selbst, Colloredo, Waldstein, Grana, Piccolomini und viele andere wurden zum Teil schwer verwundet (Hallwich 1912, 502). Von den 21 Geschützen gingen 19 verloren, ebenso vier Fahnen und Standarten sowie ein Teil des Gepäcks. Hingegen wurden über 60 gegnerische Feldzeichen erbeutet.

Aus kaiserlicher Sicht hatte die Schlacht mit einem Unentschieden geendet, keine Seite hatte *de facto* den Sieg davongetragen. Zwar hatten die Schweden das Schlachtfeld behauptet, doch Wallenstein hielt mit einem geordneten Rückzug die weiteren Verluste in Grenzen. Allerdings musste der Generalissimus sein ursprüngliches Vorhaben, die Sachsen durch den Krieg im eigenen Land auf die Seite der Kaiserlichen zu zwingen, aufgeben.

Die kaiserliche Armee zog sich in der Folge über Chemnitz nach Böhmen in die Winterquartiere zurück. Die Kampfpause nutzte Wallenstein, um die fahnenflüchtigen Offiziere, denen er Verrat und Feigheit vorwarf, im »Prager Blutgericht« hinrichten zu lassen und seine Truppen zu disziplinieren (Brzezinski 2001, 91).

In den folgenden Monaten leitete er eigenmächtig Friedensverhandlungen mit den Schweden ein, was ihm von Seiten des Wiener Hofes schließlich den Vorwurf des Hochverrates einbrachte. Im Januar 1634 erfolgte Wallensteins Absetzung, im Februar wurde er in Eger (Cheb) ermordet. Erzherzog Ferdinand, der spätere Kaiser Ferdinand III., übernahm den Oberbefehl über das kaiserliche Heer und führte es bei Nördlingen zu einem Sieg gegen die Schweden. Der Prager Frieden vom 20./30. Mai 1635 beendete diese Phase des Dreißigjährigen Krieges, führte aber nun zum Eintritt Frankreichs in den Krieg auf Seiten der Schweden und zu einer Fortsetzung der Kampfhandlungen.

Literatur

KA, AFA
Österreichisches Staatsarchiv/Kriegsarchiv, Wien, Alte Feldakten, K. 67, 1632 XI (121-)-XII, 30-jähriger Krieg, 1632-11-125, 126, ad 184 d, 195 (Dokumente und 2 Relationen zu Lützen).

Brzezinski 2001
R. Brzezinski, Lützen 1632. Climax of the Thirty Years War. Osprey Campaign Ser. 68 (Oxford 2001).

Hallwich 1912
H. Hallwich (Hrsg.), Briefe und Akten zur Geschichte Wallensteins (1630–1634), Bd. III. Fontes Rerum Austriacarum, 2. Abt., Bd. 65 (Wien 1912).

Rebitsch 2006
R. Rebitsch, Matthias Gallas (1588–1647). Generalleutnant des Kaisers zur Zeit des Dreißigjährigen Krieges. Eine militärische Biographie (Münster 2006).

Seidler 1954
J. Seidler, Untersuchungen über die Schlacht bei Lützen 1632 (Memmingen 1954).

ARCHÄOLOGISCH ENTZAUBERT – DIE SCHLACHT VON LÜTZEN

André Schürger

EINLEITUNG

Auf den ersten Blick gibt es zur Schlacht von Lützen (6. November 1632) umfangreiches Quellenmaterial, was zur Folge hatte, dass man schon vor 60 Jahren glaubte, die Schlacht sei hinreichend erforscht. Bei näherer Betrachtung sind bisher jedoch nur 18 meist sehr kurze Augenzeugenberichte zur Schlacht bekannt. Die meisten Quellen wurden von zeitgenössischen Historikern und Journalisten verfasst, die die Schlacht nicht gesehen hatten. Zwischen Augenzeugenberichten und Sekundärquellen gibt es große quantitative und qualitative Unterschiede. Augenzeugen berichten meist kurz von einigen Ereignissen, die sie gesehen haben und an die sie sich nach der Schlacht noch erinnern können. Nur sehr wenige dieser Ereignisse werden von mehreren Augenzeugen erwähnt, da jeder nur über einen begrenzten Blickwinkel verfügte. Dadurch sind die einzelnen Berichte oft unverständlich und lassen sich nur schwer in das Schlachtgeschehen einordnen. Die Summe der von Augenzeugen berichteten Ereignisse beschreibt zudem nur einen Bruchteil der Schlacht. Während es sich bei Augenzeugenberichten überwiegend um handgeschriebene Briefe und Notizen handelt, sind die meisten Sekundärquellen gedruckte Berichte mit großer Auflage. Diese sog. »Relationen« beschreiben den Ablauf der gesamten Schlacht. Es gibt zwar inhaltliche Unterschiede zwischen den verschiedenen »Relationen«, aber der allgemeine Schlachtverlauf ähnelt sich in allen gedruckten Quellen und ist leicht verständlich dargestellt.

Wertet man nur die Augenzeugenberichte aus, so stellt man fest, dass die meisten der dort erwähnten Ereignisse von den Sekundärquellen überhaupt nicht berichtet werden, während die wenigen, von beiden Quellengattungen berichteten Ereignisse sich fast immer widersprechen. Tatsächlich konnte nach eingehender Auswertung aller schriftlichen Quellen belegt werden, dass es sich bei den Sekundärquellen um eine regelrechte Mythenbildung handelt, die auf Missverständnissen, Unkenntnis der Topografie und reiner Erfindung von Ereignissen basieren und im Ergebnis wenig mit der Schlacht von Lützen zu tun haben. Leider glaubte die Forschung lange den Ausführungen dieser gedruckten Sekundärquellen, obwohl der Hallenser Historiker Gustav Droysen bereits vor 150 Jahren auf diese Problematik hingewiesen hat (Droysen 1865). Allerdings widersprechen sich auch Augenzeugen in einigen Punkten, da jeder Schlachtbericht naturgemäß subjektiv ist und daher fehlerhaft sein kann.

Zur Erforschung der Schlacht wurde am 11. September 2006 bei Lützen die erste großflächige archäologische Untersuchung eines Schlachtfeldes mit Metallsonden in Deutschland begonnen. Fünf Jahre später waren 1,1 km², etwa ein Drittel des Schlachtfeldes, systematisch untersucht und über 11 000 Einzelfunde geborgen und eingemessen. Es handelt sich hierbei um die größte Fläche, die jemals auf einem Schlachtfeld engmaschig prospektiert wurde. Durch die Kartierung der Funde nach Fundarten, besonders der aus Musketen, Pistolen und Karabinern verschossenen Bleikugeln, ergeben sich Verteilungsmuster (siehe S. 386). Durch die Interpretation der Fundverteilung lassen sich wichtige Aussagen zur Lokalisierung von Kampfhandlungen treffen. Dadurch konnte eine völlig neuartige objektive Quelle erschlossen werden, mit der die schriftlichen Quellen bestätigt, ergänzt oder widerlegt werden können. Ergänzt wurde die Feldbegehung durch wenige, gezielt mit dem Bagger angelegte Suchschnitte, bei der auch das Massengrab 2011 entdeckt wurde (siehe Beitrag »Das Massengrab von Lützen«, S. 399). Einige der überraschenden Ergebnisse der historisch-archäologischen Untersuchung der Schlacht von Lützen sollen hier vorgestellt werden.

DER FELDZUG IN KURSACHSEN

Der protestantische Kurfürst Johann Georg von Sachsen hatte, gezwungen durch die Ereignisse des Jahres 1631, eher unwillig ein Bündnis mit Gustav II. Adolf von Schweden geschlossen. Diesen Umstand wollte sich der kaiserliche Generalissimus Albrecht von Wallenstein im August 1632 zunutze machen, als er ein Korps unter Feldmarschall-Leutnant Holk nach Kur-

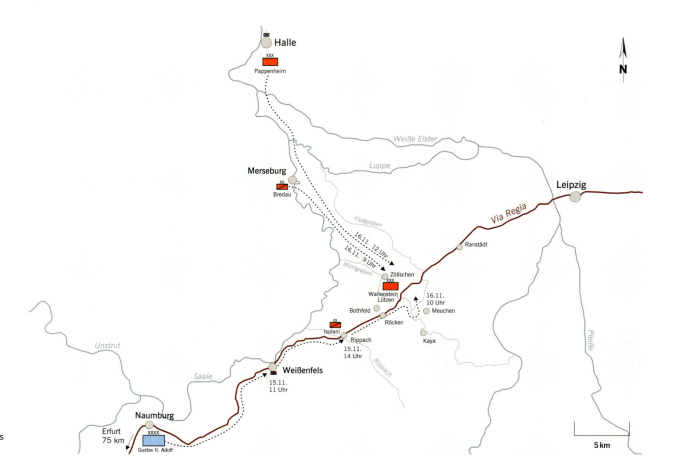

1
Truppenbewegung am 5./15. und 6./16. November 1632 bis zur Schlacht von Lützen.

sachsen schickte. Wallensteins Plan sah vor, Johann Georg durch Plünderung und Brandschatzung Sachsens an den Verhandlungstisch zu zwingen, um einen Separatfrieden aushandeln zu können. Holk verfügte noch über zu wenige Truppen, da sich Wallenstein und Gustav II. Adolf bei Nürnberg verschanzt hatten und einen Versorgungskrieg führten, bei dem alle verfügbaren Truppen benötigt wurden.

Die Lage änderte sich, als Gustav II. Adolf nach einem vergeblichen Sturm auf Wallensteins Befestigungen bei Zirndorf und wegen Versorgungsschwierigkeiten am 8./18. September 1632 von Nürnberg abziehen musste. Während Gustav II. Adolf nach Süden zog, um Kurfürst Maximilian von Bayern anzugreifen, schickte Wallenstein seine Truppen nach Kursachsen. Er orderte sogar Feldmarschall Pappenheim mit seinem Korps aus dem Rhein-Weser-Gebiet dorthin. Gustav II. Adolf zögerte lange, kam dann aber doch im Oktober seinem Verbündeten Johann Georg zu Hilfe. Über Erfurt erreichte Gustav II. Adolf Naumburg, während Wallenstein, von Leipzig kommend, seine Armee in Weißenfels zusammenzog. Beide Armeen verschanzten sich erneut wie bei Nürnberg, wo sie beide von Hunger und Seuchen dezimiert worden waren. Dieses Mal lag der Winter viel näher, was eine Versorgung von großen Truppenkonzentrationen deutlich erschweren würde.

Am 2./12. November 1632 trafen sich beide Armeen zwischen Naumburg und Weißenfels, aber als Gustav II. Adolf erkannte, dass Wallenstein ihm zahlenmäßig überlegen war, zog er sich wieder in sein befestigtes Lager bei Naumburg zurück. Gleichzeitig erreichten Wallenstein Nachrichten, dass protestantische Truppen im Gebiet zwischen Rhein und Weser nach Pappenheims Abzug die Oberhand gewannen. Am 4./14. November entschloss sich Wallenstein, seine Armee aufzuteilen: Pappenheim sollte zunächst die Moritzburg in Halle erobern und dann mit seinem Korps in das Rhein-Weser-Gebiet zurückkehren. Den Rest seiner Armee wollte Wallenstein über Westsachsen in einem dichten Netz verschanzter Lager aufteilen, damit sie über den Winter leichter versorgt werden und sich für den Fall eines schwedischen Angriffs gegenseitig unterstützen konnten.

Gustav II. Adolf erfuhr noch am selben Tag von Wallensteins Abzug und ließ sofort seine Truppen für den Angriff vorbereiten (Abb. 1). Am Morgen des 5./15. November folgte er Wallenstein mit seiner Armee und

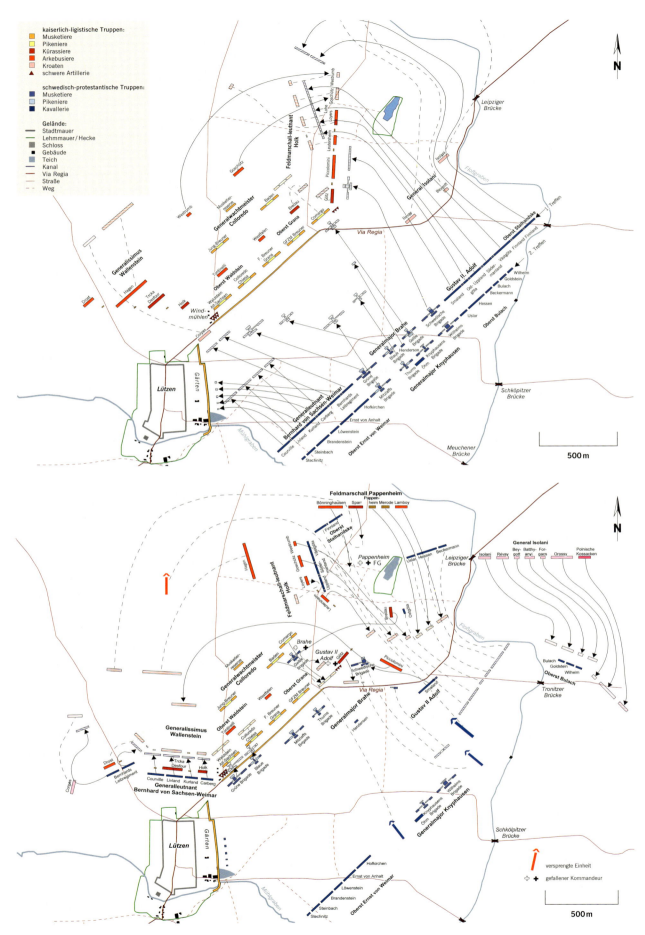

2
Aufstellung der Armeen am 6./16. November 1632 gegen 10 Uhr und Schlachtverlauf bis zum Eintreffen Pappenheims gegen 12 Uhr. Historische Quellen und die archäologische Feldbegehung belegen die ungewöhnliche Aufstellung der kaiserlich-ligistischen Armee mit 45° rückwärts gestaffelten Flügeln und den Angriff der Schwedischen Brigade gegen den kaiserlichen Kavallerie-Flügel, anstatt frontal gegen die Geschützbatterie, wie allgemein vermutet.

3
Schlachtverlauf vom Eintreffen Pappenheims um 12 Uhr bis zum Zusammenbruch des rechten schwedischen Flügels um 13 Uhr.

Kürassieren Feuerschutz geben. Meist kämpften sie jedoch als mittlere Kavallerie nicht sehr erfolgreich auf sich gestellt, da sie für den direkten Kampf weder ausgerüstet noch ausgebildet waren. Es gab aber auch Ausnahmen, wie das schwer gepanzerte Arkebusierregiment Piccolomini.

Gegen 11 Uhr erreichte Gustav II. Adolfs rechter Flügel die kaiserliche Linie und die Schlacht war jetzt eröffnet. Die gepanzerten Kürassiere und Arkebusiere von Götz und Piccolomini hielten dem anhaltenden Musketenfeuer der Schwedischen Brigade stand, aber die vier Arkebusierregimenter links von ihnen gerieten ins Wanken. Zwar hatte Wallenstein, dem Beispiel der Schweden folgend, auch einige Musketierkompanien zwischen seine Kavallerie gestellt, aber die Schweden hatten diese Taktik bereits perfektioniert. Der kombinierte Einsatz von Artillerie- und Musketenfeuer und die folgende Kavallerieattacke mit gezogenem Schwert brachen den Widerstand der kaiserlichen Arkebusiere.

Der Angriff des rechten schwedischen Flügels wurde nun auch durch die von Generalmajor Nils Brahe kommandierte Gelbe Brigade, bestehend aus Gustav II. Adolfs Leibregiment und Leibgarde, verstärkt. In einem Frontalangriff gegen das linke kaiserliche Zentrum vertrieb sie die Musketiere aus den Straßengräben der *Via Regia* und eroberte die verschanzte Geschützbatterie, bestehend aus vier 24-Pfündern und zwei 12-Pfündern, deren Geschützbedienung floh. Dann traf die Gelbe Brigade auf die ligistische Infanterieschwadron Comargo, die es an Kampferfahrung mit Gustav II. Adolfs Garde aufnehmen konnte. Erst nach zähem Kampf konnte sich die Gelbe Brigade schließlich durchsetzen und rückte gegen die Infanterieschwadron Baden des zweiten Treffens vor. Holks linker Flügel war kurz vor dem Zusammenbruch.

ANGRIFF DES LINKEN SCHWEDISCHEN FLÜGELS

Generalleutnant Bernhard von Sachsen-Weimar befehligte den linken schwedischen Flügel. Nachdem er gegen 11 Uhr die ersten Musketensalven vom rechten schwedischen Flügel hörte, befahl auch er den Angriff. Die zeitliche Verzögerung zwischen dem Angriff der beiden Flügel war beabsichtigt, da so die kaiserliche Kavalleriereserve auf dem linken Flügel gebunden war.

Es ist eine weitverbreitete Ansicht, dass Wallenstein seinen rechten Flügel deutlich stärker machte als den linken, da er erstens glaubte, dass Gustav II. Adolf wie bei Nürnberg zuerst mit dem rechten Flügel angreifen würde, und zweitens davon ausgegangen wurde, dass der linke Flügel durch Pappenheims Kavallerie verstärkt werden sollte, sobald diese eintreffen würde. Diese Ansicht ist schon aus taktischer Sicht unsinnig, da kein Feldherr seine gesamte Schlachtordnung auf Vermutungen stützt, die katastrophale Folgen hätten, wenn sie nicht einträfen. Wallenstein konnte weder mit Sicherheit vorhersehen, wo Gustav II. Adolf angreifen, noch wann Pappenheims Truppen eintreffen würden. Aus den Quellen geht eindeutig hervor, dass Wallenstein eine symmetrische, dem Gelände angepasste Schlachtordnung wählte. Sein rechter Flügel hatte mit Lützen einen festen Platz und war daher statischer als der linke, weshalb hier auch die Mehrheit seiner schweren Artillerie an den Windmühlen stand. Der linke Flügel hingegen lag im freien Feld und musste beweglicher sein, weshalb er über bedeutend mehr leichte Kavallerie verfügte. Mit seinen Reserven konnte Wallenstein auf eine mögliche schwedische Schwerpunktbildung reagieren. Eine vorher befohlene Übernahme des linken kaiserlichen Flügels durch Pappenheim, wie oft zu lesen ist, hat es nicht gegeben und basiert maßgeblich auf einer falschen Interpretation von Holks auf dänisch verfasstem Brief an Christian IV. von Dänemark (Schürger in 2015).

Die Stadt Lützen behinderte die Entwicklung von Bernhard von Sachsen-Weimars deutscher und baltischer Kavallerie. Die Stadt wurde zwar aus Kräftemangel nicht verteidigt, aber 400 kaiserliche Musketiere hatten die Gärten von Lützen besetzt, die von einer hohen Lehmmauer umgeben waren. Hier ließ Bernhard von Sachsen-Weimar Oberst Gersdorf mit seinen 400 Musketieren und zwölf leichten Regimentsgeschützen angreifen. Es waren die sechs Musketierkompanien, die ursprünglich zwischen den Kavallerieschwadronen standen und dort später dringend benötigt worden wären. Bernhards Kavallerie musste nun frontal gegen die 17 schweren Geschütze der kaiserlichen Windmühlenbatterie vorrücken und durch eine 150 m schmale Lücke zwischen Batterie und Gärten stoßen, die von einer Kroatenschwadron gesichert wurde, um den nach hinten gestaffelten rechten kaiserlichen Flügel angreifen zu können.

Der Angriff begann trotz der Schwierigkeiten vielversprechend. Die Kroaten wurden geschlagen und ihr Rückzug entwickelte sich zur Flucht. Statt sich um den eigenen Flügel herum zurückzuziehen, kollidierten sie mit dem Arkebusierregiment Hagen, das nun ebenfalls in Unordnung geriet und sich hinter die eigene Linie zurückzog. Damit entstand eine bedeutende Lücke im rechten kaiserlichen Flügel. Jetzt rächte sich der frühzeitige Einsatz der Kavalleriereserven auf dem linken

Flügel. Bernhard von Sachsen-Weimar konnte nun Wallensteins Kavallerie überflügeln und ausmanövrieren.

Die sich für die kaiserliche Seite anbahnende Katastrophe konnte noch eine Zeit lang durch die kaiserlichen Kürassiereschwadronen Hagen und Trcka/Desfour verzögert werden. Auch weiter im Zentrum konnten die kaiserlichen Infanterieschwadronen Waldstein/Alt-Sachsen und Colloredo/Chiesa dem Angriff der Grünen und Blauen Brigade noch standhalten.

Inzwischen rückten die Infanteriebrigaden Mitzlaff und Thurn aus dem zweiten schwedischen Treffen in die Lücke, die sich im Zentrum zwischen Blauer und Gelber Brigade aufgetan hatte. Beide kaiserlichen Flügel waren von der schwedisch-protestantischen Armee überflügelt worden und das kaiserliche Zentrum begann zu bröckeln. Gegen 12 Uhr schien Wallensteins Lage aussichtslos und der Zusammenbruch der gesamten Armee nur noch eine Frage der Zeit, als Feldmarschall Pappenheim endlich das Schlachtfeld erreichte. Er hatte zusätzlich zu seinen acht Kavallerieregimentern auch die drei geflohenen Kroatenregimenter geordnet und verfügte nun über eine Streitmacht von mehr als 2800 Reitern.

PAPPENHEIMS GEGENANGRIFF

Als Pappenheim auf dem Schlachtfeld eintraf, sah die Situation der Armee Wallensteins auf dem linken Flügel besonders bedrohlich aus, weshalb er dort ohne zu zögern angriff (Abb. 3). Er teilte seine Truppen und schickte General Isolani mit der gesamten leichten Kavallerie, etwa 1400 Kroaten und polnische Kosaken, östlich des Floßgrabens um die gegnerischen Linien herum, um die Schweden im Rücken anzugreifen. Mit den ihm verbleibenden 1400 Kürassieren, Arkebusieren und Dragonern, jenen Musketieren, die in der Schlacht aufgrund fehlender Kavallerie häufig zu Pferd kämpften, griff er den exponierten rechten schwedischen Flügel direkt an.

Die Schweden wurden von diesem Angriff unvorbereitet in der Flanke getroffen und hatten Schwierigkeiten, eine Abwehr zu organisieren. Durch das Umgehungsmanöver der leichten Kavallerie musste Oberst Bulach, der die Kavallerie des zweiten Treffens auf dem rechten Flügel befehligte, seine Truppen aufteilen. Er schickte drei Schwadronen Gustav II. Adolf zu Hilfe und kommandierte selbst die anderen drei Schwadronen gegen die Kroaten und polnischen Kosaken. Bulachs Kavallerie erlitt schwere Verluste und die Kroaten kamen dem schwedischen Tross bei Meuchen gefährlich nahe. Die Kämpfe östlich des Floßgrabens dauerten den ganzen Nachmittag, aber Bulachs Kavallerie gelang es, die Kroaten und Kosaken aufzuhalten.

Durch Pappenheims Eingreifen wurde der sich in Auflösung befindliche linke kaiserliche Flügel stabilisiert und Holk gelang es, seine Arkebusierregimenter zu ordnen. Das gab nun auch Piccolomini und Götz, die immer noch unter Musketenfeuer der Schwedischen Brigade lagen, den nötigen Flankenschutz zu einem Gegenangriff, den sie gemeinsam mit dem Kürassierregiment Bredau führten, das gerade Comargos Rückzug im Zentrum gedeckt hatte und nun ebenfalls frei stand. Mehr als 1000 schwer gepanzerte Reiter durchbrachen nun die schwedische Linie zwischen Zentrum und rechtem Flügel. Eine Schwadron der Schwedischen Brigade und die småländische Kavallerie wurden schwer getroffen und mussten sich zurückziehen. Gustav II. Adolfs eben noch siegreicher rechter Flügel wurde in die Zange genommen und nur die drei gerade eintreffenden Kavallerieschwadronen aus dem zweiten Treffen verhinderten eine Katastrophe.

Bevor Pappenheim jedoch die Schlacht zugunsten der kaiserlich-ligistischen Armee wenden konnte, wurde er durch einen Scharfschützenschuss tödlich verwundet. Seine Soldaten waren derart geschockt, dass die Regimenter Sparr und Bönninghausen ihren Dienst verweigerten und sich zurückzogen. Pappenheims Angriff kam dadurch ins Stocken.

PICCOLOMINIS GEGENANGRIFF UND GUSTAV II. ADOLFS TOD

Trotz der Fahnenflucht der Regimenter Sparr und Bönninghausen hatte Piccolomini die nötige Bewegungsfreiheit gewonnen und ergriff die Initiative. Nachdem er eine Schwadron der Schwedischen Brigade geschlagen und bis zur *Via Regia* verfolgt hatte, wendete er sein Regiment, um die Reste der Brigade im Rücken anzugreifen.

Gustav II. Adolf erkannte die Gefahr. Er sammelte das geschlagene Kavallerieregiment Småland, dessen Kommandeur gefallen und dessen Stellvertreter verwundet waren, und führte es persönlich ins Gefecht. Inzwischen hatten Götz und Piccolomini die Schwedische Brigade in die Zange genommen und nur Gustav II. Adolfs Gegenangriff konnte ihre völlige Vernichtung verhindern. Die Småländer führten nun ihrerseits eine Kavallerieattacke gegen den Rücken von Piccolominis gepanzerten Arkebusieren. Die Ablenkung ermöglichte es Oberstleutnant Gabriel Kyle, seine Schwedische Brigade aus dem Gefecht zu lösen und einen geordneten Rückzug einzuleiten. Aber auch die Småländer wurden

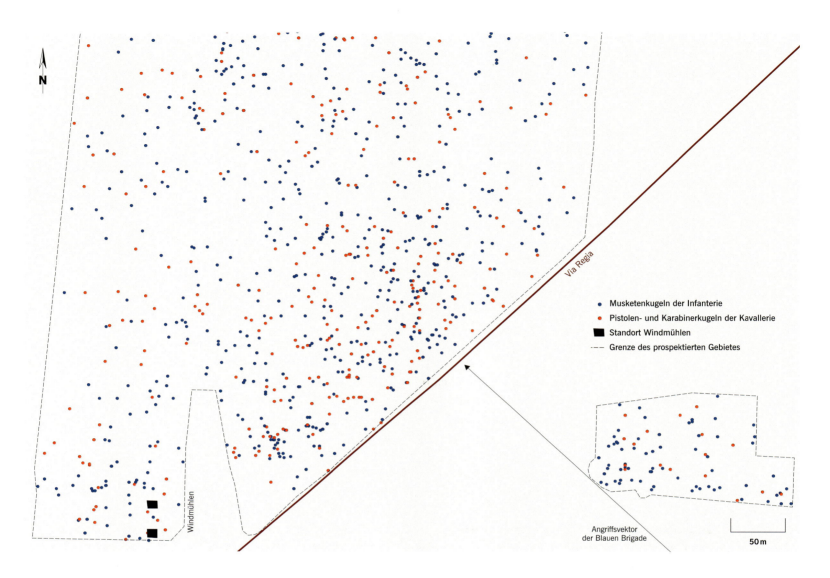

4
Die Verteilung der von Musketen, Karabinern und Pistolen verschossenen Bleikugeln auf dem rechten kaiserlichen Zentrum. Deutlich zu sehen ist eine großflächige Konzentration nördlich der *Via Regia*. Dort stand die erste Linie der kaiserlich-ligistischen Armee und erwehrte sich des Angriffs der Blauen Brigade. Die Pistolen- und Karabinerkugeln südlich der *Via Regia* belegen, dass Wallensteins Kavallerie die Straße nach Süden überquert hat, um die Blaue Brigade zu verfolgen. Mithilfe dieser und ähnlicher Fundverteilungskarten konnten zahlreiche Fragen zum Schlachtverlauf geklärt werden.

erneut geschlagen, flohen aus dem Gefecht und ließen ihren König tödlich verwundet zurück.

Trotz unzähliger Publikationen sind die Umstände, die zum Tod des schwedischen Königs in der Schlacht von Lützen führten, bisher weitgehend ungeklärt. Der Grund dafür ist die Mythenbildung zum Tod Gustav II. Adolfs, die bereits am Tage der Schlacht in der schwedisch-protestantischen Armee einsetzte und nicht nur die gedruckten Relationen, sondern auch alle Augenzeugenberichte beeinflusst hat, denn keiner der bisher bekannten Augenzeugen hat den Tod des Königs tatsächlich gesehen. Besonders verdächtig ist die Geschichte, dass Gustav II. Adolf wegen seiner Kurzsichtigkeit und dem »Nebel« von seiner Truppe getrennt wurde. Die småländischen Reiter waren zuletzt für seine Sicherheit verantwortlich und der Fall wäre sicher vor einem Kriegsgericht verhandelt worden, aber es kam nie dazu. Stattdessen verdächtigte man zu Unrecht den Herzog von Sachsen-Lauenburg, der wenige Monate zuvor zu den Schweden übergelaufen war, den König ermordet zu haben.

Der Tod des Königs, der zunächst unbemerkt blieb, hatte kaum direkte Auswirkungen auf die Schlacht, aber der rechte schwedische Flügel war geschlagen und ohne starke Führung. Der allgemeine Rückzug des rechten schwedischen Flügels ließ nun die Gelbe

Brigade in exponierter Lage zurück. Sie befand sich gerade im Kampf gegen die Infanterieschwadron Baden, in deren Schutz sich die Schwadron Comargo reorganisiert hatte und nun auch gegen die Gelbe Brigade vorrückte. Die durch den schwedischen Rückzug wieder gewonnene Handlungsfähigkeit von Holks linkem Flügel ermöglichte es Bredaus Kürassieren die Gelbe Brigade in der Flanke anzugreifen, deren Widerstand fast augenblicklich zusammenbrach. Nur 400 der 1200 Mann starken Garde Gustav II. Adolfs entkamen unversehrt.

Kurioserweise rettete der Tod Pappenheims den rechten schwedischen Flügel vor dem völligen Zusammenbruch, aber trotzdem hatten der Rückzug der schwedischen Kavallerie und der Tod des schwedischen Königs gravierende Auswirkungen auf das gesamte Schlachtgeschehen. Holk konnte nun dem schwer bedrängten rechten kaiserlichen Flügel Wallensteins Einheiten zu Hilfe schicken, die Bernhard von Sachsen-Weimars Angriff stoppten. Gleichzeitig wurde durch die Vernichtung der Gelben Brigade das kaiserliche Zentrum stabilisiert. Das gab der Kavalleriereserve den nötigen Spielraum für einen Angriff in die Flanke der im Nahkampf befindlichen Blauen Brigade nach dem gleichen Muster wie der Angriff auf die Gelbe Brigade. Die Blaue Brigade wurde schwer getroffen, aber den Pikenieren gelang es, eine Abwehrfront zu errichten und den Musketieren die nötige Zeit zu einem Rückzug zu verschaffen. Fast kein Pikenier der Blauen Brigade entkam unversehrt. Die Arkebusiere Westfalens verfolgten die Fliehenden über die *Via Regia* und es kam zu einem letzten Gefecht, bis die aus dem zweiten Treffen heranrückenden Brigaden Mitzlaff und Thurn ihnen zu Hilfe kamen (Abb. 4). Die meisten Musketiere der Blauen Brigade konnten gerettet werden.

Das 2011 entdeckte Massengrab mit 47 Gefallenen der Schlacht lässt sich genau in diesem Areal in der Nähe der *Via Regia* verorten. Die nachgewiesenen Verletzungen an vielen Skeletten lassen zudem auf ein Szenario von gefallenen Fußsoldaten schließen, welche von den Kugeln der Reiterei getroffen wurden (siehe Beitrag »Die 47 Soldaten«, S. 405). Auch in den Schriftquellen sind die hohen Verluste der Blauen Brigade – neben denen der Gelben – explizit erwähnt.

Durch die Zerschlagung der Blauen Brigade, die Verstärkungen vom linken kaiserlichen Flügel und den misslungenen Angriff auf Lützen war auch Bernhard von Sachsen-Weimars linker Flügel nicht mehr zu halten. Der Angriff auf die Gärten von Lützen war ebenfalls stecken geblieben und Oberst Gersdorf gefallen. Das gesamte erste schwedische Treffen war auf dem Rückzug und manche flohen vom Schlachtfeld. Durch den Pulverdampf und das brennende Lützen hatte sich die Sicht so sehr verschlechtert, dass die Lage völlig unübersichtlich wurde. Ranghohe Offiziere der schwedisch-protestantischen Armee irrten über das Schlachtfeld und suchten nach ihren Männern.

Nach Gustav II. Adolfs Tod teilten sich Bernhard von Sachsen-Weimar und Dodo von Knyphausen das Kommando. Sie reorganisierten die schwedisch-protestantische Armee und führten gegen 14 Uhr einen neuen Angriff durch, der sich bis in die Abendstunden hinzog. Über diese Kämpfe gibt es bisher kaum glaubwürdige Berichte von Augenzeugen und ihr Hergang lässt sich daher nur noch durch archäologische Untersuchungen rekonstruieren.

Die schwedisch-protestantische Armee hatte bis zum Abend zwar alle kaiserlichen Geschütze erobert, zog sich aber nach Einbruch der Dunkelheit in ihre Ausgangsstellung vom Morgen zurück. Wallenstein erhielt am Abend noch Verstärkung durch die aus Halle kommende Infanterie Pappenheims und hätte das Schlachtfeld behaupten können. Aber die kommenden Ereignisse 1633 sollten zeigen, dass er sich bereits zu einem vollständigen Rückzug aller Truppen aus Kursachsen entschlossen hatte, um einer Einkreisung zu entgehen.

Literatur

Droysen 1865
G. Droysen, Die Schlacht bei Lützen 1632. Forsch. Dt. Gesch. 5, 1865, 69–235.

Erfurter Relation 1633
Warhaffte unnd eygentliche Relation, von der Blutigen Schlacht/Zwischen Königl. Mayest: zu Schweden/[et]c. unnd der Kayserl: Armee den 5. und 6. Novemb deß Jahr 1632. bey Lützen 2. Meilwegs von Leipzig vorgangen und geschehen. Auß Erfurth/vom 22. Novemb. (Erfurt 1633).

Schürger 2011
A. Schürger, Die ersten Minuten der Schlacht von Lützen (6./16.11.1632): Isolanis Kroaten und Stalhandskes finnische Reiter aus archäologischer Sicht. In: M. Reichel/I. Schubert (Hrsg.), Leben und Sterben auf dem Schlachtfeld von Lützen. Beiträge eines wissenschaftlichen Kolloquiums der Schwedischen Lützen-Stiftung Göteborg in Zusammenarbeit mit der Stadt Lützen vom 5. bis 8. November 2009 in Lützen (Lützen, Göteborg 2011) 103–120.

Schürger 2015
A. Schürger, The Archaeology of the Battle of Lützen: An examination of 17th century military material culture. Unpubl. Diss. Univ. Glasgow (Glasgow 2015).

AUF DIE KUGELN GESCHAUT – SCHLACHTFELDARCHÄOLOGIE IN LÜTZEN

Anja Grothe

1
Die Bleikugeln aus dem Massengrab von Lützen lassen sich den Waffen der Reiterei (Pistolenkugeln bis 14,5 mm Kaliber und Karabinerprojektilen bis 16,2 mm) und der Infanterie (Musketenkugeln bis 18,5 mm) zuweisen.

Mehr als 2700 vom Lützener Schlachtfeld geborgene Bleiprojektile von Handfeuerwaffen stellen zusammen mit knapp 50 Fragmenten von Sprenggeschossen und Munition von Infanteriegeschützen wichtige Indizien zum Ablauf der Schlacht von Lützen im archäologischen Befund dar. Dazu zählen auch Knöpfe, Schnallen und Reste der Ausrüstung der Soldaten und der Reittiere. Die Funde lagen an der Oberfläche des Schlachtfeldes und gelangten im Laufe der Zeit durch die Beackerung in Tiefen von etwa 30 cm unter der heutigen Oberfläche.

Die Schlachtfeldarchäologie als Teil einer umfassenderen Konflikterforschung (siehe Beitrag »Schlachtfeldarchäologie«, S. 51) befasst sich intensiv mit der materiellen Kultur. Hierfür werden Gewicht, Durchmesser, Deformierungsgrad und weitere Spuren des Abfeuerungsvorgangs untersucht. Besonders wichtig ist eine Bestimmung der verwendeten Waffe. Durch den Aufprall schwach deformierte Kugeln lassen sich durch Vergleich mit zeitgenössischen Waffenbüchern und Waffensammlungen grob den Kategorien »Pistole«, »Karabiner« und »Muskete« zuweisen. So können Kugeln von etwa 16,8 mm bis etwa 19,5 mm Musketen zugeordnet werden. Die kleineren Kaliber der Pistolen decken einen Bereich von etwa 9,5 mm bis um 14,5 mm ab, dazwischen liegen die Durchmesser der Karabinermunition von etwa 13,5 mm bis 16,2 mm.

Zwischen den drei Typen der Handfeuerwaffen gibt es also überlappende Maße, sodass die Zuweisung im Einzelfall nicht zweifelsfrei möglich ist.

Trafen Projektile aus Weichblei mit hoher Geschwindigkeit und aus kurzer Distanz auf den Untergrund auf, führte dies zu starken Deformierungen. Dies kann auf einem Schlachtfeld ein Stein, das Metall eines Harnisches, aber auch der Körper eines Soldaten oder eines Reittieres sein. Da Reihenuntersuchungen zu spezifischen Verformungsmustern fehlen, kommt den Projektilen aus dem Massengrab (Abb. 1) eine regelrecht forensische Bedeutung zu. Hier ist bekannt, dass und wen resp. wo im Körper die Kugel traf.

Die feinteilige Kartierung der Projektile, nach verwendeten Waffen oder auch nach dem Grad der Deformierung getrennt, ist ein wichtiges Werkzeug, um Zonen intensiver Kämpfe (siehe Beitrag »Die Schlacht von Lützen«, S. 384 Abb. 4), aber auch Randzonen des Schlachtfeldes sichtbar zu machen, eine Begehung des gesamten Schlachtfeldes vorausgesetzt.

Die kartierende Auswertung der archäologischen Funde verbunden mit dem kritischen Hinterfragen von Augenzeugenberichten und Schlachtplänen kalibriert somit die Rekonstruktion des Schlachtablaufes, 483 Jahre nach den Geschehnissen auf den Feldern von Lützen.

NACH DER SCHLACHT VON LÜTZEN

Andreas Stahl

Mit der Schlacht bei Lützen kulminierte im Jahr 1632 der Dreißigjährige Krieg in unserer Region. Als singulärer Ort kollektiver wie individueller Erinnerung gehört Lützen zu den bedeutendsten Schlachtfeldern der Neuzeit in Sachsen-Anhalt (Abb. 1). Der Tod Gustav II. Adolfs prägt bis heute das Gedenken an dieses Ereignis und überlagert die Zahl der Toten auf dem Schlachtfeld. Diese wurde in den gedruckten, zeitgenössischen Berichten bemerkenswert korrekt angegeben: »*Die Todten seynd mit grossem hauffen vber einander gelegen, vnd helt man darfür, daß allzeit vber sechs tausend Mann an der Schwedischen seyten auff der Wahlstatt ligend blieben. An der Kays: ist es auch hart zugangen, also daß man biß in drey tausend Mann verlohren*« (nach Droysen 1880, 10 f.). Abseits der Offizialgeschichte und heroisierender Erinnerungskultur einer Schlacht gab es stets das Leiden und Sterben auf und neben dem Schlachtfeld. Traumatische Erfahrungen der Kämpfe und zügellose Gewalt gegen Zivilisten haben sich als Topos des Dreißigjährigen Krieges tief in das kollektive Gedächtnis der Deutschen eingebrannt, als das »Menetekel der Frühen Neuzeit«. Gegenwärtig erschließen sich dazu kaum bearbeitete Quellen. Aus dem Ansatz heraus, dass die Schlacht bei Lützen auf dem Gebiet von Kursachsen stattfand, das traditionell eine meist intakte Amts- und Kommunalstruktur besaß, setzte die Suche nach zivilen Schriftquellen ein. Der Bevölkerung oblag hier, organisiert von Amtsvorstehern sowie den Geistlichen, die Beerdigung der Toten und die Versorgung der Verwundeten. Lützen lag fatalerweise an der Peripherie des Schlachtfeldes, auch noch nach der Schlacht blieben Bewohner und Stadt nicht verschont. Jahrzehntelang litt man unter den ökonomischen und sozialen Folgen, die aber bei immer längerem Abstand retrospektiv verzerrt wurden. Nachfolgend wird exemplarisch die militärische wie zivile Rezeption der Schlacht bei Lützen aufgezeigt. Wenig heroisch waren abseits der Offizialgeschichte die Nachrichten zu den Folgen einer Schlacht, die stets für umliegende Kommunen in eine humanitäre Katastrophe mündeten, wie die Belagerung von Nürnberg

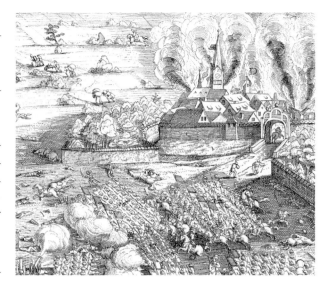

1
Auch der erste Kupferstich, der zur Schlacht von Lützen erschien, zeigt den brennenden Ort (J. J. Gabler, Praelium [...] Gustavi Adolphi [...], Leipzig 1632/1633).

eindrucksvoll belegte (Huf 2003, 271). Hinter pekuniären Verlustlisten von Hab und Gut verbergen sich zumeist kausale Gewaltexzesse, die zu Tod, Hungersnöten und Epidemien führten. Solche Drangsale und Lasten potenzierten sich, wenn feindliche oder fremde Heere das Land verwüsteten. Das Amt und die Stadt Lützen waren auf solche Ereignisse wenig vorbereitet (Stahl 2012). Ende Oktober 1632 geriet sie in den Sog der bekannten Geschehnisse. Wallenstein bezog im Schloss Lützen, dem Sitz des Amtes, vom 4./14. bis 6./16. November 1632 Quartier und positionierte sich dann geschickt zwischen dem sumpfigen Ellerbach und dem Floßgraben parallel zur Straße Weißenfels–Leipzig (*Via Regia*) zur Schlacht, sodass ihn Gustav II. Adolf frontal angreifen musste. Nach der Schlacht fluteten die feindlichen Heere auseinander, und erst nach drei Tagen vertrieben die Obristen Veit Dietrich von Taube und Herzog Ernst I. von Sachsen-Gotha-Altenburg mit ihren Einheiten brutal die verbliebenen kaiserlichen Soldaten aus der Stadt, die noch bis zuletzt das Amtsschloss verteidigten (Link 1937).

Während unmittelbar nach dem Pyrrhussieg der Schweden und ihrer Verbündeten in den offiziellen Verlautbarungen der Tod des Königs weitestgehend verschwiegen wurde, war man hier dennoch bestürzt und in Sorge um die politischen Auswirkungen. Deshalb schrieb Bernhard von Weimar gleich nach der Schlacht aus dem Hauptquartier bei Pegau zuerst seinem Bruder, Herzog Wilhelm IV. zu Weimar (Menzel 1873). Freund und Feind informierten intern die Kanzleien ihrer Fürsten, so berichtete am 9./19. November ein unbekannter Verfasser dem kurbrandenburgischen Statthalter im Magdeburger Erzstift über die »*bluttige battaglie vor Lützen, alda vom Morgens 9 Vhr, biß in die nacht continuirlich gefochten worden*« und »*das wir zwar, Gott lob, das feldt erhalten, des feindes stücke vnndt munition genommen, darbey aber Vnser Haupt, des Ehrwürdigsten König verlohren*« (LHASA MD Rep. A1 Nr. 346, Bl. 21r). Der beteiligte Fürst Ernst von Anhalt wurde sehr konkret in seiner Nachricht an den regierenden Bruder: »*[...] biß endtlich gegen abents vnser stücke neben mein vnndt Hertzog Bernhardts Brigada daß treffen uff dem lincken flügel so starck zum drittenmahl redintegrit, das der feindt seine Stücke, so er wieder vns ahn der windmühlen gepflanzet hatt gehabt, nit mehr gebrauchen können, besonders nachdem die finstere nacht entzwischen kommen, dieselbe nebens vieler amonition verlassen, vnndt in großer confusion das feldt vnndt die wahlstadt vnß Im segnaliter vollkommenes victori quitires müssen; Vom feindt haben wir 20 Metallenen Stücke erobertt, warumb 10 außerlesene schöne halbe Carthaunen, worauf itzig Römsches Kaysers Nahmen vnnd der Reichs Adler gestanden, 18 Obriste vndt Obristen Leutenambte sein vom feinde todt vndt gefang, darunter Piccolomini vnndt der Junge von Wallenstein, Pappenheims helt man auch todt, ahn zu sehr hatt gequetscht. An vnser seite hatt es Ihre Mayst. eigener, Obristen Winckels, hertzog Bernhardts vnndt meine brigada zu fuß am härtesten getroffen, also etz die meisten hauptleute, Leutenambte, fentriche vnndt*

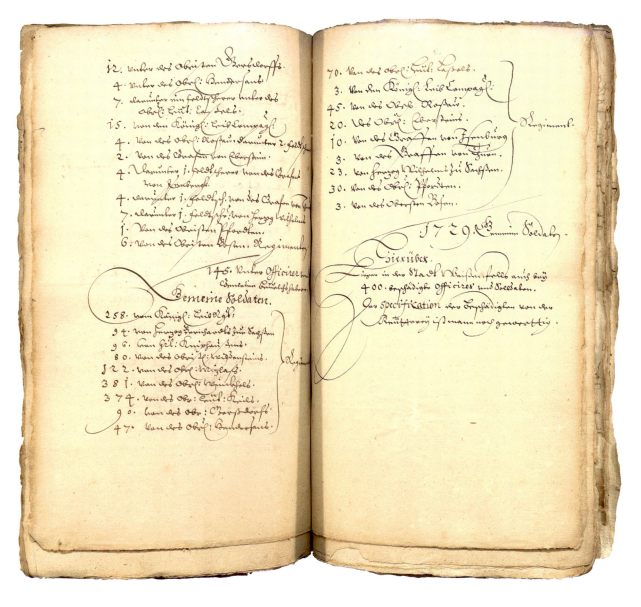

2
Auszug aus einer nach Rängen und Regimenten getrennten Verwundetenliste (aus dem Staatsarchiv Bamberg) der schwedischen Armee nach der Schlacht von Lützen: »*Verzeichnis derer obersten, officier und soldaten zu fuß, so uff des königs seiten bei jüngst gehaltener schlacht beschädigt wurden. 6. November 1632*«. 1729 einfache Soldaten sind erfasst, weitere 400 lagen in Meißen.

gemeine Soldaten geblieben vnndt gequetschet; Von hohes Officires ist Obrist Gersdorf, vnndt Obristen Leutenambt über Hertzog Wilhelms zu Weimar Leib Regiment geblieben, etliche wenig Obristen vndt Obrist Leutenambt mit ihres Kugeln am leben ohnschädlich verwundet worden«. Er musste aber ebenfalls konstatieren: »*Waß diese treffliche victori bitter macht vnndt versaltzett, Ist das der tapferste held in Europa fast mitten in diesem treffen vor rettung unseres lieben Teutschen Vaterlandts sein leben geopfert, vnndt ohn Zweiffentlich mit dem Ewigen verwechselt hatt*« (LHASA MD, Rep. A 1 Nr. 346, Bl. 23v/24r). Sein Tod »*im Feldt vf dr Walstatt*« verbreitete sich trotz Nachrichtensperre rasant (StA Bamberg, Markgrafentum Brandenburg-Bayreuth, Geheimes Archiv Nr. 4029, Bl. 469r).

Der offizielle schwedische Siegesbericht vom 9./19. November 1632, verfasst in Torgau, berichtete von reicher Beute: »*vnd sind an selben Orthe weil ein vberauß fett Erdreich viel Roß und Mann verdorben vnd umbkommen*« (nach Droysen 1880, 14). Zum Umgang mit den Toten auf dem Schlachtfeld und den verstorbenen Verwundeten gab es keine offiziellen Nachrichten (Klamm/Stahl 2014). Hier setzen zivile Quellen ein. Lapidar hieß es in den Rechnungen des Amtes Lützen zwei Tage nach der Schlacht: »*4 gl. (Groschen) bothenlohn nach Weißenfelß, alß bey dem Ambtt daselbsten begehrt werden, Ein 200 Mann anhero zuschicken, welche die Todten Cörper vf der Wahlstadt begraben helffen sollen [...]*« (LHASA MD, Rep. D Lützen A XI Nr. 29, Bl. 105r). Diese kurze Notiz beinhaltet zwei wichtige Hinweise:

1. Das Amt Lützen hatte für die Bestattung der Toten zu sorgen und brauchte auswärtige Hilfe.
2. Die Toten wurden *auf* dem Schlachtfeld begraben!

Lokal fehlt leider eine wichtige Rechnung im Kirchenarchiv Lützen, die vielleicht weitere Auskunft hätte geben können. Die vornehmliche Sorge der Kommune galt, neben der Bestattung der Toten, den in der Stadt verbliebenen Verwundeten. So ist auch vom Amt überliefert: »*4 gl. nach Leipzigk, alß wegen der Krancken vnd beschädigten Soldaten ann den Herrn Obristen Tauben geschrieben worden [...]*« (LHASA MD, Rep. D Lützen A XI Nr. 29, Bl. 105v). In der Magistratssitzung am 19./29. November 1632 wurde festgehalten: »*Die Soldaten sollten eingetheilet werden, alldieweil Sie trohten, wenn Sie gesund weren, (die Stadt) anzustecken, statraus in der gaßen beym thore*«; auch sollte man »*die Krancken austheilen, stattraus in den Brüel, weil dieselbe keine Soldaten hatten*«. Dazu bat man in Schreiben an Weißenfels und Pegau um Hilfe, »*welcher gestalt vnser städtlein durch vorgehende Plünderung, erfolgten Brandtschaden vnd darauf gehaltenen Schlacht, an gebäudt, getreydigk, vieh, holtz vnd hausrath dermaßen verderbt, das wirr das Waß nicht habhafftig, vielweniger den beschädigten Krancken versorgen vndt erhalten können*«. Vor allem Lebensmittel und Bier – wegen des verseuchten Grundwassers – brauchte man dringend (LHASA A IX Nr. 7, Bl. 78r/78v). Das Bestreben, die verletzten Soldaten so schnell wie möglich aus der Stadt zu schaffen, deckte sich mit Meldungen zu den nach Leipzig verbrachten Verwundeten (SächsHStA Dresden, 11237, Geheimes Kriegsratskollegium, III. Abt. Loc. 10835/1). Konkret ist ein Verzeichnis der in der Schlacht verwundeten schwedischen Soldaten und Offiziere überliefert, die in sächsischen Städten versorgt wurden (Abb. 2; StA Bamberg, Markgrafentum Brandenburg-Bayreuth, Geheimes Archiv Nr. 4044, uf).

Im nachhaltigen »Klaglied der verwüsteten Stadt Lützen« vom »*pastorem und deß Ampts Lützen Seniorem*« Paul Stockmann (1633) stand Plünderung und Brandschatzung im Mittelpunkt. Als lokalgeschichtlicher Topos zementierte sich die Überlieferung, Wallenstein habe die Stadt in Brand stecken lassen. So unzweifelhaft eine Brandstiftung auch war, muss der postulierte Schaden an städtischer Bausubstanz kritischer untersucht werden. Anhand der Rechnungen und Inventare des Amtes ist ein solcher Totalverlust an Gebäuden der Stadt nicht nachvollziehbar (LHASA MD, Rep. D Lützen A XI Nr. 29 Bl. 117 ff. u. B I Nr. 3).

Im überlieferten Protokoll des Magistrats galt nach der Schlacht die Sorge der Aufnahme des Schulbetriebs, und die verwundeten Soldaten drohten erst dann mit dem Anzünden der Stadt (LHASA Rep. D Lützen X IX Nr. 7, Bl. 83 ff.). Ein untrügliches Indiz zur Normalisierung der Verhältnisse war das Wirken der Amtsgerichtsbarkeit, das anhand der protokollierten Gefangenenaussagen nach der Schlacht bei Lützen auf Ende November 1632 dokumentiert ist. So wurden 34 gefangene Soldaten, wohl marodierende Nachzügler der kaiserlichen Armee, vor Ort verhört (SächsHStA Dresden, 11237, Geheimes Kriegsratskollegium, Loc. 10795). Zweifellos gab es aber Zerstörungen und Plünderungen. Am 2./12. Dezember 1632 bat der Magistrat den schwedischen General Dodo von Innhausen und Knyphausen, sie von schwedischer Besatzung und Abgaben zu befreien, da nicht nur Gebäude zerstört und Hausrat geraubt sowie durchziehende Soldaten und Trosse die letzten Vorräte aufgezehrt hätten, sondern vor allem die bäuerliche Lebensgrundlage fehlte, weil die »*Äckern durch die gehaltene Schlacht von Reiterey vnd Vieh zertreten vnd verdorben*« waren (LHASA MD, Rep. D Lützen X IX Nr. 7, Bl. 79r).

Glaubhaft überliefert »*Sind in Verfloßenes Jahres durch die Soldaten 2 ställchen, auf denen eines der Käsekorn gebraute gewesen, totaliter ruiniret und zu grund eingerissen, dass kein fachen stehen geblieben*« oder »*In der Backstube ist von Soldaten der ofen gantz eingeschlagen und der Kachel daraus gerissen und mitgenommen, auch die fenster ruiniret worden*«. Nach der im Juni 1655 genannten Schadenssumme von 39 479 Gulden waren laut »*Verzeichnis des Brandtschadens vffm der kayserl. Anger dem städtlein Lützen vnd Bürgerschafft des 6. Nov. 1632 bey gehaltener Schlacht zugezogen*« alle städtischen Gebäude zumindest schwer beschädigt. Großzügig aufgerundete Summen und der Streit mit dem kursächsischen Fiskus lassen hier Zweifel aufkommen (KA MD, Rep. H 26, Nr. 620). Es bedarf also noch einer kritischen Aufarbeitung der direkten Auswirkungen der Schlacht auf das Amt und die Stadt Lützen.

Nicht eingerechnet waren Hand- und Spanndienste, die die Einwohner leisten mussten. Für Januar 1633 ist überliefert »*4 gl. Fernro bothenlohn nach Leipzigk, alß ann den Herrn Obristen Tauben, wegen der Waffen vff der Wahlstadt geschrieben worden*«, ebenso Februar 1633 »*4 gl. bothenlohn nach Leipzigk alß wegen der Rüstungen ann Herrn Obristen Tauben geschrieben worden*« (LHASA A XI Nr. 29, Bl. 105v/106r). Überliefert ist, dass die Schweden und Sachsen in der Schlacht »*die ganze Kaiserliche Artollerey bekommen, an die 24 große Stücke darauf das Kaiserwappen gestanden*« (Link 1937). Diese Kanonen tauchten übrigens wieder in einem Bericht, wohl an Herzog Adolf Friedrich I. von Mecklenburg auf, verfasst von Peter Zaber auf der Festung Dömitz am 18./28. April 1633: »*daß gestern abendtß ein Capitaen neben den stückh, welche der feindt in der schlacht von Lützen verlohren, alhie zu Schiff angelanget*« (Landeshauptarchiv Schwerin, 2.12-2/19, vol. XVI, Bl. 10r). Bestätigt wurden auch von Matthes Winterstein, zeitlich passend, Lieferungen von Harnischen und Kürassen ins Dresdener Zeughaus. Die logistischen Herausforderungen für diese Transporte wurden auf Kosten der kursächsischen Ämter gelöst. Auch weitere Lieferungen nach Leipzig, so an Herzog Bernhard von Sachsen-Weimar nach der Schlacht bei Lützen, gehörten dazu. Nach einem Verzeichnis vom Januar 1633 bekam die Feldarmee größere Mengen Munition aller Art sowie Musketen und Piken ersetzt, und Obrist Veit Dietrich von Taube musste in Leipzig starke Konvois von Artillerie- und Munitionstransporten zusammenstellen (SächsHStA Dresden, 11237, Geheimes Kriegsratskollegium, III. Abt. Loc. 10842/15).

Die zeitgenössisch enge Verflechtung kursächsischer Behörden, wie des Finanz- und des Kriegsratskollegiums, wurde bisher zu wenig beachtet. Der Ansatz, die Schlacht bei Lützen und ihre Auswirkungen aus zivilen Quellen zu beleuchten und damit militärische Überlieferungen zu verifizieren, ist sicherlich nicht neu, doch neben den Erinnerungen von Zeitzeugen bieten gerade diese Archivalien – auch im Hinblick auf neueste archäologische Funde – interessante Deutungen.

Literatur

Droysen 1880
G. Droysen (Hrsg.), Gedruckte Relationen über die Schlacht bei Lützen 1632. Mat. Neuere Gesch. 1 (Halle 1880).

Huf 2003
H.-C. Huf, Mit Gottes Segen in die Hölle. Der Dreißigjährige Krieg (München 2003).

Klamm/Stahl 2014
M. Klamm/A. Stahl, Der Umgang mit den Gefallenen und Verwundeten auf den Schlachtfeldern im Süden des Landes Sachsen-Anhalt nach den schriftlichen und archäologischen Quellen. In: S. Eickhoff/F. Schopper (Hrsg.), Schlachtfeld und Massengrab. Spektren interdisziplinärer Auswertung von Orten der Gewalt. Fachtagung vom 21. bis 24. November 2011 in Brandenburg an der Havel. Forsch. Arch. Land Brandenburg 15 (Wünsdorf 2014) 169–195.

Link 1937
O. Link, Verzeichnis der Sammlung um Gustav Adolf und Karl XII. (Weißenfels 1937).

Menzel 1873
K. Menzel, Regesten zu den photographierten Briefen des Herzogs Bernhard (1873).

Stahl 2012
A. Stahl, »… die Todten Cörper vf der Wahlstadt begraben« – Das Amt Lützen und die Schlacht. In: I. Schuberth/M. Reichel (Hrsg.), Die blut'ge Affair' bei Lützen. Wallensteins Wende (Dößel 2012) 255–261.

Stockmann 1633
P. Stockmann, Lamentatio I. Luzensium, Das ist: Klaglied der verwüsteten Stadt Lützen. Oder Die erste Bußpredigt […] (Leipzig 1633).

DER TOD –
STETER BEGLEITER IM DREISSIGJÄHRIGEN KRIEG

Anja Grothe und Bettina Jungklaus

Das Massengrab vom Lützener Schlachtfeld steht als Sinnbild für das Sterben und den Tod im Dreißigjährigen Krieg an zentraler Stelle in der Sonderausstellung. Der Tod war ein ständiger Begleiter für die Menschen des 17. Jhs., nicht nur in Kriegszeiten. Da die Ursachen von Krankheiten weitgehend unbekannt und nur die Auswirkungen erkennbar waren, stand man dem Tod scheinbar gelassener und schicksalsergebener gegenüber als heutzutage. Die Vergänglichkeit des Lebens war jedermann bewusst, ungeachtet seiner konfessionellen Ausrichtung. Stets blieb aber der christliche Glaube an die Auferstehung der alles entscheidende Hintergrund der Bestattungen. In den Grabmalen der Oberschicht fanden vielfältige Motive der Vergänglichkeit als »Memento mori« (lat. »bedenke, dass du stirbst«) ihren künstlerischen Niederschlag.

Dies galt aber nur zu einem geringen Teil für die unzähligen Menschen, die in Kämpfen getötet wurden oder infolge der elenden Lebensbedingungen an den Folgen von Hunger, Krankheiten und Seuchenzügen verstarben. Für den mittelalterlichen, aber auch den frühneuzeitlichen Gläubigen waren die Umstände des Todes von erheblicher Bedeutung. Angestrebt wurde ein »seliges Sterben«, welches eine bewusste Vorbereitung auf den Tod darstellte. Die Sünden sollten gebeichtet, den Katholiken die Letzte Ölung gegeben, den Protestanten das Abendmahl gereicht sein. Im Kreise der Familie wurde gebetet, bis der letzte Atemzug in Ruhe gehaucht worden war. Der Übergang vom Leben zum Tod sollte ruhig und sanft vonstattengehen (von Krusenstjern 2001, 473). Dem gegenüber stand das gewaltsame, unvorbereitete Sterben auf dem Schlachtfeld, irgendwo im Lager oder im Straßengraben auf dem Marsch. Dieser »böse Tod« betraf die aus Sicht der Kirchen Gottlosen, denen somit auch eine Bestattung auf einem Friedhof verwehrt wurde, aber auch die nur von einem »jähen Tod« Getroffenen (von Krusenstjern 2001, 479).

DER TOD IN SCHLACHTEN UND KÄMPFEN

Um sein Heer und auch sich auf diesen »jähen Tod« vorbereitet zu wissen, ließ der schwedische König seinen Hofprediger Fabricius vor Beginn der Schlacht von Lützen das Morgengebet sprechen. Dieses ist explizit in der »Erfurter Relation«, dem quasi offiziellen Bericht der schwedischen Armee, mit dem Druckdatum vom 12./22. November 1632 vermerkt (*Warhaffte und eygentliche Relation von der [...] Schlacht [...] bey Lützen [...] Erfurt vom 12 Novembris, 1632, 1*). Auch Pappenheim, so ist in Diodatis Bericht an den Kaiser zu lesen, soll vor der Schlacht gebeichtet und gebetet haben (Fiedler 1864, 562).

Ob dieses Gebet für die Männer, von denen viele an der Schwelle des Todes standen, ein echter Trost war, können wir nicht ermessen. Die abergläubischen Vorstellungen vom »Festmachen«, also dem Schutz vor auftreffenden Kugeln, sind vielfach belegt. Beschwörende Sprüche, hinter dem breiten Band an den Hut gesteckt, oder Münzen, sog. Spruchtaler, als Talismane sind schriftlich vielfach belegt. Sogar der Lützener Pfarrer Paul Stockmann erwähnte diese letzte Hoffnung der Soldaten: »*Eines teils liegen da Himmelblau vom Geschoss zerbrochen und zerquetschet, weil sie das edle Festmachen [...] aber nicht vor dem Tod [...] behütet hat*« (Stockmann 1632).

In Deutschland sind derzeit drei Befunde zum Tod auf dem Schlachtfeld interdisziplinär erforscht, neben dem Massengrab vom Lützener Schlachtfeld 1632 (siehe Beiträge »Das Massengrab von Lützen«, S. 399; »Die 47 Soldaten«, S. 405) stehen das Massengrab aus der Wittstocker Schlacht 1636 (Eickhoff u. a. 2011; Jungklaus u. a. 2014) und eine Knochengrube nach der Schlacht von Alerheim 1645 (Misterek 2012).

Das bislang größte Massengrab mit 125 getöteten Soldaten wurde 2007 in einer Kiesgrube bei Wittstock, Lkr. Ostprignitz-Ruppin, entdeckt (Abb. 1). Im Anschluss an die Ausgrabung auf dem ehemaligen Schlachtfeld wurden umfangreiche osteologische, paläopathologische und traumatologische Analysen vorgenommen, die tiefe Einblicke in die Situation der jungen Männer gewähren, die in der Schlacht von Wittstock am 24.9./4.10.1636 starben. Die Mehrzahl der beigesetzten Soldaten hatte das 21. bis 36. Lebensjahr erreicht. Sechs

1
Wie in Reih und Glied gelegt wirkten die Skelette im Wittstocker Massengrab. In einer etwa 3,5 m x 6,0 m großen Grube waren 125 Gefallene nach der Schlacht 1636 bestattet worden.

Männer waren im jugendlichen Alter von nicht einmal 20 Jahren verstorben, lediglich einer wurde älter als 40. Das durchschnittliche Sterbealter lag bei 28 Jahren. Wie viele Dienstjahre der Einzelne lebend überstanden hatte oder ob er erst kurz vor der Schlacht der Armee beigetreten war, lässt sich bedauerlicherweise nicht rekonstruieren. Dieses Ergebnis entspricht den Vorstellungen von der Alterszusammensetzung einer frühneuzeitlichen Söldnerarmee. Obwohl im 17. Jh. nur wenige Streitmächte systematische Berichte über ihre Truppen erstellten, zeigen die erhaltenen Aufzeichnungen, dass das Durchschnittsalter der eingeschriebenen Kämpfer bei 24 Jahren lag (Parker 1997, 49). Die Wittstocker Soldaten waren durchschnittlich 1,70 m groß; der Kleinste maß 1,60 m, der Größte 1,82 m. Damit ist kein Unterschied zu zeitgleichen Bevölkerungen oder auch zu den Lützener Gefallenen zu erkennen (siehe Beitrag »Die 47 Soldaten«, S. 405). Es gab wohl keine gezielte Größenauswahl bestimmter Männer für den Kriegsdienst (Jungklaus u. a. 2014).

Abschließend stellt sich die Frage, inwiefern die Verletzungsmuster an den Skeletten Hinweise auf die Schlacht geben können. Das Massengrab wurde an den südlichen Ausläufern des Weinberges angelegt. Dieses Areal zählte zum Zentrum der Kampfhandlungen. Etwa ein Viertel der Bestatteten kann sicher der schwedischen Armee zugewiesen werden: Zwölf Soldaten stammten – anhand von Isotopenanalysen ermittelt – aus Schottland, zwei sind im südlichen Schweden und drei im südlichen Finnland aufgewachsen. Sechs Männer kamen aus dem damals zu Schweden gehörenden Lettland. 32 weitere Soldaten könnten ebenfalls aus Schottland stammen, doch ist aufgrund von Überschneidungen der Analysewerte mit anderen Herkunftsgebieten keine exakte Angabe möglich (Grupe u. a. 2014).

Bei der großen Zahl der im Grab aufgefundenen Projektile handelt es sich überwiegend um kleinkalibrige Bleikugeln aus Reiterwaffen. Das vorwiegende Ziel im Nahkampf stellte offensichtlich der Kopf dar, der zumeist von oben oder vorne bzw. hinten attackiert wurde. In der Zusammenschau der Ergebnisse dürfte es sich bei den begrabenen Gefallenen vermutlich um Opfer der schwedischen Armee handeln. Möglicherweise sind hier mehrheitlich die Angehörigen der Infanterieeinheiten unter Alexander Leslie repräsentiert, die am Weinberg auf die Kavallerie der verbündeten Truppen trafen (Eickhoff u. a. 2011).

Die sehr regelhafte Niederlegung der toten Männer im Grab, die in sechs Reihen in drei Lagen mit den Füßen zueinander und in vier Reihen auf den Beinen der unten Liegenden platziert wurden, deutet darauf hin, dass das Grab von Soldaten angelegt worden ist, die die

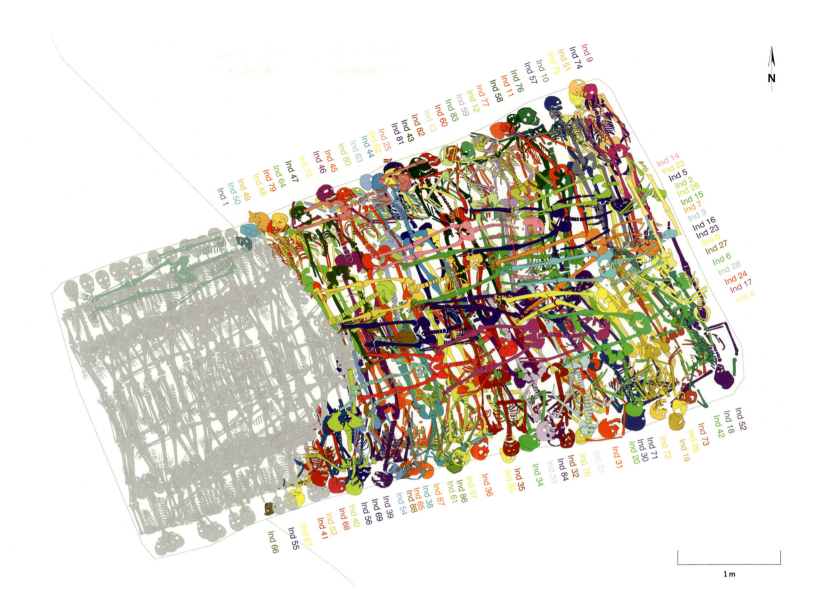

Toten in fast militärischer Ordnung in die Grube legten (Abb. 2; Eickhoff u. a. 2011, 116).

Wie dies auch für Lützen anzunehmen ist, musste bei Alerheim, Lkr. Donaus-Ries, die verbliebene Bevölkerung der Umgebung für die Bestattung der Gefallenen einbezogen werden. Anders aber als in Wittstock und Lützen lagen hier die Toten über viele Wochen während Sommer und Frühherbst unbestattet auf dem Schlachtfeld. Vier Männer fanden sich schließlich, die mehr als 1900 Tote in fortgeschrittener Verwesung »*stuckweiß*« in Gruben bestatteten (Misterek 2012, 366 f.). Eine solche Grube wurde 2008 untersucht (Abb. 3). Die nur noch in geringen Teilen im Sehnenverband befindlichen Skelettreste gehörten etwa 85 Männern. Anders als beim Lützener und Wittstocker Befund war der Anteil an unter 20-Jährigen sehr hoch (Misterek 2012, 380); ein Indiz dafür, dass die in die Heere gezogenen Soldaten kaum das Mannesalter in dieser Spätphase des Dreißigjährigen Krieges erreicht hatten.

Ebenfalls zu einem Kampfgeschehen, aber nicht zu einer Feldschlacht sind die Skelette vom Friedländer Tor in Neubrandenburg, Lkr. Mecklenburgische Seenplatte, zu zählen. In einer Notgrabung wurden die Knochen Anfang der 1990er Jahre dokumentiert und geborgen. Aufgrund der Lage des Fundplatzes, Spuren von Gewalteinwirkungen an einigen Knochen und der Auffindung eines frühneuzeitlichen Knopfes ging man davon aus, dass es sich um ein Massengrab handelt, das im Zuge der Eroberung Neubrandenburgs durch Generalleutnant Tilly im Frühjahr 1631 angelegt wurde (Jungklaus/Prehn 2011).

Ende 2009 konnte an den Skelettresten eine anthropologische Untersuchung durchgeführt werden. Diese ergab, dass Schädel und Schädelfragmente von min-

2
Erst in der Zusammenschau und Rekonstruktion der vollständigen Grablege von Wittstock, Lkr. Ostprignitz-Ruppin, wird deutlich, wie eng die Toten in der etwa mannstiefen Grube lagen.

3
In der Knochengrube auf dem Schlachtfeld von Alerheim, Lkr. Donau-Ries, lagen keine vollständigen Individuen. Nachdem die Toten mehr als zwei Monate unbestattet geblieben waren, war die Verwesung so weit fortgeschritten, dass nur noch Körperteile beerdigt werden konnten.

destens 13 Individuen vorlagen. Bei allen Individuen handelt es sich um Männer, die insgesamt in einem Alter von 15–44 Jahren, mit einem Sterbegipfel im Alter von 25–29 Jahren, verstarben. Die durchschnittliche Körperhöhe betrug 1,70 m.

Anhand der Untersuchung der Gebisse kann auf eine Ernährung geschlossen werden, die vergleichsweise reich an tierischen Produkten war. Mangelerkrankungen ließen sich kaum nachweisen, sodass von einer recht guten Ernährungslage ausgegangen werden kann. Die hygienischen Verhältnisse dürften jedoch äußerst schlecht gewesen sein und deuten auf Parasitenbefall und unzureichende Wohnverhältnisse hin. Entzündliche Erkrankungen des Schädeldaches und der Nasennebenhöhlen sowie Spuren von Mundschleimhautentzündungen kamen sehr häufig vor.

Folgen verschiedenster Gewalteinwirkungen fanden sich mehrfach: An drei Schädeln zeigen sich Spuren stumpfer Gewalteinwirkung in Form ausgedehnter Trümmerbrüche. Spuren scharfer Gewalt konnten an zwei Schädeln nachgewiesen werden, beiden wurden mehrere Hiebe zugefügt. Lediglich Schussverletzungen waren selten, nur an zwei Schädeln ließen sich Einschussöffnungen beobachten. Die Analyse der stabilen Isotope erbrachte, dass es sich um lokale Individuen handelte (Jungklaus/Prehn 2011).

Einer der eindringlichsten Befunde zum Sterben in einem Kampf liegt vom Frankenhof in Stralsund, Lkr. Vorpommern-Rügen, vor (Abb. 4). In einem 2010 untersuchten Laufgraben der Belagerung durch die Kaiserlichen von 1628 lagen die Skelette zweier Männer, die dort mitsamt ihrer vollständigen Ausrüstung verschüttet worden waren (Konze/Samariter 2014). Individuum 1 starb im Alter von 45–50 Jahren. Er hatte eine Fraktur des linken und eine Hiebverletzung am rechten Oberarm erlitten, zudem eine Schussverletzung durch eine Pistole im Brustbereich. Der zweite Mann war nur 18–22 Jahre alt geworden und wurde durch einen Stich einer Pike oder Hellebarde von hinten in die Brust tödlich verletzt.

Anders als bei den bislang erwähnten Massengräbern waren die Toten nicht geplündert. Bei beiden hatten sich die Reste der Lederschuhe erhalten, auch von der Oberbekleidung waren bei dem zweiten Individuum noch 28 halbkugelige Knöpfe vorhanden, die auf eine mehrlagige Bekleidung deuten. Durchlochte, in die Kleidung offensichtlich eingenähte Rindenstücke sollten dem jungen Mann wohl Schutz vor Schussverletzungen bieten. Sechs Musketenkugeln in einem Beutel aus Textil trug er bei sich.

Im Graben lagen zudem sieben Blank-, sieben Stangenwaffen und zwei Musketen mit Besitzermarken sowie ein Musketenkolben, zwei Pikenspitzen, ein Morgenstern und Schanzwerkzeuge in Form einer Hacke und einer Holzschaufel. 46 einzelne Musketenkugeln aus dem Graben zeigen die akute Kampfsituation. Höchstwahrscheinlich kämpften weitere Soldaten im Laufgraben, betrachtet man die Anzahl der Waffen, die der Infanterie zugeordnet werden können. Sie konnten sich offensichtlich retten, ließen aber ihre Waffen zurück. Eine der Musketen war sogar abfeuerbereit geladen (Konze/Samariter 2014).

DER TOD IN DER ETAPPE

Ebenfalls vom Stralsunder Frankenhof südöstlich der Altstadt gibt es an weiteren Stellen Funde von menschlichen Überresten, die nicht während Kampfhandlungen getötet wurden. Das Areal war seit dem 17. Jh. von massiven Festungsanlagen geprägt und mehrfach Ziel von feindlichen Angriffen. Aus zwei Massengräbern stammen 13 Individuen, die mit der Belagerung von 1628 oder einer späteren Epidemie in Zusammenhang gebracht wurden. Im Massengrab 2 fanden sich zehn Individuen in einer Ebene niedergelegt, das Massengrab 3 wies Reste von drei Skeletten auf und war stark gestört. An den Individuen wurde eine anthropologische und paläopathologische Untersuchung durchgeführt, die aufschlussreiche Ergebnisse zum Leben der Bestatteten erbrachte und Rückschlüsse auf ihr Sterben erlaubte (Jungklaus u. a. 2012).

In den beiden Massengräbern 2 und 3 wurden ausschließlich männliche Individuen vorwiegend jüngeren Alters zwischen 21 und 25 Jahren beigesetzt, sodass ein militärischer Kontext anzunehmen ist. Alle Männer waren in einem schlechten gesundheitlichen Zustand und wiesen eine sehr hohe Krankheitsbelastung auf. Besonders häufig waren Erkrankungen, die auf unzureichende Lebensbedingungen schließen lassen, wie Kieferhöhlenentzündungen, Entzündungen der Mundschleimhaut sowie der Schädeldecke. Die Infektabwehr war sicherlich deutlich geschwächt. Lediglich zwei Männer zeigten unverheilte Hiebverletzungen, die vermutlich nicht sofort zum Tode geführt hatten. Das Vorhandensein von unverheilten Verletzungen macht eine Datierung des Grabes in die Zeit der Belagerung von etwa Mitte Mai bis Ende Juli 1628 wahrscheinlich, als es zu mehreren Kampfhandlungen mit heftigem Beschuss und Nahkämpfen besonders am 23./24. Mai und vom 27.–29 Juni kam, die auf beiden Seiten viele Opfer forderten. Möglich ist auch eine Datierung in das Pestjahr 1629 (Konze/Samariter 2014). Werden alle Ergebnisse zusammengenommen, dürfen folgende Schlussfolgerungen gezogen werden: Bei den Bestatteten handelt es sich vermutlich um Soldaten, die an Krankheiten verstorben sind. Zwei Individuen waren in einen Nahkampf verwickelt, was die Datierung das Grabes in die Zeit der Belagerung 1628 wahrscheinlicher macht als in das Pestjahr 1629, in dem keine Kämpfe stattfanden. Die Verwundeten sind möglicherweise nicht sofort, sondern erst Tage oder wenige Wochen später den Verletzungsfolgen erlegen.

Die schlechten Lebensbedingungen und das hohe Sterberisiko von Söldnern durch Seuchen und Infektionskrankheiten während des Dreißigjährigen Krieges sind überliefert. Kranksein im 17. Jh. bedeutete Leiden an Durchfall und Fieber, an Blattern und »rother Ruhr« sowie die Gefahr, von der Pest dahingerafft zu werden. Kriegschirurgie und Seuchenbekämpfung waren die vorherrschenden medizinischen Themen der Zeit. Die schnell verlaufenden Infektionen wie Pest oder Ruhr sind am Knochen allerdings nicht zu diagnostizieren.

4
In einem Laufgraben am Stralsunder Frankenhof, Lkr. Vorpommern-Rügen, waren zwei Soldaten verschüttet worden, mit ihnen eine Vielzahl unterschiedlicher Waffen.

Veränderungen an beiden Ellenbogengelenken und der Wirbelsäule, was auf eine starke körperliche Belastung hindeutet. Die zahlreichen Kariesdefekte an den Zähnen lassen auf eine überwiegend kohlehydratreiche Nahrung schließen. Am Skelett des Mädchens finden sich Hinweise auf Mangelerkrankungen. Auch ohne erkennbare Verletzungsspuren können die beiden Frauen Opfer des Überfalls sein, die Verbindung mit dem verstümmelten Mann lässt dies vermuten. Die drei Skelette aus Pasewalk stellen somit den ersten archäologischen sowie anthropologischen Nachweis eines Massakers an der Zivilbevölkerung während des Dreißigjährigen Krieges dar und sind bisher ohne Parallelen (Jungklaus 2015).

Der Tod war in der Frühen Neuzeit, besonders aber zu Kriegszeiten ein steter Begleiter der Menschen. Zahlen von Gefallenen sind uns über die Schriftquellen seit Langem bekannt, aber erst die ausführlichen interdisziplinär angelegten Untersuchungen von Skeletten aus Massen- und Einzelgräbern jener dunklen Zeit vermögen jedem Einzelnen wieder »ein Gesicht« zu geben, das uns vor Augen führt, in welch ruhigen Zeiten wir hier in Mitteleuropa seit dem Zweiten Weltkrieg leben dürfen.

Literatur

Alt/Nicklisch 2003
K. W. Alt/N. Nicklisch, Zivile Opfer des Dreißigjährigen Krieges aus Hanau. Stadtzeit 6, 2003, 99–104.

Dalitz u. a. 2012
S. Dalitz/G. Grupe/B. Jungklaus, Das kleinste Massengrab Brandenburgs: Die drei Toten aus dem Dreißigjährigen Krieg auf der Dominsel der Stadt Brandenburg/Havel. 21. Jahresber. Hist. Verein Brandenburg (Havel), 2012, 67–80.

Eickhoff u. a. 2011
S. Eickhoff/A. Grothe/B. Jungklaus, »Dass blutige Treffen bey Wittstock den 4. octobris 1636«. Söldnerschicksale interdisziplinär untersucht. Simpliciana. Schr. Grimmelshausen-Ges. XXXIII, 2011, 91–135.

Fiedler 1864
J. Fiedler, Diodatis Bericht zur Schlacht von Lützen. Forsch. Dt. Gesch. 4, 1864, 555–572.

Grupe u. a. 2012
G. Grupe/S. Eickhoff/A. Grothe/B. Jungklaus/A. Lutz, Missing in action during the Thirty Years' War: Provenance of soldiers from the Wittstock battlefield, October 4, 1636. An investigation of stable strontium and oxygen isotopes. In: E. Kaiser/J. Burger/W. Schier (Hrsg.), Population Dynamics in Prehistory and Early History. New Approaches Using Stable Isotops and Genetics. Topoi Berlin Stud. Ancient World 5 (Berlin 2012) 323–335.

Grupe u. a. 2014
G. Grupe/S. Eickhoff/A. Grothe/B. Jungklaus/A. Lutz, Zur Herkunft der Gefallenen aus dem Massengrab von Wittstock, 4. Oktober 1636, mittels Analyse stabiler Strontium- und Sauerstoffisotope aus dem Knochenapatit. In: S. Eickhoff/F. Schopper (Hrsg.), Schlachtfeld und Massengrab. Spektren interdisziplinärer Auswertung von Orten der Gewalt. Fachtagung vom 21. bis 24. November 2011 in Brandenburg an der Havel. Forsch. Arch. Land Brandenburg 15 (Wünsdorf 2014) 305–314.

Hüppi 1968
A. Hüppi, Kunst und Kult der Grabstätten (Olten 1968).

Jungklaus 2013
B. Jungklaus, Ergebnisse der anthropologischen Untersuchung des Skelettfundes von Karstädt-Postlin. Unpubl. Abschlussbericht, vorlegt dem Brandenburgischen Landesamt für Denkmalpflege und Archäologischen Landesmuseum (Wünsdorf 2013).

Jungklaus 2015
B. Jungklaus, Die Skelettfunde aus Pasewalk: Ergebnisse der anthropologischen Untersuchung. Unpubl. Abschlussbericht, vorlegt dem Landesamt für Kultur und Denkmalpflege Mecklenburg Vorpommern (Neustrelitz 2015).

Jungklaus/Prehn 2011
B. Jungklaus/B. Prehn, Ein Soldatenmassengrab vom Friedländer Tor in Neubrandenburg aus dem Jahre 1631 und dessen anthropologische Untersuchung. Neubrandenburger Mosaik 35, 2011, 10–33.

Jungklaus u. a. 2012
B. Jungklaus/M. Konze/R. Samariter, Die Stralsunder Stadtbefestigung. StraleSunth – Stadt-Schreiber-Geschichte(n), Jahrgang 2/2012, 98–103.

Jungklaus u. a. 2014
B. Jungklaus/H. G. König/J. Wahl, Über Leben und Sterben der Soldaten aus dem Massengrab von Wittstock vom 4. Oktober 1636. Ergebnisse der osteologischen, paläopathologischen und traumatologischen Analysen. In: S. Eickhoff/F. Schopper (Hrsg.), Schlachtfeld und Massengrab. Spektren interdisziplinärer Auswertung von Orten der Gewalt. Fachtagung vom 21. bis 24. November 2011 in Brandenburg an der Havel. Forsch. Arch. Land Brandenburg 15 (Wünsdorf 2014) 285–304.

Konze/Samariter 2014
M. Konze/R. Samariter, Der Stralsunder Laufgraben von 1628 – verschüttete Söldner und Waffen in situ. Festungsbau im Süden der Hansestadt (Quartier Frankenhof) im Spiegel archäologischer Befunde und historischer Quellen. In: S. Eickhoff (red.), Schlachtfeld und Massengrab. Spektren interdisziplinärer Auswertung von Orten der Gewalt, Fachtagung vom 21. bis 24. November 2011 in Brandenburg an der Havel (Wünsdorf 2104) 197–232.

von Krusenstjern 2001
B. von Krusenstjern, Seliges Sterben und böser Tod. Tod und Sterben in der Zeit des Dreißigjährigen Krieges. In: B. von Krusenstjern/H. Medick (Hrsg.), Zwischen Alltag und Katastrophe. Der Dreißigjährige Krieg aus der Nähe. Veröff. Max-Planck-Inst. Gesch. 1482 (Göttingen 2001) 469–496.

Lüders 1977
E. Lüders, Ein beigabenreiches Körpergrab aus der Zeit des Dreißigjährigen Krieges von Karstädt-Postlin, Kr. Perleberg. Inf. Bezirksarbeitskreis Ur- u. Frühgesch. Schwerin 17, 1977, 56–64.

Mertens 1956
E. Mertens, Die Funde von Teicha und Holleben. Schriftenr. Staatl. Galerie Moritzburg Halle 3 (Halle 1956).

Misterek 2012
K. Misterek, Ein Massengrab aus der Schlacht von Alerheim am 3. August 1645. Ber. Bayer. Bodendenkmalpfl. 53, 2012, 361–391.

Parker 1997
G. Parker, Der Soldat. In: R. Villari (Hrsg.), Der Mensch des Barock (Frankfurt/M. 1997) 47–81.

Seifert u. a. 2013
L. Seifert/M. Harbeck/A. Thoma/N. Hoke/L. Zöller/I. Wiechmann/G. Grupe/H. C. Scholz/J. M. Riehm, Strategy for Sensitive and Specific Detection of Yersinia pestis in Skeletons of the Black Death Pandemic. Plos one 8,9, 2013, e75742, doi: 10.1371/journal.pone.0075742.

Stockmann 1632
P. Stockmann, Lamentatio Prima Luzensium, Das ist: Klaglied der verwüsteten Stadt Lützen: Oder Die erste Bußpredigt/ So zu Lützen/ nach dem scharffen und blutigen Feldtreffen [...] den 6. Novemb. dieses 1632. Jahrs/ [...] (Leipzig 1632).

DAS MASSENGRAB VON LÜTZEN

Susanne Friederich und Olaf Schröder

Am 16. November 1632 – zieht man anstelle des heute üblichen gregorianischen Kalenders den julianischen heran, am 6. November 1632 – wurde eine der folgenreichsten Schlachten des Dreißigjährigen Krieges ausgetragen. Hier bei Lützen standen sich die beiden bedeutendsten Feldherren des Krieges gegenüber: der kaiserliche Feldherr Albrecht von Wallenstein und der schwedische König Gustav II. Adolf; beide selbstverständlich mit ihren einige Tausend Mann umfassenden Heeren.

Auf drei Millionen Quadratmeter, also einer Fläche, die gemäß heute gebräuchlicher Norm etwa 30 Fußballfeldern (mit jeweils angegliederter Aschebahn) entspricht, wurde über mehrere Stunden hinweg gekämpft. Kavallerie (Kürassiere, Arkebusier-Reiter) und Infanterie (Pikeniere, Musketiere) – auf kaiserlicher Seite ungefähr 17 000–19 000 Mann und 18 000 auf schwedischer – lieferten sich zwischen den Ortschaften Lützen, Meuchen und Nempitz ihre unerbittlichen Gefechte; zwei Drittel des Schlachtfeldes liegen im Burgenlandkreis (Sachsen-Anhalt), ein Drittel gehört zum Lkr. Leipzig (Freistaat Sachsen).

Schon zu Beginn der archäologischen Analyse zum Ablauf der Schlacht von Lützen kam der Frage nach dem Verbleib der 6500 gefallenen Soldaten große Bedeutung zu (Friederich u. a. 2013). Über 11 000 Metallobjekte aus allen Zeiten, darunter etwa 3000 aus der Schlacht, stellten sich als archäologisches Quellenmaterial alsbald der historischen Überlieferung in Wort und Bild zur Seite. Über Feldarbeit und Quellenstudium verliefen dann Hand in Hand auch die Erkenntnisse vom Umgang mit den getöteten Söldnern (siehe Beitrag »Die 47 Soldaten«, S. 405). Die schriftlichen Quellen sowie Protokolle der Stadt Lützen zu Knochenfunden bei Baumaßnahmen im letzten Jahrhundert lenkten das Augenmerk Richtung *Via Regia*. In den zugehörigen Straßengräben mit eventuell vorhandenen fortifikatorischen Eingrabungen fanden sich keine Hinweise auf Tote aus der Schlacht. Einzel- oder Massengräber zeichneten sich weder in Luftbildaufnahmen noch in geophysikalischen Messbildern ab. Erst nach einem stichprobenartigen Abtrag des Oberbodens wurde in unmittelbarer Nähe zur alten Handelsstraße ein Massengrab entdeckt, dessen Abmessungen 3,5 m x 4,6 m betrugen. Die in Analogie zum Wittstocker Befund (Eickhoff u. a. 2012, 166) geschätzte Personenzahl machte die komplette Bergung des Befundes erforderlich. Unter Laborbedingungen sollte daraufhin in interdisziplinärer Zusammenarbeit jeder einzelne Tote so untersucht werden, dass er wieder ein »Gesicht« erhielt und wir in etwa seinen biologischen Lebensverlauf nachzeichnen können. Nur durch das penible und vollständige Freilegen aller Skelette, der am Knochen auflagernden Schichten und der mit Erdreich verfüllten Bereiche von Kopf und Becken sowie durch die nachfolgende naturwissenschaftliche Untersuchung ergeben sich Einblicke in die damalige Lebensweise. Auf den ersten Blick unscheinbare Knochenauflagerung können Krankheiten preisgeben; es haben sich sogar Eier von Spulwürmern bis heute erhalten. Bei einer konventionellen Freilegung im Gelände ohne wetterunabhängige Beprobung aller Skelettbereiche hätte man diese Hinweise auf die damaligen Lebensumstände möglicherweise nicht in dem nun erzielten Feinheitsgrad erkannt.

Rechnet man ungefähr mit einem Meter Bodenerosion, so dürfte vor rund 400 Jahren eine 2,5–3 m Meter tiefe Grube für das Grab ausgehoben worden sein. Die relativ schwache Eintiefung des Grabes lässt sich durch das hohe Grundwasserniveau erklären. Demnach kannte man den Untergrund bestens; auch wollte man sicherlich nicht Gefahr laufen, durch eindringendes Wasser einerseits im Morast zu stehen und andererseits in der Folge mit der Verunreinigung des Grund- bzw. Trinkwassers kämpfen zu müssen. Die Grabsohle ist annähernd plan, die Grubenwände von Längs- und Querseiten sind mehr oder weniger gerade ausgeführt.

Fehlender Tierverbiss an den Knochen belegt, dass man die Toten sehr schnell unter die Erde gebracht hatte. Hierfür scheint es eine Planung gegeben zu haben. Vergleichbar dem Wittstocker Grab sollten die Gefallenen wohl in zwei parallel zur Längsachse

1 (folgende Seite)
Die beiden Teile der Blockbergung des Massengrabes von Lützen nach der Freilegung der Skelette.

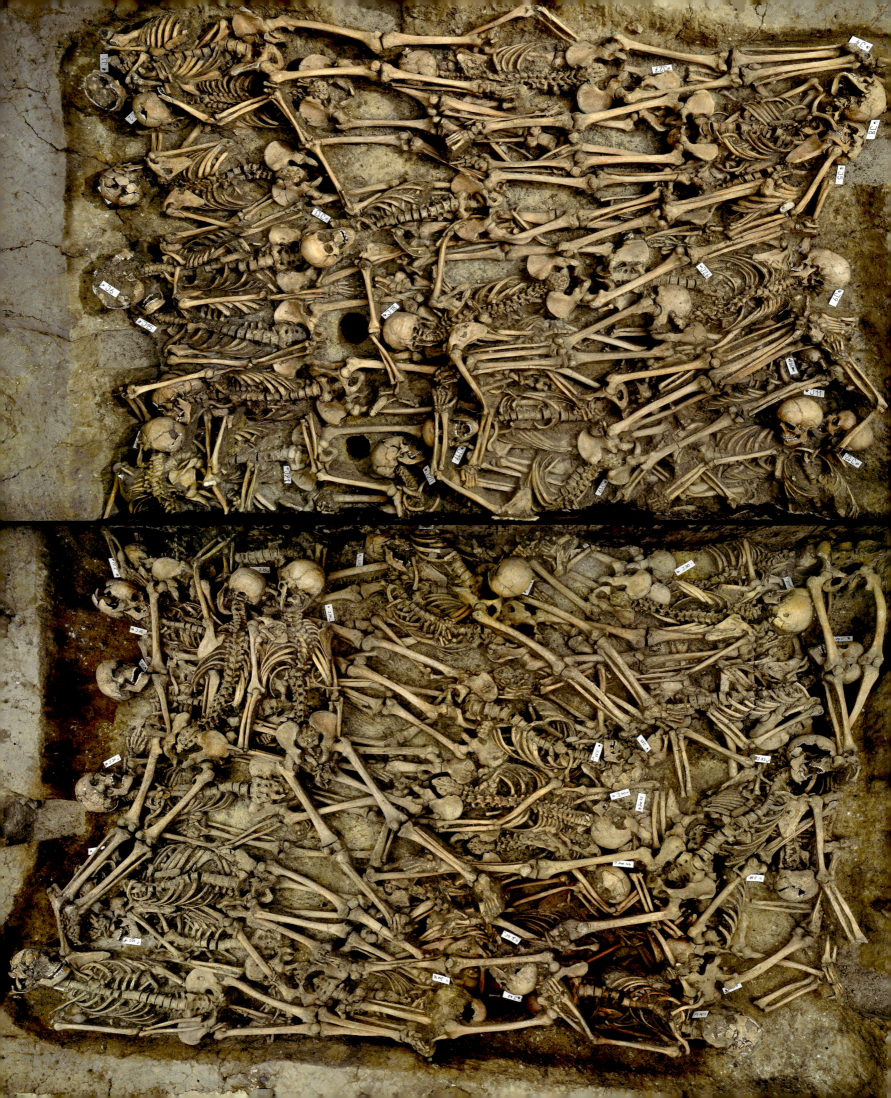

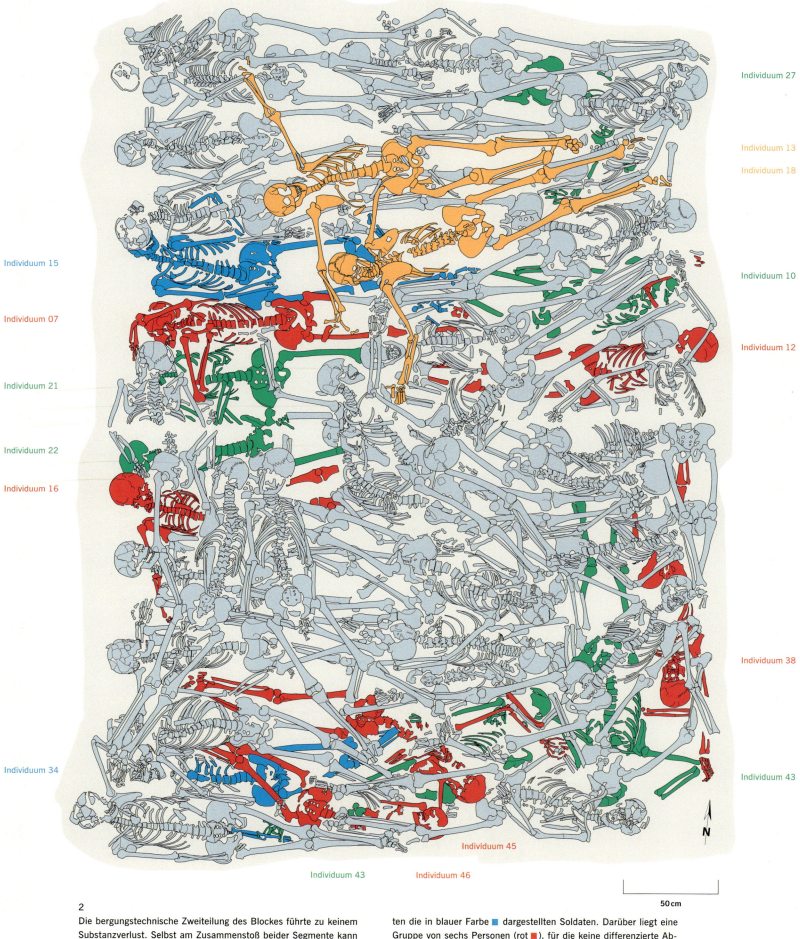

2 Die bergungstechnische Zweiteilung des Blockes führte zu keinem Substanzverlust. Selbst am Zusammenstoß beider Segmente kann die Belegungsreihenfolge für das gesamte Massengrab exakt rekonstruiert werden. So waren z. B. die mit grüner Farbe ■ markierten sechs Individuen zu Anfang in die Grube gelegt worden, dann folgten die in blauer Farbe ■ dargestellten Soldaten. Darüber liegt eine Gruppe von sechs Personen (rot ■), für die keine differenzierte Abfolge möglich ist. Die beiden orange ■ eingefärbten Individuen kamen ganz zuletzt in ungewöhnlicher Positionierung in das Grab. Weitere Belegungsphasen (blaugrau ■) sind hier nicht einzeln markiert.

geführten Reihen niedergelegt werden (Abb. 1–2). Dieser Plan wurde jedoch nicht streng verfolgt, denn jeder Helfer oder jede Helfertruppe agierte wie nachstehend dargelegt für sich alleine. Auffallend ist sogleich, dass nicht systematisch von rechts nach links niedergelegt worden war. An der Westseite wurden zunächst mittig zwei Individuen eingebracht. Fast zeitgleich legte man auf der Ostseite in lockerer Anordnung Gefallene nieder und in der Südostecke löste man sich sogleich von einer einheitlichen Ausrichtung und bestattete kantenparallel anstatt rechtwinklig zur Längsseite. Dieser einmal begonnene unsystematische Ablauf wurde nicht mehr korrigiert, sondern setzte sich verstärkt fort. Meist schloss man unmittelbar an die bereits in die Grube gelegten Individuen an, sodass die Zwischenräume bald minimiert waren. Doch bevor die untere

3
Vorder- und Rückseite des einzigen Münzfundes aus dem Massengrab: ein sog. Dreier aus Sachsen-(Alt-)Weimar, 1623 während der Regierungszeit von Johann Ernst und seinen fünf Brüdern (1622–1626) geprägt.

Lage vollkommen geschlossen war, begann man an verschiedenen Stellen die Toten übereinander zu legen. Man gewinnt bei einigen Skeletten sogar den Eindruck, dass die Toten regelrecht ins Grab gezerrt oder gelegentlich auch geworfen worden waren; einige liegen auf dem Bauch. Oftmals wurden die Gliedmaßen nicht mehr an den Körper herangeführt, sondern blieben so, wie sie nach dem Loslassen der Hand- oder Fußgelenke zur Seite gefallen waren, oder sie verharrten in der noch nicht gelösten Totenstarre, die keine Veränderung mehr erlaubte. An manchen Stellen gewinnen wir heute den Eindruck, dass man auch in das Grab bzw. auf die bereits niedergelegten Personen getreten sei, um die Toten in die gewünschte Position zu bringen. Diese Unregelmäßigkeit belegt, dass hierfür niemand eigens in der Grube gestanden hatte. Ganz zum Schluss scheinen zwei Personen in auffälliger Art und Weise positioniert (vgl. Abb. 1–2): Der als Individuum 18 beschriebene recht alte Kämpfer liegt auf dem Bauch, seine Arme sind rechtwinklig vom Körper weggestreckt. Fast unmittelbar daneben und in gleicher Ausrichtung liegt Individuum 13 auf dem Rücken. Unter Beachtung christlicher Symbolik ist man an die Kreuzigung erinnert. Ein bereits während der Wachstumsphase erlittener Bruch war nicht korrekt verheilt. Zusammen mit dem durch lange Schonhaltung verkürzten Unterschenkel hinkte der Mann erheblich und dürfte die Schlacht hoch zu Ross bestritten haben. Strahlte er noch im Tod eine besondere Würde aus? Jedenfalls mag man an seiner bewusst bedachten Niederlegung ablesen, dass die Beseitigung der Toten noch ausreichend Raum für emotionale Empfindungen zuließ und dass es hier zu einem kurzen Moment des Innehaltens gekommen sein dürfte.

Wer steckte hinter dieser Arbeit? Vergleicht man die Anlagen von Wittstock und Lützen, fallen große Unterschiede auf. Hierin wird klar, wie demoralisiert die Sieger waren. Das schwedische Heer hatte zwar in Manier des Siegers noch eine Nacht auf dem Schlachtfeld ausgeharrt, war aber wohl nach einem Tag intensiver Kämpfe und durch den Verlust seines Königs Gustav II. Adolf viel zu sehr geschwächt, um sich um die Gefallenen adäquat kümmern zu können. Möglicherweise reichten die Kräfte noch, wenngleich im Befund nicht belegt, Schwerstverletzten einen Gnadenstoß zu verpassen, die übrigen Verletzten zu versorgen und die eigene Ausstattung durch jene der Toten wieder zu ergänzen; die vielen Toten wird man nicht mehr unmittelbar bestattet haben. Die mangelnde Systematik der Niederlegung im Massengrab findet die plausibelste Erklärung darin, dass die örtliche Bevölkerung nach Abzug der Heere notgedrungen einspringen musste. Vermutlich plünderten alsbald die mittlerweile vollkommen verarmten Bauern das Schlachtfeld. Wegen des lange andauernden Kriegsgeschehens, während dessen die Söldner und ihre Familien auf ihren Märschen für ihre Versorgung selbst aufzukommen hatten, waren die ländlichen Regionen ausgeraubt. Zur Vermeidung von Epidemien musste die ohnehin stark gebeutelte Bevölkerung die umherliegenden Leichen schnell unter die Erde bringen, wobei man ihnen zuvor alles noch Brauchbare vom Körper riss. Organische Materialien erhalten sich über einen längeren Zeitraum in Mineralböden ohnehin nicht, doch es fehlen auch jegliche aus Metall oder Knochen gefertigte Objekte wie Knöpfe oder Verschlusshaken. 24 Bleikugeln waren im archäologischen Befund erhalten (siehe S. 386); diese

Projektile waren in den Körpern stecken geblieben. In zwei Fällen befand sich eine Kugel in der Mundhöhle – hier war soeben das Nachladen der Waffe vorbereitet worden. Lediglich an einem Individuum hat sich im Schulter- bzw. Brustbereich ein Stück Buntmetall erhalten. Die beim Korrosionsprozess gebildeten Salze konservierten zwei kleine, nur wenige Millimeter messende Stofffetzen. Demnach hatte man dem Gefallenen seine aus pflanzlichen Fasern in einfacher Leinwandbindung gefertigte Unterwäsche belassen und nur die Waffen, brauchbare Oberbekleidung und Stiefel weggenommen. Bei Individuum 12 blieb eine Silbermünze – ein zwischen 1622 und 1626 aus Sachsen-(Alt-)Weimar geprägter Dreier – in Fußnähe erhalten (Abb. 3). Hatte Individuum 12 möglicherweise in einem sockenartigen Füßling diese Münze versteckt?

TECHNISCHE ASPEKTE DER BLOCKBERGUNG

Das Massengrab zeichnete sich unmittelbar nach Freilegung als ca. 3,5 m x 4,6 m großer Befund ab. Seine Tiefe war zunächst unklar. Eine Bohrung im Zentralbereich sowie eine kleine Sondage am Rande des Befundes ergaben, dass es sich um einen relativ flachen Befund mit 35–100 Bestatteten handeln könnte. Eine Blockbergung wurde geplant, wobei schnell klar wurde, dass das Gewicht aufgrund der Einschalung mit Holz und Stahl sowie der Trennvorrichtung vom Untergrund weit über 50 t betragen würde (Abb. 4).

Die Freilegung des Befundes bis in die bergetechnisch notwendige Tiefe von ca. 80 cm unter Befundsohle und die parallel durchzuführende Verschalung bereitete in dem kiesigen bis lehmigen Untergrund wenig Schwierigkeiten. Kanthölzer wurden innerhalb senkrecht in den Boden eingebrachter Führungshülsen eingeschlagen und Letztere wieder entnommen, sodass die Kanthölzer als Eckelemente der Verschalung dienten und an ihnen umlaufende Hölzer befestigt werden konnten. Ein »Stahlkorsett« wirkte den am Block angreifenden Scherkräften und somit dem Zerbersten entgegen. Um die Adhäsionskräfte zwischen Block und Untergrund zu minimieren, wurden nicht, wie von kleineren Blockbergungen bekannt, durchgehende Kanthölzer bzw. Platten unter den Befund geschoben, sondern über Schneckenvortrieb 25 cm weite Rohre dicht an dicht eingebracht. Die so entstandene Trennlage sollte das Ablösen vom Untergrund erleichtern.

Bei dem Lützener Massengrab handelt es sich um einen Befund, der hinsichtlich des Bruchverhaltens mehr oder weniger einer Schokoladentafel ähnelt. Dieser Umstand, wie auch Überlegungen zum Transport bis in die Werkstatträume des Landesamtes für Denkmalpflege und Archäologie in Halle sowie die späteren Anforderungen an den Museumsbetrieb verlangten nach einer Teilung. In die Verschalung des Massengrabes wurde daher eine Sollbruchlinie eingepflegt, entlang derer mittels Stahlseil ein vertikaler Schnitt geführt und das Massengrab zweigeteilt werden konnte. Im nur 2 cm starken Spalt wurden zwei Stahlplatten zur Sicherung der beiden Teilblöcke eingebracht und mit den stabilisierenden Stahlträgern verschweißt.

Für das Anheben der Blöcke unterstützten vier pneumatische Kissen à 20 t Hubkraft den Autokran.

4
Vorbereitung zur Bergung des Blockes auf der Fläche.

5
Luftbild der Grabungsfläche neben der heutigen Bundesstraße, die dem Verlauf der *Via Regia* folgt.

So konnten die Blöcke langsam aus dem durch zulaufendes Wasser stark aufgeweichten Boden gestemmt werden – jeder Block wog fast 27 t!

Die das Schlachtfeld querende Bundesstraße, welche der ehemaligen *Via Regia* folgt, verläuft einige Meter oberhalb des Befundes (Abb. 5). Eine mehrstündige Sperrung war nicht möglich und die Rutschgefahr für die Maschinen schien auch ein nicht kalkulierbares Risiko, zumal der Höhenunterschied zwischen Straße und Befund so nicht überbrückbar war. Daher wurde für die Zufahrt des Autokranes und des Tiefladers quer über den Acker eine temporäre Zufahrt mit Baggermatten geschaffen.

Dank der Teilung des Befundes war ein Transport der beiden Teilblöcke ohne polizeiliche Begleitung bis ins Zentrum von Halle möglich. Das Einbringen der Blöcke in das Werkstattgebäude, dessen Tor nur geringfügig größer ist, war Millimeterarbeit.

Für die nachfolgende Freilegung wurde eine mobile Plattform gebaut. Sie wurde entfernt, als nach der Präparierung und Dokumentation der Oberseite die immer noch 20 t schweren Blöcke gedreht werden mussten; denn erst so war es möglich, die Skelette vollständig freizulegen sowie archäologisch und anthropologisch zu begutachten. Da die Toten in nur zwei Schichten in die Grabgrube eingebracht worden waren, konnte dies ohne Verlust für die wissenschaftliche Auswertung geschehen. Auch die Rückdrehung von der Unter- auf die Oberseite fand wieder in den Werkstatträumen statt. Für die erforderliche Übertragung der Drehkräfte wurden Rollen- und Spulensysteme an die im Gelände angebrachte Stahlsicherung angeschweißt, wodurch ein Drehen um die eigene Achse gefahrlos in jeweils weniger als einer Stunde möglich war.

Literatur

Eickhoff u. a. 2012
S. Eickhoff/A. Grothe/B. Jungklaus, 1636 – ihre letzte Schlacht. Leben im Dreißigjährigen Krieg (Stuttgart 2012).

Friederich u. a. 2013
S. Friederich/H. Meller/A. Schürger/K. W. Alt/N. Nicklisch, Lützen – ein Ort der Erinnerung. Arch. Deutschland H. 4, 2013, 8–13.

DIE 47 SOLDATEN AUS DEM MASSENGRAB – ERGEBNISSE DER BIOARCHÄOLOGISCHEN UNTERSUCHUNGEN

Nicole Nicklisch, Corina Knipper, Petra Held, Lisa Pickard, Frank Ramsthaler, Susanne Friederich und Kurt W. Alt

EINLEITUNG

Die Widrigkeiten der Glaubensspaltung sowie das Machtstreben der Herrschenden mündeten im Jahr 1618 in den Dreißigjährigen Krieg. Dieser belastete die Bevölkerung stark, zumal die durch die kleine Eiszeit bedingten Missernten und zahlreiche Seuchen wie Tuberkulose, Cholera, Typhus und Pest ohnehin schon keine einfachen Bedingungen boten. Während des Krieges verschlechterte sich die Lebenssituation dann derart, dass viele Männer keinen anderen Ausweg mehr sahen, als in den Kriegsdienst zu treten, um Frau, Kind und sich selbst zu versorgen (Kroener 1998). Nur ein geringer Teil der Soldaten dürfte aus ideeller Gesinnung oder aus religiösen Gründen gekämpft haben.

Das bevorzugte Alter der für den Krieg angeworbenen Männer lag zwischen 16 und 40 Jahren. Aufgrund der recht langen Ausbildungszeiten an den Waffen werden Rekruten immer erst mit einiger zeitlicher Verzögerung in die Schlacht gezogen sein. Je länger der Krieg andauerte, desto mehr Kinder wurden in das Kriegs- und Militärwesen hineingeboren. Als junge Männer traten sie das Erbe ihrer Väter an und wurden Soldaten. Aufgrund der Dauer des Krieges und der damit einhergehenden Krise ist davon auszugehen, dass der Großteil der Bevölkerung des 17. Jhs. bereits von Kindesbeinen an mit Armut, Hunger und erhöhten Infektionsrisiken konfrontiert war. Schlachten, Belagerungen, Plünderungen und durch das Kriegsgeschehen verheerte Land- und Wirtschaftsflächen brachten Hungersnöte mit sich, welche dann erneute Seuchenausbrüche begünstigten – ein immerwährender Teufelskreis, aus dem ein Ausweg unmöglich schien.

Das Soldatenleben war hart und die Versorgungslage sehr unterschiedlich. Auf Phasen ausreichender Verpflegung konnten rasch Not und Entbehrung folgen. Hier bestimmte auch das Glück, ob man sich der »richtigen Seite« angeschlossen hatte; immer wieder wurden die Fronten gewechselt. Es ist zu vermuten, dass die Soldaten häufig unter einer beträchtlichen physischen und psychischen Anspannung standen. Gewalt und Grausamkeiten prägten den Alltag, wie es auch Grimmelshausen (um 1622–1676) in seinen Abenteuern des »Simplicissimus Teutsch« beschreibt. Der Tod war nicht nur auf dem Schlachtfeld allgegenwärtig; oft galt es schlicht und ergreifend, zunächst sein eigenes Leben zu schützen. Plünderungen verliefen zum Leidwesen der Zivilbevölkerung oft sehr blutig: Ganze Familien wurden massakriert, Frauen vergewaltigt. Branntwein und Tabak erlebten zu dieser Zeit einen erheblichen Zuspruch (Villstrand 2011). Der Genussmittelkonsum mag Angst, Sorgen und Krankheitsleiden zeitweise unterdrückt oder gemildert haben.

Die kaiserliche Armee rekrutierte ihre Soldaten im gesamten katholischen Europa. Sie vereinte also – vermutlich ohne Unterscheidung der Konfessionszugehörigkeit – u. a. Deutsche, Österreicher, Tschechen, Italiener, Ungarn und Kroaten. Auf schwedischer Seite waren gebürtige Skandinavier in der Minderheit. Seit der Landung Gustav II. Adolfs in Peenemünde im Juli 1630 wurden die unter der Verwaltung der schwedischen Krone stehenden Truppen durch z. T. komplette deutsche Einheiten verstärkt. Diese stammten vor allem aus den verbündeten Gebieten Mecklenburgs, Pommerns und Brandenburgs, dem heutigen Sachsen-Anhalt, Sachsen, aber auch aus Hessen. Vor allem die verlustreichen Gefechte – September 1631: Schlacht von Breitenfeld bei Leipzig; Oktober 1631: Einnahme Würzburgs; April 1632: Schlacht bei Rain am Lech; September 1632: Angriff auf das Lager Wallensteins bei Fürth – erforderten wiederholt umfangreiche Neurekrutierungen. Im November 1632 standen mittlerweile über 150 000 deutsche Soldaten unter schwedischem Kommando. Von den 18 000 auf der Seite Gustav II. Adolfs in Lützen kämpfenden Personen waren in der Kavallerie gerade einmal ein Viertel und in der Infanterie sogar nur ein Zehntel gebürtige Schweden oder Finnen (Brezezinski 2001).

Bezüglich der Schlacht von Lützen verdient eine Einheit des schwedischen Heeres ganz besondere Erwähnung: die »Blaue Brigade«. Dies war eine etwa 16 Kompanien bzw. 1100 Mann umfassende deutsche

Eliteeinheit, die aus langjährig erfahrenen Musketieren, Pikenieren und Offizieren bestand (Brzezinski 2001). Die »Blaue Brigade« soll laut schriftlicher Quellen genau an jener Stelle auf die kaiserlichen Truppen gestoßen sein, an der man das nun ergrabene und umfassend untersuchte Massengrab anlegte.

Im Lützener Massengrab konnten die skeletalen Überreste von insgesamt 47 Individuen dokumentiert werden. Ihr Erhaltungszustand war überwiegend sehr gut, was zum Großteil dem stark kalkhaltigen Boden zu verdanken ist. An einigen Knochen sind Nagespuren von Kleinsäugern erkennbar und auch die Verlagerung von Knochen weist auf Wühleraktivitäten innerhalb des Grabes hin.

Mit der Untersuchung der Toten bot sich die seltene Gelegenheit, sowohl die dramatischen Kampfgeschehnisse auf dem Schlachtfeld zu rekonstruieren als auch Einblicke in die Lebensbedingungen und Herkunft der Soldaten zu erhalten. Hierbei helfen Vergleiche zu anderen Schlachten und Massengräbern der damaligen Zeit, wie Wittstock 1636 (Eickhoff u. a. 2012) oder Alerheim 1645 (Misterek 2012). Die Befunde aus Lützen stehen in klarem Gegensatz zum Alerheimer Massengrab, bei dem die Toten mindestens sechs Wochen der sommerlichen Hitze ausgesetzt waren und die Leichenzersetzung bei der Niederlegung bereits weit fortgeschritten war. Das Fehlen eindeutiger Verbissspuren von Raubtieren deutet darauf hin, dass die Körper im Lützener Massengrab entweder »relativ zügig« in die Erde gebracht wurden oder die Masse an Toten ein Überangebot für Aasfresser darstellte und daher nicht alle Leichen Tierverbiss am Knochen zeigen. Weitere Informationen liefert die Haltung und Lagerung der Körper, die darauf schließen lässt, dass die Totenstarre bei der Niederlegung bereits weitgehend gelöst war. Daraus lässt sich ableiten, dass die Toten – in Anbetracht der zu erwartenden spätherbstlichen Witterungsverhältnisse – frühestens nach einigen Tagen bestattet wurden. Bei sehr niedrigen Umgebungstemperaturen kann sich das Lösen der Totenstarre mitunter über mehrere Tage bis wenige Wochen erstrecken. Da die Schlacht im November stattfand, ist eher von einer etwas länger anhaltenden Totenstarre auszugehen.

Die Toten wurden nach der Schlacht fast vollständig geplündert – Überreste von Kleidung und Zubehör sind nicht erhalten. Bei einigen Individuen konnten grünliche Verfärbungen an Schädel und Rippen festgestellt werden, die auf kleinteilige Buntmetallobjekte deuten.

DIE SOLDATEN

Bei den Toten aus dem Massengrab handelt es sich um 47 Männer im Alter zwischen 15 und 50 Jahren. Der Jüngste war etwa 14–16 Jahre, der Älteste erreichte ein Lebensalter zwischen 40 und 50 Jahren. Mehr als die Hälfte der Männer kam im Alter zwischen 20 und 30 Jahren zu Tode, eine Altersgruppe, die nach Angaben historischer Quellen bei der Rekrutierung präferiert wurde. Eine ähnliche Sterbealterverteilung zeigen auch die Untersuchungsbefunde im Wittstocker Massengrab. Die Daten verdeutlichen, dass die Lebenserwartung eines Soldaten nicht besonders hoch war und nur wenige Männer über 40 das riskante Militärleben noch bestritten. »Altgediente« Soldaten wurden wegen ihrer Erfahrung durchaus geschätzt und übernahmen eine Vorbildfunktion innerhalb der Truppe (Kroener 1998). Durch die hohe Verlustrate und den damit zunehmenden Mangel an Soldaten wurden immer jüngere Männer rekrutiert. Das veranschaulicht das Alerheimer Massengrab, das einen deutlich höheren Anteil an 13- bis 25-Jährigen zeigt.

Eine Schätzung der Körperhöhe (Trotter 1970) bei allen 47 Individuen ergab eine Körperhöhenspanne zwischen 160 cm und 183 cm mit einem Durchschnittswert von 171 cm. Die Verteilung der metrischen Merkmalserfassung zeigt deutliche Übereinstimmungen mit den Toten aus dem Wittstocker Massengrab, wo der Mittelwert bei 170 cm liegt. Selbst ein Jahrhundert später zeigt sich noch ein ähnliches Verteilungsmuster: Einfache Soldaten der theresianisch-josephinischen Armee aus dem 18. Jh. erreichen eine mittlere Körperhöhe von 173 cm (Binder 2008).

VORERKRANKUNGEN

An den Skeletten der Toten lässt sich eine Vielzahl von traumatischen und krankhaften Veränderungen nachweisen, die zum einen auf gewalttätige Auseinandersetzungen zurückzuführen sind (verheilte und unverheilte Verletzungen) und zum anderen mit den Lebensbedingungen und auftretenden Krankheiten der damaligen Zeit in Zusammenhang stehen (Zahngesundheit, Mangel- und Infektionskrankheiten).

Zahnerkrankungen

Bei mehr als der Hälfte der Toten konnten kariöse Defekte an den Zähnen festgestellt werden (Abb. 1). Zudem fällt selbst bei den jüngeren Männern die erhebliche Anzahl fehlender Backenzähne auf, die nicht durch Gewalteinwirkung zu erklären ist. Häufig zeigen die angrenzenden Zähne Verfärbungen oder kariöse

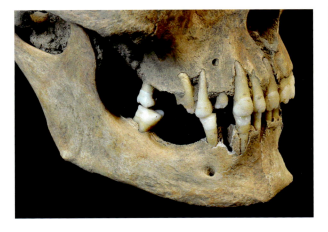

1
Kiefer eines etwa 35- bis 45-jährigen Soldaten (Ind. 8) mit mehreren kariösen Zahndefekten; zu Lebzeiten waren bereits etliche Zähne verloren gegangen.

2
Während der Kindheit kann es krankheits- oder hungerbedingt zu Wachstumsstörungen kommen, die sich im Zahnschmelz in Form von horizontalen Rillen als Stressmarker bemerkbar machen (Ind. 9).

Läsionen, was auf einen Verlust oder eine Extraktion schmerzender, kariöser Zähne hindeutet. Während die Anzahl kariesinfizierter Individuen recht hoch ist, hält sich der Anteil kariöser Zähne mit nur 8 % in Grenzen. Einige Männer waren stärker von Zahnfäule betroffen als andere und zeigten darüber hinaus Anzeichen von Knochenentzündungen im Wurzelbereich sowie Abszessbildungen. Auch entzündliche Erkrankungen des Zahnhalteapparates waren unter den Soldaten weit verbreitet, welche häufig das Ergebnis einer mangelhaften Mundhygiene sind, aber auch durch Mangelerkrankungen wie Skorbut (Vitamin-C-Mangel) begünstigt werden.

Mangel- und Infektionskrankheiten

Bei einigen der Toten sind an den Knochen Hinweise auf Mangel- und Infektionskrankheiten erkennbar. Häufig sind Schmelzdefekte, oberflächliche Umbauvorgänge an den Langknochen (periostale Reaktionen) oder siebartige Veränderungen (porotische Veränderungen) am Hirn- und Gesichtsschädel zu beobachten, die als Stressindikatoren angesehen werden dürfen und auf ungünstige Lebensbedingungen hindeuten. Zu den Einflussgrößen zählen u. a. das quantitative und qualitative Nahrungsangebot, die Wohnverhältnisse, hygienische Bedingungen oder auch der individuelle Immunstatus.

Unspezifische Stressmarker

Horizontal verlaufende Rillen im Zahnschmelz können sich nur während der Schmelzbildung entwickeln und werden mit erhöhten Infektionsrisiken oder Stoffwechselstörungen in der frühen Kindheit in Verbindung gebracht (Abb. 2). Bei etwa 70 % der Männer waren Schmelzbildungsdefekte in unterschiedlichen Schweregraden zu beobachten. Aufgrund der ungünstigen

3
Als mögliche Ursache für Porositäten am Schädeldach (Ind. 24) werden u. a. Anämien und Entzündungen der Kopfhaut diskutiert.

Lebensbedingungen vor und zu Beginn des Krieges ist davon auszugehen, dass die Mehrzahl der Männer bereits eine krisenbehaftete Kindheit und Jugend verbrachte, womit der hohe Prozentsatz an Schmelzhypoplasien wenig verwundert.

Bei zahlreichen Toten konnten Porosierungen am Schädeldach festgestellt werden (Abb. 3). Die betroffenen Areale lassen sich überwiegend an den Scheitelbeinen und am Hinterhaupt, entlang und oberhalb der sog. Hutkrempenregion, lokalisieren. Für derartige Veränderungen werden zahlreiche Ursachen diskutiert (Ortner 2003). Im vorliegenden Fall erscheinen Mangelkrankheiten (z. B. Skorbut) und parasitäre Erkrankungen am überzeugendsten. Aus medizinischen Abhandlungen des 18. Jhs. ist bekannt, dass in Soldatenverbänden diverse parasitäre Erkrankungen verbreitet waren (van Swieten 1759). Ein anhaltender Befall mit Endoparasiten kann, insbesondere bei bereits ungünstiger Ernährungslage, mit einem Mangel an Eisen und Vitamin B12 einhergehen und langfristig zu den genannten Knochenveränderungen führen. Unterstützung findet dieser Verdacht im Nachweis von Spulwurm-Eiern in Bodenproben aus dem Beckenbereich einiger Toter

(Analysen: Dr. Piers Mitchell, Department of Biological Anthropology, University of Cambridge). Aber auch Ektoparasiten oder Hautpilzerkrankungen (z. B. »Kopfgrind«) könnten verantwortlich sein. Pilzsporen sind äußerst resistent und verbreiten sich leicht über Haare, Bürsten oder Kopfbedeckungen und somit recht schnell in einem Feldlager oder über geplünderte Gegenstände infizierter Personen. Differenzialdiagnostisch kommen auch bakterielle Hauterkrankungen und Milbenbefall (»Krätze«) in Frage.

Mangelerkrankungen

Um die Verpflegung der Soldaten war es recht wechselhaft bestellt, was auch die Tagebucheinträge des Söldners Peter Hagendorf belegen (Peters 2012). Auf reichliche Versorgung folgten Tage und Wochen mit Entbehrung und Hunger. Die Ausgabe der reglementierten Rationen wurde selten eingehalten, zum einen aufgrund tatsächlicher Versorgungsengpässe, zum anderen forciert durch die Profitgier und Korruption der Händler und Proviantverwalter. Beispielhaft lässt sich dies anhand der zugeteilten Brotmengen verdeutlichen (Kroener 1998). Um den Gewinn zu steigern und unter dem Vorwand der Kostensenkung wurden die Mengenvorgaben missachtet und minderwertiges Getreide verwendet. Mitunter erfolgte eine Beimengung unzulässiger Futtermittel oder eine Streckung mit anderen Zutaten (z. B. Kleie). Man schreckte jedoch auch nicht davor zurück, verdorbene Brotrationen zu verteilen. Die damit einhergehende Minderung der Nahrungsmittelqualität und Reduktion der Nährwerte blieben nicht folgenlos und förderten Mangel- und Durchfallerkrankungen in den Truppen.

Ein unzureichender Verzehr von frischem Obst und Gemüse konnte gerade im Winter bereits nach zwei Monaten zu einem chronischen Vitamin-C-Mangel (Skorbut) führen. Diese Mangelerkrankung beeinträchtigt auf verschiedenen Wegen den menschlichen Stoffwechsel und insbesondere auch das Immunsystem. Neben einer deutlich gestörten Wundheilung und dem Auftreten von spontanen Blutungen, z. B. unter die Knochenhaut, gehört vor allem der sukzessive und rasante Zahnverlust zu den dramatischsten Krankheitsfolgen, die auch an skelettierten Überresten ihre Spuren hinterlassen. Für die Veränderungen am Knochen, die erst bei einem länger anhaltenden Mangelzustand auftreten, ist vor allem die fehlerhafte Kollagensynthese verantwortlich; infolge dessen kann es zu Einblutungen kommen, die an der Knochenoberfläche die Bildung dünner Knochenlagen anregen. Im Lützener Kollektiv fanden sich derartige Knochenneubildungen bei sieben der Getöteten an charakteristischen Knochenregionen von Schädel, Kiefer und Langknochen. Bei einem Individuum besteht der Verdacht auf einen im Kindesalter durchlebten chronischen Vitamin-D-Mangel (Rachitis).

Hinweise auf spezifische Infektionskrankheiten

Auflagerungen an den Rippeninnenseiten, wie sie in zwei Fällen zu beobachten waren, könnten auf die Präsenz von entzündlichen Erkrankungen der Lungen oder des Brustkorbes (z. B. Tuberkulose oder Pneumonie) hindeuten. Hinweise auf tiefer greifende Entzündungen des Knochens mit möglicher Beteiligung der Markhöhle fanden sich bei fünf Toten. In drei der genannten Fälle handelt es sich scheinbar um Infektionen infolge von Weichgewebeverletzungen oder offenen Knochenbrüchen. Obwohl das klassische Merkmal der trockenen Knochenfäule am Schädeldach, die sog. *Caries sicca*, nicht zu belegen war, deuten die Befunde bei wenigstens zwei Soldaten auf Syphilis hin (Abb. 4a). Histologische Untersuchungen krankhaft veränderter Langknochen unterstützen diesen Verdacht (Abb. 4b). Syphilis, eine durch spiralförmige Bakterien (*Treponema pallidum*) verursachte und primär über sexuelle Kontakte übertragene Infektionskrankheit, war in der Frühen Neuzeit weit verbreitet. Zu den wohl berühmtesten Erkrankten des Dreißigjährigen Krieges soll Generalissimus Albrecht von Wallenstein gezählt haben. Die auch als »Franzosenkrankheit« oder »Venusseuche« bekannte Erkrankung führt erst im fortgeschrittenen Stadium (Tertiärstadium) zu Veränderungen am Knochen – Manifestationen am Skelett spiegeln daher nur einen Bruchteil der tatsächlichen Erkrankungshäufigkeit wider. Es ist durchaus möglich, dass weitere Individuen mit periostalen Veränderungen oder auch Porosierungen ein nicht charakteristisches Anfangsstadium der Krankheit zeigen. Auch im Massengrab von Wittstock konnten Tote mit Syphilis identifiziert werden (Eickhoff u. a. 2012) und in einer ins 18. Jh. datierenden Untersuchungsgruppe aus Wien wird ebenfalls Syphilis als mögliche Ursache für entzündliche Veränderungen an den Langknochen diskutiert (Binder 2008).

VERLETZUNGSMUSTER UND TODESURSACHEN

Bei der Untersuchung von Skelettüberresten eines Massengrabes spielt der Nachweis von Verletzungen, die in direktem Zusammenhang mit den Todesumständen stehen, eine bedeutende Rolle für die Interpretation des Gesamtbefundes. Derartige Informationen können,

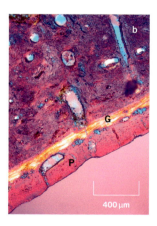

4
Entzündlich veränderte Unterschenkelknochen (rechte Tibia und Fibula) eines 40- bis 50-jährigen Mannes (a). Die histologische Untersuchung zeigt charakteristische Strukturen (P = Polster, G = Grenzstreifen), die auf eine chronische Knocheninfektion hindeuten und die Verdachtsdiagnose Syphilis unterstützen (b).

wie im vorliegenden Fall, bei der Rekonstruktion des Schlachtverlaufs helfen, während verheilte Verletzungen Auskunft über den Lebens- oder gar Leidensweg einer Person und die mögliche medizinische Versorgungslage geben.

In der forensischen Wissenschaft lassen sich je nach Art der Gewalteinwirkung u. a. stumpfe und scharfe Traumata sowie Schussverletzungen unterscheiden. Analog zu Fragen der forensischen Untersuchung bei rezenten Gewaltopfern können solche Verletzungsmuster auch im archäologischen Kontext analysiert werden.

Verheilte Verletzungen

Verletzungen, die zu Lebzeiten entstanden und überlebt wurden, lassen sich durch erkennbare Heilungsreaktionen eindeutig identifizieren. Die Heilungsdauer variiert individuell beträchtlich. Häufig ist unter normalen Umständen nach etwa vier bis sechs Wochen mit einer deutlichen knöchernen An- und Umbaureaktion zu rechnen. Dass viele der Männer bereits im Vorfeld der Schlacht von Lützen in gewaltsame Konflikte involviert, jedoch nicht vollkommen kampfunfähig waren, belegen die zahlreichen verheilten oder in Heilung befindlichen Verletzungen.

Bei zwölf Toten fassen wir verheilte Wunden am Schädel. Überwiegend handelt es sich um Impressionsfrakturen am Schädeldach oder Nasenbeinfrakturen, die Dellen oder Krümmungen am Knochen hinterlassen haben. Verheilte Traumata sind noch deutlich häufiger am Postkranium nachzuweisen: An 20 Skeletten lassen sich 27 verheilte oder ausheilende Verletzungen belegen. Dazu zählen u. a. Frakturen an den Langknochen (Unterarm, Oberschenkel, Unterschenkel) oder Verletzungen an Hand- und Fußknochen sowie Rippenfrakturen. Im Kampf oder auch bei Unfällen kann es leicht zu Weichgewebeschäden und Wundheilungsstörungen mit Geschwürbildungen kommen, die zu einer lokal begrenzten Einblutung, Reizung und Entzündungsreaktion der Knochenhaut führen können. Veränderungen, die sich vermutlich auf einen derartigen Knochenhautdefekt zurückführen lassen, waren bei acht Männern vor allem an Oberschenkeln und Schienbeinen zu finden.

Besonders eindrücklich ist der Befund eines etwa 25- bis 30-jährigen Mannes (Ind. 13), der schon in jungen Jahren eine Oberschenkelfraktur erlitten hatte (Abb. 5). Dabei war versäumt worden, die Bruchenden anatomisch korrekt zu repositionieren. Die Heilung des Bruches in Fehlstellung und eine starke Verkürzung des rechten Oberschenkels waren die Folge.

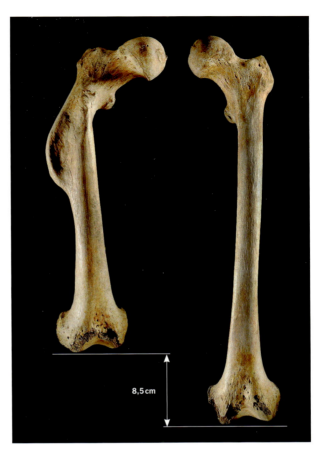

5
Der rechte Oberschenkel von Ind. 13 zeigt eine gut verheilte Fraktur. Im Vergleich zu dem gesunden linken Oberschenkel liegt eine Verkürzung von etwa 8,5 cm vor.

Zunächst überrascht, dass dieser Mann trotz seiner körperlichen Beeinträchtigung rekrutiert wurde – was aber zur damaligen Zeit nicht ungewöhnlich war: Im 15. Kriegsjahr wäre eine anspruchsvolle Musterung wenig gewinnbringend gewesen. Möglicherweise handelt es sich bei dieser Person um einen Kavalleristen, der zu Pferd sein körperliches Handicap ausgleichen konnte.

Tod auf dem Schlachtfeld

Allein anhand von knöchernen Verletzungsbildern auf eine Todesursache zu schließen, ist sehr schwierig, denn nicht die Knochenfraktur selbst, sondern damit einhergehende Blutungen und Verletzungen lebenswichtiger Organe bedingen letztendlich den Tod. Eine mögliche Todesursache weisen 30 der gefallenen Soldaten (64 %) auf, da schwer traumatisierende Kopfschussverletzungen oder durch Hiebwaffen bedingte Gewalteinwirkungen gegen den Kopf in der Regel nicht überlebt werden – insbesondere vor dem Hintergrund der damals begrenzten Kenntnisse in der Feldchirurgie. Bei weiteren neun Individuen (19 %) wird man sich mit Verdachtsdiagnosen begnügen müssen. Es ist durchaus möglich, dass den Männern zusätzli-

6
Schädel dreier Männer mit Einschüssen an der linken Schädelseite
a Ind. 5: Steckschuss mit Kontusionswunde am rechten Hinterhaupt;
b Ind. 18: Steckschuss mit Zersplitterung des Projektils am Schädelknochen;
c Ind. 3: Durchschuss mit Austrittswunde am rechten Scheitelbein.

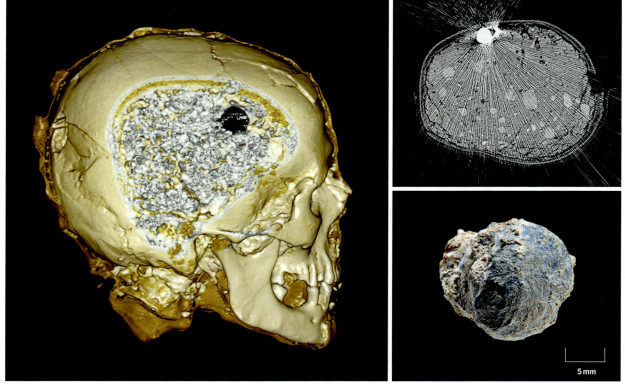

7
CT-Aufnahmen des Schädels eines 35- bis 45-jährigen Mannes (Ind. 8) direkt nach der Bergung aus dem Grab: Die Position der im Schädel verbliebenen Kugel konnte durch die hohe Dichte der Streustrahlung des Bleis lokalisiert werden (links und rechts oben). Die Bleikugel (Karabiner) wurde durch den Aufprall deutlich deformiert (rechts unten).

che Wunden zugefügt wurden, die zwar zu schweren Schädigungen des Weichgewebes und der inneren Organe führten, jedoch keine Spuren am Knochen hinterließen.

Als Todesursache dominiert die Schussverletzung. Mehr als die Hälfte der Männer wurde von Schüssen getroffen, deren Verletzungen direkt oder nach kurzer Zeit zum Tode geführt haben dürften. Allein bei 21 Toten (45 %) konnten Schussverletzungen am Schädel festgestellt werden (Abb. 6). In elf Fällen befanden sich die bleiernen Geschosse noch in den Schädeln. Die Einschüsse ließen sich überwiegend im Stirn- und

8
Schussverletzung am Schädel von Ind. 8: Die Kugel ist am Hinterhaupt eingedrungen (oben), gegen das Stirnbein geprallt und stecken geblieben (unten).

Scheitelbeinbereich lokalisieren, am Hinterkopf konnten hingegen kaum Treffer verzeichnet werden. Die Verteilung deutet auf eine schnell verlaufende, frontale Konfrontation hin, bei der den Männern kaum Zeit für eine Flucht blieb. Die Mehrzahl der Schüsse wurde vermutlich in einem Abstand von etwa 2–5 m auf das Ziel abgefeuert. Einige Schädel wurden für eingehendere Untersuchungen vorübergehend aus dem Grab entnommen (Abb. 7 und 8). Auch an Rumpf und Extremitäten fallen Schussverletzungen auf: Bei sieben Individuen wurden insgesamt neun Treffer festgestellt. Die Bleikugeln fanden sich im Hüftgelenk, Darmbein, Lendenwirbelbereich und Bauchraum (Abb. 9). Auch einige Trümmerfrakturen an Ober- und Unterschenkeln lassen sich durch Schusseinwirkung erklären.

Die mit Verletzungen assoziierbaren Bleikugeln stammen – anhand der Kugeldurchmesser und dem Gewicht ermittelt – aus Pistolen (n = 1–2), Musketen (n = 4) und vor allem Karabinern (n = 8–10) (siehe Beitrag »Die Schlacht von Lützen«, S. 377). Pistolen und Karabiner sind Waffen, die in der Regel von der Kavallerie auf kurze Distanz genutzt wurden und Verletzungen verursachen, die sehr gut zum beobachteten Wundspektrum passen. Bei zwei Toten fanden sich noch nicht verschossene Bleikugeln in der Mundhöhle (Abb. 10). Aus dem »Kriegs-Büchlein« von Hans Conrad Lavater (1659) wissen wir, dass zur Beschleunigung des Ladevorgangs die Soldaten die Kugeln in den Mund nahmen (Lavater 1659, 85 f.).

Tödliche Verletzungen allein durch stumpfe oder scharfe Gewalteinwirkungen scheinen – zumindest soweit die Befunde am Knochen eine Aussage zulassen – im Bereich des hier untersuchten Schlachtfeldes bzw. bei dieser Gruppe bestatteter Soldaten nur eine untergeordnete Rolle gespielt zu haben. Unverheilte Schädelverletzungen durch Klingenwaffen weisen lediglich zwei Tote auf (Abb. 11). Im Wirbel-Becken-Bereich und an den Extremitäten waren etwas häufiger Schnitt- und Stichverletzungen zu beobachten. Als Waffen kommen Schwert/Degen, Messer/Dolch oder Pike infrage. Hinweise auf stumpfe Gewalt fanden sich vor allem im Kiefer- und Gesichtsbereich (Abb. 12). Betroffen waren aber auch Unterarme, Rippen sowie Hand- und Fußknochen. Manche der stumpfen Verletzungen lassen an den gezielten Einsatz von Musketenkolben oder Schwertknäufen, andere aber ebenso an Huftritte von Pferden denken. Einige der Verletzungen könnten jedoch auch beim Transport und der Niederlegung der Toten entstanden sein.

Die aufgezeigten Ergebnisse zeichnen Momente des Schlachtverlaufes nach. Doch wer sind die 47 Toten aus dem Massengrab? Die hohe Zahl an Schussverletzungen legt die Vermutung nahe, dass wir – aufbauend auf den schriftlichen Quellen – mit dem untersuchten Massengrab vorrangig Kämpfer aus der schwedischen Einheit »Blaue Brigade« fassen. Ihre geografische Herkunft können die Isotopenverhältnisse von in Zähnen und Knochen enthaltenem Strontium und Sauerstoff näher eingrenzen.

9
Ein etwa 30- bis 40-jähriger Mann (Ind. 2) wurde von hinten angeschossen: Die Bleikugel ist in der linken Beckenschaufel stecken geblieben.

10
Bei einem 24- bis 26-Jährigen (Ind. 22) fand sich eine unverschossene Bleikugel in der Mundhöhle, die vermutlich zum schnelleren Nachladen seiner Waffe gedacht war.

11
Einem erst 16- bis 19-jährigen Rekruten (Ind. 9) wurden mit einer Klingenwaffe mehrere Hiebverletzungen am Hinterhaupt beigebracht.

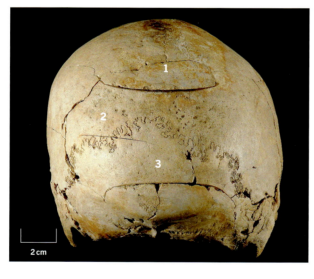

HERKUNFT DER SOLDATEN

Als Archiv der Kindheit vermittelt der Zahnschmelz Informationen zur Herkunft eines Individuums. Darum wurde dieses Hartgewebe bezüglich seiner Strontium- und Sauerstoff-Isotopenzusammensetzung analysiert. Strontium-Isotopenverhältnisse ($^{87}Sr/^{86}Sr$) des Zahnschmelzes sind Anzeiger der geologischen Verhältnisse in der Region, aus der die Nahrung stammte, die ein Mensch während seiner ersten Lebensjahre verzehrt hat (Knipper 2004). Sauerstoff-Isotopenverhältnisse ($^{18}O/^{16}O$ bzw. $\delta^{18}O$) gehen hingegen vor allem auf das Trinkwasser, aber auch auf die Nahrung zurück. Dabei sind die Messwerte abhängig von der Temperatur, der Höhenlage, der geografischen Breite und der Entfernung vom Meer (Tütken 2010).

Unter der Prämisse, bei den im untersuchten Massengrab beigesetzten Toten handele es sich überwiegend um Soldaten der »Blauen Brigade«, können durch den Vergleich der für die Zähne ermittelten Isotopenverhältnisse mit entsprechenden Daten aus den möglichen Herkunftsregionen Hypothesen zum regionalen Ursprung großer Teile der schwedischen Truppen formuliert werden. Eine ortsgenaue Zuweisung einzelner Personen stößt jedoch oft an die Grenzen der räumlichen Interpretierbarkeit, denn aufgrund ähnlicher geologischer und klimatischer Bedingungen können die Zähne von Personen aus weit voneinander entfernt liegenden Regionen sehr ähnliche Strontium- und Sauerstoff-Isotopenverhältnisse zeigen.

Von jedem Soldaten aus dem Massengrab wurde der Zahnschmelz von zwei Zähnen untersucht. Wenn vorhanden, war darunter ein erster Dauerbackenzahn, dessen Krone zwischen der Geburt und der Vollendung des dritten Lebensjahres wächst, und ein Weisheitszahn, der die späte Kindheit und Jugend repräsentiert. Ein deutlicher Unterschied der Strontium-Isotopenverhältnisse dieser beiden Zähne zeigt eine Ortsveränderung der untersuchten Person im Laufe der Kindheit an. Für die Sauerstoff-Isotopenverhältnisse können höhere Werte im ersten Backenzahn im Vergleich zu den anderen Backenzähnen durch das Trinken von Muttermilch bedingt sein. Dagegen verweisen deutlich höhere $\delta^{18}O$-Werte im Weisheitszahn im Vergleich zu den ersten Backenzähnen auf einen Ortswechsel in den ersten Lebensjahren. Alle von der ortstypischen Wertespanne eines Fundortes (in diesem Falle von Lützen) abweichenden Isotopendaten sind Anzeichen für einen Geburtsort in der Fremde. Insgesamt besteht der Datensatz für das Massengrab aus 90 Analysen am Zahnschmelz von 45 Individuen. Die Analysedaten für Individuum 1 lagen zum Zeitpunkt der Manuskripterstellung noch nicht vor. Von Individuum 30 konnte lediglich eine Knochenprobe analysiert werden.

Während die Isotopenverhältnisse des Zahnschmelzes als härtestes Material im menschlichen Körper meist auf die zu Lebzeiten aufgenommene Nahrung und das Trinkwasser zurückgehen, ist dies bei an Knochen ermittelten Daten oft nicht der Fall. Ihre poröse Struktur lässt Knochen bereits nach kurzer Liegezeit Elemente aus dem Boden aufnehmen, sodass ihre Isotopenverhältnisse als Anzeiger für die ortstypischen Werte dienen können. Aus dem Massengrab von Lützen wurden elf Knochenproben untersucht, darunter neun von einer Auswahl der Soldaten und zwei von Nagetieren.

Die Analysedaten und ihre Interpretation

Bedingt durch das Stillen mit Muttermilch zeigte sich im ersten Dauerbackenzahn der meisten Individuen ein höherer $\delta^{18}O$-Wert als im Weisheitszahn der jeweils selben Person. Da dieser Effekt bei den einzelnen Männern unterschiedlich stark ausgeprägt ist, konzentrieren sich die folgenden Aussagen zur möglichen Herkunft der Soldaten auf die Weisheitszähne bzw. andere nach der Stillzeit angelegte Zähne. Bei 36 Individuen (ca. 80 %) liegen die Sauerstoff-Isotopenwerte der zweiten und dritten Backenzähne in einem vergleichsweise engen Bereich (15,7–17,2 ‰ vs. VSMOW; Abb. 13). Dies spricht für eine Herkunft dieser Individuen aus derselben klimatischen Großregion. Nach bisher vorliegenden Analysedaten finden sich derartige Werte in einem Korridor längs durch Mitteleuropa, von Süddeutschland über Hessen bis ins Mittelelbe-Saale-Gebiet. Aus Brandenburg und Mecklenburg fehlen bislang die zum Vergleich nötigen Datensätze, während ähnliche Messwerte wiederum in menschlichen Zähnen aus Südschweden und von der Ostseeinsel Bornholm belegt sind.

Von dem genannten dominierenden Wertebereich weichen zwei Personen durch merklich niedrigere und sechs Individuen durch höhere Analysedaten ab (Abb. 13). Niedrigere Werte verweisen auf höher gelegene oder kältere Regionen mit Belegen in den Alpen oder auch in den mittleren und nördlichen Regionen Skandinaviens. Die höheren Werte sind von Mitteldeutschland aus in westliche Richtung zu verzeichnen, so z. B. im Rheinland, in Friesland oder auf den Britischen Inseln. Bemerkenswert sind die Individuen 40 und 11, denn die $\delta^{18}O$-Werte ihrer später mineralisierten Zahnkronen sind deutlich höher als diejenigen der in den ersten Lebensjahren angelegten Zähne (Abb. 13). Dies resultiert aus Ortswechseln zwischen klimatisch sehr unterschiedlichen Regionen bereits während der Kindheit.

Im Gegensatz zu diesen überwiegend in einem engen Wertebereich konzentrierten Sauerstoff-Isotopendaten zeigen die $^{87}Sr/^{86}Sr$-Verhältnisse deutliche Unterschiede zwischen den Soldaten (Abb. 14). Die Messwerte der beiden Zahnkronen der jeweils selben Individuen sind dabei meist nahezu identisch. Dies spricht für unterschiedliche Kleinregionen, an denen

12
Stumpfe Traumata fanden sich häufig im Kiefer- und Gesichtsbereich wie beispielsweise bei einem 30- bis 40-jährigen Mann (Ind. 2), dem im Gefecht die Frontzahnregion im Unterkiefer eingeschlagen oder eingetreten wurde.

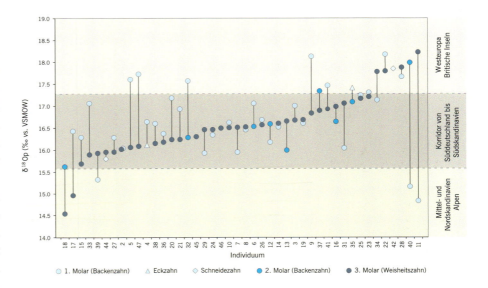

die meisten Männer während ihrer Kindheit und Jugend ortskonstant lebten. Lediglich bei den Individuen 7, 16 und 45 zeigen die deutlich verschiedenen Sr-Isotopenverhältnisse zwischen den beiden Zähnen einen Wohnortwechsel bereits im Laufe der Kindheit an.

Innerhalb des durch die Sauerstoff-Isotopendaten angezeigten Korridors wuchsen die Männer an Orten mit sehr unterschiedlichen geologischen Verhältnissen auf (Abb. 15). Darunter sind Lokalitäten mit Kalksteinen oder fluviatilen Sedimenten, Löss, aber auch Grundgebirge, eiszeitliche Geschiebe und Hinweise auf die sehr alten Gesteine des Baltischen Schildes. Während der Eiszeiten wurde Gesteinsmaterial skandinavischen Ursprungs von Norden her bis nach Mitteldeutschland transportiert, was eine Überlappung

13
Ergebnisse der Sauerstoff-Isotopenanalysen am Zahnschmelz der Gefallenen aus dem Massengrab von Lützen. Daten vom selben Individuum sind durch eine Linie miteinander verbunden. Die beiden horizontal gestrichelten Linien verdeutlichen die Hauptdatenverteilung aus den Ergebnissen der Untersuchung der zweiten und dritten Molaren.

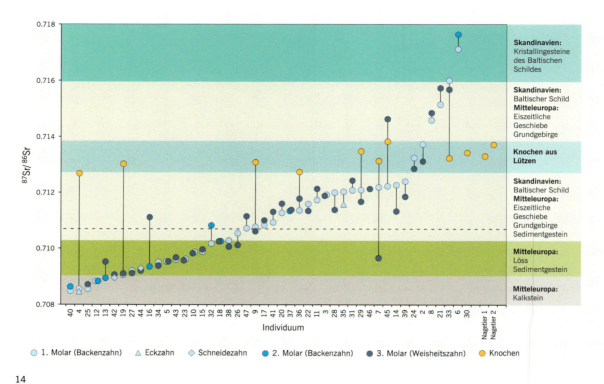

14
Ergebnisse der Strontium-Isotopenanalysen an Zahnschmelz und Knochen der Gefallenen aus dem Massengrab von Lützen. Daten vom selben Individuum sind durch eine Linie miteinander verbunden. Die farblichen Schattierungen im Hintergrund markieren die Wertebereiche von Sr-Isotopenverhältnissen ausgewählter geologischer Einheiten Mitteleuropas und Skandinaviens. Die horizontal gestrichelte Linie zeigt das ungefähre Minimum der Sr-Isotopenverhältnisse in Skandinavien.

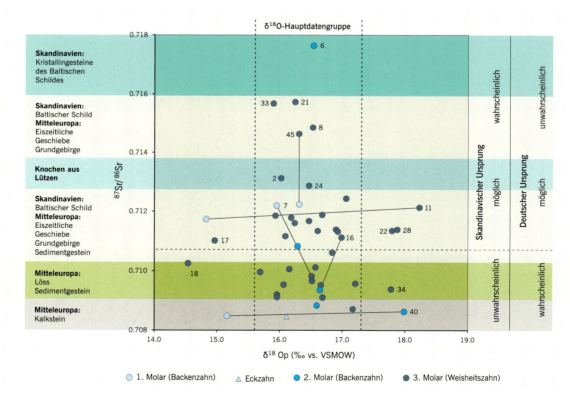

15
Kombination von Strontium- und Sauerstoff-Isotopendaten der zweiten und dritten Molaren der Gefallenen aus dem Massengrab von Lützen. Für Individuen mit Hinweisen auf Ortswechsel während der Kindheit sind außerdem die Daten der früher ausgebildeten Zahnkronen eingetragen. Die Wertebereiche im Hintergrund sind aus Abb. 13 und 14 übernommen. Die horizontal gestrichelte Linie zeigt das ungefähre Minimum der Sr-Isotopenverhältnisse in Skandinavien.

der Strontium-Isotopenverhältnisse dieser Regionen bewirkt.

Im Vergleich zum Zahnschmelz zeigten die Knochen einheitlichere Sr-Isotopenverhältnisse (vgl. Abb. 14). Grund dafür ist ein Einfluss von Strontium aus dem Boden während der Liegezeit im Grab. Deshalb informieren die Isotopendaten der Knochen nicht über die Wohn- und Aufenthaltsorte der Männer in den letzten Jahren vor dem Tod, wie es bei lebenden Personen der Fall wäre. Sie helfen aber, den für Lützen selbst ortstypischen Wertebereich abzugrenzen, in dem lediglich die Sr-Isotopenverhältnisse des Zahnschmelzes der Individuen 2 und 24 liegen. Diese spärlichen Hinweise auf möglicherweise lokal ansässige Personen entsprechen den Erwartungen für in einer Schlacht gefallene Soldaten, denn allenfalls in Ausnahmefällen stammten sie aus der unmittelbaren Umgebung.

Nach derzeit vorliegenden Vergleichsdaten ist für etwa die Hälfte der Toten im Massengrab eine direkte Herkunft aus Skandinavien äußerst unwahrscheinlich (vgl. Abb. 15). Ihre Strontium-Isotopenverhältnisse sind stattdessen charakteristisch für die fruchtbaren Lössregionen, wie sie in Mittel- und Süddeutschland weite Bereiche der Altsiedellandschaften prägen. Bei der anderen Hälfte der Individuen mit Sr-Isotopenverhältnissen von über 0,7110 könnte es sich dagegen um Soldaten aus Schweden handeln. Ebenfalls möglich ist aber auch, dass sie an Orten aufgewachsen sind, an denen während der Eiszeiten Gesteinsmaterial skandinavischen Ursprungs abgelagert worden war. Dies ist für die Region nördlich von Lützen einschließlich Brandenburg und Mecklenburg der Fall. Hält man sich die Ergebnisse anderer Isotopenstudien aus dem mitteleuropäischen Raum vor Augen, so fällt im Lützener Massengrab der vergleichsweise häufige Nachweis von hohen $^{87}Sr/^{86}Sr$-Werten auf. Dies steht im Einklang mit der Hypothese, dass es sich bei einem Teil der Toten um Soldaten aus den genannten mit Schweden verbündeten Regionen handelte.

Strontium-Isotopenverhältnisse jenseits von 0,7140 – dies entspricht ungefähr der oberen Grenze des Lützener Wertebereichs – sind charakteristisch für die alten Grundgebirge des Baltischen Schildes in Skandinavien und nur in wenigen Fällen auch südlich der Ostsee belegt. Daher ist für Individuum 6 mit dem höchsten Sr-Isotopenverhältnis und möglicherweise auch für die Individuen 8, 21, 33 und 45 anzunehmen, dass sie gebürtige Skandinavier waren (vgl. Abb. 15). In einer vergleichbaren Studie am Wittstocker Massengrab ließen sich deutlich mehr Männer einer nordeuropäischen Herkunft zuweisen (Grupe u. a. 2012).

ERNÄHRUNG DER SOLDATEN

Kollagen ist der wichtigste organische Baustoff menschlicher und tierischer Knochen und oft auch in bodengelagerten Skelettfunden gut erhalten. Kohlenstoff und Stickstoff sind Hauptelemente des Kollagens. Beide verfügen über zwei stabile Isotope, d. h. Atomsorten mit unterschiedlichen Massen. Für Kohlenstoff sind dies ^{12}C und ^{13}C (im Verhältnis dargestellt als $\delta^{13}C$) und für Stickstoff ^{14}N und ^{15}N (dargestellt als $\delta^{15}N$). Diese Isotopenverhältnisse im Knochenkollagen geben Einblick in die Nahrungsgewohnheiten eines Menschen während der letzten 10–20 Lebensjahre vor dem Tod – genauer gesagt in die Anteile pflanzlicher und tierischer Eiweiße, über den Verzehr von Pflanzen mit unterschiedlichem Photosynthesezyklus und den Konsum von Meeresfrüchten und Fisch.

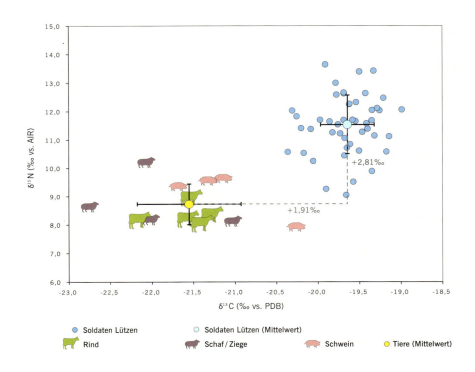

Jedes Ökosystem ist durch eine Aufeinanderfolge von Ernährungsstufen (Trophiestufen) gekennzeichnet und entlang von Nahrungsketten kommt es zu Anreicherungen der schweren Isotope. So hat das Kollagen von Pflanzenfressern einen 3–5 ‰ höheren $\delta^{15}N$-Wert und einen ca. 5 ‰ höheren $\delta^{13}C$-Wert als die Pflanzen an der Basis der Nahrungskette. Auf ähnliche Weise sind die δ-Werte des Kollagens von Fleischfressern höher als diejenigen der Pflanzenfresser, wobei die Differenz zwischen Vertretern beider Ernährungsstufen bezüglich $\delta^{13}C$ hier lediglich ca. 1 ‰ beträgt

16
Vergleich der bei den Lützener Soldaten ermittelten Kohlenstoff- und Stickstoff-Isotopenverhältnisse mit den Isotopendaten und Mittelwerten von Tierknochen (Rinder, Schweine und Schafe/Ziegen) aus Weißenfels.

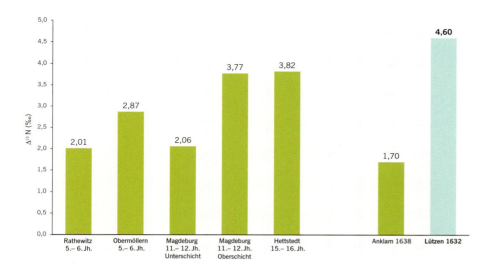

17
Vergleiche der Differenzen zwischen den minimalen und maximalen Stickstoff-Isotopenverhältnissen des Knochenkollagens menschlicher Bestattungen der Fundplätze Rathewitz, Obermöllern, Magdeburg, Hettstedt, Anklam und Lützen.

(DeNiro / Schöninger 1983). Je höher ein Organismus in einer Nahrungskette steht, desto höher sind also die $δ^{13}C$- und $δ^{15}N$-Werte seines Kollagens. Dies macht sich die Ernährungsrekonstruktion zunutze, um beim Menschen prinzipiell auf die Anteile der verzehrten tierischen und pflanzlichen Komponenten zu schließen. Allerdings ist bei der Auswertung von Analysedaten zu berücksichtigen, dass auch beispielsweise die Düngung von Anbauflächen mit tierischen Exkrementen, Dürre oder extreme Hungerzeiten, in denen der menschliche Körper beginnt, sich selbst zu verdauen, die Stickstoffisotopenverhältnisse ansteigen lassen. Bezüglich der Kohlenstoff-Isotopenverhältnisse verändern etwa unterschiedliche Standortbedingungen der im mitteleuropäischen Nahrungsspektrum dominierenden C_3-Pflanzen oder der Konsum von Hirse sowie in jüngerer Zeit Mais oder Zuckerrohr – also von Pflanzen, die dem C_4-Photosynthesezyklus folgen – die $δ^{13}C$-Werte. Schlussendlich nimmt auch der Verzehr von Süßwasserfisch oder marinem Fisch Einfluss auf die Isotopenverhältnisse beider Elemente.

Durch komplexe Wechselwirkungen der genannten Faktoren überlagern sich in den Isotopendaten sowohl langfristige Durchschnittswerte der qualitativen Zusammensetzung der Nahrung als auch regionale Einflüsse. Schlüssel zur Interpretation der Analysedaten der Soldaten des Massengrabes von Lützen sind deshalb Vergleiche mit Isotopenverhältnissen tierischen Kollagens von Pflanzen-, Alles- und Fleischfressern sowie mit Daten anderer menschlicher Bestattungsgemeinschaften gleicher oder ähnlicher Zeitstellung. Für die Analysen wurde aus jeweils einer Rippe der Soldaten Knochenkollagen extrahiert und die $δ^{13}C$- und $δ^{15}N$-Werte ermittelt. Zum Vergleich dienten Knochen von 13 Tieren – darunter Schweine, Schafe / Ziegen und Rinder – ähnlicher Zeitstellung aus dem ca. 10 km südwestlich von Lützen gelegenen Weißenfels.

Getreide und Fleisch: Die Nahrungsgrundlagen im Dreißigjährigen Krieg

Die $δ^{13}C$-Werte des Knochenkollagens der im Lützener Massengrab beigesetzten Soldaten reichen von -20,4 ‰ bis 19,0 ‰ mit einem Mittelwert von -19,6 ± 0,3 ‰ (1 SD). Dies ist charakteristisch für eine Nahrungskette, an deren Basis C_3-Pflanzen stehen, wie sie für Mitteleuropa typisch sind. Dazu gehören z. B. Roggen, Gerste, Hafer und Weizen, deren Bedeutung als damalige Hauptnahrungsquellen schriftlich überliefert ist. Weizen war allerdings wesentlich teurer als die anderen Getreide und eher für die soziale Oberschicht erschwinglich. Weiterhin waren Gemüsepflanzen wie Kohl, Rüben, Erbsen und Bohnen sicher ein wichtiger Bestandteil der pflanzlichen Kost. Die vergleichsweise einheitlichen und niedrigen $δ^{13}C$-Werte sprechen gegen eine große Bedeutung von Meeresfisch oder der C_4-Pflanze Hirse für die Ernährung der Soldaten.

Die $δ^{15}N$-Werte der Lützener Knochenproben variieren zwischen 9,0 ‰ und 13,6 ‰ mit einem Mittelwert von 11,5 ± 1,0 ‰ (1 SD). Der $δ^{15}N$-Mittelwert der zum Vergleich herangezogenen Tiere aus Weißenfels liegt bei 8,7 ‰ (Abb. 16). Die Differenz von 2,8 ‰ zwischen den Durchschnittswerten der menschlichen und der tierischen Proben spricht für eine Mischernährung aus pflanzlichen und tierischen Proteinen. Für einige der Soldaten waren Letztere offensichtlich von erheblicher Bedeutung. Da sich die Männer aber nur für kurze Zeit in der Region aufgehalten haben, ist nicht zu erwarten, dass sich die aus der Umgebung von Lützen stammende Nahrung bereits in den Isotopenverhältnissen des Kollagens widerspiegelte. Es ist vielmehr davon auszugehen, dass die gemessenen Isotopenwerte der jüngeren Männer im Massengrab noch auf ihre Kindheit bzw. Jugendzeit zurückgehen.

In der Frühen Neuzeit wurden laut historischer Quellen vor allem das Fleisch von Schwein und Schaf konsumiert. Weitere wichtige Lieferanten für tierisches Protein waren Milchprodukte und Eier. Anhand der Isotopendaten lassen sich allerdings keine Rückschlüsse auf die Art der tierischen Proteine und die Qualität des Fleisches ziehen. Obwohl wir uns zum Zeitpunkt der Schlacht bereits im 15. Kriegsjahr befinden, zeigen die ermittelten Stickstoff-Isotopenwerte keine Hinweise auf eine längerfristige Mangelernäh-

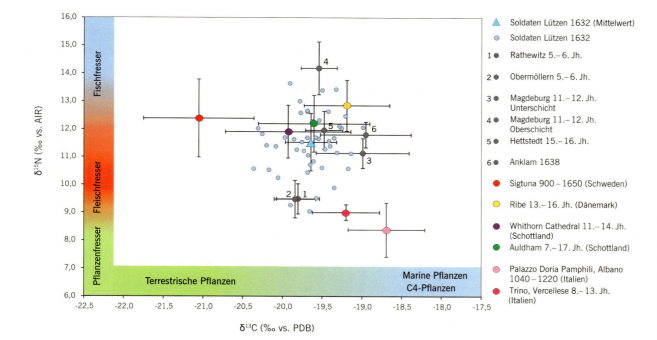

18
Kohlenstoff- und Stickstoff-Isotopenverhältnisse der Lützener Soldaten und deren Mittelwert im Vergleich mit deutschen Fundplätzen (Rathewitz, Obermöllern, Magdeburg, Hettstedt und Anklam) und mit Fundplätzen aus Schweden, Dänemark, Schottland und Italien.

rung in Form besonders geringer Anteile tierischer Proteine. Dennoch hatten die Männer vor allem im Winter Schwierigkeiten, ihren täglichen Bedarf an Nährstoffen, wie z. B. Vitamin C, zu decken.

Bei genauer Betrachtung der Lützener Daten fällt die starke Streuung der $\delta^{15}N$-Werte im Vergleich zu anderen Isotopenstudien aus dem gleichen Raum bzw. gleichen Zeithorizont auf. Zu nennen sind die Gräberfelder Rathewitz und Obermöllern, beide Burgenlandkreis, aus dem 5. und 6. Jh., Kirchen- und Friedhofsbestattungen des Magdeburger Domes (11./12. Jh.) sowie der Hettstedter Friedhof, Lkr. Mansfeld-Südharz, aus dem 15./16. Jh. (Knipper u. a. 2013; Alt u. a. 2012). Mit den in das Jahr 1638 datierenden Befunden aus dem mecklenburgischen Anklam haben wir Vergleichsdaten zum Dreißigjährigen Krieg (Peitel 2006). In allen Vergleichsgruppen ist die jeweilige Differenz zwischen dem minimalen und dem maximalen $\delta^{15}N$-Wert mit 2 ‰ in Anklam und 3,8 ‰ bei der sozialen Oberschicht in Magdeburg und dem Friedhof aus Hettstedt deutlich niedriger als bei den Soldaten aus Lützen mit 4,6 ‰ (Abb. 17). Dies unterstreicht eine sehr heterogene Herkunft der Männer aus unterschiedlichen sozialen Schichten oder verschiedenen Regionen. Einige Soldaten mit hohen $\delta^{15}N$-Werten (Ind. 1, 19, 23 und 46) verzehrten sicher mehr tierisches Protein und möglicherweise auch Fisch als andere. Bei jenen Soldaten mit relativ niedrigen Stickstoff-Isotopenwerten (Ind. 13, 34 und 35) scheint der Anteil tierischer Proteine in ihrer Nahrung vor ihrem Eintritt in das Heer sehr gering gewesen zu sein.

Ein Vergleich der Mittelwerte der Isotopenverhältnisse aus Lützen mit anderen Fundplätzen in Mittel- und Norddeutschland zeigt die größte Ähnlichkeit zu denjenigen aus der Kleinstadt Hettstedt (Abb. 18). Die frühmittelalterlichen Bestattungen aus Rathewitz und Obermöllern haben deutlich niedrigere $\delta^{15}N$-Werte, was für niedrigere Anteile tierischer Proteine an der Gesamtnahrung im Vergleich zur Frühen Neuzeit spricht. Die $\delta^{13}C$-Werte aus Magdeburg und Anklam liegen etwas höher als diejenigen aus Lützen und können durch einen gewissen Anteil an C_4-Pflanzen wie Hirse oder marinem Fisch in der Nahrung bedingt sein. Letzteres ist besonders für das direkt an der Ostsee liegende Anklam überzeugend.

Ernährung und Herkunft

Auch die Kohlenstoff- und Stickstoffisotope können Hinweise auf eine mögliche Herkunft der Soldaten liefern. Hierzu wurden die Mittelwerte der Isotopendaten aus Lützen mit Daten aus Schweden, Dänemark, Schottland und Italien verglichen (Kjellström u. a. 2009; Yoder 2010; Müldner u. a. 2009; Lamb u. a. 2012; Ciaffi u. a. 2012; Reitsema/Vercelotti 2012). Allein aus der Zugehörigkeit zu den schwedischen oder den kaiserlichen Truppen kann kein Hinweis auf die Her-

Die Stickstoffisotopenwerte des Mannes sind im Vergleich zu denen der anderen Soldaten erhöht. Er hatte demnach Zugang zu einer an tierischen Proteinen reichen Ernährung. Bedeutende Anteile von Süßwasserfisch mögen seinen Speiseplan ergänzt haben, was auch mit seiner Herkunft in Zusammenhang stehen könnte.

Literatur

Alt u. a. 2012
K. W. Alt/C. Knipper/P. Held/N. Nicklisch/ M. Fecher/C. Roth/F. Enzmann/J. Tuckermann/ H. Seitz/C. Polzin/V. Klopsch/M. Brauns/ A. W. G. Pike, Königin Editha – ein Indizienbeweis zur Identifikation einer historischen Persönlichkeit aus dem Magdeburger Dom. In: H. Meller/ W. Schenkluhn/B. Schmuhl (Hrsg.), Königin Editha und ihre Grablegen in Magdeburg. Arch. Sachsen-Anhalt Sonderbd. 18 (Halle [Saale] 2012) 105–156.

Binder 2008
M. Binder, Der Soldatenfriedhof in der Marchettigasse in Wien. Die Lebensbedingungen einfacher Soldaten in der theresianisch-josephinischen Armee anhand anthropologischer Untersuchungen. Monogr. Stadtarch. Wien 4 (Wien 2008).

Brzezinski 2001
R. Brzezinski, Lützen 1632. Climax of the Thirty Years War. Osprey Military Campaign 68 (Oxford 2001).

Ciaffi u. a. 2013
R. Ciaffi/R. Lelli/G. Müldner/K. Stantcheva/ A. L. Fischetti/G. Ghini/O. E. Craig/F. Milano/ O. Rickards/G. Arcudi/C. Martínez-Labarga, Palaeobiology of the Medieval population of Albano (Rome, Italy): A combined morphological and biomolecular approach. Internat. Journal Osteoarch. 2013, DOI: 10.1002/oa.2316.

DeNiro/Schoeninger 1983
M. J. DeNiro/M. J. Schoeninger, Stable carbon and nitrogen isotope ratios of bone collagen: Variations within individuals, between sexes, and within populations raised on monotonous diets. Journal Arch. Scien. 10, 1983, 199–203.

Eickhoff u. a. 2012
S. Eickhoff/A. Grothe/B. Jungklaus, 1636 – ihre letzte Schlacht: Leben im Dreißigjährigen Krieg (Stuttgart 2012).

Grupe u. a. 2012
G. Grupe/S. Eickhoff/A. Grothe/B. Jungklaus/ A. Lutz, Missing in action during the Thirty Years' War: Provenance of soldiers from the Wittstock battlefield, October 4, 1636. An investigation of stable strontium and oxygen isotopes. In: E. Kaiser/J. Burger/W. Schier (Hrsg.), Population Dynamics in Prehistory and Early History. New Approaches by Using Stable Isotopes and Genetics. Topoi Berlin Stud. Ancient World 5 (Berlin 2012) 323–335.

Kjellström u. a. 2009
A. Kjellström/J. Stora/G. Possnert/A. Linderholm, Dietary patterns and social structures in medieval Sigtuna, Sweden, as reflected in stable isotope values in human skeletal remains. Journal Arch. Scien. 36,12, 2009, 2689–2699.

Knipper 2004
C. Knipper, Die Strontiumisotopenanalyse: eine naturwissenschaftliche Methode zur Erfassung von Mobilität in der Ur- und Frühgeschichte. Jahrb. RGZM 51, 2004, 589–685.

Knipper u. a. 2013
C. Knipper/D. Peters/C. Meyer/A. F. Maurer/ A. Muhl/B. R. Schöne/K. W. Alt, Dietary reconstruction in migration period Central Germany: a carbon and nitrogen isotope study. Arch. and Anthr. Scien. 5, 2013, 17–35.

Kroener 1998
B. R. Kroener, »Die Soldaten sind ganz arm, bloß, nackend, ausgemattet.« Lebensverhältnisse und Organisationsstruktur der militärischen Gesellschaft während des Dreißigjährigen Krieges. In: K. Bußmann/H. Schilling (Hrsg.), 1648. Krieg und Frieden in Europa Bd. 1: Politik, Religion, Recht und Gesellschaft. Ausstellungskatalog Münster, Westfalen 1998-1999 (Münster 1998) 285–292.

Lamb u. a. 2012
A. L. Lamb/M. Melikian/R. Ives/J. Evans, Multi-isotope analysis of the population of the lost medieval village of Auldhame, East Lothian, Scotland. Journal Analytical Atomic Spectrometry 27,5, 2012, 765–777.

Lavater 1659
H. C. Lavater, Kriegs-Büchlein: Das ist/ Grundtliche Anleitung Zum Kriegswesen (Zürich 1659).

Misterek 2012
K. Misterek, Ein Massengrab aus der Schlacht von Alerheim am 3. August 1645. Ber. Bayer. Bodendenkmalpfl. 53, 2012, 361–391.

Müldner u. a. 2009
G. Müldner/J. Montgomery/G. Cook/R. Ellam/ A. Gledhill/C. Lowe, Isotopes and individuals: diet and mobility among the Medieval bishops of Whithorn. Antiquity 83,322, 2009, 1119–1133.

Ortner 2003
D. J. Ortner, Identification of pathological conditions in human skeletal remains (San Diego 2003).

Peitel 2006
D. Peitel, Rekonstruktion der Ernährung und weiterer Subsistenzgrundlagen dreier frühneuzeitlicher Bevölkerungen anhand der Analyse stabiler Isotope und Spurenelemente. Unpubl. Diss. FU Berlin (Berlin 2006).

Peters 2012
J. Peters (Hrsg.), Peter Hagendorf – Tagebuch eines Söldners aus dem Dreißigjährigen Krieg (Göttingen 2012).

Reitsema/Vercellotti 2012
L. J. Reitsema/G. Vercellotti, Stable isotope evidence for sex- and status-based variations in diet and life history at medieval Trino Vercellese, Italy. American Journal Physical Anthr. 148,4, 2012, 589–600.

Trotter 1970
M. Trotter, Estimation of stature from intact long limb bones. In: T. D. Stewart (Hrsg.), Personal identification in mass disasters. National Museum of Natural History, Smithsonian Institution (Washington 1970) 71–83.

Tütken 2010
T. Tütken, Die Isotopenanalyse fossiler Skelettreste. Bestimmung der Herkunft und Mobilität von Menschen und Tieren. In: H. Meller/K. W. Alt (Hrsg.), Anthropologie, Isotopie und DNA – biografische Annäherung an namenlose vorgeschichtliche Skelette? 2. Mitteldt. Archäologentag vom 08. bis 10. Oktober 2009 in Halle (Saale). Tagungen Landesmus. Vorgesch. Halle 3 (Halle [Saale] 2010) 33–51.

van Swieten 1759
G. van Swieten, Kurze Beschreibung und Heilungsart der Krankheiten, welche am öftesten in dem Feldlager beobachtet werden, samt beygefügten Recepten, welche vor die Königl. Französische Armee vorgeschrieben werden[2] (Münster 1759).

Villstrand 2011
N. E. Villstrand, Die Angst des Soldaten im Dreißigjährigen Krieg. In: M. Reichel/I. Schubert (Hrsg.), Leben und Sterben auf dem Schlachtfeld von Lützen. Beiträge eines wissenschaftlichen Kolloquiums der schwedischen Lützen-Stiftung Göteborg in Zusammenarbeit mit der Stadt Lützen vom 5. bis 8. November 2009 in Lützen (Lützen, Göteborg 2011) 121–124.

Yoder 2010
C. Yoder, Diet in Medieval Denmark: A regional and temporal comparison. Journal Arch. Scien. 37,9, 2010, 2224–2236.

DER LANGE WEG ZURÜCK – DER LEICHENZUG GUSTAV II. ADOLFS VON SCHWEDEN

Anja Grothe und Malin Grundberg

Der lange Weg zurück nach Schweden begann für den toten Gustav II. Adolf noch in Sichtweite zum Schlachtfeld, auf dem weiterhin gekämpft wurde. Dem königlichen Toten hatten Plünderer die Stiefel samt Sporen genommen, die Hose fehlte, ebenso das elchlederne Koller und die Handschuhe, aber auch eine goldene Kette. Ihm waren nur drei Hemden aus feinstem Leinen geblieben, die bis heute in der Leibrüstkammer in Stockholm aufbewahrt werden, wo sich auch das Elchkoller befindet.

In einem in höchster Eile verfassten Brief schrieb Carl von Mörner an Graf Johann Casimir von Pfalz-Zweibrücken-Kleeburg, königlicher Schwager in Schweden, noch in der Nacht des 7. Novembers (17.11. nach gregorianischem Kalender) 1632 aus Naumburg von den Ereignissen (Riksarchiv, Stegeborgsamling E 41). Er hatte dafür gesorgt, dass sich die Nachricht vom Tod des Königs während der Schlacht nicht einmal unter den Kommandeuren verbreitete. Es hieß, der König sei nur durch den Arm geschossen und er werde in seiner Kutsche versorgt. Noch während der Leichnam in einem Wagen des militärischen Trosses lag, begab sich Mörner auf Anweisung von Hofmarschall Bertholf von Crailsheim nach Naumburg, um für einen Sarg und »Spezereien« zu sorgen (Kitzig 1939, 43).

Nachdem der von vielen Wunden gezeichnete Leichnam in der Kirche Meuchen gesäubert worden war, wurde dieser in die nahe gelegene Stadt Weißenfels gebracht, um den Toten für den Leichenzug vorzubereiten. Da die kaiserlichen Truppen Weißenfels auf ihrem Rückzug nach der Schlacht verlassen hatten, konnte das Geleitshaus, kursächsisches Verwaltungsgebäude, für die Untersuchung und Einbalsamierung der königlichen Leiche genutzt werden, durchgeführt von Gustav II. Adolfs Leibapotheker Caspar Kennig. Der balsamierte Leichnam wurde mit einem Wams aus Gold- und Silberbrokat, einer schwarz samtenen Hose und gespornten Stiefeln bekleidet (Abb. 1). So blieb der Tote bis zum 10./20. November in Weißenfels, bevor der Zug sich über Pegau, Borna und Grimma aufmachte, wo er 14 Tage hielt, da man auf Reichskanzler Axel Oxenstierna wartete. Königin Maria Eleonora hielt sich noch in Erfurt auf, dem Verwaltungssitz der schwedischen Armee.

1
Die Totenbekleidung für König Gustav II. Adolf bestand aus einer spitzenbesetzten Jacke aus Gold- und Silberbrokat und einer schwarzen, samtenen Hose. Er wurde damit in Weißenfels am 7./17. November 1632 bekleidet.

In der Zwischenzeit war auch der sächsische Kurfürst über den Leichenzug und dessen mutmaßliche Wegstrecke informiert und gab Order an die Stadtkommandanten aus, die Prozession gebührend zu empfangen und zu bewirten. Über Eilenburg (26./27.11.–6./7.12.) und Schmiedeberg erreichte der Zug Wittenberg (28.11./8.12.–29.11./9.12.). Der sächsische Stadthauptmann Daniel von Koseritz berichtete seinem Landesherrn, dem sächsischen Kurfürsten, recht ausführlich über die notwendige Organisation, das umfangreiche Gefolge von etwa 1100 Personen in der Stadt und den umliegenden Dörfern unterzubringen, auch darüber, dass man ihn aus Schmiedeberg über den Ablaufplan und die nächsten Stationen informiert habe (Kitzig 1939, 55). Diese waren Belzig (29.11./9.12.–1./11.12.) und Brandenburg (1./11.12.), Ersteres noch kursächsisch. Für die Erlaubnis, Brandenburg mit dem Leichenzug zu durchqueren, hatte Hofmarschall Bertholf von Crailsheim bereits bei Kurfürst Georg Wilhelm von Brandenburg nachgesucht und wohlwollende Antwort erhalten. Bis zum 9./19. Dezember verblieb der Leichnam Gustav II. Adolfs in der Katharinenkirche in Brandenburg, dann machte sich der Zug nach Spandau auf, wo Königinwitwe und Reichkanzler, aus Erfurt kommend, den Leichenzug endlich erreichten. Von hier musste Hofmarschall Bernholf von Crailsheim zurück nach Weißenfels reisen, um auf Anweisung Maria Eleonoras das dort beerdigte Herz Gustav II. Adolfs zu holen. Am 17./27. Dezember 1632 wurde die feierliche Prozession fortgesetzt: Weitere Ziele waren Bernau (bis 18./28.12.), Eberswalde (bis 19./29.12.), Angermünde (bis 20./30.12.), Prenzlau (bis 22.12.1632/2.1.1633), möglicherweise Pasewalk und Anklam. Wolgast erreichte der Zug mit dem königlichen Leichnam um den Heiligabend 1632 (nach gregorianischem Kalender Anfang Januar 1633). Dort bahrte man den Leichnam für mehr als sieben Monate auf, bis alle Vorbereitungen für das Einschiffen des toten Königs getroffen waren (Abb. 2). Maria Eleonora scheint in ihrer unstillbaren Trauer den Toten oft besucht und adelige Verwandte der Region empfangen und in die Schlosskirche mitgenommen zu haben, wie Sibylla Elisabeth von Anhalt-Bernburg in einem Brief aus Wolgast an Fürst Ludwig von Anhalt-Köthen detailreich schilderte (Conermann u. a. 2014, 460 Anm. 11).

ter Maria Eleonoras, Katharina Wasa, Stiefschwester Gustav II. Adolfs sowie als schwedische Reichsräte Gabriel Oxenstierna, Steno Bielke und viele andere teil (Eigentliche Beschreibung 1633). Die sechsjährige Tochter und Thronerbin Gustav II. Adolfs, Christina, war jedoch nicht anwesend. Aus allen Provinzen und Fürstentümern wurden Fahnen in der Prozession mitgeführt, darunter auch das Blut- und das Kopfbanner. Eine Rüstung, sein Schwert und ein Pferd dienten als Symbole für den toten König. Die Prozession endete am Wasser, wo das Schiff »Stora Nyckeln« den Leichnam zur schwedischen Stadt Nyköping bringen sollte.

Als das Schiff in Nyköping ankam, gab es Gerüchte von schlimmen Vorzeichen. Angeblich hatte die Frau eines Schuhmachers eine Missgeburt zur Welt gebracht, und ein Kalb mit zwei Köpfen soll geboren worden sein. In Nyköping verging noch einmal fast ein Jahr, bis der königliche Leichnam zum Begräbnis im Sommer 1634 nach Stockholm gebracht wurde. Vor dem Aufbruch wurde eine Zeremonie in der Burg von Nyköping abgehalten, wo der alte Lehrer des Königs, Johan Skytte, diesen würdigte. Bischof Johannes Rudbeckius hielt die Predigt, die der Tochter des Königs, Christina, gewidmet war.

2
Gustav II. Adolf auf dem Paradebett, Wolgast 1633. F. Gouache und J. Strachen zugeschrieben.

Am 16./26. Juli 1633 setzte sich die Prozession nach einem feierlichen Gottesdienst in Richtung Hafen in Bewegung (Abb. 3). An dieser nahmen neben der in einer Kutsche sitzenden Königinwitwe auch der Kurfürst und die Kurfürstin von Brandenburg, die Herzöge von Mecklenburg mit ihren Gattinnen, die Herzogin von Braunschweig-Wolfenbüttel als Schwes-

In der Prozession nach Stockholm wurden acht Kriegstrophäen der Lützener Schlacht und ein Trophäenbanner von Breitenfeld mitgeführt, die Schwedens Status als Supermacht zum Ausdruck bringen sollten. Fünf schwarz gekleidete Mitglieder des Reichsrats trugen die Reichsinsignien vor dem königlichen Leichnam her, der auf einem Wagen auf der mit schwarzem

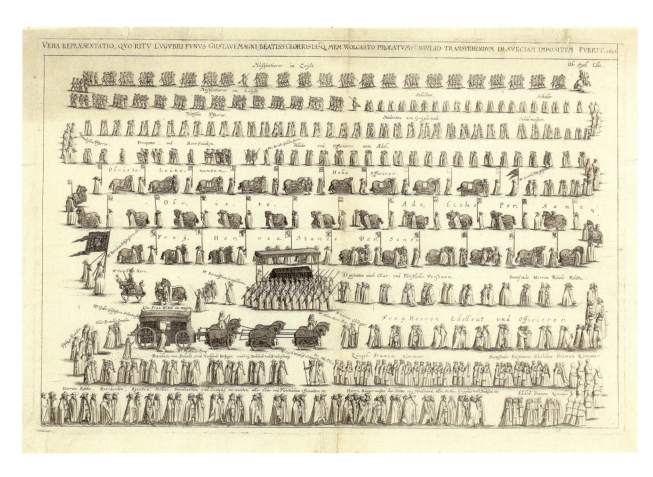

3
Der Leichenzug auf dem Weg zur Einschiffung. Der Leichnam des Königs wird auf der Bahre getragen, gefolgt von adeligen Trauergästen und der Kutsche mit der Königinwitwe. Zeichner unbekannt, Mezzotinto auf Papier, 1633, Germanisches Nationalmuseum Nürnberg.

Tuch drapierten Bahre lag. Dahinter ging des Königs Schwager, der Pfalzgraf Johan Casimir, mit seinen Söhnen Karl Gustav und Adolf Johan. Nun waren sowohl die trauernde Königinwitwe Maria Eleonora als auch die siebenjährige Tochter Christina anwesend. Die Trauerprozession bewegte sich langsam auf Stockholm zu, dessen Straßen für das Begräbnis geschmückt worden waren. Die Bürger waren angewiesen worden, die Häuser entlang der Prozessionsstrecke weiß zu streichen, auch die Trophäen von Lützen und Breitenfeld wurden aufgestellt. Am Beisetzungstag, dem 23. Juni 1634 / 3. Juli 1634, sammelte sich die Prozession außerhalb der Stadt. Man nahm den toten König vom Wagen und trug die Bahre in die Hauptstadt zur Kirche. Bischöfe und Priester nahmen den Zug am Eingang zur Stadt in Empfang. Entlang der Straße vom Tor zur Kirche warf man den Leuten Geld zu. Als die Prozession die Riddarholms Kirche erreichte, wurde das Blutbanner über dem Eingang zum Grab aufgehängt und die Bahre mit Gustav II. Adolf in der Mitte des Chorraums aufgestellt (Grundberg 2005, 149–155). Bischof Johannes Botvidi hielt die Trauerzeremonie mit einer Predigt, die der Königinwitwe Maria Eleonora gewidmet war (Grundberg 2005, 156). Als die Trauerfeier zu Ende ging, wurde der König in einem Marmorsarkophag beigesetzt, was mit einem zweistündigen Kanonenfeuer verkündet wurde. Gustav II. Adolf war nach seinem langen Weg zurück endlich angekommen.

Literatur

Conermann u. a. 2014
K. Conermann/G. Ball/A. Herz (Hrsg.), Briefe der Fruchtbringenden Gesellschaft und Beilagen: Die Zeit Fürst Ludwig von Anhalt-Köthen 1617–1650, Bd. 3 (Tübingen 2014).

Eigentliche Beschreibung 1633
Eigentliche Beschreibung/wie und welcher gestalt: Dero Königl. May. zu Schweden/etc. Christmilder Gedechtnis/Leiche/mit was Pompa und statlichem Pracht von Wolgast ab zu Schiffe gebracht und gesetzet worden/Anno 1633. den 16. Julij (Rostock 1633).

Grundberg 2005
M. Grundberg, Ceremoniernas makt. Maktöverföring och genus i Vasatidens kungliga ceremonier (Lund 2005).

Kitzig 1939
B. Kitzig, Der Leichenzug Gustav Adolfs. Nach zeitgenössischen Quellen. Forsch. Brandenburg. u. Preuß. Gesch. 51, 1939, 41–82.

EINE MEDAILLE FÜR DEN HELDEN – DIE KUPFERMÜNZEN FÜR DAS FUSSVOLK

Ulf Dräger

1
a Auf der Vorderseite ruht der gefallene Kriegsherr Gustav II. Adolf in voller Rüstung auf einem Feldbett, seine Seele tragen zwei Engel zum Himmel empor.
b Auf der Rückseite ziehen drei geflügelte Pferde einen Triumphwagen mit dem teilweise skelettierten Herrscher samt aufgeschlagener Bibel, gekrönt vom Siegerkranz.

2
Schwedische Öremünze aus Kupfer, 1627 in Arboga, Schweden, geprägt, gefunden in der Eberswalder Kirche. Das gekrönte schwedische Wappen korrespondiert mit dem Adler der Stadt Arboga.

Als Gustav II. Adolf 1630 in den Dreißigjährigen Krieg eingriff, wurde er als Retter des protestantischen Glaubens begrüßt. Sein Feldzug war ein regelrechtes Medienereignis. Neben illustrierten Flugblättern bezeugen dies vor allem verschiedene Schau- und Losungstaler sowie Medaillen, die ihn feierten und idealisierten. Die eindrücklichste schuf der sicherlich berühmteste Medailleur seiner Zeit, Sebastian Dadler, im Jahr 1634 vermutlich im Auftrag des schwedischen Hofes. (Abb. 1; Maué 2008, 77 f.).

Im Vergleich zu diesem überschwänglichen Kunstwerk aus Silber sind die Kupfermünzen Gustav II. Adolfs piktogrammartig schlicht gestaltet. Im Jahr 1624 hatte der König unter dem Druck großer Kriegsentschädigungen und dem Verlust des spanischen Exportmarktes erstmals veranlasst, Kupfergeld zu produzieren. Damit sollte der europäische Kupfermarkt reguliert und der stark schwankende Preis stabilisiert werden. Schweden war im 17. Jh. einer der größten Kupferproduzenten: Allein das Bergwerk in Falun konnte zeitweise bis zu zwei Drittel des europäischen Bedarfs decken. Im mittelschwedischen Säter entstanden die ersten Gepräge. Aber bereits 1633 musste ihr Kurs auf die Hälfte und 1643 um erneut 20 % herabgesetzt werden. Der Versuch, gegen die Dominanz des Silbers Kupfer als Währungsmetall zu etablieren, misslang.

In Deutschland hatten diese unedlen Münzen keinen wirklichen Wert. Schwedische Münzstätten mussten sogar deutsche Kreuzertypen für den Bedarf ihrer Truppen schlagen. Dennoch lassen sich einzelne Exemplare auf Schlachtfeldern, in schwedischen Lagern und sechs Exemplare aus der Maria Magdalenenkirche in Eberswalde, Lkr. Barnim (Abb. 2), archäologisch nachweisen (Wittkopp 2007). Ob der Eberswalder Fund mit dem Leichenzug des toten Heldenkönigs, der in der Kirche Halt machte, zu verbinden ist, lässt sich leider nicht sicher nachweisen. Dennoch ist der Fund zweifellos ein Hinweis für die enorme Armut schwedischer Soldaten in Deutschland.

Literatur

Maué 2008
H. Maué, Sebastian Dadler 1586–1657. Medaillen im Dreißigjährigen Krieg. Wiss. Beibde. Anz. Germanisches Natmus. 28 (Nürnberg 2008).

Wittkopp 2007
B. Wittkopp, Gustav Adolfs letzte Reise. Ausgrabungen unter dem Dach der Eberswalder Kirche, Lkr. Barnim. Arch. Berlin u. Brandenburg 2007, 155–158.

HEIMGEKEHRT UNTER DEM REGENBOGEN – ERNST VON ANHALT-BERNBURG

Anja Grothe und Roland Wiermann

Die Standarte im Bernburger Schlossmuseum gehört zu dem wenigen, was an das Leben und Sterben Ernst von Anhalt-Bernburgs und seine Teilnahme an der Schlacht von Lützen erinnert. Auf hellblauem Seidendamast ist neben weiteren Blumen zentral ein Lorbeerkranz mit vier Rosenblüten aufgestickt, in dessen Mitte »Iesus« prangt. Zwei Engel mit Palmwedeln halten über den Lorbeerkranz einen Hut, möglicherweise in Anlehnung an einen Fürstenhut. Gekrönt wird die Szene mit dem Spruchband »Ist unser Sieg«, somit ist »Jesus ist unser Sieg« als deutliche Botschaft zu verstehen: der Sieg über den Tod. Die Rückseite ist identisch gestaltet (Abb. 1).

1608 wurde Ernst als vierter Sohn von Christian I. von Anhalt-Bernburg (1568–1630) und seiner Frau Anna von Bentheim-Tecklenburg (1579–1624) in Amberg geboren (Beckmann 1716, 339). Sein Vater war seit 1595 Statthalter der Oberpfalz für Friedrich IV. von der Pfalz (1574–1610), 1608 maßgeblich an der Gründung der Protestantischen Union beteiligt und 1619 an der Erhebung Friedrichs V. von der Pfalz (1596–1632) zum böhmischen König. Als Berater Friedrichs, der als glückloser Anführer der protestantischen Fürsten später den Spottnamen »Winterkönig« bekam, führte Christian I. am 8.11.1620 das böhmische Heer in die Schlacht am Weißen Berg bei Prag. Sein ältester Sohn Christian II. (1599–1656) wurde hier verwundet und geriet in Gefangenschaft, aus der er von Kaiser Ferdinand II. (1578–1637) erst drei Jahre später auf Ehrenwort entlassen wurde (Krause 1858, 92). Der Vater hingegen musste im Exil in Schweden jahrelang auf das Pardon des Kaisers warten. Ernst, 1620 knapp 13-jährig, begleitete den Vater als zweitältester Sohn, blieb etwa zwei Jahre bei ihm und lernte in dieser Zeit den schwedischen König Gustav II. Adolf gut kennen. Zur Erziehung des Fürstensohnes gehörten auch die 1622 und 1623 unternommenen Reisen in die Niederlande sowie zusammen mit dem älteren Bruder Christian auch nach Dänemark und Italien. Dass man hohe Erwartungen in den gerade 18-jährigen Ernst setzte, zeigt sich in der Übertragung einer Gesandtschaft Ende 1626 an den kurfürstlich-sächsischen Hof in Dresden und Anfang 1627 an den Kaiserhof in Wien: Nicht der potenzielle Thronfolger Christian II. übernahm diese Aufgabe, sondern der jüngere Bruder. Seine politische Mission führte ihn nach Prag weiter, wo er Wallenstein (1538–1634) ersuchen sollte, die hohen Kontributionen und die Belastung durch einquartierte Regimenter im Fürstentum Anhalt-Bernburg zu mindern. Noch drei weitere Male wurde der Fürstensohn zu Wallenstein geschickt, mit Erfolg: Nur noch ein kaiserliches Regiment verblieb in Zerbst. Die Hartnäckigkeit Ernst von Anhalt-Bernburgs scheint den kaiserlichen Generalissimus derart beeindruckt zu haben, dass er ihm 1629 den Befehl über ein Fußregiment vorschlug, was Ernst jedoch ablehnte. Wallenstein bot ihm daraufhin die Führung eines Reiterregiments an, für einen Fürstensohn angemessener. Diese Offerte nahm er nach Rück-

1
Standarte im Museum Schloss Bernburg, wahrscheinlich für die Bestattung des Fürsten Ernst von Anhalt-Bernburg angefertigt

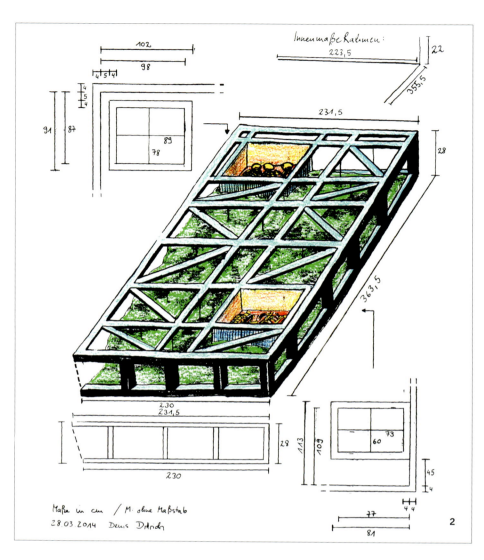

2
Erste Visualisierung des Blocks mit Rahmengerüst und Fenstern (Rückseite).

3
Die Fenster werden präpariert.

Die so aufbereitete Rückseite wurde wieder abgedeckt und der Block zurückgedreht.

Danach konnten die letzten Reste des Kastens der ursprünglichen Blockbergung, bestehend aus massiven Holzbohlen und einem geschweißten Gerüst aus Eisenplatten, abgenommen werden. Das Gesamtgewicht der Blöcke reduzierte sich von 54 t auf ca. 2 t. Nach Entfernen der vorderseitig aufgebrachten Sicherungsschichten begann die Präparation der Hauptansichtsseite. Das verbliebene Sediment wurde gefestigt und aufgefüllt. Knochen, die während der Grabung zu Untersuchungszwecken entnommen worden waren, wurden wieder eingesetzt und fixiert. Den Abschluss bildete eine den unebenen Untergrund ausgleichende Schicht aus originalem Sediment mit Acrylat (Abb. 4).

Durch den Einsatz verschiedenster bewährter Verfahren, aber auch durch die Verwendung neuer Techniken ist es gelungen, den gesamten Befund des Massengrabes von Lützen in seiner tatsächlichen Auffindungssituation für die Ausstellung zu präparieren.

4
Schematischer Schnitt durch den präparierten Block mit Darstellung der Befundsicherung.

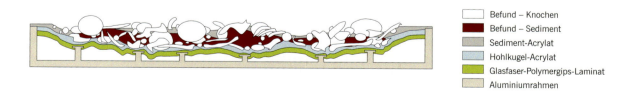

☐ Befund – Knochen
■ Befund – Sediment
☐ Sediment-Acrylat
☐ Hohlkugel-Acrylat
☐ Glasfaser-Polymergips-Laminat
☐ Aluminiumrahmen

LEBEN AUF DER WANDERSCHAFT – IM LAGER, UNTER FREIEM HIMMEL UND EINQUARTIERT IN DER STADT

Anja Grothe

»*Am Karfreitag haben wir genug Brot und Fleisch gehabt, und am heiligen Ostertag haben wir kein Mund voll Brot haben können*« (Peters 2012, 103).

Besser als dieser kurze Satz aus dem Tagebuch des Soldaten Peter Hagendorf lassen sich die oft täglich wechselnden Lebensumstände während des Dreißigjährigen Krieges kaum zusammenfassen. Das Leben auf dem dauernden Marsch, aber auch einquartiert in irgendeinem Dorf oder einer Stadt verlangte von den Menschen zu Zeiten des Dreißigjährigen Krieges alles ab, den Soldaten und ihren Familien im Tross, aber in besonderem Maße auch der Zivilbevölkerung.

Wenn die Heere ungeachtet der Witterung bei Hitze, Kälte, Sonne, Regen oder Schnee auf den Landstraßen unterwegs waren, musste auch der Tross mitziehen. Anfangs umfasste dieser nur ein knappes Drittel der zugehörigen Truppen, später wuchs er immer weiter an, sodass sich kaum verlässliche Zahlen finden lassen. Gehörten zu Beginn des Krieges eher Handwerker wie Stellmacher, Schmiede, Tross- und Pferdeknechte und die Truppe versorgende Bäcker, Metzger und Marketender zum zivilen Teil, verdoppelte sich die Anzahl mitziehender Familienmitglieder, aber auch diejenige von Prostituierten und Entwurzelten im Laufe des Krieges auf ein Verhältnis von zwei Soldaten auf drei Trossangehörige (Engerisser 2007, 505).

So mussten auch die Lager zwangsläufig immer größer werden. Wie die Bedingungen innerhalb des Lagers aussahen, zeigen viele zeitgenössische Darstellungen: Das Leben spielte sich im Freien, dennoch auf engstem Raum ab, die Menschen unterschiedlichster Herkunft mussten miteinander auskommen. Auch Reit- und Schlachttiere wurden in unmittelbarer Nachbarschaft gehalten. Die hygienischen Bedingungen verschlechterten sich von Tag zu Tag, da es keine geregelte Entsorgung gab. Die »Scheißgruben« am Rande der Lager mussten mitunter von Tausenden Menschen täglich genutzt werden, der Gestank verbreitete sich pestilenzartig. Wasser wurde entweder aus dem nächsten Bach oder Fluss geholt, Brunnen gab es in den nach militärischen Erfordernissen errichteten Feldlagern

1 Im Inneren des im schwedischen Lager Latdorf, Salzlandkreis, eingegrabenen Fasses konnte sich klares Wasser sammeln. Ein einfacher Brunnen ließ sich so schnell aus mitgeführtem oder geplündertem Material herrichten.

nur selten (Abb. 1). Die Kombination von schlimmsten hygienischen Verhältnissen und Hungerperioden boten den Nährboden für eine Vielzahl von Krankheiten, die sich in der Enge der Lager schnell ausbreiteten und oftmals auch auf die Bewohner der umliegenden Dörfer und Städte übergriffen. Dies geschah besonders in einem Korridor von der mecklenburgischen Ostseeküste bis hinunter in die mittlere Rheingegend, wie sich an einer Kartierung der Bevölkerungsverluste während des Dreißigjährigen Krieges zeigt (Abb. 2).

Die Armeen versorgten, wenn überhaupt, nur die direkt zur kämpfenden Truppe gehörenden Soldaten und Handwerker. Grundnahrungsmittel wie Brot und Bier, durch die Verwaltungen der besetzten Gebiete geliefert, gelangten auch zu den einfachen Soldaten. Höherwertige Lebensmittel, aber auch Schlachtvieh, Salz oder schlichtweg Geldleistungen wurden zumeist von den hohen Offizieren für den eigenen Unterhalt verbraucht. Der Tross musste sich mit dem, was übrig blieb, zufrieden geben oder im wahrsten Sinne des Wortes auf eigene Faust für die benötigten Lebensmittel sorgen. Einige Landstriche, durch die die Heere besonders häufig zogen, wurden auf diese Weise regelrecht »kahl gefressen«. Die Soldaten waren auf einen steten Wechsel zwischen Überfluss und Mangel auf ihren Märschen vorbereitet. Zeiten der Völlerei nahmen die Soldaten

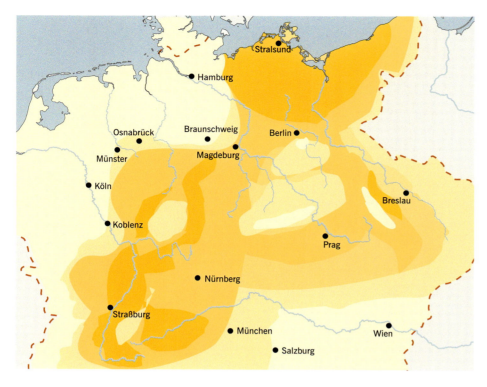

- gering oder nicht genau bekannt
- bis 15 %
- 15–30 %
- 30–60 %
- über 60 %
- — — Grenze des Heiligen Römischen Reiches

2
Die Bevölkerungsverluste in weiten Teilen Mitteldeutschlands betrugen bis zu 60 %. Einige Regionen waren kaum von Durchzügen und Kämpfen betroffen und litten deutlich weniger.

sichtlich als unterteilte Kochstellen (Cosack 2006, 241; 251). Sie lagen, wie auch im Merian-Stich zum Lager Werben zu erkennen, im Randbereich des Lagers (siehe Beitrag »Der Elbübergang Werben«, S. 445 Abb. 1).

Die Soldaten wurden in den Feldlagern in einfachen Zelten untergebracht, die aus einer Plane aus Leinwand und einem einfachen Gestänge bestanden. Diese sollten ein bis zwei Soldaten Platz bieten, wurden aber oft doppelt und dreifach belegt. Sie waren kaum mehr als ein notdürftiger Schutz vor der Witterung. Wärmende Unterlagen oder Decken gehörten nicht zur Ausstattung. Hier konnten sich die Soldaten nur mit Heu oder Stroh eine notdürftige Bettstatt einrichten. Der Mantel aus gefilzter Wolle war sommers wie winters gleichzeitig die Decke, in die sich die Männer, Frauen und Kinder einwickelten. Oftmals mangelte es aber sogar an Zelten für die Soldaten, für die Angehörigen im Tross waren gar keine vorgesehen. So wurden die umliegenden Dörfer und Städte auf der Suche nach brauchbarem Baumaterial geplündert. Fensterläden, Türen, einfache Bretter und sogar Fußbodendielen wurden weggeschleppt und als Verhaue und Hütten zusammengebaut. Auch hier dienten Laub, Heu, Stroh und Zweige als »Polstermaterial«, um nicht direkt auf der Erde schlafen zu müssen.

Wie sich eine Kleinregion auf heranziehende Heere notgedrungen vorbereitete, lässt sich im Aktenbestand der Anhaltischen Fürsten gut nachvollziehen: Bereits Ende Juli 1644 erreichten sie die ersten Nachrichten um das Annahen zweier Armeen, einer kaiserlichen und einer schwedischen. Nachdem schwedische Truppen in Zerbst eingerückt waren, wandten sich deren Quartiermeister sofort an die anhaltinische Verwaltung, um die Versorgung der Truppen zu gewährleisten und forderten für die ersten Tage 20 000 Pfund Brot und 20 Fass Bier (Krause 1866, 309), wobei ein Fass nach sächsischem Maß 393 l enthielt. Die Verwaltungsbeamten des Fürstentums schickten sich gegenseitig Warnungen zu, Pferde und Vieh vor den herannahenden Truppen in Sicherheit zu bringen oder auch die Bäcker anzuhalten, so viel Brot wie irgend möglich auf Vorrat zu backen, um die zu erwartenden Forderungen der Armeen erfüllen zu können (Krause 1866, 312).

Als Anfang September 1644 die kaiserliche Armee ihr Lager auf der westlichen Saaleseite bei Bernburg errichtete, wurden die besten Häuser Bernburgs für die Kommandeure beschlagnahmt. Für den Bau von Unterkünften, Werkstätten und der Befestigung des Lagers plünderten die Fourageure in der Umgebung Baumaterial, vor allem aber Holz und Verpflegung für Mensch und Tier.

hin, aßen, so viel sie konnten, und zeigten sich sogar von einer überraschend wählerischen Seite, wie Hagendorf berichtete: »*Hier haben wir kein Rindfleisch mehr wollen essen, sondern es haben müssen Gänse, Enten oder Hühner sein*« (Peters 2012, 167). Ihnen war natürlich bewusst, dass Hunger und schlechte Verpflegung jederzeit wieder Begleiter ihrer Märsche sein konnten: »*Unterdessen ist es bei uns schlecht hergegangen. Ein Pfund Brot hat gegolten ein Kopfstück, ein Maß Salz 3 Gulden, ein Maß Wein 3 Taler, ein Pfund Tabak 6 Taler, ein Paar Schuhe 3 Gulden. Erbsen, Bohnen ist diese Zeit unsere beste Speise gewesen*« (Peters 2012, 123). Gespart wurde nicht, denn jeder Tag konnte der letzte sein.

Da Hagendorf offensichtlich nicht nur das Kriegshandwerk gelernt hatte, sondern sich auch anderweitig zu helfen wusste, konnte er sich und seiner Familie auch in schlechten Zeiten ein Zubrot verschaffen. Er berichtet zweimal, dass seine Frau und er in einer einfachen Handmühle Getreide gemahlen hätten und in einem in die Erde gegrabenen Backofen zu Brot gebacken hätten. Dieses verkauften sie an andere Soldaten (Peters 2012, 123; 134). Wie derartige Ofenanlagen im Detail aussahen, wurde vor einigen Jahren bei Sarstedt, Lkr. Hildesheim, in einem bis dahin unbekannten Lagerplatz aus den 1630er Jahren ergraben: Die längsrechteckigen Schachtgruben mit senkrechter, verziegelter Wandung und einigen zusätzlich noch verziegelten Zwischenstegen über dem darunter liegenden Feuerungsraum dienten offen-

Während der knapp zwei Monate andauernden Anwesenheit der beiden Armeen musste die anhaltinische Verwaltung Lebensmittel in beide Lager liefern, besonders Brot und Bier standen als Grundnahrungsmittel auf der Forderungsliste der Armeen.

Selbst Widrigkeiten natürlichen Ursprungs konnten zu Katastrophen führen: Als die Windmühlen mangels ausreichend Wind kein Mehl mehr mahlen konnten, sollten aus deren Mahlgängen Handmühlen gebaut und an die schwedische Armee geliefert werden, aber auch dies gelang nicht in ausreichender Anzahl (Krause 1866, 319). Der kommende Winter, möglicherweise auch der geplante Aufbruch zeigt sich in der Forderung der schwedischen Fourageure, dass nun auch 300 Paar Schuhe und wintertaugliche Strümpfe geliefert werden sollten, ein weiteres unlösbares Problem für die ausgeplünderte Region (Krause 1866, 325).

Wie ausgeplündert Bernburg und Umgebung waren, zeigte sich nach dem Abzug der beiden Heere: Alles, was in beiden Lagern zurückgeblieben war, war hoch begehrt: Möbel sowie Baracken- und Holzreste wurden an die Bevölkerung unter Aufsicht der Obrigkeit verteilt (Krause 1866, 329; 331).

Höhere Offiziere waren besser ausgestattet, sie besaßen wetterfeste Zelte, die im Notfall auch in Winterzeiten einsetzbar waren. Aus Wallensteins Besitz sind beispielsweise ein kleiner Feldofen aus Kupfer sowie Räuchergefäße und Weinkühler erhalten (siehe Beitrag »Die Wallenstein-Sammlung«, S. 463), die für einen gewissen Komfort auch im Feld sorgten. Zumeist waren die Kommandeure und ihr Stab sowieso in Häusern einquartiert.

In einer der Musterrollen der schwedischen Armee vom September 1632 hat sich für eine unbekannte Stadt, vermutlich Erfurt, eine Auflistung der Häuser für die Einquartierungen erhalten: Neben zwei Kirchen und fünf Klöstern oder Klosterhöfen wurden 28 große Häuser für den königlichen Hofstaat, die Kommandeure und die Verwaltung aufgeführt. 13 weitere große Häuser, 22 mittelgroße, 152 kleine und 40 verlassene Häuser standen für weitere Einquartierungen zur Verfügung. Wie die Bewohner diese ungebetenen Gäste empfanden, zeigt sich in dem Diarium des Johann Georg Maul, sächsischer Beamter aus Naumburg (Wagner 2005, 99 ff.): Zwischen 1631 und 1656 notierte er, was die einquartierten Offiziere mitsamt ihrer Entourage verbrauchten. Bier und Getreide werden einzeln aufgeführt, aber auch Heu und Stroh für die untergestellten Pferde. In der ersten Einquartierung 1631 summierten sich in knapp drei Monaten die Unkosten, inklusive eines geraubten Pferdes auf 280 Taler und 12 Groschen (Wagner 2005, 110). Für den 4. November 1632 veranschlagte er für ein Bankett, welches der bei Maul einquartierte schwedische Oberstallmeister von der Schulenburg für Offiziere aus dem Umfeld des schwedischen Königs veranstaltete, 56 Gulden und 12 Groschen. Außerdem führt Maul an, dass Franz-Albrecht von Sachsen-Lauenburg seine Frau habe schlagen wollen.

Außerhalb der »Kampfsaison« waren auch Soldaten und ihre Familien in Dörfern und Städten einquartiert. Peter Hagendorf schreibt über eine seiner Einquartierungen, nicht überraschend, aus etwas anderer Sichtweise: »*Wo wir über Nacht gelegen sind, hat der Wirt müssen einem jedweden einen halben Taler geben, aber im Guten, weil wir mit ihm zufrieden sind/gewesen und haben ihm sein Vieh in Frieden gelassen*« (Peters 2012, 167). Ob der Wirt auch so zufrieden mit seinen unwillkommenen Gästen war, sei dahingestellt.

Wurden die Soldaten krank oder in einem Kampf verwundet, gab es für sie kaum medizinische Versor-

3
Soldaten sitzen rauchend und zechend um einen Tisch, Frauen bereiten Essen zu. Auch wenn die Menschen teilweise zerlumpte Kleidung tragen, ist es dennoch ein guter Tag für sie. J. Callot, Les petites misères de la guerre, Straßburg 1636.

4
Die beiden knapp 5 cm hohen Zapfküken vom Schlachtfeld Lützen könnten zu einem kleinen Fässchen hochprozentigen Inhalts gehört haben. Dabei gilt: je kleiner der Auslass, desto wertvoller oder hochprozentiger die Flüssigkeit.

gung. Ihre Frauen und die Familie waren oftmals ihre einzige Hoffnung auf ein Überleben. Deutlich zeigt sich das auch im Tagebuch des Peter Hagendorf: Als er bei der Erstürmung Magdeburgs verwundet wurde, musste seine Frau in die brennende Stadt ziehen, um an seiner Stelle zu plündern, aber auch um Verbandsmaterial zu erbeuten: »*Wie ich nun verbunden bin, ist mein Weib in die Stadt gegangen, obwohl sie überall gebrannt hat, und hat wollen ein Kissen holen und Tücher zum Verbinden und worauf ich liegen könnte. So habe ich auch das kranke Kind bei mir liegen gehabt. Ist nun das Geschrei ins Lager gekommen, die Häuser fallen alle übereinander, so dass viele Soldaten und Weiber, welche mausen wollen, darin müssen bleiben. So hat mich das Weib mehr bekümmert, wegen des kranken Kindes, als mein Schaden*« (Peters 2012, 105). Die Verantwortung für die Versorgung der Soldaten lag auf den Schultern der mitziehenden Frauen, da die Lebensmittellieferungen zumeist unzureichend waren und oftmals nur durch Plündern und den Verkauf von Plündergut durch die Familienmitglieder überhaupt gewährleistet werden konnten. Die Essenszubereitung oblag ihnen ebenfalls, während die Männer spielten und tranken, wie die Darstellung des Lagers von Jacques Callot zeigt (Abb. 3). Würfel aus durch einfaches Hämmern zugerichteten Bleikugeln oder Zapfküken von kleinen Fässchen sind keine seltenen Funde von Schlachtfeldern und Lagerplätzen (Abb. 4).

Frauen und auch ältere Kinder trugen die wenigen zivilen Habseligkeiten, mussten dabei oftmals schwerere Lasten als ihre Männer und Väter tragen. In der »Militaris Disziplina« des Hans Kirchof von 1602 wurde die Frau des Soldaten als regelrechter Packesel beschrieben: »*mit [...] Töpffen, Kesseln, Pfannen, [...] großen ungeheuren Taschen, Geflügel und Hunden [...] beladen*« (zitiert nach Kroener 1998, 284). Die dauerhaften körperlichen Belastungen der Frauen, verstärkt durch wiederholte Schwangerschaften und Niederkünfte, müssen mindestens genauso, wenn nicht höher als die der Soldaten gewesen sein. Die Gegenleistung der Männer bestand in dem Schutz, den sie ihren Gefährtinnen bieten konnten. Starb der Mann, tat die Frau gut daran, sich bald einen neuen Gefährten zu suchen, aber auch im umgekehrten Fall brauchte der Soldat für sein Überleben bald wieder eine Frau, auf die er sich im Ernstfall verlassen konnte.

Mit der Anwerbung in eine Armee hatten Soldaten, aber auch ihre Familien ihr ziviles Leben hinter sich gelassen; sie wurden von den Menschen, denen sie auf ihren Zügen begegneten, als nicht mehr zugehörig zur Gemeinschaft betrachtet. Als der Krieg 1648 endlich vorüber war, konnten sich viele nicht mehr an ein Leben im Frieden gewöhnen. Peter Hagendorf scheint da keine Ausnahme gewesen zu sein: Verwundert beschreibt er das Augsburger Freudenfest zum Friedensschluss »*als wenn es Ostern oder Pfingsten gewesen wäre*« (Peters 2012, 136). Kaum abgemustert, zog er wieder weiter; seine Spur verliert sich, wie die so vieler Menschen in den Wirren der Nachkriegszeit.

Literatur

Cosack 2006
E. Cosack, Spuren eines Heerlagers vor den Toren von Sarstedt, Lkr. Hildesheim. Nachr. Niedersachsens Urgesch. 75, 2006, 241–252.

Engerisser 2007
P. Engerisser, Von Kronach nach Nördlingen[2] (Weißenstadt 2007).

Krause 1866
G. Krause, Urkunden, Aktenstücke und Briefe zur Geschichte der Anhaltischen Lande und ihrer Fürsten unter dem Drucke des dreißigjährigen Krieges nach den Archivalien auf der Herzoglichen Bibliothek zu Cöthen Bd. 5, Abt. 1, 1642–1645 (Leipzig 1866).

Kroener 1998
B. R. Kroener, »... und ist der jammer nit zu beschreiben«. Geschlechterbeziehungen und Überlebensstrategien in der Lagergesellschaft des Dreißigjährigen Krieges. In: K. Hagemann/R. Pröve (Hrsg.), Landsknechte, Soldatenfrauen und Nationalkrieger. Militär, Krieg und Geschlechterordnung im historischen Wandel (Frankfurt, New York 1998) 279–296.

Peters 2012
J. Peters (Hrsg.), Peter Hagendorf – Tagebuch eines Söldners im Dreißigjährigen Krieg (Göttingen 2012).

Wagner 2005
S. Wagner (Hrsg.), Notabilia. Naumburger Denkwürdigkeiten aus dem 17. Jahrhundert [...] ergänzt um Johann Georg Mails Diarium 1635 – 1645. Quellen u. Schr. Naumburger Stadtgesch. 2 (Naumburg 2005).

HERBST 1644 – DAS SCHWEDISCHE FELDLAGER BEI LATDORF

Jochen Fahr, Nicole Nicklisch, Anja Grothe, Hans-Jürgen Döhle und Susanne Friederich

Das Bernburger Land erfuhr während des Dreißigjährigen Krieges immer wieder schwerste Verwüstungen; so 1636, als Bernburg, Salzlandkreis, durch die schwedische Armee unter Feldmarschall Banér (1596–1641) innerhalb einer Woche vollständig ausgeplündert wurde. Doch im Herbst 1644 erfassten die kriegerischen Auseinandersetzungen die Landschaft an der unteren Saale mit einer besonders katastrophalen Intensität. Besetzte Orte, zwei Feldlager beiderseits der Saale, Hunger, Elend und Plünderungen stellten einige der vorherigen Ereignisse noch in den Schatten.

Bereits Ende Juli 1644 hatten die ersten Nachrichten vom Herannahen der kaiserlichen und schwedischen Armeen die Fürsten von Anhalt erreicht (Krause 1866, 304). Anschließend ging es Schlag auf Schlag. Am 27. August/6. September ließ der kaiserliche Generalleutnant Gallas (1588–1647) sein bereits von Hunger, Krankheiten und Mangel gekennzeichnetes Heer sowohl die Stadt Bernburg als auch das Schloss auf der östlichen Saaleseite besetzen. Ein Feldlager entstand in der westlichen Saale-Aue, eine Bockbrücke an der Dröbelschen Furt (Abb. 1). Die multiethnischen Söldnertruppen, die unter dem schwedischen Oberkommando von Torstensson (1603–1651) und Königsmarck (1600–1663) kämpften, vereinigten sich unterdessen am 1./11. September. Sie umgingen die Kaiserlichen im Süden, überquerten am 6./16. September die Saale bei Alsleben und rückten auf Bernburg vor. Hektisch wurde das kaiserliche Feldlager aus der unteren Aue zu den Weinbergen in Richtung der Staßfurter Warte verlegt (Suhle 1912, 205 f.). Bereits am nächsten Tag erreichten die schwedischen Gegner zusammen mit dem angeschlossenen Tross das ca. 4 km nordöstlich gelegene Latdorf, Salzlandkreis. Dort wurde ein mehr als 7 km² großes Feldlager errichtet, wobei Torstensson zunächst sein Hauptquartier im Dorf bezog. Bald darauf versuchten die Schweden mit einer Kette starker Reiterposten ihre Gegner vom Nachschub abzuschneiden (Englund 2013, 487). Zur Vervollständigung des Belagerungsringes erbauten sie nach und nach mehrere Brücken über die Saale und die Bode. Außerdem ließ Königsmarck

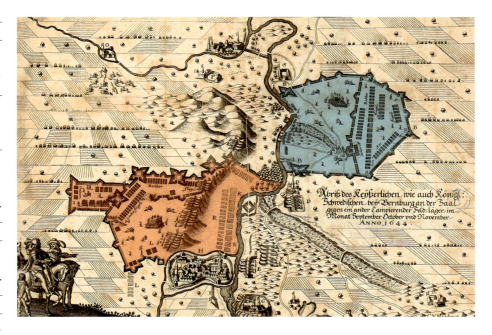

1
Die Feldlager der schwedischen und kaiserlichen Truppen auf beiden Seiten des Saaletals bei Bernburg, Salzlandkreis (Meßrelation 1645, 27). Die genaue Lokalisierung des schwedischen Lagers (blau markiert) gelang erst bei großflächigen archäologischen Ausgrabungen zwischen 2006 und 2012.

die Stadt Nienburg beschießen. Nach erfolgreich abgeschlossenen Scharmützeln diente das dortige Schloss als neues Hauptquartier für Torstensson. Einheiten in schwedischen Diensten nahmen zudem das Bernburger Schloss ein, und mit vereinten Kräften rückte man wiederholt bis auf die »Entfernung eines Musketenschusses« gegen die eingeschlossenen kaiserlichen Verbände vor. Innerhalb weniger Tage geriet das Bernburger Hinterland damit fest in schwedische Hand. Zwar attackierten kaiserliche Soldaten Nienburg mehrfach, doch die Umklammerung und die daraus resultierenden Notsituationen ließen immer mehr Söldner aus kaiserlichen Diensten desertieren.

Auch die einheimische Bevölkerung litt großen Hunger, mitunter wurde ihre letzte Habe bis in die Lager verschleppt. Durch den Abriss zahlreicher Gebäude – in Nienburg standen bald nur noch 10 % aller Bauten – gelang es den Schweden bis Mitte Oktober, insgesamt sechs Brücken fertigzustellen sowie Baumaterial für die Unterkünfte im Lager zu beschlagnahmen. Zwar prägten kleinere Gefechte und gegenseitiger Kanonenbeschuss die Zeit von Mitte September bis Mitte November, doch es kam zu keiner größeren Schlacht.

Mithilfe einer militärischen List gelang es schließlich Gallas, sich am 2./12. November zusammen mit seinen Truppen über einen Bogen nach Westen in Richtung Magdeburg durchzuschlagen. Allerdings musste er dabei seine schweren Kanonen bei Staßfurt zurücklassen. Die Zermürbungstaktik der besser ausgerüsteten und zahlenmäßig überlegenen Schweden erzielte ohne größere Kampfhandlungen volle Wirkung. Gallas, bis heute wegen seiner Mentalität und seiner Kriegsführung umstritten, blieb aufgrund der schlechten Finanzlage des Kaiserhofes nahezu ohne Nachschub und erhielt bald die Zuschreibung des »Heerverderbers«.

Die kurzzeitig überraschten Einheiten von Torstensson folgten Gallas am 6./16. November 1644. Sie hatten zusammen mit den Familienangehörigen und dem angeschlossenen Tross in Latdorf und Umgebung hemmungslos gehaust. Plünderungen, Folterungen, Vernichtung von Kirchenbüchern, Konfiszierung von Nahrungsmitteln, Pferden und Wertgegenständen, großflächige Zerstörung von Bauern- und Kossatengütern standen auf der Tagesordnung (Müller 2008, 101 f.; Peters 2012, 172 f.; Suhle 1912, 207 f.).

Lage und Struktur des schwedischen Feldlagers sind auf zwei Kupferstichen von 1645 und 1651 festgehalten. Sie zeigen rings um Latdorf und bis hinunter zur Saale eine festungsähnliche Anlage mit integrierten Bastionen (Abb. 1). Ab dem 19. Jh. zerstörten Braunkohletagebau, Steinbrüche und Absetzbecken der Soda-Produktion (Kalkteiche) Teilflächen des ehemaligen Lagers. Bereits 1976 entdeckten Bauarbeiter auf dem Galgenberg zwischen Latdorf und Pobzig Pferdeskelette in einer Grube. Eine ^{14}C-Analyse des Knochenmaterials ergab eine Datierung in das 17. Jh., weshalb ein Zusammenhang mit der angrenzenden »Schwedenschanze« angenommen wird.

Eine genaue Lokalisierung der frühneuzeitlichen Befestigungen nordöstlich von Latdorf gelang jedoch erst im Zuge großflächiger archäologischer Untersuchungen im Vorfeld aktueller Bauvorhaben zwischen 2006 und 2012. Grabenabschnitte und Reste der Innenbebauung des schwedischen Feldlagers Latdorf vom Herbst 1644 wurden dokumentiert. Detaillierte Sondenbegehungen, wie sie auf dem Schlachtfeld von Lützen praktiziert werden, erfolgten jedoch nicht.

Mit dem Grabenabschnitt und einer Bastion konnten erstmals Teile des ehemaligen Befestigungssystems auf einer Länge von fast 550 m genau erfasst werden. Die Bastion wies die Form eines halbierten Sechseckes mit einer Ausdehnung von 45 m x 55 m auf. Die exakte Verortung des Umfassungsgrabens ermöglichte darüber hinaus Abgleiche mit den Kupferstichen. Dadurch lassen sich entscheidende Hinweise zur Ausdehnung, Form und Lage des gesamten Feldlagers gewinnen: Im Westen bildete die Saale eine natürliche Grenze, die anderen Seiten des Lagers waren von einem mehr als 7,5 km langen Wall-Graben-System mit 14 Bastionen umgeben. Hinzu kommt ein Nord-Süd ausgerichteter Binnengraben von ca. 3 km Länge. Dieser schützte die vorrangig im Osten gelegenen Unterkünfte der Soldaten.

Darüber hinaus zeigten sich in den Verfüllhorizonten des nur noch flach erhaltenen Grabens neben einzelnen Pferdeknochen mehrere Teilskelette, deren Knochen noch im anatomischen Verband lagen. Sie stammen von drei Hengsten oder Wallachen sowie zwei Stuten, während bei einem Tier das Geschlecht nicht ermittelt werden kann, weil aussagekräftige Knochen fehlen. Ihr Alter liegt zwischen vier und zwölf Jahren (Habermehl 1975, 33–39; 48), womit sich die Tiere im besten Nutzungsalter befanden. Südwestlich der Bastion wurden Überreste von drei weiteren Pferden aufgedeckt, wobei nur noch eines als fast vollständiges Skelett vorlag. Bei zwei Tieren handelt es sich um Hengste oder Wallache, bei dem dritten sind dazu keine Angaben möglich. Sie erreichten ein Alter zwischen sieben und zwölf Jahren. Bei beiden männlichen Pferden deuten Abnutzungsspuren am ersten unteren Backenzahn auf die Verwendung von Trensen hin, d. h. sie dienten als Reittiere. Mit einer Widerristhöhe zwischen 132 cm und 141 cm waren sie nicht größer als heutige Reitponys (errechnet nach Vitt 1952). Die Tatsache, dass die meisten Pferde als Teilskelette vorliegen und Einzelknochen oder Skelettteile nicht im anatomischen Verband angetroffen wurden, kann verschiedene Ursachen haben: Entweder kam es nach ihrer Niederlegung im Graben noch zu späteren Eingriffen (Störungen) oder seinerzeit wurden Körperteile nicht mehr vollständiger Pferde in der nun nicht mehr benötigten Bodenvertiefung deponiert. Letzteres erscheint durchaus plausibel: Vielleicht blieben die Pferdekadaver einige Zeit liegen. Zurückkehrende Einwohner entsorgten sie vermutlich erst, als infolge der fortschreitenden Verwesung der Sehnenverband zwischen den einzelnen Knochen nicht mehr vorhanden war. Denn auch fehlende Schnitt- oder Hiebspuren belegen, dass die Tiere nicht geschlachtet und zerlegt wurden.

Zu den Lagerüberresten innerhalb des von dem ausgedehnten Graben geschützten Areals gehörten Unterkünfte, Werkstätten, Öfen und Brunnen. Unter den Behausungen ist eine grubenhausartige Verfärbung mit zerscherbten Ofenkacheln hervorzuheben (Abb. 2). Fassen wir hier den Unterstand einer Führungsperson, der den Luxus einer geschlossenen Heizeinrichtung genießen durfte? Zudem führen uns die schwarz und grün glasierten Kacheln zu den schriftlichen Überlieferungen, die wiederholt von Gebäudeabbrüchen und Plünderungen für die Unterkünfte berichten. Andere grubenhausähnliche Verfärbungen lassen aufgrund von Zweipfostenstellungen u. a. auf verschlagähnliche Hütten schließen. Dort vorgefundene Werkbereiche mit speziellen Feuerstellen enthielten zahlreiche Fundgegenstände, darunter angeschmolzene Fensterglaseinfassungen aus Blei. Hieraus könnten auch Kugeln für Handfeuerwaffen hergestellt worden sein. Weitere Fundgegenstände sind Ziegel, Reste von Nägeln, Beschlägen und Hufeisen, Fensterglas, Tonpfeifen und glasierte Gefäßkeramik. Neben diesen Artefakten des täglichen Lebens sind eine damals schon mehr als 100 Jahre alte Silbermünze, ein sog. Prager Groschen, und ein deformierter Kupferkessel erwähnenswert. Dennoch fällt die relativ geringe Anzahl von Gebrauchsgegenständen und Militaria auf. Offenbar mussten die Lagerbewohner ihre Habseligkeiten nicht überhastet mitnehmen, ebenso hatten die Bewohner der umliegenden Ortschaften das Areal nach verwertbaren Gegenständen unter Aufsicht der Obrigkeit durchsucht (Krause 1866, 329; 331).

Zu den komplexen Ausgrabungsergebnissen des Feldlagers um Latdorf zählen außer den Siedlungsstrukturen 17 Körpergräber mit 21 menschlichen Skeletten. Die Grabgruben, darunter zwei Dreifachbestattungen, weisen keine einheitlichen Orientierungen auf. Die Toten wurden meist, wie sonst auch üblich, in gestreckter Position auf dem Rücken oder – im Falle der Mehrfachbestattungen – in Seitenlage niedergelegt.

Es handelt sich überwiegend um junge Männer und Knaben; die Jüngsten verstarben im Alter von etwa 11–15 Jahren. In einem Fall könnte es sich um ein 11- bis 14-jähriges Mädchen handeln.

Die hohe Anzahl an Jugendlichen erstaunt zunächst, da diese Altersgruppe normalerweise die geringste Sterblichkeitsrate aufweist. Im Gegensatz zum Massengrab von Lützen (siehe Beitrag »Die 47 Soldaten«, S. 405) erbrachten die bisherigen Untersuchungen keine Hinweise auf Verletzungen, die den Tod erklären würden. Obwohl tödliche Verletzungen nicht zwingend Spuren am Knochen hinterlassen müssen, ist es im vorliegenden Fall wahrscheinlicher, dass die hier

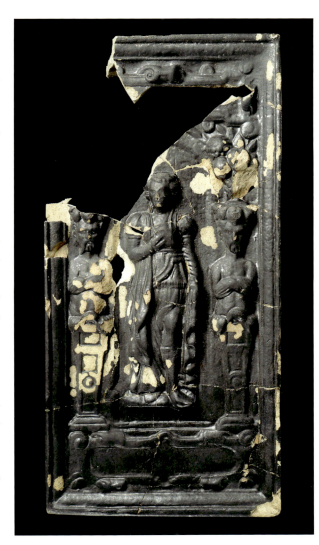

2
Ofenkachel mit der Darstellung eines antiken Kriegers, der von zwei Atlasfiguren flankiert wird. Die Ofenkachel dürfte von einem bei Plünderungen abgebauten Ofen stammen, der im Feldlager zu einer neuen Heizung aufgebaut wurde. Nach Aufgabe des Lagers holten sich die Bernburger alles Brauchbare zurück, nur die zerbrochenen Kacheln blieben als Abfall in der Grube. Plünderungen dienten also nicht nur der Bereicherung, sondern auch der Herstellung eines erfreulicheren Lebensumfeldes. Nachweise dieser Art kann nur die Archäologie liefern.

Bestatteten den ungünstigen Lebensbedingungen oder, wie angesichts der Mehrfachbestattungen denkbar, einer Infektion oder Seuche erlegen sind.

Untersuchungen der Knochen geben Aufschluss über die Lebensbedingungen und den allgemeinen Gesundheitszustand der Menschen. Die meisten Toten weisen Schmelzbildungsstörungen an den Frontzähnen auf, die sich auf eine krisenbehaftete Kindheit zurückführen lassen. Bei einem 29- bis 30-jährigen Mann zeichnen sich mehrere verheilte, sicherlich auf frühere Kampfhandlungen zurückzuführende Knochenbrüche ab. Und auch der älteste, ein etwa 45- bis 50-jähriger Mann, zeigt eine noch nicht abgeheilte Schienbeinfraktur. Bei einem erst 15- bis 18-Jährigen führte eine schwere, chronische Knocheninfektion am linken Unterschenkel eventuell zum frühen Ableben. Mehrere Individuen mit Veränderungen an den Schädelinnenseiten lassen auf überstandene Hirnhautentzündungen schließen. Die älteren Jugendlichen und erwachsenen Männer zählten sicherlich zu den kämpfenden Einheiten. Wehrfähig galten Männer im Alter zwischen 15 und 60 Jahren. 1644 war die Bevölkerung in einigen Landschaften Mitteleuropas bereits stark dezimiert. Aufgrund fehlender Alternativen und der schlechten wirtschaftlichen Grundlagen zog häufig die gesamte Familie in den Krieg (Kroener 2013, 35 f.; Peters 2012, 166). Fassen wir mit den Jüngsten möglicherweise Trossangehörige, die Aufgaben innerhalb des Feldlagers übernahmen und bei Kämpfen als »Botenläufer« oder »Trommlerjungen« aushalfen? Auf jeden Fall waren die Belastungen vor allem durch anstrengende Märsche sehr hoch. Dies zeigt sich in charakteristischen Schädigungen vor allem an den Knie- und Sprunggelenken sowie an Veränderungen von Wirbelkörpern und im Schulterbereich.

Ein einteiliger Knochenkamm, eiserne Gürtelschnallen, Haken, Messer, unterschiedliche Knöpfe mit Abnutzungsspuren sowie kleinste Textilreste liefern Hinweise auf lange getragene Kleidung und persönliches Eigentum der Verstorbenen. Während des Dreißigjährigen Krieges wurde meist praktische Alltagskleidung getragen, wobei bei den Schlachten Farbcodes, verdeutlicht durch Bänder oder Schärpen, die jeweiligen Zugehörigkeiten anzeigten (Peters 2012, 166). Da die Bewohner anscheinend keinen Zugang zu einer Kirche oder einem christlichen Friedhof hatten, wurden die im Lager Verstorbenen offensichtlich in der Nähe ihrer temporären Unterkünfte beigesetzt, allerdings mit einer gewissen Pietät. Entgegen unserem oftmals tief verinnerlichten Bild vom Dreißigjährigen Krieg als Katastrophe schlechthin, scheint trotz oder gerade wegen der komplexen Lebensbedingungen die Achtung vor dem Leben und dem Tod zumindest partiell nicht ganz verloren gegangen zu sein. Vielleicht erwies man den Toten auch Respekt, indem man ihnen die Kleidung und ihre persönlichen Gegenstände ließ und sie nicht plünderte.

Im Gesamtüberblick korrespondieren die auf der »Meßrelation« von 1645 (vgl. Abb. 1) abgebildeten Reihen von Unterkünften tatsächlich mit den im Zuge der Ausgrabungskampagnen dokumentierten Hütten, Zelten und Werkstätten. Darüber hinaus häufen sich einige Gräber bei den jeweiligen Unterkunftsreihen. In den Lagern waren Truppenteile unterschiedlicher Funktionen und vor allem auch Nationen wegen Verständigungsschwierigkeiten und tief verwurzelten Vorurteilen oftmals räumlich voneinander getrennt untergebracht (Kroener 2013, 35). Möglicherweise fassen wir dies auch in den gesonderten Bestattungsarealen.

Nach wie vor bestehen in Deutschland kaum vergleichbare Untersuchungen. Lediglich bei Heidelberg (Straßburger 2009) und Sarstedt bei Hildesheim (Cosack 2006) wurden ähnliche Feldlager aufgenommen. Damit gehört das Feldlager Latdorf derzeit zu den am besten erforschten Militärlagern des Dreißigjährigen Krieges und liefert momentan die einzigen gesicherten archäologischen Nachweise der schwedischen Armee im Dreißigjährigen Krieg im ehemaligen Fürstentum Anhalt.

Literatur

Cosack 2006
E. Cosack, Spuren eines Heerlagers vor den Toren von Sarstedt, Lkr. Hildesheim. Nachr. Niedersachsens Urgesch. 75, 2006, 241–252.

Englund 2013
P. Englund, Verwüstung. Eine Geschichte des Dreißigjährigen Krieges (Reinbek 2013).

Habermehl 1975
K.-H. Habermehl, Die Altersbestimmung bei Haus- und Labortieren (Berlin, Hamburg 1975²).

Krause 1866
G. Krause, Urkunden, Aktenstücke und Briefe zur Geschichte der Anhaltischen Lande und ihrer Fürsten unter dem Drucke des dreißigjährigen Krieges: nach den Archivalien auf der Herzoglichen Bibliothek zu Cöthen Bd. 5, Teil 1, 1642–1645 (Leipzig 1866).

Kroener 2013
B. R. Kroener, Kriegswesen, Herrschaft und Gesellschaft 1300–1800. Enzyklopädie Dt. Gesch. 92 (München 2013).

Meßrelation 1645
S. Latomus, Relationis Historicae Semestralis Continuatio: [...] Historische Beschreibung aller denckwürdigen Geschichten/ [...] vor und hierzwischen [...] Franckfurter Herbstmeß deß 1644. biß auff die Ostermeß des 1645. [...] (Frankfurt 1645).

Müller 2008
C. Müller, Schrecken des Dreißigjährigen Krieges in Stadt und Land. Der Dreißigjährige Krieg in und um Latdorf. In: S. Friederich u. a., Archäologie am Kalkteich 22 in Latdorf. Die Chemie stimmt! Arch. Sachsen-Anhalt Sonderbd. 9 (Halle [Saale] 2008) 95–104.

Peters 2012
J. Peters (Hrsg.), Peter Hagendorf: Tagebuch eines Söldners aus dem Dreißigjährigen Krieg (Göttingen 2012).

Straßburger 2009
M. Straßburger, Haydelberga vt capitur. Archäologie der Belagerungen Heidelbergs im 17. Jahrhundert. Militär u. Ges. Frühe Neuzeit 13,1, 2009, 143–146.

Suhle 1912
H. Suhle, Die Stadt Bernburg im dreißigjährigen Kriege. Mitt. Verein Anhaltische Gesch. u. Alterthumskde. 11, 1912, 105–221.

Vitt 1952
V. O. Vitt, Losadi pazyrykskich kurganov (Die Pferde der Kurgane von Pazyryk). Sovetskaja Arch. 16, 1952, 163–205.

EIN GEFALLENER REITER DES DREISSIGJÄHRIGEN KRIEGES BEI BERNBURG?

Jochen Fahr

Im Jahr 2011 zeigten sich bei der Untersuchung eines mehrphasigen Fundplatzes bei Nienburg, Salzlandkreis, vor allem frühmittelalterlich-slawische Siedlungsspuren im Inneren zweier Befestigungsgräben (Stoffner/Fabesch 2014). Hinzu kam eine schwach eingetiefte menschliche Körperbestattung, bei der nur noch Teile des Beckens, der Beine und der Unterarmknochen im anatomischen Verband lagen. Sie deuten auf eine Nord-Süd-Orientierung des Toten in Bauchlage hin, während Kleidungsüberreste oder Beigaben fehlten. Etwa 2,5 m südöstlich wurde ein Pferdeskelett mit einem Tonpfeifenrest in unmittelbarer Nähe der Hinterläufe aufgedeckt (Abb. 1). Die länglich-ovale Grube fällt ebenfalls durch ihre flache Eintiefung auf.

Die Nachbarschaft, die geringe Eintiefung und der Pfeifenfund lassen auf einen Zusammenhang beider Bestattungen schließen. Mit dem Pfeifenstiel existiert darüber hinaus ein *terminus post quem*: Frühe Nachweise von Tabak in Europa liegen zwar aus dem 16. Jh. vor, doch wird um 1600 die Sitte, das Kraut mit der Pfeife zu rauchen, immer beliebter. Der Dreißigjährige Krieg sorgte schließlich für eine rasante Ausbreitung von Tabak (Kluttig-Altmann 2009).

Damit bleiben die Umstände und der Zeitpunkt des Begräbnisses jedoch weiterhin im Dunkeln. Die Bestattung am mutmaßlichen Ort des Geschehens, abseits eines regulären Friedhofes, spricht gegen ein Unfallopfer aus der Umgebung, denn im 17. Jh. haben komplexe Bestattungsriten große Bedeutung (Kenzler 2011). Dagegen wäre für einen »Fremden« sicherlich weniger Aufwand betrieben worden, sodass Auseinandersetzungen in Folge des Dreißigjährigen Krieges naheliegend scheinen. In dessen Verlauf kam es auch im Bernburger Land zu zahlreichen Kriegszügen, Hun-

1
Pferdeskelett einer mutmaßlichen Reiterbestattung bei Nienburg, Salzlandkreis.

gersnöten und Epidemien. Doch einige Ereignisse im Herbst 1644 waren besonders verheerend (siehe Beitrag »Das schwedische Feldlager«, S. 433). Etwa 1,5 km südlich vom Fundort hatten sich kaiserliche Verbände unter Gallas in einem mehr als 5 km² großen Lager verschanzt. Sie wurden von Einheiten des schwedischen Feldmarschalls Torstensson belagert.

Spannenderweise befindet sich der Bestattungsplatz zwischen dem Lager und Altenburg-Nienburg. Wurde hier 1644 das Opfer eines Scharmützels um eine Reiterstellung in der Nähe einer ehemaligen frühmittelalterlichen Befestigungsanlage verscharrt? Von den Strategen des Dreißigjährigen Krieges ist bekannt, dass sie geografische Orientierungspunkte militärisch zu ihren Vorteilen ausnutzten.

Literatur

Kenzler 2011
H. Kenzler, Totenbrauchtum und Reformation. Wandel und Kontinuität. Mitt. Dt. Ges. Arch. Mittelalter u. Neuzeit 23, 2011, 9–34.

Kluttig-Altmann 2009
R. Kluttig-Altmann, Rauchzeichen über Kamenz. Die Tonpfeifen der Türmer zu St. Marien. Knasterkopf 20, 2009, 121–129.

Stoffner/Fabesch 2014
S. Stoffner/U. Fabesch, Auf den Fußspuren des Mittelalters. In: H. Meller/S. Friederich (Hrsg.), Trinkwasser verbindet: Kulturlandschaft zwischen Harz und Saale. Kleine H. Arch. Sachsen-Anhalt 11 (Halle [Saale] 2014) 55–59.

1
Die sieben Gefäße aus Gützkow, Lkr. Vorpommern-Greifswald, nach der ersten Reinigung: Zwei Kupferblechkessel, drei Messingblechgefäße sowie zwei gegossene Dreibeingrapen.

wie bspw. Sätze von Kochgerät, aber auch ganze Tischgedecke in Notzeiten versteckt wurden (van Vilsteren/Jöns 2013). Auch aus Behren-Lübchin, Lkr. Rostock, ist ein Fund von zwei mit mehr als 40 Zinntellern und -schüsseln gefüllten Kupferkesseln bekannt (Kruse 1996). Dort hatte sich im 17.–18. Jh. ausweislich historischer Karten ebenfalls ein heute trockengelegter See befunden. Die dem Gützkower Fund vergleichbaren Kessel und das Zinngeschirr werden durch Inschriften und Jahreszahlen auf den Tellern in das erste Drittel des 17. Jhs. datiert. Die Deponierung von Wertgegenständen in Gewässern wurde in Notzeiten und insbesondere im Dreißigjährigen Krieg offenbar so regelmäßig praktiziert, dass dies sogar in den zeitgenössischen Quellen aufgegriffen wird. So beschreibt eine Chronik aus der Zeit kurz nach dem Dreißigjährigen Krieg, was in Mardorf am Steinhuder Meer geschah: »[...] *Johann Hinrich Kahle hat drei Tage im Wasser gestanden, bis er den alten Kesselhaken zu fassen kriegte. Mit Mühe zog er den alten Kupferkessel aus dem Schilf, in dem sich immer noch die Geldstücke befanden, die er 1627 am Ufer des Meeres im Wasser versteckt hatte* [...]« (zitiert nach freundl. Mitteilung von F. Dankenbring, Madrup). Im Zusammenhang mit kriegsbedingt verstecktem Eigentum findet sich in Nachlassregelungen der westpommerschen Stadt Arnswalde noch folgender Hinweis, der quasi den Finderlohn und Fundverbleib regelt: »[...] *Franz Kuchenbecker hatte 5 kupferne Kessel in den Mühlengraben, der zur kleinen Mühle geht, versenkt* [...] (und) [...] *Peter Butzke 2 Kessel im Klückensee* [...] *wenn sie gefunden, haben die Erben sie zu teilen* [...]« (Berg 1907; S. Krabath, Dresden, sei für diesen Hinweis gedankt).

Literatur

Berg 1907
R. Berg, Arnswalde (Stadt und Kreis) im Dreißigjährigen Kriege. Schr. Verein Gesch. Neumark 20, 1907, 103–342.

Kruse 1996
H. Kruse, Der Zinnfund von Behren-Lübchin, Landkreis Güstrow. Mecklenburg. Jahrb. 111, 1996, 169–182.

Metzen/Schirren 2014
F. Metzen/C. M. Schirren, Kessel, Töpfe und Grapen. Ergebnisse der archäologischen Begleitung von Sanierungsarbeiten an der Swinow bei Gützkow, Lkr. Vorpommern-Greifswald. Arch. Ber. Mecklenburg-Vorpommern 21, 2014, 81–90.

van Vilsteren/Jöns 2013
V. T. van Vilsteren/H. Jöns, Das Verstecken begreifen – von Schatz-, Verwahr- und Opferfunden. In: J. Kegler (Hrsg.), Land der Entdeckungen. Die Archäologie des friesischen Küstenraums/Land van ontdekkingen. De archeologie van het Friese kustgebied (Aurich 2013) 397–407.

WAS VON GOLDBERG ÜBRIG BLIEB – DER DREISSIGJÄHRIGE KRIEG ABSEITS DER GROSSEN SCHLACHTFELDER

Dietlind Paddenberg

Im Vorfeld der »Deichrückverlegung Lödderitz« im Biosphärenreservat Mittelelbe erfolgte 2011 eine archäologische Dokumentation. Unweit der Elbe, etwa auf Höhe des Ortes Lödderitz, Salzlandkreis, stießen die Archäologen auf eine bislang als späteisenzeitliche Befestigungsanlage eingestufte Fundstelle (Schwarz 2003, 147).

Nach Ausweis des nun erfassten umfangreichen Fundmaterials bestand dort jedoch eine spätmittelalterliche bis frühneuzeitliche Anlage, die vom 13. Jh. bis in die erste Hälfte des 17. Jhs. datiert. Neben großen Mengen an Gefäßkeramik (z. B. blaugraue Ware, innenglasierte und malhornverzierte Irdenware, Faststeinzeug und Steinzeug) kamen Ofenkeramik (Blatt- und Napfkacheln), irdene Schaftleuchter, eiserne Türbeschläge, Krampen, Vorhängeschlösser, Werkzeuge wie Löffelbohrer, Feile, Sicheln, Heu- oder Ofengabeln und andere Geräte (z. B. Wetz- und Schleifsteine), Reit- bzw. Fahrzubehör (Sporn, Trense, Hufeisen, Eisenring einer Wagendeichsel), schließlich sogar Bruchstücke von Fenster- und Hohlglas zum Vorschein (W. Thoma o. J.) In diesen Kontext passt auch die eiserne Saufeder, die bereits im Jahr 1974 geborgen werden konnte.

Unter den Schuttschichten, die das oben beschriebene Fundmaterial enthielten, waren Reste von rechtwinkligen Mauerfundamenten aus Bruchsteinen und Ziegeln erhalten. Zudem konnte geklärt werden, dass es sich bei einem im Luftbild erkennbaren, breiten, halbkreisförmigen Graben um den Teil einer artifiziell angelegten Befestigung und nicht etwa um einen Altarm der Elbe handelte. Die Verfüllschichten im Grabeninneren bestanden stellenweise aus frühneuzeitlichem Ziegelbruch, sodass eine Verfüllung des Grabens zeitnah zur Zerstörung des Gebäudes als gesichert gelten kann. Reste verziegelten Fachwerklehms, verkohlter Deckenhölzer und vor allem eine massive Brandschicht über den Fundamentresten lassen ein gewaltsames Ende des Gehöftes vermuten. Besonders anschaulich wird dies durch zwei steinerne Kanonenkugeln, die auf dem ehemaligen Lehmboden des Hauses bzw. in der darüber liegenden Planierschicht aufgefunden wurden (Abb. 1).

Die Kanonenkugeln im Gebäudeinneren in Kombination mit historisch dokumentierten Truppenbewegungen im Mittelelbegebiet (z. B. Müller 2008, 101 Abb. 9) und der Datierung des Fundmaterials bis in die erste Hälfte des 17. Jhs. weisen darauf hin, dass das Gehöft während des Dreißigährigen Krieges gebrandschatzt wurde. Flächenbrandartige Plünderungen erfolgten im Verlauf dieses Krieges systematisch, nicht nur zur Versorgung der eigenen Truppen, sondern um dem nachfolgenden Gegner im wahrsten Sinne des Wortes verbrannte Erde zu hinterlassen und so die gegnerische Truppenversorgung immens zu schwächen – letztlich führten nicht die vermeintlichen Entscheidungsschlachten, sondern die großflächige Devastierung der Landschaft dazu, dass Heere sich geschlagen geben mussten (Schaper 2008, 3; Strempel 2008, 104 f.). Dass sich die Plünderung dieses Gehöftes gelohnt haben dürfte, lassen diverse Fundstücke vermuten, die auf das einstmals gehobene bäuerliche Inventar hinweisen, darunter z. B. die Fragmente von Fensterglas und aufwendig verzierte Ofenkacheln sowie – besonders eindrucksvoll – Schloss und Riegel aus dem Brandschutt.

1
Zwei kleine Steinkugeln, vermutlich aus mitgeführten Kanonen verschossen, lagen in den Trümmern des Gehöftes.

2
Airborne-Laserscan der Wüstung bei Lödderitz, Salzlandkreis, mit Eintragungen zur Lage des untersuchten Gehöftes. Die Häuser des Dorfes entlang der Dorfstraße sind in zwei Reihen als Lehmbauten errichtet, sie wurden von einer Umfriedung mit Graben begrenzt.

schrieb er hingegen die zahlreichen, infolge der Einquartierung der Truppen stattfindenden Belastungen und Demütigungen, die er selbst täglich erleben musste. Es fing damit an, dass er »*einen leüttenampt, mitt 24 musqetieren sich auffs hauß logiren*« musste (Christian II. 1636, XIV, 35r). Zudem war er gezwungen, das geforderte Essen bereitzustellen: »*Der Obrist leutnant Bauer, wie auch seine einlogirte Capitain und leüttenampt, haben mitt unß zu nacht gegeßen*« (Christian II. 1636, XIV, 37r). Schnell ergaben sich weitere Probleme im erzwungenen Zusammenleben: »*Unser einquartierter Capitain ist disgustiert [unzufrieden], weil man ihm auß meinem keller nicht so viel zu trincken will geben alß er fordert, gleich alß wehre mein hauß, eine gemeine zeche*« (Christian II. 1636, XIV, 44v).

Auch im Februar schrieb Christian über die Situation in der Stadt: »*Es regieren allerley kranckheitten alhier, auch werden ezliche leütte auß desperation wahnsinnig*« (Christian II. 1636, XIV, 61v–62r). Wie üblich in diesem Krieg, waren die einquartierten Truppen selbst für ihre eigenen Offiziere unkontrollierbar: »*Es fangen auch die Soldaten umb der Feüerung willen, viel häuser zu zerbrechen, abzutragen undt das holz zu verbrennen, undt solches wirdt ihnen nicht verwehret*« (Christian II. 1636, XIV, 62r). Dazu seien »*allerley insolentzien in der Stadt vorgegangen, par les excéz des yvrognes [durch die Ausschreitungen der Trunkenbolde]*« (Christian II. 1636, XIV, 69r). Insgesamt war das Elend so groß, dass die Einwohner alle Hoffnung verloren: »*Die armen Innwohner trösten sich ex desperatione [aus Verzweiflung] damitt, dass Sie verhoffen, es werde in kurtzem eine pestilentz einschleichen, undt ihres elends ein ende machen*« (Christian II. 1636, XIV, 70r). Für die Stadt rechnete Christian II. damit, dass »*noch ein 600 personen oder Maüler [...], zu speisen sein, an Soldaten undt ihrem anhang*«. Was ihn persönlich betraf, »*liegen also nahe bey ein 100 Mann auf diesem Schloße*« (Christian II. 1636, XIV, 54v).

Das Diarium dokumentiert auch, wie Christian II. angestrengt versuchte, den Kurfürsten von Sachsen zu überzeugen, dass er »*das hauß Bernburg unattacquirt laßen*« solle (Christian II. 1636, XIV, 67r). Problematisch war nun, dass Kursachsen nach dem Frieden von Prag 1635 die Schweden unbedingt besiegen wollte und dass General Banér das Schloss Bernburg mit der Garnison seines Hauptmanns Müller nicht übergeben wollte. Dieser Entschluss Banérs vom 3./13. März, als sich bereits »*ezliche ChurSachsische trouppen*« *dem Schloss näherten, war nach Christians Ansicht für die Plünderung am 21. März ausschlaggebend*: »*Bannier itzo aufs neüe ordre [Befehl] ertheilt, daß sich der capitain auf dem hause, biß auf den lezten Mann halten solle, auß was ursachen kan kein Mensch wißen*« (Christian II. 1636, XIV, 72v u. 74r). Christian konnte sich dies nicht erklären und jammerte darüber, dass diese »*verteufelten Schwedischen seine Todfeinde*« seien. Bis zum letzten Moment hatte er nämlich auf diplomatischem Wege versucht, »*die abführung der besatzung von diesem Schloße durch abschickung beym Banner*« zu erwirken (Christian II. 1636, XIV, 75v). Auch mit »*Capitain Müller*«, dem Garnisonshauptmann der Schweden im Schloss, versuchte er »*zu accordiren*«, dass dieser das Schloss auf friedlichem Wege räumte (Christian II. 1636, XIV, 79r u. 79v) -jedoch vergeblich.

Am 11./21. März um 8 Uhr abends erstürmten die kursächsischen Truppen das Schloss. Neben Plünderung und Schäden an seinen privaten Gemächern wurden Christian II., seine Familie und seine Umgebung mit zahlreichen Gewalttaten konfrontiert: »*Mein Sattelknecht, mein Koch, auch der küchenschreiber, Stalljünge, undt andere diener, seindt auch in meiner præsentz, gehauen, gestochen, geplündert undt geschlagen worden*« (Christian II. 1636, XIV, 84r). Sogar Christian selbst wurde Gewalt angedroht: Drei Soldaten »*dringen auf meine person, halten mir die bloßen bluhtigen degen vor, vermeinende gelt von mir zu erpreßen, undt weil ich nichts bey mir truge, undt sagte, morgen früh soleten Sie es haben, war ich in höchster gefahr leibes undt lebens*« (Christian II. 1636, XIV, 82v).

Das Diarium Christian II. von Anhalt-Bernburg erweist sich als ein extrem reiches Dokument, um die Geschehnisse und Folgen des Dreißigjährigen Kriegs in Anhalt, insbesondere im ehemaligen Teilfürstentum Bernburg zu untersuchen.

Literatur

Christian II. von Anhalt-Bernburg, Tagebücher, 1621–1656. Landeshauptarchiv Sachsen-Anhalt Abt. Dessau Z 18 Abt. Bernburg A 9b Nr. 14, Bd. XIV.

Beckmann 1710
J. C. Beckmann, Historie des Fürstenthums Anhalt: [...] (Zerbst 1710).

DER BEFESTIGTE ELBÜBERGANG MIT SCHWEDISCHEM LAGER VON WERBEN UND WEITERE SCHANZEN IN SACHSEN-ANHALT

Mechthild Klamm und Andreas Stahl

1
Merians Darstellung des schwedischen Lagers 1631 in der Elbaue bei Werben.

Mit dem Kriegseintritt Schwedens 1630 erreichte die Verwüstung Mitteldeutschlands eine neue Phase. Vier Jahre zuvor hatte mit der Schlacht an der Dessauer Elbschanze 1626 (heute neben der Eisenbahnbrücke bei Roßlau), in der der Katholik Wallenstein die protestantischen Truppen um Graf Mansfeld besiegte, eine erste Phase des Dreißigjährigen Krieges ihren Abschluss gefunden. Die protestantischen Schweden besetzten 1631 den strategisch bedeutsamen Elbübergang bei Werben, Lkr. Stendal, sicherten diesen und schlugen in der hochwassergefährdeten Elbaue ihr Winterlager auf. Die Situation ist – perspektivisch leicht verzerrt – in Matthäus Merians »Theatrum europaeum« aus der Vogelschau bildlich dargestellt. Mit dem Kupferstich liegt eine bedeutsame Quelle soldatischen Lagerlebens und des damaligen Kriegswesens vor (Abb. 1; vgl. Gebuhr/Biermann 1998). Das Lager, auf dem südlichen Elbufer im Deichvorland gelegen, ist in allen Einzelheiten abgebildet. Auch die Galgen sind dargestellt, wichtiger Bestandteil zur Aufrechterhaltung der Lagerdisziplin. Durch den als Verschanzung ausgebauten, mit mehreren Durchlässen versehenen Deich, der noch heute existiert und dem landseitig zusätzlich eine Landwehr vorgelagert war, sowie durch die bastionierte, später wieder entfestigte Stadt, war das Lager stark gesichert, sodass der bei Merian dargestellte Angriff durch die Truppen Tillys im Sommer 1631 keinen Erfolg hatte.

Die dem Deich bei Werben vorgelagerte Landwehr diente dabei den schwedischen Musketieren als Deckung. Die bei Merian dargestellten sechs Mühlen, jeweils auf einer Erhebung gelegen, haben noch im 19. Jh. bestanden. Sie sind auf dem farbigen Ur-Mess-

1
Verheerende Feuer und eine Explosion gewaltigen Ausmaßes beim Sturm auf Magdeburg zeigt der Kupferstich »Ware Contrafactur der Stadt Magdeburg…« von Daniel Manasser von 1631.

schwere Schäden an der Befestigung und den Vorstädten angerichtet.

Der Schwedenkönig konnte ihnen auch nicht zu Hilfe kommen, denn sein Schwager, der Kurfürst von Brandenburg, erlaubte den Durchzug des Heeres nicht. So ging am 10./20. Mai 1631 die monatelange Belagerung Magdeburgs mit der Erstürmung durch die kaiserlichen Verbände ihrem schrecklichen Höhepunkt entgegen: Durch erste Breschen in der Stadtmauer im Norden der heutigen Altstadt gelangten die Soldaten in die Stadt und rächten sich fürchterlich für die monatelange Belagerung. Niemand konnte das Morden, Plündern und Brandschatzen der entfesselten Belagerer verhindern. Mehr als 20 000 Menschen starben; wer konnte, floh aus der Stadt, die einem Höllenbrand gleich in Flammen aufging (Abb. 1). Obwohl selbst an der Erstürmung beteiligt, vermerkt Peter Hagendorf im Tagebuch: »*Ist mir doch von Herzen leid gewesen, dass die Stadt so schrecklich gebrannt hat, wegen der schönen Stadt und weil es meines Vaterlandes ist*« (Peters 2012, 105). Einen echten strategischen Nutzen konnte Tilly nicht mehr aus der Eroberung ziehen, verlor doch sein Heer wenige Monate später in Breitenfeld. 1632 zogen dann die Schweden in die einst stolze Stadt ein, in der nur noch etwa 450 Menschen lebten (Tullner 1998, 21).

Archäologischen Niederschlag fanden die Ereignisse in einer Reihe von Grabungsergebnissen, die ein Schlaglicht auf die Stadt kurz vor, während und nach der Katastrophe von 1631 werfen.

Die Befestigung rund um das Sudenburger Tor war eines der Hauptziele beim verheerenden Sturmangriff am Morgen des 10./20. Mai 1631, was sich archäologisch nachweisen lässt. Das Tor besaß nach einer Umbaumaßnahme 1546 nur noch eine von ursprünglich zwei Durchfahrten. Anstelle der zugemauerten Zufahrt war ein Raum unbekannter Nutzung entstanden, der lediglich durch einen schmalen Lichtschacht beleuchtet wurde. Eindringlich weisen die Funde aus dessen Schuttverfüllung auf die Zerstörung Magdeburgs hin, wie der Fund einer eisernen Kanonenkugel zeigt. Im Feuersturm starben ungezählte Bewohner und Plünderer, die letzte Spur eines dieser Opfer zeigt sich hier anhand eines verbrannten menschlichen Unterkiefers. Auf die schwedische Besatzung ab 1632 deutet eine schwedische, 1629 in Säter in der Provinz Dalarna geprägte 1-Öremünze (Abb. 2), waren doch die massiven Kupfermünzen von etwa 4 cm Durchmesser und fast 30 g kein reguläres Zahlungsmittel.

Die Ausgrabung zwischen der Petri- und der Wallonerkirche erfasste einen Teilbereich des ehemaligen Augustinerklosters (Ditmar-Trauth 2005). Bereits 1524 fiel es profaniert an die Stadt Magdeburg und erfüllte Funktionen als Hospital, Zuchthaus, Spinnhaus, Stadtbibliothek und Gießerei. Im Schicksalsjahr 1631 brannte das Dach der Kirche, die 1639 teilweise einstürzte. Erst 1690 bauten die hier angesiedelten Hugenotten, Pfälzer und Wallonen das nun als Wallonerkirche bezeichnete Gebäude wieder auf.

Zeugnisse der Zerstörung stammen hier aus einem Brunnen mit kellerartiger Brunnenstube. Dach- und Mauerziegel, Fensterglasfragmente, Kacheln mit Reliefverzierung und ein umfangreicher Bestand entsorgten Küchen- und Tafelgeschirrs weisen auf die Vernichtung nahegelegener Gebäude und deren späteren planvollen Abbruch hin. Auch hier passen malhornverzierte Irdenware, Steinzeug und die große Menge fragmentierter Trinkgläser formal in das Spektrum eines frühneuzeitlichen Haushaltes. Die emailbemalten Gläser zeigen Personen in zeitgenössischer Mode während der Jagd oder in repräsentativer Pose, eines von ihnen trägt die Jahresinschrift 1598. Großvolumige Keulen- und Zylindergläser mit Standfuß zählen ebenfalls zu den angetroffenen Formen.

Einen interessanten Einblick in die Situation vor der Zerstörung erlaubt ein Komplex aus dem Bereich zwischen heutiger Regierungs- und Bärstraße sowie Breitem Weg. 2007 gelang bei Ausgrabungen der Nachweis des Kachelbäckerhandwerkes, verbunden mit einem Fundkomplex von quasi politischer Bedeutung: Mehr als 600 Modelfragmente zur Herstellung von Ofenkacheln, glasierte und noch unglasierte Kachelprodukte sowie Fehlbrände und Brennhilfen deuten auf eine in der näheren Umgebung produzierende Töpferei hin, deren Reste selber jedoch nicht erfasst wurden (Ditmar-Trauth 2007). Zerstört wurde die Werkstatt wahrscheinlich bei dem Schadensfeuer nach der Erstürmung, denn viele der geborgenen Objekte zeigen Spuren starker Brandeinwirkung. Die Modeln, größtenteils in das erste Drittel des 17. Jhs. zu datieren, dienten als Negativ zur Herstellung hochwertiger, schwarzbraun glasierter Relief-Blattkacheln und anderer Ofenzier. Anders als die von ihnen abgeformten Kacheln sind sie unglasiert. Die Bildmotive sind breit gefächert: Figürliche Darstellungen von Fürsten, Evangelisten und alttestamentarischen Szenen, allegorische

2
Ein verbranntes menschliches Unterkieferfragment deutet auf die ungezählten Opfer in der brennenden Stadt hin, die Öremünze auf die schwedische Besatzung im Jahr nach der Katastrophe.

3
In der Werkstatt eines Kachelbäckers konnte man sich Kacheln mit den Konterfeis sowohl protestantischer als auch katholischer Kurfürsten bestellen. Diese zeigt einen der Väter des Dreißigjährigen Krieges: Johann Sigismund von Brandenburg.

1 (links)
Albrecht von Wallenstein.

2 (rechts)
Gustav II. Adolf.

und des Vaters (1595) gelangte Albrecht in die Obhut eines Verwandten, Heinrich Slavata von Chlum auf Koschumberg.

Die Familie Slavata stand in der böhmischen Tradition eines Jan Hus und Albrecht wurde protestantisch erzogen. Er wuchs zweisprachig auf, wobei das Tschechische ihm in jungen Jahren besser gelang als das Deutsche. Später kamen Latein, Italienisch, Französisch und ein wenig Spanisch hinzu: eine gute Grundlage für den Umgang mit einem vielsprachigen Söldnerheer.

Mit 14 Jahren wurde Albrecht auf eine evangelische Lateinschule im Niederschlesischen geschickt und im Anschluss daran folgte das Studium an der Universität Altdorf bei Nürnberg. Allerdings nur wenige Monate, denn der junge Student dachte nicht ans Studieren. Schlägereien, blinde Zerstörungswut, mutwillig beigebrachte Stichverletzungen waren bei ihm an der Tagesordnung. Gegen die Stadtpolizei scharte er sogar bewaffnete Studenten um sich. Im April 1600 ging er auf die »Grand Tour« eines jungen Adligen durch Deutschland, Italien und Frankreich. Italien dürfte den jungen Mann am nachdrücklichsten fasziniert haben: Architektur und Kunst, Bildung und Lebensgefühl prägten sein weiteres Leben. Hier ist wohl das Interesse am Militärischen geweckt worden, denn die italienischen Universitäten unterrichteten auch Militärwissenschaften. Und vielleicht sind schon hier erste Hinweise auf seinen späteren Religionswechsel zu vermuten.

Nach seiner Rückkehr aus Italien diente Wallenstein als Edelknabe am Hof des Markgrafen Karl von Burgau bei Innsbruck. Zwei Jahre später begannen die familiären Kontakte zu fruchten, als Adam von Waldstein, kaiserlicher Oberstallmeister, ihn für einen Posten als Fähnrich in kaiserlichen Diensten empfahl. Mit böhmischen Fußtruppen wurde er nach Ungarn verlegt, wo es durch Türken und Magyaren einen ständigen wunden Punkt an Österreichs Grenze gab.

Die Konversion zum katholischen Glauben machte ihm den Weg für eine Karriere bei Hofe frei. Auch hier zeigte sich, wie wichtig familiäre Verbindungen waren. Albrechts Schwager, Karl von Žerotín, vermittelte eine Anstellung als Kämmerer bei Erzherzog Matthias, der nach und nach die Regierungsgeschäfte seines Bruders Rudolf übernahm. Nach Rudolfs Tod nahm Matthias rasch die böhmische Königskrone und auch den Kaisertitel an.

In der Zeit am Hofe von Erzherzog Matthias war nicht viel von Wallensteins späterer Zielstrebigkeit erkennbar, aber vielleicht schärfte er hier seinen Blick für Aufstiegschancen. In diese Zeit fiel auch die Erstellung seines Horoskops durch Johannes Kepler, den Nachfolger des kaiserlichen Hofastronomen Tycho Brahe. Zwar waren Horoskope von der katholischen Kirche nicht gern gesehen, ja verboten, dennoch bedienten sich viele bis in die höchsten Kreise dieser Art der Voraussage. Wallenstein war da keine Ausnahme. Die Astrologie blieb bis zu seinem Tode ein bestimmender Faktor seines Lebens.

GUSTAV II. ADOLFS AUSGANGSPUNKT

Gustav II. Adolf (Abb. 2) gehörte zur dritten Generation des Herrscherhauses Wasa. Sein Vater hatte sich gegen den König, seinen katholischen Neffen Sigismund, der auch König von Polen war, erhoben, ihn aus Schweden vertrieben und selber den Thron bestiegen. Schon von frühester Kindheit an wurde Gustav II. Adolf, obwohl noch kein Thronerbe, auf eine Regierungsübernahme hin erzogen. Geboren wurde er am 19. Dezember 1594 auf dem Schloss zu Stockholm, wo der Vater Herzog Karl gerade Statthalter war. Seine Mutter Christina von Holstein-Gottorp war eine willensstarke Frau, mit der er mehrmals in Konflikt geriet. Der Junge war nämlich auch energisch und zupackend, eloquent und sprachbegabt. Er wuchs zweisprachig auf und lernte auch Latein, Französisch, Italienisch und Niederländisch.

Die lutherische Lehre war die Rechtfertigung seiner vom Vater ererbten Thronansprüche und somit eine Voraussetzung seiner Herrschaft. Widerspruchslos folgte er dem Vater. Nach Karls Schlaganfall 1609 übernahm Gustav II. Adolf schon 15-jährig wichtige Regierungsaufgaben und nach dessen Tod 1611 wurde er, obwohl noch nicht volljährig, als König bestätigt. Zu diesem Zeitpunkt befand sich Schweden-Finnland im Kriegszustand mit den Nachbarn Dänemark-Norwegen und Russland. Mit Polen herrschte Waffenstillstand, aber kein Friede. Gustav II. Adolf gelang es, mit einem teuren Vergleich den Krieg mit Dänemark und mit großem Landgewinn den Krieg mit Russland zu beenden.

Sein Reich stand wirtschaftlich vor dem Ruin und der Adel war gespalten – viele waren mit König Sigismund nach Polen ausgewandert. Wie sein Großvater und Vater neigte Gustav II. Adolf zum Jähzorn, hatte allerdings ein sonnigeres Gemüt und verstand es, Menschen für sich zu gewinnen. Söhne der vom Vater enthaupteten schwedischen Fürsten schlossen sich ihm an und dienten ihm ergeben bei den administrativen und wirtschaftlichen Reformen. Aber gegen den König von Polen blieb er unversöhnlich. Der Konflikt führte auch zu einer religiösen Polarisierung. Jedermann, ungeachtet seines Standes, »*der von unserem rechten christlichen Glauben und der evangelischen Lehre an die papistische abfällt*«, verlor ab 1617 alle Rechte innerhalb Schwedens und sollte »*wie ein Toter oder Verbannter*« (Stiernman 1728, 712) betrachtet werden. Schweden wurde in den folgenden Jahrzehnten immer lutherischer und Polen immer katholischer.

Mit 26 Jahren unternahm II. Gustav Adolf 1620 eine private Reise durch Deutschland; für eine Bildungsreise durch Europa hatte er vor lauter Regierungs- und Kriegsgeschäften nie Zeit gehabt. In Berlin hielt er um die Hand der brandenburgischen Kurfürstentochter Maria Eleonora an und fuhr dann weiter über Erfurt, Frankfurt, Mainz und Heidelberg nach Baden, wo er bei Breisach beobachten konnte, wie eine kaiserlich-katholische Armee von protestantischen Truppen völlig unbehelligt den Rhein überqueren konnte. Die Uneinigkeit und Tatenlosigkeit der Protestanten störten ihn sehr. Gustav II. Adolf wäre gerne nach Prag gereist, um die Unterstützung der böhmischen Stände für seinen Kampf gegen Polen zu gewinnen, aber dazu kam es nicht. Später im selben Jahr verlor der Pfälzer »Winterkönig« die Schlacht am Weißen Berge; aus Gustav II. Adolfs Perspektive eine sehr beunruhigende Entwicklung.

WALLENSTEINS AUFSTIEG UND SIEGESZUG NACH NORDEN

Nach dem Prager Fenstersturz im Mai 1618 hatte Wallenstein sich als böhmischer Adliger und Großgrundbesitzer klar auf die Seite Kaiser Ferdinands II., des abgesetzten böhmischen Königs, gestellt und damit gegen die böhmischen Aufständischen. Er verlor daraufhin seine mährischen Besitzungen und war von einem Tag zum anderen fast mittellos. Doch nach der für Ferdinand II. siegreichen Schlacht am Weißen Berge vom November 1620 wendete sich schlagartig das Blatt zugunsten Wallensteins. Der Kaiser, dem Wallenstein militärische Unterstützung angeboten hatte, revanchierte sich. Ferdinand II. – nun wieder böhmischer König – nutzte seinen Sieg, um Böhmen nach seinen Vorstellungen zu formen; die protestantischen Rebellen wurden entweder verjagt, eingesperrt oder hingerichtet, ihr Besitz konfisziert. Mehr als die Hälfte des böhmischen Landes erhielt neue Besitzer, konfessionell wie politisch dem katholischen Habsburger treu ergeben. Wallenstein, der als Obrist von Prag praktisch Militärkommandant von Böhmen war, nutzte seine Stellung, um von der enormen Landumschichtung zu profitieren. G. Mann sieht ihn als den Gewinner unter den Landerwerbern: »*Unter jenen, die gewannen, war Albrecht Wallenstein der bei weitem erfolgreichste*« (Mann 1971, 246). Allein seine Mitwirkung am Prager Münzkonsortium, einer durch den Kaiser geduldeten Neuordnung des böhmischen Münzwesens in Form von Münzverschlechterung in Zeiten der »Kipper und Wipper«, brachte Wallenstein beträchtliche finanzielle Gewinne, die er auch zu umfangreichem Landerwerb nutzte. Im Norden und Nordosten Böhmens konzentrierte Wallenstein seine Besitzungen um die Städte

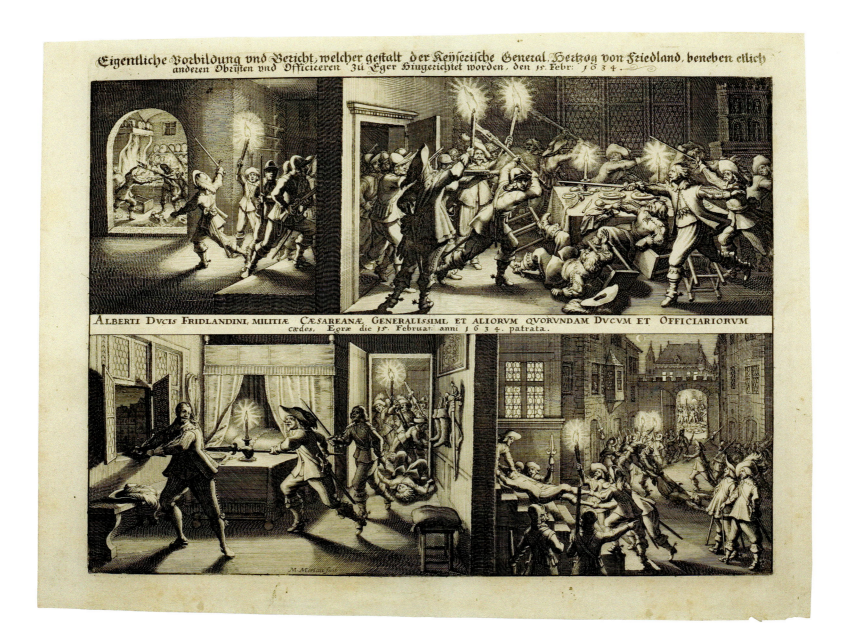

3
Wallenstein wurde im Februar 1634 in Eger (Cheb) ermordet. Auf der Bilderfolge aus dem »Theatrum Europaeum« 1670 wird minutiös der Ablauf gezeigt: vom Überfall auf seine Leibwache bis hin zum tödlichen Streich im Schlafgemach des ehemaligen Generalissimus.

Reichenberg/Liberec, Gitschin/Jičín und Friedland/Frýdlant, für die er bald die Erblichkeit und später die Erhebung zum Herzogtum erhielt. Bereits um 1625, also wenige Jahre nach Erwerb der umfangreichen Ländereien, hatte Wallenstein sein Herzogtum politisch, administrativ und wirtschaftlich erneuert. Es konnte alles liefern, was zum Krieg benötigt wurde – und der ging weiter: Im Niedersächsischen Reichskreis, wo auch der dänische König Christian IV. als Herzog von Holstein deutscher Reichsfürst war, regte sich Widerstand gegen den Kaiser und die katholische Liga. Der dänische König wurde als Kreisoberst zum Führer eines Heeresaufgebots gegen den Kaiser. Wallenstein hatte schon frühzeitig die Gefahr aus dem Norden erkannt, nicht nur die, die von König Gustav II. Adolf von Schweden ausging. Nach vielen Monaten der Verhandlungen nahm der Kaiser das Angebot Wallensteins an, auf eigene Kosten ein kaiserliches Heer aufzustellen. Im September 1625 rollte ein gigantisches Heer von nahezu 60 000 Mann unter dem »*Obrister Feldhauptmann und Capo über samentlich gerüstete Volk im Heiligen Römischen Reiche und in denen Niederlandten*«, Herzog Albrecht von Friedland, in den Norden. Ein zweites Heer, das der katholischen Liga unter dem alten Haudegen Tilly, zog parallel.

Im April 1626 schlug Wallenstein an der Dessauer Brücke, einem Übergang der Elbe zwischen Dessau und Roßlau, seine erste eigene Schlacht: Er war siegreich gegen den protestantischen Heerführer Ernst von Mansfeld. Tilly legte bei Lutter am Barenberge gegen den Dänenkönig nach. Wallensteins Heer zog bis nach Jütland, ins Dänische hinein. Ebenso eroberte er Mecklenburg, aber an der mit den Schweden verbündeten Hansestadt Stralsund scheiterte er. Sie konnte er trotz aller Anstrengungen nicht erobern. Der dänische König zog sich mit seinen Truppen auf die dänischen Inseln zurück, wohin Wallenstein ohne eigene Flotte nicht folgen konnte. Diese Kalamität fehlender kaiserlicher Schiffe brachte dem Herzog von Friedland neben der Verleihung des Herzogtums Mecklenburg auch den Titel eines Admiral-Obrister-Feldhauptmann des ozeanischen und baltischen Meeres. Eine Flotte schaffte der sonst so geschickte Wallenstein jedoch nicht herbei.

Christian IV. musste aber dennoch in Friedensverhandlungen mit dem Kaiser eintreten. Wallenstein war hierbei des Kaisers rechte Hand; es zeigte sich, dass der kaiserliche General als abwägender Politiker die harten und mitunter hohen Forderungen des kaiserlichen Siegers so abzuwehren verstand, dass der dänische König relativ unbeschadet aus diesem Krieg hervorging. Denn aus Sicht Wallensteins wäre ein harter Friede gegen Dänemark der Quell eines neuen Konflikts geworden. Dem Herzog war an Ruhe an jener Flanke des Reiches gelegen.

Doch der rasche Aufstieg Wallensteins, gepaart mit seinem hohen Selbstbewusstsein, ließ ihm viele Feinde erwachsen. Alleine der steile Aufstieg zu einem Reichsfürsten, der er 1628 als Herzog von Mecklenburg wurde – als Herzog von Friedland war er »nur« Untertan des böhmischen Königs –, brachte viele deutsche Fürsten – vor allem Kurfürst Maximilian von Bayern – und zahlreiche Wiener Hofchargen in Opposition zu ihm. Diese Anti-Wallenstein-Koalition erreichte im August 1630 die Absetzung Wallensteins als kaiserlicher Oberbefehlshaber.

Die Abberufung geschah, als der schwedische König gerade wenige Wochen zuvor an der Ostseeküste gelandet war. Wallenstein hatte schon seit Jahren auf diese Gefahr hingewiesen und ihm war klar, dass er seinen geplanten Italienzug auf den dortigen Kriegsschauplatz nicht realisieren konnte. Doch ein Aufeinandertreffen mit dem Feind aus dem Norden, dem »Löwen aus Mitternacht«, blieb ihm durch seine Entlassung verwehrt – vorerst.

GUSTAV ADOLFS KRIEGE IN RICHTUNG SÜDEN

Mit der Niederlage der böhmischen Protestanten 1620 musste Gustav II. Adolf seine Hoffnungen auf ein Bündnis mit ihnen aufgeben. Andere Allianzversuche waren ebenfalls gescheitert, aber auch ohne Verbündete brach er den Waffenstillstand mit Polen, und 1621 gelang ihm die Einnahme von Riga, einer zwar protestantischen, aber florierenden Handelsstadt. Seine Armee drang weiter in Livland vor und Anfang 1626 gelang ihr ein Sieg über die polnische Kavallerie, gegen die sein Vater eine bittere Niederlage erlitten hatte. Noch im selben Jahr verlagerte Gustav II. Adolf den Krieg nach Preußen, das lehnsrechtlich zur polnischen Krone gehörte. Das schwedische Vordringen wurde durch Polens Zweifrontenkrieg erleichtert; im Süden wurde ein türkischer Angriff abgewehrt. Drei Jahre blockierten die Schweden den für Polen so wichtigen Getreideexport über die Ostsee. Wirtschaftlich schwer gebeutelt, willigte das Land 1629 unter Vermittlung von Frankreich, Brandenburg und England in Waffenstillstandsverhandlungen ein. Nachdem Wallenstein seinen General Hans Georg von Arnim zur Unterstützung Polens geschickt hatte – eine erste Konfrontation Wallensteins und Gustav II. Adolfs –, zeigte die schwedische Seite sich unnachgiebiger und die Bedingungen wurden hart: Polen verlor Livland und mehrere preußische Städte, deren Zolleinnahmen für die nächsten Jahre an die schwedische Krone gingen. Für Gustav II. Adolf war der Waffenstillstand eine Voraussetzung, um den Krieg nach Deutschland verlagern zu können.

Die Erfolge der kaiserlichen Armeen, verbunden mit der Restitution von Kirchen und Stiften an die katholische Kirche, hatten schon früh Gustav II. Adolf veranlasst, ein Eingreifen auf dem Kontinent zu planen. Die kaiserliche Expansion tangierte seine Machtansprüche im Ostseeraum. Die Hilfe, die Wallenstein Sigismund geschickt hatte, und die Tatsache, dass Gustav II. Adolfs Emissär bei den Friedensverhandlungen mit Dänemark nicht zugelassen wurde, beleidigten des Königs Stolz und Ehre. Als sich dann 1628 eine Gelegenheit bot, dem von Wallenstein belagerten Stralsund beizustehen, zögerte Gustav II. Adolf nicht. Er schickte 400 Mann in die Stadt, wo schon der dänische General Henrik Holck die Verteidigung leitete. Wallensteins Versuch, den letzten Widerstand an der Küste zu bezwingen, misslang.

Im Sommer 1630 landete Gustav II. Adolf mit einer Armee auf Usedom. Kaum waren die Schweden angekommen, entließ der Kaiser seinen Feldherrn. Der König erhielt zwar keine Unterstützung vom kurfürstlichen Schwager in Berlin und auch nicht vom mächtigsten der protestantischen Fürsten, Johann Georg von Sachsen, ihm gelang es dennoch, sich auf Rügen und an der pommerschen Küste festzusetzen. Noch längst vor dem Einmarsch der schwedischen Truppen

folgenden Jahren suchte der Generalissimus andere Wege, den Krieg zu beenden. Seine indirekten Fühler, Vorschläge und Andeutungen an Schweden und Sachsen gerichtet, führten ihn in die Isolation und als die Intrigen gegen ihn beim Kaiser fruchteten, in den Tod. An der Grenze zu Sachsen wurde er im Februar 1634 ermordet (Abb. 3).

IN DEN AUGEN DER NACHWELT

Nach der Ermordung Wallensteins obsiegte zunächst die Sicht des Kaisers und des Wiener Hofes: Wallenstein war ein Verräter. Auch die vielen Nutznießer, die Anteile seiner Besitzungen zugesprochen bekamen, verbreiteten diese Auffassung. Wallenstein hatte groß in seine Bauten investiert und dabei seine Umgebung oft brüskiert gemäß seinem Wahlspruch: »*Invita Invidia*« (»Sollen sie doch neidisch sein«). Indem sein Erbe, Maximilian von Waldstein, taktisch geschickt vorging, konnte er Teile des Vermögens und das großartige Palais in Prag für die Familie retten, Wallensteins Ächtung zum Trotz. Innerhalb der Familie von Waldstein wurde ein positives Bild des berühmten Mitglieds gepflegt. Mit dem wachsenden Geschichtsinteresse des 19. Jhs. wurde die wissenschaftliche Neugier geweckt, was nicht nur das Geschichtsbild Gustav II. Adolfs, sondern auch Wallensteins vertiefte. Die zunehmende Gewohnheit, die Völker Europas als romanisch, slawisch oder germanisch zu betrachten, führte zu jeweils positiven oder negativen Deutungen: Für die nordeuropäisch-protestantische Geschichtstradition war Wallenstein der dunkle Böse, Gustav II. Adolf hingegen der gute Blonde. In der österreichischen Geschichtsschreibung war das Bild Wallensteins ambivalent, während der große Heerführer für das tschechische Nationalgefühl positiv gedeutet wurde. Wallensteins schier unglaublicher Aufstieg, sein jäher Sturz, sein Wiederaufstieg und seine Ermordung haben nicht nur den Historiker G. Mann fasziniert. Sternengläubig, rücksichtslos, maßlos erregte und erregt Wallenstein – womöglich eher als sein Gegenspieler – die Neugierde der Menschen.

Gustav II. Adolf fiel in einer Gegend, in der die Bevölkerung lutherisch war, und das ermöglichte die Entstehung eines Kults am Todesort (Abb. 4). Im evangelischen Deutschland löste der Tod des Königs eine Trauerwelle aus; der Handel mit Andenken und Erinnerungsstücken florierte. Protestantische Fürsten, die ihn zu Lebzeiten nur zögerlich unterstützt hatten, ordneten Klagepredigten an. Spätere Generationen nahmen die Vorstellungen vom »Retter der Religion und der Freiheit« auf und passten sie den Bedürfnissen der Zeit an. So verehrten deutsche Fürsten im 18. Jh. den schwedischen König als Vorkämpfer ihrer Unabhängigkeit gegenüber dem Kaiser. In der Zeit der Aufklärung wurde Gustav II. Adolf als großer Mann und Held bewundert. F. Hölderlin besang ihn als »Retter der Freiheit«. Die von F. Schiller definierte »Geistesfreiheit« wurde ihm zugeschrieben. Im Vormärz sah die protestantische Jugend Deutschlands den schwedischen König als Verfechter der von ihr erstrebten bürgerlichen Freiheiten. Nicht nur aus Europa, aus der ganzen Welt suchten Menschen die Gedenkstätte auf. Im 19. Jh. wuchs die Verehrung des Königs in Skandinavien und in Preußen, gewann Eingang in den Unterricht und wurde zunehmend staatserhaltend. Starke Gegenreaktionen von katholischer und marxistisch-sozialistischer Seite blieben nicht aus. Im 20. Jh. hatte der Kult ein solches Gewicht, dass Versuche einer politischen Instrumentalisierung nicht ausblieben. Bis heute ist die positiv gefärbte Tradition im evangelischen Deutschland lebendig.

Literatur

Håkansson 2014
H. Håkansson, Vid tidens ände. Om stormaktstidens vidunderliga drömvärld och en profet vid dess yttersta rand (Halmstad 2014).

Mann 1971
G. Mann, Wallenstein. Sein Leben erzählt von Golo Mann (Frankfurt a. M. 1971).

Oredsson 2007
S. Oredsson, Gustav II Adolf (Malmö 2007).

Polišenský/Kollmann 1997
J. Polišenský/J. Kollmann, Wallenstein. Feldherr des Dreißigjährigen Krieges, aus dem Tschechischen übersetzt von Herbert Langer (Köln, Weimar, Wien 1997).

Rebitsch 2010
R. Rebitsch, Wallenstein. Biografie eines Machtmenschen (Wien, Köln, Weimar 2010).

Stiernman 1728
A. A. von Stiernman, Alla Riksdagars och Mötens Besluth (Stockholm 1728).

DAS PFERD UND DIE »TOTENKLEIDER« – ERINNERUNGEN AN GUSTAV II. ADOLF IN DER KÖNIGLICHEN RÜSTKAMMER

Ann Grönhammar

1
Gustav II. Adolfs Pferd Streiff ist spätestens seit den 1640er Jahren in der Königlichen Rüstkammer ausgestellt. Der Koller aus dickem Elchleder, den der König in der Schlacht von Lützen im Jahr 1632 trug, nach der Schlacht zur Kriegstrophäe erklärt, wurde 1920 von Wien nach Stockholm gebracht als Ausdruck von Dankbarkeit nach dem Ersten Weltkrieg.

In der Königlichen Rüstkammer, die sich im Untergeschoss des Königlichen Palastes von Stockholm befindet, hat die Schlacht von Lützen eine wesentliche Bedeutung für das Museum selbst. Der Tod des Königs in der Schlacht ist als zentrales Thema in der Dauerausstellung zu sehen. Vor allem sein ausgestopftes Pferd ist seit Jahrhunderten das am besten begreifbare Objekt (Abb. 1), das die Besucher der Königlichen Rüstkammer an den Moment erinnert, in dem Gustav II. Adolf an jenem 6./16. November 1632 starb.

Das Pferd mit Namen Streiff überlebte die Schlacht, starb aber im folgenden Frühjahr in der damals schwedischen Hafenstadt Wolgast in Pommern. Nach der prächtigen Trauerprozession durch die Stadt im Juni 1633 brachte man das Pferdefell mitsamt den Hufen an Bord desselben Schiffes, auf dem sich auch der königliche Leichnam befand und diesen über die Ostsee nach Schweden brachte. In Stockholm wurde das Fell auf einem hölzernen Pferdegestell in passender Größe mit hoch erhobenem Kopf montiert (Cederström 1944). Die älteste Überlieferung von Gustav II. Adolfs Pferd als Exponat in der Königlichen Rüstkammer, noch in der alten Burg Tre Konor, stammt von einem Tagebucheintrag des französischen Botschaftssekretärs G. Coignet de la Tuilleri von 1644. R. Montecuccoli, der Stockholm im Dezember 1653 besuchte, hielt fest, dass es genauso aufgezäumt war, wie der König es ritt, mit den Pistolen in den Halftern – und genauso ist es heute noch zu sehen (Grönhammar 1994). Möglicherweise sah er eine lebensgroße Puppe, die in einer elchledernen Weste des Königs im Sattel saß. Letztere war nach den Protokollen des Reichsrates »ein Jahr nach dem Tod des Königs« mit derjenigen identisch, die man bereits zuvor in der Königlichen Rüstkammer als »ein ewiges Andenken« aufbewahrte. Diese Überlieferung bezieht sich jedoch auf zwei Kleidungsstücke, die Gustav II. Adolf bereits 1627 getragen hatte, während er in Preußen gegen seinen Cousin, den polnischen König Sigismund kämpfte. Hier wurde er bei zwei Gelegenheiten von gegnerischen Kugeln verletzt, überlebte aber. Für die Stücke

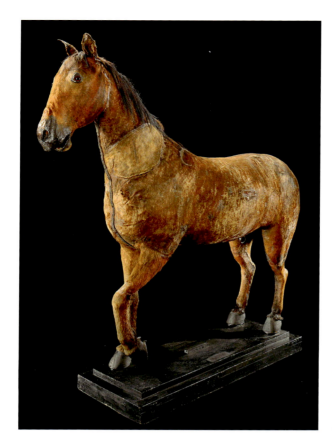

2
Dermoplastik des herzoglichen Pferdes mit sog. Stromung.

»sembrava un Camaleonte« (einem Chamäleon gleich; Priorato 1643, 64). Wallenstein kombinierte häufig modische Einflüsse aus verschiedenen Ländern Europas. So ist auch der Kragen mit Vogel-, Blumen- und Rankenmotiven eine dieser modischen Anleihen. Bei einigen Motiven sind Details mit rotem Faden ausgeführt, das Ornament mit Goldfaser.

Zu einem Kavalier gehörte auch eine ganz besondere Waffe: In der zweiten Hälfte des 16. Jhs. wurde in Spanien aus dem massiven Schwert das Rapier, eine leichte Stichwaffe mit langer, schmaler Klinge, mehrkantig im Querschnitt, deren Führen durch das nicht geschliffene Ricasso, die Fehlschärfe, erleichtert wurde. Das Rapier mit glockenförmigem Handschutz im Museum Cheb stellte zu des Herzogs Zeiten in Mitteleuropa eine ziemliche Neuerung dar. Die Waffe, offenbar das Werk eines spanischen Meisters, trägt an ihrem durchbrochenen Korb ein Spruchband mit der dreiteiligen Gravur »ALLBRECHT/HERZOG/V(ON) FRIDLAND A(NNO) 1633« (Abb. 1). Wenn diese authentisch ist, dann hat die Waffe ihrem Besitzer nicht länger als 14 Monate gedient. Wohl deshalb ist Wallenstein in allen zeitgenössischen Darstellungen noch mit dem schweren Schwert abgebildet.

Den Liebhaber und Züchter edler Pferde sollten auf einem Zug 1632 an die 30 Leibpferde begleiten. Zur Wallenstein-Sammlung des Museums Cheb gehört unter anderem die Dermoplastik eines Hengstes mit seltener Deckhaarzeichnung, der sog. Stromung. Dieses Präparat des mutmaßlichen herzoglichen Leibrosses ist im Laufe der Jahrhunderte wiederholt instand gesetzt und ergänzt worden, der schön gezeichnete Rumpf soll jedoch der originale Teil sein (Abb. 2). Die ungewöhnliche Stromung erhöhte die Exklusivität des Tieres noch, das zudem mit seiner außergewöhnlichen Ausstattung gewissermaßen eines Herzogs als Besitzer würdig war: Zaumzeug mit Trense, Sattel mit Steigbügeln, Satteldecke sowie Waffenfutterale mit passenden Abdeckungen. Im barocken Reitsattel sitzt der Reiter auch bei länger dauernden Zügen sicher und bequem (siehe S. 465). Das Exemplar aus den Wallenstein-Sammlungen wird allerdings kaum für längere Ausritte genutzt worden sein; eher hat es bei besonderen Anlässen den Rücken eines der Leibpferde des Herzogs von Friedland geschmückt. Der Prunksattel aus karminrotem Samt ist über und über mit metallenen Fäden und Pailletten bestickt und mit Tressen, Kordeln und Messingnägeln verziert. Der Sattelbaum besteht aus Formholz, die Polsterung aus Werg, Filz und Stroh, die feste Unterlage bilden Leinen und Leder.

Auf den Zügen oder im Felde kamen dem kranken Heerführer zweifellos praktischere Gegenstände zupass. Einer davon dürfte ein kleiner transportabler Holzkohleofen gewesen sein, dessen Heizleistung sich durch Aufklappen des abnehmbaren oberen Teils regulieren ließ. Er gehört zu einer Garnitur aus kupfernen Behältern, Räuchergefäßen und weiteren Gebrauchsgegenständen, welche möglicherweise, wie auch das in den Quellen häufig erwähnte Tafelsilber, Bestandteil der herzoglichen Reiseausstattung waren.

Auf seiner letzten Reise aber, die er auf einem Wagen in einem provisorischen Sarg von Cheb aus ins Innere Böhmens antrat, begleitete den ermordeten Herzog weder eines dieser Wunder menschlicher Handwerkskunst noch eines seiner kostbaren Pferde.

Literatur

Priorato 1643
G. G. Priorato, Historia della vita d´Alberto Valstein, Duca di Fritland (Lyon 1643).

Vlček 1993
E. Vlček, Jak zemřeli: Významné osobnosti českých dějin z pohledu antropologie a lékařství (Praha 1993).

Der rote Prunksattel Wallensteins wurde bei besonderen Anlässen genutzt. Das Paar Reitstiefel soll Wallenstein noch kurz vor seiner Ermordung getragen haben.
> siehe S. 463–464

Detail aus Merians Darstellung der Schlacht bei Lützen: Schwedische und Kaiserliche liefern sich ein Artilleriegefecht, kaiserliche Musketiere feuern aus den Straßengräben. Viele Tote bedecken bereits das Schlachtfeld.
> siehe S. 467–472

DER DRUCK DES EREIGNISSES – ZEITZEUGNISSE ZUR SCHLACHT BEI LÜTZEN

Hans Medick

Die Schlacht von Lützen wurde erst durch die vielen Avisen, Zeitungen, Flugschriften, Leichenpredigten und sonstigen Zeugnisse zum historischen Ereignis – durch ihren Druck und den enormen Zeitdruck, der die schnelle Bekanntmachung dieses Geschehens in den zeitgenössischen Druckerzeugnissen auf den Weg brachte.

Druck und Zeitdruck im Gefolge der Schlacht von Lützen – schon dies sind frühe Anzeichen einer zunehmenden Medialisierung historischer Ereignisse. Für Fachhistoriker, aber auch für die geschichtsinteressierte Öffentlichkeit, die sich besonders seit dem 19. Jh. mit der Schlacht von Lützen beschäftigten, war diese eher in ihren faktischen Abläufen und Details oder als historischer Auslöser für den Kult um den gefallenen protestantischen »Helden« Gustav II. Adolf von Schweden interessant. Bezog man sich jedoch auf die Schlacht als Medienereignis und auf ihre besonderen Überlieferungsformen in den Zeitzeugnissen, dann war dies allenfalls ein Beitrag zur bloßen Quellenkritik.

Anders hingegen der Göttinger und spätere Hallenser Geschichtsprofessor Gustav Droysen (1838–1908; Meumann 2004, 123–153): Dieser veröffentlichte 1865 einen radikalen Versuch der Quellenkritik der Schlacht von Lützen (Droysen 1865). Dabei sah er das eigentlich historische Erkenntnisproblem des Ereignisses vor allem in der Tendenz der zeitgenössischen Zeugnisse, die Schlacht performativ nachzuinszenieren. Er kam zu folgendem Ergebnis: »*Alle jene, immerhin bald nach dem Ereigniß selbst entstandenen, zusammenfassenden Berichte über dasselbe sind nichts als Kunstproducte, die bald mehr oder weniger frei, dreist und geschickt, auf dem Papiere eine Bataille aufführen, welche sie für die Schlacht bei Lützen ausgeben, weil sie in ihr vorgefallene Einzelheiten enthalten*« (Droysen 1865, 231). Mit seinem radikalen Skeptizismus stieß Droysen in einem faktengläubigen Jahrhundert natürlich auf Widerspruch. Dabei hatte er aus heutiger Sicht einen richtigen Ansatz. Statt – wie Leopold von Ranke (1869, 269–272) in seiner Darstellung des Ereignisses von Lützen – einer einzigen angeblich glaubwürdigen Quelle zu vertrauen, rückte Droysen vielfältige Zeitzeugnisse in ihrer Konstruiertheit, Verflechtung und Wirkungsabsicht in den Blick; denn relativ wenige dieser Schriften wurden als explizite Selbstzeugnisse von Schlachtteilnehmern verfasst und dann auch überliefert. Eine Ausnahme ist der als persönliches Marschtagebuch militärisch-nüchtern gehaltene Schreibkalender des Herzogs Franz Albrecht von Sachsen-Lauenburg – in dieser Ausstellung zum ersten Mal der Öffentlichkeit präsentiert –, eines Überläufers der kaiserlichen Armee und zum Zeitpunkt der Schlacht Angehöriger der schwedischen Armee. In dessen Armen soll König Gustav II. Adolf nach seiner Verletzung auf dem Schlachtfeld gestorben sein: »*NB den 16. Seind I[hro] M[ajestät] der König in Schweden mier im Arme erschossen worden, in derselben Schlacht.*« (Niedersächsisches Staatsarchiv Wolfenbüttel, Signatur: 1 Alt 5 Nr. 682, Jan. 1631–Dec. 1633).

Solche persönlichen Zeugnisse treten freilich in dieser Zeit eher zurück hinter einer wahren Flut von gedruckten Texten, die von vornherein für die Öffentlichkeit bestimmt waren. Diese Publikationsflut setzte bald nach dem 6./16. November 1632 ein. Einer der frühesten und wichtigsten Texte war die bereits am 11./21. November wahrscheinlich von einem Mitglied der schwedischen Feldkanzlei in Erfurt verfasste Flugschrift »*Warhaffte und eygentliche Relation von der blutigen Schlacht zwischen der Königl. Majestät zu Schweden und der Käyserlichen Armee den 5. und 6. Novembris deß 1632. Jahrs bey Lützen, zwo Meil wegs von Leipzig vorgangen und geschehen. Auß Erfurt vom 12. Novembris, 1632.*«. Die mit dem Wappen des Schwedischen Königs versehene Schrift erhielt so einen quasi offiziellen Status. Der Autor beschreibt sich selbst als Augenzeuge und Teilnehmer der Schlacht. Bemerkenswert erscheint, wie er die Schlacht als einen von Gott verliehenen Sieg der protestantischen Seite darstellt und dadurch den Tod König Gustav II. Adolfs als den Opfertod eines Helden für die evangelische Sache rechtfertigt. Diese »Erfurter Relation« spielte in der Medialisierung der Schlacht von Lützen eine bedeutende Rolle. Sie wurde nicht nur bereits vor Ende 1633 in zahlreichen Ausgaben an unterschiedlichen Orten nachgedruckt, sondern ging in abgewandelter Form auch in zahlreiche andere Schriften ein, bis hin zu ihrer persönlichen Aneignung im Selbstzeugnis des Thüringischen Hofrats Volkmar Happe. Obwohl Happe nicht selbst auf dem Schlachtfeld war, beschrieb er doch den Inhalt der Schrift ohne Nennung ihres Titels als eigene persönliche Erfahrung (Medick 2014, 143–146). Die »Relation« trug durch derart unterschiedliche Formen ihrer Vervielfältigung und Aneignung schon wenige Tage nach der Schlacht dazu bei, das Bild Gustav II. Adolfs als das eines Märtyrerhelden für die protestantische Sache zu formen.

Bis Ende 1632 lassen sich immerhin 47 Flugschriften und Relationen über die Schlacht nachweisen, darunter erste gedruckte Trauerpredigten auf den Tod des Königs, wie diejenige des Pastors von Lützen (Stockmann 1632). Die meisten dieser Texte wurden in Leipzig, Erfurt und anderen Orten Mitteldeutschlands gedruckt.

Daneben gibt es die zahlreichen Artikel und Avisen in den periodischen, zumeist wöchentlich erscheinenden Zeitungen, wie der Hamburger »Postzeitung«, den Frankfurter »Ordentliche Wochentliche Zeytungen« oder den Stuttgarter »Zeitungen des 1632 Jahrs«. Doch während die Berichterstattung der Flugschriften und Flugblätter bereits eine Woche nach der Schlacht begann, wurden die Meldungen hier mit beträchtlicher zeitlicher Verzögerung abgedruckt. So erschien die erste Zeitungsmeldung erst gegen Ende November 1632. Selbst drei Wochen nach der Schlacht zeigte sich deutlich ein Zögern, den Tod König Gustav II. Adolfs als gesicherte Information zu melden. Es herrschte eine große Unsicherheit sowohl hinsichtlich der Einschätzung der militärisch-politischen Situation als auch der Bewertung des Wahrheitsgehaltes von Informationen. Beides führte sogar zu der ausgesprochenen Fehlmeldung, der Schwedenkönig habe überlebt. So wird in den Frankfurter »Ordentliche Wochentliche Zeytungen« Ende November 1632 eine Meldung veröffentlicht, in der von einer schweren Verwundung des schwedischen Königs, aber noch keineswegs von seinem Tod die Rede ist. Erst eine Woche später wird die Schlacht von Lützen zum herausgehobenen Ereignis. Ausgabe 60 der Frankfurter »Ordentliche Wochentliche Zeytungen«, die den besonderen Titel »*DIARIUM, darinnen ausführlicher Bericht [...] was bey dem Treffen bey Lützen vorgangen und darauff erfolgt*« trägt, bietet nun in zwei längeren Berichten aus Leipzig vom 13./ 23. November und vom 16./26. November detaillierte Informationen vom Schlachtgeschehen, einschließlich einer bemerkenswert nüchtern und kurz gehaltenen Nachricht vom Tod des Königs (Institut Deutsche Presseforschung, Bremen, Bestand Z1/1632/ 58 und 60).

Diese gesteigerte Publikation von Texten, die auf die Schlacht bezogen sind, dauerte das ganze Jahr 1633 an, bevor es 1634 zu einem signifikanten Rückgang der Veröffentlichungen kam. 1633 war auch das Jahr, in dem sich mit dem ersten publizierten Band von Matthäus Merians zeithistorischem Serienwerk »Theatrum Europaeum« die historiografische Darstellung der Schlacht von Lützen in der Öffentlichkeit anmeldete. An dieser Stelle kommt folgenreich der zeitliche Druck ins Spiel, den das Eingreifen der Schweden in den Krieg und besonders das Ereignis von Lützen auf das Erscheinen gerade dieses Bandes ausübten. Dieser Zeitdruck war – wie der Verleger Merian zugab – maßgeblich für sein verlegerisches Handeln (Wüthrich 2007, 326), das in den Wochen nach dem 6./16. November 1632 unter enormem Aktualitätszwang stand. Er drängte zur schnellen Publikation einer umfassenden Darstellung der Lützener Vorgänge und insbesondere der Umstände des Todes des Schwedenkönigs. Gleichzeitig waren es aber auch der Wettbewerb und der Verbund mit der Konkurrenz anderer Drucker und Verleger in der Stadt Frankfurt am Main, die als Medienstandort im Gefolge der Messe schon damals im Entstehen war. All diese Umstände veranlassten Merian dazu, von der zunächst geplanten Reihenfolge seines zeit- und weltgeschichtlichen Serienwerks abzuweichen und den zweiten Band vorzuziehen. Er habe, wie er in der Vorrede erklärt, absichtlich »*die Ordnung der Zeit*« gebrochen und dem »*Leser, der gemeiniglich newer Dinge begierig, anticipando willfahren wollen*« (Abelinus/Merian 1633). Denn dieser zweite Band behandelte die – brisanten – gegenwartsnahen Jahre von 1629 bis 1633 und hier insbesondere die Geschichte des schwedischen Eintritts in den Krieg bis zur Schlacht von Lützen. Merian publizierte das Werk als stattlichen Folioband zur Fastenmesse im März 1633 in Frankfurt unter dem Titel »*Historische Chronick oder warhaffte Beschreibung aller vornehmen und denckwürdigen Geschichten so sich hin und wider in der Welt, von Anno Christi 1629 bis auff das Jahr 1633 zugetragen [...] Beschrieben durch M. Johannem Philippum Abelinum [...] gezieret verlegt durch Matthäum Merian, Buchhändlern und Kupfferstechern zu Franckfurt am Mayn*«.

Der erste Band dieser »Universal Erzählung« und Zeitgeschichte des »Teutschen Krieges«, der die vor-

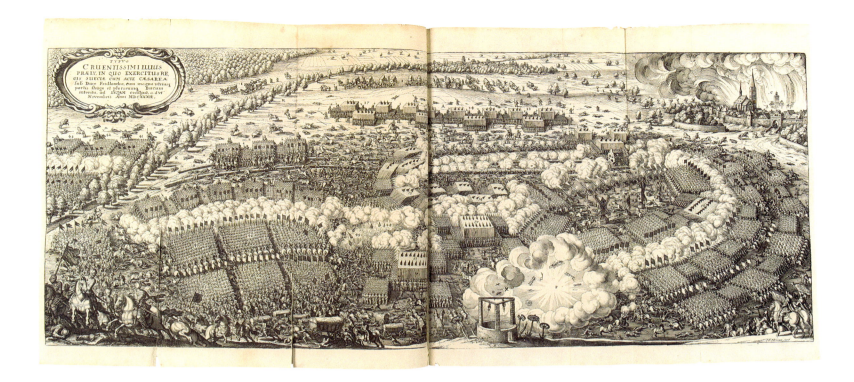

1

Das Schlachtgeschehen in Matthäus Merians Panoramastich im »Theatrum Europaeum« 1633.

hergehenden Jahre von 1617 bis 1629 behandeln sollte, erschien dagegen erst 1635 unter dem von vornherein geplanten und für die späteren Fortsetzungen bleibenden Serientitel »*Theatrum Europaeum, Oder Außführliche / und Wahrhaftige Beschreibung aller und jeder denckwürdiger Geschichten so sich hin und wider in der Welt / fürnämlich aber in Europa / und Teutschen Landen / so wohl im Religion als Prophan-Wesen / vom Jahr Christi 1617. biß auff das Jahr 1629 [...] begeben und zugetragen haben*«.

Es war aber nicht nur das Zeitproblem, das hier zum wichtigen Faktor wurde. Auffällig ist auch ein Problem der Autorenschaft. Merians Textautor für die ersten zwei Bände des »Theatrum Europaeum« war der professionelle Frankfurter Schreiber und Übersetzer Johann Philipp Abelinus (Angermann 1953). Er konnte zum Zeitpunkt der Erstellung des Textes, den er im Dezember 1632 und in den ersten zwei Monaten des Jahres 1633 verfasst haben muss, schon auf eine Vielzahl von Flugschriften, Zeitungsmeldungen und Avisen als dokumentarische Grundlage seiner Arbeit zurückgreifen. Abelinus hatte sich zudem bereits in mehreren anderen Publikationen mit der Schlacht von Lützen beschäftigt. Auch hier stand er unter erheblichem Zeitdruck, besonders angesichts der periodisch festgelegten Erscheinungsweise von zwei wichtigen Nachrichtenmedien, die sich auf die jeweiligen Frühjahrs- und Herbstmessen in Frankfurt bezogen und für die er als offizieller Schreiber tätig war. Es handelt sich zum einen um die Frankfurter »Meßrelationen«, deren betreffender Band unter dem Titel »*Relationis Historicae Semestralis Continuatio*« ebenfalls im Frühjahr 1633 erschienen ist und die eines der wichtigsten periodischen Nachrichtenmedien der damaligen Zeit waren, und zum anderen um das zur selben Zeit publizierte lateinische Pendant dieser deutschsprachigen »Meßrelationen«: die »*Mercurii GalloBelgici...Historicae Narrationis Continuata*«, die sich vor allem an eine nicht deutsch sprechende Leserschaft in den europäischen Ländern richtete. Auch das ebenfalls im Frühjahr 1633 in Frankfurt erschienene Werk »*Inventarium Sueciae*«, eine bemerkenswerte Synthese von politisch-geografischer Landesbeschreibung und zeitgeschichtlicher Chronik, mit der Darstellung der Schlacht von Lützen als einem ihrer Schlusspunkte, wurde vom professionellen Vielschreiber Abelinus als dem auch hier anonym bleibenden Autor verfasst (Droysen 1864, 18 ff., bes. 28 f.). In einer persönlichen »Erinnerung an den günstigen Leser« verweist Abelinus als anonymer Autor hier schon im Herbst 1632 auf den Zeit- und Publikationsdruck, unter dem er bei Abfassung seiner erst wenige Monate später endgültig fertiggestellten Schrift stand. Er habe sich der »*Kürtze befleissen müssen [...] Gemüßt hat man, weil die vom Verläger fürgesetzte Zeit sehr kurtz gegriffen und zu Verfertigung dieses Werckleins nicht über vier Monat Zeit neben andern deß*

oder deren Feldkommandeure sind in diesem Schlachtgewimmel zu erkennen, obwohl doch in der Legende hinter der Bezeichnung für Gustav II. Adolfs Leibgarde und Leibregiment ein Kreuz eingetragen ist. Ist also auf dem Bild der schwedische König schon gefallen und wahrscheinlich als lebloser, ausgeplünderter Körper bereits vom Schlachtfeld abtransportiert worden? Die Ausblendung Gustav II. Adolfs aus dem Bildgeschehen wird von Merian in der späteren, dritten Auflage von 1646 im Nachhinein durchaus korrigiert, indem er den Tod Gustav II. Adolfs als Nahkampfszene in einer gesonderten Vignette doch noch einmal drastisch darstellt (Abb. 2; Abelinus/Merian 1646, 748 Spalte 2) – dies übrigens im Zusammenhang mit einer stark dramatisierten Textfassung der Schlachtbeschreibung durch einen anderen Autor (Abelinus/Merian 1646, 748–752).

Im Panorama der Lützener Schlacht hingegen wird die Drastik, wie sie für die Medienwirksamkeit als unverzichtbar erscheint, von Merian auf andere Weise vor Augen geführt. Denn trotz der distanzierenden Weitwinkeldarstellung auf das gesamte Schlachtgeschehen verstärkt Merian den Fokus auf den Vordergrund des Bildes, in dem sich turbulente Kriegsszenen abspielen. Wenn hier Tote am Galgen hängen, große Explosionen nah am Betrachter stattfinden, dabei der Boden übersät ist mit toten Körpern von Soldaten und Pferden, über die links im Bild flüchtende kaiserliche Panzerreiter auf ihren Pferden hinwegstürmen, dann hat Merian den gewohnten distanzierend-informierenden Habitus seiner Kupferstiche nicht nur an den Duktus der Gablerschen Kupferstichvorlage angeglichen. Diesen hat er vielmehr an medienwirksamer Dynamik und effektbezogener Inszenierung sogar noch deutlich übersteigert – ohne damit eine dennoch idealtypisierende Gesamtübersicht aufzugeben.

Literatur

Abelinus 1633
J. P. Abelinus, Relationis Historicae Semestralis Continuatio [...] Historische Beschreibung aller denckwürdigen Geschichten, so sich [...] vor und hier zwischen nechstverschienener Franckfurter Herbstmess 1632 biß auff Fastenmess dieses 1633 Jahrs verlauffen und zugetragen [...] (Franckfurt am Mayn 1633).

Abelinus 1633a
J. P. Abelinus, Mercurii GalloBelgici M. Gothardo Arthusio Succenturiati, [...] (Franckfurt am Mayn 1633).

Abelinus/Merian 1633
J. P. Abelinus/M. Merian, Historische Chronick Oder Warhaffste Beschreibung aller vornehmen und denckwürdigen Geschichten, so sich [...], von Anno Christi 1629 bis auf das Jahr 1633 zugetragen. [...] beschrieben durch M. Johannem Philippum Abelinum [...] gezieret und verlegt durch Matthaeum Merianum, [...] (Franckfurt am Mayn 1633).

Abelinus/Merian 1646
J. P. Abelinus/M. Merian, Theatri Europaei, Das ist: Historischer Chronick/Oder Warhaffter Beschreibung aller fürnehmen und denckwürdigen Geschichten [...] von Anno Christi 1629. biß auff das Jahr 1633. zugetragen: [...] Der Ander Theil / Zusammen getragen durch Johan. Philippum Abelinum, [...] / verlegt/und zum dritten mal in Truck gegeben: Durch Matthaeum Merianum [...] (Franckfurt am Mayn 1646).

Angermann 1953
E. Angermann, Abelinus, Johann Philipp. In: Neue Deutsche Biographie 1 (Berlin 1953) 15. <http://www.deutsche-biographie.de/ppn102520879.html> (06.07.2015).

Bühler 2012
B. Bühler, Wandel von Zukunftsmodellierungen im Theatrum Europaeum. In: F. Schock/N. Roßbach/C. Baum (Hrsg.), Das Theatrum Europaeum. Wissensarchitektur einer Jahrhundertchronik (Wolfenbüttel 2012). <http://diglib.hab.de/wdb.php?dir=ebooks/ed000081> (06.07.2015).

Droysen 1864
G. Droysen, Arlanibaeus, Godofredus, Abelinus. Sive scriptorum de Gustavi Adolphi expeditione princeps (Berlin 1864).

Droysen 1865
G. Droysen, Die Schlacht bei Lützen. In: Historische Commission bei der Königlichen Bayerischen Akademie der Wissenschaften (Hrsg.), Forschungen zur Deutschen Geschichte 5 (Göttingen 1865) 69–235.

Gottfried/van Hulsius 1632
J. L. Gottfried/F. van Hulsius, Inventarium Sueciæ, Das ist: Gründliche vnd warhaffte Beschreibung deß Königreichs Schweden und dessen Incorporirten Provintzien [...] (Franckfurt am Mayn 1632).

Koselleck 1979
R. Koselleck, Vergangene Zukunft der Frühen Neuzeit. In: R. Koselleck, Vergangene Zukunft. Zur Semantik geschichtlicher Zeiten (Frankfurt a. M. 1979) 17–37.

Medick 2014
H. Medick, »Pathos der Nähe« und digitale Edition: Das Editionsportal »Mitteldeutsche Selbstzeugnisse der Zeit des Dreißigjährigen Krieges« (MDSZ) als Erkenntnisinstrument. In: D. Hochstetter/A. Kranz (Hrsg.), Militärgeschichtliche Editionen heute. Neue Anforderungen, alte Probleme? (Potsdam 2014) 137–154.

Meumann 2004
M. Meumann, Koordinaten im Kaiserreich: Die Gründung des Historischen Seminars 1875 und das Wirken Gustav Droysens. In: W. Freitag (Hrsg.), Halle und die deutsche Geschichtswissenschaft um 1900 (Halle 2004) 123–153.

von Ranke 1869
L. von Ranke, Geschichte Wallensteins (Berlin 1869).

Schilling 2004
M. Schilling, Medienspezifische Modellierung politischer Ereignisse auf Flugblättern des Dreißigjährigen Krieges. In: U. Frevert (Hrsg.), Sprachen des Politischen: Medien und Medialität in der Geschichte (Göttingen 2004) 123–138.

Stockmann 1632
P. Stockmann, Lamentatio Prima Luzensium, Das ist: Klaglied der verwüsteten Stadt Lützen: Oder Die erste Bußpredigt/So zu Lützen/nach dem scharffen und blutigen Feldtreffen, welches den 6. Novembris dieses 1632. Jahrs/[...] vorgegangen, gehalten (Leipzig 1632).

MITTELDEUTSCHLAND NACH DEM DREISSIGJÄHRIGEN KRIEG

Andreas Stahl

Die Geschichte des Dreißigjährigen Krieges im heutigen Sachsen-Anhalt ist eingebettet in bekannte europäische Rahmenbedingungen, wie die Zäsur des Eingreifens der Schweden auf dem Kriegsschauplatz. In der regionalhistorischen Forschung kaum wahrgenommen, fiel in dieser Zeit die Vorentscheidung um die Vorherrschaft in Mitteldeutschland in der dualen Rivalität von Sachsen und Brandenburg. Die sächsischen Wettiner aus albertinischem Stamm etablierten sich zu Beginn des Dreißigjährigen Krieges als »*stärkste Macht in Mitteldeutschland*« (Tullner 2007) und trotz der Verheerungen des Krieges blieben deren administrative Strukturen weitestgehend intakt (Stahl 2012). Doch nach dem Krieg forcierten die brandenburgischen Hohenzollern in diesem Konflikt einen regionalgeschichtlichen Paradigmenwechsel, der letztlich im 18. Jh. zu ihren Gunsten entschieden wurde. Richtungsweisend war der am 30. Mai 1635 geschlossene »Prager Frieden« zwischen Kaiser mit katholischer Liga und den protestantischen Reichsständen, so auch Kurfürst Johann Georg I. von Sachsen und Georg Wilhelm von Brandenburg. Voraussetzung für deren Seitenwechsel war, dass das umstrittene Restitutionsedikt, die konfessionelle Verteilung zwischen Protestanten und Katholiken im Reich, für 40 Jahre ausgesetzt wurde. Vertraglich sicherte der sächsische Kurfürst hier bereits seinem Bruder August die Anerkennung seiner Ansprüche auf die Stiftsgebiete Magdeburg und Halberstadt, obwohl von 1513 bis 1628 stets die Hohenzollern die Erzbischöfe und Administratoren von Magdeburg gestellt hatten. Als sich in der Anfangsphase des Dreißigjährigen Krieges die Waagschale zugunsten der Liga senkte, erklärte das Magdeburger Domkapitel 1628 Christian Wilhelm von Brandenburg für abgesetzt und wählte den erst 13-jährigen Wettiner August von Sachsen zum Administrator. Zwischen 1631 und 1635 Verbündete der Schweden, befanden sich beide um die Vorherrschaft in Mitteldeutschland rivalisierenden Dynastien in einer Pattsituation, und beide kündigten 1635 das verhängnisvolle Bündnis mit den Schweden auf. Scheinbar profitierten davon nur die Wettiner, aber während der Friedensverhandlungen am Ende des Krieges erwies sich der Seitenwechsel für Kursachsen als fatal, denn mit Anbindung an die Habsburger befand es sich in einer schwachen Position, als man auf Druck der Franzosen und Schweden 1647 dem brandenburgischen Erzrivalen zur Entschädigung für Vorpommern und Stettin die Anwartschaft auf das Erzstift Magdeburg anbot. Die Verträge in Münster und Osnabrück 1648 (Abb. 1) schrieben für Mitteldeutschland fest, dass das Stift Halberstadt sofort und das Erzstift Magdeburg nach Ableben des sächsischen Administrators an die Hohenzollern fielen. Landesgeschichtlich vorentscheidend wurde damit Kursachsen vom mittleren Elbe-Raum und dem fruchtbaren Nordharzgebiet ausgeschlossen (Schwineköper 1987, LXVII–LXVIII). Im Süden und der Mitte des heutigen Sachsen-Anhalt konnten die Albertiner mit den sächsischen Nebenlinien Merseburg, Naumburg-Zeitz und Sachsen-Weißenfels sowie den Grafschaften Barby und Mansfeld, dem Herzogtum Querfurt und den thüringischen Erblanden ihre Herrschaft aber ausbauen. Als landesgeschichtliches Fatum fielen mit dem Wiener Kongress 1815 auch diese sächsischen Gebiete an Brandenburg-Preußen, das 1701 reichspolitisch zum Königtum aufgestiegen war.

Zur Vorgeschichte: Nach anfänglich erfolgreicher Neutralitätspolitik geriet das im Dualismus von Sachsen und Brandenburg zerrissene Mitteldeutschland in die unbarmherzigen Mühlen des Krieges. Bereits in der dänisch-niedersächsischen Anfangsphase drang das von Wallenstein gebildete kaiserliche Heer in die Stiftsgebiete von Magdeburg und Halberstadt vor; am wichtigen Elbübergang bei Dessau-Roßlau kam es am 25. April/5. Mai 1626 zu einer bedeutsamen Schlacht. Das Gebiet des heutigen Sachsen-Anhalt wurde Kriegsschauplatz und bis zuletzt bevorzugter Rückzugsraum der Söldnerarmeen, worunter vor allem die Bevölkerung auf dem Lande zu leiden hatte. Im Gegensatz zu den Stifts- und anhaltischen Gebieten kamen aber die kursächsischen Territorien noch vergleichsweise glimpflich davon. Die Altmark hingegen wurde 1626/27 Winterquartier von Truppenkontingenten

die Drömlinger Bauern mit ihrer eigenen Fahne (Jany 1967, 238 f.). Die Elbe wurde operativ zum strategischen Angelpunkt. Bei Havelberg plante der schwedische Feldherr Carl Gustav Wrangel erfolglos den Elbübergang und von Magdeburg aus begann die erfolgreiche brandenburgische Gegenoffensive, welche 1675 zu den Siegen bei Rathenow und Fehrbellin führte. Diese verschafften europaweit erhebliche Reputation und gelten als Beginn des brandenburgisch-preußischen Aufstieges zur militärischen Großmacht.

Unter dem »Großen Kurfürsten« wurde die traditionelle Einbindung des fürstlichen Hauses Anhalt in die preußische Armee begründet; so 1670 prominent mit Johann Georg II. von Anhalt-Dessau als Generalfeldmarschall, der zugleich Chef des Regiments »Fargell zu Fuß«, des späteren Regiments »Anhalt«, war. Weitere militärische Prominenz jener Zeit ist bei uns verortet, so liegt einer der bevorzugten Reiterführer des Kurfürsten Johann Hennigs von Treffenfeld in der Gruft der (später neu gebauten) Kirche seines Gutes Königde bei Stendal. Vom stehenden Heer logierte das Alt-Holsteinsche Regiment nun fest in Magdeburg; detachiert war es an verschiedenen Batailles (kleinere Gefechte) Brandenburgs beteiligt. Vor allem in der Altmark standen Kontingente anderer Truppenteile. Es zeichneten sich somit bereits im späten 17. Jh. die künftigen preußischen Regimentsstandorte im Land ab, wobei die Einengung der Begrifflichkeit »in Garnison« auf in Festungen stehende Truppenteile (Jany 1967, 325) nicht mehr zutraf. Zudem begründete sich ab dieser Zeit die Tradition, verdiente Offiziere mit Stellen als Festungskommandanten, Amtshauptmänner und mit Sitzen in Domkapiteln zu versorgen – so auch in Magdeburg und Halberstadt (Jany 1967, 315), nicht unwichtig für kommunale Elitenbildungen.

1680 fiel das Erzstift Magdeburg als nunmehriges Herzogtum an Brandenburg, damit begann die Verpreußung Mitteldeutschlands. Die landesgeschichtlichen Weichenstellungen erfolgten mit bzw. nach dem Dreißigjährigen Krieg und reichen bis in die Gegenwart.

Literatur

Behrens 2000
H. A. Behrens, Burg und Festung Regenstein. Der historische Ort 55 (Berlin 2000).

Göse 2014
F. Göse, Zwischen Brandenburg und Kursachsen. Die Außenpolitik des Administrators August von Sachsen. In: B. E. H. Schmuhl (Hrsg.), Im Land der Palme. August von Sachsen 1614–1680. Erzbischof von Magdeburg und Fürst in Halle (Halle [Saale] 2014) 61–79.

Jany 1967
C. Jany, Geschichte der Preußischen Armee vom 15. Jahrhundert bis 1914, hrsg. E. Jany. Bd. 1: Von den Anfängen bis 1740 (Osnabrück 1967).

Kaphahn 1911
F. Kaphahn, Die wirtschaftlichen Folgen des 30jährigen Krieges für die Altmark: ein Beitrag zur Geschichte des Zusammenbruchs der deutschen Volkswirtschaft in der ersten Hälfte des 17. Jahrhunderts (Gotha 1911).

Mai/Mai 2006
B. Mai/C. Mai, Festung Magdeburg (Dößel 2006).

Schmitt 2014
R. Schmitt, Gerüstet im Frieden. Festungsbauten in der Zeit von August von Sachsen, Administrator von Magdeburg und Herzog von Sachsen-Weißenfels, im Erzstift und dessen Umfeld. In: B. E. H. Schmuhl (Hrsg.), Im Land der Palme. August von Sachsen 1614–1680. Erzbischof von Magdeburg und Fürst in Halle (Halle [Saale] 2014) 93–107.

Schwineköper 1987
B. Schwineköper (Hrsg.), Handbuch der historischen Stätten Deutschlands, Bd. 11. Provinz Sachsen-Anhalt² (Stuttgart 1987).

Stahl 2012
A. Stahl, »… die Todten Cörper vf der Wahlstadt begraben« – Das Amt Lützen und die Schlacht. In: I. Schuberth/M. Reichel (Hrsg.), Die blut'ge Affair' bei Lützen. Wallensteins Wende (Dößel 2012) 255–261.

Stahl 2013
A. Stahl, Ein Schloss unter Beschuss. Die Belagerungen der kursächsischen Landesfestung Wittenberg 1760 und 1813/14. Burgen u. Schlösser Sachsen-Anhalt 22, 2013, 405–471.

Tullner 2007
M. Tullner, Politische und territoriale Verhältnisse in Mitteldeutschland als Rahmenbedingungen für das Eingreifen Gustav Adolfs von Schweden. In: M. Reichel/I. Schuberth (Hrsg.), Gustav Adolf. König von Schweden. Die Kraft der Erinnerung. 1632–2007. Beigleitbd. Ausstellung Lützen 2007 (Dößel 2007) 39–48.

WERTEVERLUST – DIE GROSSE INFLATION

Ulf Dräger

Das Geld der Frühen Neuzeit bestand aus in Feingehalt und Menge definiertem Edelmetall. Es hatte damit einen verlässlichen realen Wert. Mit den Reichsmünzordnungen aus der zweiten Hälfte des 16. Jhs. gab es gesetzliche Grundlagen und differenzierte Kontrollsysteme für das Münzwesen. Der Reichstaler war fast zwei Jahrhunderte lang die wertstabile und überregional akzeptierte Leitmünze. Doch fixierten die rechtlichen Standards das viel häufiger benötigte Kleingeld so hoch, dass es nicht rentabel produziert werden konnte. Es fehlte im Zahlungsverkehr, was im täglichen Leben zwangsläufig zu mannigfachen Problemen führte. Zwischen 1609 und 1619 wurden in Kursachsen 1 608 861, in der Grafschaft Mansfeld 265 876 oder in Stolberg 11 537 Taler und Talerteilstücke neu ausgeprägt. Gleichzeitig stellten die Münzstätten jedoch an Groschen, Dreiern, Pfennigen und Hellern nur den Gegenwert von 55 705 Talern in Kursachsen, 67 705 in Mansfeld und 38 434 in Stolberg her (Arnold 1980, 73).

Eine Lösung zur Senkung der Produktionskosten schien die Verringerung des Silbergehalts für die kleinen Münzen zu sein. Doch damit stieg einerseits der Kurs des Talers im Verhältnis an, andererseits häuften sich nach 1600 Berichte über »Heckenmünzstätten«, die unkontrolliert geringhaltiges Kleingeld zum Schaden der Bevölkerung herstellten (Abb. 1). Mit dem Ausbruch des Krieges 1618 nahm die Münzverschlechterung rapide zu. Die Produktion von Kleinmünzen explodierte regelrecht und stieg rasch über den tatsächlichen Bedarf an. In den wenigen Jahren von 1620 bis 1623 ließ allein Kursachsen für 12,5 Millionen Gulden Kippermünzen schlagen. Da ein Taler mehr Feinsilber enthielt als die in seinem Nennwert aufzurechnende Anzahl an Kleinmünzen, wurde er eingewechselt,

1
Das Material der Heckenmünze. Aus den 1621 produzierenden Münzstätten auf dem Arnstein und in Thal-Mansfeld, beide Lkr. Mansfeld-Südharz, stammen die Kupferbleche, Zaine, Schrötlinge und geprägten Dreier. Das Konvolut verdeutlicht, welch geringe technische Voraussetzungen für die Prägung von Kleinmünzen notwendig waren.

eingeschmolzen und das Silber gewinnbringend als geringhaltiges Kleingeld ausgeprägt. Im ganzen Land kauften die »Kipper und Wipper« gutes, großes und altes Geld auf. Ständig erhöhte sich dessen Kurs. In Braunschweig erreichte der Reichstaler *in specie* den Wert von acht Talern Kippermünze, in Süddeutschland von über 1000 Kreuzern. Immer mehr Münzstände nutzten ihr verbrieftes Münzrecht zur mephistophelischen Geldvermehrung und finanziellen Deckung der Rüstungsausgaben und Kriegskosten.

2
Der Münzfund von Holleben, Saalekreis, war die bescheidene Barschaft eines Soldaten, der um 1630 starb. Die 47 Kleinmünzen wurden zwischen 1517 und 1629 geprägt.

Der Krieg behinderte die Kontrollfunktionen in den Reichskreisen. 1619 war der Silbergehalt der Kleinmünzen bereits auf weniger als die Hälfte gesunken, 1620/21 auf ein Drittel des in der Reichsmünzordnung vorgeschriebenen Wertes (Klüssendorf 2009, 5 ff.). Den Höhepunkt der Inflation bildeten im Jahr 1622 in Halle, Magdeburg und der Grafschaft Mansfeld hergestellte reine Kupferpfennige. Große und silberreiche Münzen waren aus dem Umlauf verschwunden.

Die größere Geldmenge regte zwar zeitweilig Handel und Produktion an. Es folgten aber unverzüglich dramatische Preissteigerungen. In Halle stieg z. B. der Roggenpreis von 8 Pfennigen für einen Scheffel im Jahr 1531 auf 31 Pfennige im Jahr 1600. Im gleichen Zeitraum stiegen die Löhne der Salzarbeiter nur um etwa 50 %. Im Jahr 1621 explodierten die Preise: Für einen Scheffel Roggen mussten nun 175 Groschen gezahlt werden. Im Januar und Februar 1622 verkauften die Bäcker kein Brot mehr gegen die leichten Münzen. Unruhen brachen aus, die Kipperhäuser wurden gestürmt. Die im März 1622 publizierten neuen Taxordnungen und die Rückkehr zur alten Reichsmünzordnung brachte die Besitzer des leichten Kippergeldes um ihre Vermögen. Es waren die fest besoldeten Lohnempfänger, Soldaten, Tagelöhner und Handwerksgesellen, die am stärksten unter der Geldentwertung litten (Abb. 2; Neuss 1958, 102–128). Infrage gestellt wurde zugleich das Almosenwesen. In den Klingelbeuteln der Kirchen fanden sich noch lange die außer Kurs gesetzten leichten Münzen. Die Einnahmen der Städte brachen zusammen. In Halle sanken sie um 90 % von 88 000 auf 8 000 Gulden.

Die Geldverschlechterung wurde als unbeherrschbare Krankheit verstanden. Sie führte zu einem dramatischen Verfall der Sitten. Die Autorität der Obrigkeit schwand. Die turbulente Geldkrise erfasste mit den Zügen einer Massenpsychose das gesamte Reichsgebiet. G. Freytag brachte dies 1905 auf den Punkt: »*Von allen Schrecken des beginnenden Krieges erschien dem Volke selbst keiner so unheimlich, als eine plötzliche Entwerthung des Geldes [...] Es machte ehrsame Bürger zu Spielern, Trunkenbolden und Troßknechten, jagte Prediger und Schullehrer aus ihren Ämtern, brachte wohlhabende Familien an den Bettelstab, stürzte alles Regiment in heillose Verwirrung und bedrohte in einem dichtbevölkerten Land die Bewohner der Städte mit dem Hungertod*« (Freytag 1905, 150). Die »Kipper- und Wipperzeit« vernichtete in Deutschland mehr bürgerliches Vermögen, als es der gesamte Dreißigjährige Krieg vermochte. Dass es mitten im Krieg gelang, das Geldwesen wieder zu stabilisieren, gehört zu den interessantesten Phänomenen im 17. Jh.

Literatur

Arnold 1980
P. Arnold, Die sächsische Talerwährung von 1500 bis 1763. Schweizerische Numismatische Rundschau 59, 1980, 50–94.

Freytag 1905
G. Freytag, Bilder aus der deutschen Vergangenheit Bd. 3: Aus dem Jahrhundert des großen Krieges (1600–1700) (Leipzig 1905).

Klüssendorf 2009
N. Klüssendorf, Die Zeit der Kipper und Wipper (1618–1623): Realwert und Nominalwert im Widerstreit. In: R. Walburg (Red.), Geldgeschichte 2007 im Geldmuseum. Vorträge Geldgesch. 4 (Frankfurt a. M. 2009) 5–38.

Neuss 1958
E. Neuss, Entstehung und Entwicklung der Klasse der besitzlosen Lohnarbeiter in Halle bis zum Zusammenbruch der preußischen Monarchie 1806. Abhandl. Sächsische Akad. Wiss. Leipzig, Philosophisch-hist. Kl. 51,1 (Berlin 1958).

ANHANG

PD Dr. Ralf W. Schmitz
LVR-LandesMuseum Bonn
Bachstraße 9
D-53115 Bonn

Dr. Ingo Schrakamp
Freie Universität Berlin
Institut für Altorientalistik
Fabeckstraße 23–25
D-14195 Berlin

Annemarie Schramm M. A.
Landesamt für Kultur und Denkmalpflege
Mecklenburg-Vorpommern
Landesarchäologie
Domhof 4/5
D-19055 Schwerin

Dipl.-Ing. (FH) Olaf Schröder
Landesamt für Denkmalpflege und
Archäologie Sachsen-Anhalt
Landesmuseum für Vorgeschichte
Richard-Wagner-Straße 9
D-06114 Halle (Saale)

Dr. Inger Schuberth
Höchelenacker 9
D-53343 Wachtberg

Torsten Schunke M. A.
Landesamt für Denkmalpflege und
Archäologie Sachsen-Anhalt
Landesmuseum für Vorgeschichte
Richard-Wagner-Straße 9
D-06114 Halle (Saale)

André Schürger M. A.
Kurt-Eisner-Straße 81
D-04275 Leipzig

Dr. Ralf Schwarz
Landesamt für Denkmalpflege und
Archäologie Sachsen-Anhalt
Landesmuseum für Vorgeschichte
Richard-Wagner-Straße 9
D-06114 Halle (Saale)

Michael Siedlaczek M. A.
Ernst-Wöllstein-Straße 11
D-55481 Kirchberg

Dipl.-Hist. Andreas Stahl
Landesamt für Denkmalpflege und
Archäologie Sachsen-Anhalt
Landesmuseum für Vorgeschichte
Richard-Wagner-Straße 9
D-06114 Halle (Saale)

Michael Strambowski M. A.
Landesamt für Denkmalpflege und
Archäologie Sachsen-Anhalt
Landesmuseum für Vorgeschichte
Richard-Wagner-Straße 9
D-06114 Halle (Saale)

Prof. Dr. Thomas Terberger
Niedersächsisches Landesamt
für Denkmalpflege
Scharnhorststr. 1
D-30175 Hannover

Dr. Iris Trautmann
A und O – Anthropologie und Osteoarchäologie
Praxis für Bioarchäologie
IfoSA München
Dall'Armistraße 16
D-80638 München

Dr. Martin Trautmann
A und O – Anthropologie und Osteoarchäologie
Praxis für Bioarchäologie
IfoSA München
Dall'Armistraße 16
D-80638 München

Drs. Muuk ter Schegget
Rijksdienst voor het Cultureel Erfgoed (RCE)/
Cultural Heritage Agency of the Netherlands
Ministry of Education, Culture and Science
P.O. Box 1600
NL-3800 BP Amersfoort
Niederlande

Dr. Wijnand van der Sanden
Provincie Drenthe
Westerbrink 1
P.O. Box 122
NL-9400 AC Assen
Niederlande

Prof. Dr. Klaus Wahl
Höllriegelskreuther Str. 1
D-81379 München

Dr. Thomas Weber
Landesamt für Denkmalpflege und
Archäologie Sachsen-Anhalt
Landesmuseum für Vorgeschichte
Richard-Wagner-Straße 9
D-06114 Halle (Saale)

Dr. Roland Wiermann
Museum Schloss Bernburg
Schloßstraße 24
D-06406 Bernburg (Saale)

Dr. Volker Witte
Einsteinstraße 26
D-82152 Planegg

Dr. Roman M. Wittig
Direktor Taï Chimpanzee Project
Max Planck Institute for Evolutionary
Anthropology
Deutscher Platz 6
D-04103 Leipzig

Dr. Bernd Zich
Landesamt für Denkmalpflege und
Archäologie Sachsen-Anhalt
Landesmuseum für Vorgeschichte
Richard-Wagner-Straße 9
D-06114 Halle (Saale)

Steinzeitliche Keulenköpfe bzw. deren
Halbfabrikate von verschiedenen Fundorten
Mitteldeutschlands. > siehe S. 135–138